KONRAD UTZ

Freundschaft

KONRAD UTZ

Freundschaft

Eine philosophische Theorie

Ferdinand Schöningh
Paderborn · München · Wien · Zürich

Umschlagabbildung:
Conny Wachsmann, *Fremde Sitten* (2011)

Bibliografische Information der Deutschen Nationalbibliothek

Die Deutsche Nationalbibliothek verzeichnet diese Publikation in der Deutschen Nationalbibliografie; detaillierte bibliografische Daten sind im Internet über http://dnb.d-nb.de abrufbar.

Alle Rechte vorbehalten. Dieses Werk sowie einzelne Teile desselben sind urheberrechtlich geschützt. Jede Verwertung in anderen als den gesetzlich zugelassenen Fällen ist ohne vorherige schriftliche Zustimmung des Verlags nicht zulässig.

© 2012 Ferdinand Schöningh, Paderborn
(Verlag Ferdinand Schöningh GmbH & Co. KG, Jühenplatz 1, D-33098 Paderborn)

Internet: www.schoeningh.de

Einbandgestaltung: Evelyn Ziegler, München
Printed in Germany
Herstellung: Ferdinand Schöningh GmbH & Co. KG, Paderborn

ISBN 978-3-506-77398-2

Meinen Freunden,
den alten, den neuen, den gewesenen

Inhalt

Vorwort 9

I. Bewusstsein 17

1. Das apriorische Für-mich 19
    a) Die beiden Seiten des Bewusstseins 26
    b) Gebrochenheit des Bewusstseins 29
2. Differenzierung der Seiten der Bewusstseinsrelation 31
    a) Die Differenzierung des Gewahrseins 31
    b) Die Differenzierung des Wollens 32
    c) Fühlen 34
    d) Betrachten 37
    e) Vitalität und Intellekt 46
    f) Person 51
3. An sich selbst Gutes (kalokagathon) und Lust 56

II. Liebe 63

1. Konversion des Bewusstseins 63
    a) Wohlwollen 71
    b) Anerkennung 76
    c) Wechselseitige Bedingung von Anerkennung und Wohlwollen . . 83
    d) Die modifizierte Definition des *philein* 87
    e) Offenbarung und Hingabe 88
    f) Selbstreflexion in der Konversion 92
    g) Reflexion des Anderen in der Konversion 94
    h) Enttäuschte Liebe 101
2. Die Ursprünglichkeit der Bewusstseinskonversion 105
    a) Die Ursprünglichkeit der Konversion des Für-mich 105
    b) Die Gleichheit als ursprüngliches Maß der Freundschaft . . . 111
    c) Der Usprung des An-mir-selbst-seins 118
3. Das Inversbewusstsein 125
    a) Das obtemperante Bewusstsein 126
    b) Sprachverstehen 128
    c) Dazugehören und Rechtmachen 134
    d) Im-Frieden-Sein 137
    e) Egoismus und Pflicht 141
    f) Exkurs zur Pflichtethik 144

III. FREUNDSCHAFT 153
1. Wechselseitige Liebe 153
   a) Die Normativität der Freundschaft 160
   b) Der Freund als Gut des Freundes 171
   c) Inkarnatorik der Liebe 174
   d) Die Arten der Freundschaft 183
   e) Freundschaft und Tugend 207
   f) Freundschaft und Bindung 214
   g) Das Ethos der Freundschaft 221
   h) Das Ethos der Brüderlichkeit 228
   i) Defizienzen der Freundschaft 232
   j) Hass, Feindschaft und Gleichgültigkeit 241
2. Selbstliebe 250
   a) Selbstsorge 251
   b) Das Problem der Freiheit 259
   c) Verantwortung 266
   d) Bewusstsein der Freiheit 271
   e) Reale Freiheit 276
   f) Unverborgenheit gegen sich selbst als dianoetische Tugend . . . 287
3. Liebe zur Liebe 292
   a) Moralität 295
   b) Güte 303
   c) Erbarmen 309
   d) Umfassende Liebe 313
   e) Allgemeines Wohltun als ethische Tugend 316
   f) Umfassende Moralität 320

EPILOG: Die Vollendung der Liebe 327

LITERATURVERZEICHNIS 337

PERSONENREGISTER 345

VORWORT

Die im Folgenden entwickelt Theorie baut systematisch auf einer metatheoretischen Reflexion darüber auf, inwieweit Theorien Bestimmungen und Begründungen liefern können bzw. unter welchen Bedingungen und Beschränkungen sie dabei stehen. Diese Theorie des theoretischen Bestimmens und Begründens habe ich in kritischer Auseinandersetzung mit Hegel in „Die Notwendigkeit des Zufalls" erarbeitet und im Rahmen eines – freilich erst skizzenhaften – Gesamtentwurfs einer „Philosophie des Zufalls" zusammengefasst.[1] Das Ergebnis ist sehr vereinfacht zum einen, dass – wenig erstaunlich – nicht nur eine letzte, absolute Begründung, sondern auch eine vollständige, vollkommen klare und distinkte Bestimmung[2] unmöglich ist; zum anderen aber – und dies sollte m.E. wenigstens etwas verwundern – ermöglicht es gerade diejenige Struktur, durch die Bestimmen und Begründen bedingt und eingeschränkt sind, dass Bestimmung und Begründung nicht nur überhaupt möglich sind, sondern dass sie auch stark genug sind, um sich in Wahrheitsansprüchen in einem philosophisch anspruchsvollen Sinn niederzuschlagen. Dies habe ich versucht unter dem Begriff des Zufalls zu explizieren.

Es geht bei der von mir vorgeschlagenen philosophischen Verwendung dieses Wortes also keineswegs um ein bloßes Beharren auf Kontingenz, Offenheit und Unbestimmtheit. Die Reflexion auf die Notwendigkeiten und Möglichkeiten des Bestimmens zeigt, dass der Zufall eine komplexe und anspruchsvolle Struktur darstellt, die die theoretischen Grundoptionen allgemeiner Relativität, Beliebigkeit, Gleichgültigkeit aber auch etwa eines (strengen) Holismus ausschließt. Anstatt von Fragen der Bestimmung und Begründung zu entbinden – etwa weil ihre Beantwortung von vorn herein aussichtslos wäre –, stellt die Einsicht in die Unhintergehbarkeit der Zufalls gerade die Aufgabe der Explikation dieser Fragen unter den gewissermaßen erschwerten, in gewisser Hinsicht aber auch entlastenden Bedingungen der Unabgeschlossenheit und Unabschließbarkeit. Unter diesen Bedingungen habe ich nun versucht eine ethische Theorie auszuarbeiten. Diese Theorie muss auf einen Prinzipienuniversalismus gleichermaßen Verzicht tun wie auf einen bloßen Partikularismus des Empfindens oder der Interessen. Jenseits dieser beiden muss sie versuchen, diejenigen kontingenten und zugleich unbeliebigen

---

[1] Vgl. Utz 2001 und 2005.
[2] Dies gilt nicht nur für die Bestimmungen, die wir – etwa definitorisch – in Theorien aufstellen, es soll auch für die Bestimmungen gelten, die die Dinge an ihnen selbst haben (mögen). Im vorliegenden Zusammenhang genügt allerdings der Rekurs auf ersteres, weshalb ich hier auf die „Bestimmtheit an sich" nicht weiter eingehe.

Strukturen zu explizieren, in denen sich moralische Verbindlichkeit einerseits und Glück andererseits realisieren. Dafür eignet sich m.E. am besten der Begriff der Freundschaft.

Diesen Begriff habe ich im Umriss bereits in der „Philosophie des Zufalls" entwickelt, die mit Überlegungen zur Logik des Bestimmens begann, daraus eine Ontologie (oder besser: fundamentalontologische Strukturen) entwickelte, aus dieser wiederum eine Subjekttheorie (samt Ansatzpunkten für eine zu entwickelnde Epistemologie), die dann schließlich in die Philosophie der Freundschaft als Theorie der Intersubjektivität mündete. Weil ich im Folgenden weder diesen Gesamtentwurf noch auch nur meine Überlegungen zum Bestimmungsproblem voraussetzen möchte[3], entwickle ich meine Theorie der Freundschaft im Ausgang von Aristoteles.[4] Ich verfahre dabei in etwa nach der Tradition der klassisch-orthodoxen indischen Philosophie, die im Gegensatz zur westlichen darauf verzichtet, stets neu anzusetzen, sondern sich in Kommentaren zu Kommentaren zu Kommentaren fortschreibt. Natürlich sind die indischen Philosophen trotzdem durchaus originell, aber sie entwickeln das Neue im Anschluss an das Alte, und nicht in der Gegensetzung zu ihm, wie wir es im Westen gern tun.

In diesem Sinn also schreibe ich meine Theorie der Freundschaft als Kommentar zur Freundschaftstheorie des Aristoteles. Ich wähle diesen Ausgangspunkt zum einen deshalb, weil er so gut ist. Zum anderen fasst Aristoteles das Phänomen der Freundschaft zwar zum ersten Mal in der westlichen Philosophie wirklich systematisch, zugleich aber im Gegensatz zu vielen späteren Autoren noch so unvoreingenommen in den Blick, wie es für den hier verfolgten Zweck der Ausbildung einer eigenen Theorie nötig ist.

Kommentare und Interpretationen der aristotelischen Freundschaftstheorie gibt es inzwischen in Vielzahl von hoher Qualität.[5] Nachdem es im Folgenden um die Sache der Freundschaft geht und Aristoteles nur dazu helfen soll, sich ihr zu nähern, werde ich auf diese Literatur nur Bezug nehmen, wo es mir der Sache nach gefordert oder interessant erscheint. Dagegen werde ich nicht nur die Sekundärliteratur, sondern auch den aristotelischen Text selbst übergehen, wo er für meine Ziele nicht von Belang ist. So interessiert mich z.B. wenig, in welchem Alter welche Arten von Freundschaften bevorzugt werden, wie sich verwandtschaftliche von genossenschaftlichen Bezieh-

---

[3] Wer allerdings über die im hier vorgestellten ethischen Entwurf selbstverständlich enthaltenen metatheoretischen, ontologischen, epistemologischen und bewusstseinstheoretischen Voraussetzungen Aufschluss haben möchte, der muss doch den Gesamtentwurf der „Philosophie des Zufalls" heranziehen bzw. die ausführlicheren Abhandlungen, die ich in Bälde vorstellen zu können hoffe.
[4] Ich halte mich dabei vor allem an die *Nikomachische Ethik*, nur selten nehme ich auf die *Eudemische* Bezug, auf die *Magna moralia* gar nicht.
[5] Julia Annas 1977, Pierre Aubenque 1976, Ahmad Berwari 1997, Maria Fasching 1990, William W. Fortenbaugh 1975, Anthony W. Price 1989, 1995, Friedo Ricken 1982, Suzanne Stern-Gillet 1995, zuletzt und sehr umfassend Nathalie v. Siemens 2007.

ungen unterscheiden oder warum der Geber einer Wohltat für den Empfänger mehr Freundschaft empfindet als dieser für ihn. Auf der anderen Seite geht das hier Dargestellte über Aristoteles z.T. so weit hinaus, dass sich in seinen Schriften gar keine Anhaltspunkte mehr finden. Dies gilt besonders für die Kapitel „Selbstliebe" und „Liebe zur Liebe".

Vielleicht sollte ich auch noch bemerken, dass mich allein die Freundschaftstheorie des Aristoteles interessiert, nicht seine Lehre der Glückseligkeit, der Tugend und der Lebensformen. Im Gegenteil wird der Entwurf, den ich im Ausgang von Aristoteles entwickeln möchte, gerade kein eudaimonistischer oder tugendethischer sein. Um eine abgenutzte Formel zu verwenden: Ich möchte mit Aristoteles über Aristoteles hinausgehen. Ich möchte zeigen dass sich seine Freundschaftstheorie, wenn man sie systematisch ausarbeitet, fast von selbst zur Grundlage der praktischen Philosophie insgesamt und insbesondere der Tugendlehre entwickelt. Selbst der Begriff der *eudaimonia* oder des Lebensglücks gewinnt m.E. seinen genaueren Sinn – nämlich etwa im Unterschied zu einem bloß subjektiven oder bloß situativen Glücksbegriff – aus den Reflexionen über die Freundschaft (nämlich insbesondere die Liebe gegen sich selbst).

Das Thema Freundschaft erfreut sich in jüngerer Zeit einiger Beliebtheit in der philosophischen Diskussion (und übrigens auch in der soziologischen, psychologischen und literaturwissenschaftlichen).[6] So liegt inzwischen eine Reihe von historisch orientierten Arbeiten zum Begriffsfeld *philia/philein*/Freundschaft/Liebe vor, naheliegenderweise vor allem zur Antike und, neben Platon, insbesondere zu Aristoteles[7], sowie eher phänomenlogische Untersuchungen des Themenfelds[8]. Für die vorliegende Arbeit hilfreiche Beobachter des Phänomens Freundschaft waren etwa Cicero, Montaigne und Harry Frankfurt.[9] Diskutiert wird auch der moralische Status von Freundschaften bzw. von Handlungen, die aus Freundschaft geschehen.[10] Der Be-

---

[6] Eine gute und umfassende Bestandsaufnahme bietet Klaus-Dieter Eichler, Zu einer „Philosophie der Freundschaft", in: ders. 1999, 215-241.
[7] Um nur einige zu nennen: Don Adams 1995, Mary Whitlock Blundell 1991, Jean-Claude Fraisse 1984, Hans-Georg Gadamer 1985, James Haden 1983, David Konstan 2005, Hugo Kuhn 1975, Francisco Ortega 2002, Herbert Paton 1993, Lorraine Smith Pangle 2005, E. Piscione 1984, Dieter Thomä 2000, Ursula Wolf 1992. Vgl. auch den Überblick von Michael Pakaluk, Introduction, in: ders. 1991, vii-xiv, und den ersten Teil von J.-Chr. Merle, B.N. Schumacher 2005, 9-87.
[8] Neera Kapur Badhwar 1993, Harald Lemke 2000, Michael Sandel 1982. Vgl. auch den sehr guten sowohl systematischen wie historischen Überblick von Andreas Schinkel (2003), einschließlich seiner kritischen Einschätzung der Freundschaftsauffassung der Moderne.
[9] Vgl. die jeweiligen Angaben in der Bibliographie. An empirischen Beobachtungen zur Freundschaft bringt die vorliegende Arbeit so gut wie nichts Neues – was ja bei solch einem zentralen Thema auch kaum zu erwarten ist.
[10] Dies geschieht vorwiegend, wenn auch nicht ausschließlich, unter dem Begriff der Parteilichkeit und deren „Moralitätsfähigkeit". Vgl. etwa Marcie Baron 1991, Laurence A. Blum 1980, Axel Honneth 1997, Friedo Ricken 2000, Katja Vogt 2001; vgl. auch Thomas Nagel

zugspunkt bleibt allerdings zumeist eine gegebene praktisch-philosophische Grundposition oder aber einzelne Alltagsintuitionen. Nur selten und soweit ich sehe nur ansatzweise wird unter dem Begriff der Freundschaft die Grundlegung philosophischer Ethik selbst verhandelt.[11] Dies ist m.E. deshalb der Fall, weil bislang eine theoretische Fundierung fehlt, die ein solches Projekt möglich bzw. erforderlich machte. Eben eine solche systematische Grundlegung einer Theorie menschlicher Praxis oder genauer noch menschlichen Existenzvollzugs im Ganzen wird im Folgenden versucht. Das dabei gewonnene Ergebnis hat in seinen Grundzügen manche Ähnlichkeiten etwa mit Hans Krämers „Integrativer Ethik" (1992), Wilhelm Schmids „Philosophie der Lebenskunst" (1998), Gedanken Robert Spaemanns zur „Philosophie als Lehre vom glücklichen Leben" (1978), und zu „Glück und Wohlwollen" (1998), oder auch mit Michael Slotes „Morals from Motives" (2001), der Fürsorge und Gerechtigkeit im Wohlwollen (benevolence) verbindet.[12]

Wenn das Projekt in systematischer Hinsicht über die genannten Arbeiten zur Freundschaft hinausgehen möchte, so ist es doch in anderer Hinsicht gegenüber vielen von ihnen beschränkt: Auch wenn zur Erläuterung zuweilen konkrete Beispiele herangezogen werden, geht es im Folgenden allein um die fundamentalen Strukturen von Bewusstsein und Intersubjektivität. Die Wirklichkeit sozialer Beziehungen ist selbstverständlich viel komplexer und vielschichtiger als diese Grundstrukturen, auch wenn sie – so die hier vertretene These – auf eben diesen Strukturen aufbaut und ihre Komplexität allein verschiedenen Formen von Überlagerung und Vermischung sowie Reflexion und Projektion verschiedener Teile dieser Strukturen miteinander bzw. aufeinander verdankt. Diese ungeheuer reiche und komplexe Wirklichkeit einzuholen ist nicht Ziel des vorliegenden Buchs. Aus dem gleichen Grund werden Fragen der angewandten Ethik allenfalls beispielhaft diskutiert werden.

Die Explikation der Grundstrukturen von Liebe und Freundschaft wird sich auf den Bereich der Ethik beschränken. Die hier entwickelte Theorie lässt sich darüber hinaus ausbauen zu einer Rechtsphilosophie und einer politischen Philosophie. Die Ansatzpunkte dazu wird man unschwer im Text erkennen. Aber die Ausarbeitung wird späteren Arbeiten vorbehalten bleiben.

1991, der die Frage der Parteilichkeit allerdings nicht unter dem Titel der Freundschaft behandelt. Über den Horizont der Fragestellung, ob man Freundschaften das Qualitätsprädikat „moralisch wertvoll" zuschreiben kann, wird dabei im Grunde nicht hinausgegangen. Ich möchte dagegen vertreten, dass die Dimension des Moralischen im ursprünglichen *philein* und der daraus erwachsenden *philia* sich nicht nur überhaupt erst begründen kann, sondern sich auch erst in deren Grundkonzepten zu artikulieren vermag (freilich steht die Frage der Freundschaft dabei nicht primär und vorwiegend unter dem Begriff der Parteilichkeit). Nicht die Moralität von Freundschaften ist demnach zu erklären, sondern die Moralität ist zu erklären und sie kann nur erklärt werden auf der Basis der Freundschaft.

[11] Eine Ausnahme ist Pedro Laín Entralgo 1971. Auch Rainer Schilling (2005) behandelt die Liebe unter systematischem Gesichtspunkt, allerdings vor allem in erkenntnistheoretischer Perspektive.
[12] Ibid. 92ff.

Noch in einer anderen Hinsicht ist der hier vorgelegte Grundlegungsversuch beschränkt: Alles Begründen kann den Zuhörer bzw. Leser letztlich nur bis zu einem Punkt zurückführen, an dem er selbst unmittelbar einsieht – oder eben nicht einsieht.[13] Im Fall der formalen Wissenschaften – um das eine Extrem zu nennen – ist diese Evidenz (zumindest wissenschafts*praktisch*) verhältnismäßig unproblematisch. Die Praktische Philosophie stellt vermutlich das Gegenextrem dazu dar: Selbst die grundlegendsten Intuitionen sind hier so disparat, dass es aussichtslos erscheint, auch nur eine Mehrheit von einer bestimmten These zu überzeugen. Der vorliegende Entwurf nun entwickelt sich methodisch aus der Erste-Person-Perspektive. Er behandelt das Bewusstsein und die Liebe als etwas, das „ich" erlebt habe bzw. vollziehe.[14] Und er hofft darauf, dass der Leser sich in dieses „ich" eintragen kann, i.e. dass ihm das, was hier gesagt wird, als begriffliche Explikation dieses seines eigenen Vollziehens und Erlebens einleuchtet.[15] Wer behauptet, dass er so etwas wie Liebe oder gar so etwas wie Bewusstsein nicht kennt, dem hat die hier entwickelte Theorie nichts zu sagen (sie hat aber durchaus Anderen etwas darüber zu sagen, wie man mit Menschen umgehen sollte, die solches behaupten – dass man ihnen z.B. unter Umständen dennoch moralische Verantwortung zusprechen muss). Hier wird nicht versucht, zu beweisen, dass Bewusstsein und Liebe existieren. Vielmehr wird versucht zu ergründen, wie sie beschaffen sein müssen oder auch nur: wie sie schlüssig expliziert werden können, wenn sie existieren.[16] Die Evidenz ihrer Existenz muss die Theorie sozusagen dem Bewusstsein und der Liebe selbst überlassen. Sie tut dies allerdings in der großen Zuversicht, dass diese Evidenz im Fall des Bewusst-

---

[13] Vgl. Met K 1063b9f.
[14] Insofern handelt es sich um Armsesselphilosophie. Allerdings wird vorausgesetzt, dass derjenige, der sich in diesen Sessel setzt, verschiedene Erfahrungen jenseits dieses Sessels gemacht hat. Auf den Stuhl des Theoretikers zieht er sich nur zurück, um auf das, was er erlebt hat, aus der Erste-Person-Perspektive zu reflektieren. Dazu freilich braucht er nichts als sich selbst, aber eben sich selbst als einen, der handelnd und erkennend, empfindend und denkend im Leben steht.
[15] Vgl. zu dieser methodischen Einstellung etwa Martin Seel 1998, 109f.
[16] Die Strategie ist ähnlich derjenigen Kants bezüglich der Moralität. – Diese Beschränkung bedeutet freilich nicht, dass die Theorie keine normativen Ansprüche entwickeln könnte: Es kann (bzw. wird) sich z.B. ergeben, dass Bewusstsein und Freundschaft *wenn* sie existieren, als ursprüngliche, unabgeleitete Wirklichkeiten, mithin als unhintergehbare Grundstrukturen der Wirklichkeit existieren *müssen*; da diese Strukturen normative Implikationen haben, bedeutet dies, dass die Evidenz von Bewusstsein und Liebe auf eine gewisse Art von Wirklichkeits- und Selbstverständnis samt seinen unhintergehbaren normativen Implikationen festlegt. – Die explikative und argumentative Leistung der Theorie ist es, gerade diese strukturalen und normativen Implikationen der zugrundegelegten Evidenzen offenzulegen und aufzuklären, denn die werden i.d.R. gerade nicht schon zusammen mit der ursprünglichen Evidenz eingesehen – wenn sie zumeist auch in irgendeiner Weise vage erahnt werden.

seins allen und in dem der Liebe (wie sie hier verstanden wird) zumindest den meisten Menschen unabweisbar ist.[17]

Insgesamt wird die Auseinandersetzung mit anderen ethischen Entwürfen und Begründungsversuchen eher sporadisch ausfallen. Eine Ausnahme ist Kant, auf den ich oft zurückkommen werde. Dies liegt zum einen daran, dass er der klarste, stärkste und prominenteste Gegner der hier entwickelten Theorie ist.[18] Zum anderen halte ich die kantische Ethik für so gut und so bahnbrechend, dass sie – immer noch – der erste Bezugspunkt jeder Grundlegung praktischer Philosophie sein muss, die im heutigen wissenschaftlichen Kontext unternommen wird. Man kann bezüglich dieser Ethik vielleicht von einer anti-newtonschen Revolution sprechen: Während Newton die Allgemeingültigkeit des Gravitationsgesetzes etablierte und damit sozusagen die Einheit des Kosmos herstellte, nämlich die Unterscheidung von sub- und supralunarem Bereich aufhob, zeigte Kant, dass die Moral *nicht* wie bis dahin allgemein angenommen auf die allgemeinen Gesetze des Geschehens in der Welt rückführbar ist, sondern dass sie ein eigenes Gesetz benötigt, das einem eigenen Bereich angehört. Die Grundlegung der Moral ist aus dem Außermoralischen nicht zu leisten. Diese Grundeinsicht, die G.E. Moore reformuliert hat, verdanken wir Kant.[19] Damit war er, etwas überspitzt formuliert, der erste, der überhaupt ernsthaft nach einer Moralbegründung (und nicht nur einer Handlungsbegründung oder einer inhaltlichen Bestimmung der Moral) gesucht hat.[20] In der Bestimmung der Herausforderung der Fundierung der Ethik stimme ich mit Kant (im Wesentlichen) überein, auch wenn ich meine, dass sie anders eingelöst werden muss, als er es tut.[21]

Nicht nur in der Berücksichtigung anderer Autoren, auch in der Behandlung einiger Themenkreise bleibt dieses Buch unvollständig. Der hier entwickelte Entwurf begründet die Ethik weder in einem bestimmten Gefühl[22] noch in einer besonderen Form von Vernunft. Er begründet sie in einer eigentümlichen Art bzw. Struktur von Bewusstsein. Gefühl und Vernunft spielen eine sekundäre, wenn natürlich auch wichtige und unverzichtbare Rolle.

---

[17] Eine tiefergehende Begründung erhält die hier entwickelte ethische Theorie wie gesagt im Rahmen der „Philosophie des Zufalls". Auch diese liefert allerdings nicht eine Letztbegründung – was ihrem Namen nach ja auch nicht zu erwarten ist –, sondern stellt den Zufall der Wahrheit bzw. der Einsicht als letzten Bezugspunkt jeder Theorie heraus. Freilich ist mit „Zufall" dabei wie angedeutet nicht die schiere Kontingenz gemeint, sondern die Vermittlung von Kontingenz und Inkontingenz.
[18] Dies zeigt sich nicht nur, aber – natürlich – gerade auch an seiner Behandlung der Freundschaft. Vgl. dazu etwa Fasching 1990 oder Merle 2005.
[19] In ihrer negativen Fassung findet sie sich freilich schon bei Hume.
[20] Vgl. J. Beckenkamp, 2007.
[21] Allerdings ist nach der hier entwickelten Theorie die Frage der Moral und ihrer Normativität in der Ethik als praktischer Philosophie im Ganzen eine untergeordnete und wird daher recht spät (und eben an untergeordneter Stelle) auftauchen, nämlich im Kapitel über die Liebe zur Liebe.
[22] Vgl. etwa den Sammelband von Sabine A. Döring und Verena Meyer (2002).

Es sei gleich vorweg eingestanden, dass beide im Rahmen dieses Buches nicht die Beachtung erfahren, die sie verdienten. Das mag insofern nicht befriedigen, als gerade Vernunft und Gefühl (zusammen oder alternativ) von den meisten anderen ethischen Begründungsversuchen als grundlegende Prinzipien angenommen werden. Das Verhältnis der Liebe zu diesen beiden zu bestimmen, bleibt einer zukünftigen Arbeit vorbehalten.

Eine Anmerkung noch zum Stil des Textes: Häufig wird in der ersten Person formuliert. Der Grund ist meistens ein rein darstellungstechnischer: In der Erörterung verschiedener intersubjektiver Verhältnisse wird die Explikation sprachlich sehr vereinfacht, wenn man einem der Subjekte, von denen die Rede ist, grammatisch die erste Person zuweist.[23] Durch die Verwendung der ersten Person wird allerdings der Stil an manchen Stellen eindringlich. Dies ist weder beabsichtigt, noch im Sinn des Anliegens eines philosophischen Textes wünschenswert. Aber es erschien als das kleinere Übel.

Stören mögen zuweilen auch die Vorwegnahmen, Rückverweise und Wiederanknüpfungen, die sich im Text finden. Sie ergaben sich aus dem systematischen Charakter des Buches und ließen sich nicht vermeiden.

Danken möchte ich an dieser Stelle denen, die mir die grundlegenden Einsichten vermittelt haben, aus denen ich meine eigene Philosophie entwickelt habe und denen diese in Wahrheit kaum Bedeutendes hinzufügt: S. N. Goenka, Peter Hünermann, Anton Friedrich Koch, Erhard Krumpholz (†), Willfried Nelles, Joseph Neuner SJ, Max Seckler, John Vattanky SJ und natürlich meinen Eltern.[24] Für Anregungen und Kritik danke ich Manfredo Araújo de Oliveria, Markus Gabriel, Thomas Grundmann, Heidrun Hesse (†), Harry Lehmann, Jean-Christophe Merle, Catrin Misselhorn, Alexander Oberauer und Jan-Heiner Tück.

---

[23] Ein Beispiel mag das veranschaulichen: Der Satz „Der Andere als anderes bewusstes Sein tritt in mein Bewusstsein dadurch, dass ich diejenige Grundform, in der ich bewusst bin, von mir auf ihn hin wende," wird, in der dritten Person formuliert, unübersichtlich: „Der Andere als anderes bewusstes Sein tritt in das Bewusstsein von einem (anderen) dadurch, dass dieser letztere diejenige Grundform, in der er (der letztere) sich bewusst ist, von sich selbst auf den Anderen hin wendet."
[24] An philosophischen Inspirationsquellen sind – neben Aristoteles – zudem zu nennen: der deutsche Idealismus (besonders Hegel und Kant), außerdem (nach sehr begrenztem Kenntnisstand) der Advaita-Vedanta (vor allem Śankara), Kierkegaard und die Existenzphilosophie sowie die dialogische Philosophie (Buber).

I. BEWUSSTSEIN

Nachdem Aristoteles zu Beginn von Buch IIX der Nikomachischen Ethik die allgemeine Bedeutung der Freundschaft umrissen hat, scheint er zunächst um den rechten philosophischen Zugang zu seinem Thema zu ringen. Die Meinungen der Alten und der Vielen überzeugen ihn diesmal nicht so recht. Er vermag nicht zu erkennen, wie sich aus Grundsätzen wie „Gegensätze ziehen sich an" oder „gleich und gleich gesellt sich gern" das eigentliche Wesen der Freundschaft erschließen lassen sollte. So lässt er für diesmal den Bezug auf die Tradition beiseite und verlegt er sich von vornherein ausschließlich auf eine eigene Methode, nämlich diejenige, die seine Philosophie durchweg prägt: die Erklärung aus Gründen.

Also fragt Aristoteles, was Freundschaft begründet, woraus sie entsteht. Freundschaftliches Lieben, i.e. das *philein*, wird immer von einem *phileton*, einem Liebenswerten oder besser „Lieben" (im Sinn von „das ist mir lieb", „mein Liebes!"), nämlich „Liebe Hervorrufenden" oder „auf sich Ziehenden" bewirkt. Dieses *phileton* hat die allgemeine Bestimmung, dass es demjenigen, der liebt, ein Gutes ist. Insofern es ihm ein Gutes ist, strebt er danach. Die Bewegung, die darin liegt, ist das Lieben – oder ist zumindest dessen Anfang.[25]

Aristoteles hält weiter fest, dass die Kausalität des *phileton* im Medium des Bewusstseins verortet ist. Die Gutheit des *phileton* ist nicht ein naturaler Sachverhalt, der auf dem Weg einer Naturnotwendigkeit auf ein Subjekt einwirkt und in diesem dann den Akt des Liebens anstößt – so wie ein Schlag etwas unterhalb des Knies einen unwillkürlichen Bewegungsreflex bewirkt. Die Gutheit, in der das *phileton* Liebesursache ist, ist ein idealer Sachverhalt, ein Sachverhalt im Bewusstsein des Liebenden. Sie ist *erscheinende* Gutheit, Gutes *für* das (liebende) Subjekt. Das *phileton* mag zwar durchaus auch an sich selbst gut sein. Aber als Liebesgrund wird es nur wirksam als Gutes im Bewusstsein eines Subjekts.

Gutes im Sinn des *phileton* ist demnach *dem Liebenden* Gutes, es ist *für* diesen Gutes. Es ist damit ein *Strebensziel*. Die Kategorien der Strebensziele hat Aristoteles schon an anderer Stelle expliziert (NE 1104b29f). Die Explikation ist systematisch, wie sich auch an den Ausführungen in den Freundschaftsbü-

---

[25] Schon hier zeigt sich – einmal mehr – der grundlegende Unterschied der Frageweise oder „Untersuchungseinstellung" des Aristoteles gegenüber Platon: Während letzterer z.B. im Symposion den Grund der Liebe als ein überzeitliches Zielprinzip (nämlich die Idee des Schönen) sucht und untersucht, fragt Aristoteles, woraus die konkrete, individuelle Liebe in Raum und Zeit entsteht.

chern zeigt. Es gibt also keinen Zweifel daran, dass die vorgestellte Disjunktion der Strebensziele vollständig ist.[26] Ursprüngliche Strebensziele, nämlich um ihrer selbst willen erstrebte, gibt es zwei: Gutes an sich und Lust. Gut an sich ist eines, wenn es die seiner Wesensbestimmung entsprechende Vollkommenheit besitzt.[27] Diese Vollkommenheit oder Vortrefflichkeit nennt man, zumindest wenn es um Lebendiges geht, auch *aretē*, „Tugend". Dieses Gutsein liegt also bei demjenigen, das gut ist, selbst. Als Vortreffliches ist es *kat' auton* (vgl. NE 1156b9f), i.e. an ihm selbst gut. Dagegen liegt die Lust in *meinem Erleben*. Das Lustvolle ist deshalb nicht an ihm selbst gut, sondern es hat seine Gutheit daher, dass es *mir* oder „für mich" gut ist: dass es in mir eine positive Wirkung entfaltet. Formal lassen sich also ein Gutsein an sich und ein Gutsein für mich unterscheiden. An-sich und für-mich bilden eine formal vollständige Disjunktion, nämlich die Disjunktion der beiden Seiten der Bewusstseinsrelation.

Alle anderen Gutheiten, alle anderen Strebensziele, sind demnach nicht ursprüngliche, sondern abgeleitete. Sie werden nicht um ihrer selbst willen erstrebt, sondern nur mittelbar. Letzten Endes werden sie logischerweise immer um eines ursprünglichen Strebensziels, also um eines an sich Guten oder um der Lust willen erstrebt. Ihre Relation auf diese ist die der Dienlichkeit oder Nützlichkeit. Alle mittelbaren, unselbständigen Strebensziele fallen also unter die Kategorie des Nützlichen.

So gibt es drei Kategorien von Strebenszielen: Vortreffliches, Lustvolles und Nützliches.[28] Da dies konsequenterweise auch die Kategorien der *phileta*, der Liebesgründe sind, gibt es entsprechend drei Arten von freundschaftlicher Liebe und Freundschaft: Tugendfreundschaft, Lustfreundschaft und Nutzenfreundschaft.

---

[26] Gegen Schulz 2000, 161.

[27] So zumindest Aristoteles' eigene Erklärung dieser Gutheit auf der Grundlage seines ontologischen Essentialismus: An-sich-gut ist dasjenige Seiende, das die in seinem Wesen grundgelegte artspezifische Vollendungsanlage hinreichend entwickelt – wobei dies zumindest beim Menschen nicht allein „von Natur" geschieht, sondern die persönliche Entschiedenheit erfordert. Der ontologische Essentialismus ist aber nicht die notwendige Grundlage dafür, zu verteidigen, dass es so etwas wie An-sich-gut-sein gibt oder dass es dies zumindest für mich, in meinem Bewusstsein gibt (und allein dies letztere wird für die hier entwickelte Theorie erforderlich sein). Das wird sich im Folgenden ergeben. Der Essentialismus wird daher von der hier entwickelten Theorie auch nicht unterstellt.

[28] Dieser Aufteilung entsprechen übrigens auch die drei bzw. vier Lebensformen: das Leben um des Gutseins an sich, i.e. um der Tugend willen, und zwar entweder um der ethischen oder der dianoetischen, als *bios theoretikos* oder *politikos*; das Genussleben; und schließlich die unnatürliche Lebensform des „Nutzenlebens", i.e. die auf den Erwerb des Nützlichen, besonders des Reichtums gerichtet ist, vgl. NE 1195b4-1196a11.

1. Das apriorische Für-mich

Schon aus dem bis hierher Entwickelten ergibt sich ein systematisches Problem, das die Interpretation des gesamten Freundschaftstraktats verwirren kann:[29] Zum einen wurde festgehalten, das *phileton* sei ein Gutes und Erstrebenswertes *für* den Liebenden. Zum andern werden die beiden primären Kategorien der Liebesgründe aber gerade darin unterschieden, dass das *phileton* im ersten Fall dem Liebenden so wie es an ihm selbst ist gut ist, im zweiten darin, wie es *ihm* oder *für ihn* ist. Man wird ganz offensichtlich zwei Ebenen des „für" bzw. der dativischen Relation unterscheiden müssen.

Die Struktur der Bewusstseinsrelation

Das erste Für, unter dem jegliche Relation eines *phileton* auf ein liebendes Subjekt steht, kann man unschwer mit derjenigen asymmetrischen Relationsstruktur identifizieren, die das Bewusstsein konstituiert.[30] Als ebendiese wurde sie ja aufgenommen: Das *phileton* ist ein Grund, der im Medium des *Bewusstsein* wirkt und dessen Kausalität daher in der Verhältnisweise des Bewusstseins steht – dem Erscheinen[31] oder Offenbar-sein, i.e. dem Für-sein.

---

[29] Z.B. bei Schulz 2000, 161-165.
[30] Die vermutlich klarste Formulierung dieser Relation ist die von Hegel in PhG 9/58: Das Bewusstsein „unterscheidet nämlich etwas von sich, worauf es sich zugleich bezieht". Diese Struktur sollte man besser nicht die „Intentionalität" des Bewusstseins nennen, denn dieser Begriff bedeutet normalerweise eher ein Ausgerichtetsein auf etwas, i.e. die Richtung geht von mir weg hin auf eines, während im Für-sein von etwas (und sei es auch nur von einer bloßen Empfindung) die Richtung hin auf mich, auf mein Bewusstsein geht. Aber da es hier nicht um eine systematische Bewusstseinstheorie geht, soll diese begriffliche Differenzierung nicht weiter verfolgt werden.
In jedem Fall ist die Für-mich-Struktur des Bewusstseins, wie sie hier analysiert wird, nicht gleichzusetzen mit der Intentionalität. wie sie Franz Brentano (1874, 124) expliziert hat und wie sie in der Folge von der Phänomenologie und der Philosophy of Mind aufgenommen wurde. Diese Intentionalität wird als auf ein Objekt bezogen aufgefasst (konsequenterweise wird das Bewusstsein bestimmter reiner Qualia, etwa von Stimmungen – wenn es das geben sollte –, nicht als intentional angesehen). Das Für-mich stellt eine basalere Form der Relationalität dar und ist nicht auf den Objektbezug beschränkt (auch Qualia sind „mir" oder „für mich": „mir ist kalt", „mir ist langweilig" etc.). Wenn man ein Fremdwort für das Für-mich verwenden möchte, dann kann man von „Mihität" sprechen (notfalls auch von der „Dativität"). Die Mihität ist im Grunde gar keine Relation, sondern basiert auf etwas Basalerem, nämlich dem, was ich in „Philosophie des Zufalls" „asymmetrisch ungleichgültige Bezüglichkeit" (vgl. auch unten) genannt habe (die Idee, dass nicht jedes Verhältnis Relation ist, ist nicht neu, bereits Strawson spricht von „non-relational ties" 1959, 167). Strenggenommen ist es daher unpassend, von Bewusstseins*relation* zu sprechen, aber weil es hier nicht um eine Bewusstseinstheorie geht, soll dieser Punkt nicht problematisiert werden.
[31] Der Begriff des Erscheinens ist hier nicht im peiorativen Sinn, in Gegensetzung zum Eigentlichen oder dem Wesen zu verstehen, sondern im ganz allgemeinen und grundlegenden des „Offenbarseins", „(jemandem) bewusst Seins" oder eben des schieren „für (jemanden)

Angesichts der aktuellen Debatten ist an dieser Stelle ein Einschub erforderlich: Mit Bewusstsein ist hier und im Folgenden das in den derzeitigen Diskussionen sogenannte „phänomenale" Bewusstsein gemeint. Es gibt hauptsächlich zwei Alternativen zu der These, dass dieses Bewusstsein dasjenige ist, von dem wir sprechen, wenn wir normalsprachlich „Bewusstsein" sagen oder das den Unterschied zwischen Nichtbewusstseiendem und Bewusstseiendem, den wir allgemein unterstellen, markiert. Die erste Alternative ist die Abbildtheorie, die heute kaum noch vertreten wird, aber früher sehr einflussreich war: Bewusstsein ist demnach eine besondere Art von Bild der Wirklichkeit – ein geistiges oder mentales Bild. Diese Erklärung kann nicht richtig sein, weil die bildhafte Duplikation eines Objektes einfach nur ein zweites Objekt erzeugt, aber kein Bewusstsein von diesem. Es hilft dabei nicht, dass das zweite Objekt immateriell sein soll, diese bloß negative Eigenschaft kann es nicht zum bewussten machen.[32] Überhaupt kann dasjenige, was ein Objekt (oder dessen Bild) zu einem Bewussten macht, nicht eine (einfache) Eigenschaft seiner sein, denn Eigenschaften gehören nun einmal den Gegenständen an, und Gegenstände sind nicht an ihnen selbst oder notwendig bewusst (im Sinn von „in einem Bewusstsein seiend"). Durch eine einfache Eigenschaft können mehrere Objekte bzw. Bilder auch nicht den Zusammenhang erhalten, den sie im Fluss meines Bewusstseins haben, denn eine Eigenschaft kann mehrere Gegenstände bloß abstrakt verbinden – wie das Rotsein alle roten Gegenstände verbindet. Natürlich könnte die Bewusstheit von Gegenständen bzw. Bildern eine relationale Eigenschaft sein, etwa die Relation zu einem Subjekt, aber dann ist natürlich die eigentliche Frage die nach dem Relatum und der Art der Relation. Die Tatsache, dass der Gegenstand oder das Bild diese Eigenschaft hat, erklärt ohne die Klärung dieser Fragen gar nichts. Also ist für die Frage des Bewusstseins gar nichts geklärt, wenn man feststellt, dass es mit Bildern zu tun hat.

Dass die Abbildtheorie nicht das Bewusstsein erklärt, bedeutet natürlich nicht, dass sie gar nichts erklärt: Selbstverständlich ist unsere Erkenntnis äußerer Gegenstände durch Abbilder vermittelt – z.B. durch das Abbild auf unserer Netzhaut und das Abbild dieses Abbilds im Gehirn (das retuschiert ist – man denke an den blinden Fleck). Wir sehen ganz offensichtlich nicht den Gegenstand direkt, sondern ein Bild von ihm. Aber dass ein solches Abbild in unserem Gehirn ist, erklärt das Bewusstsein nicht. Es kann im Übrigen auch dort sein und Reaktionen hervorrufen, ohne dass es uns bewusst ist.

Die derzeit beliebteste Alternative zur Auffassung des Bewusstseins als Für-mich-Bewusstsein ist die funktionale (oder prozessuale), nämlich das Bewusstsein als Blackbox mit Input und Output, genauer als eine solche, in

---

Seins". Es kann hier offen bleiben, ob das, was erscheint, die Dinge selbst sind oder nur die Phänomene.

[32] Die platonischen Ideen etwa sind nicht an ihnen selbst schon bewusst – es ist nicht notwendig, Immaterialität und Im-Bewusstsein-von-einem-Sein zusammenzudenken.

der außer einfachen Transformationen noch reflexive Transformationen (Transformationen der Transformationsstrukturen) stattfinden. Man nennt dies auch das Access-Bewusstsein.[33] Wiederum gilt, dass es diese Strukturen bei höherentwickelten Lebewesen selbstverständlich gibt und dass sie vermutlich – wie auch die Abbilder – durchaus mit unserem Bewusstsein zu tun haben. Aber solche Transformationen können auch unbewusst (im Sinn des phänomenalen Bewusstseins) stattfinden (und vermutlich tun sie das sogar in der Mehrheit der Fälle). Generell gilt, dass eine funktionale Erklärung des Bewusstseins nicht greifen kann, weil Funktionen grundsätzlich in keiner Weise bewusst sein müssen. Eine „Bewusst-Funktion" müsste sich von den Unbewusst-Funktionen irgendwie unterscheiden. Es ist aber nicht erkennbar, dass der Unterschied allein in der Komplexität der Funktion liegen kann, auch nicht in einer Struktur, durch die die Funktion nicht nur den Input, sondern die Funktionsweise selbst transformiert, denn auch solche Strukturen lassen sich ohne Weiteres unbewusst (etwa in Rechnern) realisieren. Auf der anderen Seite schreiben wir uns selbst (normalsprachlich) auch dann Bewusstsein zu, wenn wir mental keine derartig komplexen Operationen ausführen.

Das grundlegende Problem ist aber, dass die „Bewusstseinsfunktion" (oder vielleicht auch „-funktionen"), wenn es sie gäbe, niemals bewusst und daher niemals erkannt werden könnte. Dazu müsste es nämlich möglich sein, sie in unserem Bewusstsein nachzuvollziehen, i.e. sie uns bewusst zu machen. Dann würden wir aber in unserm Bewusstsein diese Funktion als *Objekt* unseres Bewusstseins vollziehen, i.e. wir würden sie in unserm Bewusstsein instantiieren (natürlich würden wir außerdem auch diese Funktion im Bezug auf dieses Objekt vollziehen: die Bewusstseinsfunktion wäre der Input derjenigen [zweiten bzw. ersten] Instantiierung der Bewusstseinsfunktion in der wir in jenem Moment gerade bewusst wären). Dies würde aber bedeuten, dass in dem Bewusstsein, in dem wir gerade bewusst wären, ein zweites Bewusstsein da wäre, zu dem wir freilich keinen Zugang hätten – und das sofort verlöschen würde, sobald wir wieder an etwas anderes dächten. Diese Konsequenz ist so absurd, dass man schon sehr in die Access-Theorie des Bewusstseins vernarrt sein muss, um sie zu akzeptieren. Wohlgemerkt könnten die beiden Bewusstseine nicht identisch sein, denn wir wären uns ja einer allgemeinen Funktionsstruktur bewusst. Identisch können Gegenstand des Bewusstseins und Bewusstseinsvollzug selbst aber nur im individuellen Selbstbewusstsein (bzw. in einer bestimmten Form davon) sein. Das Selbstbewusstsein ist aber ganz offensichtlich nicht das Bewusstsein der „Bewusstseinsfunktion", denn wenn wir selbstbewusst sind, dann wissen wir noch nicht, wie das Bewusstsein funktioniert.

Dies bedeutet aber umgekehrt – und dies ist das grundlegende Problem – dass das Wissen der „Bewusstseinsfunktion" uns niemals das Bewusstsein aufklären kann, das wir in normalsprachlichen Sätzen wie „ich bin bewusst"

---

[33] Vgl. Ned Block 1995, David Chalmers 1996.

artikulieren, weil diese Funktion (bzw. ihre Instantiierung) als Objekt unseres Bewusstseins niemals (numerisch) mit derjenigen identisch sein kann, in der wir uns (angeblich) dieses Objektes bewusst sind.[34] Wir können also niemals beide miteinander identifizieren. Allenfalls kann uns eine solche Funktion etwas sagen über das Verhalten von Wesen (einschließlich unserer selbst) die wir (in der Außenperspektive) für bewusst halten. Nun gilt aber, dass ich dann, wenn ich eine allgemeine Regel kenne, nach der ich mich verhalte (z.B. als Ergebnis einer psychoanalytischen Erforschung) im Bewusstsein dieser Regel gerade nicht meines aktualen Bewusstseins bewusst bin, sondern ein von mir unterschiedenes Objekt in meinem Bewusstsein habe. Also verstehe

---

[34] An dieser Stelle wird vielleicht jemand einwenden, dass ich bereits unterstelle, dass dasjenige, was das Access-Bewusstsein erklären soll, das phänomenale Bewusstsein ist – bzw. dass dieses das normalsprachlich so genannte Bewusstsein ist. Dann hätte ich aber bereits unterstellt, dass *das* Bewusstsein das phänomenale ist – eine petitio principii. In gewisser Weise trifft dieser Einwand. Aber er legt nur offen, dass die *Frage* nach dem Bewusstsein ihren Ursprung nur in der phänomenalen Bekanntschaft mit Bewusstsein haben kann. Allein die *phänomenale* Gegebenheit des Bewusstseins stellt uns das Bewusstsein als besonderes, distinktes Untersuchungsobjekt bereit. Denn wenn Bewusstsein nur eine Funktion bzw. ein Verhalten wäre, dann könnte es uns ja nur an einer Besonderheit von Verhalten (bzw. von Input-Output-Relation) auffallen; wir würden beobachten: es gibt Verhalten, das in besonderer Weise, nämlich so und so bestimmt ist und sich so und so von anderem Verhalten unterscheidet. Aber dann gäbe es die *Frage* nach dem Bewusstsein nicht, denn dann wäre sie schon beantwortet, indem das Objekt (die besondere Art von Verhalten) identifiziert wäre. Die Frage nach dem Bewusstsein kann sich nur ergeben, wenn wir *nicht* wissen, wie Bewusstsein funktioniert, es aber trotzdem bereits zum Objekt haben. (Man muss hier freilich aufpassen, dass man den logischen Begriff der Funktionalität nicht mit dem technischen verwechselt: Die technische Funktionalität beschreibt, was zwischen Input und Output passiert, nämlich etwa durch die Mechanik einer Rechenmaschine oder eben durch einen neuronalen Apparat – in diesem Sinn ist es durchaus angebracht zu fragen „wie funktioniert das?"; bei der logischen Funktionalität aber interessiert nur, welcher Output auf welchen Input folgt; wenn ich deren Verhältnis kenne, dann kenne ich die Funktion.) Dann kann es uns aber ursprünglich nicht als *Funktion* Objekt sein – denn sonst kennten wir ja die Funktion schon. Es kann uns also ursprünglich nur phänomenales Objekt sein.

Wenn aber unser unmittelbarer Zugang zum Bewusstsein der phänomenale oder zumindest der anscheinend phänomenale ist – oder anders gesagt: Wenn uns auffällt, dass Dinge *für uns* sind und wir dieses Für-uns-sein zum Gegenstand unseres Fragens machen und dafür das Wort „Bewusstsein" verwenden; dann sollte eine nicht-phänomenale Theorie des Bewusstseins entweder erklären, wie sie diese Frage beantwortet, oder wie sie diese als Scheinfrage, falsch formulierte oder unsinnige Frage entlarven will. Sie sollte erläutern, weshalb es sich beim phänomenalen Bewusstsein um eine Illusion oder um ein Epiphänomen handelt. Daher sollte der A-Bewusstseinstheoretiker darstellen, wie es, ausgehend vom A-Bewusstsein, zum Eindruck des P-Bewusstseins kommen kann. Das kann er aber gerade nicht, weil das P-Bewusstsein so gestaltet ist, dass derjenige, der es hat, es niemals mit irgendeiner Funktion identifizieren kann, die er in diesem Bewusstsein hat, i.e. derer er sich gegenständlich bewusst ist. Er kann niemals an irgendeinem Gegenstand, der ihm in seinem Bewusstsein dargeboten wird, erkennen: „Oh, das ist ja mein Bewusstsein!" – so wie er etwa bei der Beschreibung eines Stuhls erkennen kann: „Oh, das ist ja das, worauf ich gerade sitze!" (oder beim Lesen eines Steckbriefs: „Oh, das bin ja ich!"). Daher muss jede Explikation des Bewusstseins bei seiner Selbsttransparenz beginnen, i.e. bei der Transparenz des *phänomenalen* Bewusstseins gegen sich selbst.

ich im Verständnis meines Verhaltens nicht mein Selbstbewusstsein – und daher kann ich, wenn ich die vermeintliche „Bewusstseinsfunktion" verstehe, niemals wissen, ob ich damit mein Bewusstsein (nach dem normalen Sprachgebrauch) verstehe. Weil ich aber Bewusstsein originär überhaupt nur als mein Bewusstsein kenne, weiß ich niemals, ob ich, wenn ich die „Bewusstseinsfunktion" verstehe, tatsächlich Bewusstsein verstehe.[35] Selbstbewusstsein (und damit Bewusstsein generell) lässt sich also überhaupt nicht auf Verhalten reduzieren – allenfalls kann man abstreiten, dass es Selbstbewusstsein gibt (und stattdessen bloß Verhalten). Aber das ist doch sehr schwer. Denn es dürfte wohlgemerkt überhaupt nicht existieren. Es dürfte nicht einmal als Illusion existieren (wie man das bezüglich der Objekte unseres Bewusstseins zulassen könnte), denn wovon sollte das Selbstbewusstsein eine Illusion sein? Dadurch, dass das Selbstbewusstsein gegeben ist, ist sein Objekt bereits gegeben.[36] – So viel, um Missverständnisse über den hier verwendeten Bewusstseinsbegriff zu vermeiden.

Für den Zusammenhang des Liebens ist noch zu ergänzen, dass die Für-Struktur des Bewusstseins nicht nur einen kognitiven Aspekt hat – nämlich den des Erkennens oder grundsätzlicher des Gewahrseins[37], auf das sich Erscheinen bezieht. Das *phileton* ist dem Liebenden nicht nur Erkenntnisgegenstand (oder Gewahrseinsgegenstand), es ist ihm auch Strebensziel: Es ist *für ihn Gutes*. Zu dem kognitiven Moment des Für im Gewahrsein tritt so der

---

[35] Vielleicht zur Verdeutlichung: Es hilft mir in diesem Fall auch nichts, wenn mir ein Neurobiologe sagen kann, dass sich immer dann, wenn ich bewusst bin, in meinem Gehirn ein bestimmter funktionaler Prozess vollzieht. Abgesehen davon, dass die Gleichzeitigkeit von zwei Ereignissen zunächst noch nichts über die kausale (oder sonstige) Art ihrer Korrelation aussagt, ist dasjenige, was ich erklärt haben möchte, gerade der Unterschied zwischen einem (objektiven) Vorgang und meinem Bewusstsein von Vorgängen. Wenn es um *Inhalte* meines Bewusstseins geht, dann mag es durchaus aufschlussreich sein, zu wissen, dass sich in meinem Gehirn diesen Inhalten entsprechende Prozesse vollziehen – dass z.B. dann, wenn ich „2 + 3 = 5" denke, in meinem neuronalen Apparat eine entsprechende Funktion realisiert wird (wie etwa in einem Rechner). Dann weiß ich in gewissem Sinn, wie mein Bewusstseins*inhalt* „5" aus „2 + 3" zustande kommt. Aber es interessiert mich ja hier, wie das Bewusstsein *selbst* zustande kommt bzw. was es darstellt und nicht, wie Inhalte *im* Bewusstsein zustande kommen. Das kann mir aber keine Funktion sagen, selbst wenn es eine bestimmte Funktion geben sollte, deren Realisierung empirisch stets mit meinem bewussten Erleben zeitlich korreliert ist.
[36] Vgl. zur Frage des Access-Bewusstseins auch den erhellenden Beitrag von S. Windmann 2005.
[37] Der Begriff soll anzeigen, dass es noch nicht um irgendein spezifisches Erkennen geht – etwa um ein gegenständliches, begriffliches oder reflektiertes –, ja dass die Frage, welche Gestalt und welche Spezifikationen Erkennen denn ursprünglich habe – ob es etwa grundsätzlich begrifflich sei oder nicht –, an dieser Stelle keine Rolle spielt: Es geht um „Bewussthaben" überhaupt, ganz gleich, was sich bei näherem Zusehen als formale Bedingungen dieses „Bewussthabens" herausstellen mag. Außerdem ist „Erkenntnis" in der heutigen normalen (und auch philosophischen) Sprache ein Erfolgswort (es gibt also keine „falsche Erkenntnis" mehr wie etwa noch bei Hegel); an dieser Stelle soll es aber um die Wertigkeit dessen, was in meinem Bewusstsein steht, noch gar nicht gehen.

volitive im Streben oder grundsätzlicher im Wollen.³⁸ Dabei ist allerdings zu beachten, dass hier der Begriff des Wollens – in Ermangelung geeigneter Alternativen – die zwar bewusste, aber nicht notwendigerweise reflektierte Ausgerichtetheit und Angespanntheit bezeichnen soll, also nicht notwendig auch die Entschiedenheit und die überlegte Zielsetzung. Dabei soll offen bleiben, ob diese Ausgerichtetheit in jedem Fall diejenige auf etwas, i.e. auf ein fest „ins Auge gefasstes", objektives Ziel sein muss, ob sie also immer Intentionalität im Sinn Brentanos darstellen muss.

Die Unhintergehbarkeit der Für-Struktur des Bewusstseins

Man wird nicht fehlgehen, wenn man die Für- oder Dativstruktur in den Momenten des Gewahrseins und des Wollens als apriorisches Merkmal des Bewusstsein identifiziert, wie es sich etwa (für das kognitive Moment) in der Kantschen Ich-denke-Begleitung manifestiert.³⁹ Die Für-Struktur oder abstrakter: die Struktur asymmetrisch-ungleichgültiger Bezüglichkeit⁴⁰, ist demnach ein ursprüngliches, unhintergehbares Moment des Bewusstseins.⁴¹

Dieses *für mich* ist übrigens auch dann noch gegeben, wenn das Bewusstsein nicht gegenständlich ist, sondern sich in reinem Empfinden vollzieht (falls es das denn geben sollte). Selbst dann ist ein implizites Wissen vorhanden, dass diese Empfindung nicht (bewusst) sein *muss*, dass „bewusst (zu) sein" auch anders sein kann. Ich bin mir im Bewusstsein der Empfindung einer Differenz des Bewusst-Seins gegen diese bewusst: Die Empfindung ist nicht identisch mit meinem Bewusst-Sein. Dies weiß ich z.B. darin, dass die Empfindung anfängt oder sich (und sei es nur minimal) verändert bzw. darin, dass sie für mich einen Intensitätsgrad hat. Dieses Wissen expliziert sich auch etwa im Gefallen, im Missfallen oder in der Gleichgültigkeit gegenüber der Empfindung, denn auch in diesen weiß ich die Empfindung in einer Be-

---

³⁸ Man kann diese Bezüglichkeiten des Bewusstseins natürlich auch von der Seite des im Bewusstsein Stehenden her fassen. Dann stellt sich die kognitive Bezüglichkeit dar als die präsentationale, die volitive als die attentionale. Dies bedeutet: Bewusstsein ist immer präsentational, es ist immer etwas in ihm gewärtig; und es ist immer attentional, das Bewusstsein ist immer (in einer bestimmten, qualifizierten Art) gerichtet, ausgespannt oder hingestreckt auf eines.
³⁹ Vgl. KrV B 132. Das *ausdrückliche*, i.e. selbstbewusste Ich-denke-Bewusstsein ist freilich schon eine Reflexionsform des ursprünglichen apriorischen Für-mich im Bewusstsein – es ist – auch nach Kant – eine *Möglichkeit*, die in jedem Bewusstsein liegt, nicht etwas, das mit jedem Bewusstsein schon gegeben ist.
⁴⁰ Zu diesem Terminus vgl. die Erläuterungen unten.
⁴¹ Hier ist anzumerken, dass es für Aristoteles jenseits des Für-mich selbstverständlich ein Ansich gibt, das, anders als bei Kant, auch zugänglich ist. Im Rahmen der praktischen Philosophie scheint der Zugang allerdings eine Zirkelstruktur aufzuweisen: An sich gut ist, was dem (an sich) guten Menschen so erscheint. Ich muss also bereits ein An-sich, nämlich die Vortrefflichkeit eines Menschen (u.U. auch meiner selbst) erkannt haben, um mich dann an dessen Fürmich halten zu können. Verschiedentlich wurde allerdings argumentiert, dass dieser Zirkel nicht vitiös sein muss.

stimmtheit, die sie nicht an ihr selbst hat (und von der ich z.B. wünschen kann, dass sie sich ändern möge – falls sie unangenehm ist – bzw. dass sie sich nicht ändern möge – wenn sie angenehm ist). Es ist also nicht schon ein explizites Ichbewusstsein vonnöten, um die Differenz zum (impliziten) Bestandteil des Bewusstseins selbst zu machen.

Diese These ist vor dem Hintergrund bewusstseinstheoretischer Diskussionen nicht anspruchslos. Sie birgt zudem weitreichende Konsequenzen für die Diskussionen der praktischen Philosophie: Aus der Rückbindung des Freundschaftskonzepts an die apriorische Bewusstseinsstruktur soll im Folgenden dessen fundamentale Bedeutung für das „gut und richtig Leben" entwickelt werden. Da nun das hier verfolgte Projekt ein praktisch-philosophisches und nicht eines der Bewusstseinstheorie ist, soll der eben dargestellte Grundsatz nicht im Feld der letzteren ausgewiesen werden – das würde den Rahmen der Abhandlung sprengen.[42] Stattdessen soll er durch seine Bewährung und seine Erklärungskraft in der Diskussion der menschlichen Praxis plausibilisiert werden.

Belege für die Unhintergehbarkeit des Für-mich im Gewahrsein wie im Wollen finden sich bei Aristoteles auch an anderen Stellen.[43] Da er den Gedanken nicht in der formalen Abstraktheit und theoretischen Grundsätzlichkeit expliziert, wie das hier versucht wird, sind diese Belege freilich für verschiedene Interpretationen offen. Aber es liegt zumindest nahe, eine Erläuterung der Unaufhebbarkeit des Für-mich-Bezugs zu unterstellen, wenn Aristoteles z.B. in NE 1166a20-23 erklärt: „Ein jeder will sich selbst das Gute, ein anderer geworden aber wählt niemand, alles zu haben (es hat nämlich auch jetzt schon der Gott das Gute)". Wenn der Bezug des Wollens auf mich aufgehoben wird, dann erlischt *eo ipso* das Wollen. Der „Test" im Gedankenexperiment bestätigt das: Wenn die Freude, die ich mir wünsche, zwar realisiert werden soll, aber nicht für mich, sondern für einen Andern, dann hat diese Realisierung keinen Bezug mehr auf mein Wollen, sie ist nicht mein Wille. So bin ich dann auch nicht zufrieden, wenn die Realisierung eintritt bzw. unzufrieden, wenn sie ausbleibt. Sonst könnte ich ja schon vollkommen zufrieden sein, denn bereits jetzt hat der Gott alles Gute (ihm fehlt nichts, vgl. ebd.). Wenn also die Aufhebung des Für-mich möglich wäre, dann müsste ich nur statt des „für *mich*" „für *Gott*" eintragen, und schon wäre all mein Glücksstreben erfüllt.

Diese Bindung des Wollens ans Für-mich ist auch dann noch gegeben, wenn ich für einen Anderen Gutes wünsche, sie gilt auch für „selbstloses" Wollen. Denn auch hier gilt: sofern der Bezug auf mich, der in ihm enthalten ist, weggenommen wird, erlischt mein Wollen. Wenn ich z.B. für meinen Freund Gesundheit wünsche, dann ist es mein Wille nicht mehr, wenn der Freund eines Andern gesund werden sollte; spende ich dafür, dass in meiner

---
[42] Vgl. Utz 2005, 111ff.
[43] Vgl. auch Friedo Ricken 1976, Kap. V.

Vaterstadt ein Theater gebaut werde, dann wird mein Wille nicht erfüllt, wenn es in der Vaterstadt eines Andern gebaut wird. Einzig universelle Strebensziele wie der buddhistische Segenswunsch sind gegen diesen Test immun: Der Wunsch, dass *alle* Wesen glücklich sein mögen, hat in seiner uneingeschränkten Allgemeinheit keinen *spezifizierbaren* Bezug mehr auf mich (der dann auf Andere umgewendet werden könnte). Der Test nach dem Resultat dagegen funktioniert weiterhin: *Ich* werde zufrieden sein, wenn ich andere Wesen glücklich sehe, und unzufrieden, wenn sie leiden. (Dieser Test wiederum versagt in einem anderen Extremfall: Wenn ich das Andauern *meiner* Existenz wünsche, dann ergibt sich zumindest für den negativen Fall nicht, dass ich unzufrieden sein werde, wenn der Fall eingetreten ist, da ich nicht mehr existiere.)

Die beiden basalen „für mich", das kognitive und das volitive, erfordern sich gegenseitig bzw. bringen unmittelbar ihre gegenseitige Begleitung hervor. Wenn ich etwas für mich will, dann muss es auch in irgendeiner Form kognitiv für mich sein, ich muss seiner gewahr sein, und sei es auch noch so undeutlich. Wenn etwas im Erkennen für mich ist, dann bin ich darin zugleich in meiner Aufmerksamkeit auf es hin angespannt, i.e. ich richte mich auch attentional auf es aus.[44] Dazu unten mehr.

a) Die beiden Seiten des Bewusstseins

Daraus ergibt sich die Frage, worin beide Für-mich denn zu unterscheiden sind, weshalb sie nicht einfach in der Gerichtetheit, der Perspektivität des Bewusstseins überhaupt aufgehoben werden. Diese Differenz ergibt sich unmittelbar aus dem asymmetrischen Verhältnischarakter des Bewusstseins einerseits und der Zufälligkeit in der Bewusstseinsstruktur andererseits. „Zufällig" ist das Bewusstseinsverhältnis, weil darin die beiden ungleichen Seiten nicht aufeinander und damit nicht auf dieses ihr Verhältnis reduzibel sind. Dies bedeutet aber: Sie gehen nicht vollkommen im Bewusstseinsverhältnis auf. Wiewohl sie überhaupt nur von diesem her und immer auf dieses hin sind, haben sie zugleich eine unaufhebbare Eigenständigkeit gegen dieses. Wenn die beiden Seiten aufeinander bezogen sind bzw. wenn etwas *für mich*

---

[44] Genauer wäre zu sagen: Die Begleitung bezieht sich in ihrer basalsten Form nicht auf den Gegenstand des Bewusstseins, sondern auf den jeweiligen Bewusstseinsvollzug selbst. Die Volition oder Attention bezieht sich zunächst auf den Kognitionsvollzug, auf das Gewahrsein – und erst durch weitere Reflexion wird sie auf dessen Widerpart gelenkt, der dadurch dem Bewusstsein zum Objekt wird; und die Kognition bezieht sich zunächst auf den Wollensvollzug selbst – und erst durch weitere Reflexion wird sie auf das Strebensziel gelenkt, das dadurch explizit ins Auge gefasst wird. Dies weiter auszuführen und zu begründen bleibt einer Bewusstseinstheorie auf der Grundlage der „Philosophie des Zufalls" vorbehalten.

wird, dann liegt darin immer auch ein Moment der Unableitbarkeit, der Zufälligkeit, nämlich des einander Zufallens bzw. des mir Zufallens.[45]

Asymmetrie

Unter dieser Voraussetzung lässt sich nun die Differenzierung des Für-mich in das kognitive und das volitive Moment weiterverfolgen. Allgemein gilt zunächst: Verhältnisse sind (mindestens) zweiseitig. Dadurch ergeben sich zwei- oder mehrfache Bezüge: der des einen zum andern und der des andern zum einen. Die Beziehungsweise der Bezüge ist bei symmetrischen Verhältnissen gleich (mein Bruder ist ebenso mir mein Bruder wie ich ihm sein Bruder bin). Bei asymmetrischen Verhältnisses jedoch ist sie ungleich und konstituiert eine Differenz der sich aufeinander Beziehenden in der Beziehungsweise (ich bin meinem Vater sein Sohn, er ist mir mein Vater; Vaterschaft und Sohnschaft sind unterschieden – Bruderschaft und Bruderschaft dagegen nicht). Das Verhältnis selbst als das Beziehende ist dadurch in „gedoppelter Weise" vorhanden, wobei es freilich selbst noch eines bleibt (im Bsp. das Vater-Sohn-Verhältnis). Denn die eine Beziehungsweise ist ja nichts anderes als die exakte Gegenseite oder Gegenrichtung der anderen, sie sind zwei Sicht- oder Darstellungsweisen des einen Sachverhalts.

Die Doppelung der Bezugsweise ist nun nicht nur an sich vorhanden, sondern auch *für* jede der beiden Seiten des Verhältnisses gegeben. Im Verhältnis zu meinem Vater gibt es auch aus meiner Perspektive, i.e. für mich, Vaterschaft und Sohnschaft: „Vater" ist das, was der Andere in seiner Beziehung auf mich für mich ist, „Sohn" das, was ich selbst in meiner Beziehung auf ihn für mich bin. X ist einerseits derjenige, der mein Vater ist, andererseits ist er derjenige, dessen Sohn ich bin. Beides sind Seiten ein und derselben Beziehung, es ist „gleichgültig", ob diese Beziehung so oder so dargestellt wird. Aber es sind dennoch unterschiedliche Weisen der Bezugnahme oder unterschiedliche Beziehungsweisen.

Das Bewusstsein ist nun an ihm selbst Verhältnis, und es ist an ihm selbst asymmetrisch: Es ist ungleichseitig auf seinen einen Pol, das „Mir" hingeordnet – es ist, wie dargestellt, *für mich*. Im Für-mich ist zugleich schon die Beziehung auf ein anderes impliziert (wobei damit noch nicht gesagt ist, dass dieses andere ein selbständiger Gegenstand in einer objektiv realen Welt ist; es kann sich selbstverständlich auch um eine „reine Empfindung" handeln [falls es das gibt] wie „warm!", „schmerzhaft!" o.ä. – auch diese stehen wie oben dargelegt in der Beziehungsweise des Für-mich und sind mithin nicht mir dem „Mir" identisch). Die beiden Beziehungsweisen des Bewusstseins

---

[45] Es geht hierbei nicht um den objektiven Zufall, sondern um den subjektiven: Das jeweilige Bewusstseinsereignis *im* Bewusstsein und *für* das Bewusstsein ist nicht vollständig ableitbar aus dem Bewusstsein. Die Frage, ob das Ereignis naturnotwendig war, kann dagegen an dieser Stelle offen bleiben.

sind deshalb die Bezogenheit meiner selbst auf das andere und die Bezogenheit des andern auf mich. Diese beiden Beziehungsweisen machen sich nun *für mich* geltend. Das Wollen macht die erste Seite oder Richtung aus: Ich ziele auf das andere, ich gehe darauf hin, es zu betreffen. Die andere Seite macht das Erkennen oder Gewahrsein aus: Das andere betrifft mich, mir erscheint etwas.

Ungleichgültigkeit

Dies allein würde allerdings erst eine nur formale Differenz begründen, wenn nicht noch eine weitere Differenz hinzukäme (wie bei *Vater* und *Sohn* deren voneinander getrennte Existenz als Individuen). Wollen und Erkennen wären nur die gegeneinander unselbständigen, „gleich-gültigen" Seiten einer einzigen Beziehung (wie Vaterschaft und Sohnschaft die gleichgeltenden Seiten der Vater-Sohn-Beziehung oder „männlichen direkten Abstammungsbeziehung" sind), wenn sie sich nicht an einer weiteren Differenz gegeneinander *wesentlich* differenzieren könnten. Diese Differenz liegt nun in der Zufälligkeit der beiden Seiten des Bewusstseins gegeneinander, der Irreduzibilität von Selbst und anderem im Bewusstseinsvollzug aufeinander. Im Bewusstsein sind die beiden Beziehungsweisen der einen Bewusstseinsrelation nicht gleichgeltend. Die eine ist nicht einfach die Rückseite der anderen. Durch eine bestimmte Verfassung des Selbst ist nicht schon *eo ipso* eine bestimmte Beschaffenheit des andern gegeben und umgekehrt. Sonst wären Erkennen und Wollen gar keine Vollzüge eigenen Rechts, sondern automatische Mitgegebenheiten des Bewusstseins (wie Vaterschaft und Sohnschaft unmittelbar im Vater-Sohn-Verhältnis mitgegeben sind und gar nichts Unabhängiges über dieses Verhältnis hinaus haben). Eben so, wie Selbst und anderes nicht Eigenständige wären, sondern bloße Seiten oder Momente des Bewusstseins.

So aber ist der Bewusstseinbezug, negativ formuliert, jederzeit „gebrochen". Positiv formuliert sind die aufeinander Bezogenen in ihrer Beziehung immer zugleich auch Eigenständige. Das Bewusstsein als ganzes ist daher nicht nur eine asymmetrische, sondern auch eine im dargestellten Sinn „ungleichgültige" Relation.[46] Als solche ist es aber gar keine einfache Relation

---

[46] In Anlehnung an E. Levinas 1995, 55, kann man auch formulieren: Das Verhältnis des Bewusstseins (bei Levinas: der Andersheit) „ist weder räumlich noch begrifflich". Räumliche Verhältnisse sind symmetrisch (selbst dann, wenn der Raum selbst asymmetrisch gekrümmt sein sollte), begriffliche sind insofern gleichgültig, als ein Begriff in allen seinen Instantiierungen identisch ist, also bezüglich ihrer gleich gilt. Im Bewusstseinsverhältnis sind diese Verhältnisweisen gebrochen. Die Zeit ist übrigens letztlich auch symmetrisch (zumindest an sich, ohne Bezogenheit auf ein Subjekt), solange die Welt als deterministisch verfasst angesehen wird. Erst der Zufall macht Vorangegangenes und Nachfolgendes aufeinander irreduzibel. Das Begriffsverhältnis wird der Theorie des Zufalls nach ebenfalls ungleichgültig, weil der Begriff sich nämlich als unterbestimmt erweist, sich daher aber wesentlich in seinen Instanzen realisiert und diesen nicht als fixe Identität gegenübersteht.

oder Beziehung im herkömmlichen Sinn, sondern ein In-Eins von Bezogenheit und Nicht-Bezogenheit. Dafür soll im Folgenden das Wort „Bezüglichkeit" stehen. Das Bewusstsein stellt eine ungleichgültig asymmetrische Bezüglichkeit dar, in ihm sind das Selbst und sein Anderes aufeinander (wesentlich) „bezüglich". Das soll zum einen heißen, dass sie überhaupt nur kraft ihrer Bezüglichkeit sind, sie sind nicht zwei Gegebenheiten, die dann in Beziehung zueinander gesetzt werden.[47] Zum anderen soll damit gesagt sein, dass sie in dieser Bezüglichkeit und kraft ihrer zugleich gegeneinander Irreduzible sind. Die Bezüglichkeit verleiht ihnen Eigenständigkeit gegeneinander, auch wenn sie aufeinander verwiesen bleiben.

b) Gebrochenheit des Bewusstseins

Wenn dergestalt die beiden Momente des Für-mich *wesentlich*, nämlich aufeinander irreduzibel differenziert sind, wenn also Wollen und Gewahrsein – wiewohl immer aufeinander verwiesen – eigenständige Bewusstseinsvollzüge sind, dann ergeben sich daraus weitere Differenzierungsmöglichkeiten. Wenn Wollen und Gewahrsein gegeneinander eigenständig, zugleich aber in eins für *mich* sind, dann kann diese ihre Einheit verschieden qualifiziert sein. Wollen und Gewahrsein können für mich – i.e. *in* der Einheit des Für-mich – im Einklang stehen oder in Divergenz. Das Bewusstsein *will* etwas aktual im Wollen bzw. Streben. Das, woraufhin das Streben geht, ist das Gute (NE 1094a2). Das Bewusstsein *hat* etwas aktual, nämlich gewärtig im Gewahrsein. Das (unmittelbar) gute Bewusstsein ist demnach dasjenige, das gewahrseiend *hat*, was es strebend *will*. Und so gilt umgekehrt: Dasjenige Bewusstsein, in dem Wollen und Gewahrsein im Einklang sind, ist unmittelbar „gut".

Wenn dagegen mein Bewusstsein „schlecht" ist, wenn ich im Bewusstsein nicht habe, was ich will, dann ist mir darin unmittelbar bewusst, dass mein Wollen mein Gewahrsein nicht unmittelbar bestimmt. Damit aber ist mir bewusst, dass mein Wollen das Für-mich nicht oder zumindest nicht vollständig bestimmt, dass ich über mein bewusstes Sein keine (vollständige) Gewalt habe, dass mein Bewusstsein nicht einfach und geradewegs ich selbst bin.

In der Differenz von gutem und schlechtem Bewusstsein wird mir die Gebrochenheit des Bewusstseinsverhältnisses selbst bewusst: Seine Zufälligkeit wird *für mich*. Mir ist im Bewusstsein bewusst, dass mir etwas zufällt. Damit wird mir der Verhältnischarakter des Bewusstseins und darin dann mein eigenes Bezogensein im Bewusstsein bewusst. Bewusst seiend stehe ich *ursprünglich* und unhintergehbar im Modus der Bezüglichkeit, im *Für*-mich. Dieses

---

[47] An dieser Stelle ist vielleicht daran zu erinnern, dass die Darstellung hier unter einem phänomenologischen Aspekt steht. Dasjenige, was *im Bewusstsein* Selbst und Anderes vorstellt mag unter Umständen *außerhalb des Bewusstseins* an und für sich bestehen – das ist nicht Gegenstand der hier angestellten Erörterung. Aber *im Bewusstsein* sind beide nur, insofern sie in Beziehung aufeinander stehen.

Für-mich kommt mir aber von einem andern her, i.e. es hat eine andere Seite. Diese Gegenseite ist nun aber nichttrivial, denn sie stellt nicht nur einfach die Rückseite, den Reflex des Für-mich dar. In der Zufälligkeit und Gebrochenheit des Bewusstseins ist die Gegenseite bzw. Gegenrichtung des Für-mich irreduzibel auf und somit eigenständig gegen dieses. (Diese Überlegungen stehen noch vor jeder Differenzierung von Realismus und Antirealismus – sie würden für beide Standpunkte gelten, wenn man sie denn einnehmen will.)

Gebrochenheit des Wollens

Die Eigenständigkeit dessen, was für mich ist, bedeutet für das Wollen, dass im Wollen nicht schon das Anlangen beim Bezugspunkt liegt: Mein Wollen garantiert noch nicht für seine Verwirklichung. Die liegt bei der Seite des andern. Diese Seite ist aber durch die Zufälligkeit der Beziehung, i.e. durch die Irreduzibilität der anderen Seite auf die meine, *für mich* in meinem Wollen nicht unmittelbar zugänglich. So liegt das „Anlangen" meines Wollens bei seinem Gegenstand nicht mehr im Bereich meines Wollens, sondern wird mir erst vermittelterweise zugänglich, nämlich über das Gewahrsein – das freilich das Wollen nicht zuendebringen kann, sondern allein wahrnimmt, was der Impuls meines Wollens beim andern (oder besser: hinsichtlich des andern) bewirkt hat. Das Gewahrsein wird damit, i.e. vermittelt durch die Zufälligkeit der Beziehung, autonom gegen das Wollen, gerade als dessen „Rückseite": Mit einem bestimmten Wollen ist nicht sogleich ein bestimmtes darauf bezogenes Gewahrsein verbunden, sondern eine zweifache Gewahrseinsmöglichkeit: Ich kann gewahren, dass sich mein Wollen realisiert, oder dass es sich nicht realisiert. (Selbstverständlich stellt sich dabei sofort auch das Problem der Zweiwertigkeit des Erkennens: Ich kann mich über den Erfolg meines Wollens irren, siehe den folgenden Absatz.)

Gebrochenheit des Gewahrseins

Für die Kognition wiederum bedeutet die Zufälligkeit der Bewusstseinsbeziehung, dass meine Betroffenheit durch das andere im Erkennen nicht das andere selbst ist, i.e. dass ich es im Erkennen nicht vollständig und unverbrüchlich „habe". Das andere ist *für* mich, aber aufgrund der Gebrochenheit der Bewusstseinsbeziehung geht es nicht vollständig in diese Beziehung ein bzw. in ihr auf. Mein Bezogensein auf das andere im Gewahrsein ist also durch mein Betroffensein durch es nicht schon gewährleistet. Wenn mich etwas betrifft, dann liegt darin nicht zugleich schon, dass ich (hinlänglich, „treffend") auf es bezogen bin. Diese Beziehung meiner auf das mich Betreffende kommt daher erst vermittelterweise zustande, nämlich durch das Wollen, durch *meine* Attention oder Intention auf es. Nun kann ich selbstverständlich den Bezug auf das andere wollen oder nicht wollen. Die Gebrochenheit des Bewusstseinsverhältnisses macht es aus, dass mit der Bezogenheit des anderen auf mich nicht schon automatisch als dessen Gegenseite meine Bezogenheit auf es gegeben ist. (Freilich kommt dann sofort die Unzulänglichkeit meines Wollens ins Spiel: ob es erfolgreich darin ist, meine Beziehung auf das andere herzustellen oder nicht herzustellen, ist unsicher. Ich kann den Bezug meines Erkennens verfehlen, siehe den vorhergehenden Absatz.)

2. Differenzierung der Seiten der Bewusstseinsrelation

Da nun dergestalt die Bewusstseinsdifferenz *für mich* wesentlich geworden ist, artikuliert sie sich selbst an der Verhältnisweise eben dieses Für-mich: Diese meine Bezüglichkeit, i.e. die ursprüngliche, unhintergehbare Asymmetrie des Bewusstseins, differenziert sich nun selbst für mich. So unterscheide ich an der Bewusstseinsgegebenheit des Für-mich die Seite, die an mir liegt, und diejenige, die am andern liegt.[48]

a) Die Differenzierung des Gewahrseins

„Meine Seite für sich" ist im *Gewahrsein* das Bewirkt- oder Betroffenwerden durch das Andere in seinen Bezug auf mich, mein „Leiden" (*pathê*) dieses Bezugs, aber losgelöst von seinem Bewirkenden betrachtet: wenn man so möchte das „an mir" (Wirken). Man kann diese Seite das „Spüren" oder „Empfinden" nennen. Statt „an mir" formuliert man allerdings gemeinhin „für mich". Dieses Für-mich (bzw., im Griechischen, diese Dativstruktur) ist aber streng zu unterscheiden von dem fundamentalen Für-mich (bzw. derjenigen Dativstruktur), das die Asymmetrie des Bewusstseinsbezugs bezeichnet, und nicht die von diesem Bezug abstrahierte eine Seite des Verhältnisses.

Die andere Seite ist das Bewusstsein des Bewirkenden losgelöst von seinen Wirkungen an mir betrachtet: das andere *an sich*. Die auf das An-sich ausgehende Seite der kognitiven Bewusstseinsbezüglichkeit kann man das „Wahrnehmen" nennen.

Mit dieser Trennung ist sogleich eine Lokalisierung der Irrtumsmöglichkeit verbunden: Über das unmittelbare An-mir, das „Bewusstseinsleiden", kann ich mich nicht irren.[49] Fallibel bin ich in meinem Bewusstseinsbezug auf das

---

[48] Diese und die folgenden Differenzierungen sind für die im nächsten Kap. dargestellte Grundthese nicht mehr entscheidend, sie dienen hauptsächlich dazu, Aristoteles' Unterscheidung von An-sich-Gutem und Für-mich-Gutem *in meinem Bewusstsein* systematisch nachzuvollziehen.

[49] Allerdings mag hier dahingestellt bleiben, ob das Bewusstseinsleiden wahrheitsfähig ist, ohne fallibel zu sein, oder ob es überhaupt nicht wahrheitsfähig ist, und deshalb die Möglich-

An-sich, in der „Wahrnehmung" (im hier verwendeten Sinn) also, denn diese stellt mir ein Etwas bzw. das Sosein von etwas als eines dar, das unabhängig von diesem Bezug ist bzw. so ist: Ich *nehme* darin etwas als *wahr*. Meine Wahrnehmung kann aber gestört sein, und so kann ich z.B. etwas als kalt wahr*nehmen*, das in Wahrheit heiß ist (nämlich im ersten Moment einer sehr starken und überraschenden Affektion durch etwas Heißes, etwa unter der Dusche).[50]

Die beiden Seiten kann man selbstverständlich in einen Bezug zur Unterscheidung von Sinnlichkeit (als dem Leidenden) und Verstand (als dem als An-sich Erfassenden) setzen, aber da hier keine voll ausgebildete Bewusstseins- oder Erkenntnistheorie angestrebt ist, soll dies unterbleiben. Zu beachten ist allerdings, dass die Seite des An-mir nicht auf die körperlichen Sinne beschränkt ist. Ob man die nichtkörperliche Leidensfähigkeit nun mit Kant als „inneren Sinn" bezeichnen möchte oder sie terminologisch anders fassen will, ist hier nicht ausschlaggebend.

b) Die Differenzierung des Wollens

Die entsprechende Differenzierung macht sich auch im *Wollen* geltend: Ich unterscheide mein Wollend- oder Wirksamsein an mir selbst oder für mich selbst und mein mich Auswirken hin ans andere.[51] Ersteres kann nicht fehlgehen, denn es ist mit dem Wollen unmittelbar selbst gegeben. (Sonst geriete man in einen unendlichen Regress der Tat: Wenn ich mit dem Wollen nicht schon unmittelbar am Wirken wäre, dann müsste ich mein Wollen erst in die Tat umsetzen; i.e. ich müsste wollen, dass mein Wollen wirksam würde; wenn aber Wollen tatlos wäre, dann muss ich auch dieses vermittelte Wollen erst wieder in die Tat umsetzen usf. Das tatlose Wollen, i.e. das reine Wünschen ist die reflexive Selbstbeschränkung des Wollens auf das für mich selbst Wirksamsein, nämlich die Denk*tätigkeit*, in der man dem Wunsch anhängt – ebenso wie das reine Empfinden für mich selbst die reflexive Selbstbeschränkung des Erkennens auf das an mir selbst Erleiden darstellt – beides sind abgeleitete, abstraktive Akte.) Darin liegt selbstverständlich, dass diese Gegebenheit streng aufs Bewusstsein (als Vollzug, als *energeia*) beschränkt ist, denn schon das Hinauswirken meines Wollens in die Bewegungen meines Körpers

---

keit der Fallibilität gar nicht gegeben ist – das hängt wesentlich vom Wahrheitsbegriff ab, der an dieser Stelle nicht diskutiert werden soll.
[50] Fallibel bin ich allerdings auch, wenn ich mein „Bewusstseinsleiden" hinsichtlich seiner Ursache spezifiziere – mich etwa frage, ob meine Angstgefühl von dem Horrorfilm herrührt, den ich gestern gesehen habe, oder von der Prüfung, die ich morgen haben werde. Diese *Ursache* des An-mir gehört selbstverständlich dem Bereich des An-sich an.
[51] Die Umgangssprache hält keine Termini für diese beiden bereit – im Bewusstsein unseres Wollens sind wir uns auch ihrer Differenz kaum je bewusst. Man kann von der energetischen und der dynamischen Seite unseres Wollens sprechen. Zu Bewusstsein kommen sie uns als die Entschlossenheit unseres Willens einerseits und seine Macht andererseits.

hinein habe ich nicht mehr unmittelbar in meiner Gewalt (ich kann gelähmt sein).

Mein Wollen unter dem Aspekt des Sich-Auswirkens, also seiner Wirksamkeit über mich selbst hinaus, kann man das „dynamische" nennen – nämlich das bewirkende, bewegende und damit kraftvolle Wollen.[52] Im Unterschied zum energetischen kann dieses selbstverständlich jederzeit fehlgehen bzw. durch Hindernisse (die auch schon innerhalb meiner eigenen psychischen und physischen – und damit auch möglicherweise meiner neuronalen – Struktur liegen können) gehemmt werden.[53]

Den Unterschied zwischen beiden Formen des Wollens kann man sich vielleicht auch folgendermaßen klar machen: Es gibt das unmittelbare „Wollen von ..." und es gibt das „Wollen, dass ...". In ersterem will ich mir etwas oder ein Geschehen; in letzterem will ich, dass in der Welt etwas sei oder geschehe.[54] Ersteres hat ein Fühlen (und einen Gemütszustand) zum Hintergrund, letzteres ein Denken (und ein Erinnern), nämlich das Ausdenken, wie etwas sein könnte bzw. sollte. Ersteres kann qua Wollen nicht fehlgehen (es kann allenfalls unerfüllt bleiben), weil es das, was es will, unmittelbar will – eben weil es *an mir* oder *für mich*[55] will. Letzteres kann fehlgehen, weil es an etwas will oder wollend ist: Es will, dass *an sich* etwas in einer bestimmten Weise sei oder geschehe (dass der Ball ins Tor fliegt, der Nachbar seine Musik

---

[52] Natürlich sind „energetisch" und „dynamisch" hier nicht im Sinn der aristotelischen Modallehre zu verstehen (obwohl auch hier gilt, dass der energetische Wille *eo ipso* der sich tatsächlich vollziehende ist, der dynamische dagegen nur möglicherweise erfolgreich ist), sondern z.B. im Sinn von 1019a4-6.

[53] Dass ich auch wollen kann, ohne zu tun, liegt an der Komplexität, die bereits innermental gegeben sein kann: Es ist nicht nur möglich, dass mein In-die-Tat-Umsetzen durch Äußeres gehemmt ist, es können auch innere Barrieren entstehen, darunter an erster Stelle die Angst: Ich will vom Zehn-Meter-Brett springen, aber ich kann nicht. Meine Tat kann auch dadurch gehemmt sein, dass mir die Kenntnis über die Mittel dazu fehlt: Ich will meinen Sitznachbarn im Flugzeug ansprechen, aber ich kenne seine Sprache nicht. Wenn man eine derartige Gehemmtheit des Wollens erkannt und akzeptiert hat bzw. das Wollen bereits im Bewusstsein der eigenen Unzulänglichkeit konzipiert hat, dann ergibt sich als resigniertes Wollen das bloße Wünschen. Die Resignation bezüglich der eigenen Handlungsfähigkeit bringt einen naheliegenderweise oft dazu, die Verwirklichung des eigenen Wollens von anderer Seite zu wollen, i.e. sich etwas *von jemandem* zu wünschen. Damit wird das Wollen sozusagen „inhärent intersubjektiv" und wird damit zu einem Bewusstseinsvollzug, der in der Freundschaft, wie sie sich im Folgenden darstellen wird, ihren ursprünglichen Ort hat. Erst in diesem Rahmen kann dann auch das bloße Wünschen einen Wert in sich selbst haben, nämlich wenn ich dem Andern mitteile, dass ich ihm Gutes wünsche, auch wenn ich ihm dieses Gute selbst nicht realisieren kann. Der Wert dieses Wünschens liegt dann allerdings unmittelbar nicht in dem Wollen des Wunsches, das ja wirkungslos ist, sondern darin, dass ich dem Andern die Einstellung mitteile, die ich ihm gegenüber habe. Das Wissen dieser Einstellung kann für den Anderen ein Gut sein, auch wenn es für ihn keine weiteren positiven Konsequenzen beinhaltet bzw. in Aussicht stellt.

[54] Zwar impliziert das eine das andere *realiter*, aber phänomenal sind beide Wollenshaltungen doch unterschieden.

[55] Das „Für-mich" ist hier wohlgemerkt nicht im Sinn des allgemeinen, apriorischen Für-mich zu verstehen, sondern in dem der Selbstbezogenheit und Selbstbeschränktheit, eben wie oben erläutert als „an mir".

abstellt oder der Klimawandel aufhört). Normalerweise kann das energetische Wollen nur durch dynamisches erfüllt werden: Ich will den Apfel (oder genauer: ich will den Apfel schmecken); aber dazu muss ich etwas in der Welt verändern: Ich muss meinen Arm ausstrecken, nach dem Apfel greifen, ihn zum Mund führen, hineinbeißen etc. Diese Veränderungen werden aber vom dynamischen Wollen intendiert, und dieses kann an jeder Stelle fehlgehen (mein Arm ist gelähmt, der Apfel klebt am Tisch fest, mir fällt beim Beißen ein Zahn aus etc.). Umgekehrt geht das dynamische Wollen normalerweise von einem energetischen aus. Aber beides muss nicht unbedingt der Fall sein: Wenn ich energetisch will, was bereits für mich ist, also sozusagen nur einstimme in das, was sich bereits vollzieht (dass mir etwa die Sonne auf den Bauch scheint bzw. genauer: dass sich mein Bauch warm anfühlt), dann beschränkt sich das erforderliche dynamische Wollen darauf, nichts zu verändern. Hinsichtlich des dynamischen Wollens kann sich das energetische im Extremfall auf das Wollen des dynamischen Vollzugs selbst beschränken. (Bei längeren Wanderungen kommt es z.B. vor, dass ich „nur noch laufe", nämlich nicht mehr daran denke, weshalb ich losgelaufen bin und wo ich ankommen möchte; es fühlt sich noch nicht einmal gut an, zu laufen, ich laufe nur einfach – aber durchaus bewusst und willentlich; in diesem Zustand vollziehe ich das Laufen sozusagen allein für sich selbst, ohne damit etwas anderes für mich erreichen zu wollen als mein Laufend-sein.)

c) Fühlen

Auf der Grundlage der internen Differenzierungen der beiden Bewusstseinsmomente ergeben sich nun vier Bezugsmöglichkeiten von kognitivem und volitivem Bewusstsein. Dabei steht immer eines der Moment im Brennpunkt des Bewusstseins, das andere begleitet es als „Mitbewusstsein". Stehen die Bewusstseinsmomente des Für-mich, also das Spüren oder das energetische Wollen um Mittelpunkt, dann kann man den Bewusstseinsvollzug „Fühlen" nennen, sind Wahrnehmen oder dynamisches Wollen im Fokus, passt das Wort „Betrachten"[56].

Eigengefühl

Die Begleitung meines energetischen Wollendseins durch das kognitive Bewusstsein ist das unmittelbare Leiden oder Empfinden meines Vollziehend-

---

[56] Natürlich nicht nur im visuellen Sinn (und auch nicht nur im sensitiven Sinn). Wie auch schon in den vorigen Fällen hält die Umgangssprache keinen passenderen bzw. schärferen Terminus bereit.

seins (oder eben meines Energetisch-seins, meiner „Bewusstseinsenergie").[57] Wenn ich vollziehend bin, dann spüre ich dies zugleich. Ich vollziehe meinen eigenen Vollzug nicht nur, ich *leide* ihn auch; und weil ich selbst es bin, der wollend *ist*, spüre ich darin gewissermaßen mich selbst (ohne dass daraus schon ein explizites *Selbst*bewusstsein entstehen muss). Weil ich es ja selbst bin, der den Vollzug will – oder besser noch: dessen Wollen sich in diesem Vollzug realisiert, ist das begleitende Gefühl positiv (dass es nicht negativ sein kann, mag man sich daran klarmachen, dass ich nicht bereuen kann, was ich jetzt gerade will[58] – das Unglücklichsein mit meinem eigenen Wollen ist erst aus der zeitlichen Distanz möglich).[59] Es ist das glückliche Eigengefühl im Aktivsein.[60] Zumeist wird es zunächst gar nicht als Glücksgefühl ausdrücklich bewusst, weil der Bewusstseinsfokus auf dem Wollen und nicht dem Gewahren (genauer: dem Empfinden) liegt. Aber es ist eine allgemeine Einsicht aus dem Rückblick auf das Energetisch-(bewusst-)sein, dass es Freude macht.[61]

---

[57] Dieser Gedanke ist inspiriert von Aristoteles, NE 1170a26 (vgl. auch De an. III 2, 425b12-15 und III 7, 431a8-14). Dort sind es allerdings die Wahrnehmungstätigkeiten selbst, die sich begleiten (der Hörende hört, dass er hört etc.). Diese *synaisthesis* schließt aber (wie hier) das Gefühl der Lust ein, zumindest wenn die Tätigkeit „vollkommen" ist oder dem Subjekt als solche erscheint. Dies ist deshalb der Fall, weil zwischen Wahrnehmungs- und Strebevermögen nur ein begrifflicher Unterschied besteht (431a16; vgl. F. Ricken 1995, 224f). Nach der hier vorgestellten Analyse ergibt sich das Fühlen der Lust im Selbstvollzug allgemein (i.e. unabhängig davon, ob die Tätigkeit wahrnehmend, denkend oder praktisch ist) aus der *synaisthesis*, dem Spüren des eigenen (energetischen) Wollend-seins. Der Unterschied zwischen Wahrnehmungs- und Strebevermögen (bzw. zwischen kognitivem und volitivem Bewusstseinsmoment) wird also anders als bei Aristoteles unterstellt, auch wenn zugleich zu betonen ist, dass er nur unterschiedliche Momente des einen Bewusstseins betrifft, die niemals getrennt voneinander auftreten. Die „Tätigkeitslust" erklärt sich dann aus eben dieser notwendigen Begleitung des Wollensvollzugs durch die Kognition (im Modus des Spürens), wobei das resultierende Gefühl allerdings seine Wertigkeit aus ersterem erhält.
[58] Wohl kann ich aber Reue oder besser Scham empfinden gegenüber dem, was ich gerade *tue* – etwa wenn ich etwas unter dem Zwang einer Sucht tue. Aber dann *will* ich das, was ich tue gerade in dem Maße nicht, in dem ich es bereue bzw. Scham dabei empfinde: Ich tue es aus *Zwang*, wenn auch aus innerem. Möglicherweise kann man eine derartige innere Zerrissenheit auch als Divergenz des energetischen und des dynamischen Wollens deuten.
[59] Selbstverständlich gibt es aber Grade der Intensität des Eigengefühls. Dagegen ist das „schlechte Eigengefühl" eigentlich nicht das schlechte, sondern das fehlende Eigengefühl: Der Mangel an „Bewusstseinsenergie". Dieser stellt wohl die eigentliche, reine Depressivität dar – i.e. dasjenige, was von ihr übrigbleibt, wenn man das negative Leidensgefühl (s.u.) von ihr abzieht. Daraus erhellt auch deren „Selbständigkeit": Der Depressive wird nicht traurig gemacht, er macht sich selbst traurig – oder besser, er *ist* für-sich-selbst traurig, weil ihm nicht etwas Fremdes abgeht oder zusetzt, sondern weil ihm das Eigengefühl fehlt.
[60] Vgl. auch NE 1156b16f: „Einem jedem nämlich gereichen die eigenen (oder ihm eigentümlichen) Handlungen zum Genuss (hēdonē)."
[61] Aristoteles scheint die Lust allgemein als die positive (Selbst-)Wahrnehmung im Tätigsein erklären zu wollen (vgl. bes. NE 1172a16-1176a29 – wobei er dem noch sein Vortrefflichkeitskriterium aus der Tugendlehre hinzufügt: Nur das Tätigsein im Sinn der gattungsspezifischen Vollkommenheit ist echte Lust, die Lust an unvollkommenem Tätigsein ist bloß scheinbare Lust, nämlich für verderbte Charaktere – dieser Gedanke der essentiell guten bzw. schlechten Lust scheint heute schwer akzeptabel). Es scheint aber doch auch die Lust im Erleiden zu

Gefühl

Interessanter für das Folgende ist die Begleitung der Empfindung durch das volitive Bewusstsein. Das dazu in Frage kommende Moment ist nun das dynamische Wollen, denn die Volition reagiert auf das Bewusstseinsleiden oder geht auf ein solches aus; und da es ihm dergestalt – als ein Erlittenes – nicht verfügbar ist, muss es sich zu ihm wie zu einem Äußeren – nämlich seinem *Wollend-sein* Äußeren – verhalten, obwohl die Empfindung ja ihrer *kognitiven* Qualität nach etwas „Inneres" ist, nämlich diejenige Seite des Gewahrseins, die *an mir* liegt. Mein Empfinden und mein Wollen können also im Widerspruch zueinander stehen: Ich kann nicht-wollen, was ich erleide und nicht-erleiden, was ich will.[62] Durch diese Differenz wird die Seite des Ich-für-mich-selbst erst eigentlich *für mich*, denn erst dadurch gewinnt sie *allein durch mich selbst* eine Qualifikation und wird so zum expliziten Gegenstand meines Bewusstseins, der nun auch losgelöst von der Seite des mir anderen für mich sein kann. Man kann diese Seite das „Leidensgefühl" oder, der Umgangssprache näher, einfach nur das „Fühlen" nennen.[63] Der Sinn des Wortes ist allerdings in der Umgangssprache nicht klar festgelegt: Es kann dort sowohl wertneutral wie auch das werthaft gemeint sein. Hier ist das werthafte Bewusstsein gemeint. Die Einstimmung von Wollen und Gewahrsein im Gefühl ist die Lust, ihre Unstimmigkeit die Unlust.[64]

---

geben, wie sie im folgenden Abschnitt dargestellt wird. Man kann zwar geltend machen, dass wir auch im Leiden der Lust tätig sind – nämlich sehend, hörend, spürend etc. sind. Aber phänomenologisch scheint doch ein Unterschied zu bestehen zwischen der Lust, die uns unser eigenes Tätigsein verursacht und derjenigen, die von Außen auf uns kommt. Dies zeigt sich vor allem in unerwarteten, überraschenden Lusterlebnissen wie auch in „überwältigenden": Im tiefen Schmerz wie z.B. im Orgasmus ist es dem Erleben nach nicht mehr das eigene Tätigsein, das man genießt bzw. an dem man leidet. Vgl. auch die folgende Anm.

[62] Dazu passt, dass Aristoteles denjenigen Genuss, der dem Freund aus der Lustfreundschaft entsteht, als „epeisakta hēdonē", als „von auswärts eingeführten Genuss" bezeichnet, NE 1169b26. Es scheint so, als fasse er hier die Lust anders als in den Büchern NE VII und X (vgl. vorige Anm.) als ein Erleiden äußerer Einwirkung.

[63] Zur Verdeutlichung: Es ist hier eine Weise oder ein Aspekt des Bewusst-Seins gemeint, nicht bzw. nur in zweiter Linie eine bestimmte Art von Bewusstseins*inhalt*. Das Gefühl als Bewusstseins*inhalt* kann sowohl gefühlt als auch verstanden werden. Unmittelbar freilich *fühle* ich den Schmerz. Aber man kann sich von diesem unmittelbaren Fühlen distanzieren und den Schmerz beobachten. Nach der hier vorgeschlagenen Terminologie „spürt" man dann den Schmerz oder man ist seiner „gewahr" ohne ihn zu „fühlen". (Vielleicht gilt auch nur: man konzentriert sich auf das Spüren des Schmerzes und lässt sein Fühlen außer acht – das ist eine Frage der Phänomenologie, die hier nicht beschäftigt.) Vielleicht hilft auch das Beispiel des Masochisten: Der spürt den Schmerz und fühlt Lust.

[64] Die Unterscheidung von Eigengefühl und (Leidens-)Gefühl entspricht in etwa derjenigen von *animus* und *anima* im Lateinischen (wobei mit diesen Wörtern allerdings auch eine allgemeine, dispositionale Verfasstheit gemeint sein kann, nicht nur ein aktuales Bewusstsein wie hier). Was wir landläufig „Gefühl" oder „Emotion" nennen, ist häufig eine Mischung auf Eigengefühl und Leidensgefühl. Und selbstverständlich gibt es Übergänge in beiden Richtungen: Aus einem Leidensgefühl erwächst ein energetisches Wollen oder aus dem Eigengefühl

Im Fühlen der Unlust kommt übrigens selbst in der völligen Selbstbezogenheit (i.e. wenn mir dabei kein Gegenstand als Ursache meines Leids im Bewusstsein steht, wenn ich sozusagen ganz mit meinem Schmerz allein bin) die Asymmetrie und die Zufälligkeit des Bewusstseins, i.e. das Für-mich samt seiner Gebrochenheit zum Ausdruck:[65] Mein Wollen bewirkt nicht unmittelbar mein Gewahrsein. Wenn ich die Unlust nicht will, verschwindet sie darum nicht schon, wenn ich die Lust will, bleibt sie (oder entsteht sie) dadurch nicht schon. Selbst in meinem allein an mir selbst Gewahrsein und an mir selbst Wollen bin ich mir selbst durch einen Fremdbezug vermittelt, der kontingent ist. Einzig im uneingeschränkten Lustempfinden ist es der Bewusstseinsstruktur nach möglich, mein Bezogensein nicht ausdrücklich zu wissen – damit aber auch mich selbst bzw. das „Mir" oder „Für mich" nicht mehr zu wissen. So gehören zu den Erfahrungen höchster Lust zuweilen das Selbstentrücktsein und sogar die „Bewusstlosigkeit". Verschiedene Formen des eigenen Vergehenwollens mögen in die Richtung dieser Erfahrung zielen. Es vergeht allerdings nie das Selbst, denn das Für-mich versinkt in der Lust nur in die Unbewusstheit, die Lust fällt damit nicht aus der Bewusstseinsstruktur selbst heraus. Und so vergehe in der Lust dauerhaft nicht ich selbst, sondern es ist auf die Dauer immer die Lust, die vergeht.

d) Betrachten

Fühlen und Eigengefühl betrafen beide die Seite des Für-mich im Bewusstsein. Wenn man will, kann man dies den Aspekt der *Retraktion*, nämlich des Rückzugs meines bewusst Seins auf mich oder meiner selbst auf mich in meinem Bewusstsein nennen. Die Wendung des Bewusstseins hinein in die Gegenrichtung, nämlich auf das An-sich hin, kann man entsprechend als erste, ursprüngliche Reflexion bezeichnen. Sie ist allerdings als Reflexion *des Bewusstseins* streng zu unterscheiden von der Reflexion *über etwas* im Sinn des Nachdenkens, der Reflexion *im Bewusstsein*.[66] Die Reflexion des Bewusstseins ist die Hinwendung überhaupt zum An-sich, damit aber auch allererst die Konstitution des An-sich im Bewusstsein (der Terminus An-*sich* weist schon allein der Wortbedeutung nach eine reflexive Bezogenheit aus, hat also schon von daher seinen Ort in Zusammenhängen der Bezüglichkeit und nicht in der solitären Unmittelbarkeit des Faktischen). Das Wort „Betrachtung" passt

---

erwächst sein Spüren. Diese komplexeren Verhältnisse der Bewusstseinsmomente zueinander können hier nicht weiter verfolgt werden.
[65] Vgl. auch Hegels Analyse des Schmerzes in WdL 12/187f.
[66] Allerdings eignet auch der betrachtenden Bewusstseinsreflexion schon, was das reflektierende Nachdenken kennzeichnet: die Distanzierung und die Abstraktion. Die Wendung zum An-sich bringt die Distanz und Gebrochenheit, die im Bewusstseinsbezug selbst liegt, zum Bewusstsein. Und sie sieht ab (abstrahiert) von der Unmittelbarkeit des Für-mich.

hierfür am besten, auch wenn es weder in der Umgangssprache noch im philosophischen Diskurs eindeutig auf diesen Sinn festgelegt ist.[67]

Dass das Fühlen bzw. das Eigengefühl das Mir-Naheliegende und damit Mir-Unmittelbare ist, der Bezug aufs An-sich-Seiende dagegen mittelbare Reflexion, bedeutet allerdings nicht, dass letztere erst nachträglich und abgeleitetermaßen zustande käme. Im Gegenteil ist für dasjenige Bewusstsein, in dem wir bewusst sind, beides gleichermaßen konstitutiv.[68] Mein Fühlen erfordert nämlich *jederzeit* ein An-sich-Bewusstsein, nämlich ein (zumindest in letzter Instanz) nichtgefühlsartiges Wahrnehmen oder „Wissen" meiner Gefühlstätigkeit selbst (und, wie sich unten zeigen wird, ein Wissen des Gutseins meines Für-mich-Vollzugs). Ohne dass ich reflexiv wahrnehme, dass ich fühle, könnte ich kein distinktes Bewusstsein meines Gefühls haben, sondern alles Gefühl wäre mir, je nach Anschauungsweise, unvergleichlich solitär oder unterschiedslos eins.[69] Und unser Wollen bliebe als rein energetisches, also ohne den dynamischen Aspekt, vollkommen selbstbeschränkt und damit gleichgültig: Es machte keinen Unterschied, außer für die Bestimmung meines reinen Selbstvollzugs. Weil mein Wollen aber in diesem immer erfolgreich ist, macht auch diese Bestimmung für mich selbst keinen *Wert*unterschied aus. Also ist das rein energetische Wollen *qua Wollen* gegenstandslos, denn Gegenstand des Wollens ist immer Werthaftes. Es gibt demnach kein reines Fühlen bzw. Empfindsamkeit, zumindest nicht als Bewusstsein oder zumindest nicht als das Bewusstsein, in dem wir bewusst sind – und ein anderes können wir uns noch nicht einmal ausmalen. Umgekehrt erfordert die Wendung des Bewusstseins auf die Seite des An-sich den Hintergrund irgendeiner

---

[67] Mit dem betrachtenden Bewusstsein sind wir also endlich bei dem angelangt, was seit Franz Brentano (1874) „Intentionalität" genannt wird. Wie schon bemerkt ist diese nach dem hier Entwickelten nicht als die Grundstruktur des Bewusstseins anzusehen – die ist das Für-mich oder die „Mihität". Es ist nun deutlicher geworden, warum das so ist: Aus der Perspektive des hier Entwickelten ist die Intentionalität die Reflexionsform des Für-mich – der dessen „retraktive" Form, nämlich das Fühlen gegenübersteht (wenn man einen der Intentionalität entsprechenden Terminus für das fühlende Bewusstsein haben möchte, dann müsste man wohl von der „Expressivität" des Bewusstseins oder dem „expressiven" Bewusstsein sprechen). Beide Bewusstseinsformen sind immer noch sehr basal, aber keine von ihnen kann – allein schon aufgrund ihrer Komplementarität – die Grundstruktur des Bewusstseins darstellen.

[68] Dies bedeutet freilich nicht, dass ich in jedem Bewusstsein *gleichermaßen* fühlend und betrachtend bin. Fühlen und Betrachten können je für sich *allein* im Fokus des Bewusstseins stehen. Aber sie werden dann stets begleitet von einem Mitbewusstsein des jeweils anderen Bewusstseinsmoments, wie im Folgenden ausgeführt wird. In diesem Sinn trifft die These des Intentionalismus, alles Bewusstsein sei intentional, am Ende doch zu: Alles Bewusstsein wird, selbst wenn der Bewusstseinsfokus nicht-intentional ist, doch von einem intentionalen Mit-Bewusstsein begleitet. Aber umgekehrt gilt das Gleiche. Deshalb kann die Intentionalität nicht die Grundstruktur des Bewusstseins sein.

[69] Diese sozusagen transzendentalen Bezüge der Bewusstseinsmomente aufeinander sollen hier über ihre Beispielfunktion hinaus nicht weiter verfolgt werden, auch wenn dies im Rahmen einer vollausgearbeiteten Bewusstseinstheorie nötig wäre.

Art des Betroffenseins im Für-mich – dieses Erfordernis wird i.d.R. nicht bezweifelt.⁷⁰

Konnten Gewahrsein und Wollen im Bezug auf das, was im Bewusstsein an mir liegt, je für sich genommen gar nicht fehlgehen, so *müssen* sie nun ins Leere gehen, wenn sie auf die andere Seite des Bewusstseins getrennt je für sich ausgehen. Denn das (dynamische) Wollen hat dasjenige, worauf es sich bezieht, nun nicht durch sich selbst und das Wahrnehmen hat den Bezug nicht in sich selbst – darauf wurde bereits hingewiesen. Erst im In-Eins von Wollen und Gewahrsein ergibt sich *mein* (kognitiver oder volitiver) Gegenstandsbezug *für mich*.

Eigenbetrachtung

Das Zusammenwirken von Wahrnehmung und dynamischen Wollendsein wurde oben schon angedeutet: Wenn sich mein Vollziehend-sein über den energetischen Selbstvollzug hinaus auswirkt auf anderes, dann stellt die Wahrnehmung seinen Erfolg fest. Dies muss nicht über einen ausdrücklichen (und damit begrifflich-diskursiven) Abgleich zwischen einer Zielsetzung und einem Ergebnisprotokoll erfolgen: Ich spiele etwa Klavier und nehme hörend den Erfolg meines Tuns wahr.⁷¹ An einer schwierigen Stelle verspiele ich mich. Am Klang, den ich produziere, nehme ich den Misserfolg meines Tuns wahr. Auf diese Wahrnehmung folgt dann vielleicht bald ein Gefühl, nämlich z.B. das des Ärgers, aber im ersten Moment ist mir nur einfach die Ohnmacht

---

⁷⁰ Es ist also, das mag bzw. sollte auf den ersten Blick verwirren, ein „ursprüngliches Reflektieren" gefordert, eine Reflexion, die nicht auf ein Gegebensein hin erfolgt, sondern die zumindest gleichursprünglich mit diesem ist und es zumindest im gleichen Maß konstituiert, wie es selbst durch dieses grundgelegt wird. Eine solche Denkfigur der „Reflexion als des Ursprünglichen" oder, deutlicher noch, des „Resultats als des Ursprünglichen" ist aus der hegelschen Philosophie bekannt. Sie muss selbstverständlich all denjenigen, die philosophische Theorien unter den unbedingten Primat der Kohärenz stellen, suspekt sein, aber ich sehe nicht, wie man das Bewusstsein angemessen ohne eine derartige Struktur erfassen kann. Bewusstsein hat nun einmal etwas mit Selbstbezüglichkeit zu tun, und Selbstbezüglichkeit ist stets ein Nährboden der Inkohärenz oder zumindest der unvollständigen Erklärbarkeit, wie man spätestens seit Russel, aber eigentlich schon seit Kant weiß. Natürlich kann man alternativ auch einfach das Bewusstsein abstreiten. Aber da zeigt sich nun wieder die Stärke der Selbstbezüglichkeit: Die Realität meines Bewusstseins ist mir so unabweisbar, dass zumindest ich persönlich auch von der empörendsten Inkohärenz, die die Akzeptanz seiner Realität mich in Kauf zu nehmen nötigen mag, nicht zu deren Ablehnung zu bewegen bin. Ich gebe zu, dass hier eine Grenze des Diskurses erreicht ist: Wer sein eigenes Bewusstsein abstreitet, mit dem habe ich (an dieser Stelle) nichts mehr zu diskutieren. Ich kann mich nur noch über ihn wundern.
⁷¹ Diese begleitende Beobachtung ist – wie ja auch das Fühlen – häufig nicht oder nur teilweise bewusst. Der Radfahrer „beobachtet" unbewusst, dass seine Intention, geradeaus zu fahren, fehlgeht, dass er nämlich etwas zur Seite neigt. Unbewusst steuert er gegen und stellt damit die Geradeausfahrt (wieder) her (bekanntlich ist die Geradeausfahrt beim Fahrradfahren in Wahrheit ein leichtes Schlängeln, das sich aus dem Hin-und-her der Korrektur von Seitenneigungen ergibt). Die Intention der Geradeausfahrt wird also durch die begleitende Beobachtung überhaupt erst realisierbar.

meines Wollens bewusst – und dieses Bewusstsein hat den Charakter des An-sich-Bewussten, denn für mich *fühle* ich in diesem unmittelbaren Bewusstsein noch nichts – ich *nehme* nur die Erfolglosigkeit meines Wollens *wahr*. Dass diese Wahrnehmung von dem Gefühl des Ärgers oder der Enttäuschung zu trennen ist, wird daran deutlich, dass auf die gleiche Misserfolgswahrnehmung unterschiedliche Gefühle folgen können: Ich spiele eine Sonate zum ersten mal und verspiele mich an einer bestimmten Stelle. Es stellt sich ein Gefühl in der Art von „schade, dass es hier nicht gleich klappt!" ein. Ich verspiele mich an derselben Stelle zum zehnten mal; nun ärgere ich mich richtiggehend. Ich verspiele mich bei einem Konzert vor Publikum; nun schäme ich mich für den Misserfolg. Noch an einem anderen Merkmal erkennt man, dass das Fühlen der Enttäuschung kein unmittelbares Bewusstseinsleiden ist, sondern eines, das einer Wahrnehmung folgt:[72] Man kann sich *irren* über den Misserfolg (wie über den Erfolg); wenn man aber den Irrtum bemerkt, schlägt das Enttäuschungsgefühl (bzw. das Erfolgsgefühl) sofort um in ein anderes.

Genauer besehen lösen Wollen und Wahrnehmen einander nicht ab – ich vollziehe nicht *erst* mein Wollen und schaue *dann*, was dabei herausgekommen ist –, sondern mein Wahrnehmen begleitet das Sich-Auswirken meines dynamischen Wollens. Für diese Art der kognitiven Begleitung passt nun am besten das Wort „Betrachtung". In Analogie zum Eigengefühl, das das energetische Wollen begleitet, kann man von der *Eigenbetrachtung* sprechen – allerdings nicht im Sinn einer kontemplativen *Selbst*betrachtung, sondern in demjenigen der Wahrnehmung dessen, was man durch seinem eigenen Vollzug in der Wirklichkeit an Eigenem zuwege bringt.

Die Güte des gelingenden Willensvollzugs ist nun in der Beobachtung ein Gutsein *an sich*, wenn auch (logischerweise) nach Maßgabe meines Wollens (wie umgekehrt das Misslingen *an sich* schlecht ist): Sie bemisst sich daran, ob ich zuwege bringe, was ich intendiere, ob also ich mein Wollen und damit mich in meinem Wollen-Sein verwirkliche, mithin ob ich tatsächlich *Eigenes* bewerkstellige.[73] Sicherlich darf man Aristoteles' Erklärung der Liebe zum eigenen Werk (nämlich als gelungenem dynamischen Wollen) in diesem Sinn verstehen (NE 1168a5ff): „Der Grund hiervon [nämlich dieser Liebe] ist, dass alles das Existieren erstrebt und liebt[74]; wir existieren aber in der Aktivi-

---

[72] Eine philosophische Theorie der Gefühle müsste selbstverständlich all die komplexen Verschränkungen und Reflexionen von Wahrnehmung, Gefühl, Eigengefühl und dynamischem Wollen darstellen, die sich auf der Grundlage der hier skizzierten Unterscheidungen ergeben können. Dazu ist hier weder der Raum, noch der Bedarf gegeben.

[73] Es handelt sich also nicht um die Eigenbetrachtung eines Selbst oder eines Subjekts, sondern um die Eigenbetrachtung des Bewusstseinsvollzugs bzw. deutlicher: des (volitiven) Bewusstseinsvollziehens. Dieser Vollzug reflektiert oder „spiegelt" sich in sich selbst – und nicht stellt ein Subjekt Reflexionen über sich selbst an.

[74] Sicherlich ist *philein* bzw. *stergein* hier im weiteren Sinn, also in dem des Begehrens oder des Als-Gutes-Ansehen zu verstehen, denn das Werk, das man bewirkt, ist ja (außer vielleicht im Fall der eigenen Kinder) nicht etwas Belebtes, also nicht etwas, das man im engeren Sinn lieben kann (nämlich dem man wohlwollen kann, s.u.).

tät [energeia] (im Leben nämlich und im Tun); durch sein Aktivsein [energeia] *ist* also der Schöpfer in gewisser Weise sein Werk: Daher liebt er das Werk, weil er das Existieren liebt. Das ist ein Naturzusammenhang: Was eines seiner Potenz nach ist, das bezeigt sein Werk als aktuales Sein [energeia]." Das Kriterium ist also zwar subjektiv, aber ob es erfüllt ist, stelle ich in meinem Bewusstsein objektiv fest: Es ist mir eine Gegebenheit-an-sich, dass mein Wollen erfolgreich ist (oder scheitert) und nicht ein Empfinden, dessen ich für mich gewahr bin. Das mag man daran erkennen, dass ich über den Erfolg überrascht sein kann: Ich spiele eine Sonate vom Blatt und wundere mich, wie gut das klappt. Dies ist aber nur im Fall der *Wahrnehmung* meines Wollensvollzugs möglich, denn wenn ich es unmittelbar *empfinden* würde, könnte ich ja nicht etwas entdecken, was mir qua Wollensvollzug nicht schon gegeben wäre.

Die Verwirklichung meines dynamischen Wollens in meinem Bewusstsein, der Einklang von Wollen und Gewahrsein ist mir als solcher *in ihrem Vollzug* gut an sich[75] – auch wenn die inhaltlichen Bestimmungen derjenigen Wirklichkeit, die ich im Ergebnis *hergestellt* habe, schlecht sein können (sei es, dass sie nach objektiven Maßstäben, z.B. moralisch, ästhetisch[76] oder funktional schlecht sind, sei es, dass sich nach meinen eigenen Maßstäben das, was ich zunächst erstrebt habe, als schlecht für mich selbst erweist). Das mag man auch daran erkennen, dass das Wort „Erfolg" positiv besetzt ist. Hinsichtlich des Gehalts des Vollzugs ist es ja völlig offen, ob dasjenige worin einer Erfolg hat, gut ist. Aber seiner Gestalt nach ist ein erfolgreiches Wollen eben *eo ipso* gut, denn Wollen will ja *eo ipso* den Erfolg. Ein dynamischer Wollensvollzug, der erfolgreich ist, ist (*objektiv*) in guter Verfassung, und in schlechter, wenn er scheitert. Deshalb ist mir mein dynamisches Wollen in der Eigen*betrachtung* nicht (wie mein energetisches Wollen im Eigen*gefühl*) *für mich* gut, sondern *an sich*.

Objektbetrachtung

Der An-sich-Aspekt der kognitiven Seite des Bewusstseins, i.e. die Wahrnehmung ist immer mit energetischen Wollen verbunden. Auch darauf wurde oben schon hingewiesen: In jedem Gewahrsein bin ich zugleich auch wollend, da ich nämlich zumindest meine Aufmerksamkeit betätige. Im Fall des Empfindens wird mir die Wahrnehmung aufgedrängt, deshalb hat in diesem Fall die Aufmerksamkeit den Charakter der Unfreiwilligkeit und zugleich der Wertung, wie eben gerade ausgeführt wurde. Im Bezug auf das (mir in meinem Bewusstsein) An-sich-seiende dagegen ist die Aufmerksamkeit (für mich in meinem Bewusstsein) mein „Werk", meine „Energeia", durch die ich nämlich mein Bewusstsein zuwege bringe – da ja das An-sich-seiende nicht not-

---

[75] Vgl. auch das im vorigen Absatz angeführte Aristoteleszitat.
[76] Die Sonate, die ich erfolgreich vom Blatt spiele, erweist sich als grausam schlecht.

wendig in meinem Bewusstsein steht. Für dieses „willentlich-tätige Wahrnehmen" wurde hier das Wort „Betrachten" gewählt.[77]

Das Betrachten unterstellt immer mein Ausgerichtetsein „hin auf", i.e. mein (Bewusst-) Sein *an* etwas, und vollzieht sich als Gewahrsein im Bewusstsein dieses „Andersheitsbezugs". Das darin vollzogene Wollen ist ein energetisches: Es kann an sich selbst *unmittelbar* nicht fehlgehen, denn eben dasjenige, worauf ich mein Bewusstsein konzentriere, darauf ist es konzentriert. (Wohl kann aber die *Reflexion* dieses Wollens scheitern, wenn man nämlich sich *entschlossen* hat, sich auf etwas Bestimmtes zu konzentrieren und dann unter diesem *vorgefassten* Entschluss sein Erkennen anstrengt – dann können die Müdigkeit, der Lärm der Nachbarn oder tausend andere Dinge an der Ausführung dieses Entschlusses hindern.) Daher tut sich in der Betrachtung *unmittelbar* keine Differenz zwischen Positivem und Negativem auf, wie bei Lust und Unlust: Wenn ich verstehe, dann verstehe ich immer etwas. Das erkennt man daran, dass es das Bewusstsein „ich irre (jetzt gerade)" nicht gibt – der Satz ist als aktuale Selbstaussage nur in der Vergangenheitsform möglich.[78] Die Zweiwertigkeit des Erkennens ergibt sich erst aus der nachgeordneten Reflexion.[79] – Wenn ich dagegen aktuell *nicht* verstehe, wenn in meiner Ausgerichtetheit kein Gewahrsein zustande kommt, dann ist überhaupt kein An-sich für mich, und nicht ist das An-sich-Seiende bzw. sein Für-mich-Sein

---

[77] Im Unterschied zur Selbstbetrachtung müsste es hier die „Fremdbetrachtung" heißen, aber wie im vorigen Fall von Fühlen und Eigengefühl scheint diese Spezifikation überflüssig: Unter „Fühlen" und „Betrachten" verstehen wir ohne weiteren Zusatz immer solches, das auf uns Gegebenes geht, und nicht auf unser eigenes Wollend-sein.

[78] Als Allgemeinaussage im Sinn von „ich bin ein Wesen, das immer wieder irrt", ist sie selbstverständlich in jedem Tempus möglich. Vgl. auch A. Koch, 1990, 167: „Für die Grundschicht der Wahrheit entfällt die Irrtumsmöglichkeit."

Der epistemische Tatbestand der Unzweiwertigkeit des unmittelbaren Betrachtens hat seine linguistische Entsprechung in der behauptenden Kraft. Ich kann zwar Sätze auch ohne diese, nämlich als Zitate äußern. Aber die behauptende Kraft ist immer positiv, niemals negativ. (Der Inhalt des behauptenden Satzes kann natürlich negativ sein, aber wenn ich z.B. behaupte, dass es jetzt nicht regnet, dann behaupte ich affirmativ, dass es aktuell nicht regnet). Der Wahrheitsanspruch, unter den wir unsere Aussagesätze in der direkten Rede stellen, ist immer ein Wahrheitsanspruch, niemals ein Falschheitsanspruch. Wäre dem nicht so, dann löste sich jede Rede auf, denn die behauptende *Kraft* kann als solche nicht ausdrücklich sein (alles, was ausdrücklich ist, i.e. was gesagt wird, steht *im* Satz, auf den sich die behauptende Kraft als ganze bezieht). Wäre also die behauptende Kraft zwiespältig, dann könnte sie nicht zum Ausdruck bringen, ob sie nun positiv oder negativ behauptet. Damit wäre aber jede Aussage zwiespältig, i.e. sowohl behauptend als auch abstreitend. – Positives und Negatives verhalten sich eben nicht schlechthin symmetrisch zueinander, wie es vielleicht in der Mathematik, der Logik und der Physik der Fall sein mag.

[79] Daraus legt sich eine weitere Verwandtschaft der Reflexion des Bewusstseins im An-sich-Bewusstsein und der nach-denkenden Reflexion nahe, nämlich eine der Abkünftigkeit: Das gegenständliche Bewusstsein stellt als Bewusstsein der Distanziertheit die *Möglichkeit* des „Wieder-" oder „Rückbezug" allererst bereit, weil das Bezugsobjekt seine Existenz nicht allein im aktuellen Für-mich hat, sondern durch die Irreduzibilität der Seiten des Bewusstseinsverhältnisses selbständig gegen dieses ist; und sie stellt auch den *Anstoß* zum Rückbezug bereit, nämlich im Erlebnis des Irrtums.

defizient. Mein Zustand des Nichtsverstehens mag *für mich* schlecht sein, aber er ist es im Sinn des *Gefühls*: Gewahrsein und Wollen sind *inkongruent*; dagegen sind beide immer schon kongruent, wenn Verstehen zustande kommt, denn das Zusammengehen von Gewahrsein und Wollen ist ja die Bedingung meiner Hinwendung aufs An-sich-Seiende. Irrtum in meiner Wahrnehmung und Enttäuschung in meinem energetischen Wollen dagegen ergeben sich erst für die nachdenkende Reflexion, denn sie erfordern die Differenzierung von Erkennen und Wollen in der Zeit und ihre Vermittlung durch das jeweils andere in dieser Differenz.

Insofern also das Betrachten *unmittelbar* unzwiespältig ist, zugleich aber in der Bezüglichkeit des Wollens steht, insofern ist es unmittelbar trotz seiner Unzwiespältigkeit nicht gleichgültig. So ist das „An-sich für mich" *unmittelbar* „gut" (in Bezug auf mein Wollen)[80] und „wahr" (im Bezug auf mein Gewahrsein).[81] I.e. das unmittelbare Erkennen ist nach dem hier Entwickelten der

---

[80] Alles, was ich unmittelbar betrachte, ist also an ihm selbst gut – eben deshalb zieht es ja seine Aufmerksamkeit auf mich. Der Grad seines Gutseins macht die Intensität und Dauer meiner Aufmerksamkeit aus (falls ich nicht anderweitig abgelenkt werde). Dieser wird aber in der unmittelbaren Betrachtung nicht als solcher bewusst, sondern erst in der Vergleichung mit anderem, die aber erst in der Reflexion erfolgt. *Mittelbar* kann meine Aufmerksamkeit natürlich auch durch anderes zustande kommen als durch ihre Attraktion durch das An-sich-gut-sein ihres Gegenstands, nämlich aufgrund von Gefühlen: Weil ich Lust, Angst, Schmerz etc. *fühle*, deshalb wende ich mich der (vermeintlichen) Ursache dieser Gefühle zu. Das Gefühl kann aber nicht das Erkennen *überhaupt* begründen, denn um mein Betrachten aufgrund eines Gefühls einem Gegenstand zuwenden zu können, muss ich ihn *zuvor* schon an sich erkannt haben. Diese letztere Erkenntnis kann aber das Gefühl nicht leisten, dieses kann nur die Aufmerksamkeit motivieren, *nachdem* die Erkenntnis vollzogen wurde. – Die gefühlsmotivierte Aufmerksamkeit ist wie das oben erwähnte Betrachten von Gefühlen eine der höherstufigen, komplexeren Bezüge der unterschiedlichen Bewusstseinsmomente aufeinander.

[81] Das begründet den Wertvorrang der Wahrheit vor der Falschheit: Die Wahrheit ist die Güte des ursprünglichen, unreflektierten Erkenntnisvollzugs, ohne dass ihr darin unmittelbar die Falschheit gegenüberstünde. – Ginge es hier um eine Wahrheits- oder eine Erkenntnistheorie, dann müsste man freilich genauer ausführen: Das ausdrückliche Bewusstsein der Wahrheit entsteht eigentlich erst aus einer weiteren Reflexion, nämlich derjenigen des Betrachtens, in der dessen beide Momente, das Ausgerichtetsein und die Kognition, als jeweils eigene für sich ins Bewusstsein treten. Daraus ergibt sich das diskursive Bewusstsein, nämlich die propositionale Struktur in Form des primitiven indexikalischen Satzes wie etwa: „Dies hier ist rot." Dieser Satz oder dieses Bewusstsein ist wahr, wenn Ausgerichtetsein und Kognition kongruent sind, i.e. wenn das Rote, das ich (irrtumsimmun) wahrnehme, und Dieses-hier, worauf ich (irrtumsimmun) ausgerichtet bin, tatsächlich dasselbe sind. (In der Folge ergeben sich dann durch weitere Reflexion und Abstraktion natürlich noch andere mögliche Wahrheitsverhältnisse, etwa die von Begriffen oder Sätzen zueinander. Das beginnt damit, dass ich mein Bezogensein ebenfalls begrifflich fasse, nämlich seinen Bezugspunkt begrifflich identifiziere: „Diese *Rose* ist rot"; dass ich abstrahiere und verallgemeinere: „*Manche* Rosen sind rot / *es gibt* rote Rosen"; usf.) Natürlich sind Wollen und Gewahrsein in der Wahrnehmung in *meinem* Bewusstsein *unmittelbar* immer kongruent, das unmittelbare Bewusstsein im Erkennen ist immer „so ist es!" „das ist wahr!". (Ihre unmittelbare Inkongruenz im Bewusstsein ist nicht der Irrtum, sondern die *mangelnde* Wahrnehmung: das Unverständnis, s.o.) Das Wahrheitsbewusstsein konturiert sich ursprünglich nicht gegen das Bewusstsein der Falschheit bzw. des Irrtums, sondern gegen das (Noch-)Nicht-Verstehen: Erkenntnis ist ein Prozess, nämlich der Hinblicknahme und des

ursprüngliche Ort der klassischen Transzendentalien: *Unum, verum, bonum* sind die Prädikate des An-sich-Seins, des *ens* in demjenigen Bewusstsein, das sich auf die Gegenseite des apriorischen Für-mich wendet.[82]

Der ursprünglichen Gutheit und Wahrheit des An-sich-Bewusstseins tut es keinen Abbruch, dass die *Explikation* der Begriffe des Guten und des Wahren erst aus dem reflexiven Verhältnis möglich sein mag, in dem auch Unwahrheit und Ungutsein in der Bezogenheit meiner auf das andere bzw. des andern auf mich möglich sind. Mögen auch die Konzepte von „Wahrheit" und „Gutheit" aus den Verhältnismäßigkeiten der Zweiwertigkeit hergenommen sein, das unmittelbare An-sich im Bewusstseinsbezug hat in seiner Unzwiespältigkeit eine ursprüngliche Gültigkeit und Wertigkeit. Bewusstsein ist *ursprünglich* asymmetrisch und ungleichgültig.

Wenn man die Gutheit-an-sich gegenüber der Lust als der Gutheit-für-mich (dem „*Lust*guten") terminologisch festlegen will, dann eignet sich dafür am besten der Begriff des Schönen oder *Schön*guten (des antiken *kalokaga-*

Erfassens. Auch wenn (wie im Beispiel von „dieses hier ist rot") kaum Zeit zwischen Beginn und Ende dieses Prozesses vergeht, nimmt das Bewusstsein doch einen Übergang in seiner Tätigkeit wahr, und der artikuliert sich eben dergestalt, dass ich etwas gewonnen habe bezüglich des Gegenübers, auf das meine Hinblicknahme und mein Erfassen ausging. Dieser Gewinn hat sozusagen eine Gehaltsseite: die Vorstellung „dieses hier ist rot"; daneben aber eben auch die Seite der formalen Wertigkeit, die aus der Kongruenz von Wollen und Gewahrsein stammt (auch wenn diese Kongruenz *für mich unmittelbar* unzweifelhaft ist). Diese letztere Seite des Gewinns ist eben die Wahrheit (oder zumindest ihr Wertaspekt). Aus der Perspektive der Sprachbetrachtung stellt sich die Deckungsgleichheit von Gehalt und Bezug dann (unter Abstraktion des Bewusstseins) so dar, dass der *Satz* „Diese Rose ist rot" dann wahr ist, wenn diese Rose *tatsächlich* rot ist. (Daher sind diejenigen Sätze, die, die in den indogermanischen Sprachen *keine* äußerliche Subjekt-Prädikat-Struktur haben, typischerweise solche, deren korrespondierendes Bewusstsein in der Normalsituation keine spezifische oder allenfalls eine vage Gerichtetheit impliziert: „Es regnet" bedeutet im Normalfall bezüglich der Gerichtetheit „es regnet ringsum"; „es riecht komisch" bedeutet „es richt komisch von irgendwoher" [natürlich gibt es auch Sätze wie „es regnet dort hinten" oder „... in New York", aber die lernen bzw. bilden wir i.d.R. erst dann, wenn wir die Erfahrung des Regnens um uns herum einmal gemacht haben].) Dass aber die Wahrheitswertigkeit von Sätzen nicht die ursprüngliche Form des Wahrheitswertes ist, kann man sich leicht an folgendem Gedankenspiel klarmachen: Ein Informatiker programmiert einen Computer dazu, in deutscher Sprache durch beliebige Kombinationen syntaktisch korrekte Sätze zu konstruieren und zu speichern. Da der Computer ausgesprochen leistungsfähig ist, enthält sein Speichermedium bald – neben Unmengen falscher Sätze – die größte Ansammlung wahrer Sätze (in deutscher Sprache), die auf der Welt existiert. Niemand wird darin im normalsprachlichen Sinn irgendeinen Wert erblicken – diese Sammlung ist „gar nichts wert" (solange wir nämlich nicht *wissen*, welche Sätze wahr sind und welche falsch; wiederum genügt es nicht, dass dieses Wissen bloß sprachlich festgeschrieben ist, denn die Sätzesammlung des Computers enthält natürlich auch Sätze wie: „Der Satz an 34401859. Stelle dieser Sammlung ist wahr").

[82] Wenn man darüber hinaus einen minimalen (gleichsam rein formalen) transzendentalen Idealismus in Gestalt der These vertritt, dass es An-sich nur im Modus eines asymmetrischen Bezugs überhaupt gibt, auf dem Hintergrund eines (wenigstens formalen) Für-mich also, dann ergibt sich, dass generell jedes An-sich-Sein Eines, Wahres und Gutes ist, i.e. dass generell der Satz gilt: onme ens est unum, verum, bonum – aber dies braucht hier nicht weiter zu beschäftigen.

thon): Es handelt sich um diejenige Gutheit, die sich im betrachtenden Gewahrsein, in der Wahrnehmung-an-sich geltend macht, dem insofern *ästhetisch* Guten. Allerdings muss man beachten, dass der Begriff des Schöngutten hier noch vor der Unterscheidung von (ästhetischer) Schönheit und moralischer Güte liegt und nur gegen die Lust differenziert ist.

Das Wollen ist auf dieses Gute nur vermittelst des Gewahrseins bezogen: Das Wollen geht auf den Vollzug des Gewahrseins des Schöngutten, das Gewahrsein aber geht auf das Schöngute an ihm selbst. – Und nicht geht das Wollen – wie bei der Lust – auf den Vollzug einer Wirkung an mir, einer Einwirkung auf mich. Insofern ist das Wohlgefallen am Schönen interesselos: Das Interesse ist reduziert auf das „reine" Gegenstandsinteresse, die Intention ist reduziert auf die schiere Konzentration des Erkennens.[83] Das Schöne will ich im reinästhetischen Genuss nicht einfachhin *für* mich, i.e. ich will nicht, dass es auf mich hin wirke und sich damit auf mich hin verändere; sondern ich will es „*an sich*-für mich", ich will nur seinen Vorschein für mich, in dem ich seiner gewahr bin. An ihm selbst aber soll es bleiben, wie es an ihm selbst ist, denn *an ihm selbst* ist es gut.

Der Genuss des Schönen ist so nicht eine Wirkung, die die Bewegung des schönen Gegenstands an mir bewirkte, sondern er ist die Wirkung, die in meinem eigenen Bewegtsein, nämlich in meinem Vollzug des Gewahrseins seiner liegt, nämlich im (energetischen) Wollen. Das Gewahrsein erhält vom Schöngutten her zwar eine bestimmte Qualität, aber die Aktuosität, die erst die Genusswirkung hervorbringt, stammt aus der Bewegung des Gewahrenden und nicht von seinem Gegenstand her.[84] Das erkennt man daran, dass die Gutheit des Schöngutten in meinem Bewusstsein von ihm nicht von diesem Bewusstsein abhängt, sondern an sich besteht, i.e. dass es in meinen Augen Gutes ist, auch ohne dass ich seiner bewusst bin und in diesem Bewusstsein Genuss empfinde. So kann der Genuss nur aus dem entstehen, was ich selbst im Angesicht des Schönen tue: im Wirksamsein meines Bewusstseinsvollzugs an mir selbst. Dergestalt kann das Schöngute also etwas in mir verursachen, ohne selbst bewegend zu sein. Es bewegt *hoos eroumenon*, wie das Geliebte, nach dessen Analogie der unbewegte Beweger bewegt (Met Λ, 1072b3).[85]

---

[83] Es ist also das Interesse des „,interesselosen' Wohlgefallens" (vgl. KdU § 2) – Kant verwendet das Wort „Interesse" im Sinn von Eigeninteresse, nicht im weiteren Sinn, der auch das bloße Gegenstandsinteresse umfasst.

[84] Dass dagegen *physikalisch* betrachtet eine Wechselwirkung zwischen Sinnesobjekt und Sinnesorganen stattfindet, also auch das Objekt wirkend ist, hat mit der internen Betrachtung des Bewusstseinsbezugs gar nichts zu tun.

[85] So ist es z.B. nicht hinreichend, sich den unbewegten Beweger nach dem Bild eines Magneten vorzustellen. Ein Magnet kann, solange er selbst unbewegt ist, nur eine endliche Bewegung bewirken – nämlich längstens so lange bewegen, bis der andere Gegenstand an ihn anstößt. Der unbewegte Beweger muss aber unendliche Bewegung in Gang setzen. Genau dies aber ist nach dem Bild des *eroumenon* möglich, denn das Betrachten des Schöngutten erschöpft sich nicht an diesem, eben weil es dieses nicht ausschöpft, i.e. nichts an ihm tut und es nicht ver-

46   I. BEWUSSTSEIN

e) Vitalität und Intellekt

Die dargestellten internen Differenzierungen des Bewusstseins machen Differenzierungen notwendig, die über das Bewusstsein hinausgreifen bzw. Differenzierungen von Weisen, in denen das Bewusstsein über sich selbst hinausgreift und etwas als sich zugehörig begreift, das nicht notwendig und nicht immer bewusst ist. Dies ist zum einen der Leib (samt dem Gemüt), zum anderen der Intellekt. Diese würden den Ausgangspunkt einer Handlungs- und einer Erkenntnistheorie im Rahmen des hier entwickelten philosophischen Ansatzes bilden. Weil es im Folgenden aber allein um die Ethik geht, werden diese beiden Gesichtspunkte nur so weit erörtert, als es für diese von Belang sein wird. Leib, Gemüt und Intellekt bilden zusammen dasjenige, was man die „Person" nennen kann. Diese ist für die Theorie der Liebe und Freundschaft insofern grundlegend, als der Andere in seiner Person geliebt wird (und nicht nur als aktuales bewusstes Sein), als er in seiner Person für mich nicht nur nützlich und angenehm, sondern auch an-sich-gut sein kann (dazu am Ende dieses Kapitels) und als ich selbst mir in der Selbstliebe als Person begegne.

Leib und Gemüt

Wenn sich mein Fühlen in Lust und Unlust differenziert, impliziert dies, dass meine Betroffenheit im Empfinden nicht als eine abstrakt-unbestimmte verstanden werden kann, sondern als eine spezifisch bestimmte. Dazu muss ihr aber eines unterstellt werden, das in einer bestimmten Verfassung betroffen wird, das in Wechselwirkung mit dem, was für mich ist, stehen, und damit die Wirkung von meiner Seite her mitbestimmen kann. Dieses Betreffbare, worin Ich in Wechselwirkung mit dem Für-mich stehe, ist mein Leib. Der Begriff „Leib" soll im Gegensatz zu „Körper" unsere physische Verfasstheit oder „Wechselwirkendes-an-sich-Bestehen" bezeichnen, wie es aus der Rücksicht unserer Bewusstheit gegeben ist, und nicht aus der der materialen Konstitution. Der wesentliche formale Unterschied zwischen beiden Betrachtungsweisen besteht darin, dass „Körper" ein aus verschiedenen materialen Bestandteilen Zusammengesetztes ist, das dann als Ganzes unter funktionalen Gesichtspunkten betrachtet werden kann, während der „Leib" aus der Einheit

---

braucht. So ist dieses Betrachten zumindest theoretisch als unendlicher Akt denkbar (vgl. das Konzept der *visio beatifica*).
    Das Verhältnis von *eroumenon* und unbewegtem Beweger bleibt allerdings insofern bloß analogisch, als das Bewegen des Geliebten schon die Spontaneität, i.e. die eigenständige Bewegungsfähigkeit des Liebhabers und dessen aktuellen Bewusstseinsvollzug voraussetzt. Es kann also als zwar als Bild und Beispiel für die *Art und Weise* desjenigen In-Bewegung-Setzens dienen, das man dem unbewegten Beweger zuschreiben muss. Aber es ist unzulänglich um die Realisierung, die *energeia* desjenigen Bewegens zu fassen, das der unbewegte Beweger leisten muss: nämlich das Hervorbringen jeglichen Bewegtseins überhaupt.

des Bewusstseins bezogen und begriffen wird und in der Bezogenheit auf dieses zunächst Ganzheit ist, die dann auf einzelne Regionen des Empfindens hin betrachtet werden kann. „Leib" sind nicht Materiebestandteile in Wirkungszusammenhängen, die ich *dann* in irgendeiner Weise mit meinem Ich identifiziere – denn so gäbe es niemals einen Identifikationsgrund –, sondern Leib ist zunächst der Bezugspunkt des Für-mich im Fühlen, dann die Eigenständigkeit dieses Bezugspunkt in Sinnlichkeit und Lebendigkeit, unter denen sich dann regionale Differenziertheit auftut, unter der ich dann auch ein äußerliches Verhältnis zu meinem Leib als raum-zeitlicher materieller Gegebenheit, i.e. als meinem Körper aufnehmen kann. Unmittelbar auf die Leibbetroffenheit gehen Gefühle wie Schmerz, Hunger, Kitzel etc. zurück.[86]

Den „Betreffbarkeitshintergrund" unter dem Aspekt des Wollens bzw. des Eigengefühls kann man das „Gemüt" nennen – nämlich als dasjenige, wonach der Mut zum Aktivwerden bestimmt wird. In Wechselwirkung mit dem, wodurch das Bewusstsein betroffen wird, bildet das Gemüt einen jeweils bestimmten „Mut" oder ein „Zumutesein" aus, aus dem sich der (unmittelbare, unreflektierte) Impuls zum Wollen bestimmt: Aus meinem Gemüt ergibt sich, was ich angesichts einer bestimmten Situation impulsiv will und wie ich es will (ob ich in meiner Handlungsweise etwa „sanftmütig" oder „zornmütig" oder anderes bin). Mein Mut ist allerdings nicht identisch mit meinem Wollen, denn für dessen Bestimmung ist das Gemüt nur der Hintergrund, es ist nicht der einzige und auch nicht immer der ausschlaggebende Faktor. So kommt es etwa vor, dass ich etwas will, aber mir der Mut fehlt, es zu tun, oder dass ich etwas nicht will (etwa mein Kind ohrfeigen), aber mir so sehr danach zumute ist, dass ich es trotzdem tue (mein Kind ärgert mich so, dass mir „die Hand ausrutscht").

Natürlich gibt es auch „Gefühle höherer Stufe", die sich aus dem Zusammenwirken von Leib und Gemüt oder auch Intellekt[87] ergeben, wobei das

---

[86] Dass sie trotzdem nicht allein in der Leibbetroffenheit bestehen, sondern eben in deren Vermittlung mit den anderen Selbstvollzügen im Bewusstsein, wird z.B. daran deutlich, dass man sich nicht selbst kitzeln kann, dass Schmerz lustvoll sein kann etc.

[87] Insbesondere das Gedächtnis (vgl. unten) spielt oft eine große Rolle. Umgekehrt scheint das Fühlen für das Erinnern eine große Rolle zu spielen: Es scheint so, dass wir uns Informationen aus dem Gedächtnis weniger über andere Informationen, etwa über einen Verzeichnispfad aufrufen, als über bestimmte gefühlsmäßige Gestimmtheiten. Wenn mir etwa der Name einer Person nicht mehr einfällt und ich nach ihm in meinem Gedächtnis suche, dann scheine ich mich unwillkürlich in eine bestimmte Gefühlsgestimmtheit zu versetzen, die ich mit dieser Person verbinde, und diese zu intensivieren, bis mir der Name einfällt. Manchmal fällt er mir nicht ein. Dann scheint diese Gestimmtheit oft unbewusst nach- bzw. weiterzuwirken: Irgendwann später fällt mir plötzlich der Name ein. Diese allmähliche Annäherung an die Information wäre schwer zu erklären, wenn sie ihrerseits sozusagen informational sein sollte (ich erinnere ja nicht erst den ersten Buchstaben des Namens, dann den zweiten etc. [es kommt zugegebenermaßen vor, dass ich noch den Anfangsbuchstaben weiß, aber die Komplettierung erfolgt nicht in derartigen Schritten], nein *mit einem mal* weiß ich den ganzen Namen – die in der Zeit ausgedehnte, verzögerte Annäherung erfolgt also nicht auf der informationalen Seite), dagegen ist sie sehr gut erklärbar, wenn es die Gestimmtheit ist, die sich immer wie-

Zusammenwirken bzw. die Reflexion nicht bewusst vollzogen worden sein müssen. Genauer besehen scheinen zumindest Leib und Gemüt immer in Wechselwirkung miteinander zu stehen: Dafür sprechen neben vielen Beobachtungen auch sprachliche Wendungen („mir bricht das Herz", „das geht mir an die Nieren", „das lastet schwer auf mir"). Diese These ist aber für die weitere Argumentation nicht entscheidend und soll deshalb nicht weiter verfolgt werden. Eine grundsätzliche Differenz zwischen Leib und Gemüt (oder „Seele") nach dem Geist-Materie-Unterschied ergibt sich von vornherein nicht, weil auch der Leib unter der Hinsicht des Bewusstseins steht, also, wenn man so will, in seiner „idealen Dimension" (damit soll hier nichts darüber entschieden werden, ob die Geist-Materie-Dichotomie überhaupt haltbar oder sinnvoll ist, es soll nur deutlich gemacht werden, dass sie hier in jedem Fall keinen Ausschlag gibt).

Mit Leib und Gemüt ist nun eine über den Bewusstseinszusammenhang hinausreichende Gegebenheit nicht nur auf der Seite des An-sich, sondern auch auf der Seite des Für-mich gegeben. Genauer muss man sogar formulieren, dass erst durch diese bewusstseinsunabhängige Eigenständigkeit auf der Seite des Für das Für-mich zum „Für mein Ich" wird und mein Eigensein als solches (allerdings noch nicht das ausdrückliche, reflektierte Selbstbewusstsein) in den Kreis des Bewusstseins tritt. Andererseits aber *sind* der Leib und das Gemüt – genauso wie das an-sich-seiende Gegenüber *im Bewusstsein* – nur auf das Bewusstsein hin und von ihm her. Sie sind *im* Bewusstsein *als* Bewusstseinsübersteigende, nämlich bewusstseinsunabhängig Existierende. Sie sind überhaupt nur *durch* das Bewusstsein – wie das an-sich-seiende Gegenüber auch – aber eben durch das Bewusstsein, genauerhin durch dessen Zufälligkeitsstruktur, sind sie als solche, das nicht auf das Bewusstseinsverhältnis reduzibel sind. Diesen Sachverhalt mag man daran erkennen, dass wir von unserem Leib und Gemüt einerseits als „ich" sprechen: „ich fühle, ich laufe, ich lache, ich trauere, ich bin zornig, ich bin 1,89 m groß," andererseits aber als „meines", i.e. mir Zugehöriges, als solches aber eben nicht mit mir schlechthin Identisches: „mein Bein, mein Gehör, mein Bauch sagt mir, meine Angst will ich loswerden, meine Beweglichkeit beim Sport ist nicht sehr ausgeprägt".[88] Der gemüt-leibliche Betreffbarkeitshintergrund unseres

---

ter intensiviert und immer feiner justiert, bis sie sozusagen den Kontakt zum informationalen Gedächtnisinhalt wiederherstellt. Vgl. auch das Bewusstsein „der Name liegt mir auf der Zunge": Die gefühlsmäßige „Nähe" zum gesuchten, aber nicht präsenten Gedächtnisinhalt ist auch dabei nicht eine informationale, denn es spielt keine Rolle, ob ich mich bereits an einen Teil des Namens erinnere oder wie viele anderweitige Informationen ich zu der betreffenden Person erinnere. Es ist die Präsenz der gefühlsmäßigen Gestimmtheit, welche ich mit dem Gedächtnisinhalt verbinde, die mich in die „Nähe" des gesuchten Gedächtnisinhalts bringt.

[88] Dass der Leib einerseits nicht im absoluten Sinn Ich bin, kann man sich vielleicht daran deutlich machen, dass wir in unserem Bewusstsein unseren Leib ausdehnen können (der Autofahrer sagt sich „in die Parklücke passe *ich* nicht rein", der Tennisspieler hat das unmittelbare Bewusstsein, den Ball zu treffen, und nicht dasjenige, seinen Schläger so zu bewegen, dass er den Ball trifft: Der Schläger steht, wenn er ein geübter Tennisspieler ist, gar nicht mehr als

Bewusstseins eröffnet also eine Möglichkeit der Selbstdifferenzierung. Dies wird im Folgenden für die Fragen der Verantwortung und der Freiheit wichtig sein.

Leib und Gemüt kann man vielleicht im Begriff der Vitalität zusammenfassen. Unsere Vitalität steht fast immer zum größten Teil im Hintergrund unseres Bewusstseins bzw. ist unbewusst. Sie findet aber auch dann, wenn sie nicht selbst Gegenstand unseres Bewusstseins ist, stets Eingang in den Gestimmtheitshorizont, in dem jedes Bewusstsein in jedem Moment steht. In diesem Sinn ist sie niemals vollständig unbewusst, sondern stets „mitbewusst".

Intellekt

Nicht nur das Fühlen, auch das Betrachten erfordert einen bewusstseinsübersteigenden Bezugspunkt auf der Seite des Ich. Dies zeigt sich am Irrtum und an der Enttäuschung des Wollens. Deren Einsicht kann sich nur auf dem Hintergrund eines Abgleichs ergeben. Für diesen Abgleich muss ich aber verschiedenes „Verstehen", i.e. verschiedene Verständnisse nebeneinander halten können. Dies erfordert zum ersten ein „Behältnis", in dem Verständnisse bewahrt werden können, um dann an ein aktuales Verstehen gehalten zu werden: das Gedächtnis. Im Fall der Objektbetrachtung ist dieses übrigens nicht erst zum Feststellen von Irrtümern erforderlich, die ja wie dargestellt immer erst im Nachhinein erfolgen kann. Schon im Betrachten selbst ist es erforderlich, wenn auch nur in einer sehr kurzen Ausdehnung: Im Unterschied zum unmittelbaren Wahrnehmen fasst die Betrachtung den Gegenstand ins Auge, i.e. sie ist getragen von einem *Willen* der Erkenntnis oder zumindest der Kenntnisnahme (in der ästhetischen Betrachtung z.B.). Zur Formierung dieses Willens muss aber das Bewusstsein schon informiert sein: Es muss seinen Bezugsgegenstand schon verinnert oder eben *erinnert* haben.

Eigenes in seinem Bewusstsein, er ist „Teil von ihm selbst" geworden). Dass Ich andererseits unhintergehbar leiblich bin, kann man sich vielleicht daran klar machen, dass wir uns zwar in unseren Phantasien entkörperlichen und als „reiner Geist" umherschweben können, dass wir aber nicht vermögen, uns selbst ohne eine Position im Raum (und erst recht in der Zeit) und ohne ein Ausgerichtetsein in diesem Raum zu denken (allenfalls mögen wir uns ein Bewusstsein denken, in dem das Ich nicht vorkommt, etwa ein reines Schmerzbewusstsein – das mag dann ohne Raum und Ausrichtung auskommen). Zu letzterem gehört, dass wir uns selbst notwendig immer im Raum *orientiert* denken, nämlich nach (subjektiv) links-rechts, oben-unten und vorne-hinten. A.F. Koch hat m.E. überzeugend dafür argumentiert, dass wir dazu unsererseits räumlich verfasst sein bzw. ein Bewusstsein räumlicher Verfasstheit haben müssen, also einen (ausgedehnten) Leib haben müssen und nicht eine bloßer Punkt im Raum sein können (1990, 36-45). Für das Gemüt gilt entsprechendes: Wenn ich im oben angeführten Beispiel impulsiv mein Kind ohrfeige ohne es „gewollt zu haben", dann war es in gewissem Sinn nicht ich, der geohrfeigt hat, aber in einem anderen, ebenso ernstzunehmenden Sinn war ich es. So tut mir leid, was ich getan habe, und ich stehe dafür ein, dass ich es war, der geohrfeigt hat: ich entschuldige mich.

Auf der Grundlage dieser Erinnerung kann dann auch der Prozess der Betrachtung überhaupt erst Bedeutung gewinnen. Denn erst auf dieser Grundlage kann ich eine Veränderung in diesem Prozess (und damit diesen Prozess *als* Prozess) erfassen: nämlich zum einen einen Zuwachs an Klarheit und Distinktheit des Betrachteten für mich; und zum anderen etwaige Veränderungen und Bewegungen des Betrachteten selbst.

Zur Betrachtung ist es zweitens erforderlich, Verständnisse zu entwerfen. Für die Eigenbetrachtung ist dies offensichtlich, denn damit die Wahrnehmung das dynamische Wollen begleiten kann, müssen Wirkungserwartungen zur Verfügung stehen. Diese sind nicht schon mit dem Wollen selbst gegeben, sie müssen erst entwickelt werden. Im gegenständlichen Betrachten sind derartige Vorverständnisse zumindest dann erforderlich, wenn die Betrachtung nicht mehr rein kontemplativ ist, sondern spezifische Erkenntnisinteressen ausbildet. Dann benötigt es Vorstellungen darüber, was man am Betrachtungsgegenstand noch erkennen *könnte*. Auch hier ist also die Fähigkeit zum Entwurf und zur aktiven Verständnisentwicklung grundlegend. Diese Fakultät kann man als „Denken" bezeichnen. Weil dieser Begriff in der Tradition allerdings so stark mit dem Bewusstsein verknüpft und identifiziert wurde, dass er oft so viel wie „Bewusstseinsvollzug" bedeutete, mag es weniger missverständlich sein, auf den technischen Begriff „Datenverarbeitung" zurückzugreifen. Der wiederum lässt allerdings die Orientierung hin auf das Bewusstsein ganz vermissen, steht also zu Denken etwa so wie Körper zu Leib nach der obigen Definition. Da das Problem der weiteren Differenzierung des An-sich-Seins des Ich im Folgenden keine große Rolle spielt, mag die terminologische Frage offenbleiben (man könnte auch den Begriff „Reflexion" in seiner umgangssprachlichen Bedeutung verwenden; allerdings steht er dann nicht mehr in seiner strengen, philosophischen bzw. logischen Bedeutung zur Verfügung).

Gedächtnis und Denken sind aufeinander verwiesen und nur in eins aktualisierbar. Ihre Einheit kann man als den „Intellekt" bezeichnen. Wie die Vitalität ist der Intellekt ein aus dem Bewusstsein Bezogenes und Begriffenes, aber über das Bewusstsein Hinausgehendes. Wiederum vollzieht sich der allergrößte Teil seiner Vollzüge – des Erinnerns wie des Denkens – ohne das Bewusstsein oder im Hintergrund des Bewusstseins. Und wiederum habe Ich zu meinem Intellekt ein merkwürdig zwiespältiges Verhältnis von vollständiger Identifikation als „ich selbst" einerseits und mir zugehörigem Gegenständlichem, als „Besitztum" (das ich z.B. auch verlieren kann) andererseits.[89]

---

[89] Dass wir vieles „unbewusst" im Gedächtnis haben, und zwar nicht nur in dem Sinn, dass es uns im Moment gerade nicht bewusst ist, sondern auch in dem, dass wir uns gar nicht mehr bewusst sind, dass wir dieses Wissen haben (manchmal war uns sogar niemals bewusst, dass wir es haben, wir haben „unbewusst gelernt"), scheint außer Frage zu stehen. Dass wir auch unbewusst denken können, mag das Beispiel des Wissenschaftlers zeigen, der lange über ein Problem grübelt und dem plötzlich wird die Lösung „einfällt" (vielleicht sogar im Traum), ohne dass ihm der Gedankengang bewusst ist, durch den er auf diese gekommen ist. Den

I. BEWUSSTSEIN

Wiederum ist diese Zwiespältigkeit unaufhebbar entweder in Differenz oder in Identität, denn in ihr reflektiert sich die Zwiespältigkeit des Bewusstseinsbezugs selbst als Einheit einerseits und Verhältnis irreduzibler Seiten andererseits, wie es in der Zufälligkeit unmittelbar-vermittelt ist. (Dies wäre in etwa die Antwort der hier entwickelten Philosophie auf das Leib-Seele-Problem – bzw. eben das Leib/Intellekt-Seele-Problem –, die hier aber keine Rolle spielt und nicht weiter verfolgt werden soll.)

f) Person

Man kann die Gesamtheit des transkonszienten Hintergrunds des Bewusstseins „Person" nennen, auch wenn diese Bezeichnung wie schon andere der bisher eingeführten missverständlich ist. Mein Leib/Gemüt und mein Intellekt haben eine bestimmte Verfassung, und so bin „Ich" in ihnen qualifizierbar.[90] Diese Verfassung ist „transaktual". Im Bewusstseinsvollzug steht sie in

---

rekonstruiert er sich dann erst nachträglich. Solche Vernunfttätigkeit könnte man allerdings noch unserem unbewussten Ich zuschreiben. Was aber, wenn mich meine Vernunft in dem Sinn überrascht, das sie mir etwas vorstellt, was ich gar nicht als vernünftig erkenne, das aber vernünftig, nämlich durch einen Schluss zustande gebracht ist? – Ich hatte vor einiger Zeit folgenden Traum: Es war Abend und ich betrachtete den vollen Mond. Plötzlich explodierte er (ein einigermaßen erschreckendes Ereignis, denn ohne Mond fängt die Erde an zu eiern, was wiederum das Ende fast allen Lebens auf ihr bedeutet). Die Explosionswolke war hell und breitete sich rasch aus, aber man hörte keinen Ton. Nichts anderes hätte ich erwartet. Dann gab es einen Schnitt in meinem Traum und ich befand mich am nächsten Morgen auf der Terrasse eines Gebäudes, von der man durch eine Art Fjord oder Bucht hinaus aufs offene Meer sah, über dem gerade die Sonne aufging. Die Stimmung war gespenstisch, die Mondmaterie hatte inzwischen die Erde erreicht und hüllte sie ein, das Sonnenlicht drang kaum durch, es war in etwa wie in einer sehr großen Höhle. All das erschien mir vollkommen natürlich, das heißt nach meinem Verständnis der physikalischen Gesetze folgerichtig. Dann aber begann man plötzlich ein Pfeifen zu hören. Dieses Pfeifen überraschte und erstaunte mich. Das Pfeifen wurde immer lauter. Ich stieg mit den anderen Anwesenden von der Terrasse hinunter in den Keller des Gebäudes. Dann wachte ich auf. Mir wurde dann schnell klar, dass auch das Pfeifen vernünftig begründet war: Wenn das Mondmaterial mit hoher Geschwindigkeit durch die Atmosphäre schießt (zumal wenn es in flachem Winkel eintritt), dann sollte es, denke ich, ähnlich wie Gewehrkugeln ein derartiges Geräusch verursachen. Ich weiß nicht, ob dieser Gedankengang zutrifft, aber darauf kommt es gar nicht an. Wichtig ist, dass das Pfeifen eine mögliche vernünftige Schlussfolgerung aus der Mondexplosion darstellt. Nun glaube (und hoffe) ich, dass mein Traum nicht prophetisch war und dass ich nicht zukünftige Sachverhalte gesehen habe. Ich bin überzeugt, meine Psyche hat zusammen mit meinem Denkapparat diese Eindrücke produziert. Das bedeutet aber, dass dieser Apparat etwas vernünftig hervorgebracht hat, das mich nicht nur überrascht hat, sondern dessen Vernünftigkeit ich auch in dem Moment, in dem mir die Eindrücke bewusst wurden, nicht begriffen habe. Mit derjenigen Vernunft oder demjenigen Denken, die das bewerkstelligt haben, kann ich mich nicht mehr identifizieren. Es war nicht ich, der sich das Pfeifen ausgedacht hat – sondern mein Denken hat es sich für mich ausgedacht. So ist zumindest meine Intuition.

[90] Wobei dabei wie gesagt immer problematisch bleibt, in wie weit ich mein Leib und Intellekt *bin*. Schon allein deshalb taugt der Eigenbezug auf Leib und Intellekt nicht zur Konstitution des expliziten Selbstbewusstseins – das wird sich nach der hier entwickelten Theorie erst aus

Wechselwirkung mit dem mich Betreffenden, wird also auch ihrerseits transformiert. Meine Persönlichkeit ist plastisch. Dennoch oder gerade deshalb hat sie in der Transformation zugleich auch Stabilität, die Veränderung ist immer nur eine graduelle und zu allermeist eine sehr geringe, wenn man sie gegen all die Bestimmungen der Persönlichkeit hält, die nicht verändert werden. So ist meine Persönlichkeit eine Gegebenheit, die in ihren Bestimmungen die Möglichkeiten und Bedingungen meines Bewusstseinsvollzugs sehr weitgehend präformiert.

Die verschiedenen Möglichkeiten der Ausprägung von Persönlichkeit stehen nun nicht alle gleichgültig nebeneinander. Wenigstens zum Teil gibt es eine Wertordnung: Eine Persönlichkeit kann mehr oder weniger „gut" sein. Diese Art Güte kann man mit Aristoteles Vortrefflichkeit (*aretē*) nennen. Sie hat an ihr selbst zunächst noch keinen sittlichen Charakter und kann zumindest im weiteren Sinn z.B. auch von Tieren und sogar Gegenständen ausgesagt werden. Die Frage ist zunächst, woran sich die Vortrefflichkeit messen lassen kann. Bei Aristoteles ist die Maßgabe der Vortrefflichkeit das Wesen der betreffenden Entität bzw. ihr durch dieses bestimmte *ergon*, der spezifische Vollzug oder eben der Wesensvollzug (NE 1097b22ff). Beim Menschen als vernunftbegabtem Lebewesen ist dieser Vollzug der Vernunftgebrauch oder das vernunftgemäße Begehren und Handeln. Die aristotelische Tugendbestimmung impliziert also einen Essentialismus und eine Teleologismus: Das Wesen ist auf bestimmte Aktualisierungen und deren Perfektionierung hingeordnet. Auch wenn man diesen metaphysischen Essentialismus als „minimal" bestimmen mag, wie O. Höffe das tut[91], bleibt er doch vielen heutigen Menschen fraglich. Fraglich ist nicht nur, ob wir ein solches Wesen besitzen, sondern auch, warum wir uns durch es teleologisch bestimmen lassen sollten. Warum sollte einer sich den Vernunftgebrauch oder das vernunftgemäße Handeln zum Lebensziel nehmen, wenn es ihm doch so viel vergnüglicher erscheint, gut zu essen und zu trinken und sich mit solchem zu ergötzen, was auch Tieren Freude macht, oder z.B. als Rennläufer oder Boxkämpfer Karriere zu machen – wohl wissend, dass jedes Pferd schneller läuft und jedes Känguru besser boxt? Aber anstatt hier die Kritik an Aristoteles' Essentialismus und Teleologismus zu vertiefen, soll dargestellt werden, wie sich aus dem bisher Entwickelten bereits ein erstes Tugendkriterium ergibt, das zwar noch nicht so weit trägt wie das aristotelische (und auch nicht so weit wie die im Folgenden aus dem Begriff der Liebe gewonnenen Kriterien), aber bereits dazu hinreicht, dass ein Anderer, i.e. eine andere Person in

---

dem Liebesbewusstsein ergeben. Auch die Gegebenheit einer fremden Person kann sich für mich erst aus dem Liebesbewusstsein erschließen, denn erst durch dieses erfasse ich ein Gegenüber als bewusstes Sein. Die Person ist aber wie dargestellt nur vom Bewusstsein her erfassbar, auch wenn sie über das aktuale Bewusstsein hinausreicht. Ohne diesen Bewusstseinshorizont kann ich nur Körper und Körperaktivitäten sowie Datenspeicherung und -verarbeitung diagnostizieren – an mir selbst wie an Anderen.
[91] 1995, 4f.

meinen Augen an-sich-gut sein kann, wie es für die Tugendfreundschaft erforderlich ist. Und das ist alles, was wir für den gegenwärtigen Entwicklungsschritt unserer Theorie brauchen.

Es liegt nämlich nahe, die Perfektion einer Person zunächst schlicht als den guten Zustand ihrer selbst *für sie* zu fassen. Damit ist die Wertigkeit der Persönlichkeit wieder zurückverwiesen ans Bewusstsein: Vortrefflich ist meine Persönlichkeit, wenn sie mir in möglichst hohem Maß das Gute *für mich*, i.e. das Gute im Für-mich des Bewusstseins ermöglicht – also Lust oder Verstehen. Im Fall der Lust hat die Ermöglichung zwei Seiten: Entweder die Wirkmächtigkeit meines Leibes und meines Intellekts ist so ausgebildet, dass ich auf das An-sich-Seiende solchen Einfluss ausüben kann, dass ich dasjenige zustande bringe, was mir Lust bereitet. Oder aber meine Empfindlichkeit ist so ausgebildet, dass sie unter möglichst vielen Einwirkungen, die ich zufälligerweise erfahre, Lust und unter möglichst wenigen Unlust erfahren kann, dass ich also empfindlich für die Lust und unempfindlich für den Schmerz bin.[92] Im Fall des Verstehens hat die Ermöglichung nur eine Ausrichtung: meine Sinne und mein Intellekt sind mehr oder weniger gut ausgebildet zum Erkennen.

Neben dieser positiven Ermöglichung des Für-mich-Guten können aber in der Peron auch Einschränkungen der Möglichkeiten des Für-mich-Guten liegen. Dies ergibt sich daraus, dass die Person im Bewusstseinsvollzug in Wechselwirkungszusammenhängen steht. Nun kann es aber sein, dass meine Person so disponiert ist, dass ich in solchen Wechselwirkungszusammenhängen ein Bewusstsein der Lust habe, die meine Verfassung so transformieren, dass meine Lustmöglichkeiten in der Folge eingeschränkt sind. Ich habe etwa eine Lustdisposition für exzessives Schnapstrinken. Genau dieser Vollzug aber beschert mir Kopfweh am nächsten Morgen. Eine derartige Disposition zur Lust, die zugleich Disposition zur Unlust ist, ist offensichtlich widersprüchlich – allerdings nicht logisch widersprüchlich, denn Lust- und Unlusterleben sind zeitlich differenziert. Sofern aber ich selbst an dem leide, woran ich selbst Lust hatte, widerstreitet sich in einer solchen widersprüchlichen Disposition meine Person *für mich* sich selbst. Dies muss *für mich* eine Schlechtigkeit darstellen. Selbstverständlich gibt es auch die entgegengesetzte Disposition, sie ist sogar die weitaus normalere, nur fällt sie eben deshalb als solche weniger auf: Die Katze hat Freude an der Jagd[93] und sie hat Freude am Ergebnis ihrer Jagd. Ihre Lustdispositionen befördern sich gegenseitig. Eine derartige Gutheit oder Schlechtigkeit meiner Person für mich ist *an sich* gegeben, sie ist ein objektiver Sachverhalt. Sie besteht daher auch dann, wenn ich

---

[92] Weil beides zusammen schwer möglich ist, wird meist die Unempfindlichkeit propagiert, weil anscheinend Schmerzerlebnisse ihrem Potenzial nach schlimmer als Lusterlebnisse gut sind.
[93] Sie jagt auch, wenn sie keinen Hunger hat.

selbst mir der Widersprüchlichkeit meiner Person noch gar nicht bewusst geworden bin, wie es ja vielfach der Fall ist.

Durch diese Fälle tritt übrigens bereits die Frage der Natur in den Gesichtskreis, die für Aristoteles der grundlegende Bestimmungsmaßstab für Vortrefflichkeit ist. Dass meine Lustdisposition zum Widerstreit oder zur Lustbeförderung führt, das beruht auf gewissen individuellen, artspezifischen oder auch allgemein physikalischen Naturvorgaben. Es könnte ja durchaus sein, dass meine Physis so veranlagt ist, dass mir Alkohol gar kein Kopfweh verursacht. In diesem Fall ist meine Lustdisposition zum Trinken nicht zugleich indirekt eine Unlustdisposition. Die Widersprüchlichkeit bzw. gegenseitige Beförderung verschiedener Lustdispositionen in einer Persönlichkeit bestimmen sich also immer auf der Grundlage einer bestimmten *Natur* dieser Persönlichkeit.

Damit sind wir bei einem Begriff der Vortrefflichkeit angelangt, der keinen Essentialismus erfordert: bei der Perfektion als der Kongruenz von Funktionalität und Teleologizität eines Wesens[94], i.e. als der Bestimmung der Gesamtheit der vitalen und intellektuellen Fähigkeiten und Dispositionen eines Wesens dazu, dasjenige, was in seinem Bewusstsein gut für es ist, (unter normalen Umständen) zu erreichen und sich das für es Gute nicht durch widersprüchliche Tendenzen zu verderben. Diese Vortrefflichkeit ist eine *objektive*, i.e. eine, die einerseits unabhängig davon besteht, ob das betreffende Wesen sich ihrer bewusst ist, und die andererseits ein bewusstes Wesen an einem anderen feststellen und schätzen kann.[95] Genau dies – und auch nicht mehr – ist aber dafür erforderlich, dass so etwas wie die Tugendfreundschaft im Sinn des Aristoteles, nämlich die Freundschaft aufgrund eines An-sich-Guten möglich ist. Ganz offensichtlich ließe sich so durchaus auch ein weiter Bereich der Tugenden abdecken, auch der aristotelischen.[96] Es scheint aber

---

[94] Das Kongruenzkriterium gilt für beide Richtungen: Es ist gut, wenn die funktionale Ausstattung den Strebenszielen eines Wesens entspricht; aber ebenso ist es gut, wenn die Ziele seiner funktionalen Ausstattung entsprechen: Bei einen Löwen ist es gut, wenn er Lust an der Zebrajagd hat, denn dazu ist er ausgestattet und er wird i.d.R. Erfolg dabei haben. Dagegen ist es für ein Zebra nicht gut, Lust an der Löwenjagd zu haben.

[95] Vgl. N. Branden 1993, 66: „we desire and find pleasure in seeing concrete instances of successful life" – allerdings erscheint mir die Erklärung zu kurz gegriffen: „as confirmation of our knowledge that successful life is possible" – nein, nicht nur deshalb, schon allein an ihm selbst sind sie in unseren Augen gut und es ist uns eine Freude, sie zu betrachten.

[96] Vgl. Ursula Wolf 1995, 94ff. Vielleicht ließen sich sogar alle Tugenden dergestalt erklären, wenn man das Gewissen als eine naturale und zumindest artspezifisch unveränderliche Gegebenheit ansetzte. Dann würde die Lustdisposition zu bösen Taten die indirekte Unlustdisposition zum schlechten Gewissen darstellen. Man könnte für die sittliche Tugend das gleiche Formalkriterium in Anschlag bringen wie für gesunde Lebensführung. Es scheint so, als sei es tatsächlich eine derartige Vorstellung, die das Tugendverständnis des Aristoteles über weite Strecken dominiert. Es ist sogar möglich, eine kulturelle und erzieherische Komponente in das Gewissen einzuführen, solange sie für das jeweilige Individuum unverfügbar bleibt. Alles, was das Individuum nicht selbst verändern kann, ist die „quaisnaturale" Grundlage, auf der sich die Nichtwidersprüchlichkeit, also Vortrefflichkeit seiner Persönlichkeit entscheidet. Es ist dann

zweifelhaft, dass man diese allesamt auf solche Weise erklären kann, vor allem dann, wenn es um moralische Tugenden geht, denn natürlich ist grundsätzlich eine Persönlichkeitskongruenz im Bösen denkbar. Um diese Möglichkeit auszuschließen, bringt Aristoteles dann die *Wesens*natur in Anschlag, nach der dies unmöglich sein soll (allenfalls ist die Kongruenz im Bösen partiell auf der Grundlage der Illusion über das eigene Wesen möglich, aber nie vollständig und nie aufs ganze Leben gesehen). Im Folgenden dagegen wird die normative Dimension der *aretē* aus den Begriffen der Liebe und der Freundschaft entwickelt werden.

Persönlichkeitsbildung[97]

Die Person bildet also den Hintergrund für das Fühlen und Betrachten. Erst auf der Grundlage ihrer Bestimmtheit kann sich das mich im Bewusstsein Betreffende für mich konturieren. Der Wirkungszusammenhang ist dabei wie gesagt nicht nur einseitig, das Erleben wirkt auch auf die Disposition der Person zurück, es prägt die Person. Wenn sich aber Persönlichkeit ausbildet, dann kann sie auch gezielt ausgebildet werden. Dies geschieht in Erziehung und Selbstkonditionierung. Die dergestalt ausgebildete Disposition im Blick auf die Vitalität (besonders auf das Gemüt) ist die aristotelische „Hexis".
  Diese Hexis zwei Aspekte: Sie ist die Disposition zu bestimmten *nach außen gehenden* Reaktionen auf Bewusstseinseinwirkungen, i.e. die Anlage, auf bestimmte Situationen mit bestimmten Handlungsmustern zu antworten. Sie ist zugleich aber auch die Disposition zu einer bestimmten *nach innen gehenden* Reaktion, nämlich zur Lust-Unlust-Empfindung in bestimmten Situationen – sei es nun solche des Betroffenseins oder des eigenen Tätigseins (wobei beides nie ohne das jeweils andere ist). Die gute Persönlichkeitsdisposition, i.e. die vortreffliche, i.e. tugendhafte Person, ist also die, die 1. gut handelt – i.e. in jeder Situation das dieser Situation entsprechend Gute tut; und die 2. gut empfindet – i.e. in jeder Situation des Leidens wie des eigenen Tätigseins in der dieser Situation angemessenen Weise Lust oder Unlust empfindet (NE 1199a13ff). Der Tugendhafte wird also z.B. Unlust empfinden, wenn er einen

---

gleichgültig, ob diese Grundlage durch die artspezifisch biologische Ausstattung gelegt ist oder durch die (frühe) Biographie. Allerdings gibt es innerhalb dieses Modells keine Möglichkeit zur Beurteilung der Grundanlagen selbst. Außerdem gerät es dann ins Wanken, wenn die Grundanlagen des Gewissens in irgendeiner Weise veränderlich sein sollten – und erst recht, wenn das Subjekt sie *autonom* verändern kann, und sei es auch nur in Maßen.
  Aristoteles selbst scheint in NE 1099a11ff zumindest anzunehmen, dass *normalerweise* die lasterhafte oder zumindest tugendlose große Menge im Gegensatz zum Tugendhaften charakterlich inkongruent ist, aber es ist nicht klar, ob das den Fall der Charakterkongruenz im Schlechten *notwendig* ausschließt. Immerhin ist diese Kongruenz aber zumindest ein notwendiges Merkmal der Tugend.
[97] Das Wort ist hier in etwas weiterem Sinn zu verstehen als im normalsprachlichen. Weil die Person hier auch den Leib mit einschließt, bezieht sich die (Möglichkeit der) Bildung hier auch auf diesen.

Bekannten unglücklich sieht, und nicht schadenfrohe Lust, und er wird Lust empfinden, wenn er für eine gute Sache Strapazen auf sich nimmt, und nicht Unlust. – All dies lässt sich auf der Grundlage der hier vorgenommenen Systematisierung ohne Weiteres nachvollziehen.

3. An sich selbst Gutes (kalokagathon) und Lust

Wir sind also aus den grundlegenden Vollzügen unseres Bewusstseins bekannt mit „gut für mich", i.e. Lust, und „gut an sich"; und beide sind irreduzibel aufeinander. Für das Bewusstsein der Lust und des An-sich-Guten kann man noch einen Oberbegriff bilden. Es bietet sich der „Genuss" an: Man „genießt" sowohl die Lust als auch das Schöngute. Die erste Genussart kann man „affektiv" nennen, denn in ihr vollzieht sich wie dargestellt etwas (oder ich selbst) „an mir"; der Genuss im Betrachten dagegen heißt passenderweise der „ästhetische".

Mit Lust und Schöngutem sind nun endlich diejenigen Differenzierungen formal und systematisch eingeholt, die sich bis hierher aus dem aristotelischen Text ergeben haben (NE 1155b16-27): die des Für-mich gegen das An-sich und diejenige des Guten und des Schlechten in beiden. *Beides*, das Gute an mir oder für mich wie das Gute an sich und für sich, stehen unter dem *apriorischen* Für-mich des Bewusstseins. Beide ergeben sich erst aus dem Zusammenspiel der beiden Momente des fundamentalen Für-mich, dem volitiven und dem kognitiven.

Die Einheit des Guten

Bevor nun der Übergang vom Streben zum Lieben erörtert wird, soll eine andere Frage beleuchtet werden. Wenn es wie dargestellt das Gute in unterschiedlichen Weisen, nämlich in der des An-sich und der des Für-mich gibt, worin liegt dann die Einheit des Guten? Die Antwort hat sich im Grunde bereits ergeben: Beide „Gute" ergeben sich im Zusammenspiel der beiden fundamentalen Bewusstseinsmomente, dem kognitiven und dem intentionalen. Näherhin ergeben sie sich aus einem Zusammenspiel, in dem beide sich in gewisser Weise „entsprechen" – denn irgendein Zusammenspiel ist ja in jedem Bewusstsein gegeben.

Um genauer aufzuklären, was dies bedeutet, muss man sich zunächst vergegenwärtigen, wie es überhaupt einem Unterschied in den Weisen des Zusammenspiels geben kann. Der Unterschied unterstellt, dass die beiden Bewusstseinsmomente des Wollens und des Gewahrseins nicht in unvermittelter Korrelation stehen, sodass das eine unmittelbar die Rückseite des andern wäre. Umgekehrt können sie selbstverständlich auch nicht in völliger Losgelöstheit voneinander, i.e. in absoluter Eigenständigkeit zueinander stehen, denn sie sind ja überhaupt nur als Momente eines einzigen Vollzugs, nämlich des Bewusstseins möglich und erfordern sich in ihrer Realisierung wechselseitig. Wollen und Gewahren sind also weder schlechthin unmittelbar gegeneinander, noch schlechthin durcheinander vermittelt, sondern sie sind in gebrochener Bezüglichkeit aufeinander, in der „entzweiten Einheit" des Bewusstseins-für-mich. Diese Weise der Bezüglichkeit wiederum ist deshalb möglich, weil das Grundverhältnis des Bewusstseins selbst ebendiese Struktur aufweist: Für-mich und An-sich sind im Bewusstsein im In-Eins und im Auseinander von Verwiesenheit und Eigenständigkeit. – Diesen merkwürdigen, sowohl unhintergehbaren wie unauflöslichen und deshalb letztlich unaufklärbaren Sachverhalt sollte oben der Begriff des Zufalls bzw. der asymmetrisch ungleichgültigen Bezüglichkeit bezeichnen.

Auf der Grundlage dieser Struktur des Verhältnisses von Wollen und Gewahren ist nun ein Mehr oder Weniger ihrer Einheit bzw. ihrer Differenz gegeneinander im Bewusstsein-*für-mich* möglich bzw. immer gegeben. Das unmittelbare Bewusstsein des Guten ist ihre Einheit, das des Schlechten ihre Differenz – und zwar in beiden Fällen, dem der Lust und dem des Verstehens. Wenn das Gute aber in beiden Fällen dem Wesen des Bewusstseins nach dasselbe ist, dann ist es dieses Wesen selbst, das ursprünglich „gut" ist: Das ursprüngliche Gute ist das gute Bewusstsein, das Bewusstsein in der Einigkeit seiner Momente. Die Eigenständigkeit sowohl der Lust als auch des Schöngutes gegen dieses Ursprünglich-Gute ergibt sich wiederum aus der Irreduzibilität von An-sich und Für-mich aufeinander im Bewusstsein.

Weshalb aber sollte die Einigkeit des Bewusstseins das gute Bewusstsein darstellen, und nicht stattdessen oder ebenso wohl die Entzweiheit? Dies ergibt sich aus der Asymmetrie des Bewusstseins, i.e. dem apriorischen Für-mich. Wenn man die Asymmetrie nicht extern festlegen will, dann muss man es intern tun; also ist dies nicht über einen ausgezeichneten Bezugspunkt möglich, sondern nur durch eine Gerichtetheit. Bewusstsein ist ursprüngliche Verhältnismäßigkeit, die in sich selbst eine Richtung hat. In der Gerichtetheit liegt aber das Erfordernis der Einheit. Gerichtetheit kann es ohne externe Orientierung überhaupt nur geben als die Konvergenz von Momenten in einem Vollzug. Das Für-mich gibt nun die Gerichtetheit des Bewusstseins an. Das An-sich, als die Gegenseite zur Gerichtetheit, gibt dasjenige an, was *in* der Bezogenheit des Bewusstseins gegen diese widerständig und eigenständig ist.[98] Bis hierher hat sich also zwar die qualitative Differenz von Einheit und Entzweiheit in der Asymmetrie des Bewusstseins aufgetan, aber noch nicht deren Gewichtung.

---

[98] Allerdings ist dabei zu erinnern: *Nur* in dieser Bezogenheit ist es als Eigenständiges, und das Bewusstsein selbst *erfordert* seinerseits diese Eigenständigkeit; das An-sich markiert also das Moment der Widerständigkeit und Gebrochenheit im Bewusstsein oder besser des Bewusstseins *selbst*, nicht jenseits seiner.

Diese ergibt sich nun durch die irreduzible Tatsache, dass Bewusstsein Für-MICH ist, i.e. dass das „mich" nicht eine gleichgültige Bezugsangabe darstellt, sondern *mich selbst* meint. Dass es „mich selbst" gibt, dass es diese irreduzible Ungleichgültigkeit gibt, das ist freilich unableitbar, also nicht beweisbar. Aber ich weiß es unmittelbar und unverbrüchlich, und Bewusstsein ist immer (Mit-)Wissen dieses Wissens. Bewusstsein impliziert also ein absolutes Wissen, das Wissen des Für-mich.[99] Dieses Wissen ist *nichts anderes* als eben das Für-mich selbst, seine Ungleichgültigkeit und Absolutheit ist nichts anderes als das *Für-mich*-Wollen und *Für-mich*-Gewahren. Die Explikation des Für-mich als Für-mich-Wissen ist nichts anderes als die der Apriorizität des Für-mich. Die Apriorizität der Asymmetrie *des* Bewusstseins artikuliert sich als unhintergehbares Bewusstsein *im* Bewusstsein – einen anderen Ort als im Bewusstsein kann ein solches Apriori auch gar nicht haben, wenn denn das Bewusstsein das Ursprüngliche ist.[100] Ursprünglich also ist Bewusstsein zugleich „Bewusstseinswissen", nämlich Wissen des Für.

Dieses Wissen ist nicht schon das ausdrückliche Selbstbewusstsein – und erst recht nicht ein reflexives Wissen des Bewusstseinsverhältnisses als Ganzen. Es ist noch nicht einmal unbedingt ein „Ich"-Wissen. Es ist zunächst das Bewusstsein der Asymmetrie und Ungleichgültigkeit eines Bezuges, nämlich des Für-mich bzw. Mir. Seine Explikation freilich erhält dieses Bewusstseinswissen als das „*sum*" des cartesianischen *cogito*-Satzes (wenn man *cogitatio* als Bewusstsein interpretiert). Da diese Explikation aber reflexiv vermittelt und damit abstrahierend ist (das *sum* abstrahiert von der Relationalität meines Selbstvollzugs[101]), ist sie nicht schon im unmittelbaren Guten-Bewusstsein gegeben. Die Befriedigung und Freude im schieren eigenen Seinsvollzug, auf die Aristoteles verweist (NE 1170b1ff, 1171b33ff), ist zwar genau das Bewusstsein der Gutheit des Für-mich-Vollzugs selbst. Aber es ist, wie jeder aus seinem eigenen Bewusstseinserleben weiß, nicht die erste und ursprüngliche Erfahrungsform des Guten. Das Wissen des Für samt dem Wissen der Gutheit seines Vollzugs ist zunächst ein implizites Wissen. Denn das Für vollzieht sich ursprünglich gerade nicht an sich selbst, sondern an anderem. So realisiert sich die Freude im Für-mich-Sein *unmittelbar* immer an anderem: In der Bezogenheit auf anderes genieße ich meinen Bewusstseinsvollzug – und damit den Vollzug meiner selbst. Der reine Selbstgenuss dagegen ist ein abgeleitetes Phänomen und an ihm selbst nicht apriorisch. Das erkennt man unschwer daran, dass er sich nicht unbedingt einstellen muss, wenn man das

---

[99] Dieses Wissen ist nicht identisch mit dem Wissen des „ich", dem expliziten Selbstbewusstsein, das dem Descartschen *cogito* zugrundeliegt.
[100] Das Für-mich kann – anders als evt. das Ich – nicht eine bewusstseinsunabhängige Gegebenheit sein, die dann, vielleicht, unter gewissen Umständen, durch einen Akt der Reflexion etwa, zum Bewusstsein kommt.
[101] Wenn man „sein" nicht schon heideggerisch verstehen möchte

Gewahrsein auf die eigene Person richtet.[102] Das belegen Phänomene wie Scham, Selbsthass, schlechtes Gewissen etc.[103]

Die absolute, i.e. nicht aus der Abwägung von Geltungen gewonnene Ungleichgültigkeit des Für-mich trägt nun die Privilegierung der Einheit gegen die Entzweiheit aus und macht aus dem formalen Kriterium einen Wert: das Gute. Das ursprüngliche Gute also, i.e. das ursprünglich gute Bewusstsein, ist das Bewusstseinwissen des Für-mich – wohlgemerkt nicht als abstrakt-formales Für-mich (als: Für-irgendein-ich), sondern als Für-MICH. Lust und Schöngutes sind demgegenüber *in meinem Bewusstsein* nichtursprüngliche, nichtselbstgegebene Gute, nämlich mir zufallend Gute: Sie *treten* erst in mein Bewusstsein *ein*. Ihre Güte ergibt und bemisst sich daran, wie weit die jeweilige Bewusstheit des Fühlens oder Betrachtens der Kondition des Für-mich-Bewusstseins, i.e. der Einheit entspricht. Dies bedeutet nun: Bewusstsein kann *mehr oder weniger* für-mich sein – aufgrund seiner Gebrochenheit. Dies bedeutet aber: Bewusstsein kann *selbst* „mehr oder weniger" sein. Bewusstsein hat immanent eine „Größe" oder „Intensität", und diese Größe ist sein Einklang: der Einklang seiner Momente, die ja in der Zufälligkeit des Bewusstseins in der Möglichkeit von Einigkeit und Entzweiung stehen.

Genauer besehen stellt dieser Einklang nicht eigentlich eine „Größe" oder „Intensität" des Bewusstseins dar, denn intensiv und andauernd kann auch ein schlechtes Bewusstsein sein. Die Kategorien der Quantität sind dem Mehr-oder-Weniger im Einklang des Bewusstseins unangemessen. Besser spricht man von der Wesentlichkeit, oder einfach (aber missverständlich) von der Steigerung des Bewusstseins selbst (in seinem Wesen).[104] Ein derartiges

---

[102] Man mag sogar bezweifeln, ob es den reinen Selbstgenuss überhaupt gibt, oder ob wir nicht dann, wenn wir meinen, uns rein selbst zu genießen, in Wahrheit angenehme Empfindungszustände genießen, in denen wir uns befinden, oder auch attraktive Bilder unserer selbst, die wir uns ausmalen.

[103] Diese können deshalb entstehen, weil die Bewusstmachung des impliziten Wissens die Reflexion erfordert, die aber epistemisch nicht „kostenneutral" ist, sondern ihren Gegenstand insofern verändert, als neue Differenzierungsmöglichkeiten an ihm aufbrechen. Dadurch aber geht die Apriorizität der Gutheit des eigenen Selbstvollzugs verloren: Meine Selbstunmittelbarkeit im Wissen des Für-mich ist durch die Distanzierung der Reflexion gebrochen, und so ist mir mein eigenes Sein auch nicht mehr unmittelbar gut, sondern vermittelt. Die Vermittlung aber ist störanfällig, und so kann mir mein eigenes Dasein in der Reflexion auch als „schlecht" erscheinen. Mehr dazu unten. – Wenn man möchte, ist dies übrigens ein weiteres Argument gegen die Ursprünglichkeit des Ich-Bewusstseins (im Unterschied zum Für-mich-Bewusstsein oder Mir-Bewusstsein).

[104] Um den Sachverhalt zu verdeutlichen: Es geht nicht nur darum, dass das Bewusstsein eine interne Wertigkeit hat, also eine Wertigkeit, die ihm nicht erst durch die Relation auf ein äußeres zukommt; es geht nicht nur darum, dass das Bewusstsein ein inhärentes Ziel hat, ein Sollen, etwa nach Art einer funktionalen Bestimmung (z.B.: der Apparat *soll* das und das leisten; in dem Maß, in dem er es tut, ist er gut). Es geht darum, dass das Bewusstsein einen eigenen Typus von Wert hat. Das bedeutet, dass es einen Wert hat, der in nichts anderem zu bemessen ist, als im Bewusstsein selbst.

Dazu lässt sich zweierlei bemerken. Zum einen ist ein allein für sich selbst bestimmter Wert etwas Paradoxes, denn ein völlig unvergleichlicher Wert (also nicht ein „unvergleichlich gro-

Mehr-oder-Weniger mutet zwar eigenartig an, ist aber doch nicht unbekannt: Bei dem (bewusstseinsverwandten) Sachverhalt des Lebens sprechen wir ebenfalls nicht nur von Gegebenheit oder Nichtgegebenheit sowie von Ausdehnung und Intensität, sondern von einem Mehr-oder-Weniger von Leben selbst: „Das ist doch kein Leben", „ein erfülltes Leben" etc. Die genauen terminologischen Fixierungen sind hier jedoch nicht ausschlaggebend. Wichtig ist, dass sich mit der Graduierung des Einklangs von Wollen und Gewahrsein eine eigene, auf anderes irreduzible Differenzierung auftut, nämlich die in der Güte; und dass diese Differenzierung einen absoluten Bezug erfordert bzw. dass dieser sich aus ihm ergibt: das Für-mich-Wissen des Bewusstseins als dem impliziten, apriorischen Gut-Wissen des Bewusstseinvollzugs selbst. Der Vollzug des Für-mich ist gut. In der reflexiven Explikation des Für-mich (aber auch erst in dieser) bedeutet dies: Mein Existenzvollzug ist für mich gut.

Wie bereits angedeutet bringt diese reflexive Explikation, wie alle Reflexionen, eine Unschärfe mit sich: Der Selbstmörder z.B. will gerade nicht mehr existieren und scheint damit dem apriorischen Gutsein meiner Existenz für mich zu widersprechen. Um sich dieses Problem aufzuklären, muss man die Reflexion wieder an ihren Ursprung zurückbinden: Das Gutsein des Fürmich war ja gerade nicht das Gutsein eines abstrakten, für sich bestehenden Ich, sondern dasjenige in einer Bezogenheit. Die Gutheit des Für-mich ist zwar absolut, aber das Für mich selbst ist *eo ipso* nicht ab-solutes, i.e. unbezügliches Ich, sondern markiert gerade dessen Bezogenheit. Die Unhintergehbare Güte des Für-mich besteht überhaupt nur in der Bezogenheit auf die relative und prekäre Güte des Fühlens und des Betrachtens. I.e. die unbedingte Einheit des „Für-mich" ist bewusst überhaupt nur im Zusammenhang des relativen Einklangs von intentionalem und kognitivem Für. Das Bewusstsein des Selbstmörders ist deshalb, dass er sein Für-mich in der fortgesetzten Gebrochenheit dieses Einklangs vollzieht (und daraus keinen Ausweg sieht). Dass die Gebrochenheit aber überhaupt ein Nicht-Gleichgültiges (nämlich Schlechtes) vorstellt, das kann nur in der irreduziblen Ungleichgültigkeit einer

---

ßer" Wert, sondern ein überhaupt nicht kommensurabler) ist leer. Diese Paradoxalität wird hier insofern gemildert, als das Bewusstsein in sich selbst relational ist, nämlich ursprünglich reflexiv ist. Allerdings ist diese Selbstbezüglichkeit immer gebrochen, i.e. das Bewusstsein ist nicht als ganzes *für* dasjenige, das bewusst ist. Deshalb hat das bewusst Seiende den Wert des Bewusstseins nie als absoluten, i.e. als „Vollwert" des Bewusstseins-an-sich, zu dem es dann die jeweilige Wertigkeit des konkreten Bewusstseinsvollzugs in ein Bemessungsverhältnis setzen könnte. Es bleibt also bei der Unaufklärbarkeit derjenigen Wertigkeit, in der das Bewusstsein ursprünglich einen bestimmten Wert hat.

Wenn aus diesem Grund die ursprüngliche Werthaftigkeit des Bewusstseins auf der einen Seite theoretisch suspekt sein muss, so lässt sich auf der anderen Seite zeigen, dass jegliche Werthaftigkeit letztlich auf eine solche Wertigkeit, wie sie das Bewusstsein bietet (und wie sie im Übrigen *nur* das Bewusstsein bietet), zurückgehen muss. Denn jegliche vermittelte, i.e. relationale Wertigkeit muss auf ein Verlangen bzw. auf das Wechselspiel von Nachfrage und Angebot zurückgehen. Dazu muss das einzelne, unabgeleitete Verlangen aber bereits unterstellt werden und mit ihm die *unvermittelte* Wertigkeit von einem für eines.

Einheit liegen: in der Einheit des Für-mich-Vollzugs. Der Selbstvernichtungswille des Selbstmörders stammt also nicht daher, dass sein Existenzvollzug *für sich* schlecht ist, sondern daraus, dass bewusster Existenzvollzug eben nie für sich allein möglich ist, sondern dass sich sein für-sich-selbst immer nur im Bezug auf anderes realisiert, dass aber in *dieser* Bezogenheit der Vollzug – auch fortgesetzt und hoffnungslos – gebrochen sein kann. Die apriorische Güte des Für-mich kommt dabei gerade darin zum Ausdruck, dass dem Selbstmörder die Gebrochenheit seines Bewusstseinsvollzug *für ihn selbst* nicht gleichgültig ist, i.e. darin, dass er sich selbst umbringen *will*. Die existenzielle Gegenposition hierzu wäre: „Ich bin ein hoffnungslos elendes, trostloses Wesen; nun gut, nichts zu machen, es können nicht alle glücklich sein. Wenden wir uns lieber Erfreulicherem zu." – Diese Position ist allerdings schwer einzunehmen, weil die Distanzierung vom unmittelbaren *Für-mich*-Bezug den wenigsten gelingt.

Zusammenfassung

Es sind nun also diejenigen Punkte systematisch entwickelt worden, die Aristoteles zur Erklärung des *phileton* als Grund von Liebe und Freundschaft in Anschlag bringt: Dessen Phänomenologizität, nämlich dass es immer ein Gutes *für mich* im Sinn des apriorischen Für-mich ist; und die Differenzierung der Liebesgründe in für-mich-gute oder angenehme *phileta* und an-sich-gute oder schöngute, wobei man sich diese letztere Bestimmung hinsichtlich belebter Wesen vorläufig als Kongruenz ihrer Teleologizität und Funktionalität in ihrer *Person*[105] vorstellen kann. Die entwickelten Verhältnismäßigkeiten lassen sich zum besseren Überblick in einer Grafik darstellen (s.u.) – unter dem Vorbehalt, dass das zweidimensionale Bild vielschichtige und dynamische Zusammenhänge immer nur verkürzt vorstellen kann.

Weitere Differenzierungen des Guten über die Lust und das Verstehen hinaus ergeben sich aus den weiteren Differenzierungs- und Reflexionsformen des Bewusstseins, wie sie z.T. unten behandelt werden. Darüber hinaus ergeben sich auch weitere Möglichkeiten des Selbstverhältnisses, aus denen dann, ungeschadet der ursprünglichen Gutheit des eigenen Existenzvollzugs, Formen von Selbstentzweiung und Selbsthass entstehen können, die über die eben kurz skizzierte Form einfacher Verzweiflung hinausgehen.

---

[105] Im eigentlichen Sinn passt dieses Wort freilich nur für Menschen, i.e. für solche Wesen, die ihre Person prohairetisch ausbilden.

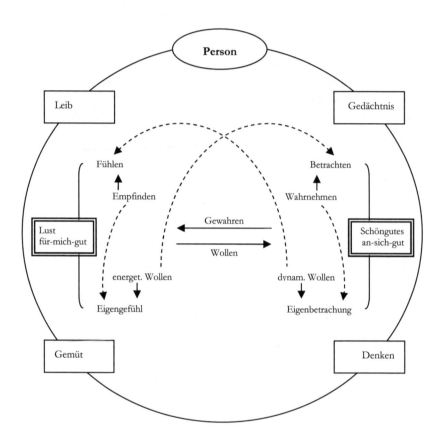

II. Liebe

1. Konversion des Bewusstseins

Im freundschaftlichen Lieben ergibt sich nun etwas, das über das Wollen in all seinen besprochenen Formen – sei es dasjenige des Schönguten, der Lust oder des Nutzens – hinausgeht und dieses grundsätzlich transformiert. Wenn man Aristoteles' Beschreibung der freundschaftlichen Liebe vor dem Hintergrund der hier vorgeschlagenen Systematisierung liest, dann vollzieht sich nämlich im nächsten Schritt seiner Darlegung etwas ganz Unerhörtes: Wenn mein Streben auf ein Gegenüber geht, das ich als Menschen (vielleicht auch nur als Lebewesen) erkenne, dann ergibt sich – offensichtlich „automatisch" und spontan – eine Wendung dieses Strebens: Ich will nicht mehr nur für mich, ich will *für den Andern*. Ich will ihm Gutes. Ich will es ihm unmittelbar, i.e. nicht vermittelt über eine Eigennutzerwägung, sondern *um seiner selbst willen*: Ich will ihm wohl. Nach der hier entwickelten Systematik des Bewusstseins können wir nun erklären: Mein Wollen wendet sich in das intentionale „Für" der anderen Person.[106]

Entsprechendes geschieht mit dem gewahrenden Erkennen: Die Freunde sind einander in ihrer Gesinnung „unverborgen" (NE 1155b34). Dies kann nun aber nicht nur bedeuten, dass jeder für sich allein von dem Andern und seiner Haltung zu ihm weiß (etwa durch die Information eines Dritten), denn dadurch ergibt sich noch keine Freundschaft. Die Unverborgenheit muss implizieren, dass ich selbst weiß, dass ich in meiner (spezifischen) Bezogenheit auf den Andern (i.e. in meiner Gesinnung gegen ihn), im Bewusstsein des Andern stehe: Ich weiß, dass der Andere meiner, und zwar als dessen, der ich aktual in meinem Bewusstseinsvollzug existiere, also meines auf ihn bezogenen Bewusstseins gewahr ist. Mein Gewahren weiß sich im epistemischen „Für" der anderen Person.[107] Diese Wendung des Bewusstseins ins Für des

---

[106] Gegen Lemke 2000, 68 u.ö. Es gibt eine Diskussion darüber, ob das Wohlwollen bei Aristoteles durch Eigeninteresse motiviert sei oder durch etwas anderes (vgl. Kraut 1989, II.2.15-17, Price 1989, Annas 1993, 12.1, Bostock 2000, VIII, Rinderle 2001, 121-133). Wenn ersteres zutrifft, dann will man dem Anderen selbstverständlich nicht mehr das Wohl um seiner selbst willen. Aristoteles wäre unter dieser Interpretation also inkonsistent – das sollte man schon aufgrund des principle of charity zu vermeiden suchen.

[107] Aristoteles legt die gegenseitige Unverborgenheit weniger detailliert auseinander als das Wohlwollen. So stellt er nicht den Zusammenhang zwischen „mich gewusst wissen" und dem

Anderen in seinen beiden Grundmomenten soll hier die „Konversion" des Bewusstsein genannt werden.[108]

Liebe und Selbstverhältnis bei Aristoteles

Aristoteles selbst spricht selbstverständlich nicht von einer solchen Konversion. Er geht überhaupt nicht auf den Zusammenhang bzw. die Funktion ein, durch die sich auf das Begehren des *phileton* hin das Wohlwollen gegen dieses ergibt.[109] Es genügt ihm im Rahmen der methodologischen Vorgaben der praktischen Philosophie[110] offenbar, dass es so ist.

Aber auch Aristoteles bringt das Verhältnis zum Freund in Zusammenhang mit dem Selbstverhältnis, wenn auch recht spät (NE 1166a1ff). Der entscheidende Satz hat große Kontroversen ausgelöst:[111] „Ta philika de ta pros tou pelas, kai hois hai philiai horizontai, eoiken ek tōn pros heauton elēlythenai."[112] Vielen Interpreten scheint er anzuzeigen, dass Aristoteles das

---

einfachen Akt des *philein* heraus, der vom einzelnen Individuum vollzogen wird und deshalb auch einseitig sein kann. Von vornherein wird in NE 1155b34 die Unverborgenheit unter dem Erfordernis der Gegenseitigkeit erörtert. So tritt die Parallelität zum Wohlwollen, die hier herausgestellt wird, nicht deutlich zutage. Dass aber das umeinander Wissen in der Freundschaft auch für Aristoteles nichts Triviales ist, sondern einen für die Theorie ausgesprochen anspruchsvollen Fall von Bewusstheit darstellt, erkennt man in NE 1171b33f: die Wahrnehmung des Freundes wird dort als *synaisthesis* parallelisiert mit der Selbstwahrnehmung, die Teilhabe am Lebensvollzug des Anderen mit dem Wissen um die eigene Existenz. Dieser Gedanke führt zwar schon weiter als der hier ausgeführte der gegenseitigen Unverborgenheit. Aber er kann bereits anzeigen, dass nicht nur das Element des Wollens, sondern ebenso das des Erkennens auch für Aristoteles selbst in der Freundesliebe einen ganz eigentümlichen, die Selbstbezogenheit des Für-mich transzendierenden Charakter hat.

[108] Wenn man ein deutsches Wort dafür einsetzen möchte, dann wird man wohl von der „Kehre" des Bewusstseins sprechen müssen. Jedenfalls passen „Umkehr(ung)" oder „Umwendung" nicht so recht. R. Spaemann spricht von der „Selbsttranszendenz eines vernünftigen Wesens, aufgrund deren die Wirklichkeit des Anderen in ihrer eigenen Teleologie unmittelbar zum Motiv des Handelns wird" (1989, 106).

[109] Vgl. Annas 1993, 255: „Aristotle says little about our ability to extend concern to others, and seems on the whole to take it for granted."

[110] Vgl. Höffe 1995, 19-30.

[111] Die aktuellste Darstellung findet sich in: v. Siemens 2007, 116-124.

[112] „Das Freundschaftliche gegen die Nahestehenden (wörtl.: Nachbarn, Verwandte) und was die Freundschaften bestimmt/definiert, scheinen aus dem ‚gegen sich selbst' (oder: den Bestimmungen des ‚gegen sich selbst' oder des prospektiven Selbstverhältnisses) ihr Herkommen zu haben." Rinderles Übersetzung „dass aus dem Verhältnis zu sich selbst die Freundschaft zu den Anderen übergeht" (2001, 124) z.B. ist ungenau und suggeriert, dass die Freundschaft zunächst zu sich selbst besteht, bevor sie auf Andere übertragen wird. (Tatsächlich wird sich zwar auch nach dem hier Entwickelten ergeben, dass die Selbstliebe eine notwendige Bedingung der Freundschaft zum Anderen ist, auch wenn sie dieser genetisch nachgeordnet ist, aber in einem anderen Sinn, der die Ursprünglichkeit der Konversion nicht in Frage stellt.) Aber selbst dies würde noch nicht beweisen, dass die Freundschaft in der Selbstliebe ihren ersten oder gar einzigen Grund hat und dass sie sich allein aus ihr bestimmt, wie Rinderle es möchte. Dass Aristoteles mehrere Gründe dafür anführt, weshalb es vor allem für den Tugendhaften im eigenen Interesse liegt, Freunde zu haben (ebd. 126f.), muss das Wohlwollen ebenfalls nicht

II. LIEBE 65

Freundschaftsverhältnis auf das Selbstverhältnis zurückführen möchte und dass letztlich selbst die höchste Form des Wohlwollens in der Tugendfreundschaft aus dem Eigeninteresse abgeleitet ist.[113] Der Satz ist zugegebenermaßen vage formuliert und daher für verschiedene Interpretationen offen. Daher kann im Folgenden nur sozusagen ein Indizienbeweis für die hier vorgeschlagene Lesart geführt werden. Aber er scheint doch im Ergebnis einige Kraft zu haben.

Zum ersten spricht die Vagheit der Formulierung selbst gegen ein strenges Ableitungsverhältnis zwischen Selbst- und Fremdverhältnis, sei es im Sinn der Bewegungs-, sei es in dem der Zielursächlichkeit. *Elēlythenai* ist der Infinitiv

---

zunichte machen. Die freundschaftliche Liebe ist immer *auch* selbstinteressiert. Aristoteles müsste noch dazu sagen, dass dies (1.) die einzigen und die vollständigen *Gründe* sind, weshalb man liebt oder lieben sollte (dass es also nichts in der Liebe gibt, das nicht in ihnen begründet ist) und dass (2.) jegliche *Bestimmung* des Liebens, also auch das Wohlwollen, allein aus diesen Gründen entspringt. Das tut Aristoteles aber nicht. Auch ist das Argumentationsziel an den betreffenden Stellen gar nicht, die Freundschaft zu begründen – das tut Aristoteles zu Anfang seines Freundschaftstraktats und nicht erst an so später Stelle –, sondern zu beweisen, dass das Haben von Freunden zur Eudaimonie gehört; und dazu muss man eben zeigen, dass auch der Tugendhaft der Freunde *bedarf*, dass also sein Glück unvollständig wäre, hätte er sie nicht. Dass es aber ein egozentrisches Bedürfnis nach Freundschaft gibt, spricht in keiner Weise dagegen, dass sie in ihrem Wesen nicht ausschließlich egozentrisch bestimmt ist.

Die Diagnose, dass sich bei Aristoteles außer den verschiedenen Eigeninteressen (auch und gerade des Tugendhaften) keine weiteren *Gründe* dafür finden, Freundschaften zu schließen, ist allerdings als solche hilfreich und richtig: Wenn das Wohlwollen ein genuines, eigenständiges Wollen ist, dann kann es logischerweise keine Gründe und Motivationen außerhalb des Wohlwollens geben, die zu ihm führen. Es ist dann genau so unsinnig zu fragen „weshalb will ich (de facto) wohl?" bzw. „weshalb sollte ich wohlwollen?" wie zu fragen „weshalb bin ich selbstinteressiert?" bzw. „sollte ich selbstinteressiert sein?". Umgekehrt ist gerade das Fehlen einer solchen Begründung an der Stelle, an der sie, wenn es sie gäbe, auftauchen müsste (um so mehr, da Aristoteles ja sonst immer aus Gründen erklärt), nämlich bei der Erklärung des Wohlwollens als Wesensmerkmal der Freundschaft, ein starkes Indiz dafür, dass dieses auch für Aristoteles etwas Ursprüngliches und Unabgeleitetes ist – auch wenn er diese Tatsache nicht ausdrücklich zur Sprache bringt. – Letztlich ist es allerdings für das hier verfolgte Ziel einer Theorie der Freundschaft nicht entscheidend, ob die hier vertretene Interpretation des Aristoteles richtig ist. Wichtig ist, ob hier der *Sachverhalt* des Liebens und des Wohlwollens angemessen erfasst ist.

[113] Da Aristoteles die individuelle Eudaimonie zum Prinzip seiner Ethik gemacht hat (an anderer Stelle versucht er ja, selbst noch die Aufopferung des eigenen Lebens auf das Eudaimoniestreben zurückzuführen, NE 1169a18ff), bliebe ihm wie bereits dargestellt in letzter Konsequenz gar nichts anderes übrig, als auch die Freundesliebe dem Eudaimonieegoismus zu unterwerfen, wenn denn seine Theorie konsistent sein sollte. Mir scheint aber nun, dass Aristoteles in seinen Freundschaftsbüchern tatsächlich den Begriff, die Realität und den moralischen Wert eines nicht egozentrisch motivierten Wohlwollens vertritt und damit – sicherlich unbewusst (und m.E. erfreulicherweise) – systematisch inkonsistent ist. Zumindest deutet in seinen Ausführungen zum Wohlwollen alles darauf hin; und die Ausführungen zum Zusammenhang von Selbstverhältnis und Verhältnis zum Freund *können* zumindest in einem Sinn verstanden werden, der solches genuine Wohlwollen nicht ausschließt, wie die folgende Argumentation zeigen soll. – Diese Inkonsistenz wäre natürlich ihrerseits, ganz im Sinn der hier entwickelten Theorie, ein Indiz für das Ungenügen des Eudaimonieprinzips. Zur Diskussion vgl. J. Annas 1993, 149-262.

Perfekt von *erchomai*, kommen. Also ist klarerweise ein Nachfolgeverhältnis bezeichnet. Aber wenn Aristoteles hier eine effiziente oder finale Kausalfolge im Auge gehabt hätte, wäre es erstaunlich, dass er dies nicht eindeutig formuliert hätte, wie er es sonst in diesen Fällen immer tut. Gerade Aristoteles hat ja ein sehr feines und differenziertes Gespür für die Strukturen von Kausalzusammenhängen und auch eine scharfe dementsprechende Begrifflichkeit entwickelt.

Gegen eine Wirk- oder Zielursächlichkeit des Eigeninteresses bezüglich des Verhaltens zum Freund spricht auch das Perfekt. Das Herkommen der Bestimmungen des Freundschaftlichen aus dem „gegen sich selbst" wird dadurch als ein gegenüber der Aktualität des Freundschaftsverhältnisses Abgeschlossenes bezeichnet. Wäre das Selbstverhältnis dagegen Wirk- oder Zweckursache des Verhältnisses zum Freund, dann müsste das Herkommen andauern. Denn ein solches Kausalverhältnis müsste dauerhaft präsent sein, um die durch es bewirkte Wirkung aktual zu halten. Dies zeigt sich an demjenigen Aspekt des Liebens, der tatsächlich egoistisch ist: Wenn das *phileton* aufhört, ein solches zu sein, hört die Freundschaft auf (vgl. NE 1156a24, 1165b1-32).[114] Für die Bezeichnung eines im Vollzug des Liebens andauernden Abhängigkeitsverhältnisses des Freundschaftsverhältnisses vom Selbstverhältnis hätte Aristoteles aber den Aorist und nicht das Perfekt wählen sollen.

Nicht nur das Verb *elēlythenai*, auch dasjenige, was durch das Herkommen in ein Verhältnis gesetzt wird, ist recht vage formuliert: „Das Freundschaftliche gegen die Nahestehenden und was die Freundschaften bestimmt / definiert". Bei aller Vagheit deuten die Formulierungen doch eher darauf hin, dass es hier um die Gegebenheit bzw. die *Bestimmtheiten* des Freundschafts- und des Selbstverhältnisses geht und nicht um ihre (externen) Ursachen. Eine effiziente oder finale Kausalität betrifft einen Prozess. Wenn im Unterschied dazu eine fixe Bestimmtheit von einer anderen ihr Herkommen hat, dann liegt die Abhängigkeit typischerweise in der *Form*. Demnach gälte: ‚Die Form (oder die Art und Weise) wie man sich zu Freunden verhält und die Bestimmungen der Freundschaften selbst scheinen von der Art und Weise und den Bestimmungen des Verhältnisses, das man gegen sich selbst hat, ihr Herkommen zu haben.' Was aber Formursache oder „Vor-Bild" eines anderen ist, muss selbstverständlich nicht dessen Zweck- oder Wirkursache sein, im Gegenteil ist schwer vorstellbar, dass beide (bzw. alle drei) in eins fallen.

Unter diesen Vorgaben passt nun NE 1166a1 bestens auf die hier entwickelte Erklärung des Liebens aus der Bewusstseinskonversion: Die Formstruktur des Für-mich, die das einsinnige, egozentrische Bewusstsein prägt,

---

[114] Sollte dagegen das Eigeninteresse, wie es bei der Bewegungsursächlichkeit denkbar ist, allein den *anfänglichen* Impuls geben, aber nicht in seiner Ursächlichkeit fortdauern, dann wäre die angestoßene Bewegung nur in ihrem Ursprung egoistisch bestimmt, nicht aber notwendig auch in der Folge.

wird auf den Anderen hingewendet und wird damit zur Formstruktur des Für-dich. Natürlich ist die Umwendung oder das Umstülpen einer Form eine Veränderung dieser Form, und so kann man nicht sagen, dass die Form des Für-mich oder des egozentrischen Bewusstseins schlechterdings die Form des Für-dich oder des Liebesbewusstseins ist. Aber letztere hat von ersterer ihr „Herkommen" – plötzlich passt das anfänglich so vage erscheinende „*elēlythenai*" sehr präzise.

Auch wenn Aristoteles selbst nicht von der Bewusstseinskonversion gesprochen hat, ist es also nicht vollkommen abwegig, ihm zu unterstellen, dass er in seinen Ausführungen über Liebe und Wohlwollen vage im Auge gehabt hat, was hier unter diesem Begriff darzustellen versucht wurde und was zumindest in unartikulierter Weise jedem im Bewusstsein steht, der liebt: „Wie ich mir, so ich dir" – so zumindest könnte die Kurzformel für das unreflektierte Bewusstsein der Liebeskonversion lauten. Genau das aber könnte Aristoteles mit NE 1166a1ff zum Ausdruck gebracht haben wollen. Sollte das der Fall sein, dann stünde er der hier vorgeschlagenen Erklärung des Liebens noch sehr viel näher, als dies seine Ausführungen zu Anfang von Buch VIII vermuten lassen.

Es ist noch zu beachten, dass die ursprüngliche Konversion die Umkehrung des unmittelbaren, einfachen Für-mich ist und damit nicht diejenige eines eigentlichen Selbst*verhältnisses*, wie es durch Aristoteles' Formulierung „ek tōn pros heauton" anzeigt ist. Das Selbstverhältnis ist eine Reflexionsform des Bewusstseins, das sich, wie unten dargestellt werden soll, erst aus der Liebe ergeben kann.[115] In der Perspektive des Beobachters kann man allerdings schon das einfache, egozentrische Bewusstsein objektiv so *beschreiben*, dass das Subjekt in ihm „sich selbst etwas will" oder „sich selbst das Gute will", obwohl dieses Subjekt selbst in diesem seinem Bewusstsein noch kein ausdrückliches Selbstbewusstsein hat und es sein Wollen daher selbst nicht dergestalt vor Augen hat, dass da einerseits ein Objekt ist und andererseits ein Subjekt, nämlich es selbst, und dass es ersteres für letzteres will – im einsinnigen Bewusstsein *will* das Subjekt nur einfachhin, wie jeder leicht an seinem eigenen Bewusstsein unmittelbaren Wollens nachprüfen kann. Aristoteles scheint aber in NE 1166a1f aus der Perspektive eines derartigen beschreibenden Beobachters zu sprechen, wie auch die nachfolgenden Sätze anzeigen, und nicht aus derjenigen der immanenten Bewusstseinsanalyse. Insofern ist sein Vergleich von Selbst*verhältnis* und Verhältnis zum Freund vollkommen angebracht.

Auf der anderen Seite mag das verhältnismäßig späte Auftauchen des expliziten Selbstverhältnisses im Bewusstsein und seine vergleichsweise hohe Komplexität erklären, weshalb Aristoteles erst so spät, nämlich zu Beginn

---

[115] Wenn ich mich jedoch einmal zu mir selbst in ein Verhältnis gesetzt habe, dann (und natürlich erst dann) kann ich *erkennen*, dass im Lieben mein Verhältnis zum Freund meinem Selbstverhältnis strukturell entspricht.

von Buch IX, auf dessen Zusammenhang mit der Freundschaft zu sprechen kommt.[116] Es ist nicht der erste, ursprüngliche Zugang zum Lieben, dass ich ein bewusstes Verhältnis zu mir selbst habe und nach diesem dann mein Verhältnis zum Anderen bestimme.[117] Im unmittelbaren, ursprünglichen Lieben stehen *in meinem Bewusstsein* das Mir-Gegebensein des Anderen, mein Verlangen nach ihm und mein Wohlwollen gegen ihn – ganz wie es Aristoteles zu Beginn von Buch VIII beschreibt.[118] Dass ich im Wohlwollen den Für-mich-Bezug der beiden ersteren Vollzüge gegen den Anderen hin kehre, ist mir dabei selbstverständlich nicht explizit bewusst.

Das wohlwollende Lieben hat also im egozentrischen Bewusstsein seine Vor-Form, aber die Konversion ergibt sich nicht aus diesem. Deshalb steht das Lieben nicht nur in keinem kausalen Ableitungsverhältnis zum Eigeninteresse, es besteht auch kein logisches oder (zweck-)rationales.[119] Auf der Grundlage des Egoismus ist das Wohlwollen niemals vernünftig – oder umgekehrt: Wenn das Wohlwollen im Eigeninteresse seinen rationalen Grund hat, dann ist es nicht mehr echtes Wohlwollen, sondern nur noch uneigentliches, nämlich instrumentelles Gutes-Wünschen. Daran führt kein Weg vorbei, wie komplex und subtil man sich das Ableitungsverhältnis beider auch immer denken mag. Der einzige Ausweg aus dem Problem ist, dass mit der Liebe *auf der Grundlage* des Eigeninteresses etwas *unabgeleitet Neues* eintritt, etwas, das sich weder aus Kausal- noch aus Vernunftprinzipien allein ableitet. Eben das geschieht in der Konversion.

Man muss noch hinzufügen, dass das Herkommen des Konversionsbewusstseins vom egozentrischen nicht oder nicht notwendig eine zeitliche Nachordnung bedeutet.[120] Es geht ja um eine apriorische Strukturform, die

---

[116] Auch das spricht übrigens dagegen, dass Aristoteles dabei eine *Grundlegung* der Freundschaft aus dem Selbstverhältnis im Auge gehabt haben sollte, denn eine solche sollte man doch zu Anfang des Traktats erwarten (wo sich ja tatsächlich eine Erklärung der Freundschaft aus Gründen findet, nur eben anderer Art) – zumal bei Aristoteles.

[117] Insofern scheint mir v. Siemens' These von der „Selbstliebe als *ratio cognoscendi*" (2007, 122ff) unzutreffend zu sein. Ähnlich U. Wolf, 2007, 226.

[118] Die hier entwickelte Systematik wird dem noch die Anerkennung hinzufügen.

[119] Gegen C.H. Kahn 1981.

[120] Im Gegenteil ist uns das Konversbewusstsein sogar das normalere oder selbstverständlichere. Wir lieben immer schon, wir sind nicht erst egozentrisch bewusst und vollziehen dann irgendwann die Konversion. (R. Spaemann 1989, 123 schreibt, „dass die Liebe die Normalverfassung eines vernünftigen Wesens ist"). Wir haben sogar eine Tendenz, die Objekte unseres Erkennens und Handelns als „andere Selbst" anzusehen. Ein Indiz dafür ist, dass die Menschen auf frühen Zivilisationsstufen dazu neigen, dasjenige, womit sie zu tun haben – einschließlich unbelebter Gegenstände, Naturphänomene und mancher Artefakte – zu personalisieren (dieselbe Tendenz zeigt sich in Märchen und Fabeln für Kinder). Die eindeutige Trennung von egozentrischem, obtemperantem (s.u.) und konversem Bewusstsein scheint sich erst mit der kulturellen Entwicklung herauszubilden, wobei das Konversionsbewusstsein lange Zeit „unterschwellig dominant" bleibt. Man kann z.B. den aristotelischen Essentialismus und Entelechismus interpretieren als einen Rest derjenigen Weltauffassung, die in allem Seienden ein Anderes Selbst sieht. Auch die Leichtigkeit, mit der auch noch Erwachsene der fiktiven Perso-

umgewendet wird. Also ist auch die genetische Abhängigkeit eine apriorische – und nicht eine empirisch-historische. Wie sich zeigen wird, gilt die Vorordnung des einsinnigen Bewusstseins vor dem konversen auch nur in gewissem Sinn, in einem anderen Sinn ist das Liebesbewusstsein das ursprünglichere. Aber gerade unter dem formalen Aspekt hat das einfache egozentrische Bewusstsein gegenüber dem komplexen, nämlich gewissermaßen verdoppelten Bewusstsein der Liebe tatsächlich die (genetische) Priorität.[121]

Die vier Merkmale des philein *nach Aristoteles*

So ergeben sich nun vier Merkmale der *freundschaftlichen Liebe* nach der Definition des Aristoteles: 1. mein Wollen des Andern für mich; im Folgenden soll dafür der einfacheren Formulierung wegen der Begriff des „Begehrens" oder des „Verlangens" (des Freundes bzw. nach dem Freund) stehen, der zwar im heutigen Umgangsdeutsch vor allem erotisch konnotiert sein mag, sich aber selbstverständlich auch z.B. auf die bloße Gegenwart eines Anderen und ganz allgemein auf das Zusammenleben mit ihm beziehen kann; 2. mein Erkennen des Anderen, nämlich zum einen überhaupt, als Wahrnehmungsgegenstand, zum andern als ein Gutes (an sich gut, für mich gut oder für die Erlangung eines anderen Gutes gut); außerdem muss man nach NE 1155b27ff unterstellen dass das andere Gegenüber als Anderer, i.e. als ein Mensch bzw. ein bewusstes Wesens erkannt wird – dazu wird unten mehr zu sagen sein; sodann 3. mein Wollen für den Andern, das Wohlwollen; und 4. mein Wissen meines epistemischen Für-den-Andern-Seins in der „Unverborgenheit".[122] Zur *Freundschaft* kommt dazu 5. die Gegenseitigkeit des Liebens, i.e. die Wechselseitigkeit aller vier genannten Vollzüge. 6. kann bzw. muss man vielleicht noch die Aktualisierung der Liebe nennen, nämlich das „(Aus-)Leben" der Liebe und Freundschaft, also das Zusammenleben. Dieses verfestigt sich dann, wie alle dauernd fortgesetzten Lebensvollzüge, zu einem Habitus, der die vollausgebildete Freundschaft kennzeichnet. Man kann diesen Habitus deshalb (7.) als weiteres Definitionselement der Freundschaft aufzählen. Aber er ergibt sich konsequent aus der Aktualisierung der Freundschaft, die selbst wiederum notwendiges Implikat des Liebesstrebens ist (so dieses denn nicht gehindert wird). Deshalb genügt es im Grunde, die Punkte 1 bis 5 anzugeben, wie es Aristoteles selbst tut.

---

nifikation von Tieren, Pflanzen und unbelebten Gegenständen in der Literatur folgen, mag ein Indiz dafür sein, wie nahe uns die Konversion liegt.
[121] Daraus wird sich in der Folge auch eine praktische Vorordnung ergeben, aber nicht des Egoismus vor dem Wohlwollen, sondern der Selbstliebe vor der Freundschaft zum Anderen (vgl. das entsprechende Kapitel). Wiederum gilt diese Vorordnung allerdings nur in gewisser Weise, in anderer Hinsicht ist die Liebe zum Anderen die erste.
[122] Dies ist eigentlich unscharf, weil die Unverborgenheit bei Aristoteles noch nicht dem einseitigen Lieben angehört, sondern erst der Freundschaft. Aber dieser vierte Gesichtspunkt des Liebens wird im Folgenden ohnehin gegenüber Aristoteles modifiziert werden.

Damit ist die aristotelische Freundschaftsdefinition nach NE 1155b26-1156a5 eingeholt. Diese Definition ist m.E. als Wesensdefinition zu betrachten.[123] Dafür lassen sich exegetische Gründe geltend machen: Nirgends im Text modifiziert, korrigiert, erweitert oder ersetzt Aristoteles dieses Definition; und all seine weiteren Ausführungen über die Freundschaft stehen im Einklang mit ihr.[124] Überzeugender aber ist m.E. noch ihre systematische Vollständigkeit. Alle anderen Bestimmungen der Freundschaft – Gewöhnung, Zusammenleben, Gleichheit, Gemeinschaftlichkeit etc. – lassen sich aus dieser Definition herleiten. Sie sind entweder zur Freundschaft erforderliche Voraussetzungen, die in den Erfordernissen der Definition impliziert sind, oder Charakteristika des Freundschaftsverhältnisses, die sich daraus ergeben, dass das gegenseitige Wollen und Wohlwollen sowie Wahrnehmen und Sich-wahrgenommen-Wissen vollzogen und reflektiert werden. Je mehr diese vollzogen werden, desto intensiver oder enger ist die Freundschaft. Und so gilt umgekehrt: Wo sie (noch) gar nicht vollzogen werden oder wo ihr Vollzug erst begonnen wird, da ist (noch) gar keine Freundschaft vorhanden oder erst eine beginnende. So ist es gerechtfertigt, zu sagen, dass keine Freundschaft da ist, wenn keine Gewöhnung, Zusammenleben etc. vorhanden sind. Es handelt sich also um *notwendige* Merkmale der Freundschaft. Sie müssen aber dennoch nicht in die Freundschaftsdefinition aufgenommen werden, weil sie sich unmittelbar aus der Aktualisierung dessen ergeben, was in dieser Definition festgeschrieben ist. Da die Freundschaft aber erst durch die Aktualisierung ihrer definitiven Momente realisiert wird, muss diese Aktualisierung nicht noch als eigene Existenzbedingung für die Freundschaft zusätzlich zur gegeben Definition aufgestellt werden.

Die Wendung des apriorischen Für-mich hin auf den Andern, in der ich mir gewissermaßen das Für-mich des Andern zu meinem eigenen mache, ist nach der hier entwickelten Interpretation dasjenige Grunddatum, dem in der aristotelischen Formel vom Freund als *heteros autos* (anderes [Ich-]Selbst, NE 1169b7 u.ö.) Ausdruck verliehen wird. Wenn man so möchte, ist diese Formel deshalb die exakte Kurzfassung der Freundschaftsdefinition.[125]

---

[123] Gegen Schulz 2000, 179ff. Zugegebenermaßen genügt die Definition nicht den strengen formalen Erfordernissen von Cat. 1a7f, i.e. dem „definition fit ..." (sie gibt nicht das genus proximum an und nennt, wenn man so will, drei differentiae specificae anstatt einer einzigen). Aber sie führt die hinreichenden und notwendigen Merkmale dafür an, dass ein zwischenmenschliches Verhältnis „Freundschaft" genannt werden kann.

[124] Dagegen wurde eingewandt, Aristoteles würde nachträglich das Moment des Wohlwollens für die Lust- und Nutzenfreundschaften widerrufen. Gegen diese Interpretation hat sich Cooper 1976 gewandt (vgl. meine erneuerte Argumentation in Utz 2003 und 2009).

[125] Es ist interessant, dass Shaun Nichols in seiner empirisch orientierten Studie zu einigen ähnlichen Schlüssen bezüglich der Erklärung altruistischen Handelns kommt (2004, 33ff – obwohl die Grundausrichtung natürlich eine ganz andere ist). Für dieses genügt es nicht, „emotionale Ansteckung" anzunehmen – dass mich etwa das Weinen des Anderen dazu veranlasst, ein ähnliches Gefühl zu erleben, und ich mich von diesem Gefühl befreien will. Denn die Befreiung von dieser Ansteckung ist oft viel leichter durch Wegsehen oder Flucht möglich

a) Wohlwollen

Wenn die Konversion einmal vollzogen ist, dann *will* ich für den Geliebten wie für mich selbst. Dabei bleibt selbstverständlich auch im Wohlwollen das apriorische Für-mich des Bewusstseins erhalten (das liegt allein schon an seiner Apriorizität): Ich will für mich, dass dem Geliebten wohl sei, ich will für mich, dass ihm das Gute zukomme. Entsprechend werde *ich* glücklich sein, wenn sich dieses Wollen realisiert und dem Andern wohl ist, und leiden, wenn es ihm schlecht geht. Auf die Unaufhebbarkeit des apriorischen Für-mich können sich nun all diejenigen berufen, die auch angesichts des Wohlwollens auf dem Egoismus als einziger Triebfeder menschlichen Handelns beharren wollen. Selbstverständlich ist alles Wollen auf mich bezogen, es ist *mein* Wille, dessen Erfüllung *mich* befriedigt.[126] Aber durch diese Fixierung der

---

als dadurch, dem Anderen zu helfen. Aber das ist nicht dasjenige (vorrangige) Verhalten, das man in Experimenten beobachtet. Auf der anderen Seite scheint es zum altruistischen Verhalten nicht erforderlich, dass die Ich-Perspektive des Anderen eingenommen wird. So kommt Nichols zu dem Schluss, dass es einerseits notwendig ist, dass die Schmerzen als die eines *Anderen* bewusst sind: Nicht das Weinen als solches motiviert den Altruismus, sondern dass es das Weinen eines Anderen ist; andererseits ist es hinreichend, dass mir dessen *Wohl-* bzw. *Unwohlsein* bewusst ist. Ich muss nicht in ihn hineinschlüpfen und die Situation mit seinen Augen sehen (dies erweist sich am „egozentrischen altruistischen Verhalten" von Kleinkindern: Sie geben einem weinenden Kameraden zum Trost das eigene Nuckeltuch, das diesem natürlich gar keinen Trost bedeutet). Dies unterstützt insofern die hier entwickelte Theorie, die weder die emotionale Ansteckung noch die Perspektiveübernahme als grundlegend ansieht (sondern eben die Konversion), als die Erklärung des Altruismus allein aus der ersteren ohne die Konversion, nämlich ohne das Bewusstsein eines anderen Selbst auskäme, wohingegen die Perspektivenübernahme ein Bewusstsein des Anderen erfordert, das in der unmittelbaren, einfachen Konversion noch nicht vorhanden sein kann und sich nach der hier entwickelten Theorie erst aus ihr ergeben soll. (Interessant ist beim letzteren Punkt auch, dass autistische Kinder zwar große Schwierigkeiten haben, sich in Andere hineinzuversetzen und auch schwerer als andere Situationen, in denen Andere leiden, als solche identifizieren können. *Wenn* sie dies aber tun, dann reagieren sie ebenso häufig mit altruistischem Verhalten [z.B. Trösten] wie andere Kinder. Auch sie scheinen also durchaus zur Bewusstseinskonversion, i.e. zum Anerkennen und zum Wohlwollen fähig zu sein. Cf. ebd. 57f. Es ist deshalb nach der hier entwickelten Theorie unproblematisch, Autisten Liebesfähigkeit zuzuschreiben, auch wenn mancher im Umgangssprachgebrauch dabei zögern mag – weil der umgangssprachliche Liebes- bzw. Freundschaftsbegriff so stark emotional konnotiert ist, dass bestimmte Gefühle als Definiens der Liebe angesehen werden.) – Einschränkend ist allerdings zu derartigen empirischen Belegen oder auch Gegenbeispielen zum hier Entwickelten allgemein zu sagen, dass die Konversion zwar natürlich emotionale und verhaltensmäßige Implikationen hat – und deshalb durchaus mit der Empirie zu tun hat –, aber nicht auf diese reduzierbar ist (weshalb wie gesagt auch „gefühllose" oder gefühlsarme oder „andersartigfühlende" Menschen lieben können). Umgekehrt ist nicht überall dort, wo (den Phänomenen nach) altruistische Emotionen und Verhalten auftreten, auch die Konversion gegeben. Solches Verhalten und solche Emotionen können z.B. auch aus obtemperantem Bewusstsein entspringen (s.u.) und natürlich auch aus einem reflektierten Egoismus.
[126] Zur Kritik an einer derartigen Reduktion der Freundschaft auf den Bereich des „Personalen" vgl. Blum 1990, 192.

Theorie auf die Ich-Bezogenheit wird von vornherein der Blick dafür verstellt, dass sich *innerhalb* dieser Bezugsform ein Wechsel vollzieht, der sie freilich nicht aufhebt, aber einen ganz neuen Sachverhalt darstellt, der sich allein aus ihr (auch *formal*) nicht erklären lässt. Dies liegt daran, dass mit dem Wohlwollen nicht nur irgendeine *inhaltliche* Spezifikation des Wollens gegeben ist, wie sie gegen dessen transzendentale Bestimmungen selbstverständlich immer zufällig sein muss, sondern eine ganz eigene Formstruktur. Das Wohl des Andern liegt nicht gleichgeordnet neben anderen Strebenszielen wie Lottogewinn und Himbeereis. Es konstituiert einen eigenen Typus des Wollens.[127]

---

[127] Vgl. auch Harry Frankfurt 2000, 207: „Vielmehr ist die Liebe wesentlich eine irgendwie unfreiwillige und komplexe *willentliche* Struktur." (Nach dem hier Entwickelten ist sie freilich nicht nur dies, sondern impliziert auch eine komplexe *kognitive* Struktur, s.u.)

Es lohnt sich an dieser Stelle vielleicht, wiederum einen Vergleich zur Ethik Kants zu ziehen: Eine rein deontologische Ethik wie die seine, so scheint es auf den ersten Blick, ist durchaus fähig, eine *rein* moralische, nicht selbstinteressierte Motivation zu konzipieren. Damit könnte sie der hier vorgestellten Theorie überlegen erscheinen. Aber so eindeutig ist die Selbstlosigkeit des kantischen moralischen Subjekts gar nicht. Offensichtlich ist, dass seine subjektive Motivation selbstlos ist, i.e. dass es in seinem eigenen Bewusstsein nicht sein eigenes Interesse verfolgt. Aber das ist auch im Fall des freundschaftlichen Wohlwollens so. Dennoch kann man sagen, dass liebendes Wohlwollen objektiv (auch) selbstinteressiert ist, weil das Lieben für den Liebenden selbst gut ist (und zwar nicht nur insofern darin auch sein egozentrisches Verlangen gestillt wird). Wenn man nun aber genauer zusieht, dann scheint es eine solche *objektive* Selbstinteressiertheit auch im Fall der kantischen Moralität zu geben. Deren Subjekt „gewinnt" durchaus auch etwas für sich, wenn es sich moralisch verhält, nämlich die Autonomie, die Freiheit, in der außerdem auch seine Würde liegt. Zwar sagt Kant (vermutlich bewusst) nicht, dass die Freiheit ein Gut darstellt, aber es ist kaum zu sehen, wie sie dies nicht sein sollte. Die Freiheit betrifft nämlich nach Kants Theorie nicht etwas, das ich habe, keine Eigenschaft oder Relation, sondern mein eigenes Sein qua Intellektualwesen. Wenn ich mich als frei denke, denke ich nicht eigentlich eine Prädikation meiner selbst, i.e. ich denke mich nicht, *wie* ich existiere, ich denke nur, *dass* ich existiere, nämlich als Mitglied der intellektualen Welt. Genau dieses Sein muss ich aber gemäß der zweiten Formel des kategorischen Imperativs als Selbstzweck, mithin als ein absolutes Gut ansehen. Wenn ich also autonom handle, dann diene ich meinem eigenen Selbstzweck (wenn auch meist nicht ausschließlich, sondern daneben auch dem Selbstzweck anderer Menschen, ganz wie im Fall des Wohlwollens), mit dem ich mich gerade als moralisch Handelnder identifiziere (während sich der unmoralische Mensch mit seinen Neigungen identifiziert). Auch in diesem Fall liegt die Selbstlosigkeit also weniger in der Motivation selbst, die durchaus als selbstinteressiert angesehen werden kann, sondern darin, wie das Interesse Anderer in diese Motivation integriert wurde, nämlich nicht instrumental, i.e. aus dem Eigeninteresse abgeleitet, sondern als ein genuines Interesse, das sich nicht aus anderem Interesse ergibt. Hierin aber scheint die hier vorgestellte Theorie der kantischen sogar überlegen. Bei Kant beruht die Selbstlosigkeit auf der praktischen Vernünftigkeit, genauerhin auf der Universalisierung des Willens (für die es keine partikular-selbstbezogene Motivation geben kann). Dann aber, so könnte man sagen, ist meine Moralität der strikteste Egoismus, nämlich sofern ich meine (nichtpartikulare) praktische Vernünftigkeit als *meine* und mich selbst als Vernunftwesen ansehe. Vielleicht *gewinne* ich nichts durch meine Moralität, nämlich nichts zusätzlich zu meiner Vernünftigkeit und Freiheit hinzu. Aber ich verlöre ganz eindeutig etwas, wenn ich unmoralisch wäre, nämlich meine Freiheit oder mich selbst als Vernunftwesen oder die *Einheit* meiner selbst als wollendes Subjekt: meine Identität. Dagegen scheint die Selbstlosigkeit in der Bewusstseinskonversion radikaler, denn darin löse ich mich von meinem Selbst nicht dadurch,

In der Draufsicht der dritten Person stellt sich das *Ergebnis* der Konversion selbstverständlich so dar, dass das Eigeninteresse des Liebenden „ausgeweitet" ist und er statt nur für sein eigenes Selbst das Gute nunmehr für dieses plus das Selbst des Geliebten will. In diesem Sinn einer Ausweitung des Egoismus auf das Selbst des Freundes durch die Identifikation mit ihm wurde auch NE 1166a1ff verschiedentlich interpretiert.[128] Auch darin wurde allgemein eine Reduktion des Wohlwollens auf den Egoismus gesehen. Diese Analyse ist unangemessen, auch wenn durchaus zutrifft, dass in der Liebe das Wohl des Geliebten mein Wohl bedeutet. Aber dies bedeutet nur, dass *mein Wille* geschieht, wenn ihm Gutes geschieht. Entscheidend ist jedoch wie gesagt, wie es mein Wille sein kann, dass nicht mir, sondern einem Anderen wohl sei: Diese Bestimmung des Willens ist nicht als Ausweitung des Selbstverhältnisses denkbar (sondern eben nur als dessen Konversion), weil nur ich selbst ich selbst bin – mein Selbstsein ist als solches nicht ausdehnbar, weil mir mein Selbst nicht als eine Extension gegeben ist (unter die ich selbst fiele – das wird schon daraus deutlich, dass das Selbst, das unter diese Extension fallen müsste, nicht anders identifizierbar ist denn eben als ich-selbst, womit man aber in einen Zirkel bzw. eine petitio principii geriete). Mein Selbstsein zum Wir ausweiten und mich mit einem Anderen identifizieren kann ich erst im *Ergebnis* der Bewusstseinskonversion. So mag man zwar, wenn man will, das *Resultat* der Bewusstseinskonversion als einen ausgeweiteten Egoismus *beschreiben*,[129] aber man kann den Vollzug der Bewusstseinskonversion selbst nicht als eine Ausweitung des Egoismus *verstehen*.

Letztlich ist es gleichgültig, ob man den Für-mich-Bezug des Wohlwollens als egoistisch bezeichnen möchte oder nicht. Entscheidend ist, das Für-den-Andern-Wollen als ursprüngliche, irreduzible Wendung des Wollens einzusehen, als Vollzug eigenen Rechts und völlig eigener Qualität. Dass diese

---

dass ich es universalisiere (und damit ja in gewissem Sinn bei diesem Selbst bleibe), sondern dass ich dieses Selbstsein selbst von mir fortwende und dem Andern zuspreche. Ich will ihm das Wohl tatsächlich um *seiner selbst* willen, und nicht um der allgemeinen Vernünftigkeit willen, die ja immer auch (und gerade auch) meine eigene ist.

Es mag weiter für die hier entwickelte Theorie sprechen, dass die *Reflexion* meiner unbewusst-objektiven Eigeninteressiertheit in der Liebe – nämlich im Lieben als Gut für mich – und damit das subjektiv-*bewusste* Verfolgen der Liebe zum einen durchaus möglich ist, zum anderen aber einen weiteren Akt der Liebe erfordert, nämlich die Liebe zu sich selbst, in dem ich mir selbst erst (bewusstermaßen) zu einem solchen werde, für den die Liebe gut ist, weil ich mich *wesentlich* als liebendes Wesen begreife und nicht nur als bloß egozentrisch für-mich wollend und erkennend. Der Ursprung der Güte der Liebe für mich selbst bleibt also die Liebe (nur im Lieben ist mir die Liebe ein Gut, i.e. die Liebe bleibt die ursprüngliche Motivation), nicht ein wie auch immer geartetes Eigeninteresse *ohne* Liebe, das dann zur Liebe hinführt oder aber die Liebe als Gut für sich entdeckt und dann als Strebensziel erwählt.

[128] Vgl. z.B. J. Annas 1977, 535ff; Pakaluk 1998, 163; anscheinend auch v. Siemens 2007, 124. Vgl. auch N. Sherman 1993, 93ff. Zur Kritik der Auffassung der Freundschaft als ausgeweitetem Egoismus vgl. auch Blum 1993, 200ff.

[129] Wie man übrigens die eigentliche Selbstliebe, wie sie unten behandelt werden wird, auch als eine Ausweitung des Altruismus auf sich selbst beschreiben kann.

Qualität auch eine moralische ist, spielt hier zwar zunächst noch keine Rolle. Aber *wenn* sie es ist, wenn das Wohlwollen den Charakter moralischer Vortrefflichkeit hat, dann steht von vornherein fest, dass dieser Charakter nicht dadurch aufgehoben und in Abrede gestellt werden kann, dass man das Wohlwollen auf das reine egozentrische Wollen reduziert – denn eben dies ist unmöglich. Es ist *allein* das Wohlsein des Andern, das mein Glück oder Unglück im Gelingen oder Misslingen meines Wohlwollens ausmacht, und nicht eine davon unabhängige Lust oder ein Nutzen *für mich*, eine Lust- oder Nutzen*wirkung an mir* (wiewohl diese unabhängig davon noch hinzukommen mögen). Und das Glück des Andern ist im Wohlwollen mein Glück *allein* schon *aufgrund* der Wendung meines Wollens hinein ins Für-dich – und nicht erst aufgrund eines darüber hinausgehenden eigenständigen Bezugs des Glücklichseins des Andern auf mich (etwa in Form eines Einwirkungsbezugs auf mich – so dass z.B. der Andere immer dann, wenn er sich wohl fühlt, lustige Geschichten erzählt, die mir Lust bereiten).[130] Das Wohlwollen lässt sich dergestalt von vornherein nicht auf Eigennutz und Egoismus reduzieren,[131] denn entscheidend ist der Akt, in dem ich das Wohl des Andern überhaupt zu meinem eigenen Wohl mache.[132] In diesem Akt liegt der Ursprung des Liebens (unter dem Wollensaspekt) und er ist als solcher nicht aus dem Eigennutz ableitbar.[133]

Konkrete Bestimmtheit des Wohlwollens

Das ursprüngliche Wohlwollen im Lieben entspringt aus der konkreten Bewusstseinskonversion. Es ist deshalb *konkret bestimmt*, nämlich durch das, was

---

[130] Wenn hier behauptet wird, dass das Wohlwollen auf einer irreduziblen apriorischen Bewusstseinsstruktur bzw. -wendung beruht und allein aus dieser begriffen werden kann (wenn es denn tatsächlich um echtes Wohlwollen gehen soll), dann bedeutet das nicht, dass man nicht nach empirischen Erklärungen dafür suchen könnte, dass diese Struktur in der Realität bewusster Wesen gegeben ist (vgl. zu dieser Art von Fragestellung z.B. Robert H. Frank 1992, 13-45). Um einen Vergleich zu bemühen, der freilich ein wenig hinkt: Man kann von der apriorischen Gültigkeit der Mathematik überzeugt sein und trotzdem fragen, warum und wie sich das menschliche Gehirn so entwickelt hat, dass es mathematische Probleme lösen kann.
[131] Vgl. auch Peter Rinderle 2007, 118.
[132] Hierin ist auch der Ursprung des vielbesprochenen „Paradoxes der Freundschaft" zu suchen, dass es *gut für mich* ist, dass ich von meinem Eigeninteresse absehe und nach dem strebe, was *gut für den Anderen* ist. Zur intrinsischen Güte der Liebe – auch und gerade auch *für mich* – wird zwar unten noch mehr zu sagen sein, aber grundlegend für alle weiteren Erörterungen ist, dass es überhaupt so etwas wie einen „doppelten Willen" gibt, nämlich den konversen Willen, in dem einerseits der apriorische egozentrische Bezug festgehalten, zugleich aber die Richtung des Wollens auf den Anderen hin gewendet ist.
[133] Dagegen ist es selbstverständlich immer möglich, sich eine andere Erklärung für das Wohlwollen auszudenken, als sie hier mit Aristoteles vorgestellt wurde: Man erklärt das Wohlwollen aus erzieherischer Prägung, aus arterhaltenden Instinkten, aus psychopathologischen Verdrehungen des Eigennutzstrebens – und negiert damit zugleich, dass es sich um genuines Wohlwollen handelt.

ich für mich vom Anderen will. Das Gut, das der Andere mir ist und das ich mir will, will ich durch die Konversion ihm selbst. Unmittelbar ist daher das Wohl, das ich im liebenden Wohlwollen will, sowohl qualitativ wie auch quantitativ eben genau dasjenige, was mir das *phileton* ist.

In den gemischten Freundschaften, in denen die Freunde kategorial Unterschiedliches aneinander bzw. voneinander begehren (z.B. der eine Lust, der andere Nutzen), und auch in der Nutzenfreundschaft, in der die Freunde einander zwar kategorial Gleiches, aber material Unterschiedliches geben bzw. leisten, gehen die Freunde notwendigerweise von dieser ursprünglichen Gleichheit im Lieben ab und wollen sich und dem Anderen qualitativ unterschiedliches Wohl, wobei die Quantität gleich bleibt. Natürlich muss bei qualitativ unterschiedlichen Gütern das Maß der quantitativen Gleichheit, der „Wechselkurs", erst bestimmt und dann festgeschrieben werden. Dies geschieht ausdrücklich oder unausdrücklich im Festschreiben der Freundschaftsordnung.[134]

Die ausdrückliche, formelle Form einer solchen Tauschordnung ist der Tauschvertrag. Nach der hier entwickelten Theorie ist dieser Vertrag als ein Abkömmling der Freundschaft zu verstehen, nämlich als die abstrakte, formalisierte Formulierung der Ordnung des gegenseitigen Wohlwollens. Er abstrahiert allerdings gerade von dem, was die Freundschaft wesentlich ausmacht: von der Motivation, nämlich dem Wollen des Wohls des Anderen um seiner selbst willen; und von der konkreten Anerkennung des Anderen (s.u.). Beide Momente erscheinen nur noch als der „Horizont" des Vertrags, dass man nämlich den Anderen überhaupt als Vertragspartner anerkennt und dass man überhaupt einen Vertrag mit ihm schließt, anstatt ihm die gewünschten Güter einfach zu rauben. Da aber beides, juristische Anerkennung und Verzicht auf Aneignung durch Gewalt, auch durch äußeren Zwang (etwa durch die Rechtsordnung und Polizeigewalt eines Staates) motiviert sein können, ist der Vertrag selbstverständlich ohne Freundschaft möglich. In diesem Fall „ersetzt" der Staat, der nach Aristoteles auch eine Art von Freundschaft darstellt, die besondere Freundschaft, nämlich die Anerkennung und das Wohlwollen zwischen den Vertragspartnern. Tausch und Vertrag haben also nach der hier dargestellten Theorie ursprünglich in der Freundschaft ihren Ort, nämlich entweder direkt in der Freundschaft zwischen den Vertragspartnern oder indirekt in einer Freundschaft, die die Möglichkeitsbedingungen des Vertrags real garantiert. Dementsprechend kann man sich nach dem hier Entwickelten zwar viele zwischenmenschliche Verhältnisse durch den Vertragsgedanken aufklären (wie das etwa in Sozialvertrags- oder *Homo-oeconomicus*-Modellen geschieht). Aber der Vertrag kann solche Verhältnisse letztlich nicht begründen, weil er selbst seinen letzten Grund in der Freundschaft (im hier entwickelten Sinn) hat.

---

[134] Vgl. dazu unten, zum „Ethos der Freundschaft".

b) Anerkennung

Die Umwendung der Richtung des apriorischen Für des Bewusstseins zum Für-dich geschieht nicht nur im Wollen, sondern auch im Erkennen.[135] Dieses letztere lässt sich nun noch etwas genauer analysieren, als Aristoteles es tut. Ihm ging es um eine Theorie der Freundschaft als Teil einer im Wesentlichen als Tugendethik konzipierten praktischen Philosophie. Deshalb musste er die Strukturen des freundschaftlichen Liebens nicht bis in alle Details hinein verfolgen, wie es notwendig ist, wenn man die Freundschaftslehre zur Grundlage der praktischen Philosophie machen möchte. Aus diesem Grund war Aristoteles z.B. am individuellen Vollzug des *philein* vor allem hinsichtlich der Freundschaft interessiert und weniger als eigenes Phänomen. Für das hier verfolgte Vorhaben ist aber die Klärung des einseitigen, individuellen Liebens grundlegend, weil es den fundamentalen Bewusstseinsvollzug darstellt, aus dem sich alles Weitere ergibt.

Für das einfache, individuelle Lieben ist die aristotelische Bestimmung der Wendung des kognitiven Bewusstseinsmoments als „Unverborgenheit" unbefriedigend. Sie scheint diesem basalen Akt zuviel abzuverlangen. Hinsichtlich der Freundschaft ist es selbstverständlich kein Problem, das gegenseitige Wissen um das Wissen voneinander als Grundelement zu veranschlagen. Aber beim ersten, unmittelbaren, vom einzelnen Individuum vollzogenen *philein*, das noch nicht im Erwiderungsverhältnis der Freundschaft steht, wird der Liebende noch nicht notwendig davon ausgehen dürfen, dass der Andere seiner bewusst ist, i.e. dass dieser um ihn als Liebenden weiß. Der Liebende wünscht zwar vielleicht, dass dies so sein möge (dazu s.u.), aber häufig muss er sogar eindeutig erkennen, dass dem (noch) nicht so ist. Dann taugt aber die Unverborgenheit nicht zum *Konstitutionselement* des einfachen *philein*. Auf der anderen Seite aber muss es, wenn man der hier entwickelten Systematik folgt, auch schon im einfachen Lieben ein dem Wohlwollen als dem volitiven Moment entsprechendes *kognitives* Moment der Konversion geben – denn das Bewusstsein kann ja nur *im Ganzen* umgewendet werden, da es nur als einiges Ganzes seiner Momente möglich ist.

Betrachtet man die Unverborgenheit genauer, dann stellt man schnell fest, dass sie bereits eine recht komplexe Struktur aufweist: Ich bin mir des Anderen bewusst als meiner bewusst seiend. Allein schon deshalb liegt es nahe, nach einer einfacheren Struktur zu suchen, die ihr zugrunde liegt. Die ist schnell gefunden, wenn man die Erklärung des Grundvollzugs des Liebens heranzieht, wie sie oben entwickelt wurde: Im *philein* wird die Bezüglichkeit des (einsinnigen) Bewusstseins auf den Andern hingewendet. Wenn ich nun das kognitive Moment meines Bewusstseinsvollzugs umwende, dann ergibt sich zunächst einfach, dass ich den Andern als das erkenne, was ich bewusst

---

[135] Auf die kognitive Dimension der Liebe weist auch R. Schilling (2005) hin.

seiend bin: als bewusst seiend. Daraus ergibt sich ein „Wissen" des Andern, das nicht einfachhin Erkenntnis ist – oder deutlicher formuliert: ein Erkennen des Andern, das nicht einfachhin Erkennen ist. Denn erkennen kann ich fremdes Bewusstsein als solches gar nicht (s.u.). Das „Erkennen" fremden Bewusstseins ist daher zu denken als ein Erkennen, das nicht allein rezeptiv ist, das nicht nur (wahr-)*nimmt*, sondern das von der Seite des Erkennenden aus dem Erkannten etwas „zuteilt", nämlich die Bewusstheit, und das dennoch im Modus des Erkennens (und nicht der Intentionalität bzw. der Praxis) verbleibt.[136] Diese Form des Erkennens ist das Anerkennen. In der Wendung des Bewusstseins hin auf den Andern *anerkenne* ich ihn, nämlich zunächst grundlegend und allgemein als einen, der das ist, was ich selbst bewusst seiend bin: ein anderes bewusstes Wesen, ein anderes Für-mich, ein anderes Selbst, ein Meinesgleichen.[137]

Die Anerkennung ist also einerseits ein Erkennen – und nicht ein Wollen. Andererseits ist sie ein unvergleichliches Erkennen, ein Erkennen eigener Art. Wenn ich eines Anderen gewahr bin, dann bin ich nicht nur einfachhin gewahr, ich bin seiner gewahr *als* etwas – nämlich als Meinesgleichen. Diese Struktur der Erkennens-als ist uns bekannt aus der diskursiven Erkenntnis. Wann immer unser Erkennen über das schiere unmittelbare Gewahrsein hinausgeht, dann wird es diskursiv und begrifflich. Dieses Hinausgehen ist nämlich gar nicht anders möglich als in der Gestalt, dass man das unmittelbar Gewahrte in Verbindung bringt mit etwas, das man bereits „hat", nämlich als Gedächtnisinhalt „weiß". Wie sich dies genauer vollzieht ist eine Frage der Erkenntnistheorie und muss hier nicht weiter vertieft werden. Entscheidend ist hier nur die Struktur des „Erkennens als" als des In-Verbindung-Bringen-mit. Auch im sachlichen, nichtanerkennenden Erkennen erhält das Gewahrte durch diese Bezugsetzung eine Qualität, die es als schiere Wahrnehmung noch nicht hatte: Es wird begrifflich.[138]

---

[136] Vgl. R. Spaemann 1989, 133: „Die Wahrnehmung des Lebendigen *als* lebendig aber ist, wie Kant erstmals gezeigt hat, ein Akt der Freiheit".
[137] Sicherlich wird man NE 1161b33 im Sinn der Anerkennung deuten dürfen, auch wenn nicht direkt von ihr die Rede ist und auch nicht unter einem systematischen Gesichtspunkt: Zwischen Tyrann und Untertanen gibt es keine oder wenig Freundschaft, „oude gar dikaion", da kein Recht zwischen ihnen ist. Dies kann aber wohl nur so verstanden werden, dass die Untertanen keine rechtliche *Anerkennung* erfahren.
Interessanterweise finden sich einige Aspekte von Freundschaft und Liebe, die nach der hier entwickelten Systematik in der Freundschaftsdefinition des Aristoteles fehlen, in Ciceros eigentlich viel unsystematischerem *Laelius*. So sagt Cicero ausdrücklich, wenn auch beiläufig, was Aristoteles vielleicht so selbstverständlich erschien, dass er es nicht erwähnte: Freunde müssen nicht nur „in Wohlwollen verbunden" sein, sondern sich auch „gegenseitig ehren" (1970, 35; im Kontext des Zitats geht es dann um die Ehrfurcht oder Achtung, zu der unten mehr zu sagen sein wird). Man wird Cicero kaum Zwang antun, wenn man im „Ehren" zumindest grob das besagt sieht, was hier als „Anerkennen" dargestellt wurde.
[138] Dabei soll hier offen bleiben, ob dabei die Wahrnehmung an ihr selbst überhaupt erst begrifflich wird oder ob sie an ihr selbst schon begrifflich war und dieser Charakter nur für mich in meinem unmittelbaren Wahrnehmungsbewusstsein noch nicht bewusst war; hier nämlich

In der Anerkennung vollzieht sich nun also ebenfalls ein In-Verbindung-Bringen-mit. Aber der Bezugspunkt ist diesmal ein einzigartiger. Er ist kein Gegenstand oder sonst bestandhaft Gegebenes, kein Allgemeines oder sonst Zuvor-Gewusstes. Erkannt wird der Andere ja dadurch, dass ich die Bewusstseinsbezüglichkeit auf ihn hin wende, i.e. dass ich ebenjene Bezogenheit, die ich vollziehe und in der ich aktual bewusst seiend bin, auf ihn beziehe. Darin liegt die Bedeutung des „als" im Zusammenhang der Anerkennung. Ich erkenne den Andern als bewusstseiend. Der Bewusstseinsvollzug, den ich ihm dabei zuerkenne, ist aber nicht ein Vor-Gegebenes, sondern dasjenige, was in diesem Vollzug selbst auf meiner Seite *aktual* Gegebenes ist. Und dieses ist (ursprünglich) nicht ein bestandhaft, gegenständlich Mir-Gegebenes, also nicht ein Begriff, den ich dann auf den Anderen anwende, unter dem ich ihn fasse. Mein eigenes bewusst Sein ist mir ja (ursprünglich) niemals gegenständlich gegeben, weil es gerade dasjenige ist, worin ich bewusst bin (wiewohl es mir in jeder Bewusstseinsgegebenheit mitgegeben ist, s.o.). Was ich in der Anerkennung erkenne, ist also nicht ein Sachverhalt: „Dieses da ist ein bewusstes Wesen." Was ich erkenne ist ein „Als mich selbst". Dieses „selbst", worauf ich den Anderen beziehe, ist mir seinerseits keine bestandhafte Gegebenheit, sondern das Mit-Wissen des Für-Seins im jeweiligen aktualen Bewusstsein. Das „Meinesgleichen" ist deshalb (zunächst, im ursprünglichen Akt der Konversion) nicht zu verstehen als Gleich-Gegebenheit: „Es gibt zwei Sachverhalte, die sich gleichen, mich selbst und den Anderen." Es ist zu verstehen als Gleich-Geltendheit. Deshalb ist es kein Widerspruch, wenn gerade in der Anerkennung als Meines*gleichen* die originäre, unvergleichliche *Alterität* des Anderen erkannt wird. Gleich ist mir der Andere gerade im Unvergleichlichsein, nämlich in demjenigen, was radikal Anderes gegen alle bloße Mir-Gegebenheit ist: in der Bewusstseinsbezogenheit *auf* das Gegebene. Der Andere ist mir gleich im Für-mich: Er ist mir Für-sich-selbst-Sein. Der griechische Begriff *heteros*, den Aristoteles in der Formel *heteros autos* einsetzt, hat gegenüber den hier verwendeten deutschen Begriffen den Vorteil, dass er sowohl die Gleichheit (i.e. hier das Meinesgleichen), als auch die Alterität ausdrückt. Die Übersetzung, die ihm unter diesem Gesichtspunkt am nächsten kommt, wäre „ein weiteres". Dem Ausdruck „ein weiteres Selbst" fehlt

---

geht es nur um das, was im Bewusstsein ist, und da *wird* das Wahrnehmungsbewusstsein erst diskursiv. Eine andere Frage ist, ob es de facto überhaupt nichtdiskursives Bewusstsein gibt, i.e. ob die Vorstellung von einem nichtdiskursiven Wahrnehmungsbewusstsein nicht nur eine Projektion ist, die wir in unserem diskursiven Bewusstsein – nämlich durch diskursive Reflexion – hervorbringen. Aber selbst wenn es niemals reines Wahrnehmungsbewusstsein geben sollte, ist die Diskursivität doch nur als ein Vollzug und damit in einem Nacheinander zu denken. Nun kann man diesen Vollzug zwar als einen veranschlagen, der „immer schon" stattgefunden hat, sobald Bewusstsein da ist. Aber er behält dabei trotzdem die Struktur des In-Verbindung-Bringens-mit, und zwar (aufgrund des Nacheinanders) mit einem, das dem mir im Erkennen Gegebenen in irgendeiner Weise vor-gegeben ist.

jedoch der Aspekt der Bezogenheit, die in *heteros*[139] steckt, und lässt eine bloße Reihung assoziieren.

Konkrete Bestimmtheit der Anerkennung

In der Anerkennung bringe ich also mein Gegenüber in Verbindung mit mir selbst, und zwar mit meinem originären Selbst-Sein, nämlich mit dem, worin ich mich selbst vollziehe. Die Beziehung, die das „als" in diesem Fall herstellt, geht also anders als in der bloßen Gegenstandserkenntnis nicht auf anderes Gegebenes, auf weiteres Erkanntes oder mir Bekanntes, sondern auf mich selbst. Damit stelle ich aber im Anerkennen *eo ipso* einen Zusammenhang zwischen mir und dem Anderen her, *in dem* ich in anerkenne.[140] Meine Anerkennung ist deshalb ursprünglich niemals nur Anerkennung überhaupt – was sollte das auch sein? –, sie ist ursprünglich auch nicht nur Anerkennung als Selbst überhaupt – denn schiere Selbstheit, schieres Für-sich als solches ist nicht eines, dessen ich gewärtig sein könnte. Meine Anerkennung ist ursprünglich immer konkrete „Anerkennung als ...". Anerkennung ist sozusagen „originär inkarnatorisch", sie muss sich an irgendetwas konkretisieren, um sich geltend machen zu können.

Im ursprünglichen Lieben anerkenne ich also nicht etwas Abstraktes und Allgemeines an oder im Anderen – die schiere Subjektivität, die Freiheit, die Moralität, die Menschheit, die Bewusstheit oder was auch immer. Ich anerkenne *ihn selbst*, und das kann nur bedeuten: Ich anerkenne ihn als Selbst in dem, worin er mir gegeben ist, worin ich seiner gewahr bin und ihn *erkenne*. So anerkenne ich das andere Selbst zum ersten in seiner leiblichen Gegebenheit in Raum und Zeit. Ich achte es in seinem spezifischen Charakter, seinen Empfindungen und Meinungen, seinen sozialen Bezügen, kurz in der Gesamtheit seiner *Person* wie ich sie aktual erkenne bzw. kenne. Ich übertrage also in der Wendung des Bewusstseins nicht eine bestimmte Eigenschaft – nämlich die Eigenschaft, ein Selbst zu sein – auf mein Gegenüber (denn Selbst zu sein ist gar keine Eigenschaft im strengen Sinn – ähnlich wie das Sein, wie Kant gezeigt hat, kein Prädikat im strengen Sinn ist[141]), die er nun neben vielem anderen auch noch trägt, sondern ich wende die Bestimmungen, in denen er im einsinnigen Bewusstsein mir gegeben ist, im Konversionsakt hinein ins Für-sich-Selbst-Sein. Der Andere ist mir ein Selbst für sich eben *in* all dem, worin er als solcher kognitiv für mich ist: in seiner Person.

Hieraus erklärt sich vielleicht auch ein gewisses Mysterium der Liebe, das einen guten Teil ihres Zaubers ausmacht: Wir wissen nicht so recht, was bzw. weshalb wir eigentlich lieben, wenn wir einen Menschen lieben. Montaigne

---

[139] Die Nähe zum *hetairos* ist vielleicht nicht zufällig.
[140] Die schiere, abstrakte Anerkennung dagegen ist nach der hier entwickelten Theorie etwas Abgeleitetes, nämlich ein Reflexionsprodukt aus der ursprünglichen Anerkennung.
[141] KrV B 627.

formuliert bezüglich des Grundes seiner Freundschaft mit La Boétie: „Weil er es war, weil ich es war"[142] – ein berühmter, großartiger Satz, den man vielfältig interpretieren kann. Man kann ihn aber sicher zunächst so verstehen: Die (innige) Liebe hat nicht in irgendetwas außerhalb des Freundes ihren Grund, sondern in ihm selbst. Das entspräche fast genau der Charakterisierung der Tugendfreunde bei Aristoteles: „Um ihrer selbst willen" sind diese einander Freund (NE 1156b9[143]). Allerdings wird Aristoteles oft gerade in Gegensatz zu Montaigne gestellt, weil bei ihm die Liebe ihren Grund immer in irgendwelchen Eigenschaften des Freundes habe und daher *nicht* in diesem selbst.[144] Sicher ist richtig, dass der Liebende nicht die Eigenschaften des Anderen liebt, sondern die Person.[145] Auf der anderen Seite bemerkt man sehr schnell, dass der Liebende die Person auch nicht ohne ihre Eigenschaften lieben kann, denn da bliebe von ihr ein charakterloses transzendentales Subjekt oder eine totale Alterität. Wir lieben weder die Eigenschaften ohne den Freund noch den Freund ohne seine Eigenschaften, wir lieben den Freund *in* seinen Eigenschaften.

Allerdings ist im ursprünglichen Akt der Liebe der Freund nicht von seinen Eigenschaften zu unterscheiden, und darin trifft die Formulierung Montaignes nun tatsächlich etwas Wahres: Es ist der Freund *selbst*, in der integralen Ganzheit und unhintergehbaren Einheit seines Selbst, den ich liebe (zumindest in der innigen Charakterliebe). Die Differenzierung von Person und Eigenschaften des Geliebten nehmen wir erst nachträglich vor, und wir nehmen sie außerhalb der Philosophie, i.e. im „normalen Leben", nie vollständig vor (und sie ist auch in concreto auch gar nicht vollständig durchführbar). Erkennen und Anerkennen befinden sich eben in der ursprünglichen Konversion in Einheit.[146] Die nachfolgende Reflexion unterscheidet Eigenschaften *am* Anderen und damit diese von ihm selbst und begreift, dass Eigenschaften vom Geliebten getrennt werden können, dass er sie verlieren und gewinnen kann, dass sie ihm zugerechnet werden können oder auch nicht, dass sie für ihn oder für die Freundschaft wesentlich oder unwesentlich sein können (ob man dabei auf im ontologischen Sinn „wesentliche", i.e. notwendige Eigenschaften stößt, die der Andere in seiner Gattungszugehörigkeit hat, oder gar auf solche, die er als Individuum hat, spielt hier keine Rolle). Diese Reflexion ist von großer Bedeutung für das Wachsen und Reifen der Freund-

---

[142] 1962, 101.
[143] Vgl. zu dieser missverständlichen Stelle Utz 2003, 561-563.
[144] Wie dieser interpretatorische Streit zu entscheiden ist, spielt hier keine Rolle, vgl. Vlastos 1981a, Wollheim 1984, 275ff., Price 1989, Derrida 2002, 47.
[145] Vgl. auch H. Frankfurt 2000, 211: „das Interesse eines Liebenden an seinem Geliebten [ist] nicht gattungsmäßig".
[146] Der phänomenale Befund dieses Bewusstseins, dass mir nämlich im Lieben der Andere er Selbst ist, nämlich dieses konkrete, persönliche Selbst – und nicht ein Subjekt meiner *Anerkennung* einerseits, das andererseits Träger von Eigenschaften ist, die ich *erkenne* –, ist ein Beleg für die hier vertretene These von der Ursprünglichkeit der Konversion, nämlich unter ihrem intellektualen Aspekt.

schaft. Aber sie folgt der Konversion nach und hat in dieser ihren Grund; und sie kann am Ende nie wirklich begreifen, was dieser Andere ist, den ich liebe, denn durch die nachträgliche Wiederzusammensetzung der differenzierten Eigenschaften (samt der abstrakten Subjektivität) gelangt die Reflexion niemals zurück zu der ursprünglichen integralen Einheit des Selbst des Andern, von der sie ihren Ausgang nahm.

In der ursprünglichen Einheit von Erkennen und Anerkennung findet auch das Eingang in die letztere, was der Andere konkret und spezifisch für mich, i.e. seinem Verhältnis zu mir ist, in seiner (mehr oder weniger) „existenziellen Verbindung" mit mir selbst.[147] So anerkenne ich den Anderen etwa als Vater, als Schwester, als Lehrer, als Vorgesetzten, als Schutzbefohlenen, als Mitbürger, als Mitmensch oder als Mitlebewesen – eben in den *Rollen* bzw. Rollenverhältnissen, in denen er zu mir steht. Dabei bedeutet die *„Anerkennung* als ...", dass mir die betreffenden Bestimmungen nicht nur objektive Tatbestände sind – etwa dass ich den Sachverhalt für wahr halte, dass dieser Mensch da derjenige ist, von ich zur Hälfte genetisch abstamme, weshalb ich ihn Vater nenne –, sondern dass sie als solche Tatbestände gelten, die mich selbst in meinem Selbstsein betreffen. Welche Tatbestände nun dazu gehören und welche nicht, ist kontingent und hängt von Tradition und Biographie ab (was jedoch nicht bedeutet, dass die Wahl dessen, wer anzuerkennen ist und wer nicht, einfach in meinem Belieben stünde) – dazu unten mehr. Der einzige Tatbestand, den ich unbedingt anerkenne und in dem deshalb die originäre Anerkennung liegt, ist derjenige, der durch die Bewusstseinswendung selbst gegeben ist, nämlich die Liebe als solche: Ich anerkenne den Andern als Liebe Hervorrufendes, als *phileton*. Damit anerkenne ich aber den Andern fundamental als *Liebenswürdiges* im Wortsinn: als Eines, das würdig ist, geliebt zu werden.[148]

Die konkrete Bestimmtheit der Anerkennung bedeutet allerdings nicht, dass ich in sie *notwendig* alles mit einschließe, was ich unmittelbar vor Augen habe, wenn ich mein Bewusstsein auf den Anderen richte. Ich anerkenne ihn nicht bzw. nicht unbedingt in seiner Kleidung, seiner Haarfarbe etc. – nämlich dann nicht, wenn in meinem Bewusstsein in diesen Wahrnehmungen

---

[147] Genauer müsste man aufgrund der im folgenden Teil zu treffenden Unterscheidungen sagen: Das spezifische Verhältnis, in dem ich zum Anderen stehe, kann sich erst aus der Freundschaft ergeben. Daher kann ich ihn darin erst *in* der Freundschaft anerkennen, also *nachdem* diese geschlossen wurde. Allerdings gibt es „Freundschaften", die ich nicht schließe, sondern in die ich hineingeboren werde oder hineinwachse, wie etwa die Familie oder die Staatsgemeinschaft. In diesen haben die Anderen von vornherein bestimmte Rollen und daher bestimmte Rollenverhältnisse zu mir, in denen ich sie anerkenne (wenn ich zum Bewusstsein der Konversion ihnen gegenüber gelange).
[148] Auch deshalb ist es nicht glücklich, „*phileton*" als „Liebenswürdiges" zu übersetzen. Zumindest nach der hier entwickelten Systematik *wird* das *phileton* erst zum Liebenswürdigen durch die Anerkennung.

nicht er *als anderes Selbst* mir gegeben ist.[149] Was genau ich nun aber in der unmittelbaren, unwillkürlichen Konversion dem anderen Selbst zuschreibe, ist kontingent und hat viel mit meiner persönlichen kulturellen, gesellschaftlichen, biographischen etc. Prägung zu tun – genau so wie es kontingent und von Prägungen abhängig ist, was ich als Wohl erachte, das ich im Wohlwollen auf den Anderen hin wende. Selbstverständlich habe ich auf die Modifikationen meines Anerkennens auch selbst Einfluss und kann darüber reflektiert entscheiden – allerdings weniger im unmittelbaren Akt der Konversion des Bewusstseins, der ja unwillkürlich ist, als in meinem nachfolgenden reflektierenden Umgang mit meiner eigenen Anerkennenshaltung bzw. in der Ausbildung meiner Anerkennensdisposition für zukünftige Begegnungen. Dies gilt wiederum vollkommen entsprechend auch für die Gut-Bewertung, die ich im Wohlwollen anwende. Der erste, unwillkürliche Impuls ist aber selbst noch bei den meisten erwachsenen und wertreflektierten Menschen der, den Anderen in seiner ganz vordergründigen Gegebenheit als Anderen zu nehmen – eingeschlossen seine physische Schönheit und sogar seiner Kleidung. Auch und gerade die hier entwickelte Freundschaftstheorie wird gute Gründe dafür aufbieten, dabei nicht stehenzubleiben bzw. sich im eigenen Anerkennensvollzug von solchen Äußerlichkeiten frei zu machen. Aber wer sich ehrlich selbst beobachtet, wird feststellen, dass er doch zu allermeist damit beginnt – und wenn er es tatsächlich nicht tut, dann weiß er vermutlich selbst, wie viel ihn der persönliche Reifungsprozess, dem er dies verdankt, gekostet hat.

Die hier entwickelte, auch das Banale miteinschließende Umfassendheit der ursprünglichen Anerkennung erscheint manchen europäisch-aufgeklärten Menschen anstößig. Das kommt aber vor allem daher, dass die „Anerkennung" in unserem Kulturkreis eine erlebnisreiche Begriffsgeschichte hinter sich hat. In der Folge dieser Entwicklung wurde sie immer abstrakter und idealer gefasst. Diese „Läuterung" steht zumindest in ihren groben Zügen im Einklang mit dem, was im Folgenden zur Anerkennung zu entwickeln sein wird: Die Liebe bzw. Freundschaft *fordert*, dass die ursprüngliche Anerkennung gereinigt und auf das Eigentliche (nämlich das Eigen-Sein des anderen Selbst) konzentriert werde – ebenso, wie sie dies bezüglich des Wohls fordert, das man vom Anderen und ihm selbst will. Aber die gereinigte, befreite Anerkennung ist nicht der Ausgangspunkt. Viele Missverständnisse sowohl im

---

[149] Diese *discernatio* ist grundsätzlich nicht von dem verschieden, was wir auch in der einfachen Objekterkenntnis vollziehen: Auch dort schließe ich verschiedene Wahrnehmungsgegebenheiten zu einem Objekt-für-mich zusammen und schließe andere daraus aus – ich nehme z.B. Tischbeine und Tischplatte, deren Form und Farbe etc. zusammen zum „Tischobjekt", nicht aber die Blumenvase, die darauf steht. Eigentümlich ist in der Anerkennung nur die Bestimmung der Einheit, in die hinein ich die verschiedenen Wahrnehmungen zusammenschließe: Diese ist nicht abstrakte Einheit oder Einheit überhaupt, sondern sozusagen „qualifizierte Einheit" (allerdings nicht im Sinn besonderer Inhaltsbestimmungen), nämlich „Selbst-Einheit" und *als solche* gerade nicht Objekt-Einheit (wiewohl mir der Andere selbstverständlich *auch* Objekt ist, nämlich gegenständlich gegeben ist – aber darin begreife ich ihn gerade nicht *als* Anderen), sondern Einheit eines Bezüglichseins, eines Für-sich, eines Bewusstseins eben.

Umgang mit Anderen wie mit sich selbst rühren daher, dass wir aufgeklärten Europäer nicht bemerken, dass unsere eigene Anerkennenshaltungen nicht den Läuterungsprozess mitgemacht hat, den unser Begriff der Anerkennung vollzogen hat. Wir *meinen*, irgendetwas Hehres, Reines, Unbedingtes zu vollziehen, wenn wir anerkennen oder wenn Andere anerkennen (bzw. wenn sie dies unserer Ansicht nach tun sollten). Schnell sind wir bei der Menschenwürde. Aber was wir *tun*, ist nach wie vor, dass wir Menschen anerkennen in ihrer sozialen Stellung, ihrem Reichtum, ihrer Abstammung, ihrer Macht, ihrer äußeren Erscheinung, ihre Körperstärke, ihrer Kleidung, dem Auto, das sie fahren etc. (warum sonst sollte jemand das Autogramm von einem Fotomodel, einem Gewichtheber oder einem Fußballspieler in Ehren halten?). Die hier entwickelte Theorie der Anerkennung setzt bei dem an, was wir *realiter* aktual und konkret vollziehen und leitet dazu an, *daraus* ein höheres Bewusstsein des Anerkennenswerten (wie auch des Wollens- und Wohlwollenswerten) zu entwickeln, aber auch dies wiederum aktual und konkret und in aktualen und konkreten Schritten im Angesicht des realen Anderen.

Zu beachten ist, dass das Anerkennen in seinem ursprünglichen Zusammenhang noch nicht eine Zustimmung zu all dem bedeutet, was den Anderen in meinen Augen ausmacht, schon gar nicht eine moralische. Anerkennung bedeutet hier nicht schon Akzeptanz. Sie bedeutet zunächst schlicht, dass mir mein Gegenüber in seinen Besonderheiten *anderes Selbst* ist. Die ursprüngliche Anerkennung spricht sozusagen einen Wert zu, ohne zu bewerten: Sie spricht eben einen *ursprünglichen* Wert zu, der sich nicht erst auf der Grundlage einer vorgegebenen Wertskala bemisst (eine *Bemessung* erfolgt gleichwohl unwillkürlich noch im Akt der Anerkennung selbst, aber in einer anderen Relation, dazu gleich mehr). Zwar *ergeben* sich aus der Anerkennung in der Folge Verpflichtungen, Verantwortlichkeiten und moralische Zurechnungen – auf meiner Seite wie auf der des Anderen. Davon wird noch zu sprechen sein. Aber im ursprünglichen Akt der Anerkennung, wie sie hier verstanden wird, geht es darum noch nicht. Dieser Akt ist nur erst die Möglichkeitsbedingung von Verpflichtung, Anspruch, Zurechnung und damit verbundener Bewertung.

c) Wechselseitige Bedingung von Anerkennung und Wohlwollen

Anerkennung und Wohlwollen sind begrifflich und phänomenal voneinander zu unterscheiden, aber nie vollkommen voneinander zu trennen.[150] Das Wohlwollen setzt die Anerkennung voraus, ich kann nur einem Gegenüber wohlwollen, das ich als ein anderes Selbst begriffen, i.e. das ich anerkannt

---

[150] Das schließt nicht aus, dass sie im Ungleichgewicht sein können, dass nämlich einer in seiner Liebe zum Anderen zwar angemessen wohlwill, aber zu wenig anerkennt oder umgekehrt. In solchen Unverhältnismäßigkeiten liegen einige der häufigsten Mängel konkreter Freundschaft (vgl. auch unten, Kap. „Defizienzen der Freundschaft").

habe.¹⁵¹ Umgekehrt kann ich nur anerkennen, indem ich meinen Willen vollziehe, denn der Unterschied zum einfachen Erkennen liegt dabei ja gerade darin, dass ich dem Anderen etwas zuerkenne, also ihm aktiv etwas zuspreche und nicht nur rezipierend bin. Dieses Wollen im Anerkennen ist nun aber offensichtlich kein Für-mich-Wollen, denn die Richtung des Aktes des Zusprechens des Selbstseins ist derjenigen des egozentrischen Wollens entgegengesetzt: Sie geht von mir weg zum Anderen hin. Der aktive Vollzug des Anerkennens impliziert, dass ich im Anerkennen dem Anderen etwas *will*. Das Selbstsein des Anderen ist in meiner Anerkennung nicht nur etwas, das ich erkenne. Damit ich es erkennen kann, muss ich es dem Anderen erst zuteilen, und dazu muss ich es ihm erst wollen: Ich muss ihm sein Selbstsein, seine Existenz als ein anderes, eigenes Selbst wollen. Und als ein ihm Gewolltes ist es mir ein Gut für ihn. Dem Anerkennen ist das Wohlwollen also vorgängig: Ich kann dem Anderen das Selbstsein nur als ein Gut für ihn zuerkennen, also in einem Akt des Wohlwollens gegen ihn.

Natürlich ist es paradox, dass Anerkennung und Wohlwollen sich gegenseitig voraussetzen. Aber dies erweist nur, dass mit der Unterscheidung der Liebe in Wollen, Erkennen, Wohlwollen und Anerkennung etwas auseinandergelegt wird, das ursprünglich untrennbar Eines ist. Die Auseinanderlegung ist theoretisch notwendig, ohne sie gelangt man nicht zu einer *Theorie* der Liebe. Und ohne eine solche Theorie gelangt man nicht zur Klarheit über sie. Aber die Klarheit hat einen Preis, nämlich den er Entfremdung des Objekts: Die sezierte Liebe ist eben nicht mehr die lebendige, reale Liebe. Durch die Sektion verliert sie, was sie wesentlich konstituiert: ihre Ganzheit. Dieser Verlust zeigt sich an den auseinandergelegten Teilen zunächst nicht unmittelbar, sondern erst an deren Verhältnis, insbesondere, wenn man sie als getrennte, selbständige Teile wieder zusammenzusetzen versucht. Dann treten Überbestimmtheiten, nämlich Widersprüchlichkeiten auf. Die stammen daher, dass man den Teilen im Prozess der Sektion – automatisch und unbewusst – sozusagen „zuviel" zugeteilt hat: Man hat ihnen notwendigerweise das Selbständigsein, die abgetrennte Identität zugesprochen, sonst hätte man sie ja nicht als etwas Eigenes fassen können. Diese „uneigentlichen" Selbständigkeiten der Teile geraten nun in Konflikt miteinander, wenn man ihre Relationen und insbesondere ihre Voraussetzungsrelationen untersucht.

Transzendentale Anerkennung und Wohlwollen

Aus der wechselseitigen Voraussetzung von Anerkennung und Wohlwollen ergeben sich nun jeweils eine „transzendentale" Form der Anerkennung und des Wohlwollens. Das transzendentale *Wohlwollen* ist dasjenige, das als die

---

¹⁵¹ Vgl. Vetlesen 1994, 2ff – allerdings spricht er von Anerkennung und „caring"; oder auch Spaemann 1989, 123: „Wohlwollen ... setzt ...voraus, dass dasjenige Wesen, um dessen Wohl es zu tun ist, als es selbst sichtbar wird."

Möglichkeitsbedingung des Anerkennens in jedem Anerkennen mitgegeben ist: Das Wollen des Selbstseins des Anderen als ein Gut für ihn. Im Lieben will ich nicht nur, dass dem Anderen wohl sei, ich will auch, dass er sei – und zwar nicht nur in meinem eigenen Interesse, sondern in seinem: Ich will *ihm* seine Existenz.[152] Die beiden Formen des unmittelbaren und des transzendentalen Wohlwollens unterscheidet Aristoteles in NE 1166a3.

Die unmittelbare *Anerkennung* ist wie dargestellt diejenige in dem, worin ich den Anderen als solchen erkenne. In der transzendentalen Anerkennung dagegen ist mir der Andere ein Selbst als möglicher Adressat meines Wohlwollens. Dies ist er aber insofern, als es für ihn Wohl und Wehe gibt, und die gibt es für ihn, insofern er einerseits teleologisch verfasst ist, andererseits aber nicht selbst absolut für sein Wohl garantieren kann, also leidensfähig ist und scheitern kann. Ich anerkenne den Anderen also transzendental in seiner endlichen Willentlichkeit.[153]

Diese Anerkennung der willentlichen Selbstbestimmung[154] des Anderen wird im Folgenden in mehrfacher Hinsicht entscheidend sein. Denn ich liebe den Freund selbstverständlich als den, als den ich ihn anerkenne – und zwar bezüglich aller vier Momente des Liebens, nicht nur bezüglich der Anerkennung selbst. Ich will also, dass auch und gerade das Für-mich-Sein des Freundes ein willentliches sei, dass er also mein Verlangen nach ihm willentlich erfülle, und nicht unbewusst oder gar gezwungenermaßen.

Allerdings können das Wohlwollen und die Anerkennung der Willentlichkeit miteinander in Konflikt geraten. Denn das Wohl des Anderen ist für mich nicht automatisch das, was er selbst für sich will. Der eigene Wille des Anderen ist zwar Möglichkeitsbedingung dessen, dass überhaupt etwas gut oder schlecht *für ihn* sein kann. Aber sein konkreter Wille im Einzelnen kann dem Wohl seiner Existenz als ganzer entgegenstehen. Er ist dann in seinem Wollen partiell „selbstvergessen", er vergisst in der Bestimmung seines Willens einen Teil seiner Existenz – z.B. den Kopfwehleidenden, der er morgen sein wird, wenn er sich heute betrinkt (dazu unter mehr). Wenn ich meinen Freund tun sehe, was nach meiner eigenen Überzeugung schlecht für ihn ist, dann entsteht für mich ein Konflikt zwischen meinem Wohlwollen ihm gegenüber und meinem Respekt vor seiner Selbstbestimmung. Diese Spannung äußert sich emotional im Bedauern, das ich in jedem Fall verspüre, sei es, dass

---

[152] Dieser Gedanke findet sich schon bei Thomas v. Aquin, Sth II-II 25, 7 (vgl. R. Imbach 2005, 43). Gabriel Marcel hat dafür die poetische, aber vielleicht doch etwas überspitzte und metaphysisch überhöhte Formulierung gefunden: „Einen Menschen lieben, heißt ihm sagen: Du wirst nicht sterben!"
[153] Vgl. R. Spaemann 1989, 228: „Wir nehmen fremdes Leiden daher gar nicht anders wahr als dadurch, dass der Leidende aufhört, für uns bloßer Gegenstand zu sein, und uns statt dessen als Selbstsein wirklich wird. ... Wirkliche Wahrnehmung von Leiden ist daher nie als bloß neutrale Feststellung möglich." – Die explizite Erkenntnis des leidensfähigen Anderen ist ursprünglich das aus dem Wohlwollen reflektierte Anerkennen.
[154] Dieser Terminus ist hier in einem ganz basalen Sinn zu verstehen, der noch nicht notwendig die (echte) Freiheit impliziert.

ich dem Freund gegen seinen eigenen Willen helfe, sei es, dass ich ihn gewähren lasse.

Auch das transzendentale Wohlwollen und das unmittelbar Anerkennen können in Konflikt miteinander geraten, wenn nämlich das, was ich am Anderen erkenne (in der normalen Objekterkenntnis) in meinen Augen nicht vollständig gut ist. Dann *will* ich das Sein des Anderen *im Ganzen* als ein Gut, kann aber zugleich nicht alles an ihm gutheißen. Dies ist insofern ein Problem, als ich den Anderen nur als Ganzen, in der Einigkeit seines Seins lieben kann. Ich kann meine Liebe nicht auf die Teile an ihm beschränken, die ich gut finde, denn die Teile für sich sind nicht ein Selbst, und nur ein Selbst kann ich lieben. Umgekehrt kann ich aber auch nicht das reine Selbst des Anderen lieben, etwa seine transzendentale Subjektivität, denn er ist mir ein Selbst nur in seiner Konkretheit. Die christliche Spiritualität löst dieses Problem unter der schönen Formel: „Ich hasse nicht den Sünder, sondern die Sünde". Aber die Frage ist, ob dies tatsächlich eine Lösung ist. Denn den Sünder kann ich von seiner Sünde nur dann trennen, wenn ich ihn in meinem Denken entmündige, wenn ich nämlich die Sünde nicht ihm selbst, i.e. seinem Selbst zuschreibe, sondern äußeren Einflüssen (am einfachsten denjenigen des Teufels), denen er aufgrund von Zwang und Verblendung unterliegt. Wenn ich dagegen das Schlechte, das ich am Freund erkenne, seinem mündigen Selbst zurechne, dann ergibt sich, dass ich ihn nicht so lieben kann, wie ich ihn lieben will, nämlich wie ich ihn im transzendentalen Wohlwollen als ein Gut an ihm selbst will.

Weil nun kein endliches Geliebtes vollkommen gut ist, deshalb macht alle endliche Liebe unrein. Sie bringt den Liebenden dazu, zu lieben, was nicht vollkommen gut ist, und das heißt ja: Sie bringt ihn dazu, das Schlechte in seine Liebe miteinzuschließen, i.e. partiell zu lieben, was schlecht ist.[155] Dies ist keine moralische Verunreinigung, denn man kann sich durchaus *moralisch* von den schlechten Persönlichkeitsanteilen des Freundes distanzieren. Aber man kann dies nicht *existenziell* tun, man kann nicht das Schlechte aus der Existenz aussortieren, die man liebt und der man in der Liebe seine eigene Existenz verbindet. Die Liebe macht also *existenziell* unrein. Vielleicht ist das einer der Hintergründe für die Auffassung von der Unreinheit der Sexualität, nämlich insofern diese das höchste naturale Symbol der Liebe ist: Der Geschlechtsverkehr ist das reale Symbol der existenziellen Vereinigung zweier Menschen, und das heißt, der Vereinigung zweier endlicher, unvollkommener Existenzen. Dadurch wird aber notwendig jede der beiden Existenzen mit der

---

[155] Selbstverständlich ist nicht nur der Geliebte unvollkommen, sondern auch der Liebende selbst. Dass nun aber meine eigenen Defizienzen sich in meinem eigenen Bewusstsein nicht als Unreinheit (wohl aber möglicherweise in anderen Formen) geltend machen, hat weniger mit der Blindheit für den Balken im eigenen Auge zu tun als mit dem Konzept der Reinheit: Unrein macht immer, was „nicht dazugehört" (wie z.B. im unreinen Wasser). Vielleicht hilft auch folgender Vergleich: Mein Speichel in meinem Mund ekelt mich nicht, wohl aber der Speichel eines Anderen in meiner Suppe.

Unvollkommenheit der anderen kontaminiert. In der Logik dieser Auffassung liegt es dann, dass derjenige, der vollkommen rein sein will oder sein soll, sexuell enthaltsam sein muss. Die Frage ist nur, ob diese Reinheit erstrebens- oder wünschenswert ist. Denn entkommen kann man ihr ohnehin nicht, wenn man endliche Wesen liebt.

d) Die modifizierte Definition des *philein*

Das einfache *philein* ist nach dem hier Entwickelten bestimmt durch: 1. mein Erkennen des Anderen als Objekt für mich, 2. mein Verlangen des Andern als Gut für mich, 3. mein Anerkennen des Andern, mein Erkennen seiner als eigenes Für-mich, als ein eigenes Selbst, 4. mein Wohlwollen für den Anderen, mein Wollen „Für-dich". Dies ist die systematische Erfassung der Liebe, wie sie im Folgenden in leichter Abweichung von Aristoteles vertreten und den weiteren Ausführungen zugrundegelegt wird.

Mit der Anerkennung ist derjenige Punkt, der bei Aristoteles ohne weitere Vertiefung als Bedingung dafür angeführt wurde, dass das Begehren eines Gegenüber ein *philein* verursacht, als originäres Element in die Liebesdefinition selbst eingeholt.[156] Für die Architektonik der Theorie hat das Vor- und Nachteile. Es hat – zumindest aus der Perspektive des hier verfolgten Argumentationsziels – den Vorteil, dass der Akt des *philein* als die ursprüngliche Wendung des Bewusstseins theoretisch aufgewertet wird. Es hat den Nachteil, dass dieser Akt sozusagen den Boden unter den Füßen verliert: Es gibt nicht eine unabhängige Vorgegebenheit (die Erkenntnis des Gegenübers als bewusstes Wesen), auf deren Grundlage sich der Liebesvollzug dann ergeben könnte. Dies hat wiederum zunächst für das hier verfolgte Ziel einen Vorteil: Das *philein* gründet nicht in einem anderen, es ist also ein *ursprünglicher* Vollzug, ein „Fundamentalvollzug" des Bewusstseins. Der Nachteil dabei ist, dass dieser Grundvollzug „haltlos" wird. Theoretisch präziser muss man sagen: Er lässt sich nicht als vollständig determiniert und als vollständig kohärent denken. i.e. er ist durch Unterbestimmtheit und Widersprüchlichkeit gekennzeichnet. Unten wird dafür argumentiert, dass diese Auffassung des *philein* als ursprünglichen Bewusstseinsvollzug – sogar als *dem* ursprünglichen Vollzug von Bewusstsein überhaupt – ungeachtet dessen, ob sie wünschenswert ist oder nicht, unausweichlich ist. Nicht nur das einsinnige Bewusstsein ist durch Gebrochenheit und Zufälligkeit gekennzeichnet. Auch die Konversion des Bewusstseins ist letztlich ein Zufall, dessen letztes Warum nicht nur unbekannt, sondern unbegreiflich ist.[157]

---

[156] Die komplexere Unverborgenheit kann diese Funktion nicht erfüllen, denn sie setzt die Anerkennung im hier entwickelten Sinn voraus.

[157] Es gilt allerdings allgemein, dass die Fundamentalbestimmungen unserer Theorien notwendig in dem Sinn haltlos sind, dass sie nicht vollständig expliziert und nicht hinreichend begründet werden können. Das hat bereits Aristoteles erkannt (An. post. A 2, 3). Hier wird

e) Offenbarung und Hingabe

Auf der Grundlage der Erklärung der Anerkennung lässt sich nunmehr einfach bestimmen, wie es zur „Unverborgenheit" kommt. In der Unverborgenheit setze ich einfach in die Bewusstheit des Andern (die ich in der Anerkennung weiß) mich selbst als Objekt ein, und zwar in derjenigen Bestimmtheit, in der ich die Anerkennung seiner vollziehe: als ein ihn Liebender. Den Akt, in dem sich der Liebende dem Geliebten in seiner Liebe „unverborgen" macht, bezeichnet man im Deutschen wohl am besten mit dem Wort „Offenbarung", auch wenn dieses im heutigen Sprachgebrauch etwas pathetisch klingt und fast nur noch in religiösen Zusammenhängen verwendet wird. Es zeigt aber an, dass es nicht nur um einen Austausch von Information geht, sondern um ein Zu-erkennen-Geben, das sowohl den Informanten wie den Empfänger existentiell involviert. Solche Offenbarung vollzieht sich allerdings nicht allein in dramatischen Akten wie etwa dem erotischen Liebesbekenntnis, sondern viel öfter in unscheinbaren Vollzügen wie etwa dem Gruß.[158]

Ein paralleler Sachverhalt ergibt sich auch auf der Seite des Wohlwollens: In der Freundschaft setze ich selbst mich ein als dasjenige, was dem Anderen ein Wohl bzw. Gut ist. Ich will *mich selbst* als Nützlichen, Lustbereitenden oder An-sich-Guten[159] für den Geliebten. Das heißt, ich will ihm *selbst* wohltun bzw. ein Gut sein. Dies kann man mit dem Wort „Hingabe" bezeichnen, nämlich im Sinn der Hingabe meiner selbst an das Wohl des Anderen. Von diesem „hingebungsvollen Wohlwollen", das den eigenen Einsatz für den Anderen erstrebt, ist das passive Wohlwollen oder die bloße „Wohlgesonnenheit"[160] zu unterscheiden, die Aristoteles in NE 1166b30ff beschreibt.

---

darüber hinaus nur vertreten, dass dementsprechend auch die fundamentalen Gegebenheiten und Vollzüge in einem gewissen Sinn haltlos sind, nämlich keine hinreichend klare Bestimmtheit und keine vollständige Fundiertheit aufweisen. Die Unhintergehbarkeit der aristotelischen universalen und überzeitlichen Prinzipien wird sozusagen in die Unhintergehbarkeit bestimmter Ursprungsereignissen (wenn man möchte: Prinzipiierungsereignisse) in Raum und Zeit umgemünzt.

[158] Der Offenbarungsaspekt der Liebe wird deutlicher als bei Aristoteles (der ja eigentlich nur den durch die Akte der Offenbarung erreichten Zustand berücksichtigt, nämlich die Unverborgenheit) bei Cicero (1970, 41) und zieht sich dann in Spätantike, Mittelalter und Moderne durch alle Abhandlungen zum Thema, wenn auch mit unterschiedlichen Akzentuierungen. Besonders hervorzuheben sind vielleicht Montaigne (vgl. z.B. 1998, 102) und die Frühromantik. Hier findet man auch reiche und tiefe existenzielle Betrachtungen zur Selbstoffenbarung in der Freundschaft, die weit über das hinaus gehen, was im Rahmen des hier verfolgten beschränkten Versuchs einer struktural-systematischen Darstellung der Freundschaft auszuführen angemessen erscheint. Vgl. auch L. Thomas 1993, 54ff über self-disclosure.

[159] Zu den verschiedenen Arten der Güter s.u.

[160] Dieser Begriff soll hier für das nicht tatbereite Gutes-Wünschen stehen. Die normale Sprache unterscheidet „Wohlwollen" und „Wohlgesonnenheit" nicht eindeutig in diesem Sinn.

Offenbarung und Hingabe sind unmittelbare Reflexionen von Anerkennung und Wohlwollen und stellen sich normalerweise unwillkürlich ein, wenn diese erfolgt sind. Aber anders als Anerkennung und Wohlwollen kann der Liebende seine Offenbarung und Hingabe nicht eigenständig realisieren. Zum einen kann er an äußeren Bedingungen scheitern: Er hat nicht die Mittel, sich dem Geliebten verständlich zu machen oder sich für sein Wohl einzusetzen.[161] Es kann ihm aber auch deshalb unmöglich sein, weil der Andere nicht bereit ist, seine Offenbarung zur Kenntnis zu nehmen oder seine Hingabe anzunehmen. Dies unterscheidet das liebende Wollen wesentlich vom einsinnigen Wollen, das nur an externen Hindernissen scheitern kann. Wer liebt macht sich abhängig von anderem Willen – er weist sich selbst an auf Freundschaft, nämlich auf die Erwiderung der Liebe. Darin wird nun die Unzulänglichkeit des eigenen Wollens für sich selbst bewusst: Es kann selbst dann nicht seine Verwirklichung durchsetzen, wenn es aller erforderlichen Mittel mächtig ist. Daher kommt es nun, dass das Wohlwollen im Gegensatz zum einsinnigen Wollen intrinsischen Wunschcharakter hat: Ich wünsche, dass das, was ich will und vermag, dem Anderen zum Wohl sei. Damit ist die unmittelbare Tatkräftigkeit des Wollens, wie sie oben expliziert wurde, nicht eingeschränkt. Weiterhin verwirklicht sich der Wille meines Wohlwollens unmittelbar, wenn er nicht extern gehindert wird. Aber dass mein Wohlwollen so wirksam sei wie es in meinem Wollen liegt (dass ich es nämlich durch meine Hingabe realisieren kann) hängt vom Anderen ab, den mein Wollen nicht wie eine Naturgegebenheit manipulieren kann. Und deshalb kann ich die Wirksamkeit meiner Hingabe letzten Endes nur wünschen.

Offenbarung und Hingabe sind auch insofern gegenüber der Anerkennung und dem einfachen Wohlwollen nachgeordnete Akte, als sie ein zusätzliches Element erfordern: Die Hingabe erfordert ein weiteres Erkennen, die Unverborgenheit ein weiteres Wollen. Um mich selbst dem Andern als das Wohl zu wollen, das ich ihm will, muss ich mich selbst als ein (mögliches) Gut für ihn *erkennen*. Und um selbst dem Anderen als Liebender bewusst zu sein, muss ich mich ihm irgendwie als ein solcher zu erkennen geben, i.e. ich muss etwas tun. Dies setzt aber ein *Wollen* von mir voraus.

Das zusätzliche Erkennen und das zusätzliche Wollen muss ich also mit dem unmittelbaren Wohlwollen bzw. dem Anerkennen in Verbindung bringen. Daraus erhellt, dass das Einsetzen meiner selbst in die Anerkennens- und die Wohlwollensrelation ein *Vermittlungsakt* ist, den ich *vollziehen* muss. Damit hört das Lieben auf, ein mir nur Gegebenes, auf mich Gekommenes oder eben mir Zugefallenes zu sein. In Offenbarung und Hingabe verhalte *ich mich* zum Freund, ich nehme eine Haltung ihm gegenüber ein, nämlich indem

---

[161] Aristoteles' Beispiel für die Wohlgesonnenheit ist, dass man einem tüchtigen Athleten den Sieg wünscht; dazu kann man ihm gar nicht aktiv helfen, etwa in den Ring springen und ihn unterstützen, ohne ihm gerade diesen Sieg zu nehmen – wenn man einmal vom Anfeuern absieht.

ich mich selbst in die Liebe zu ihm einsetze, die mir zunächst nur zugefallen war. Ich bilde also das aus, was Aristoteles *prohairesis* nennt, die ihrerseits aus der inneren Haltung, der *hexis* hervorgeht (allerdings wird auch umgekehrt die *hexis* durch fortgesetzte *prohairesis* ausgeformt).

Auch Aristoteles nimmt eine derartige Unterscheidung bezüglich des Liebens vor, allerdings differenziert er das einfache Lieben nicht in sich. Daher verlegt er die Differenzierung auf den Unterschied zwischen einfachem und gegenseitigen Lieben, i.e. Freundschaft: Er schlägt das mir zugefallene oder „erlittene" Lieben dem ersteren schlechthin zu (*philesis pathei*, NE 1157b29), die selbstentschlossene Liebe dagegen der gegenseitigen Freundschaft (ebd.). Es scheint aber, dass es in Wahrheit nicht die Gegenseitigkeit ist, die den Unterschied ausmacht, sondern eben die Reflexion des Liebesvollzugs seitens des Liebenden, unabhängig davon, ob er allein oder im Wechselverhältnis mit dem Freund liebt. Dass Aristoteles hier nicht konsequent systematisiert, erkennt man auch an seiner Argumentation: Das *philein* sei deshalb allein ein Erleiden, weil es auch gegen Unbelebtes möglich sei. Das ist zwar lexikalisch richtig, aber wie gesehen lässt sich schon beim einfachen Lieben das uneigentliche, bloß begehrende und erkennende Lieben unterscheiden von dem Lieben, das zugleich auch (einseitig) wohlwill und anerkennt. Nun wäre es aber nicht nur völlig unrealistisch, anzunehmen, dass Wohlwollen (und Anerkennung) erst dann entstehen, wenn die Liebe gegenseitig wird. Auch Aristoteles selbst spricht von einseitiger wohlwollender Liebe, nämlich in NE 1155b32f. Es scheint deshalb notwendig, den Unterschied zwischen bloß zugefallener und selbstentschlossener Liebe in die Differenzierung des einfachen Liebens selbst zu legen und nicht in den Unterschied zwischen einfachem Lieben und Freundschaft.

Auch wenn Hingabe und Unverborgenheit also theoretisch nachgeordnet sind, ergeben sie sich doch praktisch unwillkürlich aus dem ursprünglichen *philein* – wenn sie nicht durch äußere Umstände gehindert oder gehemmt werden. Mit der „Unwillkürlichkeit" dieser Vollzüge ist tatsächlich gemeint, dass sie sich *ohne Weiteres* ergeben, und nicht nur, dass sie *moralisch* gesehen eigentlich für den Freund selbstverständlich sein *sollten*.[162] Untätige Wohlwollen und Unverborgenheit stellen sich im Gegenteil erst dann ein, wenn *Weiteres* dazukommt. Allerdings mag es sich dabei nicht nur um die besprochenen äußeren Hindernisse handeln. Es kann sich auch um Widerstände handeln, die im Innern der Liebenden auftauchen, etwa seine Bequemlichkeit, seine Habgier, seine Schüchternheit (das typische innermentale Hindernis für die Offenbarung) etc. Diese Widerstände können impulsiv auftauchen oder durch die Reflexion (auch die auf den ursprünglichen Impuls zum Wohltun bzw. Sich-zu-erkennen-Geben selbst, so z.B. im Zweifeln am Freund oder an

---

[162] Der Gesichtspunkt der Moral taucht angesichts der Basalität der hier untersuchten Sachverhalte sowieso noch gar nicht auf, er hat erst in der weiteren Entwicklung seinen Platz, siehe das entsprechende Kapitel.

meinem eigenen Wert für ihn) hervorgebracht sein, das spielt hier keine Rolle. Entscheidend ist nur, dass sie zusätzlich zum ursprünglichen Liebesvollzug eintreten müssen.

Die Hingabe ist diejenige an den Anderen in der Liebe, und damit eigentlich in erster Linie Hingabe an das eigene Lieben, in dem ich mich vorfinde, und erst durch dieses an den Geliebten. Entsprechend ist die Offenbarung gegen ihn diejenige meiner Liebe, und erst darin die meiner Selbst in dieser Liebe. Dagegen werden Hingabe und Offenbarung zu ungesunden Existenzvollzügen, wenn sie sich gegen die Liebe verselbständigen (wie das ja bei allen Momenten des Liebens grundsätzlich möglich ist). Dann wird aus der Offenbarung Exhibitionismus und aus der Hingabe das sogenannte Helfersyndrom oder gar die Hörigkeit.

Der Hingabe und der Offenbarung entsprechen die Annahme und die Aufmerksamkeit als das „Erfüllenlassen" des eigenen Begehrens und Erkennens durch den Anderen bzw. des seinigen durch mich: Ich nehme aktiv, nämlich willentlich und wissentlich, entgegen bzw. an, dass sich der Andere in Hingabe und Offenbarung in die offene Stelle meines Gewahrseins und Wollens einträgt. Dies erfordert bzw. impliziert ein fundamentales Annehmen und Aufmerken, nämlich auf den Anderen als anderes Selbst bzw. eben als Freund überhaupt (und sei es auch nur im Sinn der Menschenfreundschaft, s.u.). Entsprechend ist es das Urbedürfnis des Liebenden, dass er vom Geliebten angenommen werde und Beachtung finde. Weil die Liebe wiederum das Urbedürfnis bewussten Seins ist, gibt es die Ursehnsucht des Menschen nach Annahme und Beachtung. Dies ist insofern interessant, als darin nicht ein *moralisches* oder moralförmiges Bedürfnis oder Forderung gegen Andere liegt, nämlich die Forderung nach Anerkennung und Wohlwollen (nämlich nach Berücksichtigung meiner Interessen), sondern ein Bedürfnis nach deren *egozentrischen* Vollzügen: dass sie (willentlich und wissentlich) ihr *Begehren* und *Erkennen* auf mich richten.[163]

---

[163] Dieses Begehren und dieses Interesse sind im Idealfall, aber nicht unbedingt, die bezüglich des Charakters. Viele Menschen genießen es durchaus auch, wenn Andere sie aufgrund ihres Angenehm- oder Nützlichseins begehren. Allerdings ist selbstverständlich das Bedürfnis nach Annahme und Beachtung nicht mehr erfüllt, wenn ein Anderer nicht mehr an mir (qua Angenehmem und Nützlichem), sondern nur noch an der von mir verursachten Lust- bzw. Nutzenwirkung interessiert ist, i.e. wenn er mich im Empfangen nicht mehr anerkennt und mir wohlwill, wenn also die fundamentale Annahme und Beachtung fehlt (in diesem Fall sprechen wir auch nicht mehr von „Annahme" und „Beachtung") – wobei die Übergänge in der Praxis oft fließend sind. Zum Verlangen des Verlangens und seinem komplexen Wechselspiel in der erotischen Liebe vgl. auch Th. Nagel 2000, 34-36.

f) Selbstreflexion in der Konversion

Formal betrachtet sind die Offenbarung als das liebende Sich-zu-erkennen-Geben und die Hingabe als das liebende Sich-dem-Andern-Wollen wie dargestellt Reflexionsformen – oder wenn man will: *Projektionsformen* – der Anerkennung und des Wohlwollens: In ihnen trage ich mich selbst in die offene Stelle der Bewusstseinsrelation des Andern ein (ich projiziere mich selbst in diese Relation). Darin komme ich mir nun nach der hier entwickelten Theorie zum ersten mal selbst gegenständlich zum Bewusstsein, oder anders: Die Reflexion der Bewusstseinskonversion ist derjenige Bewusstseinsvollzug, in dem sich das Bewusstsein selbst zum ersten Mal gegenständlich wird – nämlich als Gegenstand eines *anderen* Bewusstseins.[164] Zwar ist das Bewusstsein wie oben ausgeführt immer schon selbst-bewusst. Aber dieses ursprüngliche, in allem Bewusstsein mitbewusste Selbstbewusstsein ist ungegenständlich, weil ja das Bewusstsein selbst ungegenständlich ist. Es ist das Bewusstsein des Für-mich, nicht Bewusstsein eines Ich. Diesem Ich kommt das Bewusstsein nun einen entscheidenden Schritt näher durch die Reflexion seiner Konversion, nämlich in der Selbstvergegenständlichung *für* den Anderen, i.e. durch die Selbsteintragung in dessen Für-sich. Zu beachten ist, dass dabei nicht ein Bestand entdeckt, sondern geschaffen wird. Zwar wird im Reflexionsakt desjenige Bewusstsein bestandhaft bewusst, in dem ich immer bewusst war. Aber das Bewusstsein ist eben nichts Bestandhaftes. Die Bestandhaftigkeit *erhält* das Bewusstsein erst durch den Reflexionsakt. Insofern liegt in der Reflexion der Konversion eine Selbstentfremdung: Ich werde für mich, was ich ursprünglich gar nicht bin – und zwar weder mir selbst bin noch an mir selbst bin: ein Gegenstand. Allerdings ist diese Selbstentfremdung die Bedingung der Möglichkeit meiner objektiven, diskursiven und begrifflichen Selbsterkenntnis.[165] – Liebe bringt uns also durchaus zur Selbstentäußerung.

---

[164] Vgl. M. Buber 1983, 37: „Der Mensch wird am Du zum Ich." Einen ähnlichen Gedanken entwickelt auch N. Branden 1993. Bei ihm ist der Ausgangspunkt allerdings nicht die Frage des konzeptuellen Selbstwissens – für dieses hält er den Bezug zum Anderen nicht für erforderlich –, sondern der Perzeptibilität und Visibilität unseres psychologischen Selbst, die wir für uns allein nur indirekt erreichen und die uns direkt nur vom anderen bewussten Wesen „gespiegelt" wird. Dabei ist für ihn – ähnlich wie hier – der Aspekt der Freude an dieser Selbstwahrnehmung zentral. Er ist es, der erklärt, warum für mich das Zusammensein mit Freunden erstrebenswert ist (natürlich ist damit nicht gesagt, dass dies der einzige Grund dafür ist): „Human beings desire and need the experience of self-awareness that results from perceiving the self as an objective existent, and they are able to achieve that experience through interaction with the consciousness of other living beings." Die hier vertretene These ist darüber hinaus, dass wir auch unser konzeptuelles Selbstbewusstsein und überhaupt das explizite Selbstbewusstsein nur auf der Grundlage der durch die Konversion vermittelten „Sichtbarkeit" unserer selbst als konkretes Ganzes gewinnen. (Das abstrakte, „reine" Selbstbewusstsein gewinnen wir erst durch Reflexion und Abstraktion auf der Grundlage dieses konkreten Selbstgewahrseins.)

[165] Diesen Gedanken hat bereits Hegel entwickelt, vgl. z.B. PhG 103-131.

Eine letzte Konsequenz dieser produktiven Reflexion ist, dass ich mir meiner selbst ausdrücklich als eines Selbst und als eines Guts bewusst werde – nämlich im Angesicht des Anderen. Wenn ich es bin, der dem Anderen unverborgen ist, dann bin ich natürlich meinerseits ein Selbst, so wie es der Andere ist, denn er erkennt mich ja eben in meinem (liebenden) Bewusstsein, das ich ihm eröffne. Ich komme mir also meinerseits als ein Selbst zu Bewusstsein. Freilich war ich meiner selbst implizit immer schon selbst-gewahr, nämlich als der asymmetrisch ungleichgültige Orientierungspunkt der apriorischen Für-mich-Relation meines Bewusstseins – eben dieses Selbst-Bewusstsein hatte ich ja in der Konversion auf den Anderen hingewandt. Aber eben weil dieses Selbstgewahrsein unvordenklich war, war es nicht reflektiert. Und deshalb war dieses Bewusstsein nicht ein Selbst*wissen*, ein Wissen meiner selbst als ein Selbst. In die Verhältnisweise des Wissens zu mir selbst gelange ich erst durch den Anderen. In gewissem Sinn gelange ich zu einem Selbstverhältnis überhaupt nur durch den Anderen, denn im einfachen Bewusstsein *verhalte* ich mich nicht zu mir, ich bin einfach bewusst: *Mir* ist *etwas* bewusst, aber dieses Mir ist mir nicht bewusster Gegenstand, es ist mir nur mitbewusst.

Dies gilt nun ebensowohl für die volitive Seite des Bewusstseins. In allem Bewusstsein, so wurde oben ausgeführt, ist mir mein bewusst Sein selbst apriorisch und unvordenklich gut. Aber es ist eben nicht ein Gut *in* meinem Bewusstsein, denn dazu muss ich es erst vergegenständlichen. Dafür habe ich aber im einfachen Bewusstsein weder einen Anlass noch einen Anhaltspunkt. Beides gewinne ich durch die Reflexion des Liebesbewusstseins. Und so werde ich mir nun ausdrücklich als eines Guts bewusst, nämlich wiederum im Angesicht des Anderen: Wenn ich ihm wohlwill und wenn ich ihm in der Hingabe selbst gut sein möchte, dann muss ich selbstverständlich selbst ein Gut sein. Konkret muss ich dem Geliebten nützlich, angenehm oder gut an mir selbst (schöngut) sein. Wäre ich selbst schlecht, dann könnte ich ihm ja um meines Wohlwollens willen nicht mich selbst wollen. Nun ist es allerdings nicht so, dass ich erst mich selbst untersuche, dann feststelle, dass ich gut bin (wenigsten im einen oder anderen Punkt), und dann dieses Gut, das ich bin, dem Andern will. Wer schon einmal geliebt hat, weiß, dass die Liebe so nicht funktioniert. In der Liebe weiß ich mich unmittelbar und – *zunächst* – zweifelsfrei als gut für den Geliebten. Wie könnte ich ihm auch nicht ein Gut sein, da ich ihm doch „gut bin", nämlich ihm wohlwill und ihn anerkenne? Die Liebe selbst sorgt – zunächst – dafür, dass ich dem Anderen ein Gut bin, zumindest aus meiner eigenen Perspektive. Und dieses mein eigenes Gutsein wird mir ursprünglich erst in der Reflexion der Bewusstseinskonversion bewusst.

Meine eigene Würde als Selbstsein und mein eigener Wert als Gutsein werden mir also im Angesicht des Anderen ursprünglich bewusst. Einerseits nun ist diese Reflexion der Konversion unwillkürlich. Sie ist zwar der einfachen Konversion, i.e. dem schieren Anerkennen und Wohlwollen, genetisch nachgeordnet. Die Reflexion ist ja dem Wortsinn nach immer nachfolgend, da sie voraussetzt, was sie reflektiert. Aber die Reflexion des Liebesbewusstseins ergibt sich aus dem Anerkennen und Wohlwollen ohne Weiteres und sie ergibt sich in Eins mit ihnen. Ein strukturgleicher Sachverhalt ergab sich für das einfache, egozentrische Bewusstsein. Dessen unmittelbare Verfasstheit war das Fühlen, die Reflexionsform das Betrachten. Aber auch dort schon war die Reflexion zwar als solche nachgeordnet, aber nicht nachträglich, sondern gleichursprünglich mit dem Fühlen.

Auf der anderen Seite jedoch ist das Wissen der eigenen Würde und des eigenen Werts nicht unmittelbar mit jeglichem Bewusstsein mitgegeben, es ist also kein apriorisches und absolutes Bewusstsein. Deshalb ist es zwar im Lieben ursprünglich mitgegeben, aber es kann nachfolgend negiert werden. Typischerweise geschieht dies, wenn der Andere meine Liebe ablehnt. Dann entsteht mir das Bewusstsein der eigenen Unwürde und Wertlosigkeit. (Dies ist übrigens *einer* der Gründe, weshalb man die Liebe will: nicht nur, weil einem in ihr der Andere und die Liebe selbst ein Gut sind, sondern weil man in ihr sich selbst als ein Gutes bewusst ist.) Wenn sich dieses Bewusstsein in einem Menschen verhärtet, dann kann es ihn liebesunfähig machen, weil er sich selbst nicht mehr als ein Selbst gegenüber dem Anderen und als ein Gut für ihn begreifen kann. Denn *logisch* muss das Bewusstsein der eigenen Würde und des eigenen Wertes dem Lieben vorausgehen, denn sonst kann ich ja nicht wollen und nicht erwarten, dass der Andere mich liebt, ja ich kann noch nicht einmal wollen, dass ich selbst *für ihn* sei. *Genetisch* allerdings geht das Selbstwert- und -würdebewusstein wie dargestellt dem Lieben nicht voraus, sondern hat seinen Ursprung erst in ihm.

g) Reflexion des Anderen in der Konversion

Eine der Selbstreflexion entsprechende Reflexion ergibt sich auf der Seite des Erkennens und Begehrens des Anderen. Auch hier bin ich unwillkürlich nicht nur darauf aus, dass mir der Andere als ein Gegenstand erkennbar sei und mir zum Guten gereiche. Ich will, dass er sich zu erkennen *gebe* und mir gut *sei*, also dass er sich seinerseits mir offenbare und hingebe. Im Lieben will ich den Anderen nicht gebrauchen, ich will ihn, auch in meinem Erkennen und Begehren, *als* eigenes Selbst für mich. Ich will, dass er *aus eigenen Stücken* für mich sei, dass er nämlich seinen eigenen Bewusstseinsvollzug in seinen beiden Momenten auf meinen Bewusstseinsvollzug hinwende oder in diesen „hineinwende": dass er *willentlich* und *wissentlich* für mich da sei.[166]

---

[166] Dies gilt auch für die Lust- und Nutzenfreundschaft und unterscheidet diese wesentlich gegen unfreundschaftliche Lust- und Nutzenverhältnisse.

II. Liebe

Achtung, Verantwortung und Sorge

Nach der hier entwickelten Theorie ist dies der Ort, an dem die Freiheit oder besser erst noch die Freiwilligkeit[167] zum ersten Mal explizit ins Bewusstsein tritt: nicht als meine eigene, sondern als die Freiwilligkeit, in der ich die Zuwendung des Anderen will. Genauer wird sie mir dadurch bewusst, dass sie sich gegen dasjenige Wollen konturiert, in dem ich auf den Anderen ausgerichtet bin. Ich *will* ja die Zuwendung des Anderen. Diesem Wollen entsprechend *soll* sich der Andere mir zuwenden. Aber gerade von diesem Sollen will ich den Anderen dispensiert wissen. Ich will nicht, dass er sich mir allein deshalb zuwende, weil ich es will, aus Gehorsam also. Ich will, dass er sich mir zuwende, weil er selbst es will. Damit aber anerkenne ich den Anderen als frei, und darin erkenne ich ursprünglich die Freiwilligkeit: Sie ist das, was ich will, wenn ich den Anderen liebe. Die Freiheit, wie sie als Freiwilligkeit zum ersten Mal Gegenstand meines Bewusstseins wird, ist demnach die Freiheit des Willens des anderen Selbst von meinem eigenen.

Das impliziert natürlich, dass der Liebende es als die Entscheidung des Anderen anerkennt, wenn dieser ihm die Zuwendung verweigert. Die Anweisung seiner selbst auf die Willentlichkeit und Wissentlichkeit des Anderen in der Liebe bedeutet also eine Selbstbeschränkung oder Zurückhaltung: meinen Verzicht darauf, den Anderen so zu gebrauchen oder ihn mir so anzueignen wie ich es mit Sachen tun kann. Diese Zurückhaltung kann man unter ihrem volitiven Aspekt die *Achtung* des Anderen oder den Respekt ihm gegenüber nennen (hier also zu unterscheiden von der Anerkennung).[168]

Die Achtung vor den Anderen bedeutet auch, dass ich in meiner Hingabe und meinem Wohltun seine Selbstbestimmung respektiere, ihm also nicht ohne oder gegen seinen Willen wohltue. Allerdings ist diese Achtung bei

---

[167] So zumindest kann man hier differenzieren: Es geht um die Freiheit sozusagen aus der Außenperspektive, die Freiheit eines mir begegnenden fremden Willens, nicht aber um die Frage, ob die innere Bestimmung dieses Willens autonom ist (darum wird es im Kapitel zur Selbstliebe gehen). Nach der herkömmlichen Terminologie ist dies die äußere Freiheit. Diese Freiwilligkeit ist insofern negative, i.e. durch die Abwesenheit von Zwang gekennzeichnete Freiheit, als es im Zusammenhang der Liebe zunächst darum geht, dass der Andere von mir *nicht* genötigt wird. Allerdings enthält sie insofern auch ein positives Element, als der Andere von seinen Möglichkeiten zu lieben oder nicht zu lieben *wissen* muss und dabei auch wissen muss, wem er in welcher Weise (zu welchen Bedingungen und mit welchen Konsequenzen) seine Liebe zuwenden oder verweigern kann. Sonst fehlte der Freiwilligkeit das elektorale Moment, das sie wesentlich kennzeichnet – gerade auch in der Liebe: Ich will, dass der Andere *mich wählt*.
[168] Hier wird dasjenige Moment der Liebe den Liebenden selbst explizit, in welchem diese sie gegeneinander freisetzt und damit in gewissem Sinn überhaupt *gegeneinander*, nämlich in „Abstoßung" zueinander setzt (implizit war diese Bewegungsrichtung bereits in der Anerkennung gegeben). Dass Liebe und Freundschaft auch dies erfordern – und nicht nur die gegenseitige Anziehung –, hat besonders Kant betont (MS, Beschluss der ethischen Elementarlehre, § 46), der mit dem Wort „Liebe" allerdings die gegenseitige Anziehung so stark verband, dass er die Achtung nicht als deren Moment, sondern als ihr komplementäres Prinzip in der Freundschaft fasste.

ungleichen Freundschaften eingeschränkt: Eltern müssen selbstverständlich ihre Kinder ggf. zwingen, z.B. eine bittere Medizin zu schlucken. Eine Grenze der Bevormundung liegt aber gegenüber Menschen im transzendentalen Wohlwollen: Während gegenüber Tieren der Gnadenschuss in bestimmten Situationen erlaubt oder sogar geboten sein mag, verbietet die Achtung, dass ich im Fall von Meinesgleichen im engeren Sinn darüber entscheide, ob ihre Existenz gut für sie ist oder nicht[169] – zumindest solange sie noch irgend zurechnungsfähig sind.[170]

Aus der Achtung erwächst dem Anderen die *Verantwortung*.[171] Darin liegt zunächst, dass er sich überhaupt als ein verantwortliches Wesen begreift. Aber konkret ist diese Verantwortung dann diejenige für die Liebe bzw. (um auf den Folgenden Teil des Buchs vorzugreifen) für die Freundschaft. Als solche hat die Verantwortung tatsächlich mit dem Antworten zu tun: Die Antwort, die die Achtung zwar nicht automatisch bewirkt und auch nicht direkt fordert, aber sozusagen provoziert und die sich als angemessen darstellt (man kann vielleicht sagen: sollizitiert), ist das *Sich-Sorgen* um den Freund. Denn wenn der Andere meine Freiwilligkeit anerkennt, dann bedeutet das, dass es in meiner Verantwortung liegt, ob die Freundschaft betätigt und damit tatsächlich begonnen bzw. fortgesetzt wird oder ob es bei der bloßen Zuneigung bleibt. Zum freiwilligen, eigenverantwortlichen Betätigen der Freundschaft muss ich aber in eigener Initiative diejenigen Vollzüge entdecken und initiieren, in denen ich meine Anerkennung und Wohlwollen gegen ihn realisieren kann. Und dies tue ich, wenn ich mich um ihn sorge.[172]

---

[169] Es soll an dieser Stelle offenbleiben, ob man die Existenz anderer Menschen (bzw. zunächst: seiner Freunde – zur Verallgemeinerung der Freundespflichten s.u.) im absoluten Sinn als unverletzlich ansehen muss, ob also die Beihilfe zur Selbsttötung in jedem Fall verboten ist, ja ob man diese sogar in jedem Fall verhindern muss, wenn man das kann.

[170] Wenn sie es dagegen nicht mehr sind, dann kann es im Extremfall eine Freundestat sein, diese Entscheidung zu übernehmen (etwa darüber, ob ein lebenserhaltendes medizinisches Gerät abgeschaltet werden soll oder nicht), und dem Freund (bzw. Partner oder Verwandten) sozusagen stellvertretend die Würde der Selbstbestimmung (nämlich der Bestimmung in seinem Sinn, wenn auch nur im präsumierten) zurückzugeben.

[171] Das *Wechselspiel* der Achtung mit der Verantwortung (und der Sorge – bzw. der Aufrichtigkeit mit dem Vertrauen und der Treue, s.u.) gehört eigentlich schon zur Freundschaft, also zum dritten Teil des Buchs. Aber insofern die Verantwortung (etc.) auch einseitig sein kann, kann man sie schon als ein Moment des einseitigen Liebens fassen.

[172] Das Wort „Sorge" bzw. „sorgen" wird oft mit Kontexten verbunden, in denen es dem Anderen schlecht geht. Dies sind die Fälle, in denen die Sorge ihr näheres Feld bereits gefunden hat (sozusagen ihre exemplarischen Fälle: die Fälle, in denen sie explizit und für alle offensichtlich gefordert ist) und nun nach genaueren Betätigungsmöglichkeiten sucht (eine andere Bedeutung des Worts ist das *Sorgegefühl*, das in dieser Situation entsteht, und das natürlich wie jedes Gefühl nicht in eine Tätigkeit übergehen muss; man sorgt sich dann nur passiv – diese verengte Bedeutung des Worts ist hier nicht bemeint). Hier ist dagegen diejenige Sorge gemeint, bei der es dem Andern nicht notwendig schlecht gehen muss, sondern die einfach nur tatbereit aufmerksam für das ist, was er nötig haben könnte – oder auch für das, was ihm eine Freude machen könnte. Das englische Wort „care" passt besser als das deutsche „Sorge" auf das hier Gemeinte.

Die Sorge und Fürsorge wie auch schon die Achtung lassen asymmetrische Beziehungen wie die Eltern-Kind-Beziehung assoziieren, und tatsächlich ergibt sich ja ein Ungleichverhältnis, wenn einer (Hoch-)Achtung vor dem Andern hat und einer für den Anderen sorgt. In der Freundschaft wird diese Asymmetrie in der Gegenseitigkeit (s.u.) aufgewogen. Aber anders als in den anderen bisher dargestellten Momenten der Liebe tritt nicht eine echte Symmetrisierung ein: Achtung und Sorge bleiben auch in der Gegenseitigkeit einseitige Akte, in denen sich die Freunde sozusagen gegenseitig im doppelten Sinn unterwerfen: nämlich den Anderen der eigenen Sorge unterwerfen[173] und sich selbst in der Achtung dem Anderen unterwerfen. Weil in diesen beiden kein *Ausgleich* möglich ist[174], ist es umso wichtiger, dass in der Freundschaft (unter Ebenbürtigen) ein *Gleichgewicht* von Sorge und Achtung besteht: dass beide gegeneinander ausgewogen sind. Sonst entsteht tatsächlich eine ungleiche Freundschaft (wie das Eltern-Kind-Verhältnis).

Da Achtung und Sorge dem Gleichheitsprinzip des Liebens entgegengesetzt sind, sind sie sozusagen in der Liebe gegenläufige Momente gegen diese – die aber wesentlich zu ihr gehören. Darin spiegelt sich die Unselbständigkeit oder Gebrochenheit der Liebe, dass sie nämlich auf das angewiesen ist, was nicht schon an ihm selbst liebend ist und nicht notwendig liebend wird und bleibt: das (einsinnige) Bewusstsein. Denn eben das egozentrische Wollen und die egozentrische Bedürftigkeit werden ja geachtet und umsorgt. Weil die Liebe *wesentlich* unselbständig ist, gehört die Rücksicht auf das, was in ihr gegen sie selbständig ist (bzw. sein kann) wesentlich zu ihr.

Aufrichtigkeit, Vertrauen und Treue

Für den kognitiven Aspekt der Reflexion des Anderen in bzw. aus der Konversion passt am besten das Wort „Aufrichtigkeit" (oder auch „Offenherzigkeit"), nämlich als Verzicht auf Heimlichkeit und Täuschung ihm gegenüber. Ohne diese kann der Andere nicht *wissentlich* für mich da sein, weil er ja über mich im Unklaren bzw. im Irrtum ist: Er ist in Wahrheit für einen anderen da, als er selbst meint.[175] Die Aufrichtigkeit bedeutet allerdings nicht nur, dass

---

[173] Deshalb haben Freunde oft eine Scheu davor, dem Freund die Sorge, die sie um ihn tragen, zu entdecken. Sie bemühen sich, solange es geht, ihm heimlich zu helfen. Das widerspricht der Aufrichtigkeit, wie sie im nächsten Absatz behandelt wird. Aber das ist eben die Realität der Liebe, dass ihre verschiedenen Momente zuweilen in Konflikt miteinander geraten.
[174] Wohl ist ein Ausgleich in dem möglich, was man dem Anderen aus Sorge um ihn *tut*, in der Hingabe und im Wohltun also, aber nicht im Sorgen selbst.
[175] Natürlich bleibt auch dann, wenn die Aufrichtigkeit gegeben ist, noch die Möglichkeit der (passiven) Täuschung, und zwar auf beiden Seiten, der des sich zu erkennen Gebenden (nämlich als Täuschung über sich selbst) wie auf der des Kenntnis Nehmenden. Auch dadurch wird die Freundschaft selbstverständlich gestört oder sogar unmöglich gemacht. In diesem Fall liegt aber natürlich keine Schuld vor, sondern Tragik – die Liebe ist nun einmal der Tragik des Schicksals ausgeliefert, nicht nur bezüglich der Widerfährnisse, sondern auch bezüglich der Erkenntnisse.

man nicht lügt, sondern hat auch den positiven Aspekt, dass man auch die Wahrheit nicht zurückhält bzw. dem Anderen all das mitteilt, was nach eigenem Mutmaßen für sein Leben, sein Handeln und seine Meinungsbildung bezüglich meiner Person von Wichtigkeit ist – besonders natürlich am Anfang einer Beziehung, wenn der Andere die Entscheidung treffen soll, ob er mein Freund sein will oder nicht.[176]

(Auch die Achtung hat übrigens einen positiven Aspekt, wenn auch indirekt bzw. erst im Nachhinein der ersehnten Zuwendung, nämlich in der Dankbarkeit. Diese ist der emotionale bzw. reale Ausdruck dessen, dass das Wohltun und das Sich-zu-erkennen-Geben des Anderen nicht selbstverständlich waren, sondern seinem freiwilligen Wohlwollen und Anerkennung mir gegenüber entsprangen. Das Wort „Danke" gibt diese meine Haltung dem Anderen gegenüber zu erkennen. Analog ist der Ausdruck der Achtung vor der Selbstbestimmung des Anderen im Zusammenhang des Verlangens die Bitte.)

Die Antwort, die die Aufrichtigkeit sollizitiert, ist das *Vertrauen*. Wie aus der Verantwortung die Sorge, so erwächst aus dem Vertrauen die *Treue*, und zwar in dem Sinn, dass man zu der Liebe zum Freund steht und sich, soweit die Freundschaft geht,[177] nicht gegen ihn wendet – auch bzw. gerade dann, wenn man nicht mit ihm, sondern mit Anderen zu tun hat (dass man also die Freundschaft über die Gegenwart des Freundes hinaus bewahrt). Das typische Gegenbeispiel dazu ist die Verleumdung oder die Hinterrede.[178] Auch Aufrichtigkeit und Treue sind wie Achtung und Sorge einseitige Haltungen bzw. Akte, die auch in der Freundschaft nicht in Einheit aufgehoben werden, denn sie beziehen sich auf das, was der Liebende außer seinem Liebend-Sein ist (und auch in der Liebe bleibt), nämlich darauf, (in der Aufrichtigkeit) dieses Eigensein und seine Bestimmungen dem Anderen nicht zu verbergen bzw. (in der Treue) darauf, dem Anderen Freund zu sein auch außerhalb des Freundschaftsvollzugs im Miteinandersein. Allerdings haben Aufrichtigkeit und Treue gegenüber Achtung und Sorge insofern eine gegenläufige Tendenz, als nicht die Beachtung des *Eigenseins* der Liebenden in ihrem Zusam-

---

[176] Interessanterweise finden sich diese Aspekte der Freundesliebe zwar nicht bei Aristoteles, aber bei Cicero, wenn er sagt, „an der Freundesliebe hingegen ist nichts erdichtet, nichts erheuchelt und alles, was es sei, ist wahr und freien Willens." (1970, 15), oder wenn er fordert, die Freunde sollen „auch Ehrfurcht voreinander haben. Denn die größte Zierde nimmt der Freundschaft, wer aus ihr die Ehrfurcht wegnimmt" (ibid. 35).

[177] In diesem Sinn ist die Treue also konditioniert 1. durch das Andauern der Freundschaft und 2. durch deren Charakter: zwei Lustfreunde, etwa zwei Kegelbrüder, die vergnügliche Abende miteinander verbringen, können zugleich Unternehmer sein, die miteinander konkurrieren (solange sie das fair tun) und sich gegenseitig Aufträge wegschnappen.

Die Treue, die sich auf das Andauern der Freundschaft selbst bezieht, ergibt sich erst aus der *Bindung*, wie sie unten behandelt wird; die Treue als Beachtung des *Ethos* der Freundschaft (einschließlich dessen Verpflichtungen auf Exklusivität, wie z.B. in der sexuellen Treue) ergibt sich erst aus dessen Zusammenhang (s.u.).

[178] Und nicht der Seitensprung, vgl. die vorige Anm.

mensein, sondern ihr *Zusammensein* in ihrem Eigensein der Zielpunkt ist: Die Liebe will das gegenseitige Erkennen und Anerkennen. Dem steht aber das unaufhebbare Eigensein der Liebenden entgegen: Sie sind sich niemals *unmittelbar* transparent, sondern eben nur durch die (gegenseitige) Offenbarung. Dadurch wird aber die Aufrichtigkeit zur Anforderung an die Offenbarung, dass man nämlich nicht die Möglichkeit ausnutzt, die die Differenz von Eigensein und Liebendsein bereitstellt: nämlich sich dem Geliebten als ein anderer darzustellen, als man sich selbst weiß. Diese *Möglichkeit* ist aber unaufhebbar, und so sind es auch die Aufrichtigkeit und die Treue als „Vorsicht gegen sich selbst" (i.e. sie werden auch in der engsten Freundschaft niemals überflüssig), nämlich gegen das eigene Eigensein gegenüber der Freundschaft, i.e. gegen das egozentrische Bewusstsein und seine Tendenz, sich gegenüber dem Freund (in der Unaufrichtigkeit) oder außerhalb der Freundschaft (in der Untreue) wieder auf das Eigeninteresse zurückzuziehen.

Wenn diese Möglichkeit einmal zum Bewusstsein gekommen ist, ist daher das Vertrauen die unabdingbare Voraussetzung der Freundschaft[179] – gerade nicht, weil es den Graben zwischen dem Eigensein und dem Liebendsein des Anderen zuschüttete, sondern weil es die Unaufhebbarkeit dieser Differenz begreift, sie anerkennt und über sie hinweg die Brücke zu ihm schlägt. Vertrauen muss man deshalb in der Freundschaft ständig neu – und umgekehrt ist es ein Geschenk, Vertrauen zu bekommen, denn man kann zwar Vertrauen brechen (durch Unaufrichtigkeit), aber niemals kann man es vergelten, denn es stellt erst die Brücke her, auf der der Verkehr von Geben und Wiedergeben möglich ist. Vertrauen wird auch nicht wirklich mit Vertrauen ausgeglichen, denn ob ich einem Anderen vertraue, kann letztlich nicht davon abhängen, ob er mir vertraut (sonst müsste ja ein ehrlicher Mensch jedem Betrüger glauben, sobald dieser ihm vertraut).[180] Zwar ist für die Freund-

---

[179] Dagegen müssen Kinder noch nicht vertrauen – sie erscheinen zwar „vertrauensselig", aber in Wahrheit sind sie sich einfach noch nicht derjenigen Differenz bewusst, die das Vertrauen oder Misstrauen möglich bzw. erforderlich macht.
Das Vertrauenschenken kann auch durch äußere Umstände, etwa auch durch Dritte erschwert werden. Natürlich gilt das auch für die anderen Freundschaftsmomente, aber es ist kaum etwas so effektiv freundschaftszerstörend wie die Förderung von Misstrauen zwischen Freunden und weniges ist so effektiv freundschaftsverhindernd wie das Klima des Misstrauens, das etwa in totalitären Staaten herrscht.
[180] Vertrauen schenken wir zwar in der Praxis *aufgrund* von bestimmten Beobachtungen des Anderen, also aufgrund von *Einschätzungen* seiner wie auch aufgrund der *Zeugnisse* Anderer. Aber wenn diese das Vertrauen überhaupt *begründen* sollten, geriete man in einen unendlichen Regress: Ich muss immer schon *gewissen* Äußerungen des Anderen bzw. Anderer über ihn vertraut haben, um eine Entscheidungsgrundlage für mein Vertrauen zu gewinnen. Zwar kann ich in manchen Fällen das Vertrauen selbst auf Probe stellen, also nur „vorläufig" vertrauen, um zu sehen, ob der Andere mein Vertrauen erfüllt. Aber solche Proben sind zum einen immer nur partiell (man kann einen Menschen in der kurzen Dauer eines Menschenlebens nie in allen Aspekten prüfen), zum anderen unsicher, denn wenn der Andere in einem gewissen Zeitraum die Vertrauensproben besteht, garantiert das ja nicht, dass er sie auch in Zukunft erfüllen wird (ich geriete also in einen unendlichen Progress des Prüfens bzw. einer unendli-

schaft die Gegenseitigkeit des Vertrauens erforderlich, und die Beziehung kann zerbrechen, wenn sich herausstellt, dass einer dem anderen nicht (so) vertraut wie dieser ihm. Aber diese Gegenseitigkeit *entsteht* nicht aus der Wechselseitigkeit oder dem Tausch von Vertrauen, sondern aus dem jeweils einseitigen, ursprünglichen Vertrauenschenken von beiden Seiten.[181]

Alterität des Anderen[182]

Auf den ersten Blick mag es so scheinen, als könne man dem Geliebten auch wohlwollen und wohl tun wie auch ihn anerkennen und sich ihm offenbaren, ohne seinen Willen zu achten und ihm gegenüber wahrhaftig zu sein. Bis zu einem gewissen Grad ist dies in manchen Freundschaften sogar erforderlich, z.B. in derjenigen der Eltern zu ihren Kindern oder in der Beziehung zu einem Suchtkranken. Aber natürlich tut man – unter normalen Umständen – einem Freund nicht wirklich wohl, wenn man seinen Willen missachtet, denn die Selbstbestimmung ist eines der höchsten Güter des mündigen Menschen. Aber eben dies kommt dem Liebenden erst durch die *Reflexion* des Anderen ins Bewusstsein. Durch diese tritt der Andere als selbstbestimmte Person oder in seiner Alterität ins Bewusstsein des Liebenden.

Das Bewusstsein der Alterität des Geliebten impliziert zum einen dasjenige der Unverfügbarkeit seines Willens. Dabei handelt es sich um eine Einsicht, nicht um ein Gebot der Freundschaft: Der Wille des Anderen ist ja *tatsächlich* unverfügbar.[183] – Das *Gebot* oder die Forderung der Freundschaft dagegen ist die, diesen Willen auch zu achten. – Zum anderen impliziert das Alteritätsbewusstsein die Akzeptanz der Unergründbarkeit des Anderen. Dies erklärt sich folgendermaßen: Wenn ich der Meinung sein könnte, ich kennte eine von mir geliebte Person vollständig, dann müsste ich nicht mehr aufrichtig gegen sie sein, denn ich könnte mir ja ohne sie zu informieren und ohne ihren Willen zu erfragen aufgrund dieser Kenntnis selbst erschließen, was ange-

---

chen Suspension des Vertrauens). Irgendwann einmal muss ich *ursprünglich* vertrauen, i.e. den Sprung ins Vertrauen wagen und vollziehen – und gerade das ist ja „vertrauen". Vertrauen ist per definitionem ein letztlich unbegründeter bzw. nicht hinreichend begründeter und insofern ursprünglicher Akt – der aber eben als solcher zur Freundschaft erforderlich ist. In ihm spiegelt sich gewissermaßen die Unabgeleitetheit und Ursprünglichkeit der Konversion selbst wieder: Das Vertrauen „reflektiert" das Mir-Zufallen der Liebe des Anderen. Es ist insofern – wiewohl es Liebe *reflektiert*, also reagiert – immer *eigenes*, ursprüngliches (und daher ungeschuldetes) Lieben, denn ich kann nie mit letztgültiger Sicherheit wissen, ob der Andere sich mir wirklich in Liebe und nicht stattdessen in egozentrischem oder obtemperantem Bewusstsein zuwendet.

[181] Die Brücken der beiden Fahrbahnen müssen sozusagen getrennt geschlagen werden, auch wenn das Ergebnis dann als das eine Vertrauens*verhältnis* begriffen werden kann, über das hinweg der Verkehr sich in beide Richtungen bewegt.

[182] Dem Wortlaut nach ist dieser Untertitel natürlich eine Tautologie, aber das Wort „Alterität" hat im philosophischen Sprachgebrauch eine speziellere Bedeutung als bloß „Andersheit" gewonnen. Um diese geht es im Folgenden.

[183] Auch wenn er natürlich manipulierbar ist.

sichts einer bestimmten Situation ihr Wille ist. Das Bewusstsein, dem Geliebten Aufrichtigkeit zu schulden, bedeutet also zugleich das Bewusstsein, dass ich *prinzipiell* nicht sicher und vollständig wissen kann, was meine Informationen in ihm auslösen werden und was er auf ihrer Grundlage wollen wird. Und eben dies bedeutet die Einsicht, dass er mir in seiner Andersheit *prinzipiell* unergründlich ist, wie gut ich ihn auch immer kennen mag.

Aus dem Bewusstsein des Anderen als selbstbestimmter Alterität ergibt sich ein immanentes Kriterium der Qualität oder der Reife der Liebe: Diese ist umso besser oder reifer oder mündiger oder eben selbstbestimmter, desto mehr ihre verschiedenen Momente sich aufeinander beziehen. So ist diejenige Liebe reifer, in der mir der Andere gerade in seiner selbstbestimmten Alterität *phileton* ist und von mir eben in dieser anerkannt wird – und nicht in äußeren, nicht-durch-ihn-selbst-bestimmten Merkmalen wie seiner Schönheit, seiner Intelligenz, seinem Ansehen, seiner Macht, seinem Reichtum etc. Denn in einer solchen Liebe bestimmt *die Liebe selbst* das Kriterium des Begehrens und des Anerkennens. Das bedeutet aber nicht, dass allein die reife Liebe gut, wertvoll, erstrebenswert oder akzeptabel sei. Die Liebe ist *als solche* in jeder ihrer Formen gut – aber es gibt eben bessere und schlechtere Formen.

h) Enttäuschte Liebe

In der Reflexion der Konversion, also in Offenbarung und Hingabe einerseits und in der Achtung des Anderen und der Aufrichtigkeit gegen ihn andererseits wird dem Liebenden das Bedürfnis nach der Erwiderung seiner Liebe ausdrücklich. Er *weiß* und *will* nun, dass die Realisierung seiner eigenen Liebe nur durch die Liebe des Anderen zu ihm selbst möglich ist bzw. möglich sein soll. Das Lieben weist sich aus sich selbst heraus an auf die Gegenseitigkeit, i.e. auf die Freundschaft. Umgekehrt formuliert wird sich das Bewusstsein in der Reflexion seiner Konversion der Einseitigkeit, Unvollständigkeit und Bedürftigkeit seiner selbst bewusst.

Von der gegenseitigen Liebe handelt der dritte Teil dieses Buches. Hier soll kurz auf das Lieben eingegangen werden, das einseitig bleibt bzw. wieder einseitig wird. Für das unmittelbare Begehren und Erkennen des Liebenden bedeutet dies schlicht die Frustration: Sein Verlangen wird nicht erfüllt, seinem Erkennen öffnet sich der Andere nicht. Wohlwollen und Anerkennung dagegen bleiben (abstrakt betrachtet) unbeeinträchtigt. Diese Unabhängigkeit ist sicherlich einer der Gründe für ihre große Bedeutung in vielen Moraltheorien: Man kann sie *bedingungslos* leisten (und deshalb natürlich auch einfordern), die Möglichkeit ihrer Realisation hängt nicht von äußeren Umständen und vom Verhalten des Anderen ab.

Scham

Schwieriger und damit interessanter ist die Enttäuschung der Liebe hinsichtlich der Reflexionsformen der Konversion. Hingabe und Offenbarung erfordern zu ihrer Realisierung die Annahme und die Aufmerksamkeit des Anderen. Das wird im dritten Teil weiter ausgeführt werden. Wenn der Andere nun aber meiner Hingabe und Offenbarung nicht entgegenkommt, dann stehe ich mit meiner Gabe und meiner Entblößtheit alleine da. Das Gefühl, das sich dann erhebt, ist die Scham. (Vielleicht ist für uns Angehörige der spätmodernen westlichen Zivilisation – die ja überhaupt die Unverschämtheit idealisiert – der erstere Fall kaum noch plausibel. Aber die großen, alten Kulturen wussten und wissen alle, dass es kaum Beschämenderes gibt, als ein Geschenk zurückgewiesen oder gar im Nachhinein zurückgegeben zu bekommen.) Die Besonderheit dieses Gefühls im Unterschied zur bloßen Frustration rührt daher, dass ich in Hingebung und Offenbarung mich selbst involviere. Also bin ich auch selbst in meiner eigenen Existenz betroffen, wenn diese keine Annahme und kein Gehör finden. Weil uns die Scham so tief trifft, deshalb haben alle Kulturen mehr oder minder komplexe Reglements für die einzelnen Schritte der Hingabe und Offenbarung auf dem Weg zur Etablierung einer Freundschaft getroffen: Für denjenigen, der gibt und sich eröffnet, dass er sich nicht nachher schämen muss, und für denjenigen, dem er sich anbietet, dass dieser ablehnen kann, ohne den Anderen zu sehr zu beschämen. Diese Reglements betreffen natürlich besonders die erotische Werbung, aber sie ordnen auch alle anderen Arten von Freundschaften, bis hin zu denen unter Staaten. Für den Einzelnen ergibt sich aus der Verletzlichkeit, die mit Offenbarung und Hingabe verbunden ist, das Gebot der Behutsamkeit, und zwar sowohl im eigenen Lieben als auch im Umgang mit der Liebe eines Anderen.

Eifersucht

Hinsichtlich der Freiwilligkeit des Geliebten ist die Sachlage im Fall der Liebesenttäuschung emotional noch verzwickter. Denn ich will ja einerseits gerade in vollem Ernst, dass der Andere in seinem Lieben gegen mich frei sei. Auf der anderen Seite will ich in ebenso vollem Ernst den Andern für mich, ich begehre ihn.[184] Die Achtung und Wahrhaftigkeit in der Liebe stehen in einem grundsätzlichen Spannungsverhältnis zu den Momenten des Erkennens und des Begehrens des Anderen. Erwidert der Andere meine Liebe, dann ist diese Spannung reizvoll und beglückend. Wird die Liebe tatsächlich oder anscheinend nicht oder nicht adäquat erwidert, dann manifestiert sich

---

[184] Ist es mir mit der Liebe weniger ernst, dann ist natürlich auch dieser Ernst gemildert. Aber ich kann nicht mit ganzem Einsatz lieben und es mir dann egal sein lassen, wenn der Andere mich abweist.

die Spannung negativ, nämlich in der Eifersucht.[185] Das scheinbare Paradox, dass ich einerseits den Anderen für mich will und nicht akzeptieren will, wenn er mich nicht liebt – andererseits aber seine Freiheit oder Freiwilligkeit will, stellt eben die Spannung der Momente der Konversion gegeneinander dar. Das sieht man schnell ein, wenn man sich in die Rolle des Geliebten versetzt: Man möchte doch weder, dass einem der Andere die Freiheit nimmt, noch dass er aufhört, einen zu begehren, i.e. dass es ihm gleichgültig ist, ob man ihn will oder nicht. Und so *erwartet* man Eifersucht zumindest kontrafaktisch, wenn man geliebt wird: Wenn der Ehemann irrtümlich meint, seine Frau hätte ihn betrogen und diese erfährt davon, stellt aber keinerlei Eifersucht bei ihm fest, dann wird sie sehr unzufrieden und besorgt sein (manchmal gilt dies sogar dann, wenn der Betrug tatsächlich vorliegt; aber normalerweise ist dann das Schuldgefühl stärker).

Die Entstehung der Eifersucht setzt immer die Achtung der Freiwilligkeit des Andern voraus. Wenn es mir dagegen von vornherein egal ist, ob der Andere mein Begehren erfüllen will oder nicht, dann zwinge ich ihn einfach, wenn er nicht will (wenn ich die Macht dazu habe) – aber ich werde nicht eifersüchtig.[186] Die Eifersucht wird allererst aus der zunächst geleisteten Achtung und Aufrichtigkeit hinsichtlich der Freiheit des Andern verständlich, auch wenn sie zugleich die (abschlägige) *Entscheidung* des Anderen in eben dieser Freiheit nicht akzeptieren möchte. Das erkennt man daran, dass man

---

[185] Vgl. C.M. Farrell 2000, 130: „Eifersüchtig sein heißt, darüber verstimmt oder davon schmerzlich betroffen zu sein, dass wir von Anderen (wie wir meinen) nicht in der Weise bevorzugt werden, in der wir das wünschen (während eine andere Partei von diesen Personen offensichtlich auf diese Weise bevorzugt wird)." Die Eifersucht im umgangssprachlichen Sinn erhebt sich genauer nicht schon dann, wenn der Andere meine Liebe nicht erwidert, sondern erst dann, wenn er sie statt mir einem Anderen zuwendet. Allerdings geht es dabei wohl eher darum, dass erst dann, wenn sich der von mir Geliebte einen Anderen sucht, das letzte Wort gesprochen ist. Vorher kann ich ja noch immer hoffen. Wird ein Liebender dagegen endgültig abgewiesen, ohne dass ein Konkurrent bevorzugt wird, dann stellt sich oft eine diffuse Eifersucht ein, die dann auf das projiziert wird, was den Geliebten „stattdessen" glücklich macht und erfüllt: sein Beruf, sein Hobby, seine Religion oder auch einfach nur seine Selbstgenügsamkeit.

Möglicherweise muss man auch einfach zwei Arten der Eifersucht unterscheiden (die normalerweise zusammen auftreten und deshalb nicht getrennt werden): Diejenige auf jemanden, weil er erhält, was man selbst gerne hätte: die Liebe eines bestimmten Menschen, materielle Güter, Anerkennung, Ansehen etc.; und diejenige bezüglich dessen, der mir derartiges Wohl (und zwar vor allem und alles andere grundlegend: das Wohl seiner Freundschaft und damit sein Wohlwollen) nicht zuwendet, obwohl ich doch ihm selbst solches Wohl zuwende bzw. zuwenden möchte: weil ich ihn liebe und sein Freund sein möchte. Hier ist diese letztere Form gemeint, die natürlich nicht unbedingt den Bezug auf einen Dritten erfordert.

Wie die Scham, so gibt es auch die Eifersucht nicht nur im Fall der vollständigen Liebesenttäuschung, sondern natürlich auch in der partiellen: Ein Ehepartner ist etwa auf den andern eifersüchtig, weil dieser sich mit einem Dritten viel besser über Kunst unterhalten kann als mit ihm selbst.
[186] Die Eifersucht gehört deshalb (grundsätzlich) zur Liebe, „sie ... verdient nicht den uneingeschränkt schlechten Ruf, den sie häufig besitzt" (D.M. Farrell 2000, 139).

im Hinblick auf Sachen (oder in der Geisteswelt der Antike: im Hinblick auf Sklaven) nicht eifersüchtig sein kann. Freilich sind manche Menschen eifersüchtig auf Tiere; aber dann sprechen sie ihnen eben eine gewisse Art von Freiwilligkeit zu – wenn auch vielleicht nicht Freiheit im vollen Sinn.

Allerdings verstoßen die Menschen in der *Konsequenz* der Eifersucht sehr häufig gegen Achtung und Aufrichtigkeit. Denn naheliegender Weise ist es ein Ausweg aus der Eifersucht, den Andern – soweit man kann – in seiner Freiheit einzuschränken: ihn zu bewachen, ihm zu drohen, ihn einzusperren, ihn zu zwingen. Natürlich geht dann die Liebe verloren, denn die erfordert die Freiwilligkeit. Aber dies bedeutet nicht, dass schon die Eifersucht selbst gegen die Liebe verstoßen würde und in ihr nichts zu suchen hätte. Im Gegenteil gehört sie wesentlich zum Lieben, und man überwindet sich nicht dadurch, dass man sie daraus verbannt, sondern allenfalls dadurch, dass man liebenden Gleichmut gegen sie entwickelt.

Der andere Weg, sich von der Eifersucht zu befreien, ist, das eigene Verlangen nach dem Geliebten abzutöten: ihn sich gleichgültig werden zu lassen. Auch dann stirbt selbstverständlich die Liebe. Allerdings ist dies natürlich nicht ohne weiteres möglich. Es ist sehr viel leichter, die Umwelt zu verändern als die eigenen Gefühle (in der Regel greifen die Menschen daher zur irgendeiner Art von Betäubung, um sich vom Verlangen nach dem Andern zu befreien). Daher hat dieser Ausweg meist etwas Gezwungenes an sich.

Natürlich kann der Liebende stattdessen auch einfach ins egozentrische Bewusstsein zurückfallen und den Anderen nur noch als Objekt erkennen und begehren – sei es nun aus Enttäuschung darüber, dass sich ihm der Andere nicht zuwendet, sei es aus anderen Gründen. Aber dann handelt es sich eben nicht mehr um Liebe, sondern um Vergewaltigung bzw. Voyeurismus. Diese beiden Begriffe zeigen an, dass der Akteur sich zu einem Gegenüber wie zu einem bloßen Gegenstand verhält – den er ohne Weiteres seinem Erkennen und Wollen unterwirft –, aber doch weiß, dass er eigentlich kein bloßer Gegenstand ist. Genau dieser Bewusstseinssachverhalt ergibt sich, wenn man sich aus dem Liebesbewusstsein auf das egozentrische Bewusstsein zurückzieht. Es entsteht ein gewalthaftes Bewusstsein, und zwar zunächst und in erster Linie als ein solches, das sich selbst Gewalt antut: Es zwingt sich – getrieben z.B. von der Übermacht unerfüllten Begehrens und unbefriedigten Erkennens einerseits und vor dem Bewusstsein der eigenen Ohnmacht andererseits – vom Selbst-Sein des Anderen abzusehen, ohne es doch vergessen zu können und zu wollen.[187]

---

[187] Auf einer weiteren Reflexionsstufe kann sogar diese Verfassung selbst zu einer Quelle der Lust werden, nämlich im Sadismus. (Der Masochismus wäre eine entsprechende Reflexionsform der Abhängigkeit im Wohltun und Sich-zu-Erkennen-Geben.) Die Wurzel des Sadismus wäre nach dem hier Entwickelten ein Missverhältnis des liebenden Bewusstseins zu sich selbst – und nicht in erste Linie ein Missverhältnis zum Anderen.

Der einzige Weg, liebend mit der Eifersucht umzugehen, ist, zu akzeptieren, dass der Andere die Freundschaft mit mir nicht oder nicht in dem Maß und der Weise will wie ich selbst.[188] Dann verwandelt sich die Eifersucht in Trauer – darüber, dass diese Liebe (so) nicht oder nicht mehr möglich ist. Die Liebe geht also auch in diesem Fall (ganz oder teilweise) verloren – wenn der Andere nicht doch noch seine Entscheidung ändert (was ihm in diesem Fall immer noch möglich ist, während ihm die anderen beiden Wege diese Möglichkeit nehmen, weil der Eifersüchtige selbst sich gegen die Liebe kehrt). Aber sie verkehrt sich nicht in ihr Gegenteil, in die Verbitterung oder die Gleichgültigkeit gegenüber dem Anderen. Es vergeht also die besondere Liebe, aber es überlebt und wächst sogar die größere Liebe, nämlich diejenige, in der man den Anderen unabhängig vom besonderen Freundschaftsverhältnis anerkennt und ihm wohl will. So erhält und gewinnt, wer liebend mit seiner Eifersucht umgeht, Liebe, nämlich insbesondere seine eigene Liebesfähigkeit, während der Verbitterte und Gleichgültig gewordene nicht nur die „größere Liebe" (ganz oder teilweise) verliert, sondern auch die Möglichkeit zu neuer besonderer Liebe.

2. Die Ursprünglichkeit der Bewusstseinskonversion

a) Die Ursprünglichkeit der Konversion des Für-mich

Wie bereits bemerkt ist die Konversion aus der Perspektive des einfachen Für-Mich-Bewusstseins etwas Ungeheuerliches. Es ist von dessen Standpunkt aus betrachtet nicht zu sehen, wie sie sich ergeben könnte und warum sie sich ergeben sollte. Die Liebe ist dem egozentrischen Bewusstsein nicht geheuer. Die Konversion ist irreduzibel auf das einfache Bewusstsein.[189] Diese ihre

---

[188] Natürlich gilt dies nur, insoweit die Freiheit des Andern tatsächlich besteht. Das Problem stellt sich anders dar, wenn er sich zum Freundschaftsbund mit mir selbst verpflichtet hat. Das geläufigste Beispiel ist die Ehe. In deren Fall hat der Partner selbst freiwillig seine Freiheit eingeschränkt und mir diese Einschränkung zugesagt. Dadurch gewinne ich sozusagen ein Recht auf die Eifersucht, ich verletze nicht die Freiheit meines Freundes bzw. Partners, wenn ich die Treue einfordere. Deshalb sind Freunde, denen gegenüber die Treue verletzt wurde, nicht in erster Linie eifersüchtig, sondern eben *verletzt*.
[189] Vgl. dazu auch R. Sokolowski 2005, 124ff. Er spricht von einer „intersubjectivisation" meines Wollens, davon, „que je suis devenu capable d`amitié" (dass ich also durch das Wohlwollen eine neue Fähigkeit gewinne, die ich ohne sie nicht hatte), und von einer „forme catégorielle", die die „reconaissance" des und die „identification" mit dem Freund ermöglicht.
In diesem Sinn der Irreduzibilität des Liebesbewusstseins auf das egozentrische kann man die „Zwiefalt der Grundworte" „Ich-Es" und „Ich-Du" bei Martin Buber verstehen (1983, 9). Allerdings stehen die beiden Verhältnisweise nach der hier entwickelten Theorie über die Konversion durchaus in Verbindung miteinander, wohingegen es sich bei Buber um ein

Ursprünglichkeit lässt sich wiederum in den Momenten des Wollens und des Gewahrseins verdeutlichen: Wenn das Wollen im Für-mich konstituiert ist, wie kann es dann überhaupt je dazu kommen, dass diese formale Konstitutionsbedingung in den kontingenten Gehalt des Wollens eingeht? Nicht nur gäbe es keinen Grund, weshalb ich das Wohl des Andern *um seiner selbst willen* zu meinem Wollensziel machen sollte. Es ist auch nicht ersichtlich, wie das Für des Für-mich erstens überhaupt zur „Verhandlungsmasse" meines Wollens werden kann, und wie es dann noch dazu vom „mich" abstrahiert werden und an das „dich" geknüpft werden kann.[190]

Ebenso gilt: Wenn das Für-mich Konstitutionsbedingung des Erkennens ist, dann ist nicht nur die Frage, woran ich denn *erkennen* könnte, dass ein Anderer gewahr ist, i.e. dass bei ihm diese Konstitutionsbedingung gegeben ist. Das apriorische Für-mich ist schlechterdings kein Gegenstand, den ich an irgendwelchen Inhaltsbestimmungen meines Gewahrseins festmachen könnte.[191] Es gibt *nichts* – und es kann notwendigerweise nichts geben – woran ich das Bewusstsein eines anderen Wesen *an ihm selbst* erkennen könnte.[192] Ich habe immer nur Indizien, nach denen ich dann *per analogiam*

---

schroffes Nebeneinander zu handeln scheint. Dies letztere erscheint aus verschiedenen Gründen als weniger wünschenswert, nicht zuletzt deshalb, weil in einem derartigen Dualismus der Vorrang des Ich-Du-Verhältnisses nur noch schwer zu begründen ist.

[190] An dieser Stelle berührt sich die hier entwickelte Theorie eng mit der Gedankenführung Schopenhauers (vgl. 1988) – um sie danach gleich wieder zu verlassen: „Dies bringt das Problem auf einen engeren Ausdruck, nämlich diesen: wie ist es irgend möglich, dass das Wohl und Wehe *eines Andern*, unmittelbar, d.h. ganz so wie sonst nur mein eigenes, meinen Willen bewege, also direkt mein Moiv werde [...] ? – Offenbar nur dadurch, dass der Andere *der letzte Zweck* meines Willens wird, ganz so wie sonst ich selbst es bin: also dadurch, dass ich ganz unmittelbar *sein* Wohl will und *sein* Wehe nicht will, so unmittelbar, wie sonst nur das *meinige*." (564) Das *Mitleid*, das dies erklären soll (vgl. 565), besteht freilich nicht in einer Konversion, sondern einer schlichten Identifikation (dies liegt bereits in der zitierten Formulierung, die ja eigentlich nur eine Substitution meiner selbst als Zweck durch den Anderen ausdrückt, nicht eine Hinwendung zu ihm), stellt also einen ausgeweiteten Egoismus dar, und zwar auf einer metaphysischen Basis (vgl. 621ff). Das kann weder phänomenologisch noch systematisch befriedigen, und so muss man dem Urteil der Königlich Dänischen Societät der Wissenschaften über Schopenhauers Entwurf am Ende doch beipflichten. (Davon abgesehen führt die Ausweitung des Egoismus auch nicht über die Unerlöstheit des egozentrischen Bewusstseins hinaus, aber dies kann natürlich kein Geltungskriterium für eine praktische Theorie sein, solange man die Möglichkeit der Eudaimonie nicht voraussetzt.)

[191] Auf das Problem der „Unsichtbarkeit der Sicht" oder der „Nichtbeobachtbarkeit des Beobachtens" haben verschiedene Philosophen hingewiesen, vgl. z.B. die Darstellungen von M. Gabriel 2009, 23.

[192] Kant ist im Rahmen seiner transzendentalen Subjektphilosophie völlig konsequent, wenn er die Erkennbarkeit transzendentaler Subjektivität – nicht nur fremder sondern auch meiner eigenen – abstreitet (GMS 451). Fichte argumentiert dagegen m.E. überzeugend, dass wir zumindest uns selbst wissen und in diesem Wissen auch erkennen (WL 255-283). Aber die fremde Subjektivität bleibt in seiner Theorie am Ende ebenso verschlossen wie in der kantischen. Der Versuch Hegels, über die (bestimmte) Negation und die Universalisierung den Begriff meiner eigenen Subjektivität auf fremde Subjektivität auszuweiten (z.B. GPhR §§ 34-36), gelingt m.E. nicht: Subjektivität bedarf schon des Anderen, um sich selbst zu begreifen, sie

mein eigenes bewusstes Sein auf ein Gegenüber übertrage. Dann ist aber die Frage, was mich *ursprünglich* zu dieser Übertragung bringen sollte, wenn ich nicht selbst schon einen spontanen Antrieb dazu hätte: *Hinreichend* können die Indizien zur Übertragung nie sein.

Die Selbstentzogenheit des einsinnigen Bewusstseins

Tiefgreifender als dieses Problem der „Unverborgenheit" des Freundes gegen mich ist aber die Frage, wie das epistemische Für überhaupt in den Erkennensgehalt eingehen kann, i.e. wie es das Gewahrsein nicht nur transzendental bestimmen, sondern zu einer Bestimmung *im* Gewahrsein werden kann. Uns darüber zu wundern, hat uns vielleicht die neuzeitliche Subjektphilosophie abgewöhnt, die es als ganz selbstverständlich unterstellt, dass der erkennende Reflexionsbezug auf mich selbst möglich ist. Aber hier ist nun nicht nur erforderlich, dass *Ich* mich erkenne, dass ich Selbstbewusstsein entwickle, i.e. das mein Ich selbst zum Gehalt meines Bewusstseins werde. Erforderlich ist, dass das Für-mich, i.e. der Modus der Bezüglichkeit mir bewusst werde, denn es ist gerade das Für, das ich auf den Andern hin wende, nicht nur (und gar nicht in erster Linie) das Ich-Konzept. Dass das Ich, die eine Seite des Bewusstseinsverhältnisses im Bewusstsein selbst zum Gehalt werde (also sich in diesem Verhältnis selbst gegenüberstehe), mag noch plausibel erscheinen.[193] Aber dass die Bezugsweise des Bewusstseinsverhältnisses selbst, die doch *eo ipso* nie losgelöst von der Ganzheit des Bewusstseinsbezuges vorhanden ist, zu einem werden sollte, auf das sich eben dieser Bezug beziehen kann, ist doch einigermaßen überraschend.

Freilich könnte man sich dies folgendermaßen vorstellen: ‚Ich nehme das Bewusstsein als Phänomen; ich diagnostiziere daran die Struktur des Für-mich [wie es ja auch hier im Text geschehen ist]; ich abstrahiere nun von der konkreten Bezugsweise auf das (jeweilige) Ich, gewinne so den Für-Bezug an ihm selbst als allgemeines „Für …" und bin nun frei, in die Leerstelle den Andern einzutragen.' Im Modus der Abstraktion nämlich kann ich *alles* im Denken verhandeln (selbst den Begriff des „Undenkbaren" beispielsweise). Das Problem ist aber, dass ich die Abstraktion nicht erst dann einsetzen

---

kann den Anderen deshalb nicht ursprünglich unter dem Begriff begreifen, den sie sich von sich selbst macht. Aus einer bloßen Subjektphilosophie führt kein Weg zum Du. Dies ist m.E. die größte Unzulänglichkeit der Philosophie Kants, nicht nur, aber gerade auch seiner großartigen Moralphilosophie. Hegel hat freilich schon denjenigen Begriff stark gemacht, der bei Kant als eigenständiges Theorieelement fehlt: die Anerkennung. Hier wird nun vertreten, dass sich Anerkennung ursprünglich nur erfassen lässt als Konversion des Bewusstseins, nicht aber aus der Selbstunterscheidung des Geistes wie bei Hegel. (Wenn die ursprüngliche Anerkennung einmal vollzogen ist, *dann* kann ich freilich auch einen Allgemeinbegriff der Subjektivität fassen und diesen dann auf Gegebenheiten anwenden.)

[193] Wenn man davon ausgeht, dass das Ich eine objektive Gegebenheit ist. Nach den hier entwickelten Gedanken ist es das ursprünglich nicht, sondern es ist ein Abstraktionsprodukt der Reflexion auf das Für-mich.

kann, wenn ich das Für-mich vom Ich trennen will. Ich muss sie bereits vorher angewandt haben, um überhaupt den Gegenstand zu gewinnen, an dem ich die Abstraktion durchführen kann. Ich habe nämlich das Bewusstsein nie als Phänomen vor mir, denn es ist ja gerade selbst die Bedingung der Phänomenalität. *Keine* abstrakte Reflexion erbringt mir das Für-mich als Gegenstand. Vielleicht erbringt eine Reflexion das Ich als Gegenstand, denn das Ich ist eine Seite im Bewusstsein und noch dazu diejenige, die an mir liegt. Aber über das Bewusstsein als Ganzes verfüge *ich* ja gar nicht, denn *ich* selbst bin nur eine Seite darin. So habe ich aber niemals – auch durch die Reflexion und auch im Ichbewusstsein nicht – das aktuale Bewusstseinsverhältnis selbst im Bewusstsein.[194] Genau dieses Bewusstseinsverhältnis wird aber in der Konversion umgewandt. Also ist diese Wendung nicht vom Standpunkt des egozentrischen Bewusstseins aus zu bewerkstelligen oder daraus ableitbar.[195]

Wenn nun eines aus anderem nicht abgeleitet werden kann, wenn es schlechterdings irreduzibel auf Voraussetzungen ist, dann ist es als Ursprüngliches anzunehmen. Demnach ist nicht nur das Bewusstsein selbst, sondern der Umschlag des Bewusstseins ins Lieben als Ursprüngliches anzusetzen.[196]

---

[194] Freilich kann ich über Bewusstsein nachdenken und sprechen, es ist mir also in irgendeiner Weise sehr wohl möglicher Gegenstand des Bewusstseins. Aber es ist dies nie als aktualer Vollzug selbst, sondern immer nur als Abstraktionsbegriff von diesem. Die Frage ist aber, wie diese Abstraktion überhaupt geleistet werden kann, da dasjenige, woran sie operiert, mir doch anscheinend gar nie bewusst werden kann.

Dies impliziert selbstverständlich die These, dass das *einsinnige* Bewusstsein notwendig zwar nicht ontologisch, aber epistemologisch solipsistisch ist: Es kann zwar anderes als sich selbst als seiend, aber nicht als bewusstseiend begreifen. Dazu fehlt ihm der Begriff, nämlich der Begriff seiner selbst. Dieser Solipsismus wird nach der hier entwickelten Theorie allein durch die Bewusstseinskonversion überwunden.

[195] Einen ähnlichen Gedanken formuliert Levinas, wenn er darstellt, dass ich den Anderen als Anderen allein in der Sehweise der Ethik (hier wäre freilich zu sagen: der Liebe) wahrnehmen kann, vgl. 1951. Auch Sartre 1985, 338 erklärt, dass mein Wissen des Anderen nicht auf die Objekterkenntnis rückführbar ist, sondern auf mein „Mit-dem-Anderen-verkoppelt-Sein" verweist. Weiter formuliert er: „Aber da diese Wahrnehmung sich auf Grund ihrer Eigentümlichkeit auf etwas anderes als sich selbst *bezieht*, und da sie weder auf eine unendliche Reihe von Erscheinungen gleichen Typs verweisen kann – wie es, für den Idealismus, die Wahrnehmung des Tisches oder Stuhles tut –, noch auf ein abgegrenzte, grundsätzlich außerhalb meiner Reichweite liegende Entität, muss ihr Wesen darin bestehen, sich auf ein Urverhältnis meines Bewusstseins zu dem Anderen zu beziehen, in welchem der Andere mir direkt als Subjekt, wenn auch als ein mit mir verbundenes, gegeben sein muss, und welches das Grundverhältnis, ja der Typus meines Für-Andere-Seins ist" (ibid. 339). Damit kommt er der hier entwickelten Grundthese sehr nahe, auch wenn er das „Urverhältnis meines Bewusstseins zum Anderen" noch nicht systematisch expliziert – und es natürlich auch nicht als dasjenige der Liebe erfasst.

[196] Hier schließt sich die hier entwickelte Theorie an all diejenigen Entwürfe an, die das Du und die Beziehung zu ihm als etwas Unhintergehbares ansehen, zumal im Blick auf die Moral. Als eines der jüngsten Beispiele sei hier Stephen Darwall genannt: „I argue that moral obligations and demands are quite generally second-personal" (2006, 8). Solchen Theorien fügt die These von der Bewusstseinskonversion sozusagen eine Ursprungstheorie hinzu, die zugleich die Grundstrukturen der Beziehung auf das Du erklärt – und im Übrigen auch (s.u. zur „Liebe zur Liebe") den Hervorgang der Moral aus dieser Beziehung. Von diesem Standpunkt aus las-

Bezüglichkeit als Ursprüngliches

Als Ursprüngliches sind wir nun gewohnt, Prinzipien zu veranschlagen. Verhältnisse als Ursprüngliches zu nehmen widerstrebt den meisten Menschen zwar, aber die neuzeitliche Reflexionsphilosophie und vor allem der deutsche Idealismus haben zumindest die Philosophen an diesen Gedanken[197] gewöhnt. So ist man vielleicht bereit, dem Grundsatz „das Bewusstsein ist etwas Ursprüngliches" nicht von vornherein jede Akzeptabilität abzusprechen. Aber ein Verhältnis als Ursprüngliches anzusetzen, das so offensichtlich kontingent ist wie das Lieben – und zwar nicht nur im Sinn der Zufälligkeit seiner Entstehung[198], sondern auch im Sinn der Gebrochenheit des Verhältnisses selbst als einander Zufallen von gegeneinander irreduziblen Seiten –, das scheint doch zuviel verlangt. Und doch ist gerade dies gefordert, denn eine andere Wahl bleibt nicht, wenn man die dargestellte Argumentation akzeptiert. Wie im Folgenden dargelegt werden soll (und wie sich bereits angedeutet hat), können wir ohne die Ursprünglichkeit des Liebens nicht nur das Phänomen der Liebe selbst nicht einsehen – diesem Problem könnte man noch dadurch begegnen, dass man eben dieses Phänomen als genuines abstreitet. Ohne die ursprüngliche Wendung des Für bleibt uns die Einsicht ins Phänomen des Bewusstseins selbst uneinsichtig, denn allein aus dem egozentrischen Bewusstsein heraus könnte es uns niemals gegenständlich werden, es wäre niemals ein Phänomen *für uns*.

Darin liegt so etwas wie ein indirekter Beweis für die Ursprünglichkeit der Konversion, denn wie alle ersten Prinzipien lässt sich die Bewusstseinskonversion nicht beweisen.[199] Allerdings kann dieses indirekte Argument für die Ursprünglichkeit der Liebe im Rahmen der hier entwickelten ethischen Theorie nicht hinreichend gegen mögliche Einwände verteidigt werden – dazu müsste weit ausführlicher auf die Subjekt- bzw. Bewusstseinstheorie eingegangen werden, als das hier möglich ist. So bleibt das Grundargument für die Bewusstseinskonversion im Rahmen dieses Buchs die Evidenz der *Realität* der Liebe – zusammen mit dem Aufweis, dass 1. ihre Struktur (nämlich die Struktur echten Anerkennens und Wohlwollens im Verein mit Erkennen und Begehren) denkbar, also *möglich* ist, dass es sich bei der Liebe also nicht um eine Illusion handelt (bzw. handeln muss), und dass 2. diese Struktur im Aus-

---

sen sich dann die verschiedenen Theorien des Du auch kritisch beurteilen. So erscheint etwa Levinas' Bestehen auf der absoluten Asymmetrie des Verhältnisses zum Anderen aus der Sicht der hier entwickelten Theorie als eine einseitige Verengung, auch wenn er diese eine Seite der Du-Beziehung in eindrucksvoller Weise und sehr treffend darstellt (vgl. ders. 1978, 1999). Wie sich die Auseinandersetzung der Philosophie der Freundschaft mit derartigen Theorien im Einzelnen gestaltet, kann hier nicht ausgeführt werden.

[197] Den freilich schon die Trinitätstheologie gelehrt hat.
[198] Vgl. H. Frankfurt 2004, 54: „Was wir lieben, liegt nicht in unseren Händen."
[199] Vgl. Aristoteles Met. III, 997a7f, An. post. A 3.

gang von einem einsinnigen, egozentrischen Bewusstsein *unmöglich* zu entwickeln ist.

Die Evidenz der Realität der Liebe ist einerseits sehr stark, nur sehr wenige werden behaupten, niemals das Bewusstsein des Liebens gehabt zu haben. Andererseits ist sie schwach, denn aufgrund der vergleichsweise komplexen Struktur der Liebe lässt sich ihre Ursprünglichkeit leicht in Frage stellen: Man kann dem liebenden Bewusstsein einreden, dass es sich über sich selbst täusche, dass es in Wirklichkeit gar nicht liebe, sondern unbewusst eine besonders subtile, komplexe und vielleicht auch verworrene Form von Eigeninteresse verfolge.

Eine solche „Entlarvung" der Liebe als Selbstillusionierung wird nicht nur in philosophischen Kontexten versucht. Sie erscheint auch manchen Menschen, die in ihrer Liebe enttäuscht und verletzt wurden, als ein existenzieller Ausweg aus ihrem Schmerz. Man kann dann, statt zu leiden, über seine eigene Dummheit lachen – auch wenn sich kein besonders freudvolles Gelächter ergibt, sondern ein hartes, sarkastisches; aber auch dieses kann bekanntlich befreien. Weil die Konversion nach der hier entwickelten Theorie das egozentrische Bewusstsein bewahrt und miteinschließt, ist der Ansatzpunkt zur Reduktion der Liebe auf den Egoismus *in der Liebe selbst* gegeben. Und weil kontingente, individuelle, subjektive Vollzüge in ihrer objektiven Wahrnehmung (auch der objektiven Selbstwahrnehmung) immer offen sind für verschiedene Interpretationen, gibt es keinen letzten objektiven Beweisgrund dafür, dass die Liebe real ist.

Die Begründungssicherheit der These von der Ursprünglichkeit der Liebe lässt sich vergleichen mit derjenigen der Moralität in Kants praktischer Philosophie: Es lässt sich, so Kant, nie mit Sicherheit feststellen, ob eine Handlung moralisch oder durch Neigungen motiviert ist – nicht einmal durch den Handelnden selbst. Die Evidenz für die Realität der kantischen Moralität liegt allein im Bewusstsein der Freiheit bzw. der absoluten Verpflichtung (dem „Faktum der Vernunft", vgl. KpV 6). Analog lässt sich sagen: Die Evidenz für die Realität der Liebe liegt nach der hier vorgestellten Theorie im Bewusstsein der Liebe, i.e. in demjenigen Bewusstsein, in dem ich nicht nur erkenne und begehre, sondern einen Anderen anerkenne und ihm wohlwill.[200] (Das Bewusstsein der Freiheit und der bedingungslosen Verpflichtung wird sich dagegen nach der hier entwickelten Theorie als aus der Konversion *abgeleitetes* Bewusstsein darstellen.)

Ein entscheidender Unterschied zur Moralbegründung Kants und anderer Philosophen liegt allerdings darin, dass die Konversion ein Ereignis in Raum und Zeit darstellt und nicht eine überzeitliche, universale Gegebenheit wie etwa die Vernünftigkeit. Natürlich ist das *Konzept* der Konversion wie jedes Konzept allgemein. Aber seine Realität hat dieses Prinzip nur in seinem aktu-

---

[200] Im Rahmen der Gesamttheorie der „Philosophie des Zufalls" gibt es freilich noch andere Argumente bzw. ursprünglichere Evidenzen, vgl. Utz 2005.

alen Vollzug. Und dieser Vollzug ist noch dazu unableitbar und unbestimmbar[201] aus Kausalgesetzen, also *wesentlich* zufällig. Nur wenn die Konversion in einem Bewusstsein tatsächlich *eintritt*, ergibt sich die Realität der Liebe. Ein kontingenter Vollzug begründet also Überzeitliches, nämlich das Ichbewusstsein als Unzweifelhaftes[202], die Verpflichtetheit gegen den Anderen als Unabweisbares und den Wert und die Würde der Liebe selbst als Unbedingtes. Das mag gewagt erscheinen.[203] Aber es ist vielleicht ein Weg dazu, im Ausgang vom allgemeinen Universalismus-, Absolutheits- und Prinzipienzweifel der späten Moderne Normativität zu begründen.[204]

b) Die Gleichheit als ursprüngliches Maß der Freundschaft

In der Wendung des Bewusstseinsvollzugs ins Für-dich liegt nicht nur die allgemeine Grundlage, sondern auch ein konkretes Gestaltungsmoment der Freundschaft. Umgewendet wird ja nicht ein abstrakter Bewusstseinsvollzug als solcher überhaupt. Umgewendet wird mein konkretes Bewusstsein im Angesicht des Andern. Dies gilt für das Wohlwollen ebenso wie für das Anerkennen.

Gleichheit im Wohlwollen

So ist zum ersten das *Wohlwollen* in der freundschaftlichen Liebe nicht irgendein allgemeines, abstraktes, ein Wohlwollen überhaupt. Es ist zunächst das Wollen eben jenes Wohls, das *mir* vom Freund her zukommt, *für ihn*. Es ist also ein qualifiziertes und quantifiziertes Wohl, und zwar nach dem Maßstab der Gleichheit.[205] Nur muss dazu gar kein Maß genommen werden und kein Maßstab angelegt werden. Durch die unmittelbare Umwendung ist die Bestimmung des Wohls, das ich seitens des Geliebten begehre, i.e. die Bestim-

---

[201] I.e. nicht hinreichend bestimmbar, nämlich nicht wesentlich bestimmbar aus Kausalgesetzen.
[202] Vgl. unten, Kap. „An-mir-selbst-sein".
[203] Vgl. R. Bubner 1982, 292: „Einer Philosophie der Praxis fällt es sichtlich schwer anzuerkennen, dass ein letztes Element historischer Kontingenz aus den Werken praktischer Vernunft nicht mehr zu entfernen ist. Der Autonomieanspruch der Vernunft wehrt sich unmittelbar gegen so tief verankerte Einschränkung. Die Philosophie muss aber den eigensten Tendenzen ihrer Selbstgewissheit zum Trotz jenen Tribut an die Eigenständigkeit der Praxis entrichten, falls sie ihrem Gegenstand gerecht werden will."
[204] Der Gedanke ist selbstverständlich nicht neu. Kants transzendentale Apperzeption und Fichtes Tathandlung haben einen ähnlichen Charakter. Und lange vor ihnen hat die christliche Theologie im Gedanken der universalen Heilswirksamkeit von Sterben und Auferstehung Christi und dann vor allem im Begriff des Sakraments eine solche Art von Verbindung von Zeitlichem und Unbedingtem gefasst. Im wissenschaftstheoretischen Kontext wird Vergleichbares unter dem Titel der „Emergenz" diskutiert.
[205] Man kann NE 1156a10f in diesem Sinn interpretieren, vgl. Utz 2003, 550-554.

mung des *phileton, unmittelbar* die Bestimmung des Wohls, das ich dem Freund will. (Zunächst ist also die Gleichheit in der Liebe nicht diejenige zwischen den Liebenden, sondern diejenige im Liebesbewusstsein des Einzelnen, nämlich als die Gleichbestimmtheit von dessen Für-mich- und Für-dich-Aspekt. Die intersubjektive Gleichheit folgt allerdings unmittelbar und automatisch aus dieser, wenn die Liebe gegenseitig wird.) Demnach kann man sogar sagen, dass in meiner Liebe ursprünglich gar keine zwei Willen sind, ein Wollen für mich und eines für dich. Es ist *ein* identisches Wollen das nach beiden Seiten hin ausschlägt. Dies scheint auch der Phänomenologie des Bewusstseins im (unmittelbaren) Lieben zu entsprechen. Ich unterscheide darin doch nicht: Ich will dieses für mich; und ich will jenes für dich. Mein Wollen ist ein einziges, intensives Ausgerichtetsein auf Wohl, in dem ich mich in eins mit dem Freund will, in dem ich Für-mich und Für-dich ungeschieden vollziehe. Implizit also liegt im freundschaftlichen Lieben das Prinzip des Ausgleichs. Wenn die freundschaftliche Liebe der Ursprung der Intersubjektivität ist – nämlich der ursprüngliche Ort anderer Subjektivität überhaupt –, dann ist der Ausgleich das ursprüngliche Maß und Gesetz intersubjektiver Verhältnismäßigkeit.

Dazu passt, dass Aristoteles die Gleichheit in der Freundschaft einerseits sehr betont, ja sie geradezu zu deren Grundmerkmal erhebt (1158b27), andererseits aber – nach sehr vagen einführenden Bemerkungen über sie – erst verhältnismäßig spät auf sie zurückkommt (NE 1158b1ff., bes. 27) und scheinbar ungenügend erklärt, wodurch sie ihren zentralen Platz in der Freundschaftstheorie erhält. Der Gleichheitsgrundsatz führt sich in der Freundschaft eben realiter nicht explizit ein, sondern er macht sich unmittelbar implizit geltend. Erst wenn Freundschaftsverhältnisse in irgendeiner Form vermittelt, abstrakt oder ungleich werden, muss auf diesen Grundsatz reflektiert werden. So ist es ganz naheliegend, dass auch die Theorie der Freundschaft auf ihn erst im Zusammenhang bestimmter Problemstellungen in der Freundschaft (namentlich der Freundschaft zwischen Ungleichen) stößt, ihn dann aber als deren fundamentalen, immer schon gegebenen Grundzug entdeckt.

Wiewohl das *Prinzip* der Gleichheit schon im einfachen, einseitigen Lieben liegt, fällt die *Anwendung* des Gleichheitsgrundsatzes eigentlich erst unter das Kapitel der Freundschaft, denn erst wenn die Liebe gegenseitig ist kann der gewünschte Austausch auch *realisiert* werden, dessen Prinzip dann die Gleichheit ist.[206] An dieser Stelle soll aber bereits eine Frage abgehandelt werden, dies sich angesichts dieser Anwendung ergibt: Wenn das *phileton* im Nutzen oder in den Lustwirkungen besteht, die sich die Freunde gegenseitig gewähren, dann ist offensichtlich, worin die Gleichheit bestehen soll: Im Maß von Nutzen und Lust. Aber worauf bezieht sich die Bemessung im Fall der Tu-

---

[206] Wie gesagt automatisch, denn ich will dem Anderen ja *realiter* eben das für ihn, was er oder was durch ihn *realiter* mir oder für mich ist.

gendfreunde? Was tauschen sie? – Ihr *phileton* besteht ja im (guten) An-sich-Sein des Anderen. Dieses ist natürlich als solches nicht veräußerbar. – Aber man kann sich doch gegenseitig an der eigenen Existenz Anteil geben und an der des Anderen Anteil nehmen. Und eben darin besteht der Verkehr der Tugendfreunde (natürlich nicht nur darin, denn sie sind sich auch gegenseitig angenehm und nützlich). Die eigene Existenz vollzieht man im *Leben*, also realisiert sich dieser Verkehr im *Zusammenleben* – und eben dieses ist typisch für die Freundschaft (NE 1171b35f, vgl. auch 1157b19f). Das *syzein* hat einen theoretischen und einen praktischen Aspekt: Zum einen gibt man sich aneinander Anteil, indem man Informationen über sich selbst austauscht. Zum anderen tun die Freunde etwas miteinander, und das bedeutet: Sie geben einander Anteil an dem Tun, in dem sie sich selbst (aktual) vollziehen, sie lassen den Anderen sozusagen die eigene Existenz mitvollziehen bzw. nehmen teil an seinem Existenzvollzug. Beides muss nicht im Gleichgewicht sein: Nach den traditionellen Rollenklischees z.B. sind Frauenfreundschaften vor allem durch ersteres, Männerfreundschaften durch letzteres geprägt. Ein solches Ungleichgewicht ist nicht als solches schlecht. Allerdings wird der Austausch reicher, wenn beide Aspekte entwickelt werden.

In der gegenseitigen existenziellen Anteilnahme und -gabe gibt es nun selbstverständlich ein Maß und dementsprechend auch eine Verhältnismäßigkeit. Es ist völlig unplausibel und unrealistisch, dass Nehmen und Geben in der Tugendfreundschaft unbegrenzt sein sollten.[207] Wir können gar nicht alles mit dem Freund zusammentun und ihm ständig alles über uns mitteilen, einschließlich jeder Gemütsschwankung und jeder situativen Selbstwahrnehmung. Dass wir im Gegenteil auch in der Tugendfreundschaft maßhalten und intuitiv den Gleichheitsgrundsatz beachten, wird besonders am Beginn von Charakterfreundschaften bemerkbar: Man gibt sich *nach und nach* zu erkennen, man „tauscht" schrittweise immer intimere Informationen über die eigene Existenz aus, und man wartet nach einem Schritt immer, ob der Andere mithält und sich ebenfalls in vergleichbarer Weise eröffnet. Wenn sich dagegen

---

[207] Unbegrenzt ist allenfalls das untätige Wohlwollen, das Guteswünschen – denn wünschen kann man jederzeit unbegrenzt, nämlich jedem jedes. Dieses Guteswünschen muss aber wiederum nicht auf die Tugendfreunde beschränkt sein. Nicht nur die Buddhisten und viele Andere wünschen anderen Wesen unbegrenzt das Gute. Selbst der Autor dieser Zeilen (um ein willkürliches Beispiel herauszugreifen), der sicherlich nicht zu den spirituell höherentwickelten Menschen gehört, wünscht ohne Weiteres allen Menschen (mit Ausnahme einiger Verbrecher und anderer unangenehmer Menschen) unbegrenzt das Gute (solange dies nicht das Wohlsein Anderer [einschließlich seiner selbst] einschränkt) – warum auch nicht?! Wenn es freilich darum geht, in Hinblick auf wen ich bereit bin, mich auch tätig für die Verwirklichung dieses Wohlseins einzusetzen, dann sieht das Bild gleich ganz anders aus. In diesem Fall ist mein Wohlwollen in *keinem* Fall unbegrenzt. Zu meiner Entschuldigung: Es könnte und dürft dies auch gar nicht sein, denn auch gegenüber meinem besten Tugendfreund kann und darf ich nicht unbegrenzt für sein Wohl tätig sein, weil ich sonst die Pflichten gegen Andere (einschließlich meiner selbst) verletzen würde.

einer sehr viel stärker offenlegt als der andere, dann wird die Freundschaft ungleich.[208]

Gleichheit in der Anerkennung

Die Gleichheit macht sich als ursprüngliches Maß nicht nur im Wohlwollen, sondern auch im Anerkennen geltend, denn auch dieses beruht auf der Umwendung von konkret-gehaltvollem Bewusstsein und resultiert daher in einer Gleichseitigkeit des Gehalts. Allerdings schlägt sich hier die Konkretion der Umwendung anders nieder. Auf den Andern hin gewendet und in dieser Wendung gleich ist nicht ein Wollen, sondern ein Gewahrsein: Der Geliebte steht mir in meinem Bewusstsein genau so wie ich selbst als bewusstes Sein. Dabei steht diesmal nicht die Einheit im Vordergrund des Bewusstseins, sondern die Unterschiedenheit, die Alterität des Anderen gegen mich. Allerdings ist dem Liebenden der Geliebte ein Anderer gerade als Seines*gleichen*. Es ist *dasselbe* Bewusstsein, aus dem heraus er sowohl sich selbst wie den Anderen als bewusstes Selbst begreift. Daher sind zwar nicht die beiden Selbst, aber deren Selbstsein ein einziges, identisches. Die Anerkennung bedeutet ja, dass ich mein Gegenüber mit mir als bewusstem Sein identifiziere (im kognitiven, nicht im existenziellen Sinn), damit aber identifiziere als eines, das allem bloß gegenständlich Gegebensein radikal entgegengesetzt ist. Daher ist der von mir Anerkannte, da ich ja anerkenne, dass er sich so zu mir verhält (oder verhalten kann) wie ich zu ihm, also ich seinem Bewusstsein Gegenstand bin bzw. sein kann, auch mir selbst radikal entgegengesetzt, und zwar gerade deshalb, weil ich ihn mit mir selbst als bewusstem Sein identifiziere. Der Andere ist mir also in letzter Instanz „nichtidentifizierbar". Ich identifiziere ihn mit dem, was ich selbst bin, nämlich mit dem Selbstsein, aber das Selbstsein kann ich an nichts identifizieren, ich kann es nur im unmittelbaren Selbstverhältnis (im Mitwissen des Bewusstseins) *mit* mir selbst identifizieren, niemals aber *an* einem Anderen. Eben deshalb muss das Selbstsein wie oben dargestellt *an*- oder *zu*erkannt werden, es kann niemals erkannt werden.

Auf der anderen Seite *erkenne* ich natürlich den Anderen als gegenständliche Gegebenheit und identifiziere bestimmte Merkmale an ihm. Nur auf dieses gegenständliche Gegenüber kann ich ja überhaupt meine Anerkennung hinwenden. Dies bedeutet aber, dass ich in der Anerkennung in das nichtidentifizierbare Selbstsein die gegenständlichen Bestimmungen meines Gegenübers eintrage. Ich identifiziere das Selbstsein des Anderen wie bereits be-

---

[208] Vgl. L. Thomas 1993, 57. Ungleich ist natürlich etwa die Beziehung des Patienten zu seinem Therapeuten. Allerdings geht es dabei gar nicht um eine Charakter-, sondern um eine Nutzenbeziehung, in der der Patient Linderung seiner Leiden bekommt und der Therapeut sein Honorar und seine berufliche Anerkennung. Die existenzielle Eröffnung des Patienten ist dabei allein eine technische Notwendigkeit. Freilich kann und sollte auch eine derartige Beziehung im Geist der Freundschaft, nämlich als Nutzenfreundschaft vollzogen werden, wenn nicht sogar im Geist des Erbarmens (s.u.).

schrieben mit seinem Für-mich-Sein, seinem Mir-Gegebensein, also mit seiner Gestalt, seinem Verhalten, seinem Charakter, seinen sozialen Rollen und allem, worin ich ihn sonst erkenne. Diese „Identifikation mit ..." ist ein aktiver Vollzug, durch den eine Beziehung gestiftet wird, nämlich die zwischen dem Selbstsein und dem Gegebensein des Anderen. Dabei werden zwei schlechthin Inkommensurable miteinander verbunden. Die Anerkennung des Anderen in seiner Gegenständlichkeit ist radikal unangemessen. Aber es ist die einzige Weise, in der Anerkennung möglich ist.

So habe ich in der Anerkennung einerseits der Bewusstsein, dass dieses gegenständliche Gegenüber der Andere *ist*. Andererseits ist mir bewusst, dass er sich nicht auf diese Merkmale reduziert, also nicht auf das, was sich sinnlich oder begrifflich erfassen lässt, also auch nicht auf allgemeine Prädikate (in denen er mit Anderen übereinstimmen kann und an denen er identifizierbar ist). Eben über diese gegenständliche Erfassung des Gegenübers geht die Anerkennung ja hinaus. Das, was letztlich nichtidentifizierbar ist, ist aber gerade das Selbstsein des Anderen, also seine Identität. Er ist mir also „nichtidentifizierbare Identität", und genau dafür steht uns der Begriff der Alterität.

So wie ich im Lieben dem Andern gleiches wie mir will, so erkenne ich also den Andern als Meinesgleichen. Wiederum erkenne ich ihn als solchen vor jedem Vergleich und jeder Abgleichung, nämlich allein in dem, was ich in einem – und darin unmittelbar gleich – vollziehe: mein Erkennen für mich und mein Anerkennen des Anderen. Damit nun wird das Konzept der (bewusst seienden) Identität, das ich zunächst – noch implizit freilich – nur im Für-mich habe, überhaupt erst übertragbar auf den Andern. Indem dieser in meinem Bewusstsein eben das vollzieht, worin ich mich vollziehe, i.e. worin diese meine irreduzible Identität des Mir aktualiter *ist*, ist auch er mir irreduzible Identität, unhintergehbares Selbstsein bzw. Für-sich. Damit dies geschehen kann, ist eben die genannte „paradoxe Situation" vonnöten, in der eine einzige Einigkeit zweiseitig ist, und zwar nicht so, dass sie sich auf zwei Seiten verteilte – denn dann wären die Liebenden gar nicht jeder ursprüngliches Selbstsein, sondern aufgeteilte Anteile –, sondern so, dass zwei (oder mehrere) in etwas identisch sind, worin sie sich gerade nicht miteinander identifizieren lassen: im eigenen, unvergleichlichen Selbstsein. Dass aber *beide* Seiten ihr gegenseitig unabkünftiges Sein im Selbstsein, in der einigen Identität haben – dass also nicht etwa nur Ich-selbst Selbst bin, sondern dass der Andere *imgleichen* Ich-selbst ist –, das ergibt sich eben nur in der Situation, in der identisches Selbstsein *unmittelbar* – und damit natürlich paradox – seine Zweiseitigkeit ausweist. Ist also der Ausgleich das ursprüngliche Maß und Gesetz der Intersubjektivität, so ist das „Meinesgleichen" das ursprüngliche Wissen und der ursprüngliche Rechtstitel der Intersubjektivität.[209]

---

[209] Aristoteles erwähnt die Gleichheit in der Anerkennung unter negativem Vorzeichen: „Man darf nicht eines Bösen Freund sein und sich dem Schlechten gleichmachen", NE 1165b16f.

Vielleicht ist es hilfreich, nochmals zu erinnern: Bis hierher ging es allein um die Gleichheit im Bewusstsein des liebenden Individuums, nämlich um das „wie ich (zu) mir, so ich (zu) dir" – und zwar in seiner situativen Konkretion. Denn dies ist diejenige Gleichheit, die sich ursprünglich, unmittelbar und unwillkürlich aus der Konversion ergibt. Dagegen ist nach der hier entwickelten Theorie die Frage der Gleichheit von Individuen in einer Gemeinschaft eine abgeleitete. Sie ergibt sich zwar aus dem immanenten Gleichheitsprinzip der Liebe, wenn diese gegenseitig wird. Aber weil dazu häufig weitere Vermittlungsschritte notwendig sind (besonders in ungleichen und in Nutzenfreundschaften sowie in größeren Freundesgemeinschaften), müssen auch Maß, Charakter und Umfang der Gleichheit ausgemittelt werden, sie ergeben sich nicht mehr unmittelbar und damit eindeutig und unzweifelhaft, wie das für den Liebenden im Moment der Konversion der Fall ist (allerdings auch nur in diesem, im nächsten Moment der Reflexion – z.B. auf erforderliche Konsequenzen des Wohlwollens und Anerkennens – kann auch schon das liebende Individuum ratlos werden). Vielleicht erklärt sich daraus, weshalb der Gleichheitsgrundsatz einerseits intuitiv so einleuchtend ist und als so grundlegend erscheint, die Frage seiner Anwendung andererseits aber so schwierig und kontrovers ist (vor allem, aber nicht nur in der politischen Philosophie): Wer soll worin nach welchem Maß gleich sein? Nach der hier entwickelten Theorie sind dies Fragen der konkreten Ausbildung konkreter Freundschaften und Gemeinschaften, eine Frage ihres Ethos (siehe unten). Die *Theorie* der Freundschaft kann – logischerweise, nämlich auf Grund ihres Theoriecharakters – dazu nur abstrakte, formale Grundkriterien beitragen, nämlich zunächst den Gedanken transzendentaler Anerkennung und Wohlwollens, die in jedem Fall durch die Konversion gegeben sind und dann von den Freunden gefordert werden müssen; und zum zweiten die Entwicklungskriterien der Allgemeinheit und Gleichheit einerseits, aber auch andererseits der Individualisierung, der Freiheit und der zunehmenden Achtung der Alterität der Freunde in und durch die Freundschaft. Freundschaften haben die immanente Tendenz, sich auf Gleichheit, Allgemeinheit, Freiheit und Individualität hin zu entwickeln und sie *sollen* sich um der Liebe willen dahin entwickeln (dazu unten). Aber was es für eine konkrete Freundschaft bzw. Gemeinschaft in einer konkreten Frage bedeutet, eine größere Gleichheit, Freiheit etc. zwischen den Freunden herzustellen, muss sich aus den Erfahrungen ihres Zusammenlebens bestimmen. Die Theorie kann dies nur sehr begrenzt und unscharf antizipieren, auch wenn sie die Entwicklung im Nachhinein oft sehr scharf und klar analysieren (und kritisieren) kann (und soll).[210]

Wer einen Anderen liebt, macht sich ihm unwillkürlich in einem gewissen, grundlegenden Sinn gleich, selbst im Fall einer ungleichen Freundschaft bzw. Liebe (vgl. unten).
[210] So scheint es etwa im Nachhinein sehr klar, das eine Gemeinschaft, deren Mitglieder sich (und sogar auch alle übrigen Menschen) als Kindern desselben göttlichen Vaters begreifen, keine Sklaverei und Leibeigenschaft dulden kann und die Tendenz dazu haben muss, solche

Die Einheit der beiden Gleichheitsgrundsätze im philein

Damit sind nun die beiden Grundpfeiler der modernen normativen Ethik eingeholt, der verhältnismäßige Gleichheitsgrundsatz im Verhalten und der absolute im Anerkennen als mir-gleiches Individuum. Beide Grundsätze werden selbstverständlich in verschiedenen Theorien verschieden eingeführt und verschieden modifiziert. Immer gelten sie nur in einem gewissen Sinn.

Die Philosophie der Freundschaft hat dabei nicht nur den Vorteil, die Frage nach Herkunft und Modifikation zu beantworten: Der Gleichheitsgrundsatz stammt aus dem freundschaftlichen Lieben, wo er sich *unmittelbar* geltend macht; und in diesem Lieben liegt seine Modifikation: als freundschaftlich Geliebtes, i.e. insofern der Andere mit mir im Freundschaftsverhältnis steht, ist er mir gleich, sonst mag er gegen mich verschieden sein. Im Freundschaftsverhältnis steht er aber zum einen als Subjekt überhaupt – Freundschaft impliziert also immer die Mir-gleich-Anerkennung als ein Selbst (und umgekehrt liegt in dieser Anerkennung immer ein Stück Freundschaftlichkeit), zum andern aber in den konkreten Merkmalen, worin wir einander lieben und den konkreten Tätigkeiten, in denen wir unsere Freundschaft vollziehen.

Neben diesem Vorzug hat die Freundschaftstheorie auch noch den, beide ethischen Grundsätze ursprünglich miteinander zu vermitteln: Im freundschaftlichen Lieben fällt das Wollen und das Erkennen in eins. Die Anerkennung als moralisches Subjekt ist in der Konversion unmittelbar verbunden mit dem Wohlwollen und damit mit dem Erkennen seiner Bedürftigkeit (oder Leidensfähigkeit), denn diese ist ja im Wohlwollen notwendig impliziert (einem, das nicht bedürftig und in keinem Sinn leidensfähig ist, kann man auch nicht das Wohl wollen). Damit aber sind der formale Grund (oder der Rechtfertigungsgrund) und der materiale (oder die Erforderlichkeit), weshalb ich dem Anderen gut sein sollte, unmittelbar miteinander verbunden. Damit ist ein Vermittlungsproblem behoben, das sich in anderen Ethiken an dieser Stelle auftut. Aber nicht nur der kognitive und der volitive Aspekt des Bewusstseins, auch die einsinnigen und die konversen Formen dieser Aspekte je für sich sind im Lieben ungetrennt: Derjenige, den ich erkenne, ist unmittelbar derjenige, den ich anerkenne, Erkennen und Anerkennen erfordern sich gegenseitig, bedingen sich gegenseitig und müssen daher in ursprünglicher Einheit gedacht werden; ebenso das egozentrische Wollen und das Wohlwollen in der Liebe. Damit vermeidet man, wie noch zu zeigen sein wird, einige schwerwiegende bzw. letztlich unüberwindliche Probleme vor allem der deontologischen Ethik.

Verhältnisse abzuschaffen. Und doch brauchte das christliche Europa bis fast ganz zum Ende (nämlich bis es aufhörte, ein christliches zu sein), um dies zu realisieren.

c) Der Ursprung des An-mir-selbst-seins

Der dargestellten Wendung des Für-mich hinein ins Wohlwollen und Anerkennen entspricht nun eine des An-sich. Im einfachen Bewusstseinsvollzug war das mir andere im Erkennen das An-sich, ich aber war mit meinem Wollen und Erkennen „an ihm". Durch die Wendung des Für-mich zum Für-dich bin ich nun für mich *an mir selbst*. Zum ersten: Mein Wollen bezieht sich nun nicht mehr nur in einfacher Gerichtetheit auf ein Ziel. Zwar hat es auch weiterhin ein solches, aber wesentlich bestimme ich wollend *mein Wollen* neu: als Wollen-*für-dich*. Diese Änderung ist wie dargestellt nicht eine einfache Zieländerung, sondern eine strukturelle Änderung meines Willensvollzugs selbst. Diese Änderung ist dergestalt eine *an* mir selbst *durch* mich selbst (wenn auch noch keine freie, überlegte Handlung, sondern zunächst ein unwillkürlicher Vollzug). So *will ich* mein Wollen – und zwar nicht in abstrakter Reflexion (die sich selbst auflöste, weil sie schlechterdings nichts ausrichtete) sondern in einem konkreten, spezifischen intentionalen Bestimmen meines Willensvollzugs: Ich bestimme mein Wollen auf das Für des Andern hin. Dergestalt bin ich an mir selbst wollend wirksam. Ich bin an mir selbst mich selbst vollziehend.

Zwar ist hier noch nicht der Ort, eine Freiheitstheorie zu entwickeln, aber *prima vista* scheint sich hier bereits ein Ursprungsort bzw. eine Ursprungswendung konkreten Freiheitsvollzugs anzubieten. Dazu einige Anmerkungen: Darin, dass ich mich selbst bestimmend auf meine Intentionalität beziehen kann, dass ich nicht nur in meinem unmittelbaren wollenden Ausgerichtetsein befangen bin, sondern seine Richtung wenden kann, liegt ein Ursprung des Sollens und der Freiheit. Die Bezugnahme der Selbstbestimmung des Willens scheint zwar auf den ersten Blick theoretisch auch abstrakt, über die äußere Reflexion möglich zu sein. Aber dies setzt voraus, dass ich *erst* abstrakt mich rein für mich über den unmittelbaren Vollzug erhebe, um *dann* mich wirkend auf ihn zu beziehen. Zum einen ist die Frage, was mich dazu veranlassen sollte. Zum anderen ist die Frage, wie mir das möglich sein sollte. Die erste Frage ist die nach dem Impuls: Der Impuls muss ein anderer sein als die Impulse, die ich in meinem einfachen, unvermittelten Bewusstsein ständig habe. Selbst, i.e. autonom generieren kann ich den Impuls nicht, denn die Autonomie beginnt ja erst in der Freiheit. So könnte der Impuls noch eine schiere innermentale Kontingenz, ein Blitzschlag aus heiterem Himmel sein – aber dies zu sagen bedeutet nur, auf Erklärung zu verzichten.[211]

Die zweite Frage ist die nach dem Bezugspunkt. Auf mein Wollen kann ich mich nicht beziehen, solange es mir nicht gegenständlich ist. Gegenständlich,

---

[211] Zudem behauptet man damit, dass der Ursprung der (konkreten) Freiheit, nämlich der Akt, in dem ich aus dem unmittelbaren Kausalzusammenhang aussteige, mich gegen ihn distanziere um mich dann zu ihm zu verhalten, seinerseits nicht ein freier Akt ist, sondern ein rein kontingentes Geschehen. Das erscheint doch misslich.

nämlich an-sich ist es mir aber unmittelbar nicht, sondern es ist ein reines Für-mich-Wollen. Also muss ich die Distanz zu meiner Intentionalität, aus der heraus ich mich dann bestimmend auf sie beziehen kann, anderswoher nehmen, als dass ich mir sie selbst unmittelbar „vornehme" bzw. vor Augen halte. Ein Anderes, Distanziertes ist im einfachen Bewusstsein aber allein das unvermittelt Bewusste, das in meinem Gewahrsein und Wollen steht und deshalb gerade kein Anhaltspunkt ist, um über diese hinauszugehen, kein Orientierungspunkt, um von ihnen in ihrer Unmittelbarkeit abzusehen, i.e. zu abstrahieren. Es muss also ein anders*artiges* Anderes als die unvermittelte Andersheit des Bewusstseienden ins Bewusstsein einfallen – wenn man denn nicht wiederum auf einen innermentalen deus ex machina zurückgreifen will. Das Lieben nun bringt beides zuwege: Es bringt den Impuls hervor, sich dem Andern zuzuwenden und in dieser Wendung das Wollen auf ihn hin zu orientieren; und es bewirkt darin die Gegenwendung zur unvermittelten Gerichtetheit des Wollen.

Eine andere Frage ist die nach den Voraussetzungen des Wollens. Hier wurde immer unterstellt, dass das einfache Wollen, i.e. die *schiere Volitivität* im Bewusstsein überhaupt immer schon gegeben ist, also vorreflexiv und damit vor dem ausdrücklichen Bewusstsein der Freiheit. Bewusstseiend bin ich immer schon wollend, ich finde mich im Bewusstsein wollend vor (wenn ich denn zum Selbstbewusstsein gelange, in dem ich mich selbst vorfinde). Für diese Unterstellung seien nun zumindest einige kurze Argumente angeboten – ohne damit die Forderung nach einer vollständigen Bewusstseinstheorie einlösen zu wollen: Es ist aussichtslos ein selbstbestimmtes Wollen als *creatio ex nihilo* zu konstruieren. Nicht nur erfordert die Selbstbestimmung des Wollens immer ein Gewahrsein, ein Vorraugenhaben von etwas. Es erfordert auch das, was bestimmt wird – i.e. das Wollen – als ein Reales, Konkretes, Aktuales und nicht als eine leer-abstrakte Möglichkeit überhaupt. Davon abgesehen, dass das Gewahrsein ohne Volitivität schon gar nicht möglich wäre, wäre auch keinerlei Bestimmungsgrund der Selbstbestimmung des Wollens gegeben. Denn das Gewahrseiende allein für sich ist mir niemals an ihm selbst ein Grund, zu Wollen oder nicht zu Wollen, wenn es *mir* nicht etwas „bedeutet". Bedeutung für mich in diesem Sinn hat es aber in meinem Interesse, i.e. in meinem Fürmich-Wollen. Hier ist tatsächlich der Fall gegeben, wo ein Übergang vom Sein zum Sollen bzw. zum Wollen, zur Volitivität überhaupt unmöglich ist – und zwar in ganz ursprünglicher Evidenz.

Die Konversion als formales Prinzip der Selbstbestimmung des Willens

Interessant mag auch sein, dass in der Selbstbestimmung meines Wollens hin auf den Andern genau diejenige Art und Weise der Willensbestimmung gegeben ist, die nach Kant Möglichkeitsbedingung der Moral und damit der Freiheit ist: die Bestimmung nach einem *rein formalen* praktischen Prinzip. Das Prinzip der Konversion ist an ihm selbst in keiner Weise material. Es kehrt nämlich dasjenige um, worin Inhalte dem Bewusstsein überhaupt erst gegeben sein können, was also seinerseits dem Bewusstsein nicht inhaltlich vermittelt sein kann. Freilich vollzieht sich die Konversion des Wollens im Wohlwollen unmittelbar an einem inhaltlich konkreten Bewusstsein bzw. einer inhaltlich konkreten inneren Einstellung zu einem Bewusstseinsgehalt. Die Konversion realisiert daher *unmittelbar* die konkrete Wirklichkeit des wollenden Bewusstseinsvollzugs: eben das konkrete, spezifisch bestimmte Wohlwollen gegen den konkreten Andern. Aber an ihr selbst bleibt sie rein formal.

Das ursprüngliche Wohlwollen erfüllt also auf der einen Seite vollständig die Kantsche Autonomiebedingung. Auf der anderen Seite stellt sie aber nicht nur eine *Möglichkeit* der Willensbestimmung bereit, zu der dann noch die Verwirklichungsinstanzen in Gestalt prüfbarer Maximen zu suchen sind. Sie stellt unmittelbar eine *Wirklichkeit* der Willensbestimmung her. Dies sollte zunächst einen großen Vorteil gegenüber der Kantschen Theorie ausmachen, denn die unmittelbare Konkretion der formalen Selbstbestimmung vermeidet verschiedene Vermittlungsprobleme, die sich aus dem Kantschen Modell der abstrakten Maximenreflexion ergeben.[212]

Zugegebenermaßen bringt die unmittelbare Konkretheit des Wohlwollens auch ein Problem mit sich – oder besser zunächst einfach nur einen Nachteil für diejenigen, die auf die menschliche Freiheit setzen möchten. In seiner Unmittelbarkeit ist das Wohlwollen zunächst unwillkürlich. Es fehlt ihm diejenige Distanz des Subjektes zur Inhaltsbestimmung seines Willens, die die kantische Maximenreflexion dadurch herstellt, dass sie das Subjekt dazu zwingt, die aktualen subjektiven Prinzipien seines Handelns als Maximen zu verallgemeinern und damit bereits zu objektivieren. Das unmittelbar wohlwollende Subjekt dagegen *verhält* sich noch nicht zu seiner materialen Willensbestimmung, es findet sich noch in ihr. Allerdings *findet* es sich im Wohlwollen gerade in seiner Willensbestimmung. Indem nämlich mein Wollen zum Wollen für einen Andern wird, wird mir der Adressat meines Wollens, der zuvor unausdrücklich ich selbst war, als solcher ausdrücklich bewusst (es ist *dieser* Andere, nämlich „Du", dem ich wohlwill, nicht *irgendein* Anderer). Damit wird aber die Inhaltsbestimmung des Wollens zugleich zu einem, das verhandelbar ist, nämlich auf Verschiedene hin gerichtet werden kann. In diesem Bewusstsein gewinnt sie nun aber als möglicher „Verhandlungsgegenstand" zugleich Eigenständigkeit, sie tritt auf als eigene Gegebenheit.

Damit deutet sich zugleich schon an, wie das wohlwollende Subjekt zwar noch keine ausdrückliche Freiheit gegen seine materiale Willensbestimmung hat, wie es aber im Sich-Vorfinden in den spezifischen, konkreten Bestimmungen des jeweiligen Wohlwollens den Ansatzpunkt zu derjenigen Reflexion findet, die diejenige Distanz zur materialen Willensbestimmung schafft, in der Freiheit denkbar ist. Man mag nun noch bemängeln, dass die Konversion, *innerhalb* derer sich dergestalt ein Freiheitsraum eröffnen mag, *an ihr selbst* un-

---

[212] Vgl. dazu die Ausführungen unten, „Exkurs zur Pflichtethik".

willkürlich ist, ja in ihrer Unableitbarkeit dem Subjekt schlechterdings unverfügbar zu sein scheint. Im Folgenden soll aufgezeigt werden, wie auch in der Konversion selbst in einem gewissen Sinn Freiheit möglich ist, wobei diese Freiheit niemals eine ausschließlich autonome – oder, um es negativ zu formulieren, eine abstrakt-solitär autonome – sein wird.[213]

Die Bewusstseinskonversion im Wollen erfüllt also auf der einen Seite das kantische Autonomie- und Moralitätskriterium, die Formalität. Andererseits ist zu beachten, dass sie es auf andere Weise erfüllt, als dies in Kants eigener Theorie geschieht. Die Formbestimmung, nach der der Kategorische Imperativ den Willen informiert, ist die Universalität.[214] Dagegen ist die Formbestimmung, nach der das Wohlwollen den Willen formiert, diejenige der Umkehr oder formal gesprochen der Negation (der Gerichtetheit) innerhalb eines (empirisch) gegebenen (asymmetrisch ungleichgültigen) Verhältnisses, nämlich dem Bewusstseinsbezug auf den Andern. (Diese Umkehr bleibt trotz der empirischen Instanz des Bewusstseinsbezugs rein formal, weil dasjenige, was umgekehrt wird, allein die „transzendentale" Bestimmung des Bewusstseinsbezugs ist, nämlich seine asymmetrisch ungleichgültige Ausrichtung: das „Für".) Diese Formbestimmung ist anspruchsloser und voraussetzungsärmer als diejenige, die unter dem kategorischen Imperativ aktualisiert wird. Deshalb ist sie freilich im Ergebnis zunächst auch ärmer. Mit dem Wohlwollen in seiner anfänglichen Form ist die Sphäre der Moralität noch nicht wirklich erreicht. Damit mag man unzufrieden sein. Vielleicht ist es aber auch ein Vorteil, wenn im Rahmen der vorgestellten Theorie die Sphäre der Moralität sukzessive etabliert werden kann, anstatt unmittelbar fertig, makellos und vollkommen der Vernunft zu entspringen wie Venus dem Meer. Dass und wie auch die Philosophie der Freundschaft bei einem allgemeinen Konzept der Moralität anlangen kann, soll unten dargelegt werden.

---

213 Vgl. das Kap. „Selbstliebe". – Zunächst ist aber festzuhalten, dass auch Kant keine Darstellung und schon gar keine Erklärung derjenigen Freiheit gibt, in der es dem Subjekt möglich wäre, den moralischen Standpunkt allererst zu wählen. In der kantischen praktischen Vernunft gibt es keine Freiheit vor dem kategorischen Imperativ und dergestalt auch keine Freiheit gegenüber dem kategorischen Imperativ. Wer sich durch anderes bestimmen lässt als die Selbstgesetzgebung der praktischen Vernunft, ist *eo ipso* unfrei. Es ist daher kein Raum mehr für eine „transzendente" Freiheit, in der ich zwischen Autonomie und Heteronomie wählen könnte. Die hier vorgestellte Art der formalen Willensbestimmung im Wohlwollen ist also in diesem Punkt der kantischen zumindest nicht unterlegen.
214 Zusammen mit der *logischen* Forderung nach Widerspruchsfreiheit, die dadurch, dass sie im Bereich der Maximen geltend gemacht wird, gewissermaßen unmittelbar zur *moralischen* Forderung, zum sittlichen *Sollen* wird – ein Übergang, der, analog zum naturalistischen Fehlschluss, im Verdacht steht, ein rationalistischer Fehlschluss zu sein. Zumindest ist der Übergang nicht selbstverständlich, denn was in der Wirklichkeit unmöglich ist (und was deshalb in der Theorie nicht *wahr* sein kann), nämlich dass Widersprüchliches existiert, ist im Denken durchaus möglich: Unser Denken ist sogar recht häufig in Widersprüchen befangen.

Die Konversion als Ursprung des Selbstbezugs des Erkennens

Der Konversion des Wollens des An-sich Entsprechendes ergibt sich für das Erkennen. Vollzog ich dieses zuvor an demjenigen, was mir an sich war, so erkenne ich nun den Anderen als ein An-sich, das Für-sich ist, das „anderes Selbst" ist. Ich erkenne mein eigenes Selbst-Sein dem Anderen zu. Zugleich bin mich mir aber der Konversion bewusst, i.e. ich weiß, dass dieses „Selbst"-Bewusstsein ein gewendetes Bewusstsein ist, nämlich Bewusstsein eines anderen Selbst und nicht meines eigenen. Sonst würde ich ja meinen, der Andere sei ich selbst. Damit bin ich aber erkennend an meinem Erkennen und nicht nur am Gegenstand meines Erkennens. Ich erkenne mein Erkennen in seiner Aktivität oder Aktuosität. Wie dargestellt ist das Erkennen im Anerkennen wirkend und nicht nur empfangend. Hier zeigt sich nun die *Notwendigkeit* der Anerkennungswirkung, denn wäre die Anerkennung wie das gewöhnliche Erkennen in meinem Bewusstsein ein bloßes Empfangen, würde es sich nicht von diesem unterscheiden. Natürlich ist auch das gewöhnliche Gewahrsein aktuos, ohne dass dies zu Bewusstsein kommt: Es stellt – was immer es sonst noch tun mag, das mag hier dahingestellt bleiben – zumindest eine Relation des Gewahrten auf das Für-mich her. Aber im Anerkennen wird die Herstellung dieser Relation ausdrücklich. Sie ist gerade der Gegenstand des Gewahrseins im Anerkennen, denn diese Relation wird nun auf den Anderen hin eingesetzt. Damit ist nun das Bewusstsein erkennend an ihm selbst, an seinem eigenen Vollzug. Im Anerkennen erkenne ich mich selbst, nämlich mein Fürmich. Ich bin erkennend an mir selbst, an meinem eigenen Selbst, denn gerade die implizite Gewärtigkeit des Für-mich in allem Bewusstsein wird nun zum Gegenstand – nicht der Erkenntnis, aber der Anerkennung. Das Fürmich, das doch ursprünglich immer mein Für-MICH ist, kommt allererst zum ausdrücklichen Bewusstsein in seiner Wendung hin auf den Anderen.[215]

Dies scheint nun gegenüber der abstrakten Selbstreflexion, wie wir sie von der neuzeitlichen Subjektphilosophie gewohnt sind, einen Umweg darzustellen. Demnach mag die dargestellte Weise des An-mir-selbst-Seins zwar *auch* eine Möglichkeit des Selbstbezugs sein, aber keine für die Theorie besonders interessante. Allerdings kommt dem im Lieben vermittelten Selbstbezug möglicherweise dann mehr Bedeutung zum, wenn man nicht nur nach der Gegebenheit, Struktur und Gewissheit des Selbstbewusstseins fragt, sondern nach seiner Entstehung.

Diese Frage unterstellt: 1. Dass das Für-mich im Bewusstseinsvollzug zu unterscheiden ist von dem Bewusstsein des Ich als Gegenstand; im expliziten Selbstbewusstsein bin demnach *ich für mich*, i.e. die apriorische Grundstruktur des Für-mich wird nicht aufgehoben in eine neue Form von Bewusstsein, in

---

[215] Damit wird deutlich: Wenn sich im Wohlwollen eine neue *Form*struktur des Bewusstseins ergab, so ergibt sich nun in der Anerkennung eine neue *Inhalts*struktur: die Gegenständlichkeit der Für-mich-Struktur oder des Selbst.

der nun nicht mehr etwas für mich, sondern ganz allein „ich" bin, sondern das Ich selbst tritt ins *für mich*. Auch phänomenal wird jeder einen Unterschied feststellen können zwischen der Komponente des Für-mich, die in jedem meinem Bewusstsein liegt und die sich in meinem (theoretischen wie praktischen) Interessiertsein Ausdruck verleiht, und dem expliziten Bewusstsein meines Ichs. Gerade die cartesianische Formel macht übrigens recht anschaulich, worin der formale Unterschied liegt: Im expliziten Selbstbewusstsein bin ich mir bewusst als eines *Seins*. Wenn man nun die Ursprünglichkeit des Bewusstseins zugrundelegt, dann ist aber Sein (zumindest im Blick auf das Bewusstsein) gar nicht das Ursprüngliche, sondern der Ursprung ist Bezogenheit. Die Reflexion auf das eigene Sein ist deshalb nicht die Freilegung eines Grundes – nämlich des Bewusstseinsgrundes –, sondern die Abstraktion eines Ursprünglichen, nämlich des Bewusstseins, hin auf das An-sich oder „Sein" eines seiner Momente.

2. wird zugrunde gelegt, dass im Gegensatz zum Für-mich das *explizite* Ichbewusstsein nicht jederzeit im Bewusstsein gegeben sein muss. – Das erscheint banal.

Wenn man nun davon ausgeht, dass „Ich" nicht eine metaphysische Gegebenheit ist, die *dann* zu Bewusstsein kommt wie andere Entitäten auch, sondern ein Reflexionsprodukt des Bewusstseins selbst darstellt, dann ist die Frage, wie es zu dieser Reflexion, der Wendung des Bewusstseins auf eines seiner Momente, überhaupt kommen kann. Wenn man nun davon ausgeht, dass „Sein" im Sinn der unmittelbaren, unspezifischen Existenz im Bewusstsein nichts anderes ist, als die Abstraktion des An-sich von seinem Bewusstseinsbezug, dann gibt es Sein im Bewusstsein ursprünglich nur auf der Gegenseite des Für-mich, als Gegenüber des Mir. Die Frage ist also, wie dieser Aspekt des Mir-gegenüber im Bewusstsein auf die Seite des Mir selbst hingewandt werden kann. Da das Mir oder Für-mich nun kein Gegebensein ist, keine unmittelbare Gegebenheit, sondern allein ein Vermittlungsvollzug, deshalb ist die Reflexion nicht so möglich, dass *erst* ein Bezugspunkt festgestellt wird (das Ich) und *dann* die Reflexion auf diesen hinorientiert wird. Die Umwendung kann nicht extern orientiert werden, sie muss also intern bestimmt werden. Die interne Bestimmung der Umwendung aber ist die *Umkehr* des Bezogenseins selbst, der Richtungswechsel nicht durch Angabe eines neuen Zielpunkts, sondern durch Umkehr, durch Konversion der Gerichtetheit. Diese Umkehr kann das Für-mich-Bewusstsein jedoch für sich allein nicht bewerkstelligen, denn in sich hat es ja apriorisch nur eine Richtung (hätte es *zugleich* auch die Gegenrichtung, würden sich beide annullieren). Auch für die Umwendung bedarf es also eines Weiteren: zwar nicht eines externen Gegebenen, aber eines eigenständigen Impulses. Dieser Impuls kann zwar nicht durch das eine Bewusstsein selbst generiert werden, aber er muss bewusstseinsintern wirksam sein.

Und eben diese Bedingungen erfüllt die Wendung des Bewusstseins im Lieben. Der Impuls der Liebe kommt in einer Hinsicht von Außen, nämlich vom Geliebten. In anderer Hinsicht ist er intern, denn im Ursprung der Liebe begegnet Bewusstsein Bewusstsein, es begegnet sich selbst, wenn auch in einer anderen Person. Weil aber „Person" nicht als unabhängige Gegebenheit begegnet, sondern allein aus ihrem Bewusstseinsvollzug begreifbar ist, deshalb begegnet Bewusstsein im Lieben nicht eigentlich anderem Bewusstsein, sondern Bewusstsein in entgegengesetzter Gerichtetheit. Aktualisiert wird dies nun allerdings jeweils in dem einen liebenden Bewusstsein selbst, das sich der Bewusstheit seines Geliebten bewusst ist: Das erkennt, dass der Andere ein bewusstes Wesen ist. Der Umkehrimpuls des Bewusstseins realisiert sich daher intern im Bewusstsein des Einzelnen (was man daran erkennen kann, dass darüber, dass mein Gegenüber ein anderes bewusstes Wesen ist, Irrtum herrschen kann). Die Struktur des liebenden Bewusstseins liefert also genau das, was die Struktur des expliziten Selbstbewusstseins erfordert und was man nach den dargestellten Überlegungen anders nicht erhalten kann:[216] Erst durch die Liebe komme ich zu mir selbst.

---

[216] Dabei ist es hilfreich, sich zu vergegenwärtigen, dass die Frage der Genese des expliziten Selbstbewusstseins in der neuzeitlichen Subjektphilosophie bis einschließlich Kant gar nicht gestellt wurde. Descartes diskutierte im Grunde gar nicht die Selbstreflexion an ihr selbst, sondern die unmittelbare unhintergehbare Gewissheit, die in ihr gegeben ist. Dazu war es aber völlig hinreichend, das Selbstbewusstsein als eine – evidente – Möglichkeit des Denkens in Anspruch zu nehmen. Kant ging einen Reflexionsschritt weiter und machte die Möglichkeit des expliziten Ich-denke selbst zum Anhaltspunkt seiner Überlegungen. Er fragte also nicht mehr wie Descartes: Was ist im Selbstbewusstsein gegeben? (Antwort: 1. absolute Seinsgewissheit, 2. die Bestimmung meines Seins als Denkendes), sondern: Was ist damit gegeben, dass die Möglichkeit des Selbstbewusstseins gegeben ist – und zwar jederzeit, im Angesicht eines jeden sonstigen Bewusstseinsgehalts? (Antwort: eine bestimmte Bedingung für das Erkennen, nämlich die synthetische Einheit jeglichen diskursiven Bewusstseins, und damit seine Urteilsstruktur). Mit der Annahme der (evidenten) Möglichkeit von Selbstbewusstsein ist aber selbstverständlich noch nicht die Frage nach dem Zustandekommen seiner Wirklichkeit gestellt – geschweige denn beantwortet.
Diesem Thema widmeten sich nun Fichte und Hegel (eigentlich zuerst Reinhold und dann auch Schelling, aber da es ohnehin nur um einen kursorischen Überblick geht, bleiben sie hier außer Betracht). Fichte setzte das Zustandekommen des Selbstbewusstseins, da er es als unableitbar einsah, als ursprüngliches Geschehnis an: als absolute „Tathandlung". Er machte also, gewissermaßen in der Gegenwendung zum hier dargelegten Vorschlag, das Selbstbewusstsein zum Ursprung des Bewusstseins. Damit bekam er naheliegenderweise Probleme damit, die Alterität ins Bewusstsein einzuholen. Seine Versuche, das Andere aus dem Selbstbewusstsein zu konstituieren, stürzen jedes mal grandios ab – wobei Fichte Genie genug ist, genau aus diesem Abstürzen den Motor seiner Philosophie zu machen. Am Ende aber findet der Absturz so keinen Boden außer der Bodenlosigkeit der Alterität selbst.
Hegel sah den Fehler ein und versuchte, die Andersheit zum Moment des Vollzugs der Selbstreflexion (also der Genese des Selbstbewusstseins) selbst zu machen. Ganz richtig sah er die Alterität als Bedingung des Selbstverhältnisses an: Im Andern, im Hindurchgang durch die Andersheit ist Subjektivität bei sich selbst. Allerdings versuchte er diesen Hindurchgang – und damit die Alterität selbst – aus dem Denkvollzug selbst zu rekonstruieren (also immerhin bereits nicht mehr aus dem Ich oder sonst einer unmittelbaren Gegebenheit, sondern aus einem Vollzug). Dazu setzte er die Negation (als Denkoperation) an. Die reine, einfache abstrakte Negation versetzte ihn auch tatsächlich in die Lage, nicht nur Andersheit zu gewinnen, sondern diese dann auch wieder auf die reine Einfachheit des Ich als Denkvollzug, (nämlich als

3. Das Inversbewusstsein

Das Liebesbewusstsein stellt dergestalt die Einheit der Momente des einsinnigen Für-mich-Bewusstseins und deren Konversion dar, eine Einheit, die gegen diese ihre Momente das Ursprüngliche darstellt. Aufgrund der grundsätzlichen Zufälligkeit oder Gebrochenheit des Bewusstseinsstruktur muss nun aber sowohl für das einsinnige, egozentrische Bewusstsein wie auch für die ihm gegengewandten Bewusstseinsmomente gelten, dass sie trotz der oder gerade in der sie allererst konstituierenden Einheit auch Eigenständigkeit behaupten, nämlich Irreduzibilität aufeinander bzw. auf das Ganze ausweisen. Es muss daher gelten, dass man die beiden Momente des Liebesbewusstseins, nämlich das egozentrische und umgewendete Bewusstsein auch jeweils für sich nehmen kann und dass es auch eine jeweilige Bewusstseinsverfassung „allein" für sich gibt – so wie das bei den anderen bereits behandelten Bewusstseinsmomenten der Fall war. Die Zufallsstruktur des Bewusstsein, so wurde dargelegt, begründet eine Eigenständigkeit ihrer Momente und damit die Möglichkeit der Abstraktion: Es ist möglich, vom umgreifenden Ursprungszusammenhang abzusehen und jeweils eine Seite für sich zu betrachten. Der Verzicht auf das Ganze taucht aufgrund der Gebrochenheit des Ursprungsbezugs unmittelbar gar nicht als Mangel innerhalb derjenigen Sphäre auf, die die Abstraktion isoliert hat. Erst wenn man auf die Konstitutionsbedingungen der Sphäre reflektiert oder nach ihrer Vollendungsmöglichkeit fragt, offenbart sich ihre Selbstungenügsamkeit bzw. ihre Selbstwidersprüchlichkeit.[217]

Für das erste Moment, das schiere Für-Mich-Bewusstsein hat sich dies schon aus der bisherigen Darstellung ergeben: Es ist möglich und schlüssig, sich ein Bewusstsein allein unter dem „Mir"-Aspekt aufzuschlüsseln und zu entfalten, nämlich als das einfache oder das egozentrische Bewusstsein, wie es im ersten Teil dieses Buches behandelt wurde. Dies hat fast die gesamte abendländische Tradition getan, wenn sie sich mit dem Bewusstsein bzw. mit dem Erkennen befasste. Man gerät dabei an gewisse Grenzen, aber diese

---

„Idee") zurückzuführen. Allerdings lässt sich zeigen, dass man durch die reine Negation alleine keine echte Alterität erhält – bzw. dass dann, wenn Negation echte Alterität ergibt, die Negation nicht rein einfach ist. Diese Defizienz bezüglich der Alterität lässt sich nicht nur phänomenal-intuitiv ausweisen („das ist doch nicht das, was wir mit echter Andersheit meinen und was uns als solche begegnet!"). Es lässt sich nachweisen, dass die Andersheit des rein einfach Negativen auch theorieimmanent ungenügend ist (und dass auch die Doppelung und Reflexion der Negation daran nichts ändert). Das Bezugsverhältnis auf Andersheit erfordert deren Irreduzibilität im Verhältnis – also die Gebrochenheit des Verhältnisses. Diese Irreduzibilität in einer Bezogenheit, die im Vollzug ist, kann man anschaulich als Zufall beschreiben. Diese Zufälligkeit wurde der hier verfolgten Systematisierung bereits zu Anfang unterstellt. (Vgl. dazu auch Utz 2001.)

[217] Diesen allgemeinen, logischen Sachverhalt hat bekanntlich Gödel (1931) aufgezeigt.

erscheinen – zunächst jedenfalls – nicht einschneidender, als man es auch sonst beim Theorietreiben auf höherer Abstraktionsebene gewohnt ist.

„Mich-für-Bewusstsein"

Wenn dem aber so ist, dann sollte nicht nur das Moment des einsinnigen Für-mich-Bewusstseins (theoretisch) isoliert betrachtbar sein und auch (realiter) allein für sich eine eigenständige Bewusstseinsverfassung abgeben. Dies sollte auch für die *Umwendung* des Für-mich gelten. Es sollte dann auch die Form eines unvermittelten und eigenständigen Bewusstseins geben, dessen Richtung nicht auf mich hingeht, sondern von mir fort: in dem nicht „für-mich" ist, sondern „mich-für" ist, in dem ich mich für etwas weiß und will. Es sollte nicht nur das Für-mich ohne Ich-für-Dich vorkommen. Ebensowohl sollte die Bewusstseinsform „Mich-für" ohne das „Du-für-mich" nachweisbar sein.

Umgekehrt stellt die Erhebung dieser zweiten, unabhängigen einfachen Bewusstseinsverfassung – wenn sie denn gelingt – einen weiteren Weg dar, für die Ursprünglichkeit des *philein* und für seinen Vorrang vor dem bloßen Für-mich-Bewusstsein zu argumentieren. Wenn nämlich die Für-mich-Perspektive nur *eine* Möglichkeit einsinnigen Bewusstseins ist, der gleichgeordnet eine zweite gegenübersteht, dann liegt es nahe, dass keine von beiden für sich allein die ursprüngliche Bewusstseinsverfassung darstellen kann, sondern dass beide auf ein höheres Bewusstsein hin überschritten werden müssen, in dem sie miteinander vermittelt wie auch gegeneinander differenziert sind.[218] Wenn dagegen Aristoteles und mit ihm fast die gesamte westliche Tradition den Ausgangspunkt ihrer Reflexionen auf das Für-mich-Bewusstsein festlegten und diesem dann die gegenläufige Bewusstseinsform subsumierten,[219] dann trug das dazu bei, dass das *philein* als Mitte und Vollendung beider Schwundformen des Bewusstseins nicht als das Ursprüngliche erkannt wurde.

a) Das obtemperante Bewusstsein

Zunächst ist zu klären, worin das einseitig-konverse oder inverse Bewusstsein genauer besteht. Es besteht, so wurde bereits klargestellt, nicht im Liebesbewusstsein als ganzem, mithin auch nicht im ausdrücklichen Für-dich. Denn dies setzte voraus, dass ein Gegenüber bereits als ein Meinesgleichen erkannt wurde bzw. ursprünglich im Akt der Konversion erkannt wird. Dies ist aber

---

[218] Ein dreistelliges relationales Gefüge zwischen Eigeninteresse, Pflichtbewusstsein (bzw. Moral) und Freundschaft, wie es sich hier ergeben wird, nimmt z.B. auch Rinderle an (2007, 119, vgl. auch die Verweise ebd.). Allerdings fasst er diese drei nicht als Bewusstseinsformen und damit nicht als fundamentale Existenz-(Vollzugs-)Formen.
[219] Die große Ausnahme davon stellt Kant dar, der allerdings die Gegenläufigkeit in der Dualität von theoretischer und praktischer Vernunft bzw. von Sinnlichkeit und Vernunft zementierte und deshalb kein Übergreifendes denken konnte

nur in der *Einheit* des Für-mich-Wissens und der Wendung des Für-mich hin auf den Andern möglich, im Lieben also. Die einsinnige, einseitige Umwendung des Für-mich (also seine bloße Inversion im Unterschied zur Konversion) ist das nicht auf ein spezifisches Gegenüber hin orientierte, sondern das unqualifizierte Mich-für. Es ist das Bewusstsein der *eigenen* Gegebenheit-für oder des Zur-Verfügung-Stehens überhaupt. Dergestalt ist es das Bewusstsein der schieren Verfügbarkeit oder Dienlichkeit, das obödiente oder obtemperante Bewusstsein.

Diese Dienlichkeit orientiert sich also nicht teleologisch. Sie stellt (zunächst, an ihr selbst) nicht das Bewusstsein dar, *jemandem* dienlich zu sein oder auch nur einer Sache dienlich zu sein. Sie impliziert auch noch kein festumrissenes Ziel, zu dem sie dienlich ist. Sie ist zwar das Bewusstsein, „für" zu sein, also in einer Relationalität zu stehen. In ihrer Reflexionsform kann sie auch das Bewusstsein darstellen, „gut für" zu sein. Aber es ist nicht erforderlich, ja zunächst sogar gerade ausgeschlossen, dass sich das schiere Dienlichkeitsbewusstsein einen distinkten Begriff von demjenigen macht, wofür „ich gut bin". Darin wäre die schiere Verfügbarkeit bereits durchbrochen, denn im Wissen des Worumwillen wäre wiederum etwas für-mich und es wäre nicht mehr nur das Mich-für gegeben. (Man kann sich dies auch phänomenal verdeutlichen: Wer weiß, wozu er dienlich ist, der ist nicht mehr *bloß* dienlich, denn er hat das Worumwillen seiner Dienlichkeit schon selbst in der Hand – wenn auch nur in der Form des Wissens und nicht der des Entscheidens – und damit hat er sein Ziel in der Hand, er gewinnt ein Stück Selbstmächtigkeit.) Das schiere Dienlichkeitsbewusstsein will aufgrund seiner eigenen Verfassung noch nicht etwas Bestimmtes, es will nur „für (irgend-)etwas gut sein", bzw. es will „für-sein". Es ist das Bewusstsein des Verfügtwerdens, das hörige Bewusstsein, das Bewusstsein der Unterwerfung unter Befehl und Ordnung.[220]

Allerdings kann man die eigene Dienlichkeit natürlich nur *realisieren*, wenn man eine Ordnung, ein Ziel oder einen Befehlshaber hat, dem man sich unterwerfen kann. Daran ist freilich kein Mangel. Noch bevor wir im Säuglingsalter recht zu Bewusstsein kommen, finden wir uns in derartigen Verhältnissen vor. Zumindest das diskursive Denken hat sogar die Unterwerfung unter eine Ordnung zur Voraussetzung, nämlich unter diejenige der Sprache – dazu unten mehr. Aus der Perspektive unseres uns selbst in der Erinnerung verfügbaren bewussten Seins ist uns also unsere Befangenheit in Ordnungen und Pflichten unvordenklich.

Auch eine distinkte Vorstellung vom eigenen Ich muss das Dienlichkeitsbewusstsein noch nicht beinhalten. Nach dem oben Entwickelten ist ja das

---

[220] Ebendies stellt ja auch Kant heraus, dessen Konzept der Pflicht in der praktischen Vernunft der hier beschriebenen Bewusstseinsverfassung in etwa entspricht: Die Willensbestimmung aus reiner Pflicht ist derjenigen durch eine Zielvorstellung gerade entgegengesetzt (auch wenn die Pflicht sekundär dazu anweisen kann, bestimmte Ziele zu verfolgen).

Ichbewusstsein eine nachrangige Reflexion des Für-Bewusstseins, i.e. der asymmetrisch ungleichgültigen Gerichtetheit, die dem Bewusstsein wesentlich ist: das Selbstbewusstsein nur als „Bewusstseinsbewusstsein", nicht als Bewusstsein eines festumrissenen Selbst. Wer sich in das Dienlichkeitsbewusstsein versetzt – es sei hier unterstellt, dass das jeder kann –, wird feststellen, dass diese Bewusstseinsform phänomenal nicht unbedingt das Ich enthält.

b) Sprachverstehen

Freilich ist uns die Bewusstseinsverfassung, die hier als die obtemperante beschrieben wurde, bekannt. Aber warum sollte man sie als eine ursprüngliche, irreduzible Bewusstseinsweise annehmen, warum sollte man sie sich nicht aus dem einfachen, einsinnigen Für-mich-Bewusstsein herleiten: „Ich reflektiere dasjenige Wollen, das im Für-mich-Bewusstsein schon liegt, verallgemeinere es, gewinne dadurch ein Sollen, das nicht mehr unmittelbar mein aktuelles Wollen ist – und schon habe ich einen Imperativ, den ich als solchen verstehe, i.e. den ich im Bewusstsein habe als eines, das Folgeleistung beansprucht"?

Dagegen gibt es mindestens drei Argumente. Das erste ist systematisch und wurde im Grunde bereits dargelegt: Aus dem egozentrischen Bewusstsein für sich ergibt sich kein Impuls und kein Anhaltspunkt zu seiner Reflexion, also auch nicht zur Reflexion und begrifflichen Verallgemeinerung des Wollens.[221] Das zweite Argument ist intuitiv: Das Bedürfnis, in Ordnung zu sein und es recht zu machen ist so fundamental und macht sich so unmittelbar geltend, dass es kaum glaubhaft erscheint, dass es sich dabei um eine abgeleitete Bewusstseinsverfassung handeln sollte, noch dazu um eine, die

---

[221] Dies scheint die grundlegende Schwäche etwa der Moralbegründung Gewirths (vgl. die systematisierende Darstellung von K. Steigleder 1999) zu sein: Aus meinem egozentrischen Wollen allein lassen sich vielleicht das Wollen (bzw. die Notwendigkeit des Wollens) meines Wollens und das (bzw. die Notwendigkeit des) Wollen der Möglichkeitsbedingungen und der Verwirklichungsbedingungen meines Wollens ableiten (nämlich als subjektiv „notwendige Güter"), aber niemals seine Verallgemeinerung (vgl. ibid. 35, den dritten Schritt – allerdings wird bereits im zweiten die Allgemeinheit über den Rechtsbegriff in die Argumentation hineingeschmuggelt). Die Verallgemeinerung ist eine zusätzliche theoretische Investition, die eine zusätzliche Begründung erfordert – die aber Gewirth nicht leistet. Eine Lösung bietet Hegel an (vgl. z.B. GPhR, §§ 1-29), der zeigen möchte, dass sich der freie Wille mit dialektischer Notwendigkeit sozusagen selbst verallgemeinert, weil er wahrhaft frei nur dann sein kann, wenn er sich selbst zum Inhalt, Gegenstand und Zweck hat, wenn er also sich selber will (§ 22). Diese Selbstbezüglichkeit kann er aber nur herstellen, wenn er sich in seinem *Begriff* erfasst – sonst handelte es sich um unbegriffene, opake Selbstbezüglichkeit, die eigentlich gar keine ist. Der Begriff impliziert aber die Allgemeinheit, so dass „*der freie Wille*, der *den freien Willen will*" (§ 27) notwendig *jeglichen* freien Willen und damit das Recht jeglichen freien Willens will. Allerdings unterstellt diese hegelsche Lösung die Gültigkeit und Notwendigkeit seiner dialektischen Methode, die aus verschiedenen Gründen fraglich erscheint (vgl. Utz 2001).

eine vergleichsweise komplexe Struktur erfordert; dazu unten mehr.[222] Zum dritten gibt es ein phänomenales Argument. Wie bereits angedeutet ist für das Phänomen des Sprachverstehens und -verwendens die Erklärung des reflektierten Imperativfolgebewusstseins von vornherein unzureichend. Im Verfolgen sprachlicher Äußerungen „gehorchen" wir unvermittelt und unreflektiert.[223] Wir sind uns darin im Modus eines Folgeleistens bewusst, der nicht auf anderes Bewusstsein reduzierbar ist. Wir unterstellen uns in diesem Bewusstsein ursprünglich einem Imperativ, ohne dass ein Akt der Unterwerfung als eigene, selbständige Tat vollzogen würde oder vollzogen werden könnte. Wir finden uns *ursprünglich* in dem Bewusstsein vor, zu gehorchen.

Die Imperativität der Sprache

Um dies zu verdeutlichen sei kurz auf einen ganz anderen Schauplatz gewechselt, nämlich auf das Problem des Widerspruchs. Widersprüchliches kann nicht sein, so ist die Überzeugung der traditionellen Logik und mit ihr des gesunden Menschenverstands. Ein quadratischer Kreis etwa ist eine Unmöglichkeit. Zwei sich Ausschließende können nicht in einem (zur selben Zeit in derselben Hinsicht) vereint sein. Nun gibt es aber andererseits ganz offensichtlich Widersprüche, sonst würden wir gar nicht über sie sprechen. Es gibt sie in Sätzen und Theorien (und vermutlich auch in Begriffen). Sprachgebilde können durchaus widersprüchlich sein, wie etwa der Satz „dieser Kreis ist quadratisch" oder auch nur der Begriff „Quadratkreis". Wie aber können sie das, da doch Widersprüchliches nicht sein kann? – Das Problem kann man nun nicht durch Aufgabe oder durch Ermäßigung des Widerspruchsprinzips lösen – indem man es z.B. als ein bloßes Sollensprinzip einstuft („Du sollst nichts Widersprüchliches sagen!"), wie Carlos Cirne-Lima es vorschlägt.[224] Dies sieht man sehr schnell dann ein, wenn man versucht, einen quadratischen Kreis zu zeichnen: Das ist nicht nur unvernünftig, oder unstatthaft oder verwerflich, es ist schlechterdings unmöglich. Weshalb aber kann der quadratische Kreis nicht gezeichnet, dagegen sehr wohl ausgesagt werden?[225]

---

[222] Vgl. den Abschnitt „Zufriedenheit".
[223] Vielleicht deshalb ist das deutsche Wort „gehorchen" abgeleitet von derjenigen Sinnesbetätigung, durch die wir Sprache in erster Linie aufnehmen: dem Horchen – bzw. auch dem Hören, das sich analog im „auf jemanden hören" oder in der „Hörigkeit" niederschlägt.
[224] Vgl. z.B. ders. 2000, 213-218.
[225] Cirne-Lima gibt durchaus zu, dass es keine quadratischen Kreise gibt (ebd. 215f). Aber dann ist nicht nur die Wirklichkeit, sondern auch unser Handeln (nämlich hier unser Kreisezeichnen) in seinen Möglichkeiten in absoluter Weise durch das Widerspruchsprinzip eingeschränkt, und nicht nur im Sinn eines Sollens. Dann besteht aber die Möglichkeit des Zuwiderhandelns gegen das Widerspruchsprinzip für uns ganz offensichtlich nicht allgemein, sondern nur in bestimmten Bereichen bzw. einem bestimmten Bereich. Wenn man nun genauer zusieht, um welchen Bereich es sich dabei handeln könnte, dann kommt man sehr schnell auf die Sprache. Und dies erklärt sich einfach daraus, dass die Sprache *über* etwas spricht, ohne dieses

Eben deshalb, weil in dem sprachlichen Gebilde „Quadratkreis" oder „dieser Kreis ist quadratisch" die sich Ausschließenden gar nicht in Einem vereint sind. Die Bestimmungen „Quadrat" und „Kreis" existieren gesondert in voneinander geschiedenen Begriffen.[226] Wenn aber die Bestimmungen „Quadrat" und „Kreis" in „Quadratkreis" oder „dieser Kreis ist quadratisch" gesondert existieren, weshalb stellen diese Sprachgebilde dann überhaupt Widersprüche dar? – Und nun gelangen wir zu der entscheidenden Antwort: Weil die Sprachgebilde „Quadratkreis" und „dieser Kreis ist quadratisch" die *Anweisung* enthalten, die in ihnen enthaltenen Bestimmungen miteinander zu verbinden. Im Fall des Satzes liegt diese Anweisung in der Kopula, im Fall des zusammengesetzten Begriffs schlicht in der Begriffseinheit. Ich nehme die Bestimmungen „Quadrat" und „Kreis" *nacheinander*, gesondert auf (sie sind ja *nebeneinander* auf dem Papier abgedruckt). Aber ich verstehe zugleich, dass ich sie zusammenzufügen habe. Nur wenn ich diese Synthese leiste, verstehe ich überhaupt, was das sprachliche Gebilde meint. Wenn man so möchte, wird darin die kantische spontane Synthesis in der Apperzeption heteronomisiert: Nicht ich füge Mannigfaltiges autonom zusammen und konstituiere damit eine Gegenständlichkeit, sondern ein Anderer leitet mein Denken zu einer Synthesis an und konstituiert damit in meinem Denken einen Gehalt.

Wenn wir Sprache verstehen, dann folgen wir einem Imperativ.[227] Unsere Verstehenshaltung ist dann grundsätzlich die des Gehorchens, des Folgeleistens. Wie jeder Imperativ ist auch dieser einer des Sollens und nicht eine Notwendigkeit. Es kann sein, dass ich dem Imperativ nicht Folge leiste. Dies

---

etwas zu *sein* (die Frage der Möglichkeit der Selbstbezüglichkeit von Sprache lassen wir hier einmal außen vor). Wenn daher im Sprechen *über* etwas ein Widerspruch auftaucht, dann muss dieses etwas nicht auch realiter (so) *sein* (genauerhin gilt natürlich, dass es realiter nicht existieren *kann*, zumindest nicht so, wie über es gesprochen wird). Und daher können Widersprüche in der Sprache vorkommen, obwohl es in Wirklichkeit nichts Widersprüchliches gibt. (Nun gut, ich stimme mit Hegel darin überein, dass Widersprüche in gewissem Sinn auch in der Wirklichkeit auftreten, aber diese Frage führte weit über das hier verhandelte Argument hinaus.)

[226] Selbst wenn man z.B. den Namen „Queis" oder etwas ganz Neues wie „Wirks" für „Quadratkreis" einsetzt, also ein Wort bildet, dem man seine Zusammengesetztheit nicht mehr ansieht, dann sind doch beide Bestimmungen in der *Definition* dieses Wortes eindeutig voneinander getrennt – und das Wort besagt ja in diesem Fall nichts anderes als seine Definition.

[227] Es ist vielleicht interessant zu bemerken, dass die Sprache – logischerweise – genau diejenige Charakteristik aufweist, die dem Gehorsamsbewusstsein eigen ist, das ihre Möglichkeitsbedingung ist: Dieses Bewusstsein – und, so wird man doch annehmen dürfen, ebenso die Sprache – entstammt ursprünglich dem intersubjektiven Bezug. Aber da das Gehorsamsbewusstsein einmal konstituiert ist, kann es sich gegen seinen Ursprungszusammenhang verselbständigen – aufgrund der Gebrochenheit des Bewusstseins. Dies ermöglicht das pure Pflicht- oder Gehorsamsbewusstsein ohne Intersubjektivität – oder eben die Betrachtung der Sprache allein für sich, ohne ihre Einbettung in die intersubjektive Kommunikation. Natürlich ist es eben dies, was die sprachanalytische Philosophie vor allem in ihren Anfängen getan hat (heute stellt sich das Bild wesentlich differenzierter dar). Im Rahmen der hier entwickelten Theorie erhält diese Art des Philosophietreibens ihren systematischen Ort und damit ihre Legitimation, es zeigt sich darin aber auch ihre grundsätzliche Limitation.

geschieht in erster Instanz allerdings nicht willentlich, i.e. aus Widersetzlichkeit – dazu ist bereits ein hohes Maß an Reflexion erforderlich, in der ich mich vom Sollen distanziere –, sondern aus Unfähigkeit: Es kommt vor, dass ich sprachlichen Äußerungen nicht folgen *kann*, dass es mir nicht gelingt, die Bestimmungen zusammenzubringen. Ich verstehe jedes einzelne Wort, es liegt nicht daran, dass ich nicht sprachmächtig wäre. Was mir nicht gelingt, ist die Synthese. Dies geschieht ab einer bestimmten Komplexität sogar in der alltäglichen Kommunikation häufig, bei der philosophischen fast immer – denn sonst würden wir ja jegliche Widersprüchlichkeit in jeglicher Theorie sofort entdecken.

Es kann nun nicht so sein, dass ich *erst* erkenne, dass sich da ein Imperativ an mich richtet, dem ich *dann* folge leiste. Ich kann nämlich Sprache überhaupt nur im Modus des Imperativs als solche verstehen. Schon das Verstehen eines einzelnen Wortes erfordert, dass ich selbst etwas tue, und zwar, dass ich in Entsprechung zu dem Vernommenen etwas tue. Täte ich zum Vernehmen des Wortes nichts hinzu, dann bliebe es eine bloße Lautwahrnehmung. Im *Verstehen* des Wortes füge ich in meinem Bewusstsein der Lautwahrnehmung in eigener, aber folgeleistender Tätigkeit den Sinn des Wortes hinzu.[228] Ich bringe nach der Anweisung der Sprache in meinem Bewusstsein etwas hervor. Das Wort als Wort zu verstehen bedeutet daher bereits, es im Modus des Imperativs zu verstehen. Ich kann umgekehrt nicht ein Wort als Wort erkennen und mich dann entschließen es nicht zu verstehen, i.e. seinem Imperativ nicht folge zu leisten. *Wenn* ich es verstanden habe, dann *habe* ich bereits folge geleistet. (Daher kann ich allenfalls in die Situation geraten, dass ich vermute, dass der Laut, den ich vernehme, ein Fremdwort oder ein Wort einer fremden Sprache ist, das ich nicht verstehe. Aber dann erkenne ich eben gerade nicht unmittelbar das Wort als ein solches, ich erschließe mir nur aus begleitenden Indizien, dass es ein Wort sein soll.) Wenn dem aber so ist, dann muss das Imperativfolgebewusstsein ein ursprünglicher Modus des Bewusstseins sein, eine Haltung, die das Bewusstsein unvermittelt einnehmen kann. Anders ausgedrückt: Das kommunikative Bewusstsein ist nicht reduzibel auf das egozentrisch-autonome Bewusstsein.

Die Sprachlichkeit des Imperativs

Umgekehrt steht der Imperativ immer im Modus der Sprachlichkeit. Jeder Imperativ enthält auf seiner Inhaltsseite ein kontrafaktisches Element: Dasjenige, *was* befohlen wird, ist noch nicht vorhanden, ist noch nicht Faktum –

---

[228] Man kann stattdessen auch formulieren: Auf das Vernehmen hin füge ich das Vernommene als Zeichen in ein semantisches und syntaktisches Regelwerk ein. So verstanden füge ich weniger dem Vernommenen etwas hinzu, sondern ich füge das Vernommene selbst etwas Gegebenem hinzu. Für das hier verfolgte Argumentationsziel ist diese Frage nicht entscheidend. Wichtig ist allein, dass das sprachverstehende Subjekt einen folgeleistenden Akt vollzieht.

denn sonst wäre der Imperativ afunktional (wenn etwas befohlen wird, das man bereits tut, dann interpretiert man dies daher im günstigen Fall auf die Zukunft hin: Man soll nicht nachlassen darin, das zu tun, was man bereits tut; damit bezieht sich der Befehl aber auf die zukünftige Handlung, die noch nicht faktisch ist). Kontrafaktisch gegeben ist aber nie das unmittelbar Faktische, sondern nur eines, das Fakten repräsentieren kann, ohne diese selbst zu sein. Eben ein solches sind aber allein das Denken und die Sprache (bzw. Sprache ist der Oberbegriff für alle Vergegenständlichungen dieser Bezugsweise auf etwas). Und da der Imperativ dem Denken vermittelt wird (also nicht unmittelbar das Denken selbst ist), kann er nur im Medium der Sprache bestehen.

Dies gilt übrigens auch im bereits angedeuteten Fall des „selbstgemachten" Imperativs bzw. des Imperativs gegen sich selbst, wie ihn etwa Kant expliziert: Der taucht überhaupt erst dann auf, wenn ich nicht mehr unreflektiert meinen naturwüchsigen Aktionsimpulsen folge, sondern mein Handlungsvorhaben unabhängig von meinem aktuellen Bewegtsein entwerfe und es dann zur Vorschrift meines eigenen Tuns mache.[229] Dazu muss ich aber mein Handeln bzw. seine Möglichkeiten schon *begrifflich* gefasst haben, i.e. ich muss reflektiert und abstrahiert haben. Weiter muss ich es daraus auch zu einer objektiven Form im Denken reflektiert haben, die unabhängig vom aktuellen Tatgegenstand Bestand hat: zu einem festen Begriff eben.[230] Als ein solcher ist der Begriff der jeweiligen Handlung aber bereits Sprache.[231] Die Sprache, die wie dargestellt im Imperativbewusstsein konstituiert ist, stellt also die Form und damit überhaupt erst die Möglichkeit dazu bereit, mein unmittelbares Wollen zu einem wollensunabhängigen Imperativ zu reflektieren.[232]

---

[229] Vgl. GMS 412: „Ein jedes Ding der Natur wirkt nach Gesetzen. Nur ein vernünftiges Wesen hat das Vermögen, *nach der Vorstellung* der Gesetze, d.i. nach Prinzipien zu handeln, oder einen *Willen*."

[230] Aus der notwendigen Verallgemeinerungsleistung, die darin liegt, leitet Kant dann den kategorischen Imperativ ab.

[231] Das Wort „Sprache" wird hier in einem sehr umfassenden Sinn verwendet. Begriffe sind demnach insofern immer „sprachlich", als sie eine wenigstens minimale, geordnete und stabile Verbindung zu anderen Begriffen implizieren. Es gibt keinen vollkommen solitären Begriff, keine reine Semantik ohne Syntax. Dies ist freilich eine (weitverbreitete) These, die zu begründen wäre, aber dazu ist hier nicht der Platz. – Dagegen erfordert das Haben von Begriffen vielleicht – bzw. wahrscheinlich – nicht den Besitz eine Sprache im *engeren* Sinn, nämlich einer etablierten Laut- oder Schriftsprache.

[232] Bei Kant zeigt sich dieses Erfordernis an den Maximen: Um meine Handlungen der Prüfung nach der Verallgemeinerungsregel zu unterwerfen, müssen sie schon begrifflich, nämlich unter einem generellen Prinzip gefasst worden sein. Umgekehrt ist eine Aktivität, die nicht unter einem solchen Prinzip erfasst wird, keine Handlung, nämlich nicht vom Willen als der praktischen Vernunft geleitet, die eben das Vermögen ist, unter der Vorstellung von Gesetzen zu handeln (vgl. GMS 412).

Voraussetzungsproblem der Sprache

Mit der Sprachlichkeit des Imperativs verschärft sich nun das Voraussetzungsproblem der Sprache: Es wurde bereits gezeigt, dass ich im Verstehen von Sprache den Imperativ der sprachlichen Äußerung immer schon befolgt habe, das heißt aber, dass ich, bevor ich verstanden habe, bereits verstanden habe: nämlich den Imperativ (oder: die Imperativität) verstanden habe. Ich habe aber nicht nur den Befehlscharakter überhaupt verstanden, sondern den konkreten Imperativ, damit aber eben auch schon den einzelnen sprachlichen Gehalt selbst, denn der Inhalt des Imperativs ist ja kein anderer als dieser. Ich habe also die sprachliche Äußerung bereits verstanden, bevor ich sie verstanden habe. Oder weniger paradox ausgedrückt: Sprachliches Verstehen impliziert eine ursprüngliche Reflexion des Verstehens. Nun kommt zu dieser Schwierigkeit hinzu, dass der Imperativ, der diese Reflexion anstößt, seinerseits Sprache darstellt. Ich kann also nicht *erst* einen Imperativ erkennen, um daraus abzuleiten, dass ich den vernommenen Laut (oder das bildhafte Zeichen etc.) als Sprache aufzufassen habe. Ich kann den Imperativ nur verstehen, wenn ich ihn bereits befolgt habe bzw. wenn ich in seiner Befolgung bereits begriffen bin.

Diese Zirkelstruktur kann man auch eine Abstraktionsebene höher für die Konstitution von Sprache ausmachen. Sprache konstituiert sich, so wurde dargelegt, im Modus des Imperativs: Ein Laut oder ein sonstiges Gebilde ist nur darin Sprache, dass es die Anweisung erhält, aktiv etwas zu dem hinzu hervorzubringen, was des Gebilde faktisch für sich selbst ist. Der Imperativ seinerseits ist aber sprachlich konstituiert. Sprache als solche ist also nicht sukzessiv konstituierbar. Sie muss immer schon konstituiert sein. Damit muss aber dasjenige ein ursprünglicher Vollzug sein, in dem sich Sprache aktualisiert: das Sprachverstehen. Das Sprachverstehen ist aber wie dargelegt wesentlich eine Imperativbefolgung. So folgt, dass die Imperativbefolgung ursprünglich ist, dass nicht erst ein nichtimperatives Verstehen statthat, in dem der Imperativ als solcher erst *erkannt* wird und *dann* erst *befolgt* wird. Das Imperativverstehen und -befolgen oder eben das Imperativfolgebewusstsein ist also ein ursprünglicher, irreduzibler Modus des Bewusstseins – und zwar gerade *als* invertiertes Bewusstsein, als ein Bewusstsein, das bereits auf sich selbst rückgewendet ist.[233]

---

[233] Stärker als an der *Unvollständigkeit* des einsinnigen Für-mich-Bewusstseins wird an der *Paradoxie* des Imperativbewusstseins allerdings deutlich, dass es nicht selbstgenügsam sein kann und dass es auf ein Ursprünglicheres hin überschritten werden muss. Und man kann sich leicht ausmalen, wie sich im Liebesbewusstsein die Sprachlichkeit bzw. das Imperativbewusstsein konstituiert, nämlich als Anspruch des Andern an mich, in den ich einstimme und als Gewahrsein, das nicht mir von einem Andern zukommt, sondern das ich auf einen Anderen hin in meiner eigenen Bewusstheit synthetisiere. Da es hier aber nicht um Sprachtheorie geht, mögen die kurzen Andeutungen genügen.

Für die Ursprünglichkeit des obtemperanten Bewusstseins lässt sich wiederum derjenige Philosoph heranziehen, der diese Form des Bewusstseins wie kein anderer expliziert hat. Nach Kant ist die praktische Vernunft das Vermögen, unter der Vorstellung von Gesetzen zu handeln.[234] Es ist also das Vermögen, sich bewusst Gesetzen zu unterstellen. Das unterscheidet die praktische Vernunft von der theoretischen, denn Vorstellungen von Gesetzen hat auch die letztere – etwa Vorstellungen von Kausalzusammenhängen. Wenn also Kant die Eigenständigkeit der praktischen Vernunft und ihre Irreduzibilität auf die theoretische behauptet, dann muss es eben das Vermögen der bewussten Folgeleistung sein, das dabei als ursprünglich anzunehmen ist. Und tatsächlich könnte das Subjekt ohne diese Ursprünglichkeit der praktischen Vernunft nie zum Bewusstsein eines Sollens gelangen. Die theoretische Erkenntnis eines Gesetzes führt nämlich für sich allein niemals zur Unterstellung unter dieses Gesetz. Allenfalls kann ich erkennen, dass ich einem Gesetz unwillkürlich unterstellt bin, wie etwa dem Gravitationsgesetz oder (als denkendes Wesen) den Gesetzen der Logik. Mich selbst einem Gesetz zu unterstellen – und sei es einem von mir selbst entworfenen Handlungsplan – ist ein *Vollzug* (nämlich nach Kant der Willensvollzug). Er ist daher nicht schon durch eine *Erkenntnis* gegeben, und auch noch nicht durch das schiere Vorhandensein von Neigungen (oder, nach der hier verwendeten Terminologie, von einfachem Wollen). Selbst wenn ich mich einem Gesetz nur dazu unterwerfe, um damit meine Neigungen zu befriedigen[235], realisiere ich in diesem Akt doch etwas, was in der bloßen Neigung nicht angelegt ist und sich auch niemals aus ihr entwickeln lässt: Ich mache mich selbst zum Mittel (nämlich in diesem Fall zu dem meiner Neigungen) und lasse mich durch etwas bestimmen (nämlich durch das Gesetz). Der Wille oder die praktische Vernunft ist deshalb nach Kant irreduzibel auf die theoretische. Die hier vorgestellte Theorie pflichtet dem bei, nur dass das Folgeleistungsbewusstsein nicht als absolut-ursprünglich angenommen wird, sondern als verselbständigtes und vereinseitigtes Moment des Liebesbewusstseins als des wahrhaft ursprünglichen, das allerdings aufgrund der grundsätzlichen Gebrochenheit des Bewusstseins selbst das hörige Bewusstsein (wie das egozentrische) zu dieser Eigenständigkeit freisetzt.

c) Dazugehören und Rechtmachen

Wie das egozentrische Bewusstsein, so hat auch das hörige zwei Seiten, die kognitive und die volitive. Auf der einen ergibt sich das Bewusstsein der Zu-

---

[234] GMS 412.
[235] Wenn ich z.B. abnehmen will und mich deshalb dem hypothetischen Imperativ „wenn du abnehmen willst, esse weniger Zucker und Fett" unterwerfe.

gehörigkeit bzw. das Streben danach, auf der anderen dasjenige des Rechtmachens.

Zugehörigkeit

Im *Gewahrsein* ist mir die Ordnung gewärtig auf die ich mich anweise – oder besser: auf die ich verwiesen und angewiesen bin. Ich weiß mich dieser Ordnung *zugehörig* –, allerdings ohne dass ich dazu ein explizites Ichbewusstsein haben müsste. Im glücklichen Fall weiß ich mich in diesem Bewusstsein in der Ordnung, ich bin „in Ordnung", oder besser: es ist (alles) in Ordnung – denn das ausdrückliche Ichbewusstsein ist dazu wie gesagt nicht nötig. Daher nun stammt nach der hier entwickelten Theorie das tiefe Ursehnen des Menschen, in Ordnung zu sein: in einer Ordnung zu sein, notfalls in *irgendeiner*.

Gestört werden kann das In-Ordnung-Sein auf zweierlei Weise: Die Zugehörigkeit zur Ordnung kann mir fehlen – sei es, dass ich ausgeschlossen wurde, sei es, dass ich sie nie besessen habe; und die Ordnung selbst kann verletzt und bedroht werden. Dies geschieht natürlich normalerweise durch andere Subjekte, seien es nun solche die innerhalb oder außerhalb der Ordnung stehen. Deshalb vertragen es so viele Menschen nicht, wenn Andere gegen Ordnungen verstoßen, auch dann, wenn ihnen selbst gar kein Nachteil daraus entsteht, und selbst dann, wenn eigentlich niemandem Abbruch getan wird als eben der Ordnung selbst. Ein typisches Beispiel für letzteres ist die Anstoßnahme am sexuellen „Fehlverhalten" Anderer, durch das weder man selbst noch dritte verletzt werden. Das entsprechende Bewusstsein kann man vielleicht auf die bekannte Formel bringen: „Das darf nicht sein!" Sie bringt den unpersönlichen Verpflichtungsanspruch treffend zum Ausdruck. Ein typisches Beispiel der Bedrohung von Ordnung durch Außenstehende ist die Veränderung gemeinschaftlicher Lebensordnungen durch Zugewanderte. Viele Menschen stören sich an deren Verhalten selbst dann, wenn es gegen keine Norm ihrer eigenen Ordnung verstößt sondern einfach nur anderer Ordnung gehorcht, wie etwa im Fall von fremden Nahrungsvorschriften. Auch die Unzufriedenheit, die Vegetarier früher häufig und heute noch zuweilen bezüglich ihres Ernährungsverhaltens zu spüren bekommen, lässt sich so erklären.

Vielleicht sollte man an dieser Stelle anmerken, dass sich das Zugehörigkeitsbewusstsein und seine Bedürfnisse zwar leicht lächerlich machen lassen, zumal in intellektuellen Kreisen der spätmodernen Gesellschaften.[236] Aber

---

[236] Erkennbarerweise hat das hörige Bewusstsein eine Tendenz zur Konservativität, das egozentrische, das stets weitere, neue und höhere Erkenntnis und Lust will, zur Progressivität. Allerdings lassen sich diese Tendenzen nicht einfach mit politisch rechts und links identifizieren. Auch bei politisch links stehenden oder gar „gesellschaftsfeindlichen" Menschen findet man oft ein stark ausgeprägtes Zugehörigkeits- und Gehorsamsstreben, nur dass es eben nicht auf die traditionell bürgerliche Ordnung hin ausgerichtet ist. Ein besonders extremes und eindrucksvolles Beispiel hierfür ist die Punkkultur.

dies ist eben so wenig angebracht wie die Verteufelung des egozentrischen Bewusstseins. Angemessener ist es, zunächst einmal anzuerkennen, dass wir sowohl egozentrisches wie auch höriges Streben haben und dass die entsprechenden Bedürfnisse normal sind. Deshalb können diese Bedürfnisse zwar natürlich noch kein Recht auf Befriedigung, aber, zumal im politischen Kontext, zumindest eines auf Berücksichtigung haben. Wie weit ihnen stattgegeben werden kann, hängt bei politischen Entscheidungen von den Bedürfnissen Anderer ab. Wünschenswert wäre freilich, dass die Menschen sowohl ihr egozentrisches wie auch ihr höriges Bewusstsein auf das Freundschaftsbewusstsein hin überstiegen. Aber das kann man nur in begrenztem Maß (moralisch und politisch) einfordern.

Rechtmachen

Unter dem *volitiven* Aspekt stellt sich das hörige Bewusstsein dar als dasjenige, „es recht zu machen". Unglücklich wird dieses Bewusstsein, wenn es erkennen muss, dass es „es nicht recht gemacht hat". Dieses Bewusstsein ist (wie das Irrtumsbewusstsein) immer ein nachträgliches, denn im Bewusstsein der Hörigkeit opponiert man ja nicht gegen die Ordnung. Man verstößt *bewusst* und *willentlich* nur dann gegen sie, wenn man *nicht* im obtemperanten Bewusstsein befangen ist, sondern im egozentrischen Bewusstsein. Das Bewusstsein, es nicht recht gemacht zu haben, stellt sich daher zum einen dann ein, wenn man es recht machen wollte, aber das Ziel nicht erreicht hat, bzw. meinte, es recht zu machen, tatsächlich aber das Falsche tat; oder es stellt sich ein, wenn man im egozentrischen Bewusstsein befangen war, später in das obtemperante Bewusstsein verfällt und dann sieht „was man angerichtet hat".

Unglücklich kann diese Unterform des Bewusstseins allerdings auch dann sein, wenn es in einer bestimmten Situation nicht erkennt, was es tun soll, oder wenn ihm die Kräfte und Mittel dazu fehlen. Im Gegensatz zum Bewusstsein, es nicht recht gemacht zu haben, geht dieses unglückliche Bewusstsein also auf die Zukunft: Ich kann es nicht recht machen, weil es nichts Rechtes zu Tun gibt oder weil ich nicht tauglich dazu bin.[237] Dem entspricht das Gefühl der Verlorenheit oder auch dasjenige, unnütz und zu nichts gut zu sein.[238]

---

[237] Dies ist vermutlich der wichtigste Aspekt des Unglücklichseins so vieler Arbeitsloser. Auch an deren Beispiel erkennt man die Eigenständigkeit des obtemperanten Bewusstseins: Diese Menschen sind nicht nur unglücklich, weil ihre Genussmöglichkeiten eingeschränkt sind – es gibt (oder gab vor Harz IV) sogar vereinzelt Fälle, wo sich die Genussmöglichkeiten durch die Arbeitslosigkeit erhöhen, weil sich die finanzielle Situation der Betroffenen durch die Arbeitslosigkeit kaum verschlechtert, ihre freie Zeit aber erheblich vermehrt. Für die große Mehrheit der Arbeitslosen ist das Bewusstsein schlimm, keine Aufgabe zu haben, zu nichts gebraucht zu werden, nicht einmal für den eigenen Unterhalt sorgen zu können – eben zu nichts gut zu sein.
[238] Umgekehrt erklärt das obtemperante Bewusstsein, weshalb das Bewusstsein, unnütz und zu nichts gut zu sein, für die meisten Menschen mit negativen Gefühlen behaftet ist. Vom egoisti-

d) Im-Frieden-Sein

Die beiden glücklichen Formen des obtemperanten Bewusstseins kommen darin überein, im Einklang mit der Norm zu stehen. Das Bewusstsein, in Ordnung zu sein und es recht zu machen ist wenig spektakulär. Es besteht phänomenal im Empfinden von Ruhe, Frieden und Zufriedenheit. Trotz seiner Unaufdringlichkeit, die es verglichen mit dem positiven Erleben des egozentrischen Bewusstseins im Genuss hat, erkennt man in diesen Bewusstseinsverfassungen unschwer eine Ursehnsucht des Menschen.[239] Wenn man nun – allein schon phänomenal – die Bewusstseinqualität des Im-Frieden-Seins näher betrachtet, dann legt sich bereits nahe, dass darin eine andere Form von Gutem-Bewusstsein liegt, als im (affektiven oder ästhetischen) Genuss. Das Im-Frieden-Sein ist nicht ein positiver Reiz, eine *pathē*, noch ist es eine intellektuelle Erfüllung. Es scheint sogar so zu sein, dass sich im tiefen Bewusstsein des Friedens die Frage nach Lust und An-sich-gut-sein gar nicht stellt und ihr Fehlen nicht als Mangel empfunden wird. Die Bewusstseinsverfassung des Mich-für ist eben gegen die des Für-mich autonom, und so ist ihre Gutheit auch unabhängig gegen deren Gutheit.

Wenn allerdings Unlust oder Unverständnis auftreten, dann wird der Friede gestört, man ist unzufrieden. Dies bedeutet nach dem hier Dargelegten aber, dass ein „Bewusstseinswechsel" stattfindet: Das Auftauchen eines intensiven Für-mich reißt mich aus der Versenktheit in den Einklang im Mich-für und verwehrt mir, länger darin zu bleiben. Dies geschieht übrigens auch im Genuss, auch in diesem gerate ich in Unruhe und gewissermaßen in Unfrieden. Allerdings wird mir darin der Verlust des Im-Frieden-Seins nicht deutlich, weil darin positives Erleben durch anderes positives Erleben abgelöst wird. So ist es explizit – in der Störung durch egozentrisches Bewusstsein – nur das Bewusstsein von Unlust und Unverständnis, in dem ich unzufrieden bin: in dem ich nicht im Frieden sein kann.

Dementsprechend bin ich befriedigt, wenn diese beseitigt sind. Das Erleben der Lust und des Betrachtens des Schöngut als Befriedigung zu bezeichnen ist dagegen im strengen Wortsinn nur insofern richtig, als ich *danach* im Frieden sein kann.[240] Der Genuss liegt aktualiter nicht eigentlich in dem

---

schen Standpunkt aus betrachtet könnte einem die fehlende eigene Nützlichkeit ja völlig egal sein.

[239] Verhältnismäßig selten ist dieser lebensweltlich so zentrale phänomenale Sachbestand Gegenstand philosophischer Erörterungen. Harry Frankfurt z.B. geht auf den Eigenwert ein, den unsere instrumentellen Vollzüge für uns haben: „Es ist für uns inhärent wichtig, etwas Nützliches zu tun zu haben." (2000, 221, vgl. auch 2004, 64). Auch er gelangt zu dieser Einsicht aufgrund seiner Analyse der Liebe. Allerdings stellt er eher eine Analogie zwischen dem Nützlichkeits- und dem Liebesbewusstsein her als einen systematischen Zusammenhang, durch den sich ersteres aus letzterem erklärt.

[240] Den Unterschied kann man sich folgendermaßen klar machen: Wenn ich eine negative Empfindung habe, etwa ein drückendes Hungergefühl, dann geht es mir um das Verlöschen

Bewusstsein, in dem ich dann schließlich befriedigt bin, sondern in dem Vollzug, in dem ich dies erreiche (eben in der aktualen Befriedi*gung*): Wenn ich Hunger habe, dann ist mein respektives Befriedigtsein die Sattheit. Den Genuss erlebe ich aber nicht in dieser, sondern im Übergang in diese: im Essen. Der Bewusstseinvollzug im Genuss ist insofern immer (noch) unbefriedigt, als er zwar nicht ausdrücklich unzufrieden ist, aber dennoch die Fortsetzung, das Mehr will.[241] Zwar ist der Genusserlebende (unter Umständen) mit der Genussqualität und -intensität als solcher zufrieden, aber er ist noch nicht mit der zeitlichen Ausdehnung ihres Erlebens zufrieden (die soll noch zunehmen), und so ist er noch nicht mit der *Realität* des aktual empfundenen Genusses zufrieden, denn die besteht ja nur im Erleben. So liegt in jedem aktualen Genießen eine Unzufriedenheit – auch wenn diese unausdrücklich ist und nicht negativ bewusst ist. Und dergestalt ist das Bewusstsein, im Frieden zu sein, ein *grundsätzlich* anderes als dasjenige des Genießens.

Da das Im-Frieden-Sein kein positiver Reiz ist[242], stellt sich das obtemperante Bewusstsein in erster Linie in der Form des schlechten Bewusstseins dar, des Bewusstseins, nicht in Ordnung zu sein und es nicht recht zu machen (vgl. den folgenden Abschnitt), denn als solches „meldet es sich" zunächst.[243] Allerdings hat das Im-Frieden- oder Zufriedensein dann doch auch eine Intensität, also eine positive Größe, nämlich zwar nicht unmittelbar, in sich selbst, aber doch rücksichtlich seines Gewordenseins: nämlich durch die Widerstände, die man überwinden musste, um es recht zu machen und in Ordnung zu sein (oder, im Fall der bloß passiven Zufriedenheit: durch die Stärke des unangenehmen Gefühls, das nachgelassen hat). Je höher diese

---

dieses Gefühls. Und weil die bloße Abwesenheit eines Gefühls kein Gefühl ist, deshalb ist für mich das positive Ziel dieser Verlöschung dasjenige, was danach eintreten wird (wenn nicht neue Störungen auftreten): die Zufriedenheit. Daher spreche ich in diesem Fall tatsächlich davon, dass ich meinen Hunger befriedigen möchte. Wenn mich dagegen der Hunger nicht drückt, sondern wenn ich Lust aufs Essen habe, wenn ich also Hunger im Sinn von Appetit verspüre, dann will ich eigentlich nicht die Befriedigung im engeren Sinn, sondern die Lust. Zwar hat sich der Sprachgebrauch eingebürgert, auch in diesem Fall von Befriedigung (des Appetits) zu sprechen, aber dies ist nur teilweise angemessen, nämlich insofern als im erstrebten Lusterleben ebenso wie im Streben nach Befriedigung im engeren Sinn eine negative Empfindung aufhört. Aber was stattdessen einsetzt, ist im Lusterleben eigentlich nicht das In-Ruhe-und-Frieden-Sein, sondern im Gegenteil das Erregtsein.
[241] Wer die Lust als solche will, der will deshalb notwendigerweise die Unzufriedenheit. Beispiele für entsprechende Praktiken sind das selbst Herbeigeführte Erbrechen bei den Römern, um weiter essen zu können; aber auch viele Formen der sexuellen Stimulation gehorchen dieser Logik: Man bemüht sich das Begehren zu wecken, i.e. man begehrt gar nicht einfach und unmittelbar, sondern man begehrt das Begehren.
[242] Allerdings gibt es durchaus ein Gefühl des Im-Frieden-Seins oder des „Alles-ist-gut!". Gefühle werden eben nicht nur durch affektive Reize im Bewusstsein ausgelöst, sondern auch (bzw. gerade) durch Bewusstseinsverfassungen selbst.
[243] Darin mag ein Ursprung der Intuition *conscientia semper mala* liegen: Das „Gewissen" ist in seiner unreflektierten Form eben das „Wissen" des obtemperanten Bewusstseins.

waren, desto mehr „bedeutet" es einem, es „geschafft zu haben".²⁴⁴ Besonders stark wird dabei die Überwindung innerer Widerstände wahrgenommen. Die vorangehende Selbstüberwindung oder eben die Askese²⁴⁵ verstärkt die Stimmung des In-Ordnung-Seins und des Rechtgemachthabens enorm und vermittelt ihr den positiven Reiz, der ihr unmittelbar abgeht.²⁴⁶

Versagen und Verfehltsein

Schon am positiven Einklang des Mich-für lässt sich also die Eigenständigkeit gegen die Wertigkeit des Für-mich-Bewusstseins plausibilisieren. Noch eindrucksvoller gelingt dies aber wie bereits angedeutet an der negativen Form, am verfehlten Einklang im Mich-für: dem Bewusstsein, es nicht recht zu machen und nicht in Ordnung zu sein. Das Bewusstsein, zu versagen und verfehlt zu sein gehört zu den existentiell schwerstwiegenden, die man sich vorstellen kann. In abstracto wird man selbstverständlich auch hier Mittel und Wege finden, solche Bewusstseinsformen auf die Unlust (oder auf das Unverständnis) zu reduzieren, wenn man denn die Ursprünglichkeit des Gehorsamsbewusstseins in Abrede stellen möchte.²⁴⁷ Aber die Art von ungutem Bewusstsein, die ich in meinem Versagen und meinem Nicht-in-Ordnung-Sein erlebe, ist eine ganz als das Bewusstsein von Unlust und Verwirrung: Nicht eine, die dasjenige betrifft, was *für mich* ist oder *woran* ich erkennend bin, sondern eine, die *mich* betrifft – eben eine Ungutheit im Mich-für statt

---

²⁴⁴ Vgl. auch NE 1168a21f. Typischerweise stellt auch Kant – als deontologischer Ethiker – den Aspekt des „Widerständeüberwundenhabens" beim moralischen Handeln als zum Mindesten heuristisch bedeutsam heraus. Etwas unvorsichtiger kann man ihn auch interpretieren: „Moral ist erst dann was wert, wenn es wehgetan hat."
²⁴⁵ Asketen haben daher einen starken Hang dazu, sich selbst als rechtschaffen anzusehen, pedantisch und rechthaberisch zu sein, ihre Ordnung zu verteidigen und andere Ordnungen zu bekämpfen.
²⁴⁶ Dieser Reiz tritt allerdings eher selten in völliger Isolation auf, zumal heutzutage, da die Askese aus der Mode gekommen ist. Meist ist er mit einem Lustreiz vermischt, etwa wenn der Bergsteiger am Gipfel angekommen ist und einerseits die Aussicht genießt, andererseits aber das Überwundenhaben der Strapazen als Reiz des „Geschaffthabens". An diesem Beispiel wird auch deutlich, dass die Anforderungen des Rechtmachens und In-Ordnung-Seins, i.e. die Auswahl der Herausforderungen und der Ordnungen, denen man sich unterwirft, auf höheren Reflexionsstufen auch (bis zu einem gewissen Grad) selbstbestimmt sein kann. – Wie bereits anfangs bemerkt können hier nur die basalsten Grundstrukturen des Bewusstseins dargestellt werden; in der Wirklichkeit treten diese kaum je in Reinheit, sondern zumeist in Vermischung bzw. in Reflexionsformen auf.
²⁴⁷ Die Egoismustheoretiker z.B. hatten aus ihrer Sicht nie besondere Probleme, diese Ordnungssehnsucht ins Egoismusparadigma zu integrieren. Man muss nur ein besonderes egoistisches Streben stipulieren, nämlich das Streben nach Anerkennung oder Ansehen. Zumindest dann, wenn die Anerkennung institutionell, also besitzhaft sein soll, kann sie nicht nur in einem anderen Subjekt liegen, sie muss irgendwie objektiv festgeschrieben werden, und eben dies geschieht im Rahmen einer Ordnung: der Ordnung einer Gesellschaft, einer Moral oder einer Religion. Das Streben danach, in Ordnung zu sein oder gut für etwas zu sein erklären die Egoismustheoretiker also als Anerkennungsegoismus.

einer im Für-mich. *Ich* bin ungut im Bewusstsein des Versagens und der Verfehltheit. Wollte man nun dieses Unwohlsein zurückzuführen auf die Unlust, dann wäre dazu zumindest eine recht komplexe Reflexionsstruktur nötig. Sowohl die Immediatität als auch die Intensität des Negativerlebens in Versagen und Verfehltsein sprechen aber phänomenal dagegen, dass es sich dabei um ein nichtursprüngliches Erleben, nämlich ein abgeleitetes, höherstufig reflektiertes Unlustempfinden handelt – etwa in der Art, dass ich dann, wenn ich im Bewusstsein von Versagen und Verfehltsein stehe, nur deshalb negativ empfinde, weil ich durch die Erfahrung gelernt habe, dass Versagen und Nicht-in-Ordnung-Sein die Erreichung von Lusterlebnissen zumindest in intersubjektiven Zusammenhängen erschweren bzw. sehr häufig Unlusterlebnisse nach sich ziehen. Nein, wenn ich das Bewusstsein habe, zu versagen oder nicht in Ordnung zu sein, fühle ich mich doch nicht nur deshalb schlecht, weil ich um Lustmöglichkeiten bange oder Unlust befürchte, sondern *unmittelbar* weiß ich meine Verfassung als ungut.

Zugegebenermaßen lässt sich dieses Argument immerhin noch kontern mit dem Verweis auf frühkindlich-vorbewusste Verinnerlichung von Strafe, die man hin auf nichtgelungene Imperativbefolgung erhalten hat. Dagegen könnte man dann Instanzen vorbringen, in denen ich zwar das Bewusstsein von Versagen und Unzulänglichkeit habe, aber ohne das Bewusstsein, in einem Bezug zu jemandem oder etwas zu stehen, die auf mein Versagen und meine Unzulänglichkeit strafend reagieren könnten. Wenn man sich in einer solchen Situation dennoch ungut fühlt, dann sollte das Unwohlsein in Versagen und Nicht-in-Ordnung-Sein ursprünglich sein. Zumindest dort allerdings, wo die Vorstellung eines allgegenwärtigen, allwissenden und allmächtigen Gottes anerzogen wurde, der Verfehlungen ahndet, lässt sich eine Instanz des beschriebenen Bewusstseins nie eindeutig feststellen. Die phänomenal-empirische Argumentation für die Ursprünglichkeit des obtemperanten Bewusstseins ist also – wie jede solche Argumentation – niemals vollkommen schlagend (allerdings auch nicht weniger schlagend als diejenige für die Reduzibilität jeglichen Unwohlbewusstseins auf die Unlust). *Notwendig* wird seine Annahme nur unter Zugrundelegung der Gebrochenheit des Bewusstseins wie sie oben dargestellt wurde und der daraus entwickelten Systematik gegeneinander irreduzibler Bewusstseinsmomente.

Ambivalenz des Hedonismus

Die Unterscheidung *zweier* gleichursprünglicher (bzw., nach der hier verfolgten Theorie, gleich nicht-ursprünglicher, nämlich dem Bewusstsein des *philein* nachgeordneter) Bewusstseinsmodi ist insofern bereits für die Ethik relevant, als dadurch der Hedonismus intern ambivalent wird. Es gibt zwei aufeinander nicht reduzierbare Weisen unmittelbar guter Bewusstseinsverfassung: Genuss und Zufriedenheit (und zwei ihnen entsprechende Negativverfassungen). Zwar kann man nun immer noch einen Oberbegriff für beides bilden, denn

Begriffe kann man nach Belieben definieren. Zumeist wird dazu einfach die Semantik des Lustbegriffs ausgedehnt, so dass er das Im-Frieden-Sein mitumfasst. Aber dadurch ist selbstverständlich die gegenseitige Irreduzibilität nicht aufgehoben. Die muss nun den reinen Hedonismus zwar nicht verwirren, denn solange ich nur meinen situativen Neigungen folge, kann ich es diesen überlassen ob ich mich jetzt gerade mehr zur Lust oder mehr zur Zufriedenheit hingezogen fühle. Aber jeder reflektierte Hedonismus, der Güterabwägungen vornimmt, gerät durch die wechselseitige Irreduzibilität von Lust und Zufriedenheit in Bedrängnis, weil die Irreduzibilität die Inkommensurabilität notwendig einschließt.[248] Als kategorial ungleiche „Gutheiten" sind Genuss und Zufriedenheit unvergleichlich und damit nicht gegeneinander verrechenbar. Die instrumentelle Vernunft wird zur Dienerin zweier Herren, deren Ansprüche sich, bei Lichte besehen, sogar gegenseitig ausschließen.

Nun liegt es natürlich nahe, angesichts dieser Lage den Ausweg in einer „gesunden" Diätetik zu wählen, in der beides, Genießen und Zufriedenheit in ein rechtes Mischungsverhältnis gebracht werden. Nun gibt der Hedonismus dafür allerdings nicht nur keinen Maßstab her – von der Quantifizierungsfrage ganz abgesehen. Schwerer wiegt, dass man mit der Reflexion auf die rechte Vermittlung beider „Hedonismen" den Hedonismus als ausschließliche *Begründungsinstanz* bereits verlassen hat.

e) Egoismus und Pflicht

Wer im obtemperanten Bewusstsein befangen ist, dem ist diese Bewusstseinsform als solche gar nicht explizit bewusst, wie ja auch das egozentrische Bewusstsein in seinem Vollzug nicht selbst explizit zum Bewusstsein kommt. Beide Bewusstseinsformen werden erst dann reflektiert, wenn das Subjekt des Wechsels und damit des Zusammenhangs seiner verschiedenen Bewusstseinsformen bewusst geworden ist, in denen sie sich gegeneinander konturieren. Es mag sich dabei um den Zusammenhang aller drei fundamentalen Bewusstseinsformen handeln oder auch nur um denjenigen zweier davon, etwa auch den der beiden einseitigen Formen. Nachdem die Bewusstseinsformen einmal als solche erkannt sind, kann man sich wissentlich und willentlich in sie begeben bzw. sie wissentlich und willentlich vollziehen, wenn man sich in ihnen vorfindet. Dann wird aus dem egozentrischen Bewusstsein das egoistische und aus dem obtemperanten Bewusstsein wird das Pflichtbewusstsein.[249] Beide implizieren ein mehr oder weniger klares, begriffliches

---

[248] Dies gilt selbstverständlich auch für den Utilitarismus, der ja, zumindest in seiner ursprünglichen, reinen Form, einen axiologischen Hedonismus impliziert. Allerdings ist der Einwand der Schwierigkeit der Verrechenbarkeit verschiedener Lusterlebnisse grundsätzlich nicht neu.
[249] Natürlich nicht unbedingt das *moralische* Pflichtbewusstsein. Dass es (echtes) nichtmoralisches Pflichtbewusstsein gibt, mögen die Kantianer zwar bezweifeln, aber wer in die Welt schaut, findet es allenthalben.

Bewusstsein der immanenten Motivation der jeweiligen Bewusstseinsform, also des individuellen Interesses auf der einen Seite und des (Pflicht-)Gebotes auf der anderen. Vor allem darin unterscheiden sich die reflektierten Formen von einseitigem Bewusstsein von den unreflektierten.

Das Pflichtbewusstsein ist dergestalt nicht mehr das reine hörige Bewusstsein, das sich einfach vorgegebener Ordnung unterordnet. Es ist das Bewusstsein, das die Ordnung, der es gehorcht, explizit als solche *anerkennt* und sich dem *Wohl* bzw. den *Werten*, die sie festlegt, verschreibt.[250] Es ist dazu nicht notwendig, dass das Subjekt einen klaren und distinkten Begriff dieser Ordnung oder gar ihrer Details hat. Es benötigt für es selbst eine hinreichend (i.e. praktisch niemals vollständig) klare Vorstellung von dieser konkreten Ordnung als solcher überhaupt, etwa als „Moral", „Wille Gottes", „Gebot der Ehre", „Tugendhaftigkeit" etc. oder auch nur als „das Rechte", „Übliche" oder „Normale".

Eigeninteresse und Pflicht als Grundprinzipien der praktischen Philosophie

Man erkennt unschwer, dass damit die beiden Bestimmungsgründe expliziert sind, aus denen sich die meisten der herkömmlichen Ethiken meist alternativ (selten gemeinsam) konstituieren: das Eigeninteresse und die Pflicht. Deutlich wird daraus auch, warum (anscheinend) der Egoismus so viel verbreiteter sein kann, als der Altruismus – weswegen es dann viel plausibler erscheint, ihm statt jenem die Ursprünglichkeit zuzuschreiben: Das unmittelbare Gegenstück des Egoismus ist gar nicht der Altruismus. Die einsinnige, einseitige Umkehrung des Egoismus, seine Inversion, führt nicht zum Andern, zum Du, sondern zum Müssen. Dass aber – im Unterschied zum Altruismus – das Bewusstsein des Zwangs im Menschen allgemein mindestens ebenso stark und bestimmend ist wie der Egoismus, wird jeder Psychologe bestätigen. Ordnung ist eben tatsächlich das halbe Leben – aber auch *nur* das halbe.[251]

Die Konversion des Egoismus zur Liebe und in ihr zum echten Altruismus dagegen verlangt nicht nur die einsinnige Inversion, sie verlangt zugleich, dass in der Wendung der Selbstbezug festgehalten werde und das Bewusstsein *gleichermaßen* für-mich wie mich-für sei – denn sonst könnte ich das Gegenüber nicht als *Meines*gleichen erfassen. Das Erfassen wahrer Alterität verlangt

---

[250] Als solches erscheint es weniger anstößig als das unreflektierte obtemperante Bewusstsein, wohingegen im Fall des Für-mich-Bewusstseins die Reflexionsform, nämlich das egoistische Bewusstsein, verwerflicher erscheint als das einfache, egozentrische, das als naiv durchgehen mag. Es ist aber zum einen daran zu erinnern, dass in der Geschichte vielleicht nicht mehr, aber sicher größere Verbrechen im Namen der Pflicht als dem des Eigennutzes begangen wurden; und dass andererseits die bewusste, reflektierte Verfolgung der eigenen Interessen nach der hier vorgestellten Theorie im Rahmen der Liebe (besonders der Liebe zu sich selbst, s.u.) durchaus ihr Recht erhält.
[251] Was freilich nicht bedeutet, dass Menschen individuell nicht mehr der einen oder der anderen Bewusstseinsform verhaftet sein können.

gerade das Festhalten des Selbstbezugs. Die Liebe erfordert dergestalt *jederzeit* und *konstitutiv* den Selbstbezug und damit auch das egozentrische Selbstwollen. Ohne dieses Wollen hätte sie nichts, was sie als Wohlwollen auf den Andern hinwenden könnte; und ohne das selbstbezogene *Gewahren* hätte sie kein Konzept, in dem sie den Andern als Eigenes erkennen und anerkennen könnte. Im Gegensatz dazu ist es nur das hörige bzw. das Pflichtbewusstsein, in dem ich mein selbstbezogenes Interesse ganz ausstreiche und mich lenken lasse durch das mich im Bewusstsein Betreffende.[252] Wer also empirisch plausibilisieren will, dass der Egoismus der urtümliche Bestimmungsgrund all unserer Vollzüge ist, der muss nicht zeigen, dass altruistische Akte viel seltener sind, sondern der muss zeigen, dass der Egoismus auch noch dem Bewusstsein des Zwangs an Intensität und Häufigkeit überlegen ist. Darauf besteht m.E. wenig Aussicht. Im Gegenteil könnte man sogar erwägen zu argumentieren, dass für all das unermessliche Elend, das es auf der Welt gibt und das Menschen Anderen und sich selbst verursachen, der Egoismus als Erklärungsgrund völlig unzureichend ist und dass es mindestens noch eines weiteren verhängnisbescherenden Prinzips bedarf. Das hörige Bewusstsein erscheint dafür sogar ganz unabhängig von den hier angestellten Erwägungen ein hervorragender Kandidat.

Selbstverständlich ist das Pflichtbewusstsein ebenso wie das egoistische Bewusstsein ein seiner Konstitution nach unheiles Bewusstsein, nämlich ein einseitiges und beschnittenes Bewusstsein. Die „Heilung" und Erfüllung stellt in beiden Fällen das Bewusstsein des *philein* bzw. die Freundschaft dar, denn dieses wendet die einseitige Ausrichtung nicht nur in die jeweilige Gegenrichtung, sondern sie gewinnt im Umkehrakt selbst etwas Neues, das in beiden Schwundstufen des Bewusstseins noch gar nicht gegeben ist: das Bewusstsein eines Anderen-Meinesgleichen, eines Du.

Der Vorrang des egozentrischen Bewusstseins in der Philosophiegeschichte

Aristoteles legt nun den Ursprung des Liebens aus dem egozentrischen Selbstverhältnis dar, nämlich im Ausgang vom Begehren des *phileton* (NE 1155b17ff), und nicht aus dem Gehorsamsbewusstseins. Dies ist die Perspektive des freien, selbstbewussten Denkers, die Perspektive des Selbstmächtigen und über Andere Herrschenden, eben die Perspektive desjenigen, dem außer-

---

[252] Das Pflichtbewusstsein ist daher seinem Wesen nach wie dargestellt zunächst unpersönlich, und so sind es auch die auf es rekurrierenden (reinen) Pflichtethiken. In der Reflexion des Pflichtbewusstseins ist es zwar vielleicht erforderlich, den Begriff einer Allgemeinheit möglicher Adressaten der Pflicht zu bilden wie etwa Kants „Menschheit". Aber dieser bleibt eine Formalbestimmung, eine schiere Möglichkeit zu Instanzen der Pflichtschuldigkeit. Es erwächst daraus noch kein Alteritätsbezug. Aus diesem Grund müssen Ethiken, die sich rein aus dem Pflichtprinzip konstituieren, die konkrete Anerkennung anderer Subjekte als eigenen Akt neben der Bestimmung der Pflicht ansetzen, der immer prekär bleiben muss, weil er nicht an dessen Unbedingtheit partizipiert.

halb des Liebens oder „vor" dem Liebesvollzug die Welt in erster Linie „für mich" ist. Wie bereits bemerkt ist es diejenige Perspektive, die fast die gesamte westliche Philosophie und auch die westliche Theologie prägt: Urtümlich ist zunächst der Egoismus, die Hinordnung von allem auf mich, das Mirsein der Welt. *Davon* ausgehend findet dann die Umkehr statt, sei es als freier Akt der Tugendübung und damit der Selbstperfektionierung, sei es als ein Geschuldetes gegen einen gebietenden Gott, gegen ein unpersönliches Gesetz oder gegen die Forderungen der Vernunft. Dementsprechend wird das Verharren im *Egoismus* zum Inbegriff des Unedlen bzw. der Sünde.

Das egozentrische Bewusstsein ist auch insofern das erste, als es als einziges ohne die Bewusstseinskonversion denkbar ist und dieser in einem gewissen Sinn vorausgeht – ist es doch eben dieses Bewusstsein, das umgekehrt wird –, auch wenn hier behauptet wird, dass in einem anderen Sinn das Liebesbewusstsein das ursprünglichere ist.

Dagegen ist das obtemperante oder das Pflichtbewusstsein naheliegender Weise nicht diejenige Bewusstseinsform, die die Philosophen als die originäre annahmen, denn sie entstammten gemeinhin nicht der Gruppe der Hörig-Gehorchenden, sondern der Herrschaftlich-Freien und bahnten sich daher den Weg zum Verständnis von Anerkennung und Wohlwollen gegen Andere aus dieser Perspektive. Außerdem wirkten sie sprachbestimmend, und so ist in unserer Sprachfamilie, die die Betonung stets auf das Subjekt legt, das Kunstwort „Für-mich" kaum anstößig, während die Wortbildung „Mich-für" seltsam klingt: Das Verhältniswort „für" scheint stärker an den Empfänger gebunden als an das zu Empfangende. Das Hörig-Subjektlose ist auch (und gerade) nach der demokratischen Egalisierung unserer Gesellschaft das sogar sprachlich Unedle, Abstoßende und Hässliche geblieben (nicht erst seit Nietzsche), während das Egoistisch-Subjektversessene zwar tadelnswert und sogar sündhaft ist, aber Respekt einflößt und sogar faszinierend und erhaben wirken kann. Nichts desto trotz beherrscht das Hörigkeitsbewusstsein beinahe noch bedrohlicher, unheimlicher, bestimmender und unbezwinglicher die Gemüter.

f) Exkurs zur Pflichtethik

Es ist die Ursprünglichkeit des Pflichtbewusstseins, auf die sich die große Tradition der deontologischen Ethik beruft und die dieser im Rahmen der Freundschaftstheorie ihr limitiertes Recht gibt. Die Ursehnsucht nach dem eigenen Gutsein-*für*, das abgrundtiefe Verlangen danach, in Ordnung zu sein und es recht zu machen, hat die große Mehrheit der Menschen seit den Anfängen ethischer Reflexion in dieser Grundhaltung vereint. Dazu verhalf nicht zuletzt, dass das egoistische Bewusstsein wie eben dargestellt für das Primordiale genommen wurde – gerade auch von den gesellschaftlichen und intellektuellen Eliten. Wo nämlich die dergestalt denkenden Menschen irgendwann einmal in kritischer Wendung gegen sich selbst die Problematik ihrer ursprünglichen Verfasstheit im egozentrischen Bewusstsein einsahen, da verfielen sie schnell auf das Gegenextrem als Heilmittel. Freilich wählten sie in ihrem Selbstverständnis als freie, edle Geister dabei nicht das unmittelbare hörige Bewusstsein, denn dieses war ihnen als „Sklavenbewusstsein" grundfremd. Sie verlegten sich auf die Reflexion des Gehorsamsbewusstseins: das Pflichtbewusstsein.[253]

Da es diesen Menschen dergestalt schon um ein reflektiertes und damit qualifiziertes In-Ordnung-sein und Zu-etwas-gut-sein ging, suchten sie zu deren Betätigung eine ausgezeichnete Ordnung, eine Ordnung, der gegenüber die Hörigkeit nicht unedel erscheinen musste. Dies konnte nur eine übermenschliche Ordnung sein – denn sich einer menschlichen Ordnung, mithin anderen Menschen zu beugen, musste dem herrschaftlich-freien Denken bald schon als unwürdig erscheinen.[254] Die übermenschliche Ordnung ist gemeinhin die der Natur oder eines Gottes, allenfalls in der Anfangszeit war noch die Ordnung des Staates oder eines realen, tradierten Gesetzes akzeptabel. Einen gewissen Höhepunkt erreichte dieses Denken in der lutherischen Rechtfertigungslehre, nach der alles Heil allein im In-Ordnung-Sein liegt. Luther durchschaute ganz richtig, dass die Forderung des ins Absolute erhobenen Pflichtbewusstseins konsequent zu Ende gedacht jedes endliche Wesen überfordert und die Rechtfertigung deshalb allein aus der Gnade Gottes erfolgen kann. Damit wurde freilich das Abhängigkeitsbewusstsein total.[255]

Die deutschen Idealisten, allen voran Kant, taten das Beste, was man angesichts dieser Situation machen konnte. Von dem Ordnungsprimat vermochten sie sich nicht zu befreien. Also schufen sie dem Bewusstsein soviel Freiheit und Selbstachtung, wie eben unter diesem Paradigma möglich ist. Und das Maximum davon erreicht man dadurch, dass man die Ordnung, der man sich unterwirft, nicht mehr als naturhafte und nicht mehr als göttliche, sondern als die Ordnung des Denkens selbst ansetzt: als systematisch verfassten Imperativ der (praktischen) Vernunft.[256] Wenn ich den Imperativ, dem ich folge, als meinen eigenen begreifen kann, nämlich als die Forderung der (Menschen-)Vernunft, die (auch) meine eigene ist, dann kann ich im Befolgen

---

[253] Es ist einer der Grundirrtümer Nietzsches, dass nur die Schwachen die Pflicht kennen und fordern. Gerade die Starken und „Edlen" haben zu allen Zeiten besonders anspruchsvolle Pflichtenkataloge gehabt. Nur die Tyrannen, die aber eigentlich jederzeit als unedel angesehen wurden, kannten keine Pflicht.

[254] Vermutlich liegt hierin *ein* Aspekt der Begründung des Gottkönigtums bzw. Vongottesgnadentums: Solange diese Konzepte noch glaubwürdig waren, machten sie den Untertanen die Unterwerfung unter den Herrscher möglich, ohne ihre Selbstachtung zu verletzen.

[255] Auf der anderen Seite freilich erzeugte der Protestantismus durch seine Abtrennung des Weltlichen vom Geistlichen einen Bereich beinah unbegrenzter Unabhängigkeit (ein typisches Beispiel für den dialektischen Rückstoß innerhalb von Theorien und Ideologien). Diese These Max Webers scheint trotz aller berechtigten Kritik, die ihr folgte, in ihrem Grundsatz nicht falsch zu sein (vgl. ders. ³2010).

[256] Freilich hatte diese Denkwendung bereits die Stoa vollzogen.

des Imperativs das Bewusstsein der Freiheit und der Selbstachtung haben. Der Grundfehler der deontologischen Haltung wird damit jedoch noch nicht behoben.

Umgekehrt ist es allerdings nicht so, dass der Fehler in der Grundeinstellung den ganzen reichen Ertrag der jahrhundertelangen Arbeit der deontologischen Ethik zunichte machte. Auch im Zusammenhang der Liebe und Freundschaft bleibt der Imperativ oder das Bewusstsein der Pflicht ein unaufhebbares Moment. Die (vernünftigen) Explikationen dieses Moments behalten daher ihre Gültigkeit. Nur da, wo sie darüber ausgreifend Anspruch darauf machen, das Ganze der Wahrheit darzustellen, nämlich der Wahrheit des Gut-Lebens, des *eu zēn*, muss die Kritik einschreiten – aber auch da nur, um die Ansprüche an ihren rechten Ort zu rücken, nicht um sie grundsätzlich in Abrede zu stellen.

Kritik der Pflichtethik am Beispiel Kants

Es mag allerdings hilfreich sein, an dieser Stelle das Ungenügen, das die Einseitigkeit des Pflichtbewusstseins mit sich bringt, etwas eingehender darzulegen. Denn damit wird zugleich der Anspruch der Philosophie der Freundschaft gegen die deontologischen Entwürfe praktischer Philosophie geltend gemacht: der Anspruch, dass diese Entwürfe nicht die ganze Wahrheit, nämlich nicht das Ganze der Wahrheit guter, gelungener Praxis zu explizieren imstande sind.

(1.) Der Kritikpunkt, der vermutlich existentiell am schwersten liegt, ist, dass das Pflichtbewusstsein den Menschen nicht zu sich selbst kommen lässt (und daher in der Folge auch nicht zum Anderen kommen lassen kann). Im äußersten Fall kann er sich im Pflichtbewusstsein als den allgemeinen, möglichen Adressaten der Pflicht begreifen, nämlich als freies Subjekt. Dies hat wiederum Kant eindrucksvoll dargestellt. Aber dieses freie Subjekt ist ein ganz abstraktes, in dem ich mich nicht in meiner Personalität wiederfinden kann. Die Pflicht fordert ja allein die Unterordnung und den Gehorsam und belohnt allein mit den unpersönlichen Prädikaten Zugehörigkeit (In-Ordnung-Sein) und Rechttun („Rechtschaffenheit").[257] Sie geht also nicht weiter auf das moralische Subjekt ein, sie nimmt keinerlei Rücksicht auf seine Besonderheit. Dies gilt ganz allgemein von jeder Pflichtethik, wenn sie denn tatsächlich eine solche ist. Besonders klar stellt sich dies aber bei Kant dar: Ihm bedeutet die Freiheit nichts weiter als eben die Fähigkeit, sich der Pflicht zu unterwerfen. Diese Pflicht ist zwar Selbstgesetzgebung, aber es ist wiede-

---

[257] Bei Kant wird einem außerdem die *Würde* zugesprochen (vgl. z.B. GMS 434f), allerdings allein schon auf die Pflichtbewusstseins- oder Moral*fähigkeit* hin: nämlich als *Mitglied* der intellektualen Welt und ihrer Ordnung (also ist die kantische „Würde" eigentlich wieder ein „In-Ordnung-Sein"). Auch in diesem Fall bin ich aber nicht in meiner besonderen Persönlichkeit Mitglied, sondern allein als abstrakt-unbestimmtes Vernunftwesen.

rum nur ein vollständig abstraktes, allgemeines Selbst, das darin am Werke ist: das Subjekt der reinen, praktischen Vernunft. Wenn also im strengen Sinn ICH es sein soll, der frei ist und frei handelt, dann bin ICH nur noch dieses abstrakte, leere Subjekt, das ich noch nicht einmal erkennen kann (denn es ist ja ein reines Nuomenon, GMS 451). Ich kann bzw. muss mich allein unter dem allgemeinen, formalen Begriff eines freien Intellektualwesens fassen und darin mein eigentliches Selbst sehen. Es ist nicht so recht ersichtlich, wie auf diesem Weg eine erfüllte, im ganzheitlichen Sinn glückliche Existenz möglich sein soll. Dies ist einer der Punkte, die Hegel völlig zu Recht an der kantischen Moral kritisiert hat.[258]

(2.) Aber nicht nur ich selbst bleibe mir unter dem Prinzip des reinen Sollens letztlich unzugänglich oder nur noch unter einem Grenzbegriff zugänglich. Unzugänglich bleibt mir auch der Andere. Wie dargestellt kommt er im Bewusstsein der Pflicht zunächst gar nicht in den Blick, denn eine unreflektierte Pflichtethik fordert allein die Erfüllung der Ordnung, ohne Rücksicht auf die Subjekte.

Wiederum war es Kant, dessen Genie es gelang, aus dem reinen Bewusstsein der Pflicht den Imperativ zur Anerkennung der Selbstzweckhaftigkeit anderer moralischer Subjekte abzuleiten (in der zweiten Form des kategorischen Imperativs, vgl. z.B. GMS 429).[259] Das Problem bleibt aber dann die Identifikation solcher Subjekte in Raum und Zeit. Während ich nämlich im Fall meiner selbst wenigstens noch am eigenen Bewusstsein der Freiheit bzw. dem Bewusstsein unbedingter Verpflichtung (als dem „Faktum der Vernunft", vgl. KpV 6) den Anhaltspunkt dazu habe, mich der intellektualen Welt zuzurechnen und als frei zu begreifen, habe ich im Fall des Anderen noch nicht einmal dies. Den konkreten Anderen kann ich nämlich nach Kant nur auf empirischem Weg erkennen, und auf diesem Weg kann ich ihn strenggenommen niemals als (praktisches) Subjekt erkennen, weil er als empirisches Objekt vollständig den Naturgesetzen unterworfen ist und sich sein Verhalten vollständig aus diesen erklärt. Es kann sich also, wenn man Kants Erklärungen konsequent weiterverfolgt, aus der empirischen Betrachtung eines anderen Menschen noch nicht einmal ein Anhaltspunkt dafür ergeben, ihn als frei anzusehen. Mit einem rein formalen Begriff der Zugehörigkeit zum Kreis moralische Objekte können wir aber nichts anfangen, weil uns Objekte, die wir möglicherweise moralisch anerkennen müssen, nur empirisch begegnen. Daher musste auch Kant am Ende einen Begriff der Zusammengehörigkeit in seine Formeln einsetzen, der eigentlich durch diese Formeln nicht gedeckt ist: eben den Begriff der Menschheit. Diese Identifikation

---

[258] Vgl. WdL 21/120ff.
[259] Im Grunde überschritt er damit schon den Rahmen einer reinen Pflichtethik, auch wenn er selbst das nicht so sah.

einer empirischen mit einer apriorischen Bestimmung[260] müsste nach Kants eigenen Vorgaben nicht nur logisch unmöglich sein, denn dabei wird schlechthin Inkommensurables in Eins gesetzt; es ist auch nicht klar, wie wir dazu kommen können, sie in unserem Denken zu vollziehen. Dass wir es trotzdem tun, was freilich auch Kant als selbstverständlich annahm, müsste sich eigentlich als ein Wunder darstellen. Eben dieses „Wunder" will die Theorie der Konversion des Bewusstseins erläutern.

(3.) Schwer ist es auch, allein aus einem reinen Sollensprinzip dessen materiale Konkretisierung zu begründen und zu bestimmen. Primitive, unreflektierte Pflichtethiken verpflichten freilich auf irgendeinen tradierten Katalog von Geboten. Aber schon die erste, geringfügig kritische Reflektion muss fragen, warum gerade diese Inhalte den formellen Charakter unbedingter Verpflichtung tragen sollten. Kants formales Vernunftkriterium zur inhaltlichen Füllung der absoluten Pflicht in Gestalt der Universalisierungsregel will dieses Problem lösen. Hegel hat dagegen argumentiert, dass ein Formalprinzip in letzter Instanz immer inhaltsleer bleiben muss bzw. mit beliebigem Inhalt verbunden werden kann[261] – eine Kritik, die vielfach wiederholt und natürlich von den Kant-Anhängern bekämpft wurde. Sicherlich ist richtig, dass Kant in seiner *Metaphysik der Sitten* weit mehr anbietet als nur ein formales Moralprinzip. Die Frage ist aber, auf welcher Grundlage sich der kategorische Imperativ konkretisieren kann. Einem radikalen Misanthropen, dem noch die eigene Existenz verhasst ist, muss, so mag es scheinen, die Maxime „töte alles menschliche Leben" als universales Gesetz nicht anstößig sein. Gegen dieses Argument setzt Kant, wie man aus seiner Begründung des Lügenverbots ersehen kann, auf die sozusagen transzendentallogische Inkohärenz eines solchen Gebots.[262] Der Lügner *will* die Sprache für seine Zwecke *benutzen* – und gleichzeitig tut er etwas, was bei Universalisierung die Möglichkeit zwischenmenschlicher informativer Kommunikation zerstören würde. Er *kann* also seine Maxime nicht als universales Gesetz *wollen*, wenn er lügen *will*.[263] Eben-

---

[260] Kant unterscheidet zwar die *Idee* der Menschheit vom empirischen Gattungsbegriff (vgl. z.B. KrV B 374). Dann stellt sich aber wiederum das Problem, wie wir herausfinden können, welche empirischen Objekte – einschließlich Exemplare der Gattung *homo sapiens* – unter dieser Idee zu denken sind. Die Tatsache, dass Kant die Idee der Menschheit zumindest in der Moral so ganz unproblematisch als mit dem empirischen Menschsein verknüpft ansieht, scheint mir darauf hinzudeuten, dass er die Unterscheidung zwischen beiden nicht konsequent durchgeführt hat – und mit dieser Ungenauigkeit gewissermaßen die Plausibilität seiner Theorie gerettet hat. (Ansonsten hätte er ja gleich sagen können: „Handle so, dass du *das praktische Vernunftwesen* ..." – aber dann wäre sogleich offensichtlich gewesen, dass mir dasjenige, worauf mich diese Formel des kategorischen Imperativs in Beziehung setzt, niemals empirisch begegnet und mir folglich überhaupt niemals Erkenntnis*gegenstand* ist – sondern allenfalls ein Gedachtes, eine Idee, die mir aber niemals in der empirischen Realität gegeben sein kann.)

[261] GdPhR § 135 Zus.

[262] Kant argumentiert nicht, dass der Lügner nicht selbst belogen werden will – diese Argumentation wäre ganz offensichtlich zu schwach, zumindest zur Begründung einer strengen Pflicht.

[263] Wenn man so will, nimmt Kant damit die transzendental*pragmatische* Argumentation Apels bereits vorweg.

so scheint der mörderische Misanthrop zur Realisierung seiner Tötungsmaxime die Handlungsfähigkeit seiner selbst (oder eines Anderen) vorauszusetzen.[264] Eben diese soll aber nach seinem Willen zerstört werden (dabei muss man beachten, dass die kantische Universalisierung natürlich auch überzeitlich zu verstehen ist; dann muss der Misanthrop die Vernichtung menschlichen Lebens aber unter dem kategorischen Imperativ für alle Zeiten wollen, er kann nicht sein eigenes Leben und seine Handlungsfähigkeit bis zu einem bestimmten Zeitpunkt wollen – bis er alle Anderen umgebracht hat –, um dann sich selbst zu töten).

Allerdings scheint auch diese transzendentallogische Argumentation nur zu funktionieren, wenn man unterstellt, dass das moralische Subjekt nicht nur rein intellektual, sondern auch empirisch ist. Das transzendentale Subjekt als solches ist nämlich bedürfnislos und erfordert deshalb auch keine moralische Rücksicht. Allenfalls könnte man überlegen, ob sich reine Geistwesen gegenseitig anlügen können.[265] Aber es scheint, dass die Lüge das Medium der (Zeichen-)Sprache erfordert. Eine unmittelbare, nicht durch Zeichen vermittelte Kommunikation von Geistern müsste in der direkten Anteilgabe am eigenen Denken bzw. Bewusstsein bestehen. Man kann sich aber nicht im eigenen Bewusstsein verstellen: Man kann *bewusst* nicht tatsächlich für falsch ansehen, was man für wahr hält (ich kann mich nicht willentlich dazu bringen, zu glauben, zwei plus drei sei sechs, auch nicht für kurze Zeit). Dann kann ein Geistwesen aber auch nicht ein Bewusstsein fingieren, an dem es dann ein anderes in Täuschungsabsicht teilhaben lässt. Wenn Geister also einander täuschen können sollen, dann brauchen sie irgendein Medium, das nichtintellektual, also empirisch ist – selbst wenn dieses in so etwas „feinmateriellem" wie bloßen Gehirnwellen bestehen sollte.

Die Verbindung zwischen transzendentalem und empirischem Subjekt scheint also grundlegend für die Funktionalität eines formalen Sollensprinzips zu sein – ohne diese läuft es leer. Das moralisch relevante Subjekt (bzw. Objekt) kann nicht nur der Adressat des Sollens sein, es muss zugleich auch Träger von „Wollungen" oder Interessen sein, die in einem moralischen Sinn legitim und wesentlich sind: die moralischen *Wert* haben – und zwar gerade in ihrer empirischen Verfasstheit. Damit führt aber die Frage der Konkretion dieses Prinzips zurück auf das eben zuvor erörterte Problem: Die erforderliche Verbindung von Universalem und Empirischem, von Unbedingtem und Bedingtem kann das universal-unbedingte Sollensprinzip selbst nicht mehr

---

[264] Bei der Realisierung des kategorischen Imperativs geht es ja immer um eine „Maxime deiner Handlung" (GMS 421), also um konkrete, subjektive Handlungsprinzipien, i.e. solche, nach denen ich jetzt hier handeln will (oder zu handeln in Erwägung ziehe). Der Misanthrop muss sich also nicht fragen, ob er möchte, dass alle Menschen sterben, denn das ist keine mögliche Maxime *seines* Handelns, sondern ob *er* alle Menschen (einschließlich seiner selbst) umbringen soll.
[265] Vielleicht deshalb greift Kant so gern auf das Beispiel der Lüge zurück: Sie ist sozusagen noch der reinste, am wenigsten empiriebeladene Fall des Vergehens am Anderen.

leisten; dadurch verliert es aber seine Unbedingtheit: Es wird abhängig von einem Prinzip personaler Integrität – das Prinzip bloßer moralischer Subjektivität reicht nicht aus. Ein solches irreduzibles, in-sich-einiges (wenn auch nicht in-sich-abgeschlossenes) Ganzes ist der Andere wie auch ich selbst aber nach der hier entwickelten Theorie gerade unter den Augen der Liebe – nämlich in der Konversion des Bewusstseins bzw. in der ursprünglichen Einheit von deren Momenten.

(4.) De facto enthalten diejenigen Normen, die Kant als moralisch ansieht, durchaus empirische Bestimmungen, in denen sich die Bedürfnisse und Praktiken integraler empirisch-vernünftiger Subjekte widerspiegeln. Es ist unschwer zu erkennen, wo er diese herbekommt: Sie stecken in den Maximen, die nach der Universalisierungsregel zu prüfen sind. Nur diese letztere ist apriorisch; die Maximen erhalten sozusagen nur eine apriorische Form, nämlich die Form unbedingter Verbindlichkeit – dem Gehalt nach bleiben sie empirisch. So löst Kant das Problem der Divergenz zwischen Apriorizität des Moralprinzips und Empirizität seiner Anwendung zunächst in durchaus eleganter Weise. Allerdings ergibt sich das Problem, dass die Allgemeinheit den Maximen in zweifacher Weise abverlangt werden muss. Zum einen müssen sie allgemein sein können in dem Sinn, dass sie für alle gelten. Verallgemeinert werden können in diesem Sinn aber auch Regeln wie: „Sei freundlich gegen alle Menschen außer gegen Gottfried Binderblohm (der ein ganz entsetzlicher Kerl ist und mich erst gestern wieder beleidigt hat)." Wenn ich mich frage, ob ich wollen kann, dass alle Menschen (einschließlich Gottfried Blinderbohms – man kann ja gegen sich selbst unfreundlich sein) diese Regel befolgen, dann kann ich das vollauf bejahen. Ein etwas ernsthafteres Beispiel wäre: „Sage allen Menschen gegenüber die Wahrheit, außer wenn sie diese mit großer Wahrscheinlichkeit dazu nutzen werden, Unschuldigen zu schaden, in welchem Fall du zur Lüge berechtigt bist." Bekanntlich stimmt Kant dieser letzteren Maxime nicht zu. Er impliziert nämlich, dass die Maximen nicht nur im Sinn der universalen Anwendbarkeit allgemein sein sollen, sondern dass sie auch inhaltlich allgemein sein müssen, i.e. dass sie keine Fallunterscheidungen vornehmen.[266] Das Problem ist, dass jede empirische Be-

---

[266] Dieses inhaltliche Allgemeinheitskriterium liest er offensichtlich von den Naturgesetzen ab, wie die „Naturgesetzformel" des kategorischen Imperativs anzeigt (GMS 421). Aber zum einen ist nicht klar, weshalb die „Form des Gesetzes", die sich die reine praktische Vernunft selbst zur Regel macht, allein die des *Natur*gesetzes sein kann – menschliche Gesetze formulieren ja durchaus Ausnahmen (und wenn *menschliche* Gesetze kein Vorbild sein dürfen, weshalb dürfen es dann *Natur*gesetze sein – und nicht etwa *logische* Gesetze, die ja doch im Gegensatz zu den anderen reine Vernunftgesetze wären? – Übrigens würde sich hier vielleicht sogar ein Ausweg aus dem Rigorismus für den Kantianer anbieten: Menschliche Gesetze lassen Ausnahmen bzw. Fallunterscheidungen zu, aber diese müssen ihrerseits allgemein formuliert sein: *Jeder*, der angegriffen wird, ist zur Notwehr berechtigt. Warum sollte nicht auch die Moral dies zulassen? Dagegen verwendet Kant in den Beispielen, in denen er die Absurdität moralischer Ausnahmeregelungen darzustellen versucht, immer *individuell*, nämlich auf die eigene Person hin formulierte Sätze: „*Ich* darf ein Versprechen brechen, um mich aus einer Notlage zu befreien" – das

schreibung einer Handlung oder einer Handlungssituation, wie generell sie auch immer sein mag, eine Fallunterscheidung darstellt. Folter z.B. ist ein besonderer Fall der bewussten und willentlichen Zufügung von Schmerzen. Darf also eine Maxime, deren Moralität geprüft werden soll, den Begriff der Folter enthalten? Dürfen wir „du sollst nicht foltern" als moralische Norm akzeptieren? Aber warum sollten wir dann nicht z.B. auch „du sollst gutwilligen (oder auch: nicht-den-Schaden-Anderer-verfolgenden) Menschen die Wahrheit sagen" als moralische Norm akzeptieren?[267] Wenn wir dagegen „du sollst anderen Menschen nicht wissentlich und willentlich Schmerz zufügen" als moralische Norm akzeptieren, dann müssen verschiedene medizinische Eingriffe unterbleiben. Man könnte weiter fragen: Da Schmerz ja nur eine Form von Empfindung ist, die man anderen Menschen verursachen kann, muss man nicht noch allgemeiner formulieren: „Verursache anderen Menschen keine Empfindungen!"? – Aber das ist natürlich vollkommen unsinnig. Man könnte eine Regel vorschlagen wie: „Tue anderen Menschen nichts an, was in letzter Konsequenz schlecht für sie ist." Das wäre die Maxime der allgemeinen Freundlichkeit, nämlich des minimalen Wohlwollens (und selbst die kann natürlich nicht uneingeschränkt gelten – natürlich muss man zuweilen in Kauf nehmen, anderen Schlechtes zu tun). Aber sie wäre so unbestimmt wie der kategorische Imperativ selbst, den sie ja gerade konkretisieren sollte. Es scheint also, als komme man auch in einer universalistischen Ethik nicht umhin, empirische Grenzziehungen vorzunehmen – nämlich Fallunterscheidungen und Abgrenzungen des Kreises moralischer Objekte –, die moralisch relevant sind und die sich nicht auf die apriorischen Bestimmungen des Moralgesetzes reduzieren lassen.

---

ist natürlich nicht akzeptabel). Zum anderen gehen auch in manche Naturgesetze Bedingungen ein (manche gelten z.B. nur im Vakuum), manche gelten nur für bestimmte Bereiche (für den quanten- oder den makrophysikalischen). Und selbst solche Gesetze, die offenbar uneingeschränkt und unbedingt gelten, können in ihrer Wirkung durch die Wirkung anderer Gesetze ausgeglichen werden: Zwei Körper ziehen sich z.B. aufgrund der Massenattraktion an, weil sie massereich sind; dennoch bewegen sie sich voneinander fort, weil sie nämlich zugleich beide positiv elektrisch geladen sind und sich nach den Gesetzen der Elektromechanik abstoßen (und letztere Kraft stärker ist). Solche Fälle akzeptiert aber Kant für moralische Gesetze nicht (dass etwa das Gebot der Nothilfe die Wirkung des Gesetzes des Lügenverbots aufhebt), weil die moralische Verpflichtung stets absolut bindet, also keinen Grad hat (sonst könnte man ja rechnen: Das Lügenverbot bindet mit 4 Kant [„Kant" sei die Maßeinheit für moralische Verbindlichkeit], das Nothilfegebot bindet aber im Fall der Lebensbedrohung mit 6 Kant; also resultiert eine moralische Verbindlichkeit von 2 Kant zur Notlüge. – Genau dies ist nach Kant unmöglich). – Es scheint also durchaus nicht so klar wie es nach Kants Darstellungen den Eindruck hat, dass die „Form des Gesetzes" auf die Ausnahmslosigkeit, die Bedingungslosigkeit und vor allem die Unmöglichkeit des Konfliktes moralischer Normen festschreibt.

[267] Im Unterschied zur allgemeinen Erlaubnis der Lüge folgt aus der konditionierten Einschränkung der Pflicht zur Wahrhaftigkeit nicht, dass die informationale Kommunikation (und damit die Lüge selbst) unmöglich wird. Es folgt nur, dass Individuen, die (momentan) in offensichtlicher Weise den Schaden Anderer verfolgen, (momentan) von der informationalen Kommunikation ausgeschlossen sind (weil sie keinerlei Garantie mehr dafür haben, anzunehmen, dass man ihnen die Wahrheit sagt oder nicht).

Damit ergibt sich aus der Maximenverwiesenheit des kategorischen Imperativs das Problem, wie die Moralbestimmung rein gehalten werden kann, wie also verhindert werden kann, dass empirische Werte in sie Eingang finden. Dies ist das spiegelverkehrt Problem zum oben dargestellten des kantischen moralischen Subjekts, nämlich dem Problem, wie der apriorische bestimmte Wert des Intellektualwesens mit der empirischen Gegebenheit einer Person verknüpft werden kann.

Das Grundproblem der kantischen Ethik ist also der Dualismus zwischen Apriorischem und Empirischem.[268] Dieses muss aber in jeder Ethik auftauchen, die in irgendeiner Weise Apriorisches oder Unbedingtes oder Universales zur Grundlage der Moral macht bzw. die Moral als ein solches fasst – nämlich ein solches Unbedingtes in Gegensetzung zum Bedingten identifiziert.[269] Natürlich liegt dem ein echtes sachliches Problem zugrunde – es handelt sich nicht um einen bloßen Denkfehler der betreffenden Philosophen. Tatsächlich ist es unmöglich, Unbedingtes und Bedingtes in einem hinreichend determinierten und kohärenten theoretischen System miteinander zu vermitteln (man braucht eben den Zufall dazu bzw. muss ihn in kauf nehmen). Die Universalisten optieren, verkürzt gesagt, für die Trennung beider, weil sie befürchten, dass man sonst gar keine (moralische) unbedingte Verbindlichkeit mehr erhält. Nur taucht dann eben dasjenige Problem, das sie durch die Trennung bezüglich ihrer Moraltheorie außenvor halten wollten, als Problem der mangelnden Vermittlung *in* dieser Theorie wieder auf. Die hier entwickelte Theorie setzt dagegen auf die Vermittlung – und zugleich die Auseinandersetzung – von Unbedingtem und Bedingtem durch den Zufall: den Zufall der Liebe.[270]

---

[268] Das ist nun freilich, in dieser Allgemeinheit formuliert, keine neue Erkenntnis.
[269] Das kann hier natürlich nicht im Einzelnen belegt werden, die These muss als solche stehenbleiben.
[270] Die Liste möglicher Kritikpunkte gegen deontologische, universalistische und formalistische Ethiken ist natürlich wesentlich länger (vgl. z.B. G. Schweppenhäuser 2005; vgl. auch R. Bubner 1982, 201-289). Hier wurden nur diejenigen ausgewählt, die besonders zur Plausibilisierung der hier entwickelten Theorie beitragen.

III. Freundschaft

1. Wechselseitige Liebe

Wenn die Liebe in ihren vier Grundmomenten und den vier reflexiven Momenten erwidert wird, beginnt die Freundschaft.[271] Durch die Gegenseitigkeit entsteht nun ein neuer, eigentümlicher Sachverhalt, der über die Addition der beiden einzelnen Bewusstseinssachverhalte hinausgeht. Zunächst bedeutet die Gegenseitigkeit für jede Seite, dass die andere Seite ihr entgegenkommt. Mein Verlangen nach dem Andern wird erfüllt, aber nicht nur zufällig oder durch meine Anstrengungen wie etwa bei einem unbelebten Gegenstand, sondern durch den intentionalen Selbstvollzug des Andern: Der Andere *will* mein Verlangen erfüllen. Er ist in seinem Wollen *für* mein Wollen eingestellt. Ebenso weiß ich mein Wissen um den Andern entgegnet von der Entsprechung seines Wissens: Er weiß sich selbst in der Gewussheit durch mich. Er weiß sich selbst als *für mich*. So will und weiß sich der Andere für mich, er entspricht meinem Ihn-für-mich-Wollen und -Wissen. Und ich weiß darum und will dies. So konvergieren die verschiedenen Vollzüge in Eines, in *eine* Bewusstheit: der Andere IST *für mich*. Er vollzieht seine Existenz qua bewusstes Sein für mich, und zwar zunächst nur aktual, im jeweiligen Bewusstseinsvollzug; erst in der (ausgesprochen seltenen, vielleicht auch unmöglichen) vollkommenen, rückhaltslosen Liebe ist der Liebende in seiner *ganzen* Existenz für den Andern; niemals ist dagegen ein endliches Wesen immer und ausschließlich für den oder die geliebten Anderen da – und dies ist zur Freundschaft auch nicht erforderlich.

---

[271] Dass alle vier bzw. acht Momente gegeben sein müssen, bedeutet natürlich nicht, dass sie alle in gleichem Maß und alle im wünschenswerten Maß vorhanden sein müssen, damit Freundschaft vorhanden sei. Wenn eines oder mehrere der Momente gering entwickelt ist, dann ist die Freundschaft unvollkommen, aber selbstverständlich ist genau das der Normalfall. Es gibt keinen Grund, den Freundschaftstitel nur für vollkommene Liebesbeziehungen zu reservieren. Auf der anderen Seite gibt es natürlich bezüglich des Maßes jedes der acht Momente eine Schwelle, unterhalb derer wir nicht mehr von Freundschaft sprechen. Wo genau diese Schwelle liegt, ist eine Frage des Ethos der jeweiligen Sprachgemeinschaft. Ihre Bestimmung muss hier nicht weiter beschäftigen, aber die Tendenz sollte eher die zur Großzügigkeit als zur Strenge sein.

Beachtung und Annahme der Liebe

Zum Für-mich-*sein* des Anderen gehört wesentlich meine Annahme und meine Aufmerksamkeit, mein Wollen und Wissen des Anderen, denn nur in diesen kann sich seine Für-mich-Existenz realisieren. Ohne diese bleibt sie ein Wunsch: „ich *will* für dich da sein", der schon aufgrund des Wunschcharakters vom Wollen dominiert ist und mit seiner Aktualisierung nicht in eins fällt. So kann der Andere für sich selbst die Momente seines Liebens nicht in die ungebrochene Einheit des Für-Seins verschmelzen lassen. Solange ich seine Liebe nicht annehme, ist er ein Wollender einerseits und ein Erkennender andererseits. In meinem Dich-für-mich-Wollen und -Wissen aber wird mir seine Existenz zum Für-mich-Sein, in dem die verschiedenen Momente des Wollens und Wissens aufgehoben sind zu Einem, zu einem einzigen, insich-einigen Sein. Dieses Sein ist nun eine Existenzweise eigenen Rechts. Dies bedeutet, dass ich in der Liebe den Andern nicht primär als ein Ich erkenne, das verschiedene Vollzugsweisen hat – nämlich Wollen und Gewahrsein in verschiedenen Wendungen – die er nun zufällig alle in den Bezug auf mich setzt. Dies ist nicht das Bewusstsein vom Andern, das man im Lieben hat. Im Lieben ist der Andere unvermittelt und irreduzibel Für-mich-Sein, und nicht ein Ich das vermittelst bestimmter Bezugsformen in ein Verhältnis zu mir versetzt ist. Im Gegenteil erkenne ich das Ich des Andern, seine Eigenständigkeit als Subjekt, aus dem Für-mich-Sein, das mir entgegenkommt, und nicht umgekehrt.[272]

Umgekehrt gilt genauso: Im gegenseitigen Lieben bin ich selbst für den Andern, ich vollziehe meine eigene Existenz als Für-Dich-Sein. Zunächst will ich dem Andern wohl, i.e. ich will Gutes für ihn, *was auch immer es sei*. Und ich

---

[272] Ermöglicht meine Annahme, i.e. mein Wollen und Erkennen der mich betreffenden Liebe, erst die Realisierung des Liebens des Andern, so habe ich darin in gewissem Sinn eine Machtposition. Allerdings bedeutet die Ausübung dieser Macht nichts anderes, als dass ich die Macht und das Wirken des Andern an mir gewähren lasse. Liebe anzunehmen, impliziert also für mich selbst das Bewusstsein meiner Empfänglichkeit, meiner Leidensfähigkeit, damit aber auch meiner Verletzlichkeit und meines Ausgeliefertseins. Mein Machtgefühl im Geliebtwerden kann ich mir also nur erhalten, wenn ich die Liebe nicht annehme. Naheliegenderweise ist die Annahme mir entgegengebrachter Liebe deshalb, wie schon oft bemerkt wurde, ein Akt, der sich nicht von selbst versteht und der vielen Menschen schwer fällt. Er ist letztlich ein Akt der Demut. Ihren deutlichsten philosophischen Ausdruck hat die Angst vor der Liebesannahme wohl bei Sartre 1985, 344ff gefunden: Nicht nur das aufs Wirken zielende Wollen des Andern im Bezug auf mich beschreibt er als unangenehm, nämlich beschämend, sondern schon dessen Betrachten (natürlich sind seine Ausführungen wesentlich differenzierter, als es hier wiedergegeben werden kann). Damit sagt er allerdings weniger über die menschliche Grundverfassung als über den Charakter seiner Philosophie aus: Die Sartresche Form des Existenzialismus ist eine subtile und gedankenreiche Artikulation der Liebesunfähigkeit. (Als solche ist sie natürlich von hohem Wert, denn es ist eine der Aufgaben der Philosophie, die möglichen Grundverfassungen unserer Existenz zu artikulieren, auch wenn es ungute Grundverfassungen sind.) Dass umgekehrt die Angst vor der Liebe zur Hinwendung auf die (eigene) *Existenz* und zum Festklammern an diese führt, ist naheliegend.

weiß mich in seinem Wissen, i.e. ich weiß mich als Gegenstand für ihn, *wie auch immer er mich erkennen mag*. Da er aber meinem Für-ihn-Wollen und meinem Für-ihn-Wissen entgegenkommt mit seinem Für-sich-Wollen und -Wissen, die er auf mich bezieht, deshalb kann ich beides nun als Hingabe und Offenbarung vollziehen, denn da er selbst sein Wollen und Wissen auf mich bezieht, kann ich selbst mein Für-ihn-Wollen und -Wissen auf *mich* beziehen: Ich kann nun *tatsächlich* mich selbst für ihn wollen; und ich darf *tatsächlich* mich selbst als gut für ihn wissen, i.e. als von ihm Begehrtes. Das *phileton*, das ich im einseitigen Lieben zu sein wünschte, bin ich nun tatsächlich.

Wiederum gilt, dass beide Aspekte des Für-den-Anderen-Seins und dessen Annahme sich nicht nur theoretisch gegenseitig erfordern, sondern dass ihr In-Eins realiter, i.e. in der Realisierung des Bewusstseinsvollzugs, eine neue, eigenständige Bewusstheit konstituiert: mein Für-dich-Sein, den Vollzug meiner eigenen Existenz als Sein-für-den-Freund. Du-für-mich und Ich-für-dich konstituieren die Freundschaft, und wie dargestellt ist ihre eigentliche *Realisierung* überhaupt nur in Gegenseitigkeit möglich. Nur dadurch, dass sie sich jeweils wechselseitig entgegenkommen, ist die Aufhebung der divergierenden Bewusstseinsmomente in eins, in eine Bewusstheit möglich. Dies bedeutet nun, dass die Freundschaft selbst den eigentlichen Sachverhalt eigenen Rechts darstellt, als der zunächst Für-mich-Sein und Für-dich-Sein herausgestellt wurden. Diese beiden irreduziblen Formen von Bewusstheit gründen in etwas Umfassenderem, das sie bedingt: ihre Gegenseitigkeit. Allerdings ist diese nun etwas, das über das einfache Bewusstsein hinausgeht. Das einfache, asymmetrisch-zufällige Bewusstsein besteht immer in der Ausgerichtetheit auf ein Ich – auf *ein* Ich – im Für-mich. Die Freundschaft ist ein Wechselverhältnis von Für-Sein, i.e. ein Zusammenhang von „Bewusstseinen" (und nicht nur von Bewusstseienden). Schon die deutsche Sprache sträubt sich gegen die Aufhebung der Singularität des Bewusstseins, und dem entspricht sachlich, dass mit dieser Doppelung des Bewusstseins nicht bloß bzw. nicht eigentlich ein zweifaches Bewusstsein und Bewusstsein von zweien gegeben ist, sondern eine neue Art und Weise des Bewusstseins: die Vereinigung von Zweien in einem Bewusstsein.[273] Ausschlaggebend dafür ist formal, dass in der Freundschaft die konstitutiven Merkmale des Bewusstseins aufgehoben sind – ohne dass sie, wie bereits dargestellt, dadurch völlig verlöschen: Die Asymmetrie des Bewusstsein ist in der Freundschaft symmetrisiert; und die blinde, gleichgültige Kontingenz des Mich-Betreffens ist aufgehoben in das willentliche gegenseitige Für-sein, durch die Einstimmung beider Seiten in das einander Zufallen. Als Formen des *Bewusstseins* also sind Für-mich-Sein und Für-dich-Sein irreduzibel, sie sind nicht reduzibel auf irgendein anderes Bewusstsein. Aber in ihrem wechselseitigen Erfordernis erfordern sie ihre Reduktion auf das Verhältnis ihrer Gegenseitigkeit, die Freundschaft. Die ist nun allerdings nicht mehr einfache Form des Bewusstseins, sondern transzendiert dieses.

---

[273] Man kann hier an Montaignes Formel „Ich-zu-zweit-sein" (1998, 104) denken.

Man kann darüber streiten, ob man das, was daraus resultiert, wie eben geschehen als eine Form des Bewusstseins fassen sollte oder ob man ihm einen neuen Namen geben sollte – etwa „Geist", wie bei Hegel. Für die weiteren Ausführungen spielt das keine Rolle, es wird hier mit Aristoteles einfach das Wort „Freundschaft" verwendet werden.

Die Vollendung des individuellen Bewusstseins in der Freundschaft

Allerdings ersetzt der neue Sachverhalt der Freundschaft nicht das einzelne Liebesbewusstsein der Freunde. Diese lieben selbstverständlich weiterhin in ihrem jeweiligen Bewusstsein jeder für sich. Sie haben dabei das Bewusstsein, an einem Größeren, Umfassenderen zu partizipieren, eben an ihrer Freundschaft. Aber ihr subjektives Bewusstsein verschwindet nicht darin. Und sie können sich selbstverständlich bezüglich der Freundschaft irren, wie sie sich auch gegen sie verfehlen können.

Das wechselseitige Bedingungsverhältnis von Für-mich-Sein und Für-dich-Sein bedeutet nun aber auch, dass mir die Freundschaft erst den eigenen ungebrochen-einigen Existenzvollzug als bewusst Seiendes ermöglicht. Erst in der Bewusstheit von „du bist für mich" und „ich bin für dich" gelangen die divergenten Vollzüge des Bewusstseins zur Einheit. Dies bedeutet nicht, dass jeder andere Bewusstseinvollzug als der in der erwiderten Liebe unglücklich sein muss. Selbstverständlich gibt es die Lust für sich und das Verstehen für sich wie auch das Im-Frieden-Sein für sich. All diese sind schon für sich allein „*gutes* Bewusstsein". Aber sie sind eben nicht für sich allein vollkommenes Bewusstsein. Dies erkennt man nicht nur daran, dass man in diesen Bewusstseinsvollzügen nicht endlos verharren kann. Man ersieht dies auch daraus, dass in ihnen der jeweils andere „gute Bewusstseinsvollzug" zumindest in den Hintergrund tritt. Teilweise muss er sogar aktiv unterdrückt werden. So ist es vielen Menschen hilfreich, zum Lustgenuss die Verstandestätigkeit etwas zu betäuben, und wer sich ganz auf die Verstandestätigkeit konzentrieren möchte, dem hilft oft eine gute Portion Askese. Der Zufriedenheit dagegen ist es dienlich, sich der Lust und auch dem Erkenntnisstreben zu entwöhnen und sich mit dem zu bescheiden, was viele gern das Hier-und-Jetzt nennen.

Der Grund für die Unvollständigkeit des einfachen Bewusstseins liegt in seiner Gebrochenheit: Bewusstsein ist immer aus auf etwas und verwiesen an etwas, das ihm unverfügbar ist. Es ist *wesentlich* unvollständig. Diese Gebrochenheit wird nun durch das Entgegenkommen des anderen Bewusstseins geheilt. Die Freundschaft ist das heile Bewusstsein und im freundschaftlichen Lieben liegt das „Heil" jeden bewussten Wesens. Dieses altertümliche und oft missbrauchte Wort passt an dieser Stelle, denn es geht nicht nur um Glück und Zufriedenheit, sondern um etwas Größeres, Umfassenderes, nicht nur um etwas Gutes in meinem Bewusstsein, sondern um ein vollendetes und objektives Gutsein meines bewussten Seins selbst in einem vollendeten Guten, das es transzendiert: der Freundschaft.

Allerdings ist das Heil der Freundschaft nach der hier entwickelten Theorie ein radikal endliches. Die Liebe befreit das Bewusstsein nicht aus seiner Kontingenz. Die Gebrochenheit des Bewusstseins wird nicht in einem hegelschen Sinn aufgehoben. Sie macht sich weiter auch in der Freundschaft als die Unvollkommenheit des einzelnen Bewusstseins geltend, in Irrtum, Ohnmacht und Verfehlung bezüglich des Freundes und des Zusammenlebens mit ihm. Und sie taucht selbstverständlich auch im Freundschaftsbewusstsein selbst auf als dessen Unvollkommenheit, Einseitigkeit und Verzerrtheit, die bis hin zur Perversion gehen kann – dazu unten mehr. Auch die Freundschaft kann das Bewusstsein nicht von sich selbst befreien – sonst könnte sie ja nicht mehr *seine* Vollendung sein. Die Gebrochenheit gehört aber wie gesagt wesentlich zum Bewusstsein. Die Vollendung der Freundschaft ist deshalb eine Vollendung *in* der Endlichkeit, nicht eine, die über diese hinausführt und von ihr befreit. Sie beendet nicht die Endlichkeit, sondern sie erweist und realisiert die Möglichkeit der Vollendetheit der Endlichkeit, nämlich endlicher Existenz selbst. Endliches kann vollendet sein. Das ist vielleicht die Grundbotschaft der hier entwickelten Theorie. Dies impliziert andere Thesen wie etwa die, dass Kontingentes normativ sein und Unvollkommenes einen unbedingten Wert haben kann.

Die wesentliche Gebrochenheit des Bewusstseins wird dadurch zu seiner wesentlichen Anweisung hin auf Vollendung: Bewusstes Sein ist Sein zur Freundschaft. Diese notwendige Angewiesenheit ist allerdings weder unbedingt im faktischen Sinn – selbstverständlich suchen nicht alle bewussten Wesen bewusstermaßen ihr Heil in der Liebe; noch ist sie unbedingt im deontologischen Sinn – es ist nicht so, dass alle ihr Heil in der Freundschaft suchen *sollen*, denn es gibt kein Sollen jenseits der Freundschaft (dazu s.u.). Die Anweisung ist eine apriorisch-formale, die in der Grundstruktur des Bewusstsein begründet ist, deren Konkretisierung und Realisierung sich aber nur kontingentermaßen ereignen kann bzw. geleistet werden muss.

Wenn in der Freundschaft die Heilung der Gebrochenheit des *Bewusstseins* liegt, dann bedeutet dies nicht oder nur in indirekter Weise, dass *ich selbst* in der Freundschaft „heil" oder vollendet bin. Mein Bewusstsein ist ja nicht mein Selbst, sondern mein Selbst ist nur ein Pol in derjenigen Bezüglichkeit, die das Bewusstsein ausmacht. Diese Bezüglichkeit ist nun vollendet, weil sie durch das liebende Entgegenkommen des anderen Bewusstseins zu einem Ganzen, in sich Einigen geworden ist. Die Vollendung in der Freundschaft ist also im strengen Sinn gar nicht *meine* Vollendung, zumindest nicht, solange ich mich als mein Selbst verstehe. Es ist eine Vollendung, in der ich als Selbst für mich nur partizipiere. Meine Vollendung wird sie nur insofern, als ich im Bewusstsein der Liebe realisiere, dass ich eben niemals ein Selbst-für-mich bin, oder dass mein Selbst immer ein bezügliches und in dieser Bezüglichkeit ein Unvollendetes ist. Zur Vollendung gelange *ich* also nur, wenn ich mein Selbst überwinde, und mich als Bewusst-Sein begreife, eben als das Liebesbewusstsein. Das bedeutet nicht, dass ich aufhören würde oder könnte, ich selbst zu sein. Aber im Lieben begreife ich, dass ich über mein Selbst hinaus bin, dass ich gewissermaßen nicht nur mein Selbst bin, dass mein Sein größer ist als mein Selbst – auch wenn dieses Selbst *für mich* immer der Ausgangspunkt dieses Hinausseins bleibt. Der Heilsegoismus ist also nach der hier entwickelten Theorie von vornherein ausgeschlossen, weil das „Ego" als ein eigenes gar nicht heil sein kann. Wenn das Selbst sein eigenes Heil allein für sich selbst suchen würde, so müsste es am Ende zu dem Schluss gelangen, dass es seine Vollendung nur erreichen kann, indem es sich selbst opfert. Weil aber die Vollendung dann nicht mehr seine sein kann, kann es diese Vollendung nicht wollen. Aufgrund dieser Aporie ist das Selbst unüberwindlich heillos. Die Lösung der Aporie – nicht für das Selbst, aber für *uns* – liegt darin, dass wir gar nicht Selbstsein sind, sondern Bewusstsein, und nur *im* Bewusstsein Selbst sind. Nicht die Vollendung ist eine Illusion, sondern das schiere Für-sich-Selbst-Sein ist eine Illusion. Die Überwindung des Heilsegoismus liegt in der Einsicht, dass es das Ego oder das Selbst, auf das er bezogen ist, gar nicht für sich allein gibt und geben kann. Es „gibt" dieses Selbst nur, insofern es nicht für sich allein ist: als ein Moment des Bewusstseins. Und dieses Bewusstsein ist „heil" in der Freundschaft.

Auflösung des Paradoxes des Liebesstrebens

Damit löst sich auch der Widerspruch auf, dass ich die Freundschaft als *mein* Glück erstrebe, aber in der Freundschaft dem Anderen (neben den anderen Freundschaftsmomenten) *allein um seiner selbst willen* wohlwill.[274] Ich erstrebe die Freundschaft eben gar nicht als das Glück für mich selbst oder als die Vollendung meines Selbst, sondern wenn ich tatsächlich die Freundschaft als *mein* Ziel erstrebe, dann ist der Bezugspunkt dieses „mein" schon nicht mehr ich Selbst, sondern etwas, das größer ist als ich Selbst: meine Liebe (andernfalls ist das Erstrebte gar nicht die Freundschaft, sondern irgendein egoistisches Missverständnis der Liebe). Meine Liebe ist aber nicht deshalb meine, weil sie meinem Selbst gehörte, sondern weil mein Selbst sich in ihr vollzieht, und zwar als ein solches, das wesentlich *für den Anderen* ist. Das Subjekt, das die Liebe will, ist gewissermaßen nicht das Selbst und in diesem Sinn nicht ich *selbst*, sondern die Liebe selbst.[275]

Dafür ist wichtig, dass das Bewusstsein eine Für-mich-Struktur darstellt und nicht eine Für-mein-Ich-Struktur. Das individuale Ich ist etwas Abgeleitetes, das Ursprüngliche ist die *Relationalität*, das Für-mich. In der Konversion ändert sich die Struktur dieses Für-mich. Damit ist aber das Subjekt des

---

[274] Vgl. auch die Formulierung von Robert M. Adams 1993, 128: Das Bedürfnis nach Liebe und Freundschaft „is one of those desires ..., whose nature permits no direct path form the desire to its fulfilment because the fulfilment involves having a motivation that is not based on the desire".
[275] Dazu passt tatsächlich der Terminus „Selbsttranszendenz", den R. Spaemann gern im Zusammenhang der Liebe verwendet, vgl. z.B. 1998, 105f.

konversen Bewusstseins gar nicht mehr das Ich. Wenn ich liebe, dann ist nicht mehr mein Ich das alleinige Subjekt, oder noch deutlicher: im Lieben ist mein Selbst nicht mehr nur ich. „Ich" bin in gewissem Sinn *auch* der Andere oder sein Ich ist Teil meines Selbst. In einem höheren Sinn ist allerdings weder sein noch mein Ich mein Selbst, noch deren Vereinigung, sondern die Liebe ist mein Selbst: Ich bin mein Lieben. Ich kann also die Liebe erst für mich, als mein Gut wollen, wenn mein Für-mich schon zu dem der Liebe selbst geworden ist. In diesem Sinn will also die Liebe sich selbst. Allerdings kann die Liebe nur sein, wenn ein endliches Selbst liebt (die Liebe muss sich „inkarnieren" s.u.). Und daher kann ich umgekehrt nur die Liebe wollen (bzw. die Liebe sich selbst wollen), wenn ich sowohl das andere, geliebte *Selbst* will wie auch mein eigenes: wenn ich ihr Sein und ihr Wohl will.[276]

Damit ist der individuelle Egoismus überwunden, aber wird er dergestalt nicht einfach ersetzt durch einen Egoismus der Liebe, die sich selbst will? Das trifft in einem gewissen Sinn zu. Allerdings will die Liebe nicht nur, dass die Individuen lieben, damit sie selbst sei. Sie will notwendig deren Freiheit, denn ohne diese können sie nicht lieben. Sie kann aber diese Freiheit nicht nur instrumental wollen, nämlich wollen, *damit* die Individuen lieben. Denn in der Freiheit können die Individuen lieben oder auch nicht. Die Liebe kann die Freiheit der Individuen überhaupt nur als deren Freisetzung gegen jede mögliche Instrumentalisierung wollen – und sei es die Instrumentalisierung zum Lieben. Damit will aber die Liebe die Individuen nicht nur für sich selbst, sondern als solche, i.e. sie anerkennt sie und will ihnen wohl. Die Liebe *liebt* also die Individuen und will sie nicht nur für sich, als Realisatoren der Liebe.[277] Sie will das eigene, unabhängige Selbstsein dieser Subjekte, ihre Selbstbestimmung. Diese Liebe geht über sich selbst hinaus bis zur Selbstaufopferung: Die Liebe will notwendig das Sein und die Freiheit der Individuen auch dann, wenn sie diese dazu benutzen, nicht zu lieben. Dann stirbt die Liebe. Aber diesen ihren Tod nimmt die Liebe sozusagen in Kauf um der freien Individuen willen, die sie mehr liebt als sich selbst. Insofern ist die Liebe selbst nicht egoistisch und dasjenige Subjekt, dass seine Individualität hin auf das Selbst der Liebe transzendiert, gerät damit nicht in einen neuen, höherstufigen Egoismus.

---

[276] Die Liebe selbst liebt also gerade nicht nur sich selbst, sondern auch das, was nicht die Liebe ist: das Für-sich-selbst-Sein der Liebenden. Dies erklärt wiederum, warum ich in der Liebe immer auch (für mich) verlangend bin: Selbst wenn ich mein Selbst einmal vollständig auf die Liebe hin überwunden haben sollte, *anerkenne* ich doch mich selbst in diesem Selbst gerade um dieser Liebe willen und *will das Wohl* dieses Selbst, i.e. ich will in der Liebe das Wohl immer und in jedem Fall *auch* für mich selbst. (Im äußersten Fall, nämlich im reinen Erbarmen, s.u., will ich für mich selbst allein das Gut, das die Liebe *für mich* ist. Diese letzte Selbstbezogenheit will ich aber in jedem Fall: Die Liebe ist nie vollkommen selbstlos, auch wenn die echte, vollständige Selbstlosigkeit immer ein Moment in ihr ist.)

[277] Sie sagt, um eine biblische Formulierung aufzunehmen (und ins Endliche zu wenden) zu ihrem inkarnierten Sohn, nämlich dem liebenden Selbst: „Sy ei ho hyos mou ho agapētos, en soi eudokēsa" Mk 1,11.

Natürlich gelingt die liebende Selbstüberwindung den allerwenigsten *vollständig* – und zwar nicht nur, weil ihre Liebe zum Anderen schwach ist, sondern gerade auch weil es ihnen an der Liebe zu sich selbst fehlt, wie sie unten dargestellt werden wird. Aber die Vollkommenheit ist dafür, dass Liebe sei und dass sie gut sei, auch gar nicht notwendig. Auch in der unvollständigen und mangelhaften Liebe erleben wir etwas Vollendetes, ein unbedingtes und uneingeschränktes Gut-Sein (auch unserer selbst). Das mag paradox erscheinen. Aber es scheint doch der Phänomenologie unseres Liebesbewusstseins zu entsprechen. Das Unbedingte realisiert sich nicht nur *im* Bedingten, sondern auch *als* Bedingtes, in bedingter Weise.[278] Umgekehrt erklärt die Unvollkommenheit unseres Liebens, warum die allermeisten von uns im Lieben nicht vollendet glücklich sind: weil wir weder uns selbst noch die Liebe selbst hinreichend lieben.[279]

a) Die Normativität der Freundschaft

Die Freundschaft ist die Perfektion des Bewusstseins und damit allen bewussten Seins. Das ist der grundlegende normative Anspruch der Theorie der Freundschaft. Insofern nimmt die Freundschaft den Platz der Tugend in der Aristotelischen Ethik ein: Sie ist die *aretē* unserer Wesensverfassung (nämlich als bewusstes Sein), und in ihren Aktualisierungen ein volles Leben hindurch liegt die Eudaimonie, das Lebensglück eines guten und gelungenen Lebens. Allerdings unterscheidet sich die Freundschaft von den Tugenden natürlich schon darin, dass sie ein Verhältnis von Individuen darstellt und nicht eine Individueneigenschaft.[280] Dies ist der Punkt, in dem die hier vorgestellte Theorie am deutlichsten über Aristoteles hinausgeht: Das höchste Ziel des Menschen liegt nicht in der Selbstperfektion und in der (autonomen) Vernunftbestimmtheit[281], sondern darin, das eigene Selbstsein hin auf die Freundschaft zu transzendieren.

Das Konzept der Perfektion und der Eudaimonie ist hierbei nicht nur ein subjektives, sondern ein objektives. Darin stimmt die hier vorgestellte Theorie wiederum mit Aristoteles überein. Zwar ist die Freundschaft auch subjektiv, i.e. für die Freunde gut. Aber ihre Güte erschöpft sich nicht darin. Sie ist an ihr selbst gut, sie ist objektiv die Vollendung des Bewusstseins. Dabei gilt, dass nicht nur die Zielbestimmung als solche objektiv gültig ist. Objektiv ist

---

[278] Das ist nun freilich das unaufhebbare Mysterium der Liebe.
[279] Vgl. dazu im Folgenden die Kap. zur Selbstliebe und zur Liebe zur Liebe.
[280] Natürlich kann eine Relation auch als Individueneigenschaft gefasst werden, nämlich als relationale Eigenschaft. Aber diese Eigenschaft bleibt relational bedingt, das Individuum hat sie nicht für sich alleine genommen, und darum geht es hier.
[281] Die Vernunft ist das Prinzip der (menschlichen) Tugenden bei Aristoteles, vgl. NE 1097b22ff. Die Vernunft ist also selbstverständlich schon bei ihm wie auch schon bei Platon das Kriterium des guten Lebens.

auch die *Anweisung* auf dieses Ziel. Insofern ist der Begriff „Perfektion" nicht ganz hinreichend – übrigens gilt das auch schon im Bezug auf Aristoteles' Tugendethik. Perfektion ist in den gewöhnlichen Lebenszusammenhängen ein Vorgang, der auf unterschiedlichste Weise motiviert sein kann, zumeist aber subjektiv. Dies gilt auch, wenn die Bestimmung der Perfektion objektiv (oder intersubjektiv) gegeben ist. So steht es z.B. nicht in meinem Ermessen, nach eigenem Gusto zu entscheiden, ob der Text, den ich geschrieben habe, orthographisch fehlerfrei ist. Aber ob ich meine Rechtschreibung perfektionieren will oder nicht, ist meine Sache. Dagegen ist im Fall der Freundschaft auch die Anweisung auf die Perfektion eine objektive.[282] Wer ein bewusstes Wesen ist, i.e. wer seine Existenz im Bewusstsein vollzieht, der ist in seinem Sein auf diese Perfektion verwiesen. Er kann sich freilich andere Ziele wählen, nämlich die Ziele der einseitigen Bewusstseinsverfassungen des egoistischen und des Pflichtbewusstseins – und selbstverständlich dürfen und müssen wir das in einzelnen Situationen immer wieder tun. Wenn aber jemand aus diesen Zielen seine Lebensziele macht, i.e. die Zielvorgabe der Verwirklichung seiner Existenz, dann ist das objektiv schlecht, nämlich schlecht an sich – wie auch schlecht für ihn.

Die objektive, verbindliche Anweisung auf die Liebe impliziert nun, dass ihre immanenten Forderungen – nämlich die der Anerkennung und des Wohlwollens sowie die weiteren Forderungen, die aus diesen fließen – den Primat vor den Forderungen des egozentrischen und des obtemperanten Bewusstseins beanspruchen (soweit deren Forderungen nicht ihrerseits als Forderungen der Liebe, nämlich der Selbstliebe bzw. der Liebe zur Liebe validiert sind – dazu s.u.). Daraus ergibt sich das Sollen der bzw. in der Liebe selbst (im Unterschied zum Sollen des obtemperanten Bewusstseins) – so wie ja andererseits auch das Wollen bzw. das Begehren in der Liebe selbst seinen Ort hat. Neben bzw. vor dem Wollen für mich und dem Sollen an sich steht das Wollen und Sollen der Liebe.

Zum Begründungscharakter der These von der Freundschaft als dem Ursprünglichen

Damit ist nun in gewissem Sinn die Verknüpfung von Sein und Sollen (hier im Sinn einer objektiven Anweisung auf ein Ziel) wiedereingeführt, die seit der Kritik G.E. Moores allgemein als „naturalistischer Fehlschluss" abgelehnt wird.[283] Allerdings ist genau zu beachten, was hier womit verknüpft wird. So ist zum ersten das „Sein", dem da die Dimension der Vollkommenheit eignet, eben nicht die schiere Faktizität, nicht die reine Unvermitteltheit der Exi-

---

[282] Aus der Theorie der Freundschaft ergibt sich also nicht nur ein Wert – der Wert der Liebe –, sondern auch eine Pflicht – nämlich die Verpflichtung auf die Liebe. Dies ist sozusagen die *transzendente* Normativität der Liebe. Ihr *immanenter* Wert dagegen ist der geliebte Andere (bzw. auch ich selbst – in der Selbstliebe); ihre immanente Pflicht ist die Anerkennung und das Wohlwollen gegen ihn.
[283] Ders. 1970, 36ff.

stenz, nicht ein Ding- oder Sachverhaltartiges. Es ist das Bewusstsein. Freilich kann das Bewusstsein *auch* als faktischer Sachverhalt betrachtet werden – oder richtiger: nur so kann es *betrachtet* werden. Aber das Bewusstsein kann eben nicht realiter betrachtet werden. Es ist selbst die Betrachtung. Das Bewusstsein, das wir – etwa in der Bewusstseinstheorie – betrachten, ist eine Abstraktion unseres eigenen, aktualen bewusst Seins, das wir nie an und für sich haben, sondern immer nur an etwas und für mich. Das Bewusstsein ist unerkennbar[284], das liegt in seiner Asymmetrie: Das (unmittelbar) bewusst seiende Bewusstsein wäre die Symmetrisierung des Für und des Daran und damit deren Aufhebung.

Das Bewusstsein ist nicht ein schieres Sein, sondern ein Bezüglichsein.[285] Als solches ist es nie rein unmittelbar, sondern immer in Vermittlung begriffen. So aber ist es nicht ein gegebener Sachverhalt, der dann in Beziehungen gesetzt würde. Wäre es dies, so müsste die Beziehungssetzung seines Seins zu einem Sollen immer sekundär und extern bleiben. Aber das Bewusstsein hat in sich selbst die Struktur des Woraufhin und Wovonher. Es *ist* diese Struktur. Prägnanter, wenn auch etwas verkürzt kann man formulieren: Die Liebe ist nicht ein erster Linie eine *Tatsache* (auch nicht ein „Faktum der Vernunft" oder sonst eine innermentale Gegebenheit), die wir *vorfinden*, sondern (um den fichteschen Begriff zu borgen) eine *Tathandlung* in der wir uns *finden*.

Das Bewusstsein stellt aber nicht nur eine Struktur der Gerichtetheit dar. Es stellt ein ursprüngliches Ereignis konkreter Vermittlung dar. Die Ursprünglichkeit seiner Ereignishaftigkeit liegt darin, dass Bewusstsein nicht (vollkommen) auf Anfangsbedingungen (bzw. Resultate) reduziert werden kann. Dasjenige Ereignis, das sich nicht vollständig in einen Zusammenhang von Gegebenheiten einbinden lässt, ist der Zufall, und eben diese Zufälligkeit wurde dem Bewusstsein als konstitutives Merkmal zugesprochen.[286] Diese Zufälligkeit ist nun ausschlaggebend dafür, dass im Bewusstsein nicht nur

---

[284] Oder: das Erkennen selbst ist unerkennbar, das Bewusstsein selbst ist nie *im* Bewusstsein – oder besser: es ist immer *auch* im Bewusstsein, nämlich mitbewusst, damit aber nie ganz im Bewusstsein, weil das ganze Bewusstsein dasjenige wäre, worin das Bewusstsein nicht nur reflektiertes ist, sondern ebensowohl irreflexives.

[285] Auf der anderen Seite ist Bewusstsein nicht schiere Relationalität. Es ist ein *Sein* (im Sinn der Subsistenz) in der Bezüglichkeit. Dieser Aspekt des Bewusstseins wurde oft durch die Selbstbezüglichkeit zu fassen versucht, etwa in der kierkegaardschen Formel vom „Verhältnis, das sich zu sich selbst verhält" (1962, 13). Damit würde auch noch der scheinbar unbezügliche Subsistenzaspekt des Bewusstseins in die Bezüglichkeit aufgehoben. Die Frage ist aber, ob das Sein des Bewusstseins in der Selbstbezüglichkeit tatsächlich konstituiert oder doch nur expliziert wird. Darauf kann hier nicht eingegangen werden. Die Frage ist vermutlich unlösbar.

[286] Naheliegenderweise macht die Zufälligkeit das Ereignis zu etwas Ursprünglichem, weil es durch sie nicht mehr aus anderem abgeleitet werden kann. Wo ein Ereignis vollständig durch Gesetze determiniert ist, bringt sein Eintreten nichts Neues. Seine gesamte Bestimmung ist bereits gegeben, nämlich vorgegeben, sein Geschehen aktualisiert diese Bestimmung nur. Das Zufallsereignis dagegen stiftet eine Realität, die (zumindest in gewisser Hinsicht) sonst nirgendwo herkommt, die also allein aus dem Ereignis selbst entspringt. Damit wird aber das Eintreten dieses Ereignisses wesentlich, nämlich ontisch entscheidend.

Gerichtetheit überhaupt vorliegt (die wäre noch nicht sonderlich interessant), sondern dass *im konkreten* Gerichtetsein eine Differenz liegt, die einen Unterschied *im* Bewusst-Sein macht. Bewusstsein ist dergestalt nicht nur einerseits ein völlig Allgemeines: das Für-mich in allem (meinem) Bewusstsein (und ein anderes als *mein* Bewusstsein ist *für mich* nicht, i.e. nicht realiter); und andererseits ein völlig unvergleichlich-singulär Einzelnes: das An-sich des jeweiligen Bewusstseins, in dem es überhaupt keine Vergleichlichkeit von „Bewusstseinen" gibt, weil es neben der Gegebenheit im Bewusstsein nicht noch eine Qualität (einen „Geschmack") des Bewusstseins selbst gibt, aufgrund derer ich alle Gegebenheitsinstanzen des Bewusstseins unter einem allgemeinen Begriff fassen könnte. Neben Allgemeinheit und Einzelheit hat Bewusstsein immer eine Besonderheit: die besondere Weise und Wertigkeit, in der Für-mich und An-sich einander zufallen. Dies wurde unter den Stichworten „Fühlen" und „Betrachten" ausgeführt. Bewusstsein ist immer in guter oder schlechter Verfassung, es steht immer in der Dimension der Wertigkeit und damit in der Bezüglichkeit auf Güte.

Ist also einerseits das Sein des Bewusstseins nicht schieres Sein, sondern eben „Bewusst-Sein", ein „Sein", das das gewöhnliche Verständnis von Sein sprengt (weil es seine Grundlage bildet – nämlich die Grundlage des Verstehens), so ist auf der anderen Seite das Sollen, das in der immanenten Vollkommenheitsbestimmung des Bewusstseins liegt, nicht eigentlich Sollen. Es ist kein Imperativ, den es vernimmt. Es gibt keinerlei Anweisung, dass das Bewusstsein vollkommen sein *soll*. Die Vollkommenheit des Bewusstseins ist allein die Explikation seiner ursprünglichen Angewiesenheit, die in seiner Ausgerichtetheit einerseits und seiner Gebrochenheit andererseits begründet ist. Allein schon um deren Ursprünglichkeit willen kann sie nicht nochmals unter eine Anweisung gestellt werden. Sie muss jedem Bewusstsein als Ziel unterstellt werden. Insofern – aber freilich nur insofern – ähnelt sie dem kategorischen Imperativ. Auch dieser macht sich ja „ursprünglich" geltend, es kann nicht noch eine Anweisung geben, die besagt: „Du sollst nach dem kategorischen Imperativ handeln". Der kategorische Imperativ ist ja gerade die Explikation des reinen Sollens (dies akzeptiert übrigens auch die hier vorgestellte Theorie, nur akzeptiert sie eben das deontologische Sollen nicht als ein Erstes, Unhintergehbares). Also kann es nicht noch einmal einen Grund für die kantische praktische Vernunft geben, weshalb sie moralisch und autonom sein sollte. Ebenso kann es hier keinen Grund dafür geben, dass das Bewusstsein sich auf die Freundschaft hin ausrichten sollte. Sie *ist* seine ursprüngliche Ausgerichtetheit.

Diese Unhintergehbarkeit der ursprünglichen Anweisung ist nicht nur eine Schwierigkeit der kantischen und der hier vorgestellten Theorie. Immer, wenn eine Ethik über das Eigeninteresse als letzten Handlungsgrund hinausgehen möchte, muss sie einen andersartigen Handlungsgrund als ursprünglich gegeben, i.e. als irreduzibel auf das Eigeninteresse gegeben annehmen: ein objektives Sollen. Theoretisch bestünde nun die Option, dieses Sollen statt des

Eigeninteresses als den einzig gegebenen Handlungsgrund anzunehmen, aber das ist so unrealistisch, dass es kaum jemand versucht hat.[287] Also erhält man zwei ursprüngliche, aufeinander irreduzible Handlungsgründe, das Eigeninteresse und das Sollen. Dann stellt sich aber die Frage, auf welcher Grundlage zwischen den beiden Handlungsgründen zu entscheiden ist. Freilich *soll* man nicht dem Eigeninteresse folgen, sondern dem Sollen. Aber das sagt das Sollen. Das Eigeninteresse sagt, dass man dem Eigeninteresse folgen „soll" bzw. möchte. Wenn beide Handlungsgründe gleichursprünglich nebeneinander stehen, kann es keinen Grund mehr geben, weshalb sich einer dem anderen unterordnen sollte, auch wenn natürlich jeder der beiden dies vom anderen fordert. Der Imperativ zur Bevorzugung des objektiven Sollens wäre: „Tue das Gute"[288] oder genauer „tue das objektiv Gute, nicht das bloß für dich gute". Das ist der Sinn dieses scheinbar tautologischen Satzes. Aber dies ist sozusagen ein transzendenter Imperativ, ein Imperativ, der das objektive Sollen übersteigt, weil er zu diesem anweist. Ein solcher transzendenter Imperativ hat in einer dualistischen Ethik, nämlich in einer die von genau zwei ursprünglichen Handlungsgründen ausgeht, keinen Raum. Die hier vorgestellte Theorie geht von der Vereinigung von Eigeninteresse und Sollen in der Freundschaft aus (versucht also, deren Dualismus zu überwinden). Die *Freundschaft* ist daher das gegenüber diesen transzendente Gute und die Anweisung auf sie ist das ihnen gegenüber transzendente Sollen und Wollen bewussten Seins. Die Liebe ist nach der hier entwickelten Theorie das objektiv (und subjektiv) Gute, zu dem der Imperativ „tue das Gute" anweist und die sozusagen selbst diese Anweisung ausspricht.

Allerdings ist die Liebe nicht ein dritter Handlungsgrund *neben* Eigeninteresse und Sollen. Sie ist der tiefere Grund, aus dem beide entspringen und aus dem sie sich auseinandersetzen. Deshalb kann die Liebe nicht als ein eigenes Drittes neben Eigeninteresse und Sollen gefasst werden, sondern nur als dasjenige, worin diese beiden ursprünglich vereinigt sind und worin sie sich gegeneinander konturieren. Weil wir aber klare und distinkte Begriffe nur durch die Konturierung gewinnen, deshalb bleibt der Begriff der Liebe als der Vereinigung der antagonistischen Handlungsgründe notwendig immer unterbestimmt und er stellt sich für diejenigen, die von den fest gefassten Begriffen dieser antagonistischen Gründe ausgeht, als widersprüchlich dar. Das ist die Schwäche der hier vertretenen Theorie. Sie kann ihren letzten Grund nicht mit vollständiger Genauigkeit und Konsistenz explizieren. Hier wird vertreten, dass diese Schwäche sowohl dem Dilemma der dualistischen Ethiken wie auch den monistischen Ethiken des aufgeklärten Eigeninteresses vorzuziehen ist – weil diese nämlich nicht haltbar sind.

---

[287] Man kann Hegel in diesem Sinn interpretieren: Das Eigeninteresse ist nur die nicht durchschaute List der universalen Vernunft, durch die sie die individuellen Subjekte am Leben erhält, um durch sie (und am Ende mit ihnen) zu sich selbst zu kommen.
[288] Vgl. z.B. 1 Petr 3,11.

Der Charakter der Anweisung auf die Freundschaft

Selbstverständlich gibt es sehr wohl die Möglichkeit, sich gegen die Eudaimonie, i.e. gegen das Glück in seiner Ganzheit zu entscheiden – wie es ja in den normativen Ethiken auch die Möglichkeit gibt, gegen das Sollen zu handeln. Bei Kant ergibt sich diese Möglichkeit daraus, dass unsere praktische Vernunft nicht nur rein, nämlich autonom, sondern auch unrein, nämlich heteronom sein kann. Und dies wiederum ist deshalb möglich, weil wir zwei Bestimmungsgründe unseres Wollens haben: neben der praktischen Vernunft auch noch die Sinnlichkeit mit ihren Neigungen. Für die Philosophie der Freundschaft ergibt sich analog, dass ich auch auf anderes ausgerichtet sein kann als auf die Vollendung meines bewussten Seins bzw. auf den Anderen in der Freundschaft, weil es neben dem Liebesbewusstsein auch andere Bewusstseinsformen gibt: das egozentrische Bewusstsein und das hörige Bewusstsein. In diesen bin ich nicht auf die Eudaimonie als Vollendung meines bewussten Seins ausgerichtet, sondern auf einseitige Ziele: auf Genuss und Erkennen einerseits und auf Rechttun und In-Ordnung-Sein andererseits.

Der Vorrang der Anweisung des Liebesbewusstseins vor dem Eigeninteresse und der Pflicht beruht objektiv darauf, dass die beiden letzteren aus dem ersteren entspringen und ohne den größeren Zusammenhang der Liebe immer einseitiges, unvollständiges und gebrochenes Bewusstsein bleiben. Die Anweisung des Liebesbewusstseins ist also die Vereinigung von Streben und Sollen. Eine solche Vereinigung ist zugegebenermaßen schwer zu fassen. Es geht wohlgemerkt nicht nur darum, dass im Lieben (zuweilen) Streben und Sollen auf dieselben Ziele und Vollzüge anweisen, i.e. dass ich im Lieben erstrebe was ich soll und soll was ich erstrebe. Nein, die *Art und Weise* meines Angewiesenseins im Streben und die *Art und Weise* meines Angewiesenseins im Sollen müssen in eins gedacht werden.[289] Es ist eine ursprüngliche Anweisung zu denken, die sowohl Streben als auch Sollen ist. Das mag unser modernes Denken überfordern, aber es scheint, dass sowohl der aristotelischen eudaimonistischen Ethik wie auch z.B. der platonischen Theorie des Guten ein derartiger Anweisungsmodus zu unterstellen ist, auch wenn er von beiden natürlich nicht so explizit wird. Dass die antiken Denker den Strebens- und den Sollensaspekt in der Ausrichtung auf das Gute nicht recht unterschieden haben, mag man der (unterentwickelten) Differenzierungsstufe ihres Denkens zuschreiben. Nach der hier vertretenen Theorie verbirgt sich hinter der scheinbar mangelnden Distinktion jedoch ein wahrer Kern: Streben und Sollen müssen als in einem gemeinsamen Ursprung vereint gedacht werden, sonst gerät man in die Aporien entweder eines Monismus des Strebens (bzw.

---

[289] Blum (1990) scheint etwas Ähnliches im Blick zu haben, wenn er analysiert, dass die Alternative persönlich-unpersönlich zu eng sei: „To summarize, then, I have argued that vast domains of human motivation do not fit into the category of *either* purely personal good *or* taking the standpoint of purely impersonal morality" (196f).

des Sollens) oder eines Dualismus der beiden – mit den dargestellten Problemen.

Wenn Streben und Sollen aus der ursprünglich-einen Anweisung des Bewusstseins auf seine Vollendung hervorgehen, dann kann das nur heißen, das diese Anweisung sich ursprünglich in die beiden einseitigen Formen des Verwiesenseins auseinanderlegt; oder besser: Wenn man die ursprüngliche Anweisung explizieren will, dann muss man sie auseinanderlegen, und dies kann man nur in derjenigen Distinktion tun, die sich aus dem Liebesbewusstsein selbst ergibt. Die Anweisung des Bewusstseins auf die Liebe hat dergestalt einen Sollensaspekt und einen Strebensaspekt. Das Lieben ist also immanent sowohl in meinem Eigeninteresse als auch normativ. Wenn ich liebe, dann weiß ich mein Lieben ursprünglich als einen guten Vollzug, und zwar sowohl als einen für mich guten als auch als einen an sich guten.[290] Der normative Aspekt des Liebens bedeutet, dass ich in der Bewusstheit des Liebens bleiben soll. Ich *soll* die Liebe vollziehen, in der ich mich vorfinde. Insofern ist es einerseits richtig, dass die Liebe nicht befohlen werden kann, weil ihr Ursprung unverfügbar ist. Andererseits ist es aber richtig, dass sie befohlen werden kann, ja dass gerade sie und ursprünglich nur sie befohlen werden kann, wenn sie nämlich dem Liebenden einmal zugefallen ist. Der Ursprung des Sollens ist die Anweisung der Liebe; und das ursprüngliche Sollen ist die Anweisung zur Liebe.

Dass dieses Sollen also immer abhängt von einem Zufall, nämlich dem Mir-Zufallen der Liebe, mag man bedauern. Aber diesbezüglich steht z.B. der kategorische Imperativ nicht besser da. Er gilt nur unter der Bedingung der Autonomie. Weil ich aber nur frei bin, wenn ich autonom bin, i.e. wenn ich schon moralisch bin, deshalb kann ich mich zur Autonomie nicht entscheiden. Also kann der kategorische Imperativ nur dann für mich gelten, wenn er schon für mich gilt. Der heteronom bestimmte Wille kann ihn gar nicht vernehmen – zumindest nicht als unbedingte, moralische Forderung. Dass der Wille frei und also moralisch sei, kann er somit nicht wollen und nicht zuwege bringen. Er muss sich in dieser Freiheit vorfinden. Und weil er auch unfrei sein kann, ist dies nicht selbstverständlich und notwendig. Also ist es auch bei Kant ein Zufall, durch den wir zur Moral kommen.[291] Nur ist es bei ihm sozusagen ein abstrakter Zufall, während er hier ein konkretes Zufallser-

---

[290] Selbstverständlich ist daher „Liebe" hier nicht einfach nur eine Empfindung (wie etwa Sympathie) wie z.B. bei Kant (MS, Einleitung zur Tugendlehre, XII c. „Uneigentlich" kann man allerdings auch den *amor benevolentiae* „Liebe" nennen – in diesem Sinn dann auch ibid. in *Der ethischen Elementarlehre zweiter Teil* §§ 23ff).

[291] Der Übergang von der Immoralität zur Moralität scheint nicht nur ein Problem der kantischen Ethik zu sein – dort stellt es sich nur besonders klar heraus, eben weil Kant als erster in aller Klarheit den fundamentalen Unterschied zwischen moralischer und sonstiger Motivation herausgestellt hat. Meines Erachtens hat noch keine Theorie diesen Übergang befriedigend erklärt, aber das kann ich hier natürlich nicht belegen.

eignis darstellt, das vom egozentrischen Wollen zur Verpflichtung gegenüber dem Anderen führt.[292]

Die Kontingenz des ursprünglichen Sollens wird allerdings dadurch entschärft, dass jeder immer schon geliebt hat – eben weil das Liebesbewusstsein das ursprüngliche Bewusstsein ist. So wie Kant sagen kann: Wer fragt „was soll ich tun?" hat eben damit, dass er versteht, was Sollen ist, schon bewiesen, dass er sich selbst als ein autonomes Vernunftwesen begreift und also für den kategorischen Imperativ empfänglich ist, so können wir hier sagen: Wer mit uns ins Gespräch tritt (bzw. auch nur diese Zeilen liest), hat bewiesen, dass er die Bewusstseinskonversion bereits vollzogen hat, denn ins Gespräch zu treten (oder auch nur aufzunehmen, was jemand zu sagen hat) impliziert die Anerkennung des Anderen als bewusstes Sein.[293]

Die Anweisung des Liebens ist also ursprünglich die auf das Lieben selbst, und zwar auf eben den Liebesvollzug, in dem ich mich befinde. Sie ist die Anweisung auf die Momente, die ihn konstituieren, auf Wohlwollen und Anerkennung, aber auch auf Erkennen und Begehren. In der Liebe *soll* ich auch für mich wollen, nicht nur für den Anderen. Die Anweisung auf dasjenige, was bereits gegeben ist, mag tautologisch erscheinen. Sie ist es nicht, weil es sich bei dem Gegebenen um einen Vollzug handelt. Ein Vollzug ist aber eines, das zugleich schon gegeben und noch ausstehend ist. So ist also die Anweisung auf das Lieben nicht so sehr, in ihm zu verharren, sondern in ihm fortzufahren, und zwar nicht gleichförmig, sondern in denjenigen Formen, die dasjenige, was geschehen wird, erfordern werden. Diese konkreten Erfordernisse ergeben sich aus dem Ethos der Freundschaft, das unten zu behandeln sein wird. Der allgemeine Imperativ der Liebe ist die Anweisung auf die Freundschaft überhaupt und ihre Konsequenzen im Allgemeinen.

Da nun diese Konsequenzen logischerweise zeitlich jenseits des Liebesvollzuges stehen, in dem ich jetzt im Moment befangen bin, deshalb kann mich die Liebe auch auf Vollzüge anweisen, in denen Streben und Sollen nicht mehr ursprünglich-eins sind wie im ersten Liebeszufall. Ich muss vielleicht für meinen Freund Mühen auf mich nehmen und Opfer bringen. Dies kann freilich schon im nächsten Moment geschehen: Unmittelbar stellt sich mir das Bewusstsein von Wohlwollen und Anerkennen ein, wenn ich jemanden sehe, der in Not geraten ist. Im nächsten Moment schon stellt mich diese Zuwendung vor Anforderungen, die meinen eigenen Interessen zuwiderlaufen: Ich muss meine eigenen Vorhaben aufschieben und ihm helfen. Auch

---

[292] Natürlich ist die kantische Freiheitstheorie nicht die einzige, nach der man die Freiheit begreifen kann. Im Gegenteil wurde es sehr bald, vor allem von Schelling (vgl. 1964, 64) als ein Mangel dieser Theorie empfunden, dass man nach ihr die Entscheidung zwischen gut und böse nicht mehr als eine freie nachvollziehen kann. Im Folgenden wird aus dem Gedanken der Liebe zu sich selbst ein Freiheitsbegriff entwickelt werden, der diese Defizienz zu überwinden versucht.
[293] In diesem Punkt befindet sich die hier vorgestellte Theorie in Übereinstimmung mit der Diskursethik.

nach der hier entwickelten Theorie gibt es also das reine Sollen, bei dem ich selbst nicht profitiere, wie es umgekehrt natürlich auch das rein egoistische Streben gibt. Aber beides hat seinen tieferen Ursprung in einem Bewusstseinsvollzug, in dem beide vereinigt sind.

Formalität und Konkretion der Anweisung auf Freundschaft

Die ursprüngliche Anweisung des Bewusstseins auf Liebe und Freundschaft muss in ihrer allgemeinen Explikation formal bleiben: Es ist die Anweisung auf die Bewusstseinskonversion und deren Vollendung durch die Konversion des geliebten Anderen auf mich hin. In ihrer Realität ist die Anweisung dagegen immer konkret: Es ist die Anweisung auf den konkreten Liebesvollzug (bzw. die Vollzüge), in denen ich mich vorfinde. (Weitergehende Anweisungen der Liebe werden sich aus der Selbstliebe und der Liebe zur Liebe ergeben.) Zwischen beidem besteht selbstverständlich eine Spannung: Als universal gültig kann die Reflexion natürlich nur die formale Anweisung akzeptieren, aber die ist leer. Als konkret verbindlich muss dagegen der Liebende die Forderungen seiner Liebe (die aber nicht unbedingt mit den Forderungen seines Geliebten identisch sein müssen, s.u.) verfechten, i.e. die Verwirklichung desjenigen, was ihm in dieser Liebe als objektiv gut erscheint. Aber in dieser Wahrnehmung ist er selbstverständlich nicht nur im Einzelnen fehlbar, sondern grundsätzlich subjektiv; und wenn er ein gewisses Reflexionsniveau erreicht hat, ist sich der Liebende dessen auch bewusst. Er weiß, dass er etwas unter den Anspruch einer objektiven Verbindlichkeit stellt – nämlich unter die Anweisung des Bewusstseins, um die er explizit oder implizit apriorisch weiß –, das seiner Inhaltsbestimmung nach empirisch und letztlich subjektiv bestimmt ist. Daraus ergibt sich eine Spannung, die nach der hier entwickelten Theorie nicht aufzuheben ist und unter der ihr zufolge alle Moral steht: Ich muss Anweisungen als letztverbindlich annehmen und verfechten, zu denen ich auf einem Weg gekommen bin, der diese Letztverbindlichkeit nicht zu fundieren vermag. Umgekehrt darf ich Überzeugungen bezüglich des an sich Richtigen und Guten nicht vor mir selbst und vor Anderen relativieren, obwohl ich bezüglich ihrer nur eine relative Sicherheit habe. Das ist die Forderung der Liebe. So darf ich z.B. nicht zulassen, dass ein geistig Behinderter getötet wird (wenn ich die entsprechende Überzeugung habe, i.e. wenn ich „ihm Freund bin"), auch wenn ich nicht mit letzter Sicherheit entscheiden kann, ob meine moralische Überzeugung, dass er im moralischen Sinn ein Mensch ist, richtig ist.

Dies gilt auch für das Wohl bzw. das Lebensglück, das ich im Wohlwollen meinem Freund will. Wiewohl die konkrete Vorstellung des Glücks notwendig *für mich* ist, ist sie doch in meinem Bewusstsein nie nur Für-mich-Vollkommenheit, sondern auch An-sich-Vollkommenheit, i.e. ein Objektives. Daraus ergibt sich zweierlei: Einerseits ist mein Glück immer nur *mein* Glück, ich kann es Anderen nicht *als Glück* vorschreiben – ich kann letztlich Anderen noch nicht einmal vorschreiben, dass es ein Glück ist, zu leben. Allerdings ist das, was ich im Sinn der Eudaimonie als Glück ansehe, für mich objektiv *das Glück*, i.e. die Vollendung an ihr selbst. Dies bedeutet, dass ich schlechterdings kein anderes Glück *als Glück* wollen kann, keine andere Vollendung *als Vollendung* ansehen kann. Und dies gilt nun nicht nur für mein Wollen und Gewahrsein für mich, sondern auch für dasjenige Für-dich. Ich kann einem anderen Menschen nur dasjenige Glück wollen (wenn ich ihm denn *das Glück* wünsche) und ihn in dem Glück als glücklich anerkennen, das *für mich* an sich das Glück ist; und ich muss das als Unglück für ihn ansehen, was für mich objektiv Unglück ist. Wenn ich also z.B. einen Freund habe, der regelmäßig Drogen konsumiert, ich aber der Überzeugung bin, dass in der fortgesetzten Selbstbetäubung nicht das Glück, i.e. die Vollendung des bewussten Seins liegen kann, dann kann ich ihm seine Trips nicht wünschen und sie nicht gutheißen. Dies gilt auch dann, wenn dieser Freund selbst seinen Drogenkonsum uneingeschränkt positiv erlebt – i.e. auch dann, wenn er nicht selbst schon darunter leidet, sei es unmittelbar physisch und psychisch, sei es mittelbar durch ein schlechtes Gewissen. Dem Andern wohlzuwollen heißt gerade nicht, alles zu wollen, was er will, sondern ihm sein Wohl zu wollen. Als sein Wohl *kann* ich aber nichts anderes wollen und einsehen, als das Glück an sich, i.e. allgemein, wie ich es für mich will und weiß.[294]

Wenn ich also meinen Freund Drogen konsumieren sehe, dann sehe ich darin nicht sein Glück und bin aufgrund meines Wohlwollens gegen ihn selbst unglücklich – obwohl er selbst für sich, in seinen Augen glücklich ist. Ich sehe in seinem subjektiven Wohlgefühl mein Wohlwollen nicht erfüllt. Die erste Konsequenz ist meine Betrübnis. Die nächste Folge wird sein, dass ich versuche, ihn zur Einsicht zu bringen. Dies bedeutet: zur Einsicht *des Glücks*, nämlich der Vollendung an und für sich, wie sie auch für ihn sein Glück sein muss – nach *meinem* Bewusstsein wohlgemerkt. Dabei kann ich mir zwar durchaus bewusst sein, dass es auch nur *meine* Überzeugung vom Glück an sich ist, zu deren Einsicht ich den Freund bringen will. Aber wenn es tatsächlich meine *Überzeugung* ist, dann kann ich gar nicht anders, dann *muss* ich den Freund zu dieser Einsicht bringen wollen – sonst liebe ich ihn nicht wirklich. Meine Glücksüberzeugung geht sogar soweit, dass sie mich unter Umständen zu Zwangsmaßnahmen nicht nur vor mir selbst legitimiert, sondern verpflichtet: Ich nehme etwa meinem Freund seine Drogen weg. Die

---

[294] Zur Erinnerung: Mein Bewusstsein von dem Glück bzw. der Vollendung ist gerade nicht identisch mit meinem Lustempfinden oder meinen Erkenntniserfolgen. Es folgt also nicht, dass ich Anderen nur diejenige *Lust* oder *Erkenntnisgewinne* wünschen kann bzw. muss, die ich selbst schon erlebt habe bzw. die ich gemeinhin so erlebe – ich muss selbstverständlich nicht annehmen, dass für Andere Himbeereis gut ist, nur weil es für mich gut ist. Dies tue ich allenfalls dann, wenn ich noch kein eigentliches Bewusstsein der Vollendung an ihr selbst ausgebildet habe und mir die Vollendung tatsächlich noch unmittelbar meine Lust ist, wie das im frühen Entwicklungsstadium des Kindes zweifelsohne der Fall ist.

Problematik solcher Maßnahmen in der Liebe wurde oben unter dem Stichwort „Achtung" erörtert.

Nie aber kann man den Andern zu seinem Glück zwingen, denn sein Glück kann nur die Vollendung *für ihn* sein. Darin besteht die bleibende Ambivalenz der hier entwickelten ursprünglichen Anweisung, die Spannung, die jeder endliche Liebende zuweilen ertragen muss. So wird der Liebende seinerseits, wenn er denn von seinem Bewusstsein des Glücks überzeugt ist, den Andern zur Einsicht dieses Gutes zu bewegen versuchen – zu bewegen versuchen müssen. Sein Glück aber ist dem Andern dieses Wohl erst, wenn er in ihm glücklich ist. Das aber kann man niemandem vorschreiben oder für ihn bewirken. Und so gibt es die eigentümlichen Situationen, dass z.B. ich sagen muss, mein drogenabhängiger Freund ist nicht „eigentlich" glücklich. Ich kann nämlich auch nicht recht sagen, er sei unglücklich, denn er selbst wähnt sich glücklich. Und umgekehrt mag es sein, dass der Freund auf mein Zureden aufgehört hat Drogen zu nehmen, aber ich kann nicht sagen, dass er glücklich ist, denn er leidet unter den Entzugserscheinungen. Ich werde sagen: Er ist *noch* nicht glücklich, denn *ich* habe ja das Glücksziel vor Augen. Aber für die momentane Situation bleibt doch die Schwierigkeit, den Glückszustand des Andern adäquat zu beschreiben. Diese Schwierigkeit lässt sich nach dem hier Entwickelten einsehen als die Ambivalenz des Glücks und der Vollendung selbst: als unübertragbare Vollendung-für-mich einerseits und als unhintergehbare Vollendung-an-sich andererseits.

Diese Schwierigkeit kann sich noch steigern, wenn es um Freundschaften im weiteren Sinn und um deren Ethos geht, nämlich dann, wenn ich das Ethos bzw. die Gesetze und Gebote meiner Gesellschaft, meines Staates oder meiner Religionsgemeinschaft in wesentlichen Punkten nicht mehr mit meiner Überzeugung vereinbaren kann. Typische Beispiele sind ein Individuum, das überzeugt ist, dass Abtreibung Mord ist, aber einem Staat angehört, der sie erlaubt; oder umgekehrt: ein Individuum, das überzeugt ist, dass Abtreibung zum Grundrecht der Selbstverfügung des Menschen über seinen Körper gehört, aber Bürger eines Staates ist, der sie verbietet. Nach der hier vorgestellten Theorie können wie gesagt Zwangsmaßnahmen gegenüber dem Freund bzw. den Freunden gerechtfertigt sein. Im Zusammenhang der staatlichen Ordnung bedeutete dies den zivilen Ungehorsam. Der ist zweifellos erlaubt bzw. geboten, wenn der eigene Staat von einem Unrechtsregime regiert wird. Wie weit er aber in Fällen wie in den obigen Beispielen gehen darf und welche Formen er annehmen darf, ist eine im Einzelfall oft sehr schwierige Frage, die sich nicht allgemein entscheiden lässt (und die hier nicht weiter verfolgt werden kann). Immer ist neben der eigenen Überzeugung bezüglich des Rechten und Guten die Achtung gegen den Freund bzw. gegen die Freundesgemeinschaft (also auch das Volk, den Staat, die Religion etc., denen ich angehöre) zu berücksichtigen. Ich darf mich nicht einfach und ohne Weiteres über den Freund bzw. die Gemeinschaft stellen, zumal wenn diese auf dem Weg parlamentarischer Gesetzgebung zu einer wohlüberlegten, demokratischen Entscheidung gekommen ist, denn damit verletze ich die Freundschaft.[295]

Ich bin also gezwungen, das, was sich *für mich* als das *an sich* Gute darstellt, für Andere zu wollen und es gegenüber ihnen durchzusetzen – freilich mit Rücksicht auf die ihnen geschuldete Achtung. Auch die hier vorgestellte Theorie berechtigt, ja verpflichtet also zu Zwangsmaßnahmen, wenn entsprechende Situationen gegeben sind. Sie berechtigt und verpflichtet dazu, andere Menschen dem Ethos, von dem man selbst überzeugt ist, zu unterwerfen, ihnen Verantwortung zu unterstellen und sie nach den Regeln des eigenen Ethos zur Verantwortung zu ziehen, also etwa einen Mörder zu bestrafen, auch wenn er behauptet, er sei als Neonazi davon überzeugt davon, dass er zum Mord an einem Ausländer berechtigt sei. Allerdings wird ein Vertreter der hier vorgestellten Theorie offener sein für Korrekturen seines eigenen Ethos und sensibler für seine Unschärfen, weil er weiß, dass es ungeschadet seiner Verbindlichkeit kontingent ist. Wenn er tatsächlich zu Zwangsmaßnahmen greift, dann wird er das im Bewusstsein der Demut und des Bedauerns tun, und nicht im Gefühl der Überlegenheit und des Triumphes.

Außerdem wird ihn das allgemeine Bewusstsein der Anerkennung und Achtung des Anderen auch und gerade in seinen andersartigen Überzeugungen dazu führen, die eigenen Werthaltungen kritisch daraufhin zu prüfen, ob er sie tatsächlich als objektive und allgemeine ansehen muss oder nicht doch als subjektive Präferenzen. Dies wird umso mehr geschehen, je mehr die Freunde in ihrer Freundschaft und der Achtung füreinander wachsen und reifen. Zum Beispiel ist es vielleicht ist nicht unbedingt nötig, dass mein Freund in der gleichen Art von erotischer Partnerschaft sein Glück findet wie ich bzw. wie die Mehrheit in unserer Kulturgemeinschaft[296] – eine Einsicht, zu der wohl mittlerweile die meisten Mitglieder der westlichen Gesellschaften gelangt ist, die man aber früher allgemein und ganz selbstverständlich zurückgewiesen hätte.

b) Der Freund als Gut des Freundes

Wie gezeigt ist mir im einfachen Bewusstsein der Vollzug des Für-mich als mein Selbstvollzug unbezüglich-absolut Gutes. Mein eigenes „energetisches" Sein – i.e. mein Sein als bewusstes Wesen, das eben im Mir-Bewusstsein realisiert wird – ist mir unmittelbar, irreduzibel und apriorisch gut. Allerdings ist es in dieser Weise nicht explizit bewusst, sondern ist mir gegeben als das implizite Wissen des Guten *in* jedem mir zufallenden Bewusstsein, sei dieses nun für mich gut oder schlecht. Genau dieses in sich selbst gute Für-mich wird nun in der Freundschaft auf den Andern hingewendet. Ich *will* und ich

---
[295] Das paradigmatische, heroische Beispiel für diese Einsicht ist der Tod des Sokrates.
[296] Wenn es sich nicht gerade um einen solchen Partner handelt.

weiß dieses Für in meinem Wohlwollen und in meiner Anerkennung. Das Für wird mir also selbst zum Gegenstand meines Wollens und Gewahrseins. Es ist nicht mehr nur Form meines Bewusstseins, es ist mir *im* Bewusstsein. Damit steht nun *eo ipso* die irreduzibel-absolute Güte des Für *in* meinem Bewusstsein – es wurde ja ausführlich dargelegt, dass diese Güte in der Für-Struktur selbst liegt, und nicht in einem bewusstseinsunabhängig vorgegebenen Ich, das dann Gegenstand des Bewusstseins wird und dabei seine Gutheit entbirgt. Die Güte des Für kommt mir allerdings zum Bewusstsein nicht als die des auf mich hin orientierten Für, sondern als die des auf den Andern bezogenen, des Für-dich. Der Vollzug dieses Für, der Bewusstseinsvollzug des Freundes ist mir also unhintergehbar unabkünftig Gutes. Dies heißt aber nichts anderes als: sein Selbstvollzug, sein (energetisches) *Sein* ist mir ein Gut.

Wie bereits erinnert hebt jedoch die Wendung des Für auf den Freund das apriorische Für-mich nicht auf – sonst wären ja Wollen und Gewahrsein aufgehoben. *Für mich*, in meinem Wollen will ich *dir* das Gute um deiner selbst willen. Einen fremden Selbstzweck mache ich zum Ziel meines Wollens – i.e. ich mache mich selbst in meinem Strebensvollzug zum Mittel für das Wohl des Andern.[297] Damit ist nun aber das Sein des Freundes nicht nur für sich selbst ein Gutes. Es ist *mir* ein Gut. Der Freund ist dem, dem er Freund geworden ist, ein Gut (vgl. NE 1157b34f). Dies geht hinaus über die Gutheit, die der Geliebte für mich schon als *phileton* hatte: als derjenige, den ich erkenne und nach dem ich verlange, sei es, weil er mir tugendhaft, sei es, weil er mir lustbringend oder nützlich ist. Diese Gutheit hatte er für mich in der Bezogenheit des einfachen Für auf mich: als *mein* Strebensziel bzw. als Zweckhaftes *für mich*. Jetzt dagegen eröffnet sich mir das apriorische Gutsein seiner eigenen Zweckhaftigkeit für sich, die ich im Für-dich bewusst vollziehe. Und diese Eröffnung ist mir selbst unmittelbar gut in dem apriorisch-transzendentalen Für-mich, in dem ich das Für-dich vollziehe. Die Gutheit, in der mir der Freund für sich selbst ein Gut ist, ist also eine andere als die der Tugend, der Lust oder der Nützlichkeit, aus denen das Lieben begonnen hat, und die selbstverständlich auch weiterhin eine Güte des Freunds für mich ausmachen.[298]

Der Freund und die Freundschaft als Bereicherung *meines Lebens*

Wenn der Freund als ein Gut seine Güte für mich nicht erschöpft in seiner Vortrefflichkeit, seinem Angenehmsein oder seinem Nutzen für mich, dann ist er also noch auf eine andere Weise *für mich gut*. Welche Weise des Für-

---

[297] Das ist gewissermaßen das Gegenstück zum kantischen Anerkennungsimperativ: Sieh dich selbst im Angesicht des Freundes (wie übrigens auch ihn bezüglich deiner selbst) nie bloß als einen Zweck, sondern stets zugleich auch als ein Mittel zu seinem Glück an.
[298] Dies scheint auch Aristoteles zu implizieren, denn wenn er nur wiederholen wollte, dass der Freund dem Freund *phileton* ist, dann wäre die emphatische Formulierung vom Freund als Gut des Freundes unsinnig oder zumindest überflüssig.

mich-gut-seins aber sollte dies sein? Wenn ich ein Gut erhalte, dann werde ich dadurch – noch abgesehen davon, was ich damit anstellen kann – *reicher*. Und tatsächlich ist dies wohl der einzige Begriff, mit dem wir bezeichnen können, was ich gewinne, wenn der Andere mein Gut wird: Der Freund macht mein Leben reicher. Er bereichert mich selbst, in meinem Seinsvollzug.[299] Allerdings hat dieses Gut als mein Reichtum eine einzigartige Qualität. Es ist ein Gut *in sich selbst*, absolut und irreduzibel. Dieses Charakteristikum hat kein Besitz-Gut, denn ein solches ist mir immer nur dienlich zur Erreichung von anderem Guten oder allenfalls zur Verursachung von Lust (wie etwa der Wein im Beispiel des Aristoteles); außerdem ist mir ein Besitz-Gut dergestalt stets ein vergleichsweise Gutes, nie ein absolut Gutes. Nichts anderes nämlich als ein „Für-sich", ein bewusstes Sein, kann die beschriebene apriorische Gutheit an ihm haben. Wenn das Gut, das mir mein Freund ist, i.e. wenn es seinen Zweck *als mein Gut* nicht in einem anderen Zweck für mich hat, dann bedeutet dies auch, dass seine Güte mir unmittelbar gut ist – schon allein dadurch, dass er *ist*, ist der Freund für mich gut (und nicht nur darin, dass er mir charakterlich vollkommen, angenehm oder nützlich erscheint).

Logischerweise kann der Wirkungszusammenhang, durch den sich das Haben des Freundes als Gut in mein Gut-Leben hinein auswirkt, nicht weiter analysiert werden, denn es ist *eben* der Vollzug, in dem ich den Freund habe, in dem er sich unmittelbar als Güte dieses Vollzugs auswirkt. Diesen Vollzug, i.e. meinen aktualen eigenen Seinsvollzug „bereichert" er unmittelbar, i.e. seine Gutheit für mich schlägt sich in der Güte dieses meines Seinsvollzugs unvermittelt nieder. Es gibt keinen Vermittlungsschritt, der uns zur Erklärung dienen könnte, *weshalb* es für mich gut ist, dass der Freund mir ein Gut ist. Wir können diese Gutheit nur einsehen – bzw. uns deutlich machen, dass wir sie schon so oft eingesehen haben, dass sie uns ganz offensichtlich war, nämlich im Lieben: Derjenige Vollzug, in dem der Freund aktualiter mein Gut ist, ist mein Lieben.

Die Güte, die er als Gut diesem Vollzug verleiht, ist die Güte des Liebens. Das Den-Freund-Lieben ist mir in sich selbst gut – das weiß jeder, der geliebt hat.[300] Wenn ich liebe, dann gibt es nicht noch einmal ein Weshalb. Wohl gemerkt: Es mag sehr wohl Gründe geben, weshalb ich *begonnen* habe, zu lieben. Aber wenn ich in den Vollzug des Liebens eingetreten bin, dann gibt es innerhalb dieses Vollzugs nicht noch einmal die Frage, wozu er gut sein soll. Diese Frage lässt sich allenfalls aus der Distanz stellen (etwa in der Situation unglücklicher Liebe) – und niemals beantworten. Wenn ich aber angeben soll, in welcher Weise das Lieben gut und der Freund mir ein Gut ist, dann

---

[299] Auch H. Frankfurt (2004, 57) verfällt auf diese Terminologie.
[300] Den Eigenwert der Freundschaft expliziert schon Aelred de Rievaulx (vgl. R. Imbach 2005, 36ff). Auch H. Frankfurt legt großen Wert auf diesen Eigenwert der Liebe (2000, 216f, 220, 2004, 61).

bleibt eben nur die Metapher des Reichtums: die unmittelbare Anreicherung des Lebens – nicht mit etwas, sondern in dem, was das Leben selbst ist.

c) Inkarnatorik der Liebe

Das freundschaftliche Lieben ist also ein Vollzug eigenen Rechts und ursprünglicher Wertigkeit. Es ist nicht reduzibel auf andere Vollzüge und andere Arten der Gutheit von Vollzügen, i.e. von Gutsein-an-sich und Lust, obwohl es diese implizieren mag bzw. normalerweise impliziert. Auf der anderen Seite aber ist es nicht ein Vollzug neben anderen Vollzügen, es ist gerade nicht eine derjenigen Vollzugsweisen von Bewusstsein, die sich als relativ eigenständige aus der Gebrochenheit der Bewusstseinsstruktur ergeben, wie Gewahrsein und Wollen, Fühlen und Betrachten, Für-mich-Wollen und Für-dich-Wollen etc. Die Liebe ist die Vollkommenheit des Bewusstseins selbst, i.e. der Bewusstseinsvollzug in der ursprünglichen Ungetrenntheit seiner Momente und im ursprünglichen Sich-Ausgestalten in seine Momente hinein.

Alle anderen Vollzugsformen des Bewusstseins gründen in gewisser Weise in der Liebe: Alle sind sie verselbständigte und damit zugleich vereinseitigte Momente des Liebens. Allerdings ist ihre Verselbständigung keine formale, sondern eine *eigentümliche* Realisierung der Momente, in der diese auf die Liebe nicht mehr vollständig reduzibel sind. So ist die Liebe auch nur *in gewisser Weise* Grund allen Bewusstseins. In anderer Weise dagegen ist jede Bewusstseinsform unabkünftig-ursprünglich, auch und gerade in ihrer Unvollkommenheit und Einseitigkeit.

Wenn Bewusstsein sich nun nur in seinem Vollzug realisiert, dieser Vollzug aber immer das Moment der Zufälligkeit, i.e. der Gebrochenheit des Vollziehens und damit des Auseinanderfallens der Vollzugsweisen impliziert, dann gibt es das abstrakt vollkommene Bewusstsein nie als reales. Die Realisierung des Bewusstseins bringt immer seine Konkretion mit sich, damit aber das Aufbrechen seiner Einheitlichkeit und die Differenzierung in Seiten, die nicht mehr im unmittelbaren Einklang miteinander stehen, sondern in ihrer Irreduzibilität aufeinander Einseitigkeiten oder „Einzelseitigkeiten" darstellen. Die Liebe lässt sich also an und für sich selbst allein gar nicht realisieren. Ihre Realisierung bedeutet immer die Liebe *zu einem* und die Anhänglichkeit *an eines*. Die Liebe realisiert sich nur in der Zufälligkeit: in dem einander Zufallen der Liebenden.

Das Erfordernis der Realisierung der Liebe bedeutet aber nicht nur, dass sie in je konkreten, kontingenten, nicht aus dem abstrakten Liebeskonzept ableitbaren Liebesverhältnissen wirklich wird. Es bedeutet darüber hinaus, dass selbst *in* diesen Verhältnissen ihr Vollzug nicht – oder allenfalls näherungsweise – als eigener, reiner Vollzug an und für sich möglich ist. Auch der Liebesvollzug *im* Liebesverhältnis erfordert wieder seine Konkretion in den zufälligen Vollzügen des Seins der Liebenden, i.e. ihres bewussten Seins. Die

Liebe realisiert sich in den Vollzügen des Lebens. Das liebende Zusammenleben konkretisiert sich im Essen, Trinken, Feiern, Arbeiten, Betrachten, Lusterleben etc. Einige Lebensvollzüge sind dazu besser geeignet als andere. Aber es gibt keine Wirklichkeit der Liebe jenseits des Lebens und seiner Gebrochenheit in der Einzelheit der Vollzüge.[301] Dies bedeutet auch: Die Liebe realisiert sich in Vollzügen, die ihrerseits an ihnen selbst die Liebe nicht notwendig haben, die auch nicht-liebend vollzogen werden können. Daher kommt man auf dem Weg einer behavioristischen Untersuchungseinstellung nie an das Wesen der Liebe heran, denn nichts, was man äußerlich beobachtet, weist sie eindeutig aus.

Zusammenleben und gemeinsam leben

Das Zusammenleben der Freunde gestaltet sich zunächst so, dass sie ihr Erkennen bzw. ihr Wollen bzw. ihr Tun aufeinander ausrichten, dass sie also füreinander tätig werden und aneinander erkennen. Genau dies sind ja die Vollzüge der Hingabe und der Offenbarung bzw. der Annahme und der Aufmerksamkeit, durch die die Freundschaft sich überhaupt erst realisiert. Vor allem für die Verliebtheit ist es typisch, dass die Liebenden ganz in diesem Füreinander- und Aneinandersein aufgehen.

Mit dem Reifen der Freundschaft tritt allerdings mehr und mehr ein anderer Aspekt bzw. ein anderer Modus des Zusammenlebens in den Vordergrund. Wie dargestellt ist die Freundschaft nicht nur eine Verdoppelung des einseitigen Liebens, sondern ein Sachverhalt oder ein Vollzug eigenen Rechts, der über das einzelne Vollziehen der Liebe in seiner Wechselseitigkeit hinausgeht: Es entsteht in gewissem Sinn ein einziges, einiges Bewusstsein, in dem sich die Freunde gemeinsam vollziehen. Dies bedeutet nun ganz konkret, dass die Freunde ihr Leben gemeinsam vollziehen können, i.e. dass sie sich in den Vollzügen ihrer bewussten Existenz vereinigen können. Sie können also gemeinsam fühlen und erleben[302], gemeinsam betrachten und erkennen, gemeinsam entscheiden und gemeinsam tätig sein. Dazu bedarf es freilich realer Medien (es geht hier ja nicht um eine mystische Vereinigung). Das Medium des gemeinsamen Erkennens und Entscheidens ist die Sprache (im weiteren

---

[301] Deshalb scheint es überflüssig, das Tätigkeitswort „freunden" für die „Praxis der Freundschaft" einzuführen, wie H. Lemke 2000, 90f, vorschlägt. Es gibt eben keine spezifische „Freundschaftstätigkeit". Ein Indiz dafür, dass diese Beobachtung zutrifft, mag sein, dass Lemkes „freunden" weder in die Umgangs- noch in die Wissenschaftssprache Eingang gefunden hat: Man braucht es nicht. Das mag man auch daran erkennen, dass das griechische „philein", das ja etymologisch dem „freunden" entspricht, gerade nicht die „Praxis der Freundschaft" bedeutet, sondern schlicht „(freundschaftlich) lieben". (Interessant ist vielleicht, dass es im Portugiesischen das Verb „namorar" gibt für das, was Verliebte so miteinander tun. *Dieses* Wort kann man durchaus gebrauchen. Aber es geht beim *namorar* natürlich schon wieder um etwas anderes als um Freundschaft, denn die verliebtheitstypischen *Tätigkeiten* können auch ohne Freundschaft vollzogen werden.)
[302] Vgl. Rhet 1380b36ff.

Sinn, einschließlich Körpersprache etc.), das des gemeinsamen Erlebens und Tätigseins die kausale Interdependenz.[303]

Eine besondere Bedeutung kommt in diesem Zusammenhang dem Geschlechtsakt zu, nicht nur, weil in ihm das gemeinsame Erleben (und in gewisser Weise auch das Zusammenhandeln, zumal wenn dabei die Zeugung beabsichtigt ist) besonders intensiv ist, sondern auch, weil sich in ihm das auf den Anderen gerichtete *Aneinander-* und *Füreinander*sein, also die *Gegenseitigkeit*, in einzigartiger Weise mit der *Gemeinschaftlichkeit* des Vollzugs verbinden. Zudem erhält das Zusammentätigsein oder Zusammenwirken in der Zeugung seine einzigartige Bedeutung dadurch, dass ihr „Werk" ein anderes bewusstes Sein, also ein Liebenswertes und Liebesfähiges ist. Das „Werk" der Liebe ist in diesem Fall ganz unmittelbar eine Wirklichkeit der Liebe und nicht nur ihr Symbol. Der Geschlechtsakt ist unter diesen Gesichtspunkt der höchstmögliche, nämlich der konzentrierteste Freundschaftsvollzug, zumindest unter den Aspekten des Fühlens und des dynamischen Wollens. Auf der anderen Seite gibt er gerade wegen seiner emotionalen Intensität (und auch wegen der Bedeutung der Nachkommenschaft) mehr noch als andere Vollzüge dazu Anlass, mit hauptsächlich oder sogar rein egozentrischer Motivation vollzogen zu werden.[304] Allein schon deshalb erscheinen die Versuche einiger Freudianer absurd, neben allem anderen auch noch die Freundschaft auf die Sexualität zurückzuführen (vorzugsweise auf die homoerotischen oder die kindliche). Der Sex erklärt nicht die Liebe (zumal als Konversion des Bewusstseins), weil er auch ohne sie vollzogen werden kann. Dagegen erklärt die Liebe viele Formen des Sex (und zwar durchaus bzw. gerade auch des perversen und des lieblosen), weil erst durch sie all die verwickelten und erotisch so interessanten Beziehungsweisen der Sexualpartner aufeinander möglich werden, die über die gegenseitige Verursachung des Nervenreizes hinausgehen.

Der gemeinsame Existenzvollzug ist gegenüber dem wechselseitigen die höhere oder reifere Form des Zusammenlebens der Freunde, ihr *gemeinschaftliches* Leben. Das gemeinsame Erkennen und Entscheiden vollzieht sich im Diskurs (nämlich im theoretischen und im praktischen). Für das gemeinsame Erleben und Tätigsein fehlt der Oberbegriff, man kann vom gemeinsamen Unternehmen sprechen oder eben vom *sympragein* (wobei allerdings *pragein*

---

[303] In diesem Sinn fühlt und erlebt bzw. betätigt man sich gemeinsam oder gemeinschaftlich nicht schon dann, wenn man zur gleichen Zeit am gleichen Ort Gleiches fühlt oder tut, etwa nebeneinander im Kino sitzt oder dieselben Hausaufgaben macht, sondern erst, wenn das Fühlen durch die gegenseitige Wechselwirkung aus dem Zusammensein hervorgeht und sich das Tätigsein interaktiv gestaltet (vgl. NE 1170b14f: durch den „Austausch ... nicht wie beim Vieh das Weiden auf einer gemeinsamen Trift"). Ein typisches Beispiel für das gemeinsame Fühlen und Erleben ist das Feiern: dabei fühlt man, was man allein gar nicht fühlen könnte.
[304] Nach der hier entwickelten Theorie ist das (solange die Würde und das Wohl des Sexualpartners geachtet werden) nicht unbedingt moralisch verwerflich (in die Diskussion hierüber einzutreten, führte über den enggesteckten Rahmen dieses Buchs hinaus). Aber der Vollzug ist dann eben kein *Freundschafts*vollzug mehr und insofern weniger gut, als er es als ein solcher wäre.

nicht im engeren Sinn der Praxis zu verstehen wäre). Vielleicht passt auch das „(gemeinsame) Engagement", aber zumindest nach dem Umgangssprachgebrauch bezeichnet „Engagement" mehr ein Tätigsein und weniger ein Erleben. Beides, der Diskurs wie das gemeinschaftliche Unternehmen, haben nach der hier entwickelten Theorie also ihre Grundlage in der Freundschaft und sind nur von ihr her zu *begreifen*.[305]

Das bedeutet allerdings nicht (um Hegels Differenzierung aufzunehmen[306]), dass sie nur von dieser her zu *verstehen* wären. Verstehen kann man die Gegebenheit des Diskurses und der gemeinschaftlichen Unternehmung auch für sich. Das liegt daran, dass sich die Freundschaft in den Formen ihrer Äußerung eben veräußert (nämlich in die Medien der Sprache und der kausalen Interdependenz hinein), so dass diese Formen auch ohne sie aufgenommen werden können. Genauerhin treten im gemeinsamen Leben neue Vollzugsformen, nämlich eben interaktive zur Freundschaft hinzu, die im gegenseitigen Offenbaren, Beachten, Hingeben und Annehmen noch nicht (unbedingt) gegeben waren: An die Stelle der bloßen gegenseitigen Information und deren Aufnahme tritt die *Kommunikation* (im engeren Sinn), an die Stelle der wechselseitigen Akte das *gemeinsame Werk* und das *gemeinsame Erlebnis*.

Im Vollzug des gemeinschaftlichen Lebens vertieft die Freundschaft sich und gestaltet sich aus. Weil diese Vollzüge nun durch ihren Äußerungs- und Äußerlichkeitscharakter Eigenständigkeit gegen die Freundschaft gewinnen, können sie ab einer bestimmten (aber noch sehr niedrigen) Reflexionsstufe nicht nur spontan aus der Freundschaft initiiert, sondern auch *für* die Freundschaft *gesucht* werden, nämlich eben um diese zu vertiefen und zu bereichern. So können sich Freunde *vornehmen*, etwas gemeinsam zu unternehmen und etwas gemeinsam zu besprechen. Dieser Zusammenhang ist so basal (und so wirkungsvoll), dass sogar schon die Unternehmungsberatung mit ihren vielfältigen Formen von Teamtraining auf sie verfallen ist. Das „vorsätzliche gemeinschaftliche Leben" ist auch eine oft gewählte und oft erfolgreiche

---

[305] Dies ist die richtige Intuition der Diskursethik: Der (theoretische wie der praktische) Diskurs kann erst auf der Grundlage bereits etablierter intersubjektiver Verhältnisse stattfinden (vgl. auch oben, zu Sprache und obtemperantem Bewusstsein). Da dies der Fall ist, kann man in der Theoriebildung natürlich auch bei der *Gegebenheit* von Diskursen ansetzen und dann nach ihren Vorbedingungen fragen. Dann gelangt man sicherlich zu einigen der Ergebnisse, die aus der hier entwickelten Theorie folgen. Allerdings ergibt sich aus der Konversion und aus der Freundschaft weit mehr als nur der Diskurs. Wenn man nun von dessen Gegebenheit her *„zurückfragt"* anstatt ihn aus dem Prinzip der Liebe zu *entwickeln*, gewinnt man daher – aus der Perspektive der hier entwickelten Theorie betrachtet – nur einen sehr verengten Blick auf die Ethik. Zudem kann nicht mehr begründet werden, weshalb der Diskurs selbst einen Wert darstellen sollte. Die Anerkennung dieses Wertes kann man zwar *im* Diskurs pragmatisch unterstellen, weil ja jeder, der daran teilnimmt, bereits in den Diskurs eingetreten ist. Aber was tun wir mit dem Verbrecher, der gar nicht mit uns sprechen will? Wir können ihm allenfalls unterstellen, dass der Diskurs in seinem eigenen *vernünftigen* Interesse wäre. Aber dann ist die Diskursethik nicht mehr eine solche, sondern eine Vernunftethik.
[306] WdL 21/29f. Das Verstehen ordnet Hegel (naheliegenderweise) dem Verstand zu, das Begreifen der Vernunft.

Strategie, um einer Freundschaft über Krisen hinwegzuhelfen: Die einander entfremdeten Ehepartner *unternehmen* wieder einmal etwas miteinander.

Weil die Mechanik des Gemeinschaftlich-Lebens zwar in der Freundschaft ihren Grund hat, aber nicht aus ihr initiiert sein muss, kann sie auch in der Gegenrichtung funktionieren: Menschen werden Freunde, weil sie aufgrund äußerer, nichtfreundschaftlicher Gründe gemeinsam erleben, tätig sind, Erkenntnis suchen oder entscheiden. Allerdings ist der Zusammenhang dabei kein notwendiger und automatischer. Zwar entsteht dann, wenn das gemeinschaftliche Erleben etc. sehr tief und intensiv ist, unter Umständen unwillkürlich eine *Bindung* (s.u.). Aber dass Freundschaft entsteht, erfordert über das gemeinschaftliche Leben hinaus noch etwas Zusätzliches, Originäres, nämlich eben die Konversion: das spezielle und aktual vollzogene (besondere) *Lieben* des (oder der) Anderen. Weil aber die Menschen im Allgemeinen eine Neigung dazu haben, Freundschaften zu schließen, ist der Zusammenhang zwischen gemeinschaftlichem Leben und Freundschaftsschluss in der Praxis oft „quasiautomatisch", zumal bei Kindern und Jugendlichen, die einerseits noch sehr für neue Freundschaften offen sind, weil sich ihre Freundschaftsstrukturen noch nicht verfestigt haben, andererseits aber ihre Freundschaften noch nicht so überlegt auswählen. So entstehen aus Schulklassen und Jugendgruppen „quasiautomatisch" Freundschaften, wenn auch von unterschiedlicher Art und Tiefe.

Wie dargestellt ist die Freundschaft die *Grundlage* des gemeinschaftlichen Lebens: Diese Option des Lebensvollzugs steht Menschen erst dann bereit, wenn sie zum Bewusstsein der Vereinigung ihres bewussten Seins mit Anderen gekommen sind. Und dieses Bewusstsein kann allein aus der Freundschaft entspringen. Aber dieses ursprüngliche Bewusstsein kann wie gesagt reflektiert werden und sich gegen die Freundschaft verselbständigen.[307] Wie bereits im Zusammenhang anderer Bewusstseinsmomente besprochen, ist diese Verselbständigungs- oder Entfremdungsmöglichkeit des Bewusstseins (in diesem Fall des Freundschaftsbewusstseins) gegen sich selbst eine notwendige Implikation seiner Gebrochenheit oder Offenheit (die aber gerade die Freundschaft ermöglicht und deshalb nicht aus ihr entfernt werden kann). Deshalb sind nun schließlich gemeinschaftliches Erleben, Tätigsein, Erkenntnissuche und Entscheiden auch völlig ohne Freundschaft möglich und können Menschen auch aufgezwungen werden (sei es durch andere Menschen, sei es durch äußere Umstände).[308] Daher können vor allem gemeinschaftli-

---

[307] Diese Reflexion ist wie gesagt nicht sehr anspruchsvoll, deshalb steht die Option zum gemeinschaftlichen Tätigsein etc. biographisch schon sehr früh zur Verfügung.

[308] Das ist (verkürzt dargestellt) das Problem der Diskursethik: Allein aus den internen Spielregeln des Diskurses kann sich keine umfassende moralische Normativität ergeben. Ein Diktator, der regimekritische Physiker aus dem Gefängnis holt, um mit ihnen die Möglichkeiten des Baus der Atombombe zu diskutieren, und sie danach wieder seinen Folterknechten übergibt, verwickelt sich in keinen performativen oder sonstigen Widerspruch, es sei denn, man *unterstellt* ihm bereits eine Universalisierungspflicht der temporär akzeptierten Diskursregeln (dies wäre

ches Tätigsein und Erleben, aber auch Erkennen und Entscheiden sogar als Einengung statt als Bereicherung der eigenen Existenz empfunden werden. Im Extremfall entsteht das Bewusstsein „ich lebe nicht, ich werde gelebt".

Staatliches Zusammenleben

Aus dem Zusammenhang des gemeinschaftlichen Lebens erhellt noch die besondere Bedeutung des Staates: Er ist nicht der letzte Horizont der Freundschaft, das ist die Brüderlichkeit (s.u.), wohl aber des gemeinschaftlichen Entscheidens und Tätigseins, wie auch (allerdings in weniger starkem Sinn) des Erlebens und Erkennens. Dadurch erhält das Entscheiden und Tätigsein des Staats eine reale Definitivität, obwohl er ja keine absolute Au(k)torität besitzt: Er ist souverän. Dazu gehört, dass er letztinstanzlich über Recht und Unrecht sowie über Leben und Tod „real" entscheidet[309] und dass

---

die Kritik an der apelschen Variante der Diskursethik). Vielleicht liegen die Dinge anders, wenn Menschen in einen *moralischen* Diskurs eintreten. Aber dann scheint der Unterschied nur daher rühren zu können, dass sie bereits einen *Begriff* des Moralischen haben und *ernsthaft* an seiner Instantiierung interessiert sind (wenn ein Soziologe allein zu Forschungszwecken einen moralischen Diskurs mit Anderen beginnt, bindet ihn das auch nicht über diesen Diskurs hinaus). Dann ist aber die eigentliche Frage nicht der Diskurs, sondern der Begriff des und das „Interesse" an oder die subjektive Anweisung auf das Moralische. Und damit ist man wieder zurück bei Kant angelangt (dies wäre die Kritik an der habermasschen Variante der Diskursethik). – Das Grundproblem ist hier wie so oft das Universalisierungserfordernis, das uns so selbstverständlich ist, dass es vielen Theoretikern unter der Hand in ihre Theorien hineinrutscht, ohne dass sie es bemerken. Dieses Erfordernis lässt sich aus nichts ableiten – das hat Kant sehr gut gesehen. Es muss als ein ursprüngliches Erfordernis bzw. eine ursprüngliche, irreduzible Pflicht veranschlagt werden. Darin stimmt die hier entwickelte Theorie mit Kant überein. Anders als er behauptet sie nur, dass diese Ursprünglichkeit keine apriorische ist, sondern ein Entspringen in Raum und Zeit, nämlich im Ereignis der Konversion. Dementsprechend ist die ursprüngliche „Universalität" auch keine unbegrenzte, absolute, sondern die All*gemeinheit* bezüglich einer bestimmten Gemeinschaft (im Extremfall nur der unter zweien).
[309] Letzteres in den meisten Demokratien glücklicherweise in Friedenszeiten in negativer Wiese, nämlich im Verzicht auf die Todesstrafe. Im Krieg dagegen fordert der Staat selbstverständlich den *Einsatz* des Lebens seiner Bürger. Dass er davon in immer mehr Ländern durch den Verzicht auf die allgemeine Wehrpflicht Abstand nimmt und nur noch die verpflichtet, die sich aus freiem Entschluss (weshalb auch immer) verpflichten wollen, wäre nach der hier entwickelten Theorie zwiespältig zu beurteilen. Wenn der Staat nicht mehr den Anspruch hat und artikuliert, dass er zumindest grundsätzlich, wenn er in Not gerät, den Lebenseinsatz seiner Bürger fordern kann, dann kann dieser Anspruch auch nicht mehr die Motivation derjenigen sein, die den Lebenseinsatz freiwillig leisten wollen. Dann ist aber die Frage, was stattdessen deren Motivation ist. Im besten Fall ist diese ein „supererogatorischer Patriotismus", nämlich das Bedürfnis, sich mehr für den Staat einzusetzen, als er selbst es fordert und als die Mehrheit dies tut (wie gesagt im *besten* Fall; man soll sich daher nicht darüber verwundern und beschweren, dass freiwillige Soldaten um Durchschnitt nationalistischer sind als Nichtsoldaten). Dies führt aber zu einem Ungleichgewicht zwischen den Staatsbürgern, das sich beinah notwendig in einem Elitebewusstsein der „Superstaatsbürger" oder „Superpatrioten" niederschlägt und folgerichtig in deren Bewusstsein, dass der Staat „mehr" ihre Sache ist als die allgemeine Sache aller Staatsbürger (eben dieses war ja [ursprünglich] das Bewusstsein der Aristokratie). Im schlechteren Fall dagegen sind die Berufssoldaten schlicht Söldner. (Das

er das Gewaltmonopol nach innen wie nach außen besitzt. Die Souveränität (im weiteren Sinn) ist zunächst schlicht eine analytische Implikation des Zusammenlebens. Wo es dieses gibt bzw. wo sich dieses *realisiert*, gibt es einen letzten Rahmen bzw. eine letzte Instanz für die Bestimmung dieser Realisation: nämlich schlicht diejenige, deren Entscheidungen und reale Vollzüge nicht noch einmal von einer weiteren Instanz aufgehoben werden (können) – sondern allenfalls von Anderen *bekämpft* werden können. Dagegen ist es eine geschichtliche Errungenschaft, dieses implizite Erfordernis des Zusammenlebens im Staatsgedanken expliziert und in ihm geeint zu haben – denn letztinstanzliche Entscheidungsträger und Vollstrecker waren früher (und z.T. bis heute) in unterschiedlichen Belangen sehr unterschiedliche Institutionen, man denke nur an die vielfältigen Gerichtsbarkeiten der Fürsten, Städte, Kirchen, Orden, Universitäten etc. oder auch an die Souveränität von Orden oder Ämtern (etwa des Heiligen Stuhls). Erst durch diese Einung der Souveränitäten ergibt sich der Souveränitätsgedanken im engeren Sinn.

Eine weitere bedeutende Errungenschaft der Moderne ist es, den Gedanken der Souveränität als der „real-absoluten" Instanz des gemeinschaftlichen Lebens an die Prinzipien des Ursprungs des Zusammenlebens zurückgebunden zu haben, nämlich an die Anerkennung und das Wohlwollen: Der souveräne Staat legitimiert sich als Rechtsstaat und Fürsorgestaat[310] gegen seine Mitglieder. Umgekehrt wird er von den Mitgliedern als gemeinsame Sache, als „Republik" verstanden (dazu muss er nicht unbedingt verfassungsmäßig auch eine Republik sein: Die Bürger Großbritanniens verstehen ihren Staat heutzutage natürlich im hier angegebenen weiteren Sinn als „Republik", auch wenn er im engeren Sinn keine ist). Ein weiterer wichtiger Schritt ist natürlich der zu den Gedanken des Verfassungsstaats, der Demokratie und der Volkssouveränität. Durch diese werden die Momente der „Aufrichtigkeit" oder in diesem Zusammenhang besser der „Transparenz" sowie der Achtung, nämlich des Respekts vor der Freiwilligkeit und Selbstbestimmung der Staatsbürger in den Staatsgedanken eingeholt. Damit wird die Einung insofern vertieft und vollendet, als diejenigen, die die Gemeinschaft ausmachen, die also sozusagen das Gemeinsam-Leben *materialisieren*, auch Träger der gemeinschaftlichen Vollzüge werden (wenn auch nicht als Einzelne, sondern in ihrer Gemeinschaftlichkeit – daher „Volkssouveränität" und nicht „Bürger-" oder „Bevölkerungssouveränität"), diese also sozusagen *formen* und *formieren*.[311]

Problem ist hierbei nicht das Berufssoldatentum als solches, denn wenn es außerdem auch die allgemeine „Lebenseinsatzpflicht" – die ja noch nicht einmal unbedingt eine Wehrpflicht sein muss – gibt, dann setzen die Berufssoldaten auch nicht mehr ein, als die Anderen.)

[310] Damit ist zunächst schlicht gemeint, dass der Staat sich um seine Bürger sorgt, etwa ihnen Beistand gibt, wenn sie im Ausland in Schwierigkeiten geraten. Das Sozialstaatsprinzip ist eine konsequente, aber nicht eine begrifflich notwendige Fortführung dieses Gedankens.

[311] Damit ist übrigens sozusagen der Sache nach – wenn auch nicht unbedingt bewusst – diejenige unzureichende Auffassung der Freundschaft überwunden, die das Eigensein der Freundschaft als transindividueller Wirklichkeit wiederum nach dem Paradigma der Subjektivität,

Dass die Souveränität der Staaten derzeit in vielen Punkten bereits überschritten wird, ist geschichtlich unausweichlich und nach der hier entwickelten Theorie auch wünschenswert. Aber es besteht die Gefahr – ja es ist wohl sogar praktisch unvermeidlich –, dass die mühsam errungene „Einung" der Souveränität zumindest vorübergehend wieder verlorengeht, und das ist problematisch. Nicht nur werden einzelne ihrer Aspekte aus der Staatssouveränität ausgegliedert. Auch die Einheit von gemeinschaftlichem und individuellem Lebensvollzug, nämlich die „Republizität" und die „Demokratizität" drohen verlorenzugehen. Zwar scheint etwa die EU auf einem guten Weg zu sein, beides auf transnationaler Ebene neu zu etablieren. Aber die demokratische Legitimation und das „Unsere-Sache-Sein" etwa von internationalen Gerichtshöfen sind zumindest problematisch, von manchen Unternehmungen der UNO ganz zu schweigen. Diese Probleme wurden freilich schon vielfach analysiert, hier soll nur darauf hingewiesen werden, dass sie sich auch aus der Perspektive der hier entwickelten Theorie stellen.

Die Unselbständigkeit der Liebe und die Idee der reinen Liebe

Die Liebe bedarf der Inkarnation, sie ist also gewissermaßen „unselbständig". Die Vollkommenheit des Bewusstseins ist nicht autonom – was eigentlich schon aus dessen wesentlichen Gebrochenheit evident ist. Die Liebe realisiert sich nur in der „Inkarnation": in Eingehen in die und im Gestaltgewinnen in den kontingenten, einseitigen, i.e. für sich genommen unvollkommenen Vollzügen des Lebens.[312] Ihre transzendente Qualität, die sie dabei stets bewahrt, liegt darin, *in* diesen Vollzügen die Vollkommenheit des Bewusstseins zu realisieren bzw. diese Vollzüge aus ihre Vereinzeltheit zu entbinden und sie der Ganzheit des bewussten Seins zu eröffnen.

Man kann sich allenfalls ausmalen, welcher Liebesvollzug dem reinen Lieben am nächsten kommt. Man gerät dann auf die *visio beatifica* der Scholastik. Ihre größtmögliche Reinheit erreicht die Liebe dann, wenn sie im bloßen Gewahrsein des Anderen in seinem Lieben und im bloßen Wollen dieses seines Liebens vollzogen wird. Diese Liebe tut nichts weiter, als Liebe zu gewahren und zu wollen. Das heißt, sie ist Liebesbewusstsein, das Liebe zum Gegenstand hat; und sie tut gegenüber diesem Gegenstand nichts anderes als bewusst zu sein. Und da ja Lieben nichts anderes ist als der vollkommene

---

nämlich als ein „Übersubjekt" begriffen. Der Staat als Übersubjekt (miss-)verstanden braucht natürlich in seiner Verkörperlichung, i.e. als Körperschaft ein Oberhaupt, das der Souverän ist. Denn das Subjekt-Ich ist immer ein Einzelnes, kein Gemeinschaftliches. Soll eine Gemeinschaft ein Subjekt sein, muss sie sich daher in einem Einzigen konzentrieren. Die Freundschaft (und der „Freundschaftsstaatsgedanke") bedarf dessen nicht, weil sie das Subjektivitätsparadigma transzendiert.
[312] Daraus ergibt sich, was C.S. Lewis bemerkt (1993, 42): „The very condition of having Friends is that we should want something else besides Friends."

Bewusstseinsvollzug, tut diese Liebe tatsächlich nichts als zu lieben, und zwar Liebe zu lieben.

Allerdings ist eine solche reine Liebe eben nur zu Gott als der reinen, absoluten Liebe und nur im Jenseits von Raum und Zeit denkbar. Nur einen, der die Liebe *ist*, kann man *allein* als liebend lieben, denn jedes kontingente Wesen ist nicht nur Liebe, sondern Fleisch und Blut, Geist und Gemüt, Endliches und Unvollkommenes. Die Liebe weist sich selbst aber gerade auch auf dasjenige am Anderen an, was nicht schiere Liebe ist, denn sie liebt den Anderen in seiner Ganzheit. Und so erkenne ich ein kontingentes geliebtes Gegenüber immer auch in anderem als nur seinem Liebesvollzug; und ich will ihm (und mir selbst von ihm) auch anderes als nur den reinen Liebesvollzug – und zwar gerade um meiner Liebe willen. (So wäre es ein Hohn, wenn ein Bemittelter seinem hungernden Freund nicht zu essen gäbe, mit der Begründung, er schenke ihm ja schon seine ganze Liebe.)

Außerdem ist es einem endlichen, körperlichen Wesen in Raum und Zeit natürlich unmöglich, sich fortwährend im reinen Liebesbewusstsein zu halten. Es muss essen, trinken und schlafen und sich um den Fortbestand seiner selbst und seiner Art kümmern – und zwar wiederum durchaus auch um der Liebe, nämlich um der Selbstliebe bzw. um der Liebe zum Leben willen. Zwar führt die Verliebtheit manchmal zur Selbstvernachlässigung (und zur Vernachlässigung der Verpflichtungen gegen dritte), aber das ist ein Fall, in dem eine besondere Freundschaft die Rechte anderer besonderer Freundschaftsverhältnisse (einschließlich der Selbstfreundschaft) verletzt. Zwar ist es wünschenswert, dass all die pflichtmäßig notwendigen und egoistisch erstrebten Vollzüge, dass also auch Essen und Trinken etc. als Vollzüge der Freundschaft (ggf. auch der Selbstfreundschaft oder der Liebe zur Liebe, s.u.) in das Liebesbewusstsein aufgehoben würden. Aber selbstverständlich ist das kaum einem Menschen fortgesetzt möglich.

Die reine Liebe kann man allerdings erleben in Momenten der Selbstvergessenheit und -entrücktheit in der Liebe, vor allem in der Verliebtheit. Solche Momente ekstatischer Liebe (was zu unterscheiden ist von ekstatischer Leidenschaft) werden auch von nichtaußergewöhnlichen Menschen erlebt. Allerdings liegt die Defizienz eines solchen Liebeserlebnisses dann genau darin, dass der Liebende sich selbst oder Aspekte seiner selbst (wie auch Aspekte am Geliebten) aus dem Bewusstsein verdrängt (nämlich verdrängen muss), um das Bewusstsein seines uneingeschränkten Liebesvollzugs zu erlangen. Insofern sind solche vollkommenen Liebeserlebnisse Illusionen, nämlich Selbsttäuschungen. Aber sie sind insofern wahre Illusionen, als sie dem Verliebten zum Bewusstsein bringen, was er sein könnte, wenn er vollkommen liebesfähig, und das heißt: wenn er vollständig frei wäre (s.u.). Seine eigene Freiheit kann man aber betreiben (s.u., Kap. „Reale Freiheit"). Und daher führt uns das ekstatische Liebesbewusstsein vor, was wir tatsächlich sein könnten – aber eben noch nicht sind, sonst wäre ja dieses Bewusstsein nicht ek-statisch.

d) Die Arten der Freundschaft

Aristoteles unterscheidet Freundschaften nach unterschiedlichen Artunterschieden. Vorrangig diskutiert er die qualitative Artunterscheidung nach den Liebesgründen in Tugend-, Lust- und Nutzenfreundschaft. In der Sekundärliteratur wird meist hauptsächlich, wenn nicht sogar ausschließlich diese behandelt. Es lassen sich aber im aristotelischen Text mindestens vier Artunterscheidungen identifizieren. Sie lassen sich nach den kantischen Kategorien klassifizieren.[313]

Die Differenzierung von Freundesliebe nach ihrer Quantität

Freundschaften sind zum einen durch ihren Umfang oder ihre Quantität bestimmt. Weil die Konversion ursprünglich auf ein konkretes Gegenüber hin vollzogen wird, steht die *Freundschaft zu Einem* genetisch an erster Stelle. Sie hat aber auch einen axiologischen Vorrang, denn nur in der exklusiven[314] Freundschaft kann die Hinwendung zum Anderen zumindest situativ vollständig (oder auch nur annähernd vollständig) sein. In der Freundschaft mit mehreren muss man die Aufmerksamkeit auf die Freunde aufteilen. Das bedeutet aber nicht, dass man nur exklusive Freundschaften haben *sollte*, im Gegenteil ergibt sich aus der hier entwickelten Theorie, dass man nach Möglichkeit alle intersubjektiven Verhältnisse als Freundschaften (im weiteren Sinn) oder zumindest freundlich vollziehen sollte. In aller Regel stehen wir aber in unserem Leben nicht nur mit einer einzigen Person im Verkehr. Wir sollen uns daher nicht nur um die exklusive Freundschaft bemühen.

Genetisch entsteht die Freundschaft mit mehreren dadurch, dass der von mir konkret geliebte Mensch, mit dem ich die exklusive Freundschaft schließe, bereits Freunde hat (oder auch später andere Freundschaften schließt). Dass der Andere Freunde hat, ist nicht nur eines seiner konkreten, besonderen Persönlichkeitsmerkmale unter anderen; nach dem oben Dargestellten sind es gerade unsere persönlichen Bindungen, die uns zu dem machen, was wir sind. Ich kann daher einen Menschen nicht unter Abstraktion seiner sonstigen Freundschaften lieben – wenn ich das tue, dann liebe ich ein Zerrbild von ihm, auch wenn ein solches Bild oft gerade vom Eifer für die exklusive Freundschaft, nämlich von der Eifersucht nahegelegt wird. Zwar

---

[313] Dieser Abschnitt könnte auch dem vorangehenden Kapitel über das Lieben eingereiht werden, denn die Arten der Freundschaft ergeben sich aus den Arten zu lieben. Umgekehrt entspricht also jeder der hier dargestellten Freundschaftsarten eine Art der Liebe, die auch unerwidert sein kann. Allerdings hat die Artbestimmtheit der Liebe Konsequenzen für die Realisierung der Freundschaften. Weil diese ebenfalls berücksichtigt werden sollen, werden die Artunterscheidungen erst hier vorgenommen.
[314] Mit diesem Wort kann man die Freundschaft zu Einem bezeichnen; in einem generelleren Sinn ist allerdings jede Freundschaft (bis auf die Brüderlichkeit) exklusiv, nämlich Andere ausschließend.

bin ich nicht unmittelbar der Freund der Freunde meines Freundes, aber ich muss diese Freundschaften meines Freundes berücksichtigen, denn sie sind ja Teil seiner Persönlichkeit, die ich anerkenne. Ich bin meinen Freundesfreunden daher um meines Freundes willen zu Anerkennung und Wohlwollen verpflichtet.[315] Zum wirklichen Freund meiner Freundesfreunde werde ich (unmittelbar) nur dann, wenn derjenige oder diejenigen, mit dem oder denen ich die Freundschaft schließe, Anderen *in der gleichen Weise* Freund ist bzw. sind wie mir – als Verwandte, als Mitbürger, als Bundesgenossen etc. Dann bin ich all diesen Anderen in dieser gleichen Weise Freund, wenn ich die Freundschaft annehme (was allerdings oft, wie im Fall der Familie, nicht durch freien Entschluss geschieht). Also ist es eine und dieselbe Freundschaft, die mich mit meinem Freund und diesen meinen Freundesfreunden verbindet. Dies ist dann die Freundschaft mit mehreren.[316]

Die Freundschaft mit mehreren kann kleineren oder größeren Umfang haben und ist dementsprechend mehr oder weniger innig, denn je größer die Gemeinschaft ist, desto weniger kann man sich dem Einzelnen widmen, i.e. die Freundschaft mit ihm leben. Wenn Freundesgemeinschaften sehr groß sind, dann kann die Freundschaft zwischen den einzelnen Mitgliedern notwendigerweise nicht sehr eng sein, denn zur Freundschaft ist das gegenseitige Kennenlernen, Verlangen und das miteinander Verkehren erforderlich. Dies alles erfordert Zeit und ist daher mit vielen nicht im gleichen Maße möglich wie mit wenigen oder mit einer einzigen Person (vgl. NE 1158a11ff, 1170b20ff).[317] Gemeinschaften können so groß sein, dass die Mitglieder gar nicht mehr jedes einzelne Mitglied kennen, nach ihm Verlangen haben und mit ihm direkt verkehren. Spätestens bei einem solchen Umfang verwenden wir in den heutigen europäischen Umgangssprachen nicht mehr das Wort „Freundschaft". Aristoteles dagegen dehnt den Gebrauch des Wortes auf jegliche Gemeinschaft aus, in der die Mitglieder in einem freundschaftlichen Verhältnis zueinander stehen oder in dem, wie wir hier präzisieren können,

---

[315] Vgl. Robert M. Adams, 1993, 128: „We test people's love for us by their appreciation and concern, not only for us, but also for what they see us love and care about."

[316] Dagegen gibt es in seltenen Fällen auch die exklusive Freundschaft zu dritt oder (vermutlich allenfalls noch) zu viert, wenn nämlich mehrere Personen zufällig wechselseitig annähernd gleiche exklusive Freundschaften schließen – das ist ausgesprochen selten. Dagegen kommt es häufiger vor, dass einzelne Mitglieder einer genossenschaftlichen Freundesgemeinschaft (etwa einer Schulklasse oder einer militärischen Abteilung) untereinander einen exklusiven „Sonderbund" schließen (wie etwa die drei Musketiere). Dies ist dann von ihrem Ursprung her nicht eigentlich eine exklusive, sondern eine „exklusivierte" Freundschaft.

[317] Als weitere Argumente führt Aristoteles an (NE 1158a11ff): Das besondere Maß oder Übermaß der Neigung zwischen Tugendfreunden verhindert, dass man mit vielen dergestalt befreundet sein kann – würde man viele oder alle im gleichen Maß lieben, wäre es kein besonderes oder übermäßiges mehr; außerdem ist die Wahrscheinlichkeit gering, viele Personen zu finden, die einem charakterlich im nötigen Maß gefallen; und überhaupt ist die Tugendhaftigkeit nicht häufig; in NE 1170b20ff außerdem: Bei mehreren Freunden kann es vorkommen, dass zugleich der eine froh, der andere traurig ist; die Verpflichtung zur Anteilnahme mit beiden bringt einen dann in emotionalen Konflikt.

die Mitglieder einander anerkennen und wohlwollen und in irgendeiner Weise, also auch nur indirekt im Verkehr stehen oder gemeinschaftlich handeln. So sind z.B. die Staatsgemeinschaft, die Familiengemeinschaft, Religionsgemeinschaften, religiöse und sonstige Bünde wie auch militärische Kameradschaften „Freundschaften".[318]

Die exklusive Charakterfreundschaft unter Freien und Ebenbürtigen ist zwar auch für Aristoteles der paradigmatische Fall der Freundschaft. Aber er sieht offensichtlich zwischen dieser Art der Freundschaft und den umfangreicheren Gemeinschaften eine Wesensgleichheit, die schwerer wiegt als die Unterschiede. Dieser Einschätzung schließt sich die hier entwickelte Theorie der Freundschaft an, und deshalb schließt sie sich auch dem aristotelischen Sprachgebrauch an.[319] Wo immer eine Gemeinschaft durch gegenseitiges Anerkennen und Wohlwollen (wenn auch nur durch minimales) konstituiert ist und wo die Mitglieder direkt oder indirekt in Verkehr miteinander stehen, also wenigstens die Gemeinschaft als ganze erkennen und begehren, da soll von Freundschaft die Rede sein. Wo – ohne dass die Freundschaft zerbrochen ist – ein Verkehr nicht mehr besteht (die Freundschaft „eingeschlafen" ist), aber bestanden hat, kann von ruhender Freundschaft die Rede sein. Wenn allerdings in einer Gemeinschaft gar kein Wohlwollen und keine Anerkennung mehr bestehen, dann ist sie keine Freundschaft mehr. Die Frage ist natürlich, was ihre Mitglieder dann noch zusammenhält. Dies mag äußerer Zwang sein, aber dann handelt es sich eigentlich nur um eine nominelle Gemeinschaft. Der Zwang mag aber auch innerlich sein, dann nennt man ihn Bindung. Dazu wird im entsprechenden Kapitel mehr ausgeführt werden.

Die Ausweitung des Freundschaftsbegriffs auf die umfangreicheren Gemeinschaften ist für die hier vorgestellte Theorie, aber vermutlich auch schon für Aristoteles, nicht nur eine terminologische Frage. Die hier vertretene These ist ja, dass Intersubjektivität überhaupt aus dem Begriff der freundschaftlichen Liebe, nämlich aus der Bewusstseinskonversion verstanden werden kann. Auf der anderen Seite behält die enge Freundschaft unter wenigen oder sogar nur unter zweien ihren Primat, wie ihn ja auch Aristoteles trotz seines weiten Freundschaftsbegriffs vertritt. Dies erklärt sich schlicht aus der Steigerung der Freundschaftsmomente in ihr: Um einen anderen Menschen gründlich zu kennen, muss ich sehr lange sehr eng mit ihm zusammengelebt haben (vgl. NE 1156b26f), was kaum mit einem einzigen Menschen möglich ist. Für die übrigen Freundschaftsmomente gilt Entsprechendes.

---

[318] In NE 1171a16f scheint Aristoteles die Möglichkeit der Freundschaft ohne direkten persönlichen Verkehr auf die Bürgerfreundschaft einzuschränken. Dafür gibt es keinen systematischen Grund, und natürlich ist das unseren heutigen Lebensverhältnissen mit unseren vielfachen Zugehörigkeiten unangemessen. In der Antike war vielleicht der Staat tatsächlich die einzige unpersönliche Freundschaft, aber selbst das ist zu bezweifeln. An anderer Stelle jedenfalls bezeichnet Aristoteles auch Familie und religiöse Bünde als Freundschaften, und in denen steht man auch nicht immer mit jedem Mitglied in persönlichem Austausch.
[319] Auch A. Comte-Sponville 2005, 101, verteidigt diesen Sprachgebrauch.

Schließlich gibt es noch die Freundschaft mit allen, die allgemeine Freundschaft oder Freundlichkeit.[320] Bereits in der Freundschaft mit mehreren schloss der Freund die Freundschaft nicht mit allen Freunden einzeln – sie mussten ihm ja gar nicht alle persönlich bekannt sein. Er schloss die Freundschaft mit einem oder einigen (z.B. den Eltern) und war dann durch diese Freundschaftsbindung in eine größere Freundschaft eingebunden (im Bsp. die Familie).

Die Anerkennung ist aber ihrem Wesen nach nicht nur *individuell*, nämlich exklusiv auf ein einzelnes Gegenüber (oder mehrerer Einzelne) hin orientiert, und zum anderen konkret, nämlich diejenige eines Gegenüber in seinen *besonderen* Merkmalen (welche möglicherweise Weitere in die Freundschaft mit einschließen, die die gleichen Merkmale haben). Sie ist zum dritten auch immer *allgemein*, denn die Anerkennung hat einen apriorischen Kern: das Meinesgleichen. Wenn ich liebe, mache ich mich damit in gewissem Sinn automatisch zum Freund aller, die Meinesgleichen sind.

Genetisch gelange ich zum Bewusstsein der allgemeinen Freundschaft dadurch, dass mir aus dem Bewusstsein des Verbundenseins mit meinen verschiedenen Freunden sowie der indirekten Verbindung zur deren Freunden, Freundesfreunden und so fort das Bewusstsein einer allumfassenden, nämlich alle direkt oder indirekt untereinander Befreundeten umfassenden Gemeinschaft erwächst.[321] Es ist dies das Bewusstsein einer Freundschaft mit allen, die in irgendeinem Sinn Meinesgleichen (nämlich Ihresgleichen von Meinesgleichen) sind, das Bewusstsein eines allgemeinen Anerkennens und Wohlwollens also.[322] Dieses Bewusstsein ergibt sich aufgrund seiner genetischen

---

[320] Cicero spricht sehr schön von der „grenzenlosen Gemeinschaft des menschlichen Geschlechts" (er nennt sie freilich nicht mehr Freundschaft, anders als Aristoteles reserviert er dieses Wort bereits wie der spätere Sprachgebrauch für die engeren, persönlichen Gemeinschaften), deren Kreis sich „zusammenzieht" bis hin zum Bund „zwischen zwei oder wenigen Personen" und sich dabei gewissermaßen konzentriert, nämlich die Liebe in ihrer Gänze realisiert, 1970, 11. Hier wird diese Bewegung in umgekehrter Richtung begriffen.

[321] Dieses Prinzip „überlappender persönlicher Freundschaften" diagnostiziert U. Wolf für die Bürgerfreundschaft (2007, 221). Es scheint aber plausibel, dieses Prinzip nicht auf die Polis zu beschränken – und zwar nicht nur unter modernen Bedingungen. Schließlich war Aristoteles selbst Ausländer in Athen und hatte sicherlich freundschaftliche Bindungen sowohl dort als auch in seiner Heimat.

[322] Nach der hier entwickelten Theorie ist also auch der „allgemeine Altruismus" (und in der Folge die „allgemeine Moralität") ein besonderer, nämlich der äußerste (aber im strengen Sinn, nicht im Sinn von „seltenste") Fall von freundschaftlicher Anerkennung und Wohlwollen. Er ist niemals unkonditionierter Altruismus (daher gibt es auch keine unkonditionierte, absolute Moral), denn die Bestimmung der Allgemeinheit ist eine empirische, also eine im Wortsinn „Allen-Gemeinheit", und nicht eine apriorische (also, wenn man so will, eine Generalität, nicht eine Universalität). Die Bestimmung, wer „alle" sind, ist empirisch konditioniert – und zwar notwendig und unausweichlich. Daher ist der „allgemeine Altruismus" *in seinem Wesen* kein anderer als der Altruismus in besonderen Gemeinschaften, er ist nur eben der Altruismus in der größten Freundesgemeinschaft, der wir nach unserem (derzeitigen) Bewusstsein innestehen. Daraus ergibt sich vollkommen selbstverständlich, dass ich im Rahmen unterschiedlicher Freundschaften unterschiedliche Verpflichtungen habe, dass also nicht alle meine Verpflich-

Nachgeordnetheit in der individuellen wie auch der kulturellen Entwicklung erst verhältnismäßig spät. Das Bewusstsein der allgemeinen Freundschaft ist auch zunächst nicht begrifflich, i.e. in einem allgemeinen, abstrakten *Begriff* des Meinesgleichen begründet, sondern in dem konkreten Netz direkter und indirekter freundschaftlicher Bindungen, denen man innesteht. Daher finden sich in diesem Bewusstsein bei den allermeisten Menschen selbst noch heute, der begrifflich aufgeklärten Moderne zum Trotz, große Unbestimmtheiten und Inkonsequenzen bzw. Inkonsistenzen.[323]

Die Bestimmung des Meinesgleichen und damit des Kreises der allgemeinen Freundschaft ist zunächst rein formell und damit völlig leer. Aber die *Form* der allgemeinen Liebe als solche ist in jeder Liebe mitgegeben. Und da die Form dieser Liebe gegeben ist, verlangt sie nach ihrer Erfüllung – wie alle Liebe nach Erfüllung verlangt. Diese Erfüllung ist nun kontingent. Worin das allgemeine Meinesgleichen besteht, i.e. was ich selbst in meinem letzten, not-

---

tungen „allgemeine" sind, dass ein *ordo amoris* und damit ein *ordo benevolentiae* und schließlich auch ein *ordo obligationum* besteht. Und es ergibt sich, dass die Güte von Handlungen, die diese Verpflichtungen erfüllen, *wesentlich* die gleiche ist: Es ist „moralisch" gut, wenn ich einem Fremden das Leben rette, denn diese Verpflichtung ist „allgemein"; und es ist „moralisch" gut, wenn ich meinen Freund im Krankenhaus besuche oder mich um eine gute Schulbildung für meine Kinder kümmere, auch wenn ich nicht alle Kranke besuche und mich nicht um die Schulbildung aller Kinder kümmere, denn diese Verpflichtungen sind nicht „allgemein". Der *ordo amoris* legt auch fest, wie in Konfliktfällen verschiedene Freundschaftsbeanspruchungen zu verfahren ist (wobei diese ja beileibe nicht nur im Verhältnis von besonderen zur allgemeinen auftreten). Hierbei entstehen manchmal echte „moralische" Konflikte, aber doch nicht sehr häufig. Nicht immer hat dabei die engere Freundschaft den Vorrang, auch die weiteren und die allgemeine Freundschaft haben ihr Recht ihnen gegenüber (vgl. unten). Vgl. auch Lawrence Blum 1993, 204ff.

[323] Vielleicht die geschichtlich eindrucksvollste derartige pragmatische Inkonsistenz stellt der erste Satz der Unabhängigkeitserklärung der Vereinigten Staaten mit ihrem „... all men are created equal" dar. Wenn man daran denkt, welche vielfachen Ungleichbehandlungen sich die USA selbst noch bis nach dem Zweiten Weltkrieg geleistet haben, kann man diese Formulierung nur mit bitterem Hohn zur Kenntnis nehmen. Wenn man dagegen betrachtet, welche Wirkung sie über die Jahrhunderte hinweg entfaltet hat, dann war dies einer der wichtigsten und segensreichsten historischen Sätze überhaupt. Wenn Individuen und Gruppen die Konversion vollziehen (vor allem im Blick auf die Brüderlichkeit, s.u.), dann bringen sie eben diesen Akt nicht immer (bzw. nur selten) konsequent zu Ende. Dennoch ist es wichtig, dass solche Akte *begonnen* werden. Denn nicht immer, aber doch häufig entfalten sie dann ihre Eigendynamik, die eben die Dynamik des ursprünglichen Liebesvollzugs ist, der den Initialakt hervorgebracht hatte. Es ist dabei auch nicht unbedingt verwerflich und hinderlich, wenn der neue Akt der Anerkennung und des Wohlwollens zunächst und zumeist gegenüber sich selbst bzw. der eigenen Gemeinschaft geleistet wird (im Sinn der Selbstliebe, s.u.) – die Gründerväter der USA dachten bei „all men" natürlich *nicht* an die Indianer, die Schwarzen, die Frauen etc., sondern an sich selbst, nämlich angesichts der Bevormundung durch das britische Mutterland und dessen aristokratische Gesellschaftsstruktur. Selbst noch Figuren wie Mahatma Gandhi oder Martin Luther King kann man ja einen derartigen „Egoismus" oder „Egozentrismus" vorwerfen: Sie kämpften für die Anerkennung, die Freiheit und das Wohl *der Ihren*, einschließlich ihrer selbst. Aber das mindert nicht den Wert ihres Engagements, der darin liegt, dass die Liebe vergrößert, vermehrt und vertieft wurde – so sehr und so nachdrücklich, dass dieser Zuwachs bleibend im Ethos der Brüderlichkeit der westlichen Gesellschaften festgeschrieben ist.

wendigen Wesen bin, das haben Menschen zu unterschiedlichen Zeiten an unterschiedlichen Orten unterschiedlich bestimmt. Für unseren Kulturkreis ist diese Bestimmung spätestens seit der Französischen Revolution die Menschheit.[324] Manche fassen sie bereits weiter und schließen einige oder alle Lebewesen in das Meinesgleichen ein – so wie es die Jainas und Buddhisten schon seit zweieinhalbtausend Jahren tun.[325] Weiter unten wird mehr zur Frage der Ausweitung der allgemeinen Freundschaft und zu ihrer Normativität zu sagen sein.

Aufgrund ihrer geschichtlich-kontingenten Bestimmtheit passt für die konkretisierte allgemeine Freundschaft, also für die tatsächlich vollzogene umfassende Liebe, der Begriff der Brüderlichkeit.[326] Die darin enthaltene

---

[324] Schon Thomas v. Aquin fasst die Nächstenliebe als Freundschaft, vgl. Sth 25,2. Grundlegende Bedeutung erhält die Menschenliebe beim Earl of Shaftesbury, z.B. 1990 (Sensus communis. Ein Versuch über die Freiheit des Witzes und der Laune, ersch. 1709), 352. Bei Kant (401f, 448ff, bes. aber 474f) findet sie sich eher beiläufig. Sie wird dann in der Romantik beinah zum gedanklichen Allgemeingut der Epoche, während heute die allermeisten Menschen im westlichen Kulturkreis sich „Freundschaft" nur noch in intimen Beziehungen vorstellen können. (Natürlich gibt es die Menschenfreundlichkeit in Gestalt der *humanitas* bereits in der Antike; aber man sah damals noch keinen Widerspruch zwischen dieser und z.B. der Sklavenhaltung, in der Menschen als bloßes Werkzeug gebraucht wurden, was ja unter Freunden ausgeschlossen ist.) Angesichts NE 1155a21f kann man die allgemeine Menschenfreundschaft auch schon für Aristoteles diagnostizieren, auch wenn z.T. bezweifelt wird, dass sie in seine Theorie der Freundschaft passt, vgl. z.B. J. Annas 1993, 253.

Es ist interessant, dass Albert Schweitzer das, was er „Humanitätsgesinnung" nennt (1956, 26), ebenfalls als einen historischen Erwerb, und zwar als den „höchste[n] Erwerb der Erkenntnis [!]" bezeichnet (ebd.), also genau wie hier geschehen die Anerkennung einerseits als grundlegend *kognitiven* Akt fasst, ihre Ausweitung aber als eine geschichtliche bzw. biographische *Errungenschaft*. Konsequenterweise fordert er, dass diese Gesinnung zum „Gut aller Völker *werden*" müsse (128, Hervorhebung von mir), nämlich durch die Tat – und nicht, dass alle Menschen (endlich) eine universale, apriorische Anerkennungspflicht anerkennen sollen. Genau das ergibt sich auch aus der hier entwickelten Theorie: Wir, die wir wenigstens schon einmal bis zur Menschlichkeit gelangt sind, sind durch ebendiese verpflichtet, die Menschenfreundschaft auszubreiten – und allein dadurch wird sie „allgemeingeltend" werden. Wir können diese Allgemeingültigkeit nicht einem universalen Sittengesetz überlassen, das ohnehin schon überzeitlich über allen Menschen und Völkern thront.

[325] C. Diamond (1978, 474) bezeichnet sie als „fellows in mortality, in life on this earth". Diese Formulierung mit ihrer Bezugnahme auf die Gemeinschaftlichkeit in der existentiellen Bedingtheit, der naturalen Verfasstheit und der raumzeitlichen Lokalisation als dem gemeinschaftlichen Zuhausesein, sowie auch das Wort „fellow", dem im Deutschen an dieser Stelle allenfalls das altertümliche „Genosse" entspricht, ist ein hervorragender Ausdruck derjenigen Verbundenheit, die mit der Brüderlichkeit (s.u.) gemeint ist.

[326] Der Terminus wird hier so aufgenommen wie er in unserem Sprach- und Kulturraum historisch geprägt wurde; der Terminus „Geschwisterlichkeit" wäre heute politisch korrekter, aber er trägt nicht die Geschichte in sich, die das Wort „Brüderlichkeit" durch das Judentum, Christentum, den Humanismus und besonders die französische Revolution gewonnen hat. Bei Aristoteles finden sich in diesem Zusammenhang das Wort „oikeion" und andere Wörter desselben Stamms. Man könnte also auch daraus ein Fremdwort bilden, etwa das der „Oikomene" oder eben der „Ökumene" und es statt „Brüderlichkeit" verwenden (vgl. auch die stoische „oikeiosis", z.B. bei Annas 1993, 262). Aber das erschiene etwas gezwungen. Übrigens

Metapher bringt gut zum Ausdruck, worum es geht: um eine Zusammengehörigkeit, die auf empirisch, genauer auf natural bestimmter Gemeinsamkeit beruht, und zwar weniger auf dem Gegebensein gewisser gemeinsamer Merkmale als auf dem Eingebundensein in einen gemeinsamen Gesamtzusammenhang (natur-)geschichtlichen Gewordenseins.

Wenn schon die inhaltliche Bestimmung der Brüderlichkeit kontingent ist, so gilt dies erst recht für die Bestimmungen desjenigen, was aus der allgemeinen Anerkennung folgt: was ich Meinesgleichen schulde und wozu ich ihnen verpflichtet bin. So war und ist mit der Brüderlichkeit z.B. noch nicht einmal immer ein uneingeschränktes Tötungsverbot verbunden. Viele Naturvölker z.B. hatten bzw. haben durchaus ein brüderliches Verhältnis zu höheren Tieren, töten sie aber trotzdem, wobei sie sich oft davor oder danach dafür entschuldigen. Die besonderen Bestimmungen der allgemeinen „Bruderpflicht" ist eine Frage der besonderen Ausgestaltung der Brüderlichkeit, ihres Ethos, wie es im Folgenden behandelt werden wird.

Die Kontingenz oder geschichtliche Gewordenheit der Bestimmtheit der Brüderlichkeit bedeutet allerdings nicht deren Beliebigkeit – dies gilt für diese genau wir für die exklusive Freundschaft und die Freundschaft mit mehreren. Die Bewusstseinskonversion fällt mir zu und ist insofern kontingent. Aber wenn mir die Liebe zufällt, dann ist sie mir also solche unabweisbar – ich kann mich allenfalls nachträglich gegen sie distanzieren, nicht aber ihr Gegebensein auslöschen (dazu unten mehr). Bei der Brüderlichkeit kommt außerdem hinzu, dass ich diese Freundschaft nicht auflösen kann. Ich könnte mich nur aus ihr ausschließen, wenn ich aufhörte, mich selbst als das zu betrachten, was die Zugehörigkeit zu ihr bestimmt: als Mensch oder als Lebendiges.

---

bringt schon Kant den Begriff der Brüderlichkeit in Verbindung mit dem der Menschenfreundschaft, vgl. MS 473.

J. Derrida 2002, 304ff weist – völlig zu Recht – auf die Ambivalenz des historisch-umgangssprachlichen Begriffs der Brüderlichkeit hin. Ich muss darauf vertrauen, dass das Wort so aufgenommen wird, wie es hier dargestellt wurde. Zwar ist es wahr, dass die Sprache einem zuweilen das Wort im Mund herumdreht – zumal bei historisch geformten Wörtern ist diese Möglichkeit unvermeidlich. Aber wenn man deshalb jedes Wort endlos hin und her wendet, bevor man es in den Mund nimmt (und dies scheint mir Derridas Tendenz zu sein), dann kommt man gar nicht mehr dazu, etwas zu *sagen* (man beredet dann nur, die Beredtheit und Beschlagenheit mag dabei auch noch so groß sein). Die Sprache ist ein Kind der Liebe (gewissermaßen ihre älteste Tochter), es ist manchmal ungezogen, aber die Liebe muss ihm ab einem gewissen Alter vertrauen, sonst kann es sich nicht entwickeln, und sonst kann sie sich nicht durch es entwickeln. Und so muss sich auch der „Weisheitsliebende" (sei es der Philosoph im engeren Sinn, sei es der Wissenschaftler oder der Wissensuchende überhaupt) der Sprache anvertrauen, um seine „Liebe" zu realisieren. Man kann sich freilich bemühen, das Kind erst einmal gehörig zu prüfen bzw. ordentlich zu erziehen (oder auch umzuerziehen), bevor man ihm vertraut. Aber damit kommt man zu keinem Ende und, recht besehen, auch zu keinem Anfang. Früher oder später bzw. letztlich und erstlich muss man der Sprache vertrauen (und Vertrauen ist immer ursprünglich, s.o.). – So vertraue ich also hier dem Wort „Brüderlichkeit" (wie auch schon den vielen anderen Wörtern, die ich verwendet habe) bzw. vertraue der Sprachgemeinschaft, dass sie es aus meinem Mund „in Freundlichkeit", nämlich nach dem *principle of charity* aufnimmt.

Dies hätte außer der Beschneidung des eigenen Selbstverständnisses zur Folge, dass ich mich selbst nicht mehr als Mitglied der Gemeinschaft der Brüderlichkeit ansehen könnte und damit die Rechte und den Schutz verlöre, die ich in ihr und durch sie habe. Wer die Brüderlichkeit revoziert, der erklärt sich für vogelfrei, denn ein Recht kann man nach der hier entwickelten Theorie nur in und durch eine Rechtsgemeinschaft haben, und deren „Mindestfall" ist die Brüderlichkeit.

Das bedeutet allerdings nicht, dass *die Anderen* den Unmenschlichen ihrerseits für vogelfrei ansehen sollen und ihn entsprechend behandeln dürfen. In früheren Entwicklungsstufen der Brüderlichkeit war dies zwar sicherlich der Fall, aber heute ist unser Ethos der Brüderlichkeit so weit gereift, dass es einen Menschen auch dann noch als Menschen zu achten vorschreibt, wenn er selbst jede Menschlichkeit vermissen lässt. Dies ist eine Folge bzw. eine Forderung der Liebe zur Liebe (vgl. unten), nach der das Ethos der Liebe *um der Liebe selbst willen* verbindet und nicht nur um der Liebe des Anderen willen. Damit wird es in gewissem Grad von der Gegenseitigkeit unabhängig. Dementsprechend soll man den Unmenschlichen *als* Menschen nach dem Menschenrecht strafen, aber man darf ihn nicht in Reziprozität zu seiner Unmenschlichkeit als Nichtmenschen behandeln. Aus der Perspektive des Unmenschen gesehen bleibt das Menschenrecht ihm gegenüber allerdings ein Gnadenrecht. Wenn er einmal zur Menschlichkeit zurückfinden sollte (was freilich selten vorkommt), dann wird er es als erstes in Dankbarkeit anerkennen müssen, dass die Anderen ihn trotz seiner Unmenschlichkeit als Menschen behandelt haben.

Mit der allgemeinen Freundschaft geht die hier entwickelte Theorie natürlich über Aristoteles hinaus, auch wenn man mit Ursula Wolf[327] NE 1159b25f als einen Hinweis auf eine solche Form der Freundschaft interpretieren kann, nämlich zumindest auf eine allgemeine Menschenfreundschaft:[328] Gerechtigkeit und Freundschaft, so Aristoteles beziehen sich auf denselben Gegenstandsbereich und Gerechtigkeit ist ohne Freundschaft nicht möglich. Gerechtigkeit aber ist für Aristoteles anscheinend eine *allgemeine* Tugend. Diese letztere Prämisse kann man natürlich anzweifeln: Vielleicht gibt es für Aristoteles keine allgemeine Gerechtigkeit, sondern nur kontextuelle „Gerechtigkeiten", nämlich in jeder Gemeinschaft besondere.[329] Zumindest aber kann

---

[327] 1995, 106.
[328] In der Einleitung zu seinem Freundschaftstraktat, NE 1155a18ff spricht Aristoteles ausdrücklich von der allgemeinen Menschenfreundschaft. Er kommt aber in seinen eigenen Ausführungen nicht mehr explizit darauf zurück, allerdings indirekt in NE 1161b6: „Denn jeder Mensch, kann man sagen, steht im Rechtsverhältnis zu jedem Menschen, der Gesetz und Vertrag mit ihm gemeinsam haben kann, und damit ist auch die Möglichkeit eines Freundschaftsbandes gegeben", sogar mit dem Sklaven, nämlich insofern er Mensch ist.
[329] Dies schlösse nicht aus, dass die *formale* Hexis, gerecht zu sein, nämlich bezüglich der *verschiedenen* Gerechtigkeitsordnungen der unterschiedlichen Gemeinschaften, denen man innesteht, eine einzige und damit allgemeine darstellte. Aristoteles spricht allerdings in seinem Gerechtigkeitstraktat von einem „natürlichen" Recht, das dem politischen Recht ähnlich, aber

man den Übergang von den Gerechtigkeitskonzeptionen innerhalb bestimmter Gemeinschaften zu derjenigen einer allgemeinen Gerechtigkeit durch den Rekurs auf die allgemeine Freundschaft rekonstruieren. Aus der systematischen Erfassung der Liebe als Konversion des Bewusstseins jedenfalls ergibt sich dieser Schritt konsequent und notwendig (siehe dazu unten, „Das Ethos der Brüderlichkeit").

Die Differenzierung der Freundesliebe nach ihrer Qualität

Qualitativ sind Freundschaften wie bereits erwähnt unterschieden nach dem *phileton*, das ihnen zugrunde liegt. Diese Klassifikation von Freundschaften behandeln Aristoteles und seine Kommentatoren ausführlich, deshalb kann ihre Diskussion hier verhältnismäßig kurz ausfallen. Freundschaften unterscheiden sich zum einen in solche, in denen der Liebesgrund das An-sich-gut-Sein oder Schöngutsein, also die *aretē* der Freunde ist: Dies ist die Tugendfreundschaft. Allerdings handelt es sich notwendigerweise (vgl. das Anfangskapitel) um die *aretē* in den Augen des Freundes. Es ist also Irrtum möglich, nämlich zum einen darüber, dass der Geliebte eine bestimmte Vortrefflichkeit besitzt, zum anderen darüber, was an sich gut ist.[330] Deshalb wurde verschiedentlich vorgeschlagen, statt von Tugend- von Charakterfreundschaft zu sprechen.[331] Es muss dabei aber erinnert werden, dass dieser Charakter zumindest in den Augen des Liebenden wenigstens im einen oder mehreren Aspekt gut sein, also eine *Tugend* darstellen muss.[332] Zum anderen können Freundschaften im Für-mich-Guten, also in der Lust ihren Liebesgrund haben. Dies sind die Weisen, nach denen etwas in meinen Augen unmittelbar

---

nicht gleich ist, und das allgemein „unter Menschen" gilt (vgl. NE 1134a28ff). Wenn es aber ein allgemeines Recht gibt, dann sollte es nach NE 1159b25ff auch eine allgemeine Freundschaft geben.

[330] Demnach sollte der Fall möglich sein, dass einer seinen Freund aufgrund einer Charaktereigenschaft liebt, die er für eine Tugend hält, die aber de facto keine ist. Ein Beispiel wäre ein Räuber, der an seinem Kumpan dessen Kaltblütigkeit beim Morden bewundert. Zuweilen wird in Abrede gestellt, dass Aristoteles diese Möglichkeit anerkenne. Tatsächlich erwähnt er sie nicht ausdrücklich, aber sie geht aus NE 1159b9 eindeutig hervor: Auch die Schlechten können – wenn auch nur für kurze Zeit, weil nämlich ihr Charakter unbeständig ist – Freunde sein, „einer sich freuend an der Schlechtigkeit des Anderen". Das deutet ganz eindeutig auf Charakterliebe in der Schlechtigkeit, und nicht nur auf Nutzen- oder Lustfreundschaft. Systematisch *muss* dieser Fall möglich sein, denn Aristoteles stellt ja gleich zu Anfang für jegliches Lieben klar, dass der Liebesgrund immer subjektiv qualifiziert ist: Er ist ein Gut für den oder in den Augen des Liebenden. Und lebenspraktisch scheint es völlig außer Frage zu stehen, dass es derartige Liebe aufgrund missverstandener Tugendhaftigkeit tatsächlich gibt. Vermutlich ist die Liebe aufgrund falscher Tugendeinschätzung sogar häufiger als die rechte Tugendliebe.
[331] Z.B. Cooper 1976, 1980.
[332] Vgl. NE 1104b29ff. Wenn man nur einfach den unqualifizierten Charakter der Beziehung im Sinn hat, dann müsste man analog nicht von Lust-, sondern von „Wirkungsfreundschaft" oder „Affektionsfreundschaft" sprechen, weil sie in denjenigen Empfindungen ihren Grund hat, die der Freund im Freund bewirkt.

gut sein kann. Mittelbar kann etwas in meinen Augen gut sein, insofern es dienlich zu einem unmittelbar Guten ist – nämlich zur Lust oder zur Charakterbildung.[333] Eine Freundschaft, die aufgrund eines derartigen *phileton* geschlossen wird ist eine Nutzenfreundschaft.

Um der systematischen Vollständigkeit und Konsistenz willen erscheint eine Ausweitung des Begriffs der Tugend- bzw. Charakterfreundschaft notwendig. Zunächst einmal erscheint es nach dem aristotelischen Text nicht erforderlich, dasjenige An-ihm-selbst-Gutsein des Freundes, das der Liebende in ihm sieht und aufgrund dessen er liebt, auf seine essentiellen Charaktereigenschaften zu beschränken – zumindest solange man keine anderen interpretatorischen Differenzierungen mit der Frage verbindet.[334] Die hier vorgestellte Theorie möchte den aristotelischen Essentialismus nicht unterstützen, deshalb beharrt sie auf der offenen und formalen Bestimmung des An-sich-gut-Seins, die sich oben aus der Differenzierung des Bewusstseins ergeben hat: Wenn das Angenehmsein eines Menschen sich durch seine Wirkbeziehung auf mich bestimmt, sein Nützlichsein durch eine Nutzenbeziehung, so besteht sein An-sich-(bestimmt-)Sein schlicht in der Gesamtheit derjenigen Bestimmungen, die er unabhängig von einer Relation der affizierenden Einwirkung oder der Nutzenwirkung auf mich (oder einen Anderen) hat. Dazu gehören selbstverständlich sehr, sehr viele Eigenschaften, von der Intelligenz über die Geschwätzigkeit bis hin zur Farbe der Fingernägel. Freilich sieht der Liebende nicht all diese Eigenschaften als gut an – sie sind deshalb nicht alle *phileta* für ihn. Der wahrhaft Tugendhafte wird allein solchen An-sich-Eigenschaften Güte zusprechen, die echte *aretai* des Menschen darstellen. Aber wie gesagt kann darüber bei nicht vollkommen Tugendhaften in verschiedener Hinsicht Verwirrung herrschen. – Man kann die Tugendliebe im dergestalt ausgeweiteten und formalisierten Sinn die „*existenziale*" nennen: Sie hat die guten Eigenschaften zum Grund, die der Andere (in meinen Augen) an sich hat – und nicht hinsichtlich seiner Wirkbeziehungen auf mich –, in denen also (in meinen Augen) die Güte seiner *Existenz* besteht.

Unter dieser begrifflichen Erweiterung der Tugendliebe lassen sich nun Phänomene der Liebe in die entwickelte Systematik integrieren, die sonst schwer zu erklären sind. So erscheint z.B. die erotische Verliebtheit eher als eine existenziale Liebe im weiteren Sinn denn als eine bloße Lustfreundschaft.

---

[333] Normalerweise wird die Nutzenfreundschaft nur im Blick auf den Lustnutzen diskutiert. Aber zum einen ist es Aristoteles wichtig, dass die Tugendfreundschaft *auch* eine Lust- und Nutzenfreundschaft ist, und in diesem Fall ist mir der Freund nützlich nicht nur zur Lust, sondern auch zur Tugendübung und zum Wachstum in der Tugend. Zum anderen gibt es viele Verhältnisse zwischen Menschen, die nach der hier verwendeten Terminologie freundschaftlich sind, die um des Tugendnutzens willen bestehen, nämlich vor allem Beziehungen zu Erziehern, Lehrern, spirituellen Meistern etc. Wenn man den Tugendbegriff so weit fasst, dass er jegliche Wesensperfektion umfasst, nicht nur die moralische, dann ist auch der gewöhnliche Lehrer, Ausbilder und Trainer einer, der zur Tugendbildung nützlich ist.

[334] Wie dies z.B. Cooper 1976, 634f, tut.

Das erkennt man vor allem daran, dass der Verliebte seinem Geliebten auf dessen bloßes Sein bzw. Sosein hin Gutes zu tun bereit ist, und nicht erst auf Lust- oder Nutzenwirkungen hin, die dieser auf ihn ausübt. Genau dies ist aber das Merkmal der aristotelischen Tugendliebe. Es liegt nahe, die Verliebtheit als eine „Charakterliebe" oder eben eine existenziale Liebe zu erklären, in der der Liebende nicht nur Charaktereigenschaften im engeren Sinne als an-sich-gute Eigenschaften des Anderen ansieht, sondern auch weniger essentielle Merkmale wie die körperliche Schönheit, die Anmut, den Charme etc.[335] Unter dem weiteren Begriff der existenzialen Liebe lassen sich auch die Bürgerfreundschaft und andere weitere Freundschaften erklären, die sich sonst schwer ins System einfügen. Denn es erscheint unangemessen, die Freundschaften unter Landsleuten, Religionsgenossen oder Verwandten allein als Nutzenfreundschaften zu erklären.[336] Vielmehr scheint man sich in diesen einander zugehörig zu fühlen aufgrund dessen was man *ist*: Deutscher, Muslim, ein Meiersberger. Natürlich handelt es sich dabei nicht um essentielle Eigenschaften, aber eben klarerweise auch nicht um solche des Lust- oder Nutzenbewirkens. Allerdings stellen die familiären, genossenschaftlichen und politischen Freundschaften insofern einen Sonderfall der existenzialen Freundschaft dar, als die Existenz des bzw. der Anderen nicht absolut, sondern in Beziehung auf meine Existenz gut ist (aber eben in einer *Existenz*beziehung und nicht in einer Wirkbeziehung der Lustaffektion oder der Nützlichkeit). So ist es in meinen Augen nicht besser, ein Deutscher zu sein, als ein Franzose. Dennoch ist für mich das Deutschsein ein *phileton*, nämlich Grund der Bürgerfreundschaft, und das Französischsein nicht. Diese Art von exklusiver aber gleichzeitig nichtkomparativer Güte von Eigenschaften hat zu tun mit der exklusiv-nichtkomparativen Güte meiner eigenen Existenz sowohl in ihrer Individualität als auch in ihrer Besonderheit: Es ist (normalerweise) für mich gut, zu sein, und es ist (normalerweise und im Großen und Ganzen) für mich gut, so zu sein, wie ich bin. Zu dieser Selbstbejahung meiner Existenz und meiner personalen Identität wird im Kapitel über die Selbstliebe mehr zu sagen sein. Mein Sein und Sosein haben eine ausgezeichnete Güte für mich – ohne dass ich damit meinen muss, dass dieses mein Sein und Sosein besser ist

---

[335] Dementsprechend würde ein Aristoteliker sagen, dass vor allem junge Menschen, die noch nicht wissen, was eigentliche Tugend, i.e. was eigentliches An-sich-selbst-gut-Sein ist, sich aufgrund von Körperschönheit und dergleichen verlieben, während reifere Menschen dies vor allem aufgrund der „Seelenschönheit", nämlich der echten Tugendhaftigkeit (i.e. der durch die betreffende Person selbst durch ihre *Willenswahl*, die *prohairesis* geformte Charaktergüte, s.u.) tun. Allerdings mag man zugestehen, dass auch die äußere Erscheinung bis zu einem gewissen Grad Spiegel der inneren Charakterverfassung eines Menschen sein kann und dass deshalb die „Liebe auf den ersten Blick" nicht notwendig oberflächlich sein muss.
[336] Wenn Aristoteles sagt, dass der Nutzen die staatliche Gemeinschaft ursprünglich ins Leben gerufen hat (NE 1160a11), widerspricht das dem Gesagten nicht unbedingt, denn die Bürgerfreundschaft kann sich ja nachträglich in eine existenziale verwandelt haben. Allerdings scheint auch die These vom Ursprung des Staats (allein) aus dem Nutzengedanken fraglich.

als das Anderer.³³⁷ Wenn nun Andere mit dieser meiner Existenz und meiner existenzialen Identität in Verbindung stehen – sei es, dass ich sie ihnen verdanke wie im Fall der Eltern, sei es, dass ich sie mit ihnen teile wie im Fall der Geschwister, Mitbürger etc. –, dann sind sie für mich „existenzial gut" – und nicht nur angenehm oder nützlich.³³⁸ Daraus ergibt sich übrigens noch ein weiterer Aspekt der Freundschaft: Insofern die verfestigte Freundschaft zum Teil meiner Identität wird, insofern ist mir der Freund *auch* darin ein *phileton*, dass er mein Freund *ist*, i.e. dass ich in einer existenzialen Verbindung mit ihm stehe.

Bezüglich der Lust- und Nutzenfreundschaften ist zunächst wichtig, dass auch sie ebenso wie die existenziale oder die Tugendfreundschaft tatsächlich Freundschaften im vollen Sinn sind, nämlich die Momente des Erkennens, des Verlangens, der Anerkennung und des Wohlwollens beinhalten – bzw. dass Lust- und Nutzenbeziehungen diese beinhalten können und dann Freundschaften sind. Dies wird von einem größeren Teil der Aristotelesinterpreten in Abrede gestellt. Die hier vertretene These hat John M. Cooper 1976 aufgestellt. Der Verfasser hat sie mit neuen Argumenten 2003 und 2009 verteidigt. Die Diskussion soll hier nicht wiederholt werden.³³⁹ Für die hier

---

337 Obwohl natürlich viele auf diesen Fehlschluss verfallen.
338 Dementsprechend stehen viele Menschen, die Probleme mit ihrer nationalen, familiären oder ähnlichen Identität haben, in einem merkwürdigen Verhältnis zu ihren Volksgenossen oder Verwandten: Sie haben zwar nichts persönlich gegen sie, finden sie vielleicht sogar ganz nett, gehen ihnen aber lieber aus dem Weg. Man beobachtet dieses Verhalten besonderes bei deutschen Linksintellektuellen im Ausland – heute freilich weniger als früher, weil sich das Verhältnis der Deutschen zu ihrer nationalen Identität weitgehend normalisiert hat.
339 Vgl. die ausführliche Darstellung der Debatte bei v. Siemens 2007, 61-92. Sie selbst verkompliziert die Frage m.E. unnötig, weil sie auf der Unterscheidung zwischen „dia" (angeblich auf die Bewegungsursache bezogen – vgl. dagegen Met. V, 1013b34) und „heneka" (angeblich stets auf die Zweckursache bezogen) beharrt, die Cooper selbst 1976, 633, eingeführt hat. Weil v. Siemens zugleich darauf bestehen möchte, dass auch in Lust- und Nutzenfreundschaft echter Altruismus gegeben ist (der Sache nach stimmt sie also mit dem hier vertretenen Grundverständnis des Wohlwollens bei Aristoteles überein), muss sie diesen angesichts NE 1156b7f noch einmal begrifflich unterscheiden in dasjenige Wohlwollen, das dem Anderen nur qualitativ und quantitativ begrenztes und spezifisches Wohl will (dafür steht ihr die *boulesis agathou*) – weil nämlich der Veranlassungsgrund relationale und kontingente Eigenschaften des Anderen sind – und das unbegrenzte Wohlwollen, dem es um das Wohl der Person als ganzer geht (eunoia) – weil das *phileton* diese Person in ihrem Charakter, ihrem An-sich-sein ist. Nun scheint aber der Zusatz „ekeinou heneka" zu „boulesthai tagatha" in 1155b30ff gerade eben das nichtinstrumentelle Gutes-Wollen zu besagen, das v. Siemens ja auch für die schwache Form des Altruismus in Anschlag bringen möchte (und „boulesthai tagatha ekeinou heneka" definiert die „eunoia", ebd.), denn an dieser Stelle spricht Aristoteles ausdrücklich über die Freunde im allgemeinen, egal welche Art von *phileton* sie zu solcher macht. Außerdem würde v. Siemens' Interpretation des *ekeinou heneka* bzw. der *eunoia* allein auf die Charaktergüte des Tugendfreundes hin den von ihr diagnostizierten schwachen Altruismus „definitorisch heimatlos" machen: Auch er muss gegen das bloße „dem Anderen Gutes Wollen" abgegrenzt werden, denn solches Gutes-Wollen kann auch instrumentell sein. Wenn aber diese Abgrenzung (lt. v. Siemens) nicht mehr von „ekeinou heneka" geleistet werden soll, wodurch dann? Der aristotelische Text bietet uns keine Alternative an. (Ein drittes Argument gegen v. Siemens wäre, dass Aristoteles fast

verfolgten Ziele ist es auch nicht entscheidend, ob man Coopers These für die Interpretation des aristotelischen Textes bestätigen kann oder nicht. Hier soll ja eine eigenständige Theorie entwickelt werden. Die Freundschaftslehre des Aristoteles wird nur deshalb zum Ausgangspunkt genommen, weil sie so gut ist. Aber wir sind hier nicht gezwungen, ihr in allen Punkten zu folgen. Wenn also Aristoteles entgegen Coopers Meinung allein dem Bund Tugendhafter Freundschaftscharakter zuschreiben sollte (wie er es noch in EE tut), dann weichen wir in diesem Punkt von ihm ab.

Es gibt m.E. keinen Grund, weshalb die Bewusstseinskonversion nicht auch auf die *phileta* des Angenehmen und des Nützlichen hin vollzogen werden sollte, wenn der Gegenstand des *phileton* als ein anderes Selbst erkannt wird. Lebenspraktisch scheint das vollkommen evident: Wir anerkennen Menschen, die uns angenehm und nützlich sind und wollen ihnen wohl. Und wir wissen uns ihnen gegenüber für ihre Leistungen verpflichtet. Das entsprechende Gefühl ist die Dankbarkeit. Dieses Gefühl stellt sich nicht ein, wenn wir das Gegenüber, das uns Lust oder Nutzen verursacht hat, nicht als Unseresgleichen erkennen, wenn es sich etwa um eine Maschine handelt oder in der Antike um einen Sklaven. Dies zeigt an, dass auch auf Angenehmes und Nützliches hin die Konversion erfolgt, wenn der Bewusstseinsgegenstand als Meinesgleichen erkannt wird. Dies bedeutet natürlich nicht, dass jedes Verhältnis der Nutznießung Anderer oder der Verlustierung mit und an ihnen notwendig von Anerkennung und Wohlwollen geprägt ist. Wie bereits dargestellt kann man von der ursprünglich vollzogenen Konversion wieder abgehen. Aber dann wird man schuldig. Deshalb wird schuldig, wer seinem Arbeiter den angemessenen Lohn vorenthält, wer mit Anderen auf entwür-

---

immer dem normalen Sprachgebrauch folgt. V. Siemens' „eunoia" bedeutete aber einen nichtnormalen, spezifizierten Gebrauch des Wortes.) Deshalb möchte ich auf meinem Interpretationsvorschlag (2003, 2009) beharren und das *ekeinou heneka* in 1156b7f gegen Cooper und v. Siemens im Sinn der Effizienzursächlichkeit verstehen (wofür auch klar der Kontext spricht, vgl. Utz ebd.). Zwar hat „heneka" zugegebenermaßen meist die Bedeutung „um ... willen", aber es kann auch soviel wie „in Ansehung von" heißen. Unter letzterer Lesart (aber zuweilen auch unter der ersteren) geht der Ausdruck auf eine Ursache, die (wie oben dargestellt) *im Bewusstsein* (und nicht als Naturursache) wirkt – damit aber unabhängig von der Frage, ob sie als Effizienz- oder Finalursache wirkt: Bei den Tugendfreunden entsteht das Wohlwollen „in Ansehung dessen, was sie an sich selbst sind", bei den anderen „in Ansehung dessen, was sie kontingenterweise sind", nämlich angenehm und nützlich. Das hindert nicht, dass die Verursachungsweise *im Bewusstsein*, i.e. „in Ansehung von" eine effiziente ist (wie in: „In Ansehung Ihrer Verdienste / um Ihrer Verdienste willen befördere ich Sie"): Mein Bewusstsein der Tugendhaftigkeit des Anderen – wie auch das seines (kontingenten) Angenehm- und Nützlichseins für mich – ruft in mir das Wohlwollen hervor. Die Interpretation des *heneka* im Sinn der Zielursächlichkeit hätte unter v. Siemens' Vorgaben auch die absurde Konsequenz, dass man im Fall der Lust- und Nutzenfreunde das Wohl nicht diesen selbst, sondern ihren angenehmen bzw. nützlichen Eigenschaften wollte. – Dass die aristotelische *eunoia* das (nichtinstrumentelle) Wohlwollen im Allgemeinen bezeichnet, wie es (nach Coopers, v. Siemens' und meiner Meinung) allen drei Freundschaftstypen eignet, schließt übrigens nicht aus, dass dieses (übrigens auch im Fall der Tugendfreundschaft!) qualitativ und quantitativ begrenzt sein kann bzw. muss (vgl. Utz 2003, 550ff).

digende Weise seinen Spaß treibt oder sie gar vergewaltigt – auch dann, wenn er keine Verträge und kein geschriebenes Gesetz verletzen sollte.

Dagegen sind Lust- und Nutzengemeinschaften dann „in Ordnung", wenn sie in der Ordnung der Konversion, also als Freundschaftsordnungen vollzogen werden: Wenn sie auf Anerkennung und Wohlwollen gegründet sind und im Ausgleich ihr Maß haben. Das Wohlwollen muss dabei nicht über dieses Maß hinausgehen. Ich muss meinen Angestellten, meinen Geschäftspartner oder dem Ladenbesitzer, bei dem ich einkaufe, nicht noch beschenken. Ich muss ihnen nur das um ihrer selbst willen wollen, was ihnen nach der Ordnung unseres Verhältnisses zusteht, sei diese Ordnung nun vertraglich festgelegt oder nicht.[340] Im Normalfall ist es oft nicht erkenntlich, ob jemand solche Ordnungen allein aus äußerem oder innerem Zwang oder aus Eigennutzerwägungen erfüllt, oder aber ob er mit dem, was er dem Anderen gibt, tatsächlich dessen Wohl intendiert.[341] Man erkennt dieses Wohlwollen (möglicherweise) wenn z.B. jemand das Wechselgeld zurückgibt, das der Kassierer zuviel ausgezahlt hat, oder wenn jemand für ein Haus einen angemessenen Preis zahlt, obwohl er weiß, dass der Andere aufgrund einer Notlage zu einem sofortigen Verkauf gezwungen ist und jeden Preis akzeptieren muss.

Unbestritten ist dagegen, dass die Charakter- oder Tugendfreundschaft einen nicht nur graduellen, sondern absoluten Vorrang vor den anderen Freundschaften hat. Dafür macht Aristoteles aber an keiner Stelle das fehlende Wohlwollen verantwortlich, sondern die größere Dauerhaftigkeit der Tugendfreundschaft (das Angenehm- und Nützlichsein hängt von den Umständen ab und ändert sich schnell, entsprechend auch die darauf beruhenden Freundschaften; die Tugendhaftigkeit dagegen ist eine dauerhafte Eigenschaft, NE 1156b10f) und ihre Verleumdungsimmunität (die Tugendfreunde sind sich in ihrem Charakter gegenseitig unverborgen, fallen deshalb nicht auf Verleumdungen herein, NE 1157a20). Unter systematischem Gesichtspunkt noch entscheidender ist, dass die Tugendfreundschaft die anderen beiden Typen mit umfasst: In ihr sind sich die Freunde *auch* angenehm und nützlich (NE 1156b12ff);[342] und dass sie autark ist, weil ihr Grund die Freunde selbst in dem, was sie an ihnen selbst sind, ist, und nicht eine Wirkung, die sie aneinander verursachen, deren Erwünschtheit und deren Wirkungszusammenhang aber notwendig von einer Vielzahl von äußeren Bedingungen abhängt, die sich schnell verändern können (NE 1156a20ff).

---

[340] In NE 1163b34 stellt Aristoteles den Tauschverkehr zumindest innerhalb der Bürgerschaft als eine Form von Freundschaft dar. Zum (möglichen) Freundschaftscharakter von Nutzenbeziehungen vgl. Utz 2003, 565-569; vgl. auch Neera Kapur Badhwar 2005.
[341] Es ergibt sich hier die analoge Ungewissheit zur kantischen bezüglich des „pflichtgemäß" und „aus Pflicht Handelns", nämlich bezüglich des „wohlwollensgemäß" und „aus Wohlwollen Handelns".
[342] Es ist schon deshalb völlig abwegig, die Momente der Lust und der Nützlichkeit aus dem Freundschaftsverständnis des Aristoteles auszuschließen.

Natürlich verliert eine Gemeinschaft ihren Freundschaftscharakter, wenn in ihr kein Wohlwollen (mehr) vorhanden ist, wie auch dann – so ist nach dem hier Entwickelten zu ergänzen – wenn in ihr keine gegenseitige Anerkennung mehr herrscht. Zwischen dem adäquaten Maß an Anerkennung und Wohlwollen und ihrem völligen Fehlen gibt es allerdings Abstufungen. Nach der hier entwickelten Theorie dürfen auch Gemeinschaften, in denen Anerkennung und Wohlwollen ungenügend, aber noch vorhanden sind, als Freundschaften gelten. Es sind eben defiziente Freundschaften – nicht jede Freundschaft ist perfekt. Dagegen möchten viele Leute den umgangssprachlichen Freundschaftsbegriff nicht mehr anwenden, sobald ein Freund auch nur ein wenig vom angemessenen Wohlwollen abgeht, also sich selbst ein größeres Stück Kuchen abschneidet als dem Freund. Nach der hier entwickelten Theorie verstößt er zwar gegen die Freundschaft, nämlich gegen ihren Gleichheitsgrundsatz, aber er büßt sie dadurch nicht gleich vollständig ein. Es sind also in diesem Sinn sehr viele menschliche Beziehungen freundschaftlich, wenn nicht sogar ihre Mehrheit, auch wenn nur sehr wenige Freundschaften ideal sind. Damit lässt die hier entwickelte Theorie Abstufungen in der moralischen Bewertung zu.[343] Dies scheint intuitiv ein Vorteil gegenüber solchen Theorien zu sein, denen zufolge man nur entweder moralisch sein kann oder nicht, wie etwa in der kantischen Ethik.

Die Differenzierung der Freundesliebe nach ihrer Relationalität

Bezüglich ihrer *Relation* sind Freundschaften unterschieden in gleiche und ungleiche. Ungleich können Liebende bezüglich ihres Liebesgrundes sein: Der eine liebt, weil ihm der Andere angenehm ist, dieser aber, weil ihm sein Freund nützlich ist. Aristoteles führt das Beispiel von jungem Geliebten und älterem Liebhaber an (NE 1157a8). In solchen Freundschaften bemisst sich die Verhältnismäßigkeit des Ausgleichs im Freundschaftsverkehr am „Kurs" der Freundschaftsgüter, der durch die Freundschaftsordnung festgelegt ist.

Ungleich können Freundschaften aber auch im Maß des gewährten *phileton* sein.[344] (Im Fall der Charakterfreundschaft ist dies die Tugendhaftigkeit oder Würde.[345]) Hier ist der Maßstab des Ausgleichs logischerweise nicht die

---

[343] Zur Moral im eigentlichen Sinn siehe unten, das entsprechende Kap.
[344] Dass auch Aristoteles beiderlei Ungleichheiten unterscheidet, wird ex negativo aus NE 1156b33f deutlich: „In der Tugendfreundschaft erhält ein jeder von jedem in allem das dasselbe und das gleiche." Es liegt zumindest sehr nahe, „dasselbe" auf die Art des Freundschaftsgutes zu beziehen, „das gleiche" (*homoia*) dagegen auf das Maß.
[345] Vgl. NE 1158b12ff. Allerdings gibt es nach Aristoteles' Meinung eine Grenze der möglichen Ungleichheit: z.B. können Götter mit Menschen keine Freundschaft schließen und Freie nicht mit Sklaven (1159a3ff, 1161b1ff). Bekanntlich ist nicht nur die christliche Theologie bezüglich des ersten Punktes anderer Meinung; der zweite erledigt sich nach unseren modernen Menschenrechtsvorstellungen ohnehin – die man deshalb auch so interpretieren kann, dass kein Mensch so unwürdig oder so hochwürdig ist, dass eine Freundschaft jedes anderen

Gleichheit, sondern die Verhältnismäßigkeit in Entsprechung zur Würde (NE 1158b23, 1162b3f), denn die Verhältnismäßigkeit ist sozusagen die Gleichheit zwischen Ungleichen.[346] In manchen ungleichen Freundschaften steht allerdings ein Teil dauerhaft in der Schuld des Anderen, weil dasjenige, was nach der Verhältnismäßigkeit vom weniger Würdigen gefordert wäre, nicht geleistet werden kann (und deshalb auch nicht soll). Diese Freundschaften sind deshalb niemals vollkommen frei (s.u.). Ein Beispiel ist die Bindung an die Eltern, denen man nie vergelten kann, was man von ihnen empfangen hat: das eigene Leben. Hier soll der schwächere Partner nach seinen Möglichkeiten vergelten, nicht aber nach dem Grundsatz des Ausgleichs (NE 1164b24ff). So soll man seinen Eltern, seinem Lehrer oder Lebensretter nicht alles geben und damit sich und evt. noch die eigene Familie in Armut stürzen. Man soll sich „erkenntlich" zeigen, i.e. anzeigen, dass man die Schuld anerkennt, in der man steht. Aber man soll sie nicht begleichen.

Freundschaften können auch schlicht durch die Zahlenverhältnisse auf Ungleichheit festgeschrieben sein: Wenn einer in einer bestimmten Beziehungsweise von vielen geliebt wird, dann kann er aufgrund der Begrenztheit seiner zeitlichen, emotionalen und sonstigen Ressourcen diese Vielen oft nicht in dem Maße individuell wiederlieben wie sie ihn individuell lieben. Dies gilt für die Mutter von mehreren Kindern, den Lehrer mehrerer Schüler, die politische Führungsfigur (besonders natürlich früher für den König) und den Star im Verhältnis zu seinen Fans. In den dargestellten Beispielen ist also einerseits der Eine den Anderen qua *phileton* überlegen, nämlich in der Güte, die er für die vielen ihn Liebenden darstellt bzw. dem Guten, das sie durch ihn erlangen oder erlangt haben. Auf der anderen Seite muss die Liebespraxis des Einen allein schon unter zeitlichem Gesichtspunkt den gesammelten Liebesbemühungen der Vielen hinterherhinken. Hier ist es ausreichend, wenn der Eine der Gemeinschaft der Vielen *als ganzer* diejenige Zuwendung widmet, die er von ihr erfährt und ihr vergilt, was er durch sie erhält bzw. erhalten hat (z.B. der Star seinen Ruhm, der König seinen Thron etc.[347]). Diese Vergeltung hat zumeist mit der Verantwortung und der Sorge zu tun, wie sie oben dargestellt wurden.

In einem weniger dramatischen Sinn sind selbst viele freie und persönliche Freundschaften ungleich, vor allem erotische: Der eine liebt mehr als der

---

Menschen mit ihm grundsätzlich ausgeschlossen wäre. Alle Menschen sind deshalb sozusagen potentielle Freunde oder eben „Brüder".

[346] Das heißt allerdings nicht unbedingt, dass der Unterlegene dem Überlegenen mehr *leisten* muss – im Gegenteil kann er das ja oft gerade nicht. Es bedeutet nur, dass die Liebespflicht oder -bindung auf seiner Seite stärker ist.

[347] Der König erhält seinen Thron von den Untertanen nicht unbedingt in dem Sinn, dass diese ihn auf denselben gehoben haben, wohl aber in demjenigen, dass es ohne sie das Königtum und mithin den Thron nicht gäbe. Insofern ist der König dem Volk durch sein Amt auch dann verpflichtet, wenn es ihn nicht gewählt hat. – Das gilt natürlich entsprechend für jedes Amt (und analog auch für den Star etc.).

andere. Diese Verhältnisse müssen nicht unbedingt schuldhaft sein. Zum ersten ist die Ungleichheit oft so unerheblich, dass sie gar nicht bemerkt wird. (Allerdings kann es zu großer Enttäuschung führen, wenn sie sich nachträglich offenbart.) Zum zweiten mag die Liebesintensität seitens der Freunde schwanken, und natürlich schwankt sie oft ungleich: Mal liebt der eine mehr, mal der andere. Solche Schwankungen können sich aufs Ganze gesehen ausgleichen.[348] Zum dritten ist ein Freundschaftsschluss auch im ausdrücklichen Bewusstsein der Ungleichheit natürlich möglich. Dann ist die Ungleichheit in der Freundschaftsordnung festgeschrieben und der schwächer Beitragende muss nur in dem Maß die empfangenen Wohltaten vergelten, das diese Ordnung bestimmt. Dies gilt selbstverständlich auch für erotische Freundschaften, auch wenn sich in diesem Fall Dritte oft an der Ungleichheit stören. Eine ganz andere Frage ist, ob es sinnvoll ist, solche Freundschaften zu schließen, und zwar sowohl von Seiten des stärker wie von Seiten des schwächer Liebenden, denn beide betrügen sich zwar nicht gegenseitig, aber möglicherweise sich selbst um die Möglichkeit einer Freundschaft, in der sie gleichwertig geliebt werden bzw. lieben können. Die Ungleichheit wird allerdings dann schuldhaft, wenn sie zur Ausbeutung wird, selbst dann, wenn der Ausgebeutete in das Ungleichverhältnis einwilligt. Allerdings liegt die Schuld nicht nur auf Seiten des Ausbeuters, sondern auch auf Seiten des Ausgebeuteten (wenn das Verhältnis freiwillig ist). Er verletzt nämlich die Freundschaft gegen sich selbst (s.u.): Er missachtet seine eigene Würde und sein eigenes Wohl.

Wenn einer die Wohltaten eines Freundes nicht zu erwidern im Stande ist, dann kann er sie statt durch eigenes Wohlwollen durch Anerkennung ausgleichen. Dann gibt er dem Anderen statt Gütern die *Ehre* – und darin liegt die Funktion des Ehrens im Rahmen ungleicher Freundschaften: Es ermöglicht dem Schwächeren in gewissem Maß den Ausgleich, den er durch seine charakterliche Güte, sein Angenehmsein oder durch äußere Güter nicht leisten kann (vgl. NE 1163b1ff). Denn ehren kann jeder. Dementsprechend bedeutet die Ehre für den Empfänger ein Gut, das er von außen zugesprochen bekommt, auch wenn es weder materiell noch affektiv ist, also (zumindest unmittelbar) in keinem Nutzen und keiner Lust für ihn resultiert. Die Ehre ist sozusagen eine eigene Währung, (die aber durchaus einen mehr oder weniger festen Kurs im Verhältnis zu Lust, Nutzen und Charaktergüte hat). Deshalb kann man auch ehrsüchtig und -geizig sein, genau so wie man es im Bezug auf Lust und auf materielle Güter sein kann. Man kann die Ehre schließlich sogar um ihrer selbst willen suchen, ja sogar darin den ersten Lebens-Wert sehen (was freilich nicht sehr klug ist).

Die Ehre spielt dann auch im Selbstverhältnis eine Rolle, insofern dieses nämlich vom Verhältnis der Selbstliebe herkommt (s.u.). Vor allem das dabei aufkommende Ehrgefühl ist in der Moderne zunehmend aus der Mode gekommen. Das hat sicherlich mit der Tendenz zur politischen Egalität zu tun

---

[348] Vgl. dazu unten, zum komprehensiven Gütekriterium der Freundschaft.

(taucht die Ehrbezeugung doch vornehmlich in ungleichen Freundschaften auf) und ist insofern als positives Symptom zu werten. Aber es gibt keinen Grund, die Ehre grundsätzlich lächerlich zu machen, denn sie erfüllt eine wichtige Funktion in den menschlichen Beziehungen, denn auch in egalitären Gesellschaften sind ungleiche Gemeinschaften unvermeidlich (allein schon in der Familie, vgl. auch NE 1165a24ff[349]). Dasjenige Ehren, das bereits in der gegenseitigen Anerkennung liegt, gehört ohnehin zu jeder Freundschaft.

Von Gleichheit sind dagegen diejenigen Freundschaften gekennzeichnet, in denen die Freunde um des gleichen *phileton* willen lieben und in denen sie einander ebenbürtig sind. Diese Freundschaften haben natürlich den Vorrang, denn das Maß der Konversion ist ja die Gleichheit. Ungleichen Freundschaften fehlt dagegen immer etwas, sie sind immer unvollständig, auch wenn sie sehr tief und sehr eng sein mögen.

Die existenziale Freundschaft unter Gleichen ist selten, denn nur selten finden sich zwei (oder gar mehrere), die sich gegenseitig in allem als ebenbürtig anerkennen können.[350] Allerdings wird diese Schwierigkeit durch zwei Punkte gemildert. Zunächst wird schon auf der ersten, nichtreflektierten Ebene der Anerkennung die Möglichkeit der Ebenbürtigkeit etwas erhöht durch die notwendige Unschärfe in der (Würde-)Wahrnehmung des Anderen. Wenn man dazu nimmt, dass der Mensch eine Tendenz dazu haben mag, Andere als ebenbürtig zu betrachten (weil das „Meinesgleichen" der unmittelbare Impuls des Liebens ist), dann kann alleine schon dadurch die Wahrscheinlichkeit von Ebenbürtigkeit erhöht sein.

Zum zweiten sind wir in der Suche nach ebenbürtigen Freunden nicht vollkommen dem Schicksal ausgeliefert. Was wir an dem Anderen erkennen, steht zwar in der unmittelbaren, ursprünglichen Anerkennung nicht in unserer Entscheidungsgewalt. Aber wir haben in der Reflexion auf diese Anerkennung eine gewisse Entscheidungsfreiheit darüber, welche der Eigenschaften, in denen wir einen Anderen erkennen, wir für anerkennungsrelevant nehmen und welche nicht. Unsere Auswahl erfolgt niemals abstrakt, sie geht immer von dem aus, worin wir tatsächlich (unwillkürlich oder aufgrund früherer Reflexionen) anerkennen. Aber zu unserer hergebrachten Anerkennungshaltung können wir uns durch die Reflexion in Distanz setzen und sowohl alte Kriterien ausscheiden als auch neue aufnehmen. Und dies eröffnet uns die Möglichkeit, die Zahl der anerkennungsrelevanten Eigenschaften drastisch zu reduzieren und damit die Chancen, Ebenbürtige zu finden, stark zu erhöhen.[351]

---

[349] Vgl. in diese Zusammenhang das vierte (bzw. fünfte) Gebot.
[350] Vgl. NE 1158a14.
[351] Ein Beispiel für den quantitativ-funktionalen Aspekt dieses Zusammenhangs ist die Ausweitung der Zahl möglicher Ehepartner für Angehörige europäischer Königshäuser durch deren Bereitschaft, sich mit Bürgerlichen zu vermählen – wohingegen die spanischen Habsburger vorzeiten ihre Auswahlkriterien so hoch setzten, dass sich ernsthafte gesundheitliche Konsequenzen für sie ergaben.

Die Veränderung in unserer Anerkennensdisposition muss übrigens nicht unbedingt der Begegnung mit einem konkreten Anderen vorausgehen oder ihr nachfolgen. Gerade in der Begegnung selbst mit einem konkreten Anderen kann ich erfahren, dass ein Anerkennungskriterium, an dem ich immer ehern festgehalten habe, in Wahrheit bedeutungslos ist, wie auch umgekehrt, das ein von mir bisher missachtetes Kriterium in Wahrheit entscheidend ist. Zwar wird man um der Freiheit und der sittlichen Reife willen wünschen wollen, dass eine solche Veränderung dann immer noch reflektiert werde. Aber wie so oft verhilft die ursprüngliche Bewusstseinskonversion in der Liebe hier häufig schneller und nachhaltiger zur Einsicht, als die Reflexion. So muss Romeo der Julia nur in die Augen blicken, um zu wissen, dass die Familienzugehörigkeit nicht ein Kriterium seiner Wertschätzung ihr gegenüber sein kann – während sein aufgeklärter Hauslehrer in philosophischer Ethik gewiss Wochen angestrengten Argumentierens zugebracht hätte, um ihm diese Einsicht nahezubringen.[352]

Die Möglichkeit, die Wahrscheinlichkeit für Ebenbürtigkeit zu erhöhen, wird dadurch noch erweitert, dass wir nicht gezwungen sind, in allen Situationen und gegenüber allen Anderen, denen wir begegnen, den gleichen Eigenschaftenkatalog für anerkennungsrelevant zu halten. Wenn wir für verschiedene Menschen unterschiedliche Maßstäbe ansetzen, dann gehen wir selbstverständlich inkonsequent vor – und auch die hier entwickelte Theorie hat gute Gründe dafür, von dieser Inkonsequenz Abstand zu nehmen. Aber es handelt sich bei dieser Inkonsequenz nicht um eine unmittelbare logische Inkonsistenz. Sie ist deshalb durchaus *möglich*. Dass sie die allermeisten Menschen auch *wirklich* begehen, scheint offensichtlich: Die Kriterien, nach denen wir Andere anerkennen, unterscheiden sich oft erheblich in Abhängigkeit davon, ob sie zu unserer Familie, unserem Volk oder unserer Religionsgemeinschaft gehören oder nicht, ob sie Männer oder Frauen sind, ob sie jung sind oder alt, welcher Berufsgruppe sie zugehören etc.

Die Differenzierung von Freundesliebe nach ihrer Modalität

Zum vierten schließlich sind Freundschaften nach ihrer „Modalität" differenziert, nämlich nach dem Maß an „Notwendigkeit" oder Zwang bzw. dem Maß der Freiheit oder besser erst noch Freiwilligkeit[353], das in ihnen herrscht. In den ersten Freundschaften unseres Lebens sind wir zunächst zwangsläufig Mitglied: in Familie, Staatsgemeinschaft, evt. Religionsgemeinschaft etc.[354]

---

[352] Sehr schön beschreibt Nathaniel Branden 1993, 65, wie er seine „Liebe" (im weiteren, hier verwendeten Sinn) zu einer Pflanze entdeckt, nämlich ein „feeling of a bond, almost a kind of kinship between the plant and me; surrounded by inanimate objects, we were united in the fact of possessing life".
[353] Zur Freiheit im vollen Sinn vgl. die Ausführungen im Kapitel zur Selbstliebe.
[354] Aristoteles trifft diese Differenzierung nicht systematisch, aber er unterscheidet in NE 1161b12ff die verwandtschaftliche und genossenschaftliche Freundschaft (wie später auch die

Zumindest im Fall der Familie bleiben wir dies auch (vgl. NE 1163b19). Andere Freundschaften wie etwa die Religionsgemeinschaft können wir von einer zwangsweisen in eine freiwillige verwandeln oder frei aus ihnen austreten (heutzutage zumindest).

Der Zwang ist der Freundschaft nicht grundsätzlich etwas Fremdes oder gar ihr Entgegenstehendes. Im Gegenteil ist die Konversion ja unmittelbar immer unwillkürlich und damit (subjektiv) zwangsläufig. Sie ist nicht in einem natürlichen oder metaphysischen Sinn notwendig, sie fällt mir zu.[355] Aber weil ich diesen Zufall nicht in der Hand habe, unterliege ich ihm. Dennoch hat die Liebe eine immanente Tendenz hin auf die Freiheit, wie sich bereits unter den Stichworten der Achtung und der Selbstreflexion in der Konversion ergeben hat und sich im Folgenden unter dem der Selbstliebe genauer darstellen wird.[356] Die freie Anerkennung und Wohlwollen sind das, was der derjenige will, der den Anderen wirklich als ein anderes Selbst liebt – das hat sich bereits ergeben. Er möchte nicht nur einen zwangsläufigen Reflex seiner eigenen Anerkennung und seines eigenen Wohlwollens, sondern er will, dass ihn der Andere *selbst*, und das heißt selbständig und selbstbestimmt liebe.[357]

Wenn die Mitgliedschaft in der Freundschaft nicht freiwillig ist, dann ist selbstverständlich das *phileton* nicht ihr Ursprung (bzw. es ist dies umso weniger, je weniger die Freundschaft frei ist). Eltern lieben ihre Kinder (und umgekehrt) nicht, weil ihr Charakter, ihre Unterhaltsamkeit oder Nützlichkeit sie liebenswert für sie machte.[358] In diesen Fällen liegt die Kausalität andersherum: Nicht das *phileton* ist Ursprung der Freundschaft, sondern die Freundschaft legt fest, worin der Andere mir Liebes ist. In den meisten Fällen unfreiwilliger Freundschaft ist er mir dies in dem, was er ist bzw. mir ist – nämlich z.B. als mein Kind, mein Vater, meine Mutter, mein Mitbürger. Solche Freundschaften sind wie eben dargestellt i.d.R. Charakter- bzw. existenziale Freundschaften. Es können aber durchaus auch Lust- oder Nutzenfreundschaften ererbt werden oder unfreiwillig entstehen, etwa wenn jemand mit einem Geschäft auch die Stammkunden seiner Eltern übernimmt oder wenn Soldaten mit Kameraden, die sie sich nicht ausgesucht haben, in einer Gruppe zusammen kämpfen und sich gegenseitig beistehen müssen.

Wenn man auch hinsichtlich der Modalität der Freundschaft in Analogie zur kantischen Kategorientafel die Dreigliedrigkeit geltend machen möchte, so kann man die freien, die unfreien und die befreiten unfreien Freundschaften unterscheiden. Zwar gebührt den ersteren der Vorrang, aber in gewissem

---

Bürgerfreundschaft und andere unfreiwillige freundschaftliche Gemeinschaften) als „besondere Arten" von denjenigen, die er bisher vorwiegend behandelt hat, nämlich den freiwilligen.

[355] Vgl. L. Thomas 1933, 49.

[356] Auch Aristoteles nennt die gegenseitige freie, überlegte Willenswahl, die *antiprohairesis* als Charakteristikum der idealen Freundschaft, EE 1236b3f, 1237a30ff.

[357] Vgl. auch C.S. Lewis 1993, 44: Die höchste Form der Freundschaft ist die „unnötige" (unnecessary).

[358] Vgl. z.B. Frankfurt 2000, 43f.

Sinn sind letztere besonders wertvoll, weil sie die größere Herausforderung im Prozess des Mündigwerdens stellen: Sich zu den Bindungen zu bekennen, die man selbst frei ausgewählt hat, ist einfacher, als in Freiheit diejenigen anzunehmen in die man hineingewachsen ist. Dies letztere erfordert sozusagen ein reflektiertes Freiheitsbewusstsein, nämlich eines der kontrafaktisch projizierten Entscheidung oder der *Einwilligung*. Und so ist es ein Zeichen echter Mündigkeit, wenn einer auch seine unfreiwilligen Zugehörigkeiten zu freien gemacht hat.[359] Die Befreiung zwangsläufiger Freundschaften kann übrigens nicht nur individuell geschehen, sondern auch kollektiv, wenn etwa ein despotischer Staat sich in einen demokratischen verwandelt.

Eminente Gütekriterien der Freundesliebe

Obwohl die hier entwickelte Theorie den Freundschaftsbegriff im Einklang mit Aristoteles wesentlich weiter fasst als die Umgangssprache, ergibt sich also auch aus ihr der Vorrang der freien exklusiven Charakterfreundschaft unter Ebenbürtigen. Der Vorrang ist bezüglich aller Merkmale nicht nur graduell. Diese Freundschaftsform ist die paradigmatische, sie ist *die* Freundschaft im ausgezeichneten Sinn.

Der Vorrang ergibt sich wie gezeigt aus der Struktur der Liebe selbst – und nicht aufgrund äußerer (etwa tugendethischer oder sonstiger moralischer) Gesichtspunkte. Die existenziale Liebe hat den Vorrang (in erster Linie), weil darin die Freunde sich gegenseitig in dem, was sie selbst sind, Grund der Liebe sind; die exklusive Freundschaft hat den Vorrang, weil allein in ihr die volle, ungeteilte gegenseitige Zuwendung der Freunde und ihre ungeteilte Anteilnahme im Zusammenleben möglich ist; die Liebe unter Ebenbürtigen hat den Vorrang, weil die Gleichheit das immanente Kriterium des Liebesverkehrs ist; und die freie oder freiwillige Freundschaft hat ihn, weil die Liebe auf die freie Zuwendung und Mitteilung des Anderen aus ist.

Daraus ergibt sich nun, dass diese vier Gesichtspunkte nicht nur abstrakte Gütekriterien sind, die die Freundschaft gewissermaßen an sich selbst anlegt. Sie stellen zugleich konkrete Tendenzen der Freundschaft dar, insofern diese ja im Zusammenleben realisiert wird und sich in diesem Zusammenleben entwickelt. Die Liebe gibt also Freundschaften den Anstoß, sich in Richtung der Existenzialität, Exklusivität, Gleichheit und Freiheit zu *entwickeln*. Dies ist für ganz verschiedene Freundschaftstypen wichtig, nicht zuletzt natürlich für die Bürgerfreundschaft. So lässt sich auf der Grundlage der hier Dargestellten selbstverständlich eine politische Theorie entwickeln, die den Vorrang solcher Staatsverfassungen verteidigt, die den Bürgern ihre Wertigkeit bzw. eben ihre Würde allein auf ihre Existenz hin zusprechen (und sie nicht von Stand und

---

[359] Manche Religionsgemeinschaften haben dafür eigene Rituale eingerichtet, z.B. die Firmung oder die Konfirmation. Freilich führt diese Institutionalisierung sofort dazu, dass sie häufig doch wieder gezwungenermaßen oder zumindest unüberlegt vollzogen werden.

Vermögen abhängig machen) und die auf den Prinzipien der Gleichheit und Freiheit beruhen. Aber das würde den Rahmen der hier verfolgten ethischen Grundlagentheorie sprengen.

Komprehensive Gütekriterien der Freundesliebe

Nach dem hier Entwickelten gibt es allerdings neben den eminenten Gütekriterien der Freundschaft auch noch komprehensive. Aristoteles expliziert ein solches zumindest für die qualitative Güte der Freundschaft: Zwar ist die Liebe, die die Charaktervortrefflichkeit des Geliebten zum *phileton*, zum Liebesgrund hat, besser als die anderen. Aber die beste Freundschaft ist nicht diejenige, in der allein der Charakter geliebt wird, sondern die unter dem Primat der Tugendfreundschaft auch die Lust- und die Nutzenfreundschaft miteinschließt (NE 1156b12ff, 1158b7). Nach Aristoteles ist diese Komprehensivität allein der Tugendfreundschaft möglich, und sie ergibt sich natürlicherweise aus ihr. Es wurde bereits kritisiert, dass nach Aristoteles die Komprehensivität nicht auch in anderen Freundschaftsformen möglich sein soll. So kann ich z.B. meinen Geschäftspartner auch charakterlich schätzen, etwa aufgrund seiner Ehrlichkeit, und ihn darin anerkennen, auch wenn der Grund meiner Freundschaft mit ihm weiterhin sein Nutzen für mich bleibt: Wenn unser Geschäftsverhältnis beendet ist, beende ich auch die Freundschaft – die Charakterliche Wertschätzung und Anerkennung transformiert die Nutzenfreundschaft nicht notwendig zur Tugendfreundschaft, zur Freundschaft *aufgrund* von Tugend, auch wenn dies selbstverständlich möglich ist.

Ethisch bedeutsamer ist die Komprehensivität im Fall der quantitativen Bestimmung der Freundschaft. Die höchste Form der Freundschaft ist zwar die exklusive, aber gut ist eine Freundschaft nur in dem Maße, in dem sie die anderen Freundschaften des Freundes bis hin zur Brüderlichkeit anerkennt und in gewisser Weise miteinschließt.[360] Wer seinen Freund *allein* für sich haben will und *nur* noch dessen Freund sein will, der missachtet nicht nur die anderen Freundschaften, denen sein Freund und er selbst innestehen. Er befindet sich wie oben dargestellt auch im Irrtum über sich und den Anderen, weil das, was wir sind, wesentlich durch unsere Freundschaften konstituiert wird. Eine solche Liebe ist daher „falsche" Liebe, sie ist nicht nur ethisch, sie ist epistemisch defizient: Sie sieht den Anderen nicht wie er ist. Vor allem in der Verliebtheit ist eine solche Verengung des Liebesblicks zwar verständlich und als ein Stadium des Werdens der Freundschaft vielleicht sogar unausweichlich. Aber wenn es dabei bleibt, ist die Freundschaft schlecht, und zwar nicht nach Maßgabe eines äußeren, etwa deontologischen Kriteriums, sondern nach Maßgabe der immanenten Kriteriologie der Freundschaft. Ich kann also nicht nur einem Einzigen Freund sein (wenn ich denn nicht von Geburt

---

[360] Dieser Gedanke findet sich schon bei Shaftesbury (1990 – Untersuchung über die Tugend, ersch. 1699), 279.

an mit ihm auf einer einsamen Insel allein zusammenlebe), ich muss schon um der Freundschaft zu einem einzigen willen auch anderen Freund sein.

Aus dem Verhältnis der verschiedenen Freundschaften untereinander ergibt sich ein *ordo amoris*. Darin haben engere Freundschaftsbindungen ein größeres Gewicht als die weiteren (vgl. NE 1160a1ff). Aber nicht in jedem Fall haben sie den Vorrang. Meine Bindung zu meinem Busenfreund setzt nicht meine übrigen Bindungen außer kraft – gerade das bedeutet ja die Komprehensivität der Freundschaft. Deshalb ist es nach der hier entwickelten Theorie zwar richtig, wenn z.B. Eltern die schulische Entwicklung ihrer eigenen Kinder fördern und nicht gleichermaßen diejenige aller übrigen. Aber es ist nicht richtig, wenn sie z.B. als Inhaber politischer Ämter gegen die Ordnung der Bürgerfreundschaft verstoßen, um ihren Kindern Vorteile zu verschaffen.[361] Es kommt wesentlich darauf an, welcher Art ein Freundschaftsverhältnis ist und wozu es entsprechend dieser Art verpflichtet (vgl. NE 1165a15ff). Insbesondere ist man einer Freundschaft in demjenigen verpflichtet, was sie einem an Rechten und Macht zugesteht oder was sie einem an Lebensvollzügen ermöglicht. Allein schon aus diesem Grund ist es z.B. ungerechtfertigt, politische Macht, die einem von der Bürgerfreundschaft verliehen wurde, zu privaten Zwecken oder für private Freundschaften zu gebrauchen.

Bezüglich der Relation und der Modalität der Freundschaft ist die Komprehensivität zeitlich zu verstehen. Die Freundschaft ist desto besser, umso mehr sie Variationen in der Entwicklung der Freundschaft zulässt. Dies liegt vor allem in der Entwicklung einer ungleichen Freundschaft zu einer gleichen und von einer unfreien zu einer freien nahe. Diejenige Elternliebe ist „schlecht" nach dem immanenten Kriterium der Freundschaft, die die Kinder nicht in die Mündigkeit entlassen kann. Aber die Kontingenz des menschlichen Lebens bringt es mit sich, dass sich Freundschaftsverhältnisse zuweilen auch in die umgekehrte Richtung entwickeln. Vor allem in familiären Bindungen taucht diese Herausforderung häufig auf: Der Ehepartner wird dauerhaft pflegebedürftig.[362] Er kann die Dienste seines pflegenden Partners nicht mehr vergelten, die Freundschaft wird zwangsläufig ungleich. Wenn er außerdem auf diese Dienste angewiesen ist, weil es niemand anderen gibt, der sie ihm leisten könnte, wird die Freundschaft außerdem auch unfrei. Die komprehensive Güte der Freundschaft liegt in diesem Fällen darin, den Wechsel im Modus und in der Relation auszuhalten. Das ist oft sehr schwierig, und zwar

---

[361] Das Beispiel des Aristoteles ist die Wahl des Feldherrn, bei der man nicht seinem Vater die Stimme geben soll, sondern dem Fähigsten, NE 1164b24 – i.e. man soll im Interesse der Polis oder der Bürgerfreundschaft wählen, nicht in dem der Vaterliebe. Vgl. dazu weit ausführlicher Michael Slote, 2001, 63-91 „The Structure of Caring" und bes. 69ff „Balanced Caring".
[362] Im Verhältnis zwischen Eltern und Kindern ist der Wechsel noch klarer: Das Abhängigkeitsverhältnis dreht sich im Alter oft geradewegs um. Weil aber eine Dankespflicht der Kinder besteht, bedeutet dies oft eher einen Ausgleich als eine Ungleichheit der bedürftigen Eltern gegen die Kinder.

bekanntermaßen nicht nur für denjenigen, der zum Überlegenen wird, sondern gerade auch für denjenigen, der zum Unterlegenen und Unfreien wird.

Die Komprehensivität bezüglich der Relation und der Modalität der Freundschaft im Kleinen ist dagegen einerseits so selbstverständlich, dass sie gar nicht auffällt, andererseits aber so grundlegend, dass es die Freundschaft im engeren Sinn, nämlich die unter Freien und Gleichen, ohne sie gar nicht geben könnte. Dies führt uns (in negativer Weise) Kant vor: Wenn man wie er auf einem rigorosen Gleichheitskriterium für die Freundschaft beharrt, und zwar nicht nur auf deren qualitativer Gleichheit, sondern auch auf der Gleichheit von Anerkennung und Wohlwollen, dann muss durch jede Betätigung des Wohlwollens die Freundschaft aus den Fugen geraten, weil damit die Anerkennung ins Ungleichgewicht gerät.[363] Sobald einer sich vom Freund helfen lässt oder auch nur den geringsten Gefallen (Geschenke, Lob etc.) annimmt, ist nach Kant die Freundschaft dahin, weil die Achtung nicht mehr gleich ist (er wird „unfrei", nämlich dem Freund verpflichtet). So merkwürdig und realitätsfern diese Argumentation dem normalen Menschenverstand anmutet, so richtig ist sie doch unter ihren eigenen Voraussetzungen. Ihr Wert liegt also darin, zu zeigen, dass diese Voraussetzungen falsch sind: Die Freundschaft – und zwar auch und gerade die unter Freien und Gleichen – muss eben auch bezüglich ihre Relationalität und Modalität komprehensiv verstanden (und gelebt) werden:[364] Sie lässt wechselnde Ungleichheiten zu. Das kann man die Großzügigkeit der Liebe nennen.

Gütekriterien der Gegenseitigkeit der Freundesliebe

Die genannten vier Gesichtspunkte betreffen die Freunde bzw. ihre Stellung zueinander. Freundschaften unterscheiden sich außerdem noch im Freundschaftsvollzug. Hierbei kann man die *Qualität* und die *Quantität* der „Gegenseitigkeit" unterscheiden, nämlich einerseits den *Umfang* des Austauschs und des Verkehrs der Freunde miteinander, andererseits dessen *Güte* für die Freunde, nämlich die Freude, die sie daran haben. Diese beiden Kriterien bestimmen, wie sehr die Freunde einander Freund sind. Sie sind deshalb das Maß der Freundschaft selbst. Insofern sind sie nicht Gütekriterien, sondern geben nur die Intensität der Freundschaft an. Insofern allerdings die Freundschaft selbst ein Gut ist und es gut ist, dass Freundschaft existiert, ist es gut,

---

[363] Vgl. MS 470f. (Vgl. dazu z.B. J.-Chr. Merle 2005, 65-73). Kant scheint auszuschließen, dass es simultanes Wohlwollen gebe. Bei Nutzenleistungen ist das freilich auch schwer vorstellbar. Aber schon die gegenseitige Lusterzeugung kann man sich durchaus als gleichzeitig vorstellen (man denke an den Geschlechtsakt). Die gegenseitige Anteilgabe am An-sich-gut-Sein im Zusammenleben erfolgt ohnehin simultan.
[364] In der Praxis gibt es ja tatsächlich Menschen, die sich gegen die Komprehensivität sträuben und von Anderen keinerlei Gefallen annehmen wollen. Diese Menschen machen die Freundschaft mit ihnen unmöglich. Dagegen ist das Bewusstsein dessen, der von einem echten Freund eine Zuwendung erfährt: „Von ihr/ihm darf ich das annehmen."

dass Freunde sich austauschen und miteinander verkehren und daran Freude haben. Aber ob sie es in einer guten Weise tun, hängt von den anderen vier Kriterien ab. Man kann deshalb die oben entwickelten vier Gesichtspunkte die formalen Kriterien der Freundschaft nennen, die Gegenseitigkeit dagegen das materiale. Als weitere materiale Kriterien, die sich aus der Betätigung der Gegenseitigkeit ergeben, kann man noch die Tiefe der Bindung als das *modale* materiale Kriterium der Gegenseitigkeit in Anschlag bringen, die Breite ihres Ethos (die bestimmt, wie weitgehend das Ethos das Leben der Freunde prägt) als ihr *relationales*.

e) Freundschaft und Tugend

Die Aristotelische Ethik ist bekanntlich keine Freundschafts-, sondern eine Tugendethik. Zwar wird in Abhandlungen über die Freundschaftsbücher in NE fast immer darauf hingewiesen, dass diese ein Fünftel des Buches ausmachen, und es wird bedauert, dass dem die traditionelle Rezeption des Werkes nicht entspricht. Aber sachlich, so muss man doch zugeben, ist die Freundschaftslehre in NE ein Anhang. Das Grundthema des Werkes ist die Frage nach der Eudaimonie, und diese erhält ihre Antwort durch die Tugendlehre in den Büchern I-VII. Allerdings dürfen zum glücklichen Leben auch äußere Güter nicht fehlen, man muss genug zu essen und zu trinken haben usf.; und man muss eben auch Freunde haben. Von Anfang an handelt Aristoteles vom Freund als einem äußeren Gut[365] – die Eingangsfrage ist, ob der Glückliche der Freunde *bedarf* –, und er bemisst die Freundschaften daran, in welchem Maß, in welcher Art und Weise und vor allem in welcher Dauerhaftigkeit die Freunde in ihnen einander ein Gut sind (NE 1156b17ff u.ö.). Die Freundschaft (zusammen mit der Lust) scheint also im Rahmen der Aristotelischen Ethik in erster Linie eines der Glücksgüter darzustellen, und wenn sie anders als die materiellen Glücksgüter in den moralphilosophischen Werken berücksichtigt wird, dann nur deshalb, weil über die Bedeutung der letzteren kaum Zweifel besteht.[366]

So scheint es wie gesagt. Es gibt allerdings zwei Punkte, in denen sich bei Aristoteles eine Wertschätzung der Freundschaft andeutet, die über diejenige

---

[365] Vgl. Nancy Sherman 1993, 92ff.
[366] Daraus ergibt sich das Problem, ob die allerletzte Motivation zur Freundschaft bei Aristoteles nicht doch die eigene Eudaimonie und damit der Egoismus ist. Dieses Problem besteht selbstverständlich auch dann noch, wenn es sich um den noblen, sogar zum Selbstopfer bereiten Egoismus des Tugendhaften handelt, auch wenn dieser der Form seiner Handlungen nach das Gleiche tut wie der wahrhaft Wohlwollende (vgl. z.B. Kenny 1992, 54; Wolf 2007, 237). Das Problem stellt sich nicht für den hier entwickelten Entwurf, denn der ist ja kein tugend-, sondern ein freundschaftsethischer. Aus der Sicht dieses Entwurfs weist es daher auf die vielleicht größte Defizienz der Tugendethik hin: Sie lässt das ethische Subjekt letztlich in der Einsamkeit seiner Selbstperfektion mit sich allein, der Kontakt mit dem Anderen berührt es nicht wirklich.

als äußeres Glücksgut hinausgeht. Zum ersten sagt er, der Staat stehe letztlich im Dienste der Freundschaft der Bürger untereinander, selbst die Gerechtigkeit sei ihr untergeordnet (NE 1155a24). Das ist insofern erstaunlich, als die Gerechtigkeit ja eine Tugend ist. Wenn die Tugend der Freundschaft dienen soll und nicht (nur) umgekehrt (wie z.B. in NE 1172a13ff), dann hat diese offenbar eine Wertigkeit eigenen Rechts. Diese Wertigkeit erhebt sie dann eindeutig über die bloßen Glücksgüter, denn die müssen allenfalls der Tugendübung dienen (wie etwa der Wohlstand die Freigiebigkeit ermöglicht), nicht aber umgekehrt.

Zum zweiten bezeichnet Aristoteles die Liebe der Freunde selbst als Tugend oder dieser ähnlich (NE 1155a4). Man hat den Eindruck, dass er diesen Punkt nicht ernsthaft weiterverfolgt. Vielleicht spricht er überhaupt nur im übertragenen Sinn.[367] Die Liebe der Freunde zueinander ist zwar wie die „echten" Tugenden auch eine Hexis bezüglich eines Affektes (nämlich der *philesis*[368]), die sich durch lange Einübung unter einer bewussten Entscheidung ausbildet (NE 1157b28f);[369] und sie ist eine an sich selbst gute Hexis, und zwar nicht nur in der Wertschätzung der Freunde selbst, sondern auch in der Beurteilung durch dritte. Man findet es gut, wenn Freunde einander lieben (wenn man nicht gerade Kantianer ist), und schlecht, wenn sie sich hintergehen. Aber es gibt einen großen Unterschied zwischen der Freundschaftsliebe und den übrigen Tugenden: Die letzteren sind allgemein. Die Liebeshexis dagegen besteht nur im Hinblick auf eine bestimmte Person oder eine bestimmte Gruppe von Personen. Daher kann der Liebende diese Hexis auch durch äußere Veränderungen verlieren, wenn nämlich die Freundschaft zerbricht oder der Freund stirbt, während etwa der Freigiebige allenfalls die Gelegenheiten zum Freigiebigsein verliert, nicht aber die Disposition dazu. Eine Tugendhaftigkeit aber, in der man von Anderen abhängig ist, und zwar nicht nur bezüglich ihrer Ausübung, sondern bezüglich der inneren Haltung selbst, dürfte im Rahmen der aristotelischen Theorie kaum den vollen Stellenwert haben, denn eines der ersten Kriterien der Wertigkeit (der ontologischen wie der ethischen) ist bei Aristoteles stets die Autarkie. Dasjenige, was von anderem abhängig ist, steht niemals auf derselben Stufe mit dem, was durch sich selbst besteht.

---

[367] Vgl. Wolf 2007, 218f.
[368] Aus der Sicht der hier entwickelten Theorie unterschlägt Aristoteles hier den intellektualen Aspekt auch schon des unmittelbaren, anfänglichen Liebens. Naheliegenderweise sieht er in der Liebeshaltung der Freunde deshalb auch nur eine ethische Tugend (bzw. etwas dieser Ähnliches) und nicht auch eine dianoetische wie man nach der hier entwickelten Systematik im Blick auf die Anerkennung ergänzen müsste.
[369] Aristoteles erklärt nicht, worin in diesem Fall die rechte Mitte des Affektes besteht, aber nach der hier entwickelten Systematik ergibt sich: Sie liegt im rechten Verhältnis von Begehren und Wohlwollen, nämlich in deren Entsprechung – wobei wir durch die moderne Psychologie Belehrten wissen, dass es in Beziehungen nicht nur ein Zuviel von Egoismus, sondern auch von Altruismus geben kann, und dass beides für den betreffenden Menschen wie auch für seinen Partner schlecht ist.

Hierin nun unterscheidet sich die hier entwickelte Theorie grundlegend von der aristotelischen. Die – im Ausgang vom aristotelischen Text – entwickelte Charakterisierung des Bewusstseins erwies dieses als wesentlich relational verfasst. Ein Wesen, das wesentlich bewusstes Sein ist, kann daher grundsätzlich nicht autark sein und in der Autarkie seine höchste Bestimmung haben. Der einzig mögliche Weg, einem bewussten Sein im Rahmen einer philosophischen Theorie Autarkie zu verschaffen, wäre, die Relationalität des Bewusstseins durch Selbstbezüglichkeit von fremder Abhängigkeit zu befreien.[370] Im Selbstbewusstsein wäre dann auch das Bewusstsein autark. Neben den anderen Philosophien des Deutschen Idealismus ist vor allem das System Hegels ein großangelegter, großartiger Versuch, die vollständige bewusste Selbstbezüglichkeit zu realisieren.[371] M.E. ist seine Theorie fehlerhaft und die Versuche, ihre Fehler zu beheben oder eine andersartige, bessere Theorie absoluten Selbstbewusstseins zu entwickeln waren nicht erfolgreich.[372] Die Selbstbezüglichkeit des Bewusstseins bleibt immer offene Selbstbezüglichkeit, das Bewusstsein bedarf der Beziehung auf das ihm (unverfügbar und unaufhebbar) Andere, um seine Selbstbeziehung zu realisieren, auch wenn diese letztere die Möglichkeitsbedingung der Fremdbeziehung darstellt.

Unter diesen Voraussetzungen gewinnt nun die Theorie der Freundschaft einen ganz anderen Stellenwert, als ihr im Rahmen der Nikomachischen Ethik zukommt. Die gegenseitige Liebe wird nun wie oben dargestellt zur einzigen Form, in der Bewusstsein sich zur Ganzheit vollenden kann, auch wenn es dabei freilich keine Autarkie erreicht (weder für den Einzelnen noch für die Freundesgemeinschaft). Sie erweist sich als das ursprüngliche Gut, nämlich das ursprünglich An-sich-Gute (im Unterschied zum Für-mich-Guten des egozentrischen Bewusstseins und zum Im-Frieden-Seins des hörigen Bewusstseins), und das Liebend-sein erweist sich als die an und für sich gute Verfassung des Bewusstseins. Damit wird die Liebeshexis zur ursprünglichen Tugend und zum Ursprung der Tugendhaftigkeit als der „Vortrefflichkeit"

---

[370] Bei Aristoteles gilt dies für den unbewegten Beweger – aber nicht für den Menschen, weil der in der Selbstbetrachtung anders als Gott nicht den bestmöglichen Gegenstand zum Objekt hat. Es gibt also auch bei Aristoteles einen Aspekt, unter dem der Mensch grundsätzlich nichtautark, sondern auf etwas außer ihm verwiesen ist. Allerdings scheint Aristoteles darauf zu setzen, dass der Mensch diesen Mangel durch seinen Erkenntnisbezug auf das Vollkommene und Autarke überwinden und heilen kann. Diesen Optimismus teilen die nachneuzeitlichen Menschen nicht mehr: Sie zweifeln an einer derartigen Erkenntnismöglichkeit und in vielen Fällen auch an der Existenz eines derartigen Erkenntnisobjekts. Der erstere Zweifel stammt übrigens ideengeschichtlich aus dem Christentum: Der christliche Gott kann nur (wahrhaft) erkannt werden, wenn und insofern er sich zu erkennen gibt, nämlich offenbart. Damit bleibt aber der Mensch in der Erkenntnis Gottes auf diesen angewiesen, ist also nicht-autark: Die Erkenntnis Gottes ist nur als Kommunikation mit ihm möglich.
[371] So zumindest meine Interpretation, vgl. Utz 2001.
[372] Vgl. ebd., bes. 297-318.

oder Vollendung unserer Existenz.[373] Die Tugendlehre ist also nach dem hier vorgestellten Entwurf der Freundschaftslehre untergeordnet. Die Ansatzpunkte dazu, so wurde versucht darzulegen, finden sich in der aristotelischen Theorie selbst. Aber das Resultat sprengt ihren Rahmen natürlich.

Selbstverständlich verändert sich damit der Tugendbegriff im dargestellten Sinn. Die erste Tugend ist nicht eine allgemeine, subjektive Hexis, sondern eine partikulare, personal bestimmte, intersubjektive: eine innere Haltung gegenüber einer oder mehreren konkreten Personen. Die ersten untergeordneten Tugenden sind die Anerkennung und das Wohlwollen: die Momente, in denen das Lieben an sich gut ist. Dagegen sind Begehren und Erkennen für mich gut und werden als solche besser nicht als Tugenden betrachtet. So zumindest wird man sich entscheiden, wenn man dem modernen umgangssprachlichen Tugendbegriff folgt, der moralisch konnotiert ist. Wenn man dagegen dem antiken Begriff der *aretē* folgt, dann ist (beinahe) jede Vortrefflichkeit eine Tugend, also auch diejenige des Intellekts und des Willens. Dann kann auch die gute Verfassung des Erkenntnisvermögens eine (oder mehrere) intellektuelle Tugend darstellen. Entsprechend sollte es appetitive Tugenden, nämlich habituell gute Verfassungen des Begehrungsvermögens geben. Diese tauchen bei Aristoteles nicht gesondert auf, sie sind aber tatsächlich Teil der übrigen Tugenden (s.o. „Vitalität und Intellekt", unter „Persönlichkeitsbildung"). Für die hier entwickelte Theorie spielt es keine Rolle, ob man den Tugendbegriff enger oder weiter fasst. Im Folgenden wird aber der moderne, engere Tugendbegriff verwendet. Demgemäß sind die intellektuellen Vollkommenheiten des Menschen als solche keine Tugenden. Tugendhaft ist aber die Anerkennung, die ja wie dargestellt ebenfalls ein intellektueller Vollzug ist, wenn auch einer mit einer besonderen Struktur.

Die Hexeis der Anerkennung und des Wohlwollens beziehen sich (zunächst) wie gesagt auf bestimmte Personen: auf die Freunde eben. Eine weitere Tugend ergibt sich dagegen nicht aus dem Gegenüber zum Freund, sondern aus dem Mitsammen, aus dem Freundschaftsverhältnis als solchem. Dessen Merkmal ist wie dargestellt die Gegenseitigkeit, und zwar nicht nur die grundsätzliche, sondern die konkrete in den einzelnen Freundschaftsvollzügen. Also sind der Ausgleich und die Gleichheit das Merkmal der guten Verfasstheit einer Freundschaft. Unschwer erkennt man darin die Tugend der Gerechtigkeit. Diese Tugend hat bereits stärkeren Allgemeinheitscharakter, weil sie nicht unmittelbar an den einzelnen Freund gebunden ist, sondern an den Freundschaftsbund im Ganzen. Mittelbar ist die Gerechtigkeit damit

---

[373] Bei Aristoteles ist die Tugendhaftigkeit bekanntlich in seiner Substanzlehre begründet: Im Wesen einer Substanz ist festgeschrieben, worin ihre Perfektion in Gestalt und Aktion liegt. Sie ist auf diese Perfektion hin angelegt und hat eine immanente Tendenz, sie zu verwirklichen. Eine derartige Ontologie, die von teleologisch bestimmten Substanzen ausgeht, mag heute kaum mehr jemand nachzuvollziehen. Das bedeutet natürlich nicht, dass sie deshalb bereits hinfällig ist. Aber weil es hierbei um Metaphysik und nicht mehr um Praktische Philosophie geht, würde die Diskussion darüber hier zu weit führen.

allerdings eine Haltung gegenüber einem besonderen Kreis von Menschen, nämlich gegenüber den Mitgliedern einer bestimmten Freundschaft.

An diesem Punkt lässt sich nun die Tugendhaftigkeit im Rahmen der hier entwickelten Freundschaftstheorie an die Tugendlehre des Aristoteles rückbinden. Bekanntlich ist die Tugend der Gerechtigkeit für Aristoteles als *iustitia generalis* die ganze Tugend. Wie z.B. Günther Bien herausstellt[374], ist sie dies, insofern die ganze Tugend in ihrer Relation auf Andere betrachtet wird.[375] Dann werden die übrigen Tugenden zu den Charakterdispositionen, die vorauszusetzen sind oder dazu helfen, Gerechtigkeit zu üben, nämlich das Angemessene im Bezug auf Verteilung und Vergeltung von Leistungen und Gütern bzw. von zugefügtem Schaden zu tun und darin das Zuviel und das Zuwenig zu vermeiden.[376] Natürlich können die Tugenden auch unter Absehung dieser Relation auf den Anderen für sich betrachtet werden, und diese Behandlungsweise ist bei Aristoteles die vorrangige. Aber man tut seiner Theorie allenfalls geringe Gewalt an, wenn man die Gerechtigkeit nicht nur als die alle anderen Tugenden implizierende, sondern als diese begründende und bestimmende Grundtugend ansetzt.[377]

Das Prinzip der Gerechtigkeit ist die Gleichheit bzw. die Proportionalität (als die Gleichheit zwischen Ungleichen). Die Gleichheit ist aber das Maß der Freundschaft, das Kriterium des rechten Verkehrs zwischen den Freunden. Man darf die Gerechtigkeit also mit der rechten Art und Weise des Freundschaftsvollzugs, nämlich des Anerkennens und des Wohlwollens in all seinen konkreten Ausformungen, betrachten. Aristoteles sagt zwar, die Freunde bedürften der Gerechtigkeit nicht[378], aber dies ist wohl auf die ausgleichende, richterliche Gerechtigkeit zu beziehen. Fälle, in denen distributive Gerechtigkeit oder auch Tauschgerechtigkeit geübt werden müssen, kommen ja auch in der Freundschaft vor. Für die Fälle, in denen ich in der Freundschaft das Maß

---

[374] 1995, 140-145.
[375] Es mag einige Tugenden geben, wie unter Umständen den Mut, die nicht oder allenfalls indirekt in Beziehung auf Andere geübt werden. Auch diese kann man aber auf die Freundschaft rückführen, nämlich auf die Liebe zu sich selbst. Vgl. dazu Ursula Wolf 1995, 94-99.
[376] Auf die Differenzierungen der Gerechtigkeitstheorie des Aristoteles und auf die Mesoteslehre soll hier nicht eingegangen werden.
[377] Auch bei R. Sokolowski 2005, 126f, findet sich der Gedanke, dass die Tugenden in der Freundschaft als deren Erfordernisse oder Voraussetzungen impliziert sind – allerdings nicht wie hier vermittelt durch den Zwischenschritt über die Gerechtigkeit als immanentes Prinzip der Freundschaft einerseits und „die ganze Tugend" andererseits.
[378] NE 1155a27. Diese Aussage wird allerdings sogleich durch den darauffolgenden Halbsatz in Frage gestellt: „wohl aber [bedarf es] unter Gerechten der Freundschaft als Ergänzung der Gerechtigkeit" – dann sind ja im Resultat die Gerechten zugleich gerecht und Freunde (es wäre noch möglich zu interpretieren: Diejenigen, die gegenüber Dritten gerecht sind, sollen untereinander Freunde sein, also z.B. die Richter untereinander; aber dann wäre kaum die Freundschaft als „Ergänzung der Gerechtigkeit" zu begreifen). Vielleicht ist auch gemeint, dass die Freunde (zumindest die engen Freunde) die Forderungen der Gerechtigkeit spontan erfüllen und ihrer daher nicht als einer eigenständigen Norm oder einer eigenständigen persönlichen Qualität (einer Tugend) zusätzlich zu ihrem Freundsein bedürfen.

der Gleichheit nicht allseitig auf alle Freunde, sondern nur auf meine Seite anwende, kann man auch die Tugend des Maßhaltens in Anschlag bringen. Wenn ich den Kuchen zwischen mir und meinen Freunden aufteile, dann übe ich demnach (distributive) *Gerechtigkeit*. Wenn sich jeder selbst sein Stück abschneidet, dann bin ich *maßvoll*, wenn ich mein Stück eben so groß mache wie es der Gleichverteilung des Kuchens entspricht.[379]

Ein kleineres Problem bei der Identifikation der Gerechtigkeit mit der Grundtugend des Freundschaftsvollzugs mag man darin sehen, dass Aristoteles die Gleichheit im Recht und in der Freundschaft unterscheidet: „Im Recht steht die Gleichheit nach der Würdigkeit zuerst, die quantitative Gleichheit folgt auf sie" (NE 1158b30). In der Freundschaft ist es umgekehrt. Allerdings gibt es auch in der Freundschaft die proportionale Gleichheit nach Würdigkeit, nämlich in den ungleichen Freundschaften (vgl. NE 1162a4f, 1163b1f). Die arithmetische Gleichheit kommt in der Freundschaft insofern zuerst, als in der unmittelbaren Konversion der Andere zunächst und vor allem Meinesgleichen ist. Das Erkennen und Anerkennen der Unterschiede ist dagegen *für die Freundschaft* sekundär. Andererseits schreibt das Ethos der Freundschaft, das sich, wie darzustellen sein wird, mit der Festigung der Freundschaft ausbildet und das ihr „Recht" darstellt, gerade auch die (etwaigen) Ungleichbeziehungen zwischen den Freunden fest, denn die Gleichheit versteht sich ja in der Freundschaft von selbst.

Tugendhaft im primären Sinn ist demnach neben Anerkennen und Wohlwollen der gute Vollzug der Freundschaft, also die Gerechtigkeit bzw. das Maßhalten.[380] Tugendhaft im sekundären Sinn sind die Vollzüge und die ent-

---

[379] Dagegen kann man andere Fälle des Maßhaltens durch die Freundschaft gegen sich selbst (vgl. die obige Anm.) erklären: Durch diese bin ich z.B. gehalten, das rechte Maß zu halten zwischen dem Genuss, den mir das Weintrinken am Abend bereitet und dem Kopfweh, das es mir am nächsten Morgen bereitet.

[380] Im Ausgang hiervon lassen sich vielleicht auch die Schwierigkeiten der Mesoteslehre ein wenig erleichtern (vgl. NE 1106a14-1109b27). Das Problem der Bestimmung der rechten Mitte ist ja im Fall der Gerechtigkeit und auch des Maßhaltens in der Freundschaft wesentlich geringer als bei den anderen Tugenden, weil es um die Gleichheit zwischen zweien oder mehreren geht. Im Fall der Gerechtigkeit die Mitte zu halten, bedeutet, keiner Seite zu viel oder zu wenig zuzuteilen. Die Gleichheit lässt sich aber rechnerisch bestimmen, allenfalls steht in Frage, wie ungleiche Güter und Leistungen gegeneinander zu verrechnen sind. Dagegen ist es schwer anzugeben, wo genau die Mitte etwa zwischen Feigheit und Tollkühnheit liegt. Man könnte nun vorschlagen: Die Identifikation der (ethischen) Tugend mit dem Treffen der Mitte gilt im eigentlichen Sinn für die Gerechtigkeit, für die übrigen Tugenden aber im (aristotelischen) analogen Sinn. Genauer kann man sagen: Die übrigen Tugenden lassen sich insofern von der Mesotes her bestimmen, als sie zum Treffen der Mitte in der Freundschaft (gegen Andere oder gegen sich selbst) beitragen – so wie die Medizin „gesund" ist, weil sie zur Gesundheit des Organismus beiträgt (und dabei übrigens auch weder unter- noch überdosiert werden darf). So könnte man z.B. erklären, dass sowohl Geiz als auch Verschwendungssucht dazu führen, die rechte Mitte im Verkehr mit dem Freund, also die Gerechtigkeit bzw. das Maßhalten, zu verfehlen, die Freigiebigkeit als individuelle Charakterdisposition dagegen hilft, diese Mitte zu treffen. (Insofern die Freigiebigkeit über die bloße Mitte noch etwas hinausgeht, entspricht sie der „Liebe zur Liebe", wie sie unten behandelt wird).

sprechenden Charakterhaltungen, die im Bezug auf das Verhältnis zum Anderen für die Übung der Gerechtigkeit notwendig oder hilfreich sind oder in dieser impliziert sind. Welches diese sekundären Tugenden sind, hängt stark von kontingenten Umständen ab, von der Art und dem Umfang der Freundschaft, den Bedürfnissen der Freunde, der Bedrohtheit oder Sicherheit der Freundesgemeinschaft (vor allem natürlich im Fall des Staates), den Arten der Güter und Leistungen, die in der Freundschaft getauscht werden und ihren verhältnismäßigen Werten, den gemeinsamen Zielen der Freunde etc. Dies bedeutet, die Explikation der sekundären Tugenden hängt wesentlich von dem Ethos der Freundschaft ab, wie es unten expliziert werden wird.

Dieses Ethos bestimmt also unter anderem, was in einer Freundschaft als charakterliche Vortrefflichkeit angesehen wird, und zwar auf der Basis der Gerechtigkeit als ihrer Grundtugend. In diesem Punkt ähnelt die hier vorgestellte Theorie den kommunitaristischen Entwürfen. Allerdings gilt zum einen, dass es sehr wohl die dargestellten allgemeinen, gewissermaßen apriorischen Tugenden gibt. Zum andern haben auch alle besonderen Tugendkataloge ihren Ursprung und ihren Geltungsgrund in Liebe und Freundschaft. Von diesem Ursprung her können sie, wenn die Freunde das nötige Reflexionsniveau bzw. die nötige ethische Feinfühligkeit entwickelt haben, auch kritisch beurteilt werden. Die Kriterien dazu stellt wiederum der Freundschaftsbegriff dar, wie unten zu sehen sein wird.

Tugendhaft sind Menschen also nach dem hier Entwickelten immer in bestimmten Freundschaften, gegenüber einem bestimmten Kreis von Wesen (der allerdings im äußersten Fall, dem Fall der Brüderlichkeit „alle" umfasst, nämlich alle, die anerkennungswürdig sind). So kommt es durchaus vor, dass Menschen in unterschiedlichen Gemeinschaften unterschiedlich tugendhaft sind, dass etwa ein korrupter Politiker zuhause in seiner Familie ein vorbildlicher Vater und Ehemann ist. Allerdings sehen die Menschen innerhalb von Freundschaften diejenigen Tugenden, die in der jeweiligen Freundschaft als solche gelten, als generelle Eigenschaften eines Individuums an, denn tatsächlich hat ja der Freund (im Fall umfassenderer Freundschaften) seine tugendhaften inneren Haltungen gegenüber allen Mitgliedern der Freundesgemeinschaft, und zwar gegenüber allen gleichermaßen, wenn ihn nicht an einzelne Mitglieder über die allgemeine Freundschaft hinaus eine besonderer Freundschaft (oder Feindschaft) bindet. Wenn die Tugendhaftigkeit aber einmal als eine *generelle* innere Haltung eines Individuums begriffen ist, dann kann man ihren Begriff auch auf Individuen außerhalb der Freundesgemeinschaft anwenden. Und so beurteilen z.B. Mitglieder einer Volks-, Religions- oder Kulturgemeinschaft auch Außenstehende als tugendhaft oder untugendhaft, allerdings nach dem Tugendkatalog der eigenen Gemeinschaft (bzw. dem der allgemeinen Brüderlichkeit). So kann z.B. eine Gemeinschaft das Mitleid eines fremden Kriegers mit seinem Feind als Tugend ansehen, während dessen eigene Gemeinschaft es als Weichlichkeit beurteilt.

Insgesamt hat die Frage der einzelnen Tugenden in der hier vorgestellten Theorie eine eher untergeordnete Bedeutung. Ihre Bestimmung gehört zu der notwendigen Konkretisierung des Freundschaftsethos und damit zur Inkarnatorik der Liebe. Aber wie sie sich im Einzelnen gestaltet, ist nur noch bedingt Sache der Philosophie, sondern hauptsächlich Sache einer anderen Grundtugend: der Wachheit oder Aufmerksamkeit für die Liebe (s.u.), die im Vollzug der Freundschaft erkennt, welche Handlungen und innere Haltungen die Liebe fördern und welche ihr abträglich sind.

Bezüglich der aristotelischen Differenzierung der Freundschaftsarten ist noch anzumerken, dass mit der Anerkennung der Liebeshexis als einer Tugend jede Freundschaft zumindest teilweise zur Tugendfreundschaft wird. (Dies bemerkt Aristoteles selbst nicht, was allerdings wohl kaum auf Nachlässigkeit deutet, sondern darauf, dass die Bezeichnung der Liebeshexis als Tugend nur metaphorisch gemeint war.[381]) Die Tugendhaftigkeit mag dabei die minimale von grundsätzlicher Anerkennung und Wohlwollen überhaupt sein. Aber die Freunde achten sich dann *auch* in ihrer gegenseitigen Haltung der Anerkennung und des Wohlwollens. Wenn dagegen die Tugend der Liebeshexis, i.e. des wenigstens grundsätzlichen Wohlwollens und der Anerkennung in einer Beziehung zwischen Menschen ganz fehlt, dann kann tatsächlich nicht mehr von Freundschaft die Rede sein. In diesem Sinn ergibt sich am Ende doch, dass jede Freundschaft *auch* Tugendfreundschaft ist und dort, wo gar keine Tugendfreundschaft ist, auch keine Freundschaft ist. Die Lust- und Nutzenfreundschaften bleiben allerdings trotz des Momentes der Tugendhaftigkeit in ihnen doch ebensolche, weil die Tugend nicht den Beweggrund zur Freundschaft und zum Verkehr miteinander darstellt.

f) Freundschaft und Bindung

Ist die Freundschaft habituell geworden, dann bedeutet dies, dass meine konkrete, kontingent gewachsene Bezogenheit auf meinen Freund sich zur Hexis verfestigt hat und damit zum Teil meiner Persönlichkeit geworden ist. Mein Ihm-Freund-Sein hat Eingang gefunden in meine Existenz. Diese Beziehung gehört zu mir, oder umgekehrt, ich selbst gehöre in meinem Sein dieser Beziehung an. Wenn der Freund von mir geht, dann geht ein Stück von mir. Der Freund ist „mein" im Sinn des griechischen *oikeos*: nicht im Sinn eines sachhaften Besitzes, über den ich durch das Eigentumsverhältnis Verfügungsgewalt hätte, sondern im Sinn einer Angehörigkeit, die beide Seiten füreinander in Anspruch nimmt. Diese Bedeutung des Eigenen, Angehörigen,

---

[381] Allerdings scheint er anzuerkennen, dass aus einer Lustfreundschaft eine Tugendfreundschaft werden kann, wenn die Lustfreunde mit der Zeit den „Charakter des Anderen im Verkehr liebgewonnen haben", NE 1157a12.

dessen Haben existenzielle Bedeutung hat, hat die Wortwurzel „phil" offensichtlich ursprünglich gehabt.[382]

Hat der Freund dergestalt Anteil an mir selbst gewonnen und ich an ihm, dann besteht zwischen uns nicht nur eine Beziehung, sondern Bindung. Wie die übrigen Bestimmungen der Persönlichkeit auch stellt die Bindung einen transaktualen Bestand dar. I.e. sie ist unabhängig vom aktuellen Bewusstseinsvollzug, wiewohl sie aus ihm herstammt und auf ihn hingeordnet ist. Weiter bedeutet dies, dass die Bindung (wie andere Persönlichkeitsbestimmungen auch) nicht nur explizit ins Bewusstsein treten kann, sondern auch als der Bestimmungshintergrund eines Bewusstseinsvollzugs ins Bewusstsein wirken kann. So kann z.B. der Ehemann ein schlechtes Gefühl haben, wenn er fremdgeht, obwohl er explizit gar nicht an seine Frau und seiner Bindung zu ihr denkt. Vielleicht empfindet er stattdessen auch einen angenehmen Nervenkitzel; jedenfalls ist es dazu, dass sich die Bindung ins Bewusstsein hinein auswirkt – i.e. in Wechselwirkung mit dem steht, was ich gerade bewusst erlebe –, nicht nötig, dass sie selbst an die Oberfläche des Bewusstseins tritt. In der Habitualität der Bindung liegt zum dritten, dass ich mich an ihr, wie an allen anderen Persönlichkeitsmerkmalen auch, stören kann. Ich kann mich zu ihr in ein distanziertes Verhältnis setzen, wiewohl sie mir zugehört und mich selbst ausmacht.

Bindung vor der Freundschaft

Die Bindung gründet in der Liebe. Nach dem bisher Entwickelten geschieht dies so, dass sie aus der freundschaftlichen Liebe erwächst. Aber es gibt auch den umgekehrten Fall, dass die Bindung zuerst da ist und die Liebe fordert. Dies ist dann der Fall, wenn die andere Person nicht erst sukzessive an meiner Person Anteil gewonnen hat, sondern wenn meine Existenz von ihrem Anfang an oder aber unmittelbar in der Teilhabe eines Andern bzw. einer Gruppe steht. Dies ist zum einen bei der Familie der Fall, zum andern beim Staat bzw. der Volksgemeinschaft, aber auch bei einigen anderen Gemeinschaften wie Religionsgemeinschaften, bestimmten Bünden und Genossenschaften.

Meine eigene Existenz kommt von meinen Eltern her, und zwar nicht nur abstrakt, sondern in meinen konkreten Anlagen und Bestimmungen. In einem gewissen, sehr weitreichenden Sinn *bin ich* die Bezogenheit auf meine Eltern. Was ich bin, habe ich von ihnen. Dies stellt eine Bindung dar. Diese Bindung ist unbeliebig. Man kann sie u.U. verändern, aber man kann sie nicht wählen und sich nicht selbst aus ihr entlassen (vgl. NE 1163b19f) – eben weil man keine oder nur sehr mittelbare Gewalt über die eigene Persönlichkeit hat und erst recht nicht über seine biologische Verfassung. Und selbst dann, wenn ich die eigene Persönlichkeit verändern will, muss dies nicht nur un-

---
[382] Vgl. F. Dirlmeier 1931, 7.

ausweichlich auf der Grundlage derjenigen Persönlichkeit geschehen, die ich gegenwärtig bin, auch der Veränderungswille selbst steht unweigerlich auf dem Grund dieser Persönlichkeit.

An Staat bzw. Volksgemeinschaft bin ich dagegen deshalb gebunden, weil sie einen Teil dessen übernehmen, worin ich mich als bewusstes Wesen vollziehe. Der Staat handelt und er urteilt. Im modernen Staat sind diese Funktionen institutionalisiert in Exekutive und Jurisdiktion.[383] Sofern ich in der Staatsgemeinschaft stehe, geht also ein Teil meines Wollens und Gewahrseins an diese Gemeinschaft über.

Die familiäre Bindung beruht also, ganz im Sinn des Aristoteles, auf Abstammung, die staatliche auf Herrschaft. Neben dieser hierarchisch vertikalen Bindung gibt es aber auch eine horizontale, die aus der ersteren hervorgeht: die Bindung unter denjenigen, die in der gleichen vertikalen Bindung stehen, Geschwister und weitere „horizontale" Verwandtschaft bzw. Mitbürger und Volksgenossen (NE 1161a3, 1162a10ff). Im Bereich des Familiären gibt es außerdem die Bindung zwischen Mann und Frau (vgl. 1162a17ff). Sie geht in jedem Fall dann über eine bloße Freundesbindung hinaus, wenn aus ihrer Beziehung Kinder entstanden sind. Denn dann haben sie gemeinsam diesen Kindern von ihrer eigenen Existenz Anteil gegeben und sind mit diesen Anteilen ihrer Existenz in der einen lebendigen Existenz des Kindes auch untereinander verbunden.[384]

Macht

Durch diese Abgabe eines Teils des Seinsvollzugs bewusster Wesen an Andere bzw. an eine Gemeinschaft entsteht Macht. Macht gibt es also ganz unvermeidlich, wenn Menschen in Beziehungen zueinander treten und Gemeinschaften bilden, in denen sie sich aneinander Anteil geben, auch schon vor der Etablierung von Staaten. Macht gibt es auch in der Freundschaft, nur dass sie in der idealen Freundschaft unter Gleichen gleichseitig ist und so gewissermaßen nicht auffällt. Macht ist also ihrem Wesen nach nicht Böses, ihre Dämonisierung ist wenig hilfreich. Auch die Macht ist ein Kind der Liebe – und Kinder können sich natürlich gegen ihre Eltern auflehnen. Aber wer die Macht ausrotten will, muss die menschlichen Beziehungen verbieten. Damit ist übrigens noch nichts darüber gesagt, wie die Macht in einer Ge-

---

[383] Dies gilt natürlich nur im Sinn des jeweiligen Grundtypos der Funktion dieser Institutionen: Die Exekutive muss sich selbstverständlich auch Urteile bilden, und die Gerichte *handeln* auch, wenn sie Prozesse realisieren. Die Legislative ist ihrem Grundtypos nach die Vereinigung von Kognition und Volition: Sie soll das Gerechte *erkennen* (sie setzt ja nicht frei fest, was recht und unrecht ist) und es zum Gesetz *machen*. (Außerdem haben im heutigen demokratischen System die mit der Gesetzgebung betrauten Parlamente auch noch die strukturell engegensetzte Funktion, das *Handeln* des eigenen Staats zu *beurteilen*, nämlich das Handeln der Regierung.)

[384] Aristoteles spricht nur davon, dass die Kinder ein „beiden gemeinsames Gut" sind – „und das Gemeinsame hält zusammen", NE 1162a28f. Das scheint zu schwach formuliert zu sein.

meinschaft organisiert und verteilt ist bzw. sein soll. Auch in einer Basisdemokratie gibt es Macht, und zwar nicht weniger als in einem autoritären Staat, sondern nur anders verteilte.

Macht bedeutet demnach nicht nur, dass einer einem Andern sagen kann, was er tun soll. Macht ist ein Modus gegenseitiger Anteilnahme am Existenzvollzug. Das weiß im Grunde jeder, an dem Macht ausgeübt wird: Diese Ausübung bedeutet nicht nur, dass irgendwelche Fakultäten, die sich zufällig mit meinem Körper oder meinem intellektuellen Apparat verbinden, von irgendjemandem für irgendetwas in Dienst genommen werden. Machtausübung an mir betrifft *mich* in meiner Existenz. Aber nicht nur, wenn sich die Ausübung auf mich richtet, auch wenn jemand die Macht, die ich ihm verliehen habe, an Anderen ausübt, bin ich involviert.

Allerdings steht nicht nur derjenige, der (freiwillig oder nicht) Macht verleiht, dadurch in Bindung. Auch derjenige, dem sie verliehen wird, steht dadurch in einer Bindung zu denjenigen, von denen sie herstammt. Er tut das, was er tut und entscheidet das, was er entscheidet, nicht (allein) kraft seiner eigenen Existenz, sondern (auch) kraft der Existenz Anderer. Wenn er in seiner Macht handelt, *ist* er in gewissem Sinn gar nicht er selbst, i.e. nicht er selbst vollzieht *seine* Existenz, sondern er vollzieht das Dasein einer Gemeinschaft. Wem dies nicht bewusst ist und wer mit einem Machtgefühl sein Selbstwertgefühl aufbaut, der irrt.[385]

Der Staat bzw. die Volksgemeinschaft hat umgekehrt nur Macht, weil Individuen ihnen Anteil an ihrem Seinsvollzug geben. Das muss selbstverständlich nicht bewusst und freiwillig geschehen. Zunächst wird man ja in eine Staatsgemeinschaft hineingeboren (in der Kindheit übernehmen zudem noch die Eltern die Bestimmung eines Großteils meines Urteilens und Handelns). Bevor man zu der Reife gelangt, in der man sich auch gegen die Volksgemeinschaft stellen kann, in der man steht, ist die Zugehörigkeit deshalb habituell geworden, sie stellt eine Bindung dar. Und so gilt auch für die Bindung

---

[385] Vielleicht ist dies der tiefere Grund der Beobachtung, dass Macht korrumpiert. Natürlich geschieht dies auch im oberflächlichen Sinn, weil nämlich die Erfahrung der Macht so berauschend sein kann, dass der Machbesitzende alles daransetzt, sie nicht zu verlieren oder gar noch mehr von ihr zu bekommen. Aber auch ohne die Machtgier oder gar -besessenheit verändert das dauerhafte Innehaben von Macht eine Person schon einfach dadurch, dass sie diese in gewissem Sinn nicht mehr sie selbst sein lässt – weil diese Person ja nun nicht mehr nur für sich selbst entscheidet und handelt, sondern für die Gemeinschaft. Und dies bedeutet eben nicht nur einen „Selbstzuwachs", nämlich ein Mehr an eigenen Möglichkeiten, sondern auch einen „Selbstverlust", weil nämlich die eigenen Vollzüge gar nicht mehr nur die eigenen sind, sondern die der Gemeinschaft. Bindung ist *immer* wechselseitig, wenn auch nicht immer symmetrisch. Dies muss sich in dem Maß auf die Person des Machthabers auswirken, in dem dieser sich mit seinem Amt identifiziert, also z.B. sich selbst als Minister, Präsident, Bundeskanzler etc. versteht (natürlich gilt dies im kleineren Rahmen auch für die Eltern, den Lehrer, den Therapeuten etc.). Es gelingt nur ganz wenigen, ganz großen Persönlichkeiten, dieser Identifikationsverlockung zu widerstehen, fast keinem gelingt es vollständig.

an die Volksgemeinschaft, was für die Familie gilt: Sie ist zwar nicht völlig unveränderbar, aber sie ist nicht beliebig disponibel.

Nichtfreundschaftliche Ursprünge der Bindung

Über die behandelten Fälle hinaus können Bindungen auch dann entstehen, wenn sich Menschen anderweitig in ihrer Existenz „betreffen", so etwa durch sexuelle Vollzüge, durch Heirat, durch Adoption, aber auch durch negative Einwirkungen wie etwa Missbrauch oder Mord – wie sich dies im einzelnen gestaltet, ist eine Frage der Empirie. Bindung hat also zwar ihren Wesensursprung in der Freundschaft. Aber sie ist – selbst da, wo sie in Freundschaft besteht – selbständig gegen diese. Sie kann auch ohne Liebe entstehen, und so kann sie schließlich sogar aus Vollzügen entstehen, die durch Bosheit und Hass motiviert sind (auch und gerade dann ist allerdings die Freundschaft der Hintergrund, vor dem sich solche Bindungen als „schlecht" oder besser „unheilvoll" abzeichnen). Das bedeutet, dass selbstverständlich auch in Familien und Staaten, i.e. zwischen Kindern und Eltern, zwischen Geschwistern, zwischen Herrschern und Beherrschten usf. nicht naturnotwendig Freundschaft entstehen *muss*. Dass die Bindung ihren Ursprung in der Liebe hat, bedeutet hier nur, dass sie allein aus dieser heraus ihr unvermitteltes Bestehen überhaupt (nicht aber ihr mittelbares Entstehen im einzelnen) hat und dass sie daher ihre *Vollkommenheit* allein in der Liebe hat – und ihre Vollendung bzw. Heilung allein in dieser haben kann. Alle Bindung ohne Freundschaft ist *eo ipso* schlechte Bindung – noch vor jeder moralischen Beurteilung.

Bindungen in der Schuld können auch ohne Intention oder zumindest ohne volles Wollen und Wissen der Beteiligten auf diese kommen. Die hier entwickelte Theorie impliziert, dass wir die Kontingenz in unserem Leben anerkennen müssen und dass wir anerkennen müssen, dass diese wesentlich und entscheidend für unsere Existenz sein kann und ist. Unser Leben und wir selbst sind im radikalstmöglichen[386] Sinn endlich und kontingent. Für den Ernstfall dessen steht das alte Wort „Schicksal".[387] Die Schicksalhaftigkeit unseres Lebens ist vor allem dem modernen Menschen ein Anstoß, da ihn die großen Erfolge in seinem nimmermüden Kampf gegen die Endlichkeit auf die Utopie haben verfallen lassen, er könne sich von ihr befreien.

Ein Indiz dafür ist nun das „Problem" des „moralischen Glücks" (cf. Th. Nagel 1979) oder eben die Tatsache, dass dieses als Problem gesehen wird: Warum sollte derjenige, der durch Unachtsamkeit einen Verkehrsunfall verursacht hat, bei dem ein Anderer stirbt, mehr Schuld auf sich geladen haben als einer, dessen Unachtsamkeit ohne Konsequenzen blieb? Das ist doch

---

[386] Im Wortsinn, von „radix", „die Wurzel" her.
[387] Hier natürlich gerade nicht in dem Sinn verstanden, dass hinter dem Schicksal ein geheimer Plan oder die Schickung einer verborgenen Macht, etwa eines Gottes oder auch eines hegelschen Weltgeistes steht.

ungerecht, so wettert der moderne Mensch. Er hat sogar recht: Gerecht ist das nicht; aber es gibt eben keine universale Gerechtigkeit jenseits konkreter Gemeinschaften. Es gibt kein Recht, nach dem wir das Leben selbst richten könnten. Das Schicksal kennt keine Gerechtigkeit.[388] Es bindet auch da, wo ein guter oder ein böser Wille nicht oder zumindest nicht in dem Ausmaß und dem Ernst gegeben ist, die die entstandene Bindung charakterisieren.

Denn die existenzielle Kontingenz des Lebens betrifft eben auch die (Möglichkeit der) Schuld. Zunächst ist Schuld nach dem hier Entwickelten nicht bzw. nicht ausschließlich und nicht in erster Linie etwas Abstraktes, das sich syllogistisch aus einer Norm und einer Handlungsinstanz ergibt, sondern zunächst etwas, das gegen ein konkretes Gegenüber entsteht (oder eben nicht entsteht), in einem konkreten, nämlich kausalen Zusammenhang zwischen ihm und mir. Ich habe tatsächlich gegenüber dem Opfer des Verkehrsunfalls, den ich durch meine Unachtsamkeit verursacht habe, eine Schuld; und ich habe diese Schuld nicht, wenn ich unachtsam war, aber daraus kein Unfall entstanden ist.[389] So ist das Leben! – Dieser triviale Satz ist in seinem vollen Ernst zu nehmen.[390] So wie ich durch einen Zufall die Liebe meines Lebens finden kann, so kann ich auch durch Kontingenz in die Schuld meines Lebens geraten.

Allerdings ist die Herrschaft der Kontingenz nicht total: Wenn ich ein liebloser Mensch bin, werde ich auch nicht die große Liebe oder Freundschaft finden; und wenn ich vorsichtig und regelkonform Auto fahre, dann ist es nicht meine Schuld, sondern bloßes, schuldloses Schicksal, wenn ein Anderer bei einem Unfall mit mir zu Schaden kommt. (Selbst in diesem Fall kann allerdings eine Bindung entstehen – nur eben keine schuldhafte. Wer sich in solchen Fällen selbst Schuld zuschreibt – normalerweise unter Einfluss des obtemperanten Bewusstseins – der verstößt gegen die Norm der Freundschaft.) „Moral luck" gibt es ganz einfach. Nur ist die Bezeichnung irreführend, weil die Moralität normalerweise – und auch im hier verwendeten Sinn,

---

[388] Deshalb ist es nicht nur fruchtlos, sondern dem eigenen Leben schädlich, sein Schicksal zu preisen oder mit ihm zu hadern und es anzuklagen. (Ein sehr problematischer Aspekt desjenigen Theismus, der das Schicksal als Schickung Gottes interpretiert, ist es, dass er zu beidem verleitet, nämlich dazu, sich als Liebling und Auserwählten Gottes anzusehen, bzw. dazu, sich bei ihm zu beklagen.) Wohl aber darf und soll man für sein Schicksal dankbar sein bzw. klagen (ohne anzuklagen), wenn es hart ist.
[389] Das ergibt sich aus dem personalen Verständnis der Schuld, wie es aus der hier vorgestellten Theorie folgt: Schuldig bin ich in erste Linie *gegenüber jemandem*, nicht abstrakt, unter einem Moralgebot. – Gegenüber der Moral ist einer vielleicht nicht weniger schuldig, wenn sein Mordversuch gescheitert ist als wenn dieser gelungen wäre. Aber gegenüber seinem Opfer ist er weniger schuldig, er hat ihm nicht das Leben genommen. Natürlich ist bereits der Mordplan gegen das Opfer ein Vergehen an diesem und begründet eine Schuld ihm gegenüber, der gescheiterte Mörder ist nicht unschuldig. Aber er ist eben nicht der Mörder seines Opfers.
[390] Überhaupt gilt: Leben ist schuldig werden – wenn auch nicht unbedingt im moralischen Sinn, aber doch in einem, der uns bindet und unsere Existenz entscheidet. Wir treten ins Leben mit einer unbezahlbaren Schuld, denn wir schulden unseren Eltern das Leben. Und mit beinah jedem Lebensvollzug begeben wir uns in die Möglichkeit der Schuld.

s.u. – etwas Allgemeines bezeichnet, das deshalb von der Kontingenz ausgenommen sein sollte. Es gibt eben nicht nur *moralische* persönliche Schuld, die Moralität ist nur ein Aspekt an der Schuld und Schuldfähigkeit, so wie sie nach der hier entwickelten Theorie überhaupt nur einen Aspekt – wenn auch einen grundlegenden – der ethischen Verbindlichkeit darstellt (s.u.). Man spricht deshalb besser nicht von „moralischem Glück" sondern von „schicksalhafter Schuld bzw. Unschuld" oder vielleicht auch von „ethischem Schicksal".

Identifikation in der Bindung

Aus der Bindung ergibt sich auch die Identifikation mit dem Freund im Sinn eines *alter ego* (zu unterscheiden vom *heteros autos* wie es hier entwickelt wurde[391]): Der Freund wird zum Teil meiner eigenen Identität. In der Folge übertrage ich häufig und zumeist unbewusst auch aktiv mein Identitätsbewusstsein auf ihn. Ich rechne in gewisser Weise dasjenige, was dem Freund widerfährt und was er tut, mir selbst zu. Ich freue mich mit seinem Glück, leide mit seinem Leid, bin stolz auf seine Errungenschaften, fühle mich beleidigt, wenn er beleidigt wird usf.

Diese Form der Identifikation mit dem Anderen kann zwar in glücklichen Fällen sehr positiv erlebt werden, ihrem Wesen nach ist sie aber problematisch. Solange sie in der Liebe aufgehoben bleibt, mag sie wenig Schaden anrichten. Aber wie die anderen Aspekte der Bindung auch kann sie sich gegen die Liebe verselbständigen. Dann führt sie etwa dazu, dass Eltern von ihren Kindern Erfolge verlangen, damit sie selbst stolz darauf sein können, und ihnen Misserfolge verbieten, damit sie sich selbst nicht schämen müssen. Auch die Ehrenmorde unter Verwandten beruhen natürlich auf derartiger Identifikation: Warum sonst sollte es einen Bruder tangieren, wenn seine Schwester (in seinen Augen) Schande auf sich gebracht hat? Dagegen besteht die Konversion des Bewusstseins im Lieben gerade nicht in einer identifikativen Ausweitung des eigenen Selbst auf den Anderen oder in der Identifikation mit einem höheren Selbst der Freundschaft (der Familie, des Volks, der Religionsgemeinschaft etc.), in das hinein sich das eigene, individuelle Selbst gewissermaßen auflöst. Die Konversion ist wie dargestellt nicht eine kontinuierliche Erweiterung des Selbstverhältnisses, sondern dessen Umkehrung und damit etwas radikal Neues gegenüber dem bloßen, einsinnigen Selbstsein. Dagegen biegt die Identifikation die Freundschaft gewissermaßen ins ego-

---

[391] Bei Aristoteles selbst ist diese Formel zweideutig: In NE 1161b29f, wo es um die Liebe der Eltern zu ihren Kindern geht, verwendet er sie eindeutig im Sinn der Identifikation und nicht wie zuvor in dem der Konversion. Dagegen erscheint NE 1166b30ff, wo von *allos autos* die Rede ist, nicht eindeutig festgelegt (das ist an dieser Stelle auch gar nicht notwendig, weil Aristoteles dort das Verhalten bzw. Erleben eines Subjekts gegen sich selbst bzw. gegen den Freund aus der Beobachterperspektive beschreibt, und da ist der Befund bei Konversion und Identifikation der gleiche, s.o.).

zentrische Bewusstsein zurück, indem sie aus dieser einen pluralen oder kommunitären Egoismus macht. Daher ist dies die typische Art und Weise, in der egoistische wie auch obtemperante Menschen mit ihren erebten Freundschaften umgehen: Sie betrachten die Gemeinschaftsmitglieder als ihnen gehörig bzw. sich selbst als der Gemeinschaft (ge)hörig.

Auf der anderen Seite ist es unvermeidlich, dass mir der Freund und das Freundschaftsverhältnis im Laufe der Zeit zum Teil meiner eigenen Identität werden – bzw. dass sie es von vornherein sind, wie im Fall der Familie. Wenn dies der Fall ist, dann ist oft der negative Sinn der Anerkennung der für das Lieben entscheidende: Das Bewusstsein, dass der Andere *nicht* bzw. nicht nur ich selbst oder ein Teil von mir ist, sondern wesentlich und vor allem anderen ein *anderes* Selbst. Der Vollzug der Liebe in der etablierten, habituell gewordenen Freundschaft hat daher oft die Gestalt des Verzichts auf den Anderen, nämlich der Achtung seines Eigenseins und seiner Freiheit. Das ist freilich heutzutage ein populärpsychologischer Allgemeinplatz, aber es ist wichtig festzuhalten, dass er sich auch aus der hier entwickelten Systematik ergibt.

g) Das Ethos der Freundschaft

Die Freundschaft wird nicht nur zu einer Hexis, die jeder der Freunde gegenüber dem anderen hat. Durch die gegenseitige Unverborgenheit und Anteilnahme wird diese Hexis – wie das Wollen des Wohls und das Wissen der Bewusstheit – zu einem Gemeinschaftlichen und in gewissem Sinn Einen der Freunde. Das bedeutet: Sie wird dies in ihrem jeweiligen Bewusstsein. *De facto* mögen durchaus Divergenzen vorhanden sein, die den Freunden verborgen sind. Der Irrtum ist in der Freundschaft ja immer möglich – er schmälert sie (sie ist dann weniger „wahre" Freundschaft"), aber er hebt sie nicht gleich schlechterdings auf. – Diese „Gemeinschaftshexis" ist die habituelle Ordnung des Freundschaftsvollzuges, i.e. des gegenseitigen Austauschs und des gemeinsamen Handelns wie auch der Rollen der Freunde darin[392]: ihr Ethos.[393]

Die Ordnung in der Beziehung gehört demnach ursprünglich zur Freundschaft.[394] Sie beginnt in dem Moment, da die betreffenden Individuen sich in

---

[392] Dies letztere wird an den engen Freundschaften unter Gleichen oft nicht deutlich, weil die Rollen der Freunde sich nicht unterscheiden. Aber schon in der Ehe bringt die notwendige Arbeitsteilung im alltäglichen Zusammenleben Rollen*verteilungen* mit sich, seien diese nun traditionell oder posttraditionell, fix oder flexibel.

[393] Vgl. Manfredo A. de Oliveira 2010, 107f. Aristoteles verwendet diesen Begriff natürlich nicht, er spricht vom *dikaion*: „Mit der Frage ‚in welcher Weise Zusammenleben?' des Mannes im Blick auf die Frau und allgemein des Freundes im Blick auf den Freund scheint nichts anders gesucht zu sein als das ‚wie gerecht [sein im Blick auf die Frau bzw. den Freund]?'. Dieses scheint nämlich nicht das gleiche zu sein für den Freund hinsichtlich des Freundes wie hinsichtlich des Fremden, des Kameraden oder des Mitschülers." NE 1162a29.

[394] H.C. de Lima Vaz (1988, 12f), spricht vom Ethos als dem „Haus" oder „Zuhause [casa] des Menschen".

ihrer entstehenden Liebe auf den Andern nicht nur als abstraktes „Liebesobjekt-überhaupt", sondern als dieses konkrete, so und so bestimmte Individuum ausrichten und sich diesen Bestimmungen gemäß verhalten – und also beginnen, eine Haltung auszubilden.[395] Wenn dann die Gegenseitigkeit der Liebesmomente hinzutritt, dann wird unmittelbar aus den spezifischen Einstellungen zum konkreten Anderen eine ebenso spezifische gemeinschaftliche Haltung, *in der* die Freunde verbunden sind.

Zugehörigkeit und Rollen

Die Freundschaftsordnung legt zum einen fest, wer als Freund anzuerkennen ist. In der paradigmatischen intimen Freundschaft hat diese Festlegung vor allem negativen Charakter: Sie legt die Einzigartigkeit des Liebesverhältnisses fest und schließt alle anderen Personen außer dem Freund daraus aus. Folglich gilt: Wenn ein Freund eine dritte Person in freundschaftsrelevanten Fragen ebenso behandelt wie seinen Freund, dann verletzt er die Freundschaft. Das typische Beispiel ist die sexuelle Untreue in der erotischen Freundschaft, aber auch völlig anerotische Freundschaften können auf diese Weise verletzt werden. Das Freundschaftsethos kann allerdings durchaus auch die positive Berücksichtigung Außenstehender beinhalten.[396] Die Regelungen, wie man welche Nicht-Freunde zu behandeln hat, können sehr weit gehen und sehr differenziert sein. Vor allem in den Fällen umfassenderer Gemeinschaften wie Familie, Volk, Religionsgemeinschaft können im Ethos auch Feindschaftsverhältnisse festgeschrieben sein, etwa gegen bestimmte andere Familien, bestimmte andere Völker, Ungläubige etc.[397]

Im Fall der letztgenannten umfassenderen Freundschaftsgemeinschaften, aber auch z.B. im Fall von Kameradschaften, Vereinen und Bünden legt das Ethos fest, wer *generell* positiv als Freund anzuerkennen ist und wer nicht, denn anders als bei der intimen Freundschaft sind sich ja nicht alle Mitglieder solcher Freundschaften von vornherein als Freunde bekannt. In vielen Fällen erfährt man erst, dass eine bisher unbekannte Person ein Familien-, Volks-, Religionsgemeinschafts-, Vereins- oder Bundesmitglied ist, und behandelt sie dann als solche entsprechend dem Ethos der betreffenden Gemeinschaft. Das Deutsche stellte für diese Art des Befreundetseins das altertümliche Wort „Genossenschaft" zur Verfügung. Die Mitglieder meines Volkes sind meine Volksgenossen, die meines Vereins meine Vereinsgenossen etc. Aufgrund dieser Festlegung der Anerkennungsverhältnisse kommt es auch zur automatischen Mitgliedschaft, etwa wenn ein Kind in eine Familie oder ein Volk

---

[395] Man kann deshalb auch formulieren: Die Freundschaft institutionalisiert sich. Hier wäre also der Ansatzpunkt zu einer Institutionenethik im Ausgang von der hier entwickelten Theorie gegeben. Sie würde aber den enggesteckten Rahmen dieses Buches sprengen.
[396] Vgl. z.B. L. Blum 1990, 191.
[397] Zu diesem Themenkreis vgl. die sehr anregende Studie von George P. Fletcher (1993): Loyalty. An essay on the morality of relationships.

hineingeboren wird. All dies anerkenne ich, wenn ich die Anerkennungsstruktur meiner Freundschaft anerkenne.

Zum anderen legt das Ethos fest, wie oder „als was für einer" der Freund oder auch Gruppen von Freunden innerhalb größerer Freundesgemeinschaften anzuerkennen und daher anzusehen sind und was ihnen jeweils obliegt. Dies ist insbesondere in den gemischten Freundschaften wichtig, in denen sich die Freunde nicht (alle) als gleich ansehen bzw. in denen nicht alle gleichartige und gleichgroße Beiträge zur Freundschaft leisten. Das bedeutet, das Freundschaftsethos legt die sozialen Rollen fest und damit verbunden sowohl deren spezifische Rechte und Verpflichtungen wie auch das, was man altertümlich die „Ehre" im spezifischen Sinn nennt: die Ehre als Beamter, Lehrer, Bürgermeister, Nachtwächter (allerdings wird dieses Selbstverständnis auch durch die Ethē der engeren Gemeinschaften der jeweiligen Berufsgruppen bestimmt: der Beamtenschaft, Lehrerschaft etc., typischerweise durch die jeweiligen Korporationen).[398]

Werte und Regeln

Bezüglich des Wohlwollens regelt das Ethos, welches Wohl wem wann in der Freundesgemeinschaft zu leisten ist und vor allem auch wie Wohltaten – und natürlich auch Übeltaten – zu vergelten sind.[399] Für den Fall ungleichartiger Vergeltung wird der verhältnismäßige Wert der Wohltaten festgelegt. Diese Wertverhältnisse können von Freundschaft zu Freundschaft sehr unterschiedlich sein. In der Anerkennung der Freundschaft[400] anerkenne ich die Regelung des Wohltuns und Vergeltens an, also die Regelung dessen, was man dem Freund schuldet.

Übrigens legen umfassenderen Ethē auch ein allgemeines Verständnis dessen fest, was „Freundschaft" und „Befreundetsein" innerhalb ihres Bereichs bedeutet und impliziert: Sie bestimmen die „gültigen" Rollenmodelle der Freundschaft. Die persönlichen Freundschaften (besonders natürlich die Ehe) werden daher de facto immer vor dem Hintergrund solcher allgemeinen, kulturell, religiös oder familiär geprägten Vorstellungen geschlossen, denn wenn wir zum Freundschaftschließen alt genug sind, haben wir schon längst die umfassenden Ethē verinnerlicht (zumindest in ihren Grundzügen). Die allgemeinen Vorstellungen über die Freundschaft können natürlich kul-

---

[398] Vgl. hierzu z.B. Dorothy Emmet 1966, Erving Goffman, 1959.
[399] Daher ist es schwierig, das dem Andren Gebührende zu ermitteln, wenn es für den Austausch mit ihm kein tradiertes Ethos gibt und sich ein spezielles Freundschaftsethos noch nicht ausgebildet hat – also insbesondere im Fall des Fremden, vgl. NE 1165a33. Das Fehlen eines ausgebildeten Ethos entbindet aber nicht von der Pflicht, das Gebührende zu ermitteln und zu tun (ebd.). Das weist darauf hin, dass die Verpflichtung nicht im Ethos gründet, sondern in der Freundschaft, und vom Ethos nur konkretisiert und kodifiziert wird (vgl. dazu unten, Kap. „Moral").
[400] S.u., Kap. „Liebe zur Liebe".

turell variieren, und so kann es leicht zu Missverständnissen in interkulturellen Freundschaften kommen. Erst allmählich gelangt der erwachsene Freund dahin, sich von den tradierten Freundschaftsmodellen emanzipieren und seine Freundschaftsethē gemeinschaftlich mit seinen Freunden frei, i.e. auf der Grundlage ihrer gegenseitigen Liebe zu bestimmen.

Recht und Sanktionierung

Solange man das Zusammenleben in der Ordnung vollzieht, muss diese nicht ausdrücklich gemacht werden. So sind denn auch die allermeisten Freundschaftsethē nicht explizit. Auch als implizite sind die Ordnungen verbindlich. Sie erben ihren Verbindlichkeitscharakter unmittelbar aus der Bindung, die in der Freundschaft herrscht – aber auch aus Bindungen, die vorfreundschaftlich oder außerfreundschaftlich entstanden sind. Verbindlichkeit darf hier allerdings noch nicht im Sinn moralischer Normativität verstanden werden. Das Verbindlichkeitsbewusstsein ist hier ein unmittelbares: Ich weiß mich dem Anderen verbunden; und darin allein weiß ich mich bereits an eine Ordnung gebunden, die unser Zusammenleben bestimmt, die aber darüber hinaus auch auf mein übriges Leben ausgreifen kann.

Damit ist nun bereits ein weiteres Charakteristikum eingeholt, das Aristoteles der Freundschaft zuschreibt: Wo Freundschaft ist, da ist Recht, und wo Recht, da Freundschaft (NE 1159b25ff). Schon in ihrer impliziten Form enthält die Freundschaftsordnung die Grundmerkmale des Rechts: Die Ordnung ist „allgemein", nämlich allen am Freundschaftsverhältnis beteiligten Freunden gemein; sie ist gleich, denn sie betrifft zugleich und imgleichen alle Freunde – was allerdings nicht bedeuten muss, dass alle die gleichen Rechte und Pflichten haben, sie sind nur gleichermaßen betroffen und gebunden;[401] die Freundschaftsordnung ist zudem subjektiv unbeliebig – sie kann allenfalls in Übereinstimmung der Freunde geändert werden; sie stellt darüber hinaus etwas Überpersonales dar und nicht nur eine Vereinbarung; und die Freundschaftsordnung impliziert Sanktion. Da diese Ordnung der Freundschaft allerdings zumeist nicht ausdrücklich festgelegt ist und außer Verhaltensregeln auch Werte und Wertverhältnisse (der verschiedenen Freundschaftsgüter, besonders in qualitativ gemischten Freundschaften) festlegen kann, da außerdem die Sanktionierungen nicht immer institutionalisiert sind, spricht man im heutigen philosophischen Sprachgebrauch besser eben von Ethos als von Recht.[402] Die explizite Rechtsordnung ist nach der hier entwickelten Theorie

---

[401] Allerdings liegt in der Freundschaft eine Tendenz hin zur nicht nur formalen, sondern auch materialen Gleichheit.
[402] In diesem umfassenden Sinn des Wortes „Recht" trifft NE 1137a31 ziemlich genau die hier vertretene These (im engeren Sinn verstanden wäre die Feststellung dagegen banal): Recht ist etwas Menschliches, weder Tiere noch Götter haben es (vgl. auch Pol 1253a: Wer sich an der Einsamkeit erfreut ist entweder ein Tier oder ein Gott). – Das Recht stammt aus der Liebe, und als solches ist es eine Sache kontingenter, bewusster und in gewissem Grad reflexionsfähi-

zu Begreifen als Produkt des Prozesses der Ausformung, Reflexion und schließlich Kodifizierung dieses Ethos.[403]

Die Sanktionierung der Ordnungsverstöße in der Freundschaft erfolgt zunächst ganz unmittelbar, gewissermaßen „analytisch": wenn ich die Freundschaftsordnung verletze, dann ist unmittelbar mein eigenes Freund-Sein um das Ausmaß und den Grad der Verletzung vermindert. Denn das Freundschaftsethos legt ja fest, was es in *dieser bestimmten* Freundschaft heißt, Freund zu sein. Damit verliere ich unmittelbar zugleich den entsprechenden Anteil am Gut, das der Freund und das die Freundschaft mir ist. Exekutiert wird die Sanktionierung in meinem Bewusstsein, in meinem Wissen: Ich *weiß*, dass ich die Freundschaft verletzt habe. Ich weiß, dass ich dem Freund nun weniger Freund bin, als er mir. Ich weiß also, dass ich im schuldig geworden bin. Ich bin ihm aber nicht nur *etwas* schuldig geworden, ich bin ihm meine Freundschaft, i.e. meine eigene Freundschaftshaltung und mein Freundschaftsverhalten schuldig geworden. Das bedeutet aber – da ich in diesem ja *selbst* für ihn war – ich bin ihm mir selbst schuldig geworden. Das Wissen dieser Schuldigkeit ist ein schlechtes Wissen, es ist das Mich-selbst-schlecht wissen im Angesicht des Andern. Es ist das schlechte Gewissen gegenüber dem Freund. – So stellt sich die Erklärung des Ursprungs des Gewissens im Rahmen der

---

ger Wesen (ohne letzteres bliebe es beim bloß impulsiven Lieben, es könnte sich keine *prohairesis* und daher kein Ethos ausbilden).

Dementsprechend gilt: Es gibt kein *natürliches* Recht in dem Sinn von Natur, der sich in den westlichen Umgangssprachen unter dem Einfluss der Naturwissenschaften ausgebildet hat: Im Sinn eines von menschlichem Entscheiden und Handeln unabhängiges Datum. Zwar gibt es das Menschenrecht oder das Recht der Brüderlichkeit, das allen unwillkürlich allein auf Grund ihrer Natur zukommt. Allerdings ist nicht diese Natur selbst die Grundlage jenes Rechts, sie ist allein dessen Anwendungskriterium. Die Grundlage ist die Anerkennung, die aber wie dargestellt nicht einfach etwas Gegebenes konstatiert, sondern aktiv einen Status zuerkennt. In einem weiteren Sinn von Natur kann – und sollte vielleicht – allerdings auch dieser Status als „natürlich" angesehen werden. Denn wenn wir von der „Menschennatur" sprechen, dann schließen wir ungeschadet des Einflusses der Naturwissenschaften auf unseren sonstigen Gebrauch dieses Wortes doch zumeist auch die Menschenwürde in die Bedeutung dieses Wortes ein. In diesem Sinn von „Natur" ist das Menschenrecht durchaus ein „natürliches" Recht, nur ist dann Natur nicht mehr etwas streng von menschlichem Entscheiden, Handeln und Produzieren Getrenntes, sondern schließt etwas mit ein, das gewissermaßen eine menschliche Hervorbringung ist, wenn auch keine willkürliche: die Anerkennung bzw. die Würde.

Dabei gilt: Sowohl die Bestimmung des Kreises derer, denen aufgrund bestimmter natürlicher Merkmale (normalerweise der Gattungszugehörigkeit) eine bestimmte Würde zugeschrieben wird, wie auch die Bestimmungen der Rechte, die mit dieser Würde verbunden sind, sind nach der hier entwickelten Theorie historisch gewachsen und erweitern und vertiefen sich ständig, wenn auch sehr langsam. Insofern sind sie nicht etwas „Natürliches" im Sinn von „nicht durch Menschenhand (bzw. Menschengeist) Geschaffenes". Wenn derartige Bestimmungen sich aber einmal herausgebildet haben, dann kann eine Gesellschaft nicht mehr hinter sie zurückgehen. Insofern *werden* sie zu etwas „Natürlichem" im Sinn von „menschlichem Einfluss Entzogenem, Unabänderlichem".

[403] Zum Verhältnis von Liebe, Gemeinschaft und Recht vgl. den sehr guten Text von Wolfhart Pannenberg „Recht durch Liebe" (1995, 67-74); bis auf den theologischen Schluss ließe er sich an dieser Stelle fast nahtlos in die hier entwickelte Darstellung einfügen.

Philosophie der Freundschaft dar. Das Gewissen, die *conscientia* ist nicht nur *semper mala*, i.e. ursprünglich das schlechte Gewissen (das gute Gewissen ist nämlich schlicht das Bewusstsein der Freundschaft). Das Gewissen ist ursprünglich das Gewissen *gegenüber* jemandem (erst sekundär kann es sich zu einer Gegebenheitsweise des obtemperanten Bewusstseins verselbständigen – und wird dann zum reinen Ordnungs- oder Pflichtgewissen). Phänomenal allerdings stehe ich im schlechten Gewissen mir selbst im Vordergrund: Solange ich den Freund liebe, steht er im Vordergrund und ich selbst für gewöhnlich im Hintergrund des Bewusstseins meiner Freundschaft zu ihm. Wenn ich aber die Freundschaft verletzt habe und mich deshalb selbst in seinem Angesicht als schlecht ansehen muss, dann komme ich automatisch selbst in den Vordergrund meines Bewusstseins, sobald ich an den Freund denke. Ich muss immer dann, wenn ich an den Freund denke, „zunächst" an mich selbst und meine Schuld denken. Daher erscheint das schlechte Gewissen als eines, mit dem ich mit mir selbst zusammen bin – und nicht in erster Linie mit dem Anderen, auch wenn ich es (ursprünglich zumindest) *gegenüber* einem Anderen habe.

Die Flexibilität des Ethos und seine Selbständigkeit gegen die Freundschaft

Freundschaftsordnungen sind veränderlich. Um der Freundschaft selbst willen müssen sie flexibel bleiben, solange die Freunde und ihre Lebenssituationen veränderlich sind (und dass sie letzteres sind, bringt die menschliche Natur mit sich).[404] Sonst behindert die Ordnung die Freundschaft, sie behindert nämlich das Zusammenleben in den Lebensvollzügen, die sich durch die Veränderung der Persönlichkeit oder der Lebensumstände neu ergeben haben. Besonders wichtig ist diese Flexibilität natürlich in Freundschaften mit Kindern und Heranwachsenden, namentlich im Verhältnis der Eltern zu ihren Kindern, darauf wurde bereits hingewiesen.

Über solche Anpassungsschwierigkeiten hinaus kann das Ethos (wie schon die Bindung) als ein eigenständiges Merkmal der Freundschaft sich auch völlig gegen die Freundschaft verselbständigen und schließlich ganz ohne Freundschaft fortbestehen oder sogar entstehen. In der Freundschaftshexis wird die Beziehung zum Andern zum Teil meiner Persönlichkeit, i.e. ich brauche den Andern und ich brauche das Zusammenleben mit ihm, um diesen Teil meiner Persönlichkeit zu aktualisieren. Weil ich aber aus dem apriorischen Wissen der Gutheit meines Existenzvollzugs heraus den Hang zur Aktualisierung meiner Persönlichkeit als meines Existenzhintergrunds habe, deshalb ergibt sich damit ein Motiv zur Beziehung und zum Zusammenleben, das rein egozentrisch und von der Liebe zum Andern unabhängig ist. Typisches Beispiel für diesen Fall sind alte Ehen, in denen sich die Partner schon

---

[404] Vgl. Amélie Oksenberg Rorty, „Love Is Not Love Which Alters Not When It Alteration Finds", 1993.

lang nicht mehr lieben, sich vielleicht sogar ausdrücklich hassen, aber dennoch nicht auseinandergehen. Sie haben sich an ihr Zusammenleben – selbst wenn es schlecht ist – gewöhnt. Sie haben sich an ihren Streit, die gegenseitigen Vorwürfe, vielleicht sogar das Leiden am Anderen oder den Hass gegen ihn gewöhnt, und die innere Haltung des Streitens, des Vorwürfemachens oder sogar des Leidens ist jedem von ihnen zum Teil seiner Persönlichkeit geworden. Auf diesen seinen Persönlichkeitsanteil möchte keine Seite verzichten, und so setzen sie ihr Verhältnis fort, leiden daran und erbauen sich selbst an ihrem Leiden.

Reine „Hexisbeziehungen" können auch entstehen, ohne dass zuvor eine Freundschaft bestand. Dies ist allerdings nur unter Zwang möglich, sei es dem äußeren „Zwang" des Hineingeborenwerdens in eine Familie und andere Sozialstrukturen, den Zwang einer arrangierten Ehe o.ä., sei es dem inneren, pathologischen Zwang zu bestimmten Beziehungshaltungen, für die man sich dann den entsprechenden Partner sucht.

Vor allem in den umfassenderen Freundschaften kann der Zwang zum Verbleib in der Gemeinschaft auch ein materieller sein oder gar die Gewalt derer, die die Gemeinschaft beherrschen. Unter solchen Umständen kann bzw. muss das Ethos der Gemeinschaft unfreundschaftlich werden: Es entwickelt sich gegen die Liebe als den Ursprung der Gemeinschaft und schreibt Strukturen der Missachtung, des Übelwollens, der Ungleichheit und Ungerechtigkeit sowie der Unfreiheit fest. Die Lieblosigkeit des Ethos kann sowohl nach innen, gegen die Mitglieder der Gemeinschaft, als auch nach außen, gegen andere Freundschaften ausschlagen, etwa indem das Gruppenethos fordert, die Brüderlichkeit zu missachten und anderen Familien, Völkern und Religionen Feind zu sein. Natürlich hört eine Gemeinschaft auf, eine Freundschaft zu sein, wenn ihr Ethos so gegen die Liebe pervertiert ist, dass es keine Anerkennung und kein Wohlwollen zwischen den Mitgliedern der Gemeinschaft oder Einzelnen oder Gruppen innerhalb der Gemeinschaft zulässt, etwa zwischen Tyrann und Volk oder zwischen Oligarchie und Geknechteten. Gefährlicher noch sind allerdings diejenigen Gemeinschaften, in denen die Liebe – zuweilen sogar eine glühende, leidenschaftliche Liebe – mit einem in Teilen lieblosen und pervertierten Ethos verbunden ist, in denen also die Perversion gegen die Anerkennung und das Wohlwollen zwar nicht total, aber in bestimmten Teilen extrem ist.[405] Besonders eindrucksvolle Beispiele sind der Faschismus und der religiöse Fanatismus. Die Liebe zur Gemeinschaft und der Eifer für diese sind in diesen Fällen so rücksichtslos, dass sich die Anhänger ihrem Ethos bedingungslos unterwerfen, i.e. auch dann, wenn dieses Ethos Feindschaft, Unterdrückung und Ausbeutung Anderer oder sogar die Selbstverachtung fordert. Fast alle wirklich großen Verbrechen der Menschheitsgeschichte gehen auf solchen Liebeseifer zurück

---

[405] Man kann fast als Regel formulieren: Die Mischung aus Gutem und Bösem, wenn sie nur richtig abgestimmt ist, ist viel tödlicher als es das Reinböse je sein kann.

– und nicht etwa auf den Egoismus. Vor allem wenn die Liebe einem Höheren als nur Menschlichem gilt, wenn sie Gott gilt, der Religion, dem Vaterland, der Familie, dann sind Menschen schnell zu vergessen bereit, dass sie auch denen, zu denen sie in weniger engem Verhältnis stehen, etwas schulden, und dass nicht in jedem Fall die engere Freundschaft den Vorrang beanspruchen darf.

h) Das Ethos der Brüderlichkeit

Wie bereits dargestellt gibt es notwendig für jeden Menschen eine letzte umfassende Freundschaft, die Gemeinschaft derer, denen er überhaupt nur irgendwie Anerkennung und Wohlwollen zollt und zu denen er eine Bindung hat allein aufgrund dessen, was er ist bzw. als was er sich selbst wesentlich begreift: die Brüderlichkeit. In sehr frühen Zeiten war diese „allgemeinste" Freundschaft möglicherweise identisch mit der umfassendsten betätigten Freundschaft, dem Stamm oder Klan. Aber bald diversifizierten sich die Freundschaften dergestalt, dass das Individuum nicht mehr mit allen, mit denen es direkt oder indirekt befreundet war, auch in einer einzigen umfassenden betätigten Freundschaft verbunden war. Individuen gewannen z.B. Freunde außerhalb des Klans. Mit der begrifflich-allgemeinen Erfassung des Meinesgleichen (spätestens) in der Neuzeit wurde die allgemeine Freundschaft vollends ausgeweitet auf eine *abstrakt* bestimmte Gemeinschaft. Dadurch erstreckt sich nun diese Freundschaft endgültig auf solche, die außerhalb des Kreises derjenigen Menschen stehen, mit denen wir eine Gemeinschaft bilden, die als ganze handlungsfähig ist, und mit denen wir direkt oder indirekt in dauerhaftem Verkehr stehen – dieses Verhältnis der latenten Freundschaft, die nur sporadisch und in Einzelfällen betätigt wird, kann man auch „Freundlichkeit" nennen. Als Freundschaft ohne Bios, ohne gemeinschaftliches Leben, kann die allgemeine Freundschaft ihr Ethos nun nicht mehr auf gewöhnlichem Weg ausbilden, weil die Brüderlichkeit nur auf präsumierter, nicht jedoch auf realisierter Gegenseitigkeit beruht.

Herkömmlich legen daher die Ethē der betätigten Freundschaften fest – und zwar normalerweise die umfassendsten davon, nämlich die Volks- oder die Religionsgemeinschaft –, wem gegenüber man freundlich zu sein hat und wozu die allgemeine Freundlichkeit verpflichtet. Im Fall der Brüderlichkeit decken sich also Ethos und Gemeinschaft nicht: Eine engere Gemeinschaft legt das Ethos für eine weitere Gemeinschaft fest. Damit verliert die Festlegung des Ethos ihre unmittelbare Verbindlichkeit, die in der Freundschaft ja aus der unmittelbaren Begegnung mit dem Freund bzw. aus dem Eingebundensein in die Freundschaftsgemeinschaft erwächst. Die Verbindlichkeit des Ethos der Brüderlichkeit ist vermittelt durch eine engere, betätigte Freundschaft. Damit wird seine Verbindlichkeit aber eine unpersönliche.

Das Problem der Bestimmung und Begründung des Ethos der Brüderlichkeit

Weil das Ethos der Brüderlichkeit sozusagen nicht mehr auf dem Boden des konkreten Zusammenlebens im konkreten Gegenüber wächst, empfindet es der Mensch ab einer gewissen Reflexionsstufe als „bodenlos", nämlich als unbegründet.[406] Es scheint ihm, als könnten die betätigten Freundschaften nicht für dieses Ethos aufkommen. Angesichts dieses Eindrucks kann er entweder auf einen ethischen Relativismus bzw. Nihilismus verfallen. Oder aber er sucht nach einer Begründung und Bestimmung des allgemeinen Ethos, die dessen Charakter adäquat sind.

Es bedarf einerseits, so scheint es, einer Begründung, die dem abstrakten Charakter, den der Begriff des Meinesgleichen gewonnen hat, angemessen ist, einer abstrakten Begründung, einer *allgemeinen* Vernunftbegründung also. Auf der anderen Seite scheint gerade deshalb die Arbeit der Begründung und inhaltlichen Bestimmung des Ethos der Brüderlichkeit nicht mehr durch eine konkrete Gemeinschaft geleistet werden zu können. Weil es aber im Fall der Brüderlichkeit kein konkretes Gegenüber gibt, sondern nur ein latentes, das in der Auseinandersetzung über das Ethos der Brüderlichkeit nicht Antwort stehen kann, deshalb scheint dessen Bestimmung zurückzufallen auf das *Individuum* in seiner Vernünftigkeit. Das Individuum steht sozusagen allein, ohne die Vermittlung der Gemeinschaft, seinen „Brüdern" gegenüber, die ihm aber zu ganz abstrakten Brüdern geworden sind, zu bloßen Subjekten. Damit gelangt es zur Auffassung einer einerseits universalistischen Ethik, die andererseits individualistisch bestimmt ist. Die *gemeinsame* Festlegung von Regeln des gegenseitigen Verkehrs und des gegenseitigen Ausgleichs wird aus der Perspektive dieser Ethik zum Sonderfall des Vertrags, dem konsequenterweise sogar die Begründung des Staates subsumiert wird.

Aus der Sicht der Philosophie der Freundschaft ist die Entwicklung hin zur universalistisch-individualistischen Ethik historisch verständlich. Sie selbst ist aussichtslos, weil sie von der Liebe abstrahiert, die allein der Ursprung des Selbstseins wie auch der Gemeinschaftlichkeit sein kann. Aber ihre *Tendenzen* sind im Sinn der Theorie der Freundschaft zu begrüßen und zu unterstützen, weil es Tendenzen der Liebe selbst sind: Nämlich einerseits diejenige dazu, die Anerkennung vernünftig zu reflektieren, zu reinigen und zu konzentrieren auf das, was der Andere an ihm selbst *imgleichen* mit mir und allen Anderen ist; und zum anderen diejenige dazu, als Individuum die Verantwortung für die Freundschaft als ganze zu übernehmen (und sie nicht einem ausgezeichneten Individuum zu überlassen: dem *pater familias*, dem Priester, dem König etc.). Weiter hat die Freundschaft die immanente Tendenz zur fortgesetzten Ausbildung des individuellen Selbstseins einerseits und der immer umfassenderen Gemeinschaftlichkeit andererseits, zur Individualisierung und zur Universali-

---

[406] Zumal dann, wenn auch noch die Freundesfreundschaft mit allen Menschen in der Gottesfreundschaft fortfällt.

sierung also (dazu unten mehr). Denn durch die Freundschaft kommen wir zu unserem Selbst, und wie kommen *immer mehr* zu uns selbst durch sie; wie wir natürlich auch zum Anderen und zu einem immer weiteren Verständnis vom Andern gelangen. Wenn allerdings diese Tendenzen von ihrem Ursprung isoliert werden, dann wird, um in Anlehnung an Kant zu formulieren, die Ethik sowohl blind als auch leer. Dass die bekannten Entwürfe universalistischer Ethik beides nicht sind, liegt daran, dass sie gar nicht so universalistisch bzw. individualistisch sind, wie sie zu sein vorgeben. Dies wurde oben beispielhaft an der kantischen Ethik dargelegt: Sowohl in der empirischen Bestimmung der Menschheit, die das Kriterium der Anerkennungswürdigkeit von Objekten (im Unterschied zur Würde des Moralgesetzes) darstellt, wie auch in der empirischen Bestimmtheit der Maximen wird die Apriorizität der Moral verunreinigt (und diese damit hinfällig). Wenn man dagegen die kantische Moraltheorie so (um-)interpretiert, dass die Vermischung von apriorischer und empirischer Bestimmung nicht stattfindet, dann bleibt sie blind, weil sie die moralische Subjekte in der empirischen Welt nicht erkennen kann; und sie bleibt leer, weil sie zu ihrem formalen Prinzip keinen materialen Gehalt findet.

Die hier vorgeschlagene Theorie der Freundschaft geht sozusagen gegenüber den universalistischen Ethiken, die *erst* die allgemeine Norm etablieren und sich *dann* um die Anwendung kümmern, den umgekehrten Weg. Sie setzt bei konkret gegebenen, historisch gewachsenen Ethē an, die den Umfang der Brüderlichkeit und ihre inhaltlichen Bestimmungen regeln, um diese dann schrittweise zu verallgemeinern und auszudehnen. Die Allgemeinheit ist dabei ein ideales Kriterium, das nie vollkommen realisiert wird, weil es keine absolute empirische Allgemeinheit gibt. Die Brüderlichkeit bleibt also stets eine Form der *Freundschaft*. Sie erwächst aus der Konversion und hat die Anerkennung und das Wohlwollen zu ihren Prinzipien.[407]

Die Verbindlichkeit der Brüderlichkeit

Die Verbindlichkeit der Brüderlichkeit stammt wie dargestellt zunächst aus den umfassenden betätigten Freundschaften, die ihr Ethos festlegen, nicht aus ihr selbst. Daher bin ich notwendigerweise anfänglich an dasjenige Ethos der Brüderlichkeit gebunden, das meine Familie, Gesellschaft, Kultur oder Religion vorschreibt. Ich könnte mich von ihm nur dispensieren, wenn ich meine Mitgliedschaft in diesen Gemeinschaften aufkündigen würde. Das ist aber wie oben dargestellt nicht ohne weiteres und vor allem nicht vollständig möglich, weil mit diesen Mitgliedschaften meine Identität verbunden ist.

Es gibt aber noch einen tieferen Grund, weshalb ich die Bindung an die Brüderlichkeit nicht lösen kann: Mit der familiären, gesellschaftlichen, kul-

---

[407] Zur Ausweitung und Vertiefung des Ethos der Brüderlichkeit vgl. unten, Kap. „Umfassende Moral".

turellen und religiösen Prägung, die ich empfangen habe und die meine Person mitausmacht, habe ich nicht nur Informationen über die verschiedenen Ethoi erhalten, sondern habe mich in der Wachheit für die Konversion entwickelt. Wenn ich aber meine Wachheit dazu entwickelt habe, in jedem Menschen Meinesgleichen zu erkennen, dann vollziehe ich wirklich die Konversion, wenn ich einem Menschen begegne (und ich ihn an empirischen Merkmalen als solchen erkenne). Es ist mir also de facto *praktisch* unmöglich, einen Menschen nicht anzuerkennen und ihm nicht wohlzuwollen.[408] Diese Wachheit zu verlieren, ist einem geistig gesunden Menschen unmöglich, in etwa wie es einem Menschen unmöglich ist, etwas in seiner Muttersprache Gesprochenes, das er akustisch klar versteht, nicht als Sprache zu erkennen.[409] Daher darf und muss man getrost etwa einem Nationalsozialisten den Glauben verweigern, wenn er behauptet, er könne in einem Juden nicht mehr Seinesgleichen erkennen. Dagegen mag es sein, dass Menschen sehr früher Kulturen tatsächlich noch nicht die Wachheit für die allgemeine Menschlichkeit entwickelt hatten und deshalb nicht schuldig waren, wenn sie Angehörige fremder Stämme niedermetzelten. Vermutlich darf man aus dem gleichen Grund einem antiken Menschen keinen individuellen Vorwurf machen, weil er Sklaven hielt, obwohl wir Heutigen sagen müssen, dass das auch damals schon falsch war, weil alle Menschen Ihresgleichen oder eben „Brüder" sind. Die damaligen Menschen hatten aber eben noch keine Wachheit für dieses Faktum bzw. für die erforderlichen Konsequenzen aus diesem Faktum entwickelt – ein Faktum der Bewusstseinskonversion zwar, aber dennoch ein objektives, unumstößliches Faktum.

Für die *Behandlung* des angeblich „menschlichkeitvergessenen" Nationalsozialisten ist es im übrigen ohnehin unerheblich, ob er tatsächlich die Wachheit für die allgemeine Menschlichkeit verloren hat. Die Gesellschaft, aus der der stammt, muss ihn in jedem Fall als einen der Ihren ansehen und nach ihrem Ethos beurteilen und verurteilen. – Und ganz unabhängig davon, wie der Täter zu beurteilen ist, muss selbstverständlich jede Gemeinschaft (und jedes ihrer Mitglieder) das Opfer schützen, das nach seinem Ethos „Schwester" oder „Bruder" ist.

---

[408] Das gilt natürlich nur grundsätzlich. Im Einzelfall kann ein Mensch das Wohlwollen und die Anerkennung Anderer teilweise oder vielleicht sogar ganz verlieren, wenn er selbst gegen die Freundlichkeit verstößt, also z.B. im Fall eines Verbrechens.

[409] Vielleicht darf man auch NE 1140b29f in diesem Sinn interpretieren: „Aber sie [die Phronesis] ist nun auch nicht eine allein vernunftbestimmte Hexis; dafür ist ein Zeichen, dass es bezüglich derartiger Hexeis Vergessen gibt, bezüglich der Phronesis aber nicht."
Es mag allerdings sein, dass die Wachheit für die Brüderlichkeit durch bestimmte, sehr starke traumatische Erlebnisse, etwa im Krieg, abgestumpft werden kann. Dann ist einem Individuum möglicherweise tatsächlich kein moralischer Vorwurf mehr zu machen, wenn es das Ethos der Brüderlichkeit seiner Kultur nicht mehr erfüllt. Eine ganz andere Frage ist es dagegen, wie mit ihm rechtlich zu verfahren ist.

i) Defizienzen der Freundschaft

Wenn die genannten vier bzw. acht Punkte der Freundschaftsdefinition (samt ihrer Gegenseitigkeit und ihrer Realisierung im Zusammenleben) Kriterien der Freundschaft sind, dann ist diese realiter von ihnen abhängig. Sie ist nicht gegeben, wenn einer der Punkte fehlt.[410] Und da alle Punkte in unterschiedlichen Intensitätsgraden vollzogen werden können, ist die Freundschaft umso intensiver, je höher das Maß der Aktualisierung der vier Vollzüge ausfällt.

Verlangensdefizienz

Die Intensität des Verlangens nach dem Freund schlägt sich unmittelbar nieder im Grad des Zusammenlebens. Dieses nämlich ist Ausdruck des unmittelbaren Liebesimpulses: Das Verlangen nacheinander führt dazu, dass die Freunde zusammensind und miteinander verkehren. Den Grad der Intensität des gegenseitigen Begehrens der Freunde und des ihres daraus resultierenden Verkehrs miteinander kann man die Innigkeit der Freundschaft nennen.

Der Mangel an Verlangen bedeutet also eine Mangel an Freundschaft – oder umgekehrt: In der Freundschaft ist das Verlangen gut, und zwar nicht nur für den Verlangenden, sondern auch für den, nach dem verlangt wird wie auch für die Freundschaft als Ganzes. Natürlich muss es sich dazu um freundschaftliches und nicht rein egoistisches Verlangen handeln, i.e. das Verlangen muss in die Liebe eingebunden sein. Aber es ist grundsätzlich gut, wenn ich den Freund *für mich* will.

Der Verlangensmangel bedingt zugleich einen Mangel im Erkennen oder Gewahrsein des Freundes, denn dieses kann man ja nur im fortdauernden Zusammenleben mit ihm vollziehen: Es genügt nicht, den Freund in einer einmaligen Momentaufnahme zu erkennen, um dann die gewonnenen Daten ein für allemal abzuspeichern, sondern man muss ihn durch die Dauer seiner Lebensvollzüge hindurch erkennen, weil sich allein darin das entbirgt, was sein Wesen ausmacht. So erkennt man eine Defizienz im Verlangen des Freundes daran, dass die Freunde nicht (mehr) viel Zeit miteinander verbringen und dass sie sich nur noch wenig Anteil aneinander nehmen: dass sie sich nicht (mehr) oder nur eingeschränkt von- und umeinander wissen.

Allerdings klingen bei Aristoteles auch Fälle an, in denen Verlangen und Anteilnahme völlig ausfallen und deshalb gar keine Freundschaft mehr gegeben ist. Als einen Fall fehlenden Verlangens kann man u.U. das Wohlwollen ohne Freundschaft (NE 1166b30ff) verbuchen, das man aber auch für den Fall mangelnder Unverborgenheit in Anschlag bringen kann. Der Fall, da ich mich gegen den Andern in allem als Freund verhalte außer dem Verlangen

---

[410] Zum Teil wurde diese negative Kehrseite der Freundschaftsmerkmale bereits vorweggenommen, es ergeben sich daher zuweilen Wiederholungen.

nach ihm, war wohl der Antike auch eher fernliegend – weshalb denn sollte man dies tun? Uns heutigen Angehörigen der westlichen Kultur ist er aber bestens vertraut aus der christlichen Nächstenliebe – oder dem, was davon übriggeblieben ist. Ursprünglich nämlich war diese Nächstenliebe durchaus mit einem Verlangen verbunden, nur nicht mit dem gegen den Menschen, an dem man sie übte, sondern mit dem nach Gott bzw. Christus. Dieses Verlangen aber verband sich unmittelbar mit der Freundlichkeit gegen den Nächsten, nämlich über die von Christus eingesetzten Formel „was ihr dem Geringsten getan habt, das habt ihr mir getan" (Mt 25,40). Die Nächstenliebe bringt den Christen also in die Nähe zu Christus, nach dem er verlangt. Die Nächstenliebe ganz ohne Verlangen dagegen ergibt sich erst durch ihre Säkularisation zur Humanität. Dies scheint anzuzeigen, dass die Liebe ohne Verlangen eine abgeleitete Form des Liebesvollzugs ist, in der der ursprüngliche Vollzug über mehrere Reflexionsschritte transformiert wurde. Nach der hier entwickelten Theorie ist sie jedenfalls nicht erstrebenswert, und zwar auch nicht moralisch. Es wird sich allerdings – in Gestalt der „Liebe zur Liebe" – auch hier eine Form von „selbstloser" Liebe ergeben, die einen hohen, sogar einen „übermoralischen" Wert hat.

Erkennensdefizienz

Die Defizienz des Erkennens ist der Irrtum, der entsprechende Mangel in der Freundschaft also der Irrtum bezüglich objektiver Gegebenheiten des Freundes. Wie die übrigen Freundschaftsmängel muss auch die Illusion bezüglich des Freundes die Freundschaft nicht gleich aufheben, solange sie einen gewissen Grad nicht übersteigt. Im extremen Fall kann allerdings die Freundschaft mit einem Schlag erlöschen, wenn nämlich einer der Freunde erfährt, dass sein Freund in Wahrheit ein ganz anderer ist, als er dachte – etwa wenn zutage kommt, dass er schwerwiegende Verbrechen begangen hat.

Entsprechend schwer wiegen Lüge, Verstellung und Zurückhalten der Wahrheit, also mangelhafte *Aufrichtigkeit* in der Freundschaft (s.o.) – zumindest schwerer als gegenüber Menschen, zu denen man keine persönliche Bindung hat. Die Lüge kann nicht nur das Vertrauen zerstören, wenn sie entdeckt wird. Sie mindert die Freundschaft, und zwar auch dann, wenn sie unentdeckt bleibt, denn zumindest wenn der Inhalt der Lüge mit der Person des lügenden Freundes zu tun hat (und das ist, zumindest indirekt, zumeist der Fall), hat sie zur Folge, dass der Belogene gewissermaßen den Falschen liebt. Damit wird aber die Freundschaft immanent fehlerhaft.

Der Mangel am gegenseitigen Erkennen der Freunde kann auch rein quantitativ sein: Sie haben sich (noch) nicht besonders gut kennengelernt. Dann handelt es sich aber nicht um einen Mangel im eigentlichen Sinn, nämlich um etwas Unangemessenes. Die Freundschaft ist dann einfach noch nicht besonders entwickelt. Dagegen mag es zumindest in der Nutzen- und Lustfreundschaft vorkommen, dass der Grad der „Bekanntschaft" (im Wortsinn) der

Intensität des Verkehrs hinterherhinkt. (Im Fall der Charakterfreundschaft ist dies kaum möglich, weil diese ja gerade auf der Bekanntschaft mit dem Charakter des Anderen beruht.) So fühlt sich der langjährige Stammkunde mit Recht gekränkt, wenn der Ladenbesitzer seinen Namen vergessen hat. Umgekehrt ist die Aufmerksamkeit auf den Freund natürlich eine der Grundvoraussetzungen für das Wachstum der Freundschaft.

Anerkennungsdefizienz

Da auch die Anerkennung nach der hier entwickelten Theorie Grade zulässt – weil sie nämlich konkret und persönlich ist und nicht nur abstrakt und allgemein –, ist auch in ihr ein relativer Mangel möglich. Dagegen ist ihr vollkommener Ausfall nur aufgrund des Ausbleibens der Konversion denkbar und damit wertneutral (wenn es sich nicht um bewusste Gleichgültigkeit handelt, wie sie im folgenden Kapitel behandelt wird), denn wem schlechterdings nicht zum Bewusstsein kommt, dass sein Gegenüber ein bewusstes Wesen bzw. ein Mensch ist, dem ist auch nicht mangelnde Rücksichtnahme und Liebe vorzuwerfen. Wer der Überzeugung war, er lege sein Gewehr auf ein Reh an, stattdessen aber einen Menschen erschießt, dem ist vermutlich mangelnde Vorsicht vorzuwerfen, aber nicht mangelnde Anerkennung.

Wie auch die anderen Freundschaftsmerkmale, muss die konkrete Anerkennung in der Freundschaft wachsen. Wenn sie also anfangs noch gering ist, stellt dies keinen Mangel der Freundschaft dar. Allerdings kann sie dann in verschiedenem Maß wachsen, auch im Verhältnis zum Wohlwollen. Das typische Beispiel für ein Ungleichverhältnis von Anerkennung und Wohlwollen ist das das bereits erwähnte Verhältnis von Eltern zu ihren kleinen Kindern, die sie noch nicht voll anerkennen (können). Auf der anderen Seite ist ihr Wohlwollen gegen sie oft das größte, das sie überhaupt für irgendjemanden hegen. Dagegen ist eine Freundschaft unter Ebenbürtigen ungut, wenn die Anerkennung gegenüber dem Wohlwollen unterentwickelt ist (hingegen ist sie im umgekehrten Fall nur armselig).

Ein schuldhafter Mangel an Anerkennung entsteht dagegen dann, wenn jemand im Angesicht eines Anderen die Konversion vollzogen hat, dann aber dessen Würde missachtet. Dies ist wie bereits dargestellt deshalb möglich, weil es neben dem Liebesbewusstsein das egozentrische und das obtemperante gibt. Wer im Angesicht des Anderen von ihm absieht und seinen Blick ganz aufs Eigeninteresse oder die Ordnung konzentriert, der verletzt dessen Würde.[411] Dann „kennt er nur noch sich selber" bzw. „die Pflicht", automa-

---

[411] Beispiele für ersteres kennt jeder; ein Beispiel für den Rückzug auf das hörige Bewusstsein wäre nicht nur Eichmann in der Interpretation Hannah Arendts (1964), sondern in weniger dramatischer Weise auch der Schaffner, der in (vermeintlichem) Gehorsam gegen seine Vorschriften ein minderjähriges Mädchen in einer kalten Winternacht aus dem Zug wirft, weil es seine Fahrkarte verloren hat.

tisch geht das Bewusstsein der Anerkennung verloren. Er mag dann in der Folge auch das Wohlwollen verletzen. Aber die Missachtung der Anerkennung ist ein eigener Tatbestand. Das wird an den Aussagen von Opfern von Gewaltverbrechen deutlich. Das eine ist, dass solche Menschen an dem Schaden leiden, der ihnen zugefügt wurde. Aber daneben gibt es ein Leiden daran, dass der Täter ihre Würde verletzt hat. Besonders in Fällen sexueller Misshandlung wiegt letzteres sogar oft schwerer als der erlittene Schaden.

Das Absehen von der Anerkennung des Anderen liegt also darin, dass ich ihn entweder zum bloßen Mittel meiner Interessen oder aber zum bloßen Objekt meiner Pflichterfüllung mache. Sie hat ihren Ursprung darin, dass das egozentrische oder auch das obtemperante Bewusstsein vom Freundschaftsbewusstsein ablenkt. Daneben gibt es aber noch eine dritte Ablenkung von der Anerkennung: die Ablenkung durch eine andere Freundschaft. An diesem Punkt wird besonders deutlich, dass die Freundschaft, wie sie hier dargestellt wird, keineswegs immer Gutes mit sich bringt. Zwar hat sie immer und in jedem Fall eine ursprüngliche und unbedingte Güte. Aber das bedeutet nicht, dass die Handlungen, die aus Freundschaften entspringen, immer gut sind. Wenn ich mit einer oder mehreren Personen Freundschaft schließe, dann entsteht dadurch eine Gemeinschaft. Ihre Mitglieder erkennen sich untereinander als Freunde an. Eo ipso eröffnet sich dadurch aber eine Differenz zwischen den Freunden und denen, die nicht zur Gemeinschaft gehören. Diese Anderen sind nicht als Freunde anerkannt, zumindest nicht als Freunde im Sinn der besonderen Gemeinschaft. Das bedeutet zwar noch nicht, dass man sie geringschätzt oder ihnen Feind ist. Aber allzu leicht kann eine solche feindselige Haltung aus der Exklusivität der Freundschaft entstehen.[412]

---

[412] Darüber hinaus *begreifen* die Menschen auf einer bestimmten Entwicklungsstufe ihres Reflexionsvermögens den Zusammenhang zwischen dem Verbundensein mit bestimmten Menschen in einer Freundschaft und dem Ausschluss anderer Menschen aus dieser Freundschaft. Dann machen sie diesen Zusammenhang oft zum *Prinzip* ihrer Freundschaft – was er natürlich ursprünglich nicht ist: Sie begründen, definieren, bestätigen oder erbauen ihre Freundschaft durch den Ausschluss Anderer oder – um die Wirkung noch zu steigern – durch die Feindschaft gegen diese. Dem entspricht das Zusammengehörigkeits*gefühl* im Kampf gegen den Feind. Natürlich hat diese Sichtweise der Freundschaft durchaus ein fundamentum in re: Wenn die Gemeinschaft von außen bedroht ist (sei es durch Feinde, sei es durch Naturgewalten), dann muss sie zusammenstehen. Es tritt dann sozusagen der Ernstfall der Freundschaft oder Genossenschaft ein (das Motto „einer für alle, alle für einen" bringt die entsprechende Stimmung zum Ausdruck). Dadurch wird natürlich die Freundschaft enger, und spätestens wenn einer für die Gemeinschaft gestorben ist, wird auch die Bindung tiefer. Weil nun die Freundschaft ein Gut ist, deshalb begreifen viele unwillkürlich auch die Stärkung der Freundschaftsbindung als ein Gut. Tatsächlich fühlt es sich auch gut an, zusammenzustehen und im Kampf gegen den Feind vereint zu sein. Aber nicht nur ist nicht jedes Gefühl gut, das sich gut anfühlt, es ist auch nicht jede Bindung gut, selbst wenn sie auf Freundschaft zurückgeht. Wenn die Feindschaft gegen Andere zu einem (oder gar zu dem) Prinzip einer bestimmten Freundschaft (etwa eines Staats oder einer Religionsgemeinschaft) gemacht wird, wenn die Feindschaft gar gesucht wird, um die Gemeinschaftsbindung zu stärken, dann wird die Freundschaft mit Hass und Gleichgültigkeit kontaminiert, auch wenn diese nach außen gehen und nach innen Wohlwollen und Anerkennung herrschen. Aber der Geist der Freundschaft wird eben durch die

Genauer geht es bei der dritten Form des Anerkennungsmangels um die Verfehlung bezüglich der Anerkennung und damit der *Freundschaft* um anderer, engerer Freundschaft willen. Wäre ich dem Anderen gar nicht Freund, auch nicht im rudimentären Sinn allgemeiner Menschenfreundschaft, dann könnte ich seine Anerkennung auch nicht schuldhaft missachten. Unsere modere Lebenswelt ist geprägt durch eine Vielzahl von Loyalitäten und Anerkennungsverhältnissen, dies wurde schon so oft diagnostiziert, dass es zum Gemeinplatz geworden ist. Aber auch in einfacheren Gesellschaften sind die Freundschaftsverhältnisse bereits komplex. Und so finden sich seit unvordenklichen Zeiten Beispiele dafür, dass Menschen im Eifer für die besondere Liebe die Freundschaft oder Freundlichkeit gegenüber anderen Menschen vernachlässigt oder ganz missachtet haben. Oft sehen sich Menschen gar ausdrücklich berechtigt dazu, aufgrund einer besonderen Freundschaft von der Anerkennung gegen bestimmte Außenstehende abzusehen, und sie der höheren Liebe (vor allem: zum Vaterland, zu Gott, zur Religion etc.) zu opfern, darauf wurde bereits hingewiesen. Dies ist selbstverständlich ein zwar naheliegendes, aber tiefes Missverständnis der Freundschaft: Die Liebe liebt die Liebe – oder weniger enigmatisch: Die echte, konkrete Liebe anerkennt die andere konkreter Liebe und will ihr wohl. Somit will jede echte Liebe in jedem Fall die Brüderlichkeit.

Neben dieser Missachtung der Freundschaft um anderer Freundschaft willen gibt es selbstverständlich auch den echten Loyalitätskonflikt. Als klassisches Beispiel wird meist die Antigone herangeführt. Oft wird dieses Problem angesichts der gewachsenen sozialen Komplexität der Moderne beschworen. In Wirklichkeit stellt es sich relativ selten, beinahe schon erstaunlich selten, wenn man unserer Lebensverhältnisse von außen betrachtet. Aber von innen betrachtet wissen wir eben in aller Regel recht gut, zu wem wir in welchem Verhältnis stehen und wem wir was schulden. Selbst Antigone hat ja keinen Zweifel, welche Verpflichtung sie stärker bindet. Dies spricht für die hier vorgestellte Theorie: Wir kommen zu unseren Verbindlichkeiten nicht wie zu äußeren Regelwerken, die wir mühsam erlernen und gegeneinander abgleichen müssten. Nein, wir wachsen in ihnen auf, wir bilden unsere eigenen Persönlichkeiten in ihnen aus und sie entwickeln sich in unserem Leben organisch fort. Wir tragen die Topologie unserer verschiedenen Freundschaften mit uns wie diejenige unserer Heimatstadt. Wir finden uns in ihr

---

Bestimmung der Freundschaft insgesamt bestimmt, und nicht nur durch die Bestimmungen des Verhältnisses zum Freund (man denke z.B. auch an die Komplizenschaft einer Räuberbande). Und so kann eine Freundesgemeinschaft ihren Freundschaftscharakter und damit ihre Güte ganz oder teilweise verlieren, wenn sie zum Feindschaftsbund wird, auch wenn das Zusammengehörigkeitsgefühl und die Solidarität unter den Mitgliedern sehr hoch sein mögen.

C.S. Lewis weist (1993, 45) darauf hin, dass der Tendenz von Freundschaften zum Ausschluss der Anderen eine Tendenz dieser Anderen gegen die engeren Freundschaftsbünde entspricht: Sowohl der großen Masse wie auch den Autoritäten einer Gesellschaft sind Sonderbünde oft suspekt.

zurecht, auch wenn in der Moderne aus dem Heimatdorf eine Großstadt geworden ist. Dazu müssen wir noch nicht einmal ein Gesamtbild in der Art einer Karte entwickelt haben. Die meisten Menschen wissen, was wo hingehört, was sich wo gehört und wem was gehört, ohne im Geiste einen Generalplan ihrer Loyalitäten ausgebildet zu haben. Wir beherrschen das komplexe Ordnungsgefüge unserer Bindungen wie die oft ebenfalls hochkomplexe Grammatik unserer Muttersprache.

Der Anerkennungsmangel manifestiert sich häufig in der mangelnden *Achtung* vor dem Eigensein des Anderen. Den Anderen in seinem Eigensein anzuerkennen bedeutet zum einen, seine Freiheit von meinem Willen anzuerkennen – dies wurde bereits dargestellt. Der diesbezügliche Mangel ist die Bevormundung. Zum anderen bedeutet der Respekt vor dem Eigensein des Freundes, dass ich ihn nicht *allein* als meinen Freund ansehe. Zwar darf die Liebe bekennen: „Du bist mein und ich bin dein." Aber der geliebte Freund ist eben nie vollständig und ausschließlich mein (und umgekehrt). Er hat ein eigenes Sein außer seiner Beziehung zu mir. Den entsprechenden Mangel kann man die Vereinnahmung des Freundes nennen.

Das Gefühl des vollständigen Gehörens gegenüber dem Freund gibt wie bereits erwähnt in der Verliebtheit (vor der Familiengründung), und da mag es als ein Stadium der Persönlichkeitsentwicklung angemessen sein. Es kennzeichnet dann einerseits die Lösung vom Elternhaus – wer ganz seinem Geliebten gehört, hört logischerweise auf, seinen Eltern zu gehören – und andererseits die noch ausstehende Bindung an die Nachkommen – wer Kinder hat, gehört nicht mehr nur dem Partner. Natürlich ist das Gefühl vollständigen Angehörens dennoch eine Illusion, denn man löst sich durch die neue Liebe nicht vollständig aus der alten Familienbindung und anderen Bindungen. Aber Gefühle haben ja meist eine andere Funktion als die objektive Wahrheit zu artikulieren und dürfen deshalb nur bedingt nach diesem Kriterium bewertet werden. Verschiedene Formen der Selbstweihe in verschiedenen Religionen zielen dagegen tatsächlich auf eine (mehr oder weniger) radikale und dauerhafte Selbstzueignung an einen Anderen ab, normalerweise an Gott, eine Gottheit oder einen Heiligen, selten an einen Lehrer. Dazu gehören Riten wie die Annahme eines neuen Namens oder die symbolische Beerdigung, in denen die betreffende Person aufhört zu sein, was und wer sie war, um in der exklusiven Gottesbindung neugeboren zu werden. Dies sind Extremformen der Liebe. Wer im Sinn des Aristoteles denkt, dem werden extreme Formen immer suspekt sein; aber man muss zugestehen, dass aufgrund der Kontingenz des menschlichen Lebens extreme Situation entstehen können – nicht nur in den äußeren Umständen, sondern auch in der inneren Verfassung eines Menschen –, die dann extreme Reaktionen erfordern.

Wohlwollensdefizienz

Mehrfach erörtert Aristoteles Fälle zwischenmenschlicher Beziehungen, in denen das Wohlwollen ausfällt. In diesen Fällen ist Freundschaft nicht gegeben. In fast all diesen Fällen wird das Verhältnis der Beteiligten unmittelbar „unschön" oder „schlecht". Wenn man nun davon ausgeht, dass die Freundschaft bzw. die freundschaftliche Liebe der ursprüngliche, genuine Ort des Wohlwollens ist, dann bedeutete dies, dass jedes Verhältnis zwischen Menschen unedel ist, wenn es nicht freundschaftlichen Charakter hat.

Die einzige Ausnahme, in der ein zwischenmenschliches Verhältnis ohne Wohlwollen für Aristoteles sittlich unanstößig ist, ist der Fall, den wir Heutigen sowieso gern ganz im Gegenteil als sittlich unannehmbar ansehen möchten: die Sklaverei. Seinen Sklaven darf der Freie als bloßes Werkzeug gebrauchen (NE 1161b4), ohne auf das Gute, dass er durch ihn empfängt, mit Wohlwollen zu entgegnen – und dies obwohl er ihn als Menschen erkennt. Eine Einschränkung gibt es freilich: *Insofern* der Sklave auch Mensch ist und nicht nur durch seine Funktion als Werkzeug bestimmt ist, insofern besteht auch gegen ihn ein Rechtsverhältnis und eine Freundschaft, also auch bezüglich des Sklaven die Umwendung des Für-mich ins Wohlwollen (NE 1161b5f; darin liegt übrigens genau das Konzept allgemeiner Menschenfreundschaft, das Aristoteles gemeinhin abgesprochen wird) Wir Heutigen würden diesem „insofern" freilich einen absoluten, unhintergehbaren Vorrang einräumen: Auch der als Sklave Gehaltene ist in erster Linie Mensch, sein Menschsein ist nicht ein Aspekt möglicher Hinblicknahme unter anderen, sondern der grundlegende und für jede Hinblicknahme eines Andern normative. Dies verbietet es, jemals von diesem Aspekt, damit aber von der Selbstzweckhaftigkeit eines Menschen zu abstrahieren und ihn als *bloßes* Werkzeug anzusehen. Es verbietet sich also überhaupt, einen Menschen als Sklaven anzusehen.[413]

Das Wohlwollen lässt Grade zu, und so gibt es verschiedene Zwischenstufen minderwertiger Freundschaft bei unzureichendem Wohlwollen, bevor endlich die Freundschaft zusammen mit dem Wohlwollen ganz erlischt. Machte das Ausmaß des Zusammenlebens die Intensität der Freundschaft aus, i.e. deren „Enge", so hängt vom Grad des Wohlwollens deren Güte ab. Wie nach Aristoteles im Fall der Tugend das Gutsein des Individuums an den seinem Wesen immanenten Kriterien zu messen ist, so auch das Gutsein der Beziehung im Fall der Freundschaft: nämlich an der Wechselseitigkeit und

---

[413] Es ist an dieser Systematisierung des Zusammenhangs leicht abzulesen, dass bei aller lebensweltlichen Fremdheit, die Aristoteles' Akzeptanz der Sklaverei heute haben mag, die Architektur seiner *Theorie* doch dergestalt ist, dass sich durch eine minimale Umstellung unser heutiger Standpunkt in ihr artikulieren lässt. Noch dazu lässt sich diese Umstellung sogar aus der internen Systematik der Theorie selbst motivieren.

damit an der daraus resultierenden Gleichheit.[414] Die Unangemessenheit liegt naheliegenderweise in der Regel in einem Zuwenig an Wohlwollen im Verhältnis zum Für-mich-Wollen. Aber auch ein ungebührliches Zuviel davon ist grundsätzlich denkbar (vgl. NE 1165a15ff). Dieser Fall ist übrigens gar nicht so unrealistisch und selten, wie er manchen zunächst scheinen mag (nämlich denjenigen, die sich von davon haben überzeugen lassen, dass die Menschen vor allem anderen egoistisch sind und dass dies die grundlegende Form der Schlechtigkeit ist). Das Zuviel-Wohlwollen (das man nach dem hier Entwickelten terminologisch streng unterscheiden sollte von einem „Zuviel-Lieben", das nämlich im eigentlichen Sinn nicht möglich ist), nämlich die ungebührliche Selbstaufopferung, zerstört Freundschaften und Partnerschaften und füllt psychotherapeutische Praxen beinahe im gleichen Maß wie das Zuwenig-Wohlwollen. Die Nähe zum obtemperanten Bewusstsein ist groß, in das derartige Abhängigkeits- und Aufopferungsverhältnisse dann auch oft umschlagen, wenn diese nämlich nicht einmal mehr wirklich um des Anderen, sondern nur noch um der eigenen Dienlichkeit und der Zugehörigkeit bzw. um der Unterwerfung als solcher willen aufrecht erhalten werden.

Die Defizienz im Wohlwollen zeigt sich natürlich am mangelnden Einsatz für den Freund: an mangelnder *Hingabe*. Während der Mangel in der gegenseitigen Unverborgenheit oder Offenbarkeit nur indirekt beobachtbar ist, zeigt sich der Mangel der Hingabe unmittelbar, nämlich am Verkehr der Freunde miteinander und am gegenseitigen Austausch, am „Umsatz" der Freundschaft sozusagen. Die Hingabe ist deshalb der vorrangige äußerliche Gradmesser der Freundschaft, der allerdings über Mängel in den übrigen Gütekriterien der Freundschaft hinwegtäuschen kann.

Defiziente Unverborgenheit

Defizient ist eine Freundschaft auch dann, wenn sie in den Reflexionsformen von Anerkennung und Wohlwollen mangelhaft ist: in der gegenseitigen Unverborgenheit und Hingabe. Wenn solcher Mangel nicht aus mangelndem Wohlwollen oder Begehren entspringt (und sich daher auf deren Mangel, wie er bereits dargestellt wurde, reduziert),[415] ist er nicht schuldhaft, sondern eher tragisch.

Die Mangelhaftigkeit in der Unverborgenheit liegt im Irrtum über die Art meines Offenbarseins für den Freund: Ich weiß mich selbst als im Bewusstsein des Andern stehend. Aber *als welcher* ich mich für ihn bewusst halte, stimmt nicht mit dem überein, als welcher ich ihm tatsächlich bewusst bin. So

---

[414] Die hier entwickelte Theorie stimmt ihm freilich nur in letzterem zu, in der Bewertung der Freundschaft nach ihren immanenten Wesenskriterien wie sie hier entwickelt wurde. Dagegen wird der aristotelische metaphysische Essentialismus nicht unterstützt.
[415] Natürlich macht auch die mangelnde Aufrichtigkeit die gegenseitige Unverborgenheit fehlerhaft, wie die mangelnde Achtung die gegenseitige Hingabe schlecht macht. Dies wurde bereits besprochen.

kommt es nach Aristoteles häufig vor, dass einer meint, er werde wegen seines Charakters geliebt, tatsächlich aber liebt ihn der Freund um der Lust oder Nützlichkeit willen (NE 1165b6ff). Wird dieser Irrtum aufgedeckt, dann hat das Enttäuschung zur Folge. Mit dieser Enttäuschung ist aber nicht nur das Bewusstsein aktueller Unlust verbunden. Es verbindet sich mit ihr das Bewusstsein, dass man eigentlich gar nicht mit dem Andern befreundet war, dass das Sich-als-Freunde-Wissen irrig war und damit die Freundschaft selbst gar nicht oder nur in einem uneigentlichen Sinn bestanden hatte (und dies selbst dann, wenn von beiden Seiten aufrichtiges Wohlwollen geherrscht hatte – nur eben nicht aus dem Veranlassungsgrund, den der jeweils andere angenommen hatte). Gewiss lässt die Divergenz in der Unverborgenheit Grade zu, denn in den seltensten Fällen wird sich das Bewusstsein der Freunde voneinander vollkommen entsprechen. So kann ich mich mehr oder weniger darüber täuschen, als was für einen mich der Andere liebt. Dementsprechend wäre die Freundschaft mehr oder weniger „eigentlich" oder „transparent". Freundschaftsbedrohend wird der Irrtum vor allem dann, wenn er das Genus der Freundschaft betrifft, die Art des *phileton*, das ich dem Andern bin.

Auch Aristoteles bemerkt, dass man mit der mangelhaften Unverborgenheit keinen sittlichen Vorwurf verbindet: Wer sich als *phileton* zu hoch eingeschätzt hat, der macht sich eher lächerlich als moralisch verachtenswert (NE 1159b16f). Den Schaden trägt im Gegensatz zum Fall mangelnden Wohlwollens ein erster Linie der Abirrende selbst, nicht der Andere (dem allerdings ein schales Gefühl bleiben mag, oder sogar Gewissensbisse, falls er sich vorwerfen muss, dem Andern seine Einstellung zu ihm nicht hinreichend deutlich gemacht zu haben). Das bedeutet aber nicht, dass die Fälle des Irrens im Geliebtwerden weniger negativ zu verbuchen sind als die mangelnden Wohlwollens. Die Negativität hat einen anderen Charakter, nämlich einen existenziellen statt eines moralischen, und so ist angesichts ihrer eben von Tragik zu sprechen statt von Schuld. Die Tragik einer irrenden Liebe kann aber mindestens ebenso abgründig sein, wie die Schuld der Missachtung des Wohls des Andern.

Defiziente Hingabe

Auch der Mangel in der Hingabe ist nicht schuldhaft, wenn er nicht auf mangelndem Wohlwollen beruht. Die Hingabe folgt wie dargestellt konsequent aus dem liebenden Wohlwollen, sie kann aber gehindert werden. Hinderungsgründe sind zum ersten die fehlende oder (in der Freundschaft) mangelhafte Annahme meiner Liebe durch den Anderen, zum zweiten äußere Bedingungen wie etwa dauerhafte räumliche Getrenntheit vom Freund, zum dritten aber auch mangelndes Selbstwertbewusstsein. Wie bereits dargestellt kann ich mich dem Freund nicht als ein Gut wollen, wenn ich mich selbst nicht als gut ansehe.

Auch in diesem Mangel sind selbstverständlich Grade möglich, so dass er auch innerhalb von Freundschaften auftritt, während der völlige Ausfall der Hingabe die Entstehung der Freundschaft unmöglich macht – selbst wenn die Beteiligten die Freundschaft eigentlich wollen. Die Tragik verhinderter Hingabe wird vor allem bezüglich der erotischen Liebe so ausführlich besungen, dass sie hier nicht weiter vertieft werden muss. Wenn dagegen die Freundschaft bereits besteht und die Hingabe dann ausfällt, entsteht die „ruhende Freundschaft" oder bloße „Vertrautheit" (vgl. NE 1165b33ff).

j) Hass, Feindschaft und Gleichgültigkeit

Die dargestellten Mängel waren solche *der* Freundschaft, sie machten sie defizient. Hingegen ist das *Gegenteil* von Freundschaft und Liebe die Feindschaft oder der Hass – so wird man kaum zögern zu erklären. Etwas feinsinnigere Denker haben dagegen behauptet, das Gegenteil der Liebe sei vielmehr die Gleichgültigkeit.[416] Nach der hier entwickelten Theorie der Freundschaft trifft nun beides zu – und in gewissem Sinn ist auch beides falsch. Im eigentlichen, vollen Sinn, gibt es nämlich kein Gegenstück zur Liebe. Denn die Grundmomente der Konversion, die Anerkennung und das Wohlwollen, können nur jeweils einzeln in ihr Gegenteil verkehrt werden, nicht beide zusammen.[417]

Betrachten wir die verschiedenen Gegenstücke zu Liebe und Freundschaft zunächst im Überblick: Der *Hass* ist die Inversion des Wohlwollens: das Wollen des Schlechten für den Anderen. Terminologisch kann man dieses Wollen, solange es nur partiell ist, als Übelwollen von dem Hass unterscheiden, der als totales Übelwollen auch noch die Inversion des transzendentalen Wohlwollens impliziert, also den Anderen vernichtet sehen möchte. So wie das Wohlwollen das Gute dem Anderen *um seiner selbst willen* will, so will auch der eigentliche Hass das Schlechte dem Anderen *um seiner selbst willen*,[418] also unabhängig davon, welche Konsequenzen dem Hassenden selbst daraus entstehen (wer leidenschaftlich hasst, der ist oft sogar bereit, selbst beträchtliche Nachteile dafür in kauf zu nehmen, dass es dem Andern übel ergeht; be-

---

[416] Vgl. z.B. Buber 1983, 24.
[417] Eigentlich wäre an dieser Stelle auch von den Gegenstücken zu Verlangen und Erkennen, also von Abscheu und Unverständnis zu sprechen, die ebenfalls der Freundschaft entgegengesetzt sind. Aber als Phänomene des einsinnigen, egozentrischen Bewusstseins sind diese beiden unwillkürlich und deshalb praktisch wenig interessant. Allenfalls kann – und sollte – man sich darum bemühen, sich von der Abscheu, die man möglicherweise gegen einen Menschen spürt, zu distanzieren und das Verständnis zu suchen, wo es sich unmittelbar nicht auftut. Aber das sind Bemühungen, die in den Bereich der Liebe zur Liebe fallen wie sie unten dargestellt werden wird.
[418] Vgl. auch R. Solokowski 2005,131f.

kanntlich sind manche Hasser sogar bereit, ihr eigenes Leben zu opfern, wenn dabei nur der Verhasste zu Tode kommt).

Die *Feindschaft* ist die dem Hass entsprechende habituelle Bindung. Wie die Freundschaft kann auch sie ererbt werden.

Das Gegenstück zur Anerkennung ist die *Gleichgültigkeit* gegenüber dem Anderen in dem Sinn, dass er für mich nicht (als Anderer) gilt. Weil die Anerkennung die Konversion des kognitiven Bewusstseinsmoments darstellt, das wie dargestellt unmittelbar immer nicht-ambivalent ist, deshalb ist die Verkehrung der Anerkennung des Andern auch nicht die „schlechte" oder „üble Anerkennung", sondern eben das Fehlen der Anerkennung: das Nichterkennen des Andern in seiner Eigenbedeutsamkeit mir gegenüber, und daraus meine Gleichgültigkeit gegen ihn.

Es gibt keine der Feindschaft entsprechende *Bindung* in der Gleichgültigkeit, denn wer einen Anderen nicht anerkennt, der kann auch keine Bindung zu ihm haben. Wohl gibt es aber Ethē, die bestimmte Personen von der Anerkennung ausschließen und damit die Gleichgültigkeit ihnen gegenüber festschreiben. Ein solches Ethos kann man natürlich wiederum ererben, wenn man in einer entsprechenden Gemeinschaft aufwächst.

Daraus ergibt sich unmittelbar: Wenn ich den Andern gar nicht anerkenne, wenn er mir gleichgültig ist, dann kann ich ihn auch nicht hassen. Und umgekehrt gilt: Wenn ich einen Anderen hasse, dann habe ich ihn schon basal anerkannt, nämlich als Subjekt: als eines, dem man an ihm selbst Schaden zufügen kann. – Deshalb sind weder Hass noch Gleichgültigkeit das volle Gegenteil der Liebe.

Hass

Hass und Feindschaft entstehen *primär* aus enttäuschter Freundschaft (sekundär kann man die Feindschaft wie erwähnt auch aus dem Ethos einer Freundschaft erben, dazu unten mehr). Es gibt keinen spontanen Hass, weil nämlich das Hassen immer das Anerkennen voraussetzt, das aber etwas gutes ist; und Gutes will man dem Anderen nicht mehr, wenn man ihn hasst.[419] Der Hass muss sich allerdings nicht immer (allein) gegen die Person wenden, die einen enttäuscht hat. Viele Menschen hassen bestimmte Gruppen anderer Menschen, weil ein oder mehrere Vertreter diese Gruppe sie enttäuscht haben. Im Extremfall kann einer sogar die ganze Menschheit hassen – die ihn natürlich

---

[419] Das ist übrigens das tragische Dilemma des Hasses: Er möchte, wenn er wirklich tief ist, dem Anderen gar nichts Gutes mehr gönnen. Deshalb möchte er dem Anderen auch noch die letzte Anerkennung nehmen. Das ist aber nicht möglich, solange man hasst. Zwar kann der Hassende die Würde des Andern verletzen – das ist sogar eine besonders beliebte Form der Realisierung des Hasses –, aber wenn er den Anderen *gar nicht mehr* als ein Selbstsein annimmt, dann kann dieser auch nicht mehr Gegenstand seines Hasses sein. Um die gebräuchliche Redewendung zu verwenden: Wer „Luft für mich ist", den kann ich nicht hassen, Luft kann man nicht hassen.

niemals als ganze enttäuscht hat. Der Hass ist dergestalt immer eine Reaktion, und zwar eine mit zwei Voraussetzungen: Zum einen muss mir jemand dazu, dass ich ihn hasse, meiner Wahrnehmung nach willentlich Schlechtes zugefügt haben. Zum anderen muss es sich um jemanden handeln, von dem ich zumindest meinte, dass er zu mir in der Freundespflicht stand, nämlich dass er mir Anerkennung und Wohlwollen schuldete – und sei es auch nur im Sinn der Brüderlichkeit. Allerdings kann ich mich über beides im Irrtum befinden, und so können Feindschaften auch dort entstehen, wo eigentlich gar keine Bosheit oder kein Vergehen gegeben war.

Zum ersten Punkt: Wenn ich einem Anderen das Schlechte um seiner selbst willen will, dann bedeutet das, ganz in Entsprechung zu Liebe, nicht, dass mein Hass grundlos sei, sondern nur, dass ich mit dem Schlechtes-Wollen kein anderes Ziel verfolge, als dass es dem Feind übel ergehe. Wenn ich etwa nur Böses vergelten will, um die Gerechtigkeit wiederherzustellen, dann bin ich noch nicht des Andern Feind. Die Feindschaft entsteht also erst dann, wenn die Freundschaft irreparabel verletzt ist und mein Übelwollen nicht mehr funktional auf die Wiederherstellung der Freundschaft oder zumindest die Ausgeglichenheit abzielt. Dies kann aber nur dann geschehen, wenn – in den Augen des Hassenden – nicht nur einzelne Freundschaftspflichten verletzt wurden, sondern die Fundamente der Freundschaft erschüttert wurden: die grundsätzliche Haltung von Anerkennung und Wohlwollen gegen den Freund.

Derjenige dagegen, der spontan, i.e. nicht-reaktiv einem Andern Böses zufügt, hasst ihn nicht. Er fügt ihm ja nicht deshalb Böses zu, *weil* er sein Feind ist, also nicht um seiner selbst willen. Er fügt ihm deshalb Böses zu, weil er damit für sich Gutes erreichen will: Lust oder Nutzen.[420] So ist etwa derjenige, den der Räuber überfallen will, nicht ein Feind für diesen, sondern ein Opfer. Dies bedeutet freilich nicht, dass die spontane, nicht-feindliche Zufügung von Übel „besser" wäre als diejenige aus Hass. Nur liegt der Kern dieser Bosheit im Unterschied zum Hass nicht darin, dass der Andere Ziel des Übelwollens ist, sondern darin, dass er im Horizont meiner Zielverfolgung gar nicht als *heteros autos* auftaucht: Ich missachte, bewusst oder unbewusst, seine Interessen (ganz oder teilweise). Ich versage ihm Anerkennung und Wohlwollen und mache ihn zum Mittel meiner Zwecke.

Zum zweiten: Die Feindschaft entsteht nicht in Reaktion auf jegliches Übelerleiden durch einen Anderen, sondern nur dann, wenn ich von diesem Freundschaft erwarte. Der Nachbar, der direkt vor meinem Haus ein neues baut, das mir die Sicht aufs Meer nimmt, tut mir Schlechtes, aber er verletzt

---

[420] Die typische Abfolge ist daher: Einer der Freunde verletzt (vermeintlich) die Freundschaft aus Motiven des Egoismus, des Pflichtbewusstseins oder auch um anderer Freundschaften willen (dieses Verhalten fällt unter die Gleichgültigkeit, s.u.). Daraufhin hasst ihn der andere Freund. Der *gegenseitige* Hass entsteht dann sehr schnell, wenn der Hassende seinerseits den anderen (gewesenen) Freund verletzt und dieser mit Hass reagiert.

keine Freundschaftsordnung, auch nicht die der Brüderlichkeit. So ärgere ich mich zwar furchtbar, aber ich hasse ihn nicht. Zwar gibt es Menschen, die auch auf derartige Vorkommnisse hin hassen, aber dann unterstellen sie ein bestimmtes, natürlich faktisch nicht gegebenes Ethos, nämlich ein solches, nach dem ihre eigenen Interessen Priorität vor denen aller anderen haben.[421] Eindeutiger sind Beispiele der Schädigung durch ein nichtmenschliches Gegenüber: Wenn mich ein Raubtier anfällt oder ein Wasserstrudel mich in die Tiefe reißt, dann hasse ich sie deshalb nicht.[422] Freilich kann ich die Natur anthropomorph deuten und mir, wie Kapitän Ahab, auch Tiere, ja sogar Naturgewalten zum Feind erwählen. Aber dann unterstelle ich ihnen, dass sie in irgendeiner Weise auch die Möglichkeit hätten, mir Freund zu sein.[423]

Die dem Andern unterstellt Freundschaft muss allerdings keine sehr anspruchsvolle sein. Es genügt hier wie gesagt schon die schiere Menschenfreundschaft. Andererseits gilt, dass dann, wenn eine höherstufige Freundschaft besteht oder von mir unterstellt wird, auch weitaus geringere Verstöße gegen mein Wohl den Hass auslösen können.

Wie bereits angedeutet genügt es zur Entstehung der Feindschaft, dass ich dem Andern *unterstelle*, er sei mein Freund. Es kann sogar ausreichen, dass ich dem Freund unterstelle, in ihm sei eine Liebe gegen mich vorhanden, die er selbst nicht erkenne oder die er unterdrücke und vor sich selbst abweise. Dies ist deshalb möglich, weil die ursprüngliche Liebe und ihr Verpflichtungscharakter ja nicht davon abhängt, dass der Liebende sich willentlich zu ihr entschieden hätte. Gerade bei der allgemeinen Menschenfreundschaft dürfen und müssen wir davon ausgehen, dass sie jeden in Anspruch nimmt, der einem andern Menschen ins Angesicht schaut, und dass es eine unstatthafte Verweigerung gegen diesen Anspruch ist, wenn er ihm Anerkennung und Wohlwollen versagt und ihn ausschließlich zum Instrument seiner Zwecke macht. Aber selbstverständlich kann man einem Andern auch ungerechtfertigterweise einen Liebesanspruch unterstellen und ihm dann auf der Grundlage dieser Unterstellung Feind werden, wie es häufig in Fällen enttäuschter erotischer Liebe geschieht.

Wie die Freundschaft auch sind der Hass und vor allem die Feindschaftsbindung nicht immer wählbar. Zwar kann man sich in vielen Fällen dem Anfang der Feindschaft, i.e. dem ursprünglichen Vollzug des „Übel um seiner selbst willen wollen", dem (aktiven) Hassen also, verweigern. Man gibt dem

---

[421] In manchen Fällen existierten solche Ethē allerdings tatsächlich (und dann war es *tatsächlich* ein Vergehen, einer bestimmten Person die Sicht zu verbauen oder auch nur vor ihr durch die Tür zu gehen), nämlich etwa als Ethos des Verhältnisses der Untertanen zum König.
[422] Es sei denn im metaphorischen, uneigentlichen Gebrauch des Wortes, der dem Gebrauch des Wortes „lieben" im Bezug auf Unbelebtes entspricht.
[423] In einem basalen Sinn mag das auf Tiere sogar zuweilen zutreffen. So scheint es zuweilen so, als gäbe es eine – freilich sehr rudimentäre – „Freundschaft" von Tieren gegen Menschen, die ihnen wohlgetan haben (vgl. die Löwenfabel des Äsop), und dementsprechend auch eine Feindschaft (vgl. die Fabel von dem Esel, der nach Jahren Rache nimmt).

Impuls zur Feindschaftsreaktion nicht nach und lässt ihn ins Leere laufen. Aber genau wie bei der Liebe ist der Impuls oft so stark dass dies – zumindest auf Anhieb – nicht gelingt, und zwar selbst dann nicht, wenn man selbst das will. Wer etwa Opfer eines schweren Gewaltverbrechens wurde, der *kann* in aller Regel gar nicht verzeihen, nämlich auf seinen Hass verzicht tun.[424] Wenn er trotzdem – z.B. aufgrund seiner Erziehung im Geiste christlicher Versöhnungsethik – vorgibt es zu tun, ja am Ende sogar sich selbst weismacht, er täte es, dann verdrängt er den Hass nur und richtet noch größeres Unheil an. Selbstverständlich mag es spirituell sehr weit entwickelte Menschen geben, die tatsächlich auch auf die schlimmste Gewalttat hin noch wohlwollen können, so wie der biblischen Überlieferung nach Jesus am Kreuz für seine Peiniger gebetet hat. Aber für die meisten Menschen bedeutet die Verzeihung eines schweren Vergehens an ihnen – wenn sie überhaupt gelingt – eine große, langwierige und mühsame Anstrengung. Das liegt schlicht daran, dass der Hass – wie die Liebe auch – ein unwillkürlicher, objektiver Sachverhalt im Bewusstsein ist, der nicht (allein) aus Willen und Entscheidung entspringt. Zwar kann man sich zu Liebe und Hass, wenn sie einmal da sind, reflexiv und willentlich verhalten. Aber auch durch diese ihre Reflektierbarkeit werden sie nicht ins Belieben der Willkür gestellt. Sie werden dadurch nur „bearbeitbar".

Feindschaft

Wie die Freundschaftsbindungen, so sind auch die Bindungen der Feindschaft oft ungeheuer stark – so stark, dass es dabei (wie in der Liebe) um Leben und Tod gehen kann. Sie binden auch – und gerade – dann, wenn die Feindschaft nicht frei gewählt wurde, sondern wenn sie durch die Gewalt eines Anderen aufgezwungen oder ererbt wurde. Zum einen kann das ganz im unmittelbaren Wortsinn geschehen: Ich werde in eine Familie hineingeboren, die schon seit Generationen in Fehde mit einer anderen Familie liegt. Dann macht sich der Feindschaftsanspruch unmittelbar an mich geltend, allein deshalb weil ich eine Bindung an meine Familie habe, die mir selbst unbeliebig ist. Ich werde mich (primär, unmittelbar – zur Überwindung solcher überkommener Ethē s.u.) gegen meine Familie schuldig fühlen, wenn ich dieser anderen Familie nicht feind bin. In diesem Fall muss mir selbst nichts Übles von den „Feinden" widerfahren sein. Die Feindschaft ist zwar auch hier aus einer Reaktion entstanden, aber sie ist bereits entstanden, bevor ich selbst entstand. Eine Feindschaft kann ich aber auch dadurch „erben", dass ich mit jemandem Freundschaft schließe, der seinerseits Feind eines Andern ist. Allerdings ist dann die Feindschaftsbindung in der Regel nicht so stark, oft genügt es, wenn ich mich darauf verpflichte, mit dem Feind meines

---

[424] Das bedeutet nicht, dass er auch all das tun sollte, wozu der Hass ihn treibt (i.e. dass er sich seinem Hass auch hingeben sollte) – das ist eine ganz andere Frage.

Freundes nicht Freundschaft zu schließen. Feindschaft kann schließlich auch dadurch „auf mich kommen", wenn meinem Freund eine Feindschaft aufgezwungen wird. Nehmen wir wieder das drastische Beispiel eines Gewaltverbrechens: Wenn mein Freund Opfer einer solchen Tat wird, dann *muss* ich den Täter hassen – selbstverständlich in Abhängigkeit von der schwere der Tat und der Tiefe der Freundschaft. Ein Extrembeispiel mag das verdeutlichen: Eltern *müssen* den Mörder ihres Kindes hassen. Wenn sie es nicht tun, vergehen sie sich an ihrem Kind bzw. an dessen Andenken. (Bestimmt ist selbst in diese Fall Verzeihung möglich, aber erst nach einem langen, anstrengenden Prozess – der viele selbst dann überfordert, wenn sie ihn wollen.[425])

Wie die Bindung der Freundschaft sich gegen die Liebe verselbständigen kann, so auch die der Feindschaft gegen den Hass. Dergestalt gibt es auch Feindschaft ohne Hass, beispielsweise im Krieg. Man verwendet dafür auch das Wort Gegnerschaft, aber das scheint zu schwach zu sein, denn Gegnerschaft besteht auch etwa im sportlichen Wettkampf, wo man den Gegner nicht wie in der echten (auch hasslosen) Feindschaft vernichten oder zumindest in seine Gewalt bringen will.

Daraus, dass neben der eigenen Entwicklung einer Feindschaft ein Feindschaftsverhältnis auch ererbt werden kann, entsteht die Möglichkeit von Konflikten. Paradigmatisch dafür ist die Liebe zwischen Romeo und Julia. Solche Konflikte sind zwar für den oder die Einzelnen dramatisch und oft verhängnisvoll. Aber gerade sie sind es, die Bewegung in überkommene Feindschaftshaltungen bringen können. Weniger romantisch, aber vielleicht bedeutungsvoller ist der Fall, im dem sich einem Einzelnen entgegen der Feindschaftshaltung der Gruppe, der er angehört, die Menschenfreundschaft gegen einen Andern aufdrängt.[426]

Wenn hier mehrfach auf die Unfreiwilligkeit und Unbeliebigkeit der Feindschaft verwiesen wurde, dann bedeutet das also nicht, dass Versöhnung unmöglich sein muss. Aber jegliches Versöhnungsbemühen muss von der Grundlage der gegebenen Verhältnislage ausgehen, und die ist eben sehr oft gekennzeichnet vom Anspruch der Feindschaft, von der Feindschaftsbindung an den oder die Andern. Über diesen Anspruch kann man sich nicht einfachhin hinwegsetzen. Es mag durchaus Mittel und Wege geben, die Feindschaftsbindung zu lösen – so wie es ja auch Mittel und Wege gibt, eine Freundschaft zu schließen und zu vertiefen. Und selbstverständlich spielt dabei die Freiheit eine Rolle, wie das ja bereits für die Freundschaft ausgeführt wurde (genauerhin die „freie Liebe" wie sie unten expliziert wird, vgl. das Kap. „Güte"). Aber die Freiheit besteht nicht darin, mit einem Beschluss die Feindschaft aus dem Weg zu räumen – genau so, wie man ja auch nicht

---

[425] Wiederum mag es in ihrer Liebesfähigkeit besonders weit entwickelte Menschen geben, die diese Arbeit der Überwindung des Hasses schon im Vorhinein geleistet haben und deshalb *unmittelbar* auch die schwersten Vergehen verzeihen können.
[426] Vgl. das Kap. „Erbarmen".

einfach beschließen kann, den Andern zu lieben. Die Freiheit liegt darin, die Liebe bzw. die Versöhnung in konkreten und aktuellen Vollzügen zu realisieren. Allenfalls die Bereitschaft dazu kann in einem einzelnen Beschluss grundgelegt werden. Im Übrigen gehört wie bei der persönlichen Feindschaft und Freundschaft auch die ererbte Bindung als Hexis zu meiner Persönlichkeit. Die kann ich aber nicht einfachhin abstreifen. Wenn ich auf sie Verzicht tue, dann verzichte ich auf einen Teil meiner selbst. Und das ist i.d.R. nicht so einfach – selbst dann, wenn dieser Teil meines Selbst mich unfrei und unglücklich macht. Die Auflösung tiefverwurzelter Feindschaft erfordert daher die Selbstüberwindung im Wortsinn, die Befreiung von und die Freiheit gegen sich selbst.[427]

Gleichgültigkeit

Die Gleichgültigkeit gegen den Anderen ist vielleicht aufs Ganze der sozialen Realität gesehen kaum weniger verhängnisvoll als die Feindschaft, aber sie ist theoretisch zunächst weniger interessant, denn wo etwas einfach nicht gegeben ist, gibt es wenig zu bereden. Allerdings muss die Gleichgültigkeit nicht vollständig sein, weil ich jemanden, den ich im Rahmen einer bestimmten Freundschaft nicht als Freund anerkenne (z.B. jemanden, der nicht Mitglied meiner Familie ist), immer noch im Rahmen anderer Freundschaften anerkennen kann (z.B. in dem der Brüderlichkeit):[428] Es ist möglich, dass jemand einen Anderen anerkennt, aber nicht in (allen) denjenigen Arten von Freundschaft, die ihm zukommen. So differenziert etwa Hegel die afrikanische gegen die europäische Sklaverei seiner Zeit darin, dass in der ersteren (seiner Auffassung nach) der Besitz sich wie bei Tieren und unbelebten Gegenständen in unmittelbarer Weise auch auf den Körper erstreckte, weil nämlich die Afrikaner seiner Zeit den Kannibalismus praktizierten und auch mit Menschenfleisch handelten. Die Verweigerung der Anerkennung war also quasi total, die Getöteten wurden in keinem Sinn als „Meinesgleichen" oder „Brüder" angesehen. Dagegen verwehrten die weißen Sklavenhalter ihren Sklaven zwar auch die gebührende Anerkennung, achteten aber wenigstens ihre Menschlichkeit insofern, als sie sie nicht aufaßen. Sie sahen sie also wenigstens in einem rudimentären Sinn als „Ihresgleichen" an.[429] Man mag diese Auffassung Hegels empörend oder lächerlich finden, aber er hat zumindest darin recht, dass es auch in der Gleichgültigkeit Abstufungen gibt.

---

[427] Vgl. dazu das Kap. „Selbstliebe".
[428] Die Differenz zum Mangel der Anerkennung *in* der Freundschaft ist am Verhalten nicht immer klar abzulesen. So kann die mangelnde Fürsorge eines Vaters gegen eines seiner Kinder an mangelnder Achtung (bzw. mangelndem Wohlwollen) *in* seinem Verhältnis zu ihm liegen; sie kann aber auch daran liegen, dass er es gar nicht als sein Kind anerkennt (weil er etwa Zweifel an seiner Vaterschaft hat).
[429] Hegel 1970, Bd. 12: Vorlesungen über die Philosophie der Geschichte, 123f.

Die Gleichgültigkeit ist unschuldig, wenn der Andere einem Einzelnen oder einer Gemeinschaft (noch) nicht als Seines- bzw. Ihresgleichen in den Blick gekommen ist. Dies ist wichtig bei der Beurteilung von Ethē vergangener Epochen und z.B. auch fremder Kulturen (und außerdem bei derjenigen von Kindern im frühen Entwicklungstadium, aber da erscheint es uns ohnehin selbstverständlich, andere Maßstäbe als für Erwachsene anzulegen). Die Gleichgültigkeit ist schuldig aber nicht als solche intendiert, sondern beiläufig (konkomitant), wenn ich mich wie oben dargestellt einseitig auf das egoistische oder das Pflichtbewusstsein verlege oder auch mich einseitig einer bestimmten Freundschaft verschreibe und *deshalb* Andere nicht als Meinesgleichen in den Blick bekomme (sozusagen die Augen vor ihm verschließe).[430]

Die Gleichgültigkeit ist aber auch bewusst wählbar: Wenn das Liebesbewusstsein sowie die beiden (oder zumindest eine) der einseitigen Bewusstseinsformen als solche reflektiert wurden, denn dann werden sie im Bewusstsein der Freiheit (s.u.) zu Optionen. Die *Wahl* der Gleichgültigkeit gegen Andere ist die Verweigerung gegen die Konversion und unter diesem Gesichtspunkt tatsächlich die eigentliche Negation der Liebe. Währen der Hass immer nachträglich ist und auf irgendeine Art von Freundschaft (zumindest präsumierter) folgt, kennzeichnet die bewusste und willentliche Gleichgültigkeit, dass sie von vornherein jegliche Art oder auch bestimmte Arten von Freundschaft ausschließt. Das unterscheidet sie von der mangelnden Anerkennung *in* der Freundschaft bzw. der Missachtung der Würde des Anderen *nach* erfolgter Konversion. Diese beiden sind Defizienzen der Liebe, aber nicht ihr Gegenteil. Freilich muss auch die Gleichgültigkeit einen Beweggrund haben, der ihr vorangeht. Dieser ist unmittelbar die Angst vor der Liebe (nämlich als einer zukünftigen Möglichkeit). Der Grund für solche Angst ist natürlich zumeist ein unglückliches Liebeserlebnis in der Vergangenheit. Aber im Unterschied zum Hass ist die Motivation zur Gleichgültigkeit nicht die vergangene Verletzung, sondern die Angst vor der zukünftigen, auch wenn diese letztere eine Folge von vergangener Erfahrung sein mag.

Vorgängige Gleichgültigkeit kann, anders als das Absehen von bereits vollzogener Anerkennung, natürlich keinen persönlichen Adressaten haben. Mittelbar allerdings kann die Gleichgültigkeit auch festgeschrieben werden, nämlich im Ethos einer bestimmten Freundschaft. Denn jedes Ethos definiert mit den Zugehörigkeitskriterien zur betreffenden bestimmten Gemeinschaft wie dargestellt auch, wer *nicht* zu dieser Gemeinschaft gehört und nicht als Mitglied anerkannt ist. Dies gilt auch für das Ethos der Brüderlichkeit als umfassendster Anerkennungsgemeinschaft. Deren Anerkennungskriterien können z.B. neben dem Unbelebten und den Pflanzen Tiere im Allgemeinen ausschließen, Tiere bestimmter Arten oder auch Menschen mit bestimmten Merkmalen (nämlich solche, die nicht einer bestimmten Rasse, Volksgemeinschaft, Religion, Kaste, Stand etc. angehören).

---

[430] Vgl. zum Anerkennungsmangel *in* der Freundschaft den vorigen Abschnitt.

Über das Ethos einer Gemeinschaft kann die spezifische Gleichgültigkeit auch ererbt werden. Anders als bei der Feindschaft wird logischerweise nicht eine Bindung an diejenigen ererbt, die gleichgültig sind, sondern ererbt wird das Ethos, das (unter anderem) die Gleichgültigkeit festschreibt. Deshalb gibt es für die „ethische Gleichgültigkeit" keinen der Feindschaft entsprechenden Begriff. Ein typisches Beispiel für derartige Ethē sind die von Sklavenhaltergesellschaften. Der Rassismus taugt nur bedingt zum Beispiel, denn er ist fast immer ein Rassen*hass*, nicht nur eine Gleichgültigkeit gegenüber bestimmten Kreisen von Menschen. Überhaupt sind Hass und Gleichgültigkeit äußerlich nicht immer klar unterscheidbar, selbst das hassende bzw. gleichgültige Subjekt selbst kann sich über sie irren oder sogar unbewusst selbst täuschen. Wenn jemand behauptet, dieser oder jener sei existiere gar nicht für ihn, dann *wünscht* er meist nur, dass der Betreffende ihm gleichgültig sei; in Wahrheit hasst er ihn.

Die *mittelbare*, „ethische" Gleichgültigkeit ist zunächst nicht schuldhaft, sondern ist einfach die negative Seite der Begrenztheit und Kontingenz der ursprünglichen Konversion: Freundschaft wird anfänglich nicht mit „allen" geschlossen, sondern mit bestimmten Gegenübern. Erst allmählich weiten sich die Freundschaften aus und verbinden sich untereinander, sodass zumindest die fundamentale Anerkennung „alle" umfasst.

Die im Ethos festgeschriebene Gleichgültigkeit wird aber dann schuldhaft, wenn ein Mensch in bestimmten Gegenübern – etwa Nichtmitgliedern seines Clans – Seinesgleichen entdeckt, also die Konversion vollzieht, und sie trotzdem (etwa unter der Vorherrschaft des Pflichtbewusstseins gegen das Ethos oder auch einfach aus Egoismus) nicht als solche behandelt. Das kann auch kollektiv geschehen: Den europäischen bzw. europäischstämmigen Sklavenhaltern im 19 Jh. muss man sicher unterstellen, dass ihnen bereits die allgemeine Menschenwürde bewusst war. Erst recht ist die Gleichgültigkeit schuldhaft, wenn gegenüber solchen, gegen die die Konversion bereits vollzogen wurde, die Anerkennung revoziert wird. Auch dies kann bekanntlich kollektiv geschehen. Dafür ist der Nationalsozialismus das stärkste, aber beileibe nicht das einzige Beispiel. Man kann beinah als empirische Regel feststellen, dass Gemeinschaften immer dann, wenn entweder ihre Eigeninteressen oder aber ihre Ordnungen in einer existenziellen Weise bedroht sind, die Tendenz haben, ihre Anerkennung zu „kontrahieren" und sich andere Menschen oder Gruppen von Menschen gleichgültig werden zu lassen (wenn sie ihnen nicht sogar feind werden).

Im Bezug auf Menschen ist die vollständige Gleichgültigkeit die *Unmenschlichkeit*, wie sie oben bereits besprochen wurde, denn in ihr impliziert das Erkennen des Menschseins Anderer nicht mehr ihre (zumindest basale) Anerkennung. Dies bedeutet aber, dass der dergestalt Gleichgültige sein *eigenes* Menschsein nicht als wesentlich betrachtet, denn sonst müsste er alle andere Menschen als sich selbst wesensgleich oder „verwandt" ansehen: als Seinesgleichen.

2. Selbstliebe

Wie dargestellt begegne ich in der Freundschaft mir selbst. Im Angesicht des Anderen werde ich mir selbst zum Gegenstand, weil ich im Lieben mich selbst für den Anderen will. Da ich mich nun im reflektierten Wohlwollen gegen den Anderen selbst *als ein Gut* für den Anderen will, will ich mich selbst, und zwar als ein Gutes. Unmittelbar und konkret bedeutet dies: Ich will mich selbst in demjenigen guten Selbstvollzug, in dem ich mich gerade befinde, also in meinem Lieben. Ich will mich selbst als Liebenden – oder, wenn man will: Ich liebe mich selbst ursprünglich als Liebenden. Denn indem ich an mir selbst bin, mich selbst erkenne und will, will und erkenne ich mich selbst natürlich als ein Selbstsein. Deshalb vollziehe ich unwillkürlich die Bewusstseinskonversion gegen mich selbst: Ich anerkenne mich selbst und will mir wohl.

Es scheint paradox, dass die Selbstanerkennung und das Selbstwohlwollen der Anerkennung des Anderen und dem Wohlwollen gegen ihn genetisch nachgeordnet sein sollen. Es war doch gerade das Bewusstsein des eigenen Selbstseins und des eigenen Für-mich-Wollens, das in der Konversion hin auf den Anderen gewendet wurden. Aber was umgewendet wurde war eben nicht das explizite, das gegenständliche Selbstbewusstsein, sondern das implizite, unausdrücklich mit-bewusste Für-mich des Gewahrseins und Wollens in allem Bewusstsein. Dieses Für-mich-Bewusstsein wird erst zum Ich-Bewusstsein durch seine Reflexion. Diese Reflexion ist aber erst möglich durch die Vergegenständlichung des Für-mich. Und diese wird wiederum nicht zuerst im Blick auf mein eigenes Für-mich realisiert, sondern bezüglich des Für-sich eines Anderen. Dies ist ganz natürlich, wenn man sich die Struktur des Bewusstseins vergegenwärtigt: Die Seite des Gegenständlichen, des An-sich-Seins, ist die dem Mir oder Für-mich gegenüberliegende. So ist es naheliegend, dass das Für-mich, wenn es gegenständlich wird, auch zunächst als ein Gegenüberstehendes erscheint. Dagegen erfordert es einen weiteren Reflexionsschritt, in die Stelle des Gegenüberstehenden, i.e. in die Stelle der Gegenständlichkeit, sein eigenes Selbst einzutragen bzw. sein eigenes Selbst als ein An-sich-Sein zu erkennen und anzuerkennen.

Die Selbstanerkennung und das Selbstwohlwollen sind also im Liebesbewusstsein genetisch nachgeordnet. Das bedeutet aber nicht, dass sie für das Lieben keine grundlegende Bedeutung hätten. Im Gegenteil entspringt aus ihnen etwas, das für Liebe und Freundschaft so wesentlich ist wie kaum etwas anderes: die Freiheit. Umgekehrt beansprucht die hier vorgestellte Theorie in der Erklärung der Freiheit aus der Selbstliebe das Grundproblem der Freiheit in gewissem Sinn lösen zu können (in einem anderen Sinn bleibt es unlösbar). Die Freiheit wird sich aus den beiden konversen Momenten des liebenden Selbstbewusstsein, i.e. des Wohlwollens und der Anerkennung gegen sich selbst ergeben. Zunächst jedoch soll kurz Aristoteles' Darstellung der Selbstliebe behandelt werden.

a) Selbstsorge

Aristoteles' eigene Ausführungen zur Selbstliebe beziehen sich vor allem auf das Wohlwollen gegen sich selbst – der Aspekt der Anerkennung im Lieben kommt bei ihm ja nur in seiner reflektierten Form als Unverborgenheit in den Blick, die im Selbstverhältnis auf den ersten Blick keine Rolle zu spielen scheint. Im Sinn des Wohlwollens gegen sich selbst verstanden ist das Wort „Selbstliebe" ambivalent. Es kann damit schlicht das egozentrische oder egoistische Bewusstsein gemeint sein – so wird das Wort umgangssprachlich zumeist verwendet. Oder es kann wie hier im Sinn der Selbstsorge gemeint sein, i.e. als Sorge für mein Selbst insofern dieses Selbst das übersteigt, was momentan und in meiner konkreten Verfassung Ich bin: auf meine Person als ganze.[431] Eben das stellt das *Wohlwollen* gegen sich selbst im hier entwickelten Sinn dar, denn dieses ist ja gerade nicht das unmittelbare, einsinnige Wollen des egozentrischen Bewusstseins, sondern dasjenige Wollen, das in das „Für-mich" eines Anderen hinein gewendet ist.[432] Dieser Andere kann nun aber auch ich selbst sein, weil das einsinnige, egozentrische Wollen sich vollkommen auf das aktuale Für-mich meines Bewusstseinsvollzugs beschränkt.[433] „Für mich selbst" insofern ich *nicht* aktual bin, kann ich im unmittelbaren einsinnigen Wollen gar nicht wollen. Umgekehrt bedeutet dies, dass ich eben diesem „Mir-selbst" insofern es meinen momentanen aktualen Existenzvollzug übersteigt, *wohlwollen* kann und dass ich ihm *nur* wohlwollend im Sinn der Konversion meines Wollens das Wohl wollen kann.

Man kann die Einstellung der Selbstsorge auch das „Eigeninteresse" nennen, wenn man damit nicht nur die eigenen Neigungen und auch nicht nur die rationale Reflexion dieser Neigungen samt ihrer instrumentalen Vermittlung meint, sondern das Interesse für die eigene Existenz als ganze. Diese Verwendung des Worts scheint durchaus mit dem Umgangssprachgebrauch übereinzustimmen, denn wir sagen z.B., dass jemand, der raucht und sich damit gesundheitlich schadet, oder auch jemand, der nicht an seine Altersvorsorge denkt, gegen sein eigenes Interesse handelt.

---

[431] Wobei bei Aristoteles noch der Aspekt des ontologisch fundierten Wesens hinzutritt, dessen „Wohl", nämlich dessen gute bzw. vollkommene Verwirklichung der tugendhaft Selbstliebende sich will.
[432] Ähnlich liegt bei A.F. Koch die Unterscheidung zwischen apriorischer und empirischer Selbstliebe, 1990, 193f.
[433] Auch W. Schmid (2004, 70) sieht in derjenigen Differenziertheit des Selbst, in der es sich selbst gegenüber „Anderer" ist, „die Bedingung dafür, dass es eine Selbstbeziehung überhaupt geben kann".

Mir selbst wohlzuwollen bedeutet also, mich auf mich selbst als auf ein Gegenüber zu beziehen, in gewissem Sinn also als auf einen Andern. Freilich vollziehe ich diesen Bezug wie schon dargestellt in dem Wissen, dass dieses Gegenständliche, An-sich-Seiende, ich bin. Aber die Umwendung des Für muss distinkt genug sein, dass das, was ich „Mir" selbst Gutes will, nicht mehr nur unmittelbar *für-mich*-gut ist. Solche Situationen kennt nun jeder: Ich tue „mir selbst" etwas Gutes, aber was ich tue, ist mir im aktuellen Tun selbst unangenehm – ich schlucke eine bittere Medizin, ich unterziehe mich einem anstrengenden Training, ich lerne einen schwierigen, trockenen Prüfungsstoff. Ich stehe mir selbst gegenüber in einer zeitlichen Differenz.

Aber es gibt auch den Fall, dass ich selbst nicht als gegen ein zukünftiges Ich differenziert und so durch die Zeit hinweg für mich selbst unterschieden bin, sondern in einer anderen Weise gegen mich selbst ein Anderes bin. Diese Möglichkeit ergibt sich aus der internen Differenzierung der Persönlichkeit in verschiedene Momente. Wenn man diese Differenzierung als die Topologie der Person bezeichnen möchte, dann kann man den Unterschied durchaus – wenngleich metaphorisch – als räumlichen bezeichnen. In diesem Fall tue ich etwas, was einem Teil meiner Persönlichkeit unmittelbar (i.e. nicht erst zu einem späteren Zeitpunkt) zugute kommt, was ich aber *für mich* negativ erlebe; das bedeutet: mein aktuelles Erleben vollzieht sich nicht in erster Linie auf dem Hintergrund des Persönlichkeitsteils, für den mein Tun gut ist, sondern auf dem Hintergrund eines andern. Bei einer kräftigen Massage z.B. spürt man vordergründig den Schmerz, zugleich spürt man aber auch, dass sich Verspannungen lösen (vielleicht noch eindrucksvollere Beispiele gibt es aus dem Bereich der Psychotherapie und der spirituellen Praktiken). Allerdings ist dieses unmittelbare Spüren des Guttuns nicht stark genug, um die negative Empfindung aus dem Fokus meines Bewusstseins zu verdrängen. Weiterhin ist das Bewusstsein, in dem man aktuell bewusst ist, ein leidvolles. Es gibt auch alltäglichere Beispiele: Ich verzichte auf den Genuss eines weiteren Glases Wein, weil ich mit jedem Schluck, den ich trinke, dem interessanten Gespräch, das ich gerade führe, *unmittelbar* weniger aufmerksam folgen kann. Aber in solchen alltäglicheren Situationen kommt es häufiger vor, dass das Missfallen an der einen Tätigkeit in das *unmittelbare* Gefallen an der anderen umschlägt, i.e. dass der Fokus meines Bewusstseins sich verschiebt: Das Gespräch fesselt mich so sehr, dass ich den Verzicht auf den Wein bald vergessen habe.

Beide Formen des wohlwollenden Liebens gegen sich selbst kann man struktural so beschreiben, dass ich mich auf mich selbst im Horizont der Ganzheit beziehe, in dem mein Existenzvollzug steht: im Horizont der Umfassendheit dieses Vollzugs in der Zeit und in seinen verschiedenen Momenten.[434] Mein Bewusstseinsvollzug, i.e. mein Ich-*für-mich* Vollzug ist aber (nor-

---

[434] Frankfurt formuliert ähnlich: In der Selbstliebe sorge ich mich um meine „wahren Interessen", 2004, 95.

malerweise) nicht mit der Ganzheit dessen, was *Ich*-an-mir-selbst bin bzw. worin *Ich*-an-sich sich vollzieht, identisch. Er ist selbst nur ein Teil dieses umfassenden Seins, er bildet einen Fokus innerhalb seiner. Für die Umfassendheit unseres Existenzvollzugs haben wir nun einen Begriff: Wir nennen sie gemeinhin unser „Leben". So lässt sich formulieren: Die eigentliche Selbstliebe ist die Liebe zu meinem Leben.[435] „Leben" ist dabei als ein Sachverhalt zu verstehen, der eine interne Wertigkeit besitzt, einen „selbstindizierten" Grad der Gutheit: Man kann wie schon erwähnt das Leben „mehr oder weniger" leben, „in Fülle leben" oder „leben ohne wirklich zu leben". In diesem Sinn ist die Selbstliebe Liebe zu meinem *Gut*-Leben – im Sinn der Verwirklichung der Güte, die im Leben selbst liegt. So verstanden geht die Selbstliebe auf die aristotelische Eudaimonie.[436]

Die Einung des Lebens

Umgekehrt erhält das Leben als *zoē* durch die Selbstliebe erst seine Qualität als *mein* Leben oder, wenn man so will, als *bios*: Erst indem ich mein Leben als ganzes mich selbst anerkennend und mir wohlwollend erkenne und will, wird es zur Ganzheit. Das Leben (die *zoē*) als solches ist nicht ein Ganzes. – Das ist das große Missverständnis. Das Leben ist niemals ein Ganzes. Die Liebe ist ein Ganzes. Das Leben hat Anfang und Ende. Aber Begrenztheit ist nicht Ganzheit.[437] Im Übrigen stehen Geburt und Tod im Gegensatz zum Wesen des Metabolismus als dem natürlichen Prinzip des Lebens, der gerade ins

---

[435] Vgl. auch H. Frankfurt 2000, 241f., M. Seel 1995, 69-73.
[436] Im Rahmen der hier entwickelten Theorie hat also nicht nur der für Aristoteles so zentrale Tugendbegriff, sondern auch der noch fundamentalere der Eudaimonie seinen Ursprung in der Freundschaft. Vgl. auch U. Wolf, 1995, 94f. Damit ergibt sich gegenüber NE eine Umkehrung der Begründungsfolge, wenn auch der Tatsachenbefund am Ende gleich bleibt: Nach Aristoteles ist der Mensch auf Eudaimonie hin angelegt, dieses Ziel verwirklicht er in der Tugendübung, und seine Tugendhaftigkeit ist dann der Grund seiner Selbstfreundschaft – während die Schlechten gar nicht im eigentlichen Sinn selbstliebend sind, sondern allenfalls im uneigentlichen des Egoismus. Nach der hier entwickelten Theorie ist dagegen die Selbstliebe (die ihrerseits aus der Liebe zum Anderen hervorgeht) das Erste; in dieser Liebe bin ich auf die Ganzheit meiner Existenz und deren Gutsein bezogen, also auf die Eudaimonie; daraus entspringt die Selbstsorge und, mit dieser verbunden, die Tugenden im Bezug auf sich selbst (während sich die sozialen Tugenden wie dargestellt aus der freundschaftlichen Grundtugend der Gerechtigkeit ergeben). Natürlich gilt dann auf dieser Grundlage auch die aristotelische Feststellung, dass die „Untugendhaften", nämlich diejenigen, die ihre eigene Verfassung nicht oder teilweise nicht als die einer guten Existenz ansehen können (dass es auch eine Selbstliebe aufgrund irrtümlicherweise als tugendhaft angesehener Charaktereigenschaften geben kann, scheint außer Frage zu stehen, vgl. NE 1166b1ff), die Selbstliebe nicht üben können. Aber der Impuls der Selbstliebe ist gegen Aristoteles das Ursprüngliche, der *dann* auf ein Hindernis trifft, bzw. auf dessen Grundlage sich eine Diskrepanz ergibt, weil mir in ihr meine Existenz einerseits ein an und für sich selbst Gutes ist, ich aber andererseits Schlechtes an dieser Existenz entdecke (vgl. dazu auch die folgenden Abschnitte).
[437] Allerdings kann die *Reflexion* auf die Begrenztheit den Menschen dazu führen, sich selbst in seiner Ganzheit zuzuwenden.

Unendliche läuft. Der Tod ist dem Leben immer etwas Unverständliches, Unnötiges, Fremdes und Grauenhaftes. Allenfalls wenn das Leben schon ganz schwach geworden ist willigt es *natürlicherweise* in den Tod ein. Die Fortpflanzung dagegen, in der das „große Leben" den Tod überwindet, ist dem Metabolismus strukturell gerade entgegengesetzt. Daher stammt die Nähe von Eros bzw. Sexus und Tod. In der Zeugung pflanzt sich das Leben in einem anderen als mir selbst fort. Dadurch verliere ich natürlich nicht das Leben, aber mein Leben als mein individuelles verliert seine Wesentlichkeit. Ich selbst werde sozusagen dem Leben gleichgültig, ich erfahre mich als bloße Durchgangsstation des Lebens. Oder ich begreife mich, wenn man so will, als bloßes Material des Metabolismus des größeren Lebens, das dieses in sich aufnimmt, eine Weile lang in sich, i.e. in der Lebendigkeit behält und dann wieder ausscheidet. Natürlich gilt das Gleiche für das von mir gezeugte Leben: Das Leben (die *zoē*) für sich allein ist die trostlose „ewige Wiederkehr des Gleichen".

Wir haben aber gegen die Gleichgültigkeit des Lebensprozesses die Sehnsucht, ein Ganzes aus unserem Leben zu machen, nämlich *im Ganzen* glücklich zu sein: die Sehnsucht nach der Eudaimonie. Woher stammt nun diese Sehnsucht, wenn das Leben an sich selbst gerade keine Ganzheit aufweist, sondern sinnlose Endlichkeit auf der einen und gleichgültige Unendlichkeit auf der anderen Seite? Es ist die Sehnsucht der Liebe zu sich selbst: In der Selbstliebe will ich, dass ich Einer und Ganzer (bzw. Einer-Ganzer) sei in der zeitlichen Ausdehnung und in der Vielschichtigkeit meiner Existenz. Zur Verdeutlichung hilft wieder der Vergleich mit Kant: Dessen Subjekt muss sich um diese Einheit nicht sorgen. Als transzendentales Subjekt ist es ohnehin apriorisch Eines. Als empirisches Selbst andererseits erlebt es sich in der Vielfalt der inneren Erfahrung. Diese sind durch ihren Bezug auf das transzendentale Subjekt abstrakt vereint. Aber sie jenseits dessen zu einer konkreten, gestalthaften Ganzheit zusammenzufügen, ist nicht nur aussichtslos, sondern im Rahmen der kantischen Theorie sinnlos. Nach der hier entwickelten Theorie ist dagegen gerade dies das tiefste Streben des Einzelnen im Hinblick auf sich selbst: seinen Existenzvollzug in seiner Konkretheit zu einem Ganzen zu fügen, zu dem er dann sagen kann: Ich will es so; oder auch: Ich bin mit meinem Leben glücklich. – Wenn nun die Einheit des Subjekts nicht durch sein transzendentales, intellektuales Selbst garantiert ist, weil dieses zu schwach und zu leblos ist, als dass es Ich-selbst sein könnte, wenn also Ich-selbst nur sein kann in der Einheit meines konkreten, kontingenten Existenzvollzugs, der aber von sich aus diese Einheit nicht aufweist, dann ist die Einung meines Selbst meine eigene Herausforderung, und zwar eine, die in endlichen, konkreten Vollzügen erfüllt werden muss. Die apriorische Einheit des Für-mich im Bewusstsein ist dabei der Ausgangs- und Bezugspunkt, die Quelle der Herausforderung. Aber anders als das apriorische transzendentale Selbstbewusstsein leistet es nicht auch schon die Bewerkstelligung der Aufgabe. Bewusstsein ist nach der hier entwickelten Systematik radikal gebrochen, endlich und offen, gerade auch im Bezug auf sich selbst. (Deshalb gelange ich durch den Prozess der Einung auch nicht zu einer absoluten, abstrakten Einheit, sondern eben zu einer offenen, konkreten, gestalthaften Einheit, einer „Einigkeit" oder „Ganzheit".)

Selbstsorge im Blick auf die Liebe

Weil Freundschaften wesentlicher Bestandteil eines geglückten Leben sind, deshalb entspringt aus der Selbstsorge unter anderem auch die Sorge darum dass ich lieben kann und dass ich Freunde finde. Darauf weist Harry Frankfurt in „Gründe der Liebe"[438] hin. Da die Freundschaft die Vollendung des eigenen Selbstseins darstellt, muss dies sogar die höchste Sorge der reifen, aufgeklärten Selbstliebe sein. So trifft die Selbstsorge am Ende mit der Liebe zur Liebe zusammen, wie sie im folgenden Kapitel ausgeführt wird.

Auf den Egoismus – nämlich denjenigen der Selbstperfektion – führt auch diese Liebesmotivation nicht zurück, weil die Liebe mir nur ein Ziel sein kann, insofern ich schon liebend bin – dem rein egozentrischen Bewusstsein ist es apriorisch unmöglich, Wohlwollen und Anerkennung zum Ziel zu haben. So will ich mir selbst die Liebe und das Wachstum in ihr in der Selbst*liebe*, nicht aber im egoistischen Selbstinteresse. Wenn ich aber liebend bin, dann bin ich schon nicht mehr allein mein Selbst, dann habe ich dieses schon transzendiert (s.o.). Dazu kommt nun noch, dass die Bemühungen zur Selbstperfektionierung in der Liebe, wie sie im Folgenden dargestellt werden, nämlich das Freiwerden und das tätige Erbarmen, mich (wenn sie richtig betätigt werden) mit immanenter Notwendigkeit über mich selbst, i.e. über mein Selbst-Sein hinausführen, selbst wenn die Motivation, die Selbstperfektionierung zu suchen, egoistisch gewesen sein sollte. Die Einübung in die Liebe ist gerade die Einübung in das Transzendieren meiner selbst.

Im Wohlwollen gegen sich selbst ist nun andererseits das Anliegen des egozentrischen Bewusstseins ins Liebesbewusstsein eingeholt und damit in gewissem Sinn „geheilt". Ich will, dass ich selbst ein glückliches Wesen sei, ich begreife mein subjektives Wohl als ein objektives Gut. Damit hört es auf ein absolutes Gut zu sein, denn als objektives Gut ist es anderem – z.B. dem Wohl Anderer – vergleichbar, wohingegen das rein egozentrische Bewusstsein überhaupt nur das eigene Wohl kennt (wenngleich nicht reflektiertermaßen als „mein eigenes", weil es noch über kein explizites Selbstbewusstsein verfügt). Damit wiederum ist das egozentrische Bewusstsein aus seiner Isolation befreit – das absolute Für-mich bleibt ja notwendig in seinem Streben immer für sich allein, und zwar nicht nur im Sinn der Isolation im Bezug auf andere bewusste Wesen, sondern grundlegender noch im Bezug auf die Gesamtheit des eigenen bewussten Seinsvollzugs. Durch die Befreiung aus dieser absoluten Einsamkeit verliert das egozentrische Streben seine Bodenlosigkeit,

---
[438] 2004, 96f.

seine prinzipielle Unersättlichkeit. Es begreift sich nun selbst im Zusammenhang einer umgrenzenden Gesamtgestalt, in der es seine Bedeutung und sein Maß findet: dem Zusammenhang des eigenen Lebens – und des Zusammenlebens mit den Freunden.

Selbstliebe bei Aristoteles

Da Aristoteles nicht auf den strukturalen Unterschied zwischen einfachem Bewusstsein und Liebesbewusstsein reflektiert, kann er auch egoistische Selbstsucht und Selbstliebe nicht grundsätzlich voneinander unterscheiden. Selbstliebe bedeutet ihm immer „Für-mich-selbst-wollen" und nicht eigentlich „Mich-selbst-lieben" im hier entwickelten Sinn. Er muss daher den phänomenalen Unterschied zwischen der „schlechten Selbstliebe" und der „guten Selbstliebe", den natürlich auch er feststellt, am Inhalt des Begehrens festmachen: Der schlechte Mensch begehrt für sich Lust und Nutzen. Er *soll* daher nicht sich selbst lieben. Der Tugendhafte dagegen begehrt für sich selbst (nicht eigentlich die Tugend, denn die besitzt er ja schon, sondern) die Betätigung der Tugend, denn darin besteht sein (vornehmliches) Glück.[439] Er *soll* sich natürlich selbst lieben.

Die mangelnde strukturale Unterscheidung zwischen Egoismus und Selbstliebe ist nach der hier entwickelten Theorie natürlich misslich, weil dadurch am Ende jegliche Liebe wieder auf den (Perfektions-)Egoismus zurückfallen muss: Wenn das einsinnige Für-mich-Wollen selbst für den Tugendhaften die einzig mögliche Motivation überhaupt ist, dann muss sie auch der letzte Grund der Liebe als einer Tugend oder Quasitugend sein; und beruhte sie nicht auf dieser Motivation – die ja diejenige der Besten ist! – dann könnte sie nur irrational sein.

Es scheint aber auch ein immanentes Argument dafür zu geben, dass der Gedanke der Tugendhaftigkeit selbst ein struktural anderes Selbstverhältnis als das egoistische erforderlich macht. Zwar kann man in der beobachtenden Draufsicht das Begehren dessen, der tugendhaft *ist*, tatsächlich als eine kultivierte Form des Egoismus *beschreiben*, so wie man ja in dieser Sicht auch die Freundschaft als einen erweiterten Egoismus (einen Wir-Egoismus) beschreiben kann (vgl. oben). Aber hier wie dort reicht der Egoismus nicht hin, um zu erklären, wie es zu Freundschaft bzw. zur Tugendhaftigkeit kommt. Der Mensch wird ja, wie gerade Aristoteles betont (NE 1103a19ff), nicht tugendhaft geboren, er muss es also *werden*. Dieser Prozess mag anfänglich von außen induziert sein, nämlich durch Erzieher und Gesetzgeber. Aber um schließlich tatsächlich zur Tugend zu gelangen, verlangt er die Willenswahl (NE 1119b30ff). Um tugendhaft zu werden, muss man es sein *wollen* – aber

---

[439] Dieser Tugendegoismus kann ihn wie erwähnt sogar bis zur Selbstaufopferung bringen, aber er bleibt doch immer Egoismus.

man ist es noch nicht.[440] Dieses Wollen ist nun nicht auf der Grundlage des einsinnigen Für-mich-Wollens beschreibbar, denn in ihm will ich, dass *ich selbst* mich verändere, dass also gerade dasjenige sich verändere, was Träger dieses Veränderungswillens ist. Ich will also mich selbst als einen, der ich (noch) nicht bin. Das kann aber nicht der Wille eines einfachen Für-mich-Wollens sein, denn das will notwendigerweise immer für den, der es aktualiter ist. Umgekehrt ist aber auch für den Selbstveränderungswillen dieses einfache Für-mich-Wollen unabdingbar, denn Wollen ist überhaupt nur in dieser apriorischen Für-mich-Bezüglichkeit möglich. Dies bedeutet aber, dass der Selbstveränderungswille nur in der *Doppelstruktur* des Wohlwollens gegen sich selbst möglich ist, wie es sich aus der Konversion gegen sich selbst erklärt.

Auf der Grundlage der Unterscheidung zwischen Selbstsucht und Selbstliebe lässt sich übrigens ein Problem der aristotelischen Darstellung der Selbstfreundschaft lösen: Unmöglich ist nach Aristoteles die Selbstliebe (zumindest die glückliche, so wird man einschränken müssen), wenn in den zeitlichen oder topologischen Differenzierungen der Persönlichkeit Widersprüche auftreten, wenn sie nämlich „mit sich selbst im Zwiespalt" liegt (NE 1166b7). Das ist beim Schlechten der Fall, er kann sich daher nicht selbst lieben (NE 1166b17f); es wird ihm anempfohlen, tugendhaft zu werden, genau *damit* er sich selbst lieben kann. Man sollte ihm also empfehlen: Setze alles daran, dich selbst zu lieben, i.e. verhalte dich so, dass sich auch für dich diese Möglichkeit eröffnet. Andererseits sagt Aristoteles, nur die Tugendhaften sollen sich selbst lieben, die Lasterhaften nicht, weil sie sonst sich und Anderen Schaden bringen (NE 1169a11ff) – das bedeutet aber, dass sie sich selbst lieben *können*. Hier wird offensichtlich unterstellt, dass zumindest diejenigen, die nicht vollkommen Lasterhaft sind, i.e. die sich zumindest noch für gut halten und insofern gut sein wollen, in einer Art irrtümlichen, nämlich selbstverblendeten Selbstübereinstimmung befinden. Sich in *dieser* Übereinstimmung zu lieben, ist schlecht. Die Lösung ist nach der hier entwickelten Systematik einfach: Zum selbstsüchtigen Egoismus ist der Schlechte natürlich fähig, zu echten Selbstliebe dagegen nicht.[441]

---

[440] Dies impliziert, dass man die tugendhaften Handlungen noch nicht (wie der Tugendhafte) unmittelbar als lustvoll erlebt, sondern dass man sich noch zu ihnen überwinden muss. Man besitzt also noch keinen unmittelbaren Impuls oder eine Neigung zum tugendhaften Handeln – also muss dieser in irgendeiner Art vermittelterweise zustande kommen. Diese Vermittlung kann nun aber nicht in einer bloßen Nutzenkalkulation auf der Basis derjenigen (natürlich nichttugendhaften) Impulse und Neigungen, die man schon hat, bestehen (z.B.: „wenn ich tugendhaft bin, werde ich mehr Lusterlebnisse haben"), denn die Tugendhaftigkeit ist zwar nach Aristoteles (normalerweise) *auch* lustvoll und bringt äußere Güter ein (NE 1098b23ff), aber in erster Linie ist sie *an ihr selbst* gut; weil nun aber die Tugendhaftigkeit die Willenswahl der Tugend erfordert, kann ich tugendhaft nur sein bzw. werden, wenn ich *die Tugend* will, und das heißt: Wenn ich sie als ein intrinsisches Gut will – und nicht nur als ein Lust- und Nutzensteigerungsinstrument. Dies bedeutet aber, dass die Vermittlung, über die ich zum Wollen meiner Tugendhaftigkeit gelange, strukturell anders aussehen muss als eine Eigennutzreflexion.
[441] Allerdings gilt das realiter nur für den vollkommen Schlechten.

Allerdings nimmt Aristoteles nicht umgekehrt die Liebe bzw. Freundschaft dafür in Anspruch, dass der interne Einklang der Person hergestellt werde – obwohl dies ja im parallelen Fall des Staats durchaus der Fall war (NE 1155a24f).[442] Hergestellt wird die Selbstübereinstimmung nach Aristoteles durch die Tugendübung des Subjekts, i.e. die gute Verwirklichung des eigenen Wesens. Die Selbstliebe ist für Aristoteles eine – vermutlich notwendige – Begleiterscheinung dieser Verwirklichung. Allerdings wird die Unmöglichkeit der Selbstliebe für den Untugendhaften als Argument dafür in Anschlag gebracht, das Laster zu meiden und die Tugend zu suchen (NE 1166b27f): Der Lasterhafte ist eine *an und für sich* unglückliche Existenz. Das ist insofern erstaunlich, als der Zusammenhang der Tugend mit der Eudaimonie in NE 1198a16f als ein ganz unvermittelter dargestellt wurde, der einer weiteren, vermittelten Eudaimonieverstärkung nicht nur nicht bedarf, sondern dafür auch eigentlich keinen Raum mehr ließ. So liegt es nahe zu folgern: die Tugendhaftigkeit ist *nichts anderes* als die Selbstübereinstimmung in dem Wesen, das man ist; die Selbstübereinstimmung – ihr Zustand, ihr Vollzug und auch schon ihr Zustandebringen – ist aber nach dem hier Entwickelten nichts anderes als die Liebe – das Liebesverhältnis, der Liebesvollzug, die Bewusstseinskonversion – gegen sich selbst.

Genauerhin stellt die besprochene Einübung in die Tugend, bei der man noch keine unmittelbare Lust am tugendhaften Handeln verspürt, weil eben die entsprechende Hexis noch nicht vollkommen ausgebildet ist, einen Akt der Selbstsorge dar. Man nimmt momentane Unlust für das Wohl der eigenen Person in der Ganzheit ihrer Existenz in kauf. Wenn dagegen die Tugendhaftigkeit erreicht ist, dann verspürt man Lust im tugendhaften Tätigsein. Das beutet, dass nun das Wohlwollen gegen sich selbst mit dem einsinnigen Lustwollen unmittelbar übereinstimmt. Ein Merkmal der Tugendhaftigkeit ist also die Selbstübereinstimmung in unmittelbarem Wollen und Wohlwollen gegen sich selbst. Ob dieses Merkmal nun hinreichend ist zur Bestimmung der Tugend, ist fraglich. Es könnte ja auch Selbstübereinstimmung im Schlechten geben. Notwendig ist die Selbstübereinstimmung zur Tugendhaftigkeit allemal.

Die Selbstübereinstimmung in der Selbstliebe ist auch deshalb interessant, weil sich in ihr die Selbstliebe noch am ehesten der Freundschaft annähert, nämlich der Gegenseitigkeit. Zwar besteht keine Korrespondenz zwischen zwei Liebenden, aber doch zumindest eine Korrespondenz zwischen dem einsinnigen und dem konversen Moment des Bewusstseins des Selbstliebenden, und damit eine Konvergenz zwischen seinem unmittelbaren Wollen und dem „Willen" seiner Person als Ganzer. Das Problem der Gegenseitigkeit in der Selbstliebe und damit die Frage, ob im eigentlichen Sinn von Selbst*freundschaft* die Rede sein kann (im übertragenen Sinn ist das unproblematisch, denn auch in Fällen externer Liebesrelationen spricht man vom „Freund-sein"

---

[442] Vgl. auch W. Schmid 2004, 110.

auch dann, wenn die Gegenseitigkeit fehlt, z.B. in der Redewendung „ich bin ihm Freund") thematisiert Aristoteles gar nicht. Allenfalls kann man das Problem in der Bemerkung NE 1166a34 verborgen sehen, nach der noch nicht geklärt ist, ob es eine *Freundschaft* mit sich selbst gibt. Es würde zumindest Sinn machen, dies speziell auf die Frage der Gegenseitigkeit zu beziehen, denn dass alle anderen Merkmale der Freundschaftsliebe im Bezug auf die eigene Person möglich sind (und damit auch das Sich-Freund-Sein im übertragenen Sinn), wird bereits zuvor im Text wie auch im Folgenden als selbstverständlich angenommen. Eigentliche Gegenseitigkeit in der Selbstliebe sollte deshalb unmöglich sein, weil dazu selbständige Personen im einen, eigenen Selbstsein bzw. der eigenen Persönlichkeit vorhanden sein müssten. Die Differenzierung der Seelenteile bis hin zu solcher Eigenständigkeit zu entwickeln scheint aber nicht nur sachlich unplausibel, es entstehen auch logische Probleme. Wenn nämlich die Seelenteile nicht nur zufällig beieinander sind, sondern sich zum Personsein in irgendeiner Weise notwendig erfordern, dann müsste jeder einzelne Seelenteil, um autonom, i.e. um Person zu sein, wiederum intern in ebenjener Verhältnismäßigkeit unterteilt sein, in der er selbst steht. Dieses Problem stellte sich bereits für Platons Analogisierung von Seele und Staat, und Aristoteles scheint ihn hier, wenn auch in sehr ermäßigter Weise, zu beerben. Auch er expliziert das Verhältnis der Seelenteile nach der Analogie politischer Herrschaft (NE 1168b33-36).

Wenn aber wirkliche Gegenseitigkeit in der Selbstliebe nicht möglich ist, dann bleibt sie mit einer letzten Defizienz behaftet, die schließlich auch die Möglichkeit vollständiger Autonomie im Erreichen und im Vollzug der Eudaimonie verunmöglicht. Damit wäre auch die von Aristoteles zwar nicht ausgesprochene, aber sich am Ende doch unabweislich aufdrängende Frage beantwortet (nämlich abschlägig), ob der Tugendhafte denn nicht sein Bedürfnis nach Freundschaft einfach mit sich selbst stillen kann – und zwar sogar leichter und besser als mit anderen Personen, denn zu keinem andern ist der Zugang so einfach und mit keiner anderen Person hat er je so große Übereinstimmung wie mit sich selbst.

b) Das Problem der Freiheit

Die Frage der Freiheit ist eine der meistdiskutierten der neuzeitlichen und modernen Philosophie. Man kann beinah sagen, dass sie das zentrale philosophische Thema dieser Epochen war. Die verhältnismäßig kurze Abhandlung dieser Thematik im Rahmen der allgemeinen ethischen Theorie, die hier entwickelt werden soll, kann die reichen und vielschichtigen Beiträge zur Diskussion nicht in angemessener Weise würdigen. Das Problem der Freiheit kann hier nur in sehr groben Zügen skizziert werden, um dann die Lösung vorzuschlagen, die sich aus der hier verfolgten Systematisierung der aristotelischen Freundschaftslehre ergibt.

Das Dilemma der Freiheit

Das grundlegende Dilemma der Freiheit scheint das folgende zu sein: Freiheit scheint im normalen Sprachgebrauch die Qualifikation eines Subjektes im Blick auf das initiieren von Ereignissen zu bedeuten. Ereignisse geschehen entweder notwendig oder zufällig. Die Notwendigkeit erzwingt das Ereignis. Die Freiheit eines Subjekts in Bezug auf die Initiierung eines Ereignisses impliziert aber dessen Ungezwungenheit. So kann da, wo Notwendigkeit ist, keine Freiheit sein. So zumindest schließt der philosophisch unverbildete Menschenverstand. Freiheit ist demnach nur möglich, wenn es den Zufall gibt. Aber der Zufall als solcher ermöglicht erst die negative Freiheit, nämlich diejenige, die allein durch die Abwesenheit von Nötigung definiert ist. Ein solcher Freiheitsbegriff erscheint aber unbefriedigend. Wenn ein Geschehen, ein Gedanke, ein Entschluss einfach gar keine Gründe hat, wenn sogar der Wollende oder Handelnde selbst nicht weiß, weshalb er dies will oder so handelt, dann sprechen wir doch nicht von Freiheit.[443] Freiheit müsste demnach in der Zufälligkeit plus X bestehen. Aber was könnte dieses X sein? Offensichtlich muss es sich um interne Gründe handeln, die das Subjekt zum Entscheiden und Handeln bewegen. Solche Gründe scheinen aber wiederum die entsprechende Entscheidung notwendig zu machen: „Er musste sich ja für den Wein entscheiden, weil es sonst nur Bier gab und er Bier nicht mag."[444] Wenn dagegen gar keine Entscheidungsgründe gegeben sind, wenn ich etwa zwischen zwei (in meinen Augen) genau gleichen Gläsern Bier wähle, dann sehen wir das eigentlich nicht als einen Akt der Freiheit an („ich hätte genauso gut das andere nehmen können; ich weiß nicht, warum ich dieses gewählt habe"). Zumindest wäre eine solche Freiheit belanglos: Die Wahl war innermentaler Zufall. Es scheint also so, als könne einerseits ein Ereignis nur notwendig oder zufällig sein, als dürfe aber andererseits ein *frei* initiiertes Ereignis weder notwendig noch zufällig sein.

Eine verbreitete philosophische Lösung des Dilemmas beruht darauf, den Freiheitsbegriff auf der Grundlage der eben bereits unterstellten Unterscheidungen einzuengen. Neben Notwendigkeit und Kontingenz werden Innen und ein Außen sowie negative und positive Freiheit unterschieden. Besonders die Liberalisten bescheiden sich nun im Gefolge der Differenzierungen von I. Berlin (2002) einfach mit der negativen äußeren Freiheit. Ihnen genügt, dass ein freier Gedanke, eine freie Entscheidung oder Handlung von äußerem Zwang frei sei. Welche Gründe ein Gedanke, Entscheidung oder Handlung innerhalb des Subjektes haben mag, ist ihnen gleichgültig. Dieser Freiheits-

---

[443] Vgl. NE 1169a1ff: „Und es scheint am ehesten dasjenige von einem selbst und freiwillig getan zu sein, was nach der Vernunft / nach einem Vernunftgrund [getan wurde]."
[444] Wenn sich dagegen einer *gegen* alle Gründe entscheidet, wenn er z.B. grundlos das Bier wählt, obwohl er lieber Wein mag, dann halten wir ihn nicht für frei, sondern für unzurechnungsfähig.

begriff ist allein schon deshalb sprachlich sinnvoll, weil er praktisch relevant ist: man kann für solche Freiheit kämpfen.

Aber systematisch erscheint die negative äußere Freiheit doch unzureichend. Wenn diejenigen, die diese Freiheit besitzen oder besitzen sollen, vollständig durch innere Zwänge bestimmt sind, weshalb sollte es dann erstrebenswert sein, dass diese inneren Zwänge in ihrer Wirkung so wenig als möglich durch äußere eingeschränkt werden? Dazu müssten sich beide Zwänge in einer grundlegenden Weise unterscheiden, die es erlaubte, dem einen eine Dignität zuzusprechen, die der andere nicht hat. Es erscheint fraglich, wie das gelingen sollte. Zumindest erforderte eine solche Unterscheidung weit mehr, als der Begriff negativer äußerer Freiheit für sich allein bereitstellt. Gegen diesen Freiheitsbegriff sprechen verschiedene weitere Argumente. Das existenziell stärkste ist das Bewusstsein, in vielen Fällen innerer Nötigung unfrei zu sein. Ein typisches Beispiel ist die Sucht. Wir betrachten uns also selbst in vielen Fällen als unfrei, in denen wir nicht unter äußerem Zwang stehen. Ein anderes Argument ist die Unschärfe der Grenze zwischen dem Innen und dem Außen eines Subjekts: Wenn etwa subtile Werbung in mir Wünsche oder Ängste provoziert, die mich dazu bringen, bestimmte Dinge zu tun oder zu unterlassen, bin ich dann in diesen Handlungen frei? Ist, wer unter Drogeneinfluss steht, unfrei? Kann es Gründe geben, Jugendliche, Kinder und Kleinkinder von politischen Rechten auszuschließen, wenn es bei der Freiheit auf die interne Bestimmung des Willens nicht ankommt? Und wenn nein, warum sollten dann nicht auch Tiere frei sein können bzw. sollen? Und schließlich: Wodurch ist die Grenze zwischen dem Innen und dem Außen definiert? Kann es überhaupt scharfe Kriterien dafür geben? Wird damit nicht ein ontologischer Dualismus zwischen dem Mentalen und dem Nichtmentalen unterstellt, der zumindest fragwürdig ist? Die Diskussionen können hier nicht geführt werden. Es muss genügen, dass es erstrebenswert *erscheint*, einen Freiheitsbegriff zu gewinnen, der über den der äußeren negativen Freiheit hinausgeht.

Wünschenswert erscheint daher die Lösung des Freiheitsdilemmas durch einen Begriff innerer positiver Freiheit.[445] Frei ist ein Subjekt demnach dann, wenn es in seinem Vollzug nicht nur in irgendeiner Weise nicht-äußerlich bestimmt ist, sondern wenn es in einer bestimmten Weise, i.e. nach bestimmten Gründen, die subjektimmanent sind, bestimmt ist. Damit gelangt man wie oben dargestellt wieder auf die Notwendigkeit, nach der diese

---

[445] Die positive äußere und die negative innere Freiheit sind keine ernsthaften Kandidaten dafür, für sich allein den Freiheitsbegriff zu vertreten. Die erstere kann zwar als eine Erweiterung der äußeren negativen Freiheit sinnvoll erscheinen, aber ohne diese scheint sie gegenstandslos zu sein (daher kann sie auch nicht die gesuchte Ergänzung der negativen äußeren Freiheit darstellen). Die innere negative Freiheit hat das Problem, zu bestimmen, wie innere Zwänge von innerer Selbstbestimmung zu unterscheiden sind. Das scheint kaum möglich, ohne explizit oder implizit bereits einen positiven Begriff der Selbstbestimmung, also einen positiven inneren Freiheitsbegriff zu verwenden.

Gründe die Entscheidung bestimmen. Ihre höchste oder zumindest reinste Form hat diese Lösung wohl bei Kant gefunden. Bei ihm ist die betreffende Notwendigkeit die reine, formale Vernunftnotwendigkeit. Diese Bestimmung meines Willens kann ich nach Kant deshalb frei nennen, weil sie in gewissem Sinn meine eigene ist, nämlich die Bestimmung meiner eigenen Vernunft, die ich in gewissem Sinn *bin*. Ein einem anderen Sinn allerdings ist diese Vernunft allgemein und nicht meine besondere individuelle.

Damit verliert der Freiheitsbegriff allerdings den Aspekt der Zwanglosigkeit (Freiheit wird geradezu identifiziert mit Notwendigkeit in einer bestimmten Form, nämlich mit der reinen praktischen Vernunftnotwendigkeit). Die Ungezwungenheit im Entscheiden wird uminterpretiert in seine Selbstzuschreibung: Wichtig ist nur noch, ob ich eine Entscheidung als meine ansehe oder ansehen kann (weil sie nämlich durch etwas, das mir [an-]gehört, nämlich meine Vernunft, bestimmt wurde). Das widerspricht der Ausgangsintuition über die Freiheit. Weil Kant die vernünftige Selbstbestimmung als Selbstgesetzgebung außerdem auch noch mit der Moralität identifiziert, gibt es wie bereits dargestellt keine Freiheit mehr jenseits der Moralität, und damit keine Freiheit, zwischen Moralität und Amoralität zu entscheiden. Das erscheint ausgesprochen kontraintuitiv.[446]

Das vielleicht grundlegendste theoretische Problem der kantischen Lösung ist aber, dass auch sie systematische Geschlossenheit unterstellt, nämlich in diesem Fall die der Vernunft (qua reine Vernunft). Es scheint aber nach Maßgabe der im letzten Jahrhundert entdeckten Unvollständigkeitstheoreme nicht mehr annehmbar, sich die Logik und damit die theoretische Vernunft als ein geschlossenes System vorzustellen. Das macht es aber sehr unplausibel, dass die praktische Vernunft ein solches System darstellen sollte.

Es scheint also keinen Ausweg aus dem Dilemma der Freiheit zu geben, der diejenigen Intuitionen akkommodiert, die uns darauf geführt haben. Die beispielhaft dargestellten Lösungsstrategien laufen darauf hinaus uns zu sagen: „Gebt euren Freiheitsbegriff auf, der bloß zu Widersprüchen führt und nehmt dafür diesen neuen Freiheitsbegriff an, den ich euch anbiete." Aber das wollen die meisten von uns nicht.

Freiheit aus der Zufälligkeit

Der Vorschlag, der sich aus der Philosophie der Freundschaft ergeben wird, ist, den Ursprung der Freiheit nicht in der inneren Notwendigkeit, sondern im inneren Zufall zu suchen, bzw. im Zufall der Innerlichkeit, i.e. in derjenigen Nicht-Abhängigkeit und Nicht-Bestimmtheit, in der das Innere eines Bewusstseins sich gegen sein Äußeres absetzt, ohne doch vollständig von ihm

---

[446] Vgl. Schelling 1964, 64f.

loszukommen.⁴⁴⁷ Dieser Vorschlag ähnelt durchaus dem letztgenannten Freiheitsverständnis: Freiheit entspring daraus, dass ich etwas bestimmtes Gegebenes als mein Eigenes, als meine Selbstgegebenheit bzw. als meine Selbstbestimmung begreife. Nach Kant begreife ich mich unter dem Moralgesetz als frei, weil ich seine Bestimmung als mein eigenes Bestimmen begreife. Allerdings ist diese Bestimmung bei Kant eben eine der Notwendigkeit, nämlich eine Selbstgesetzgebung, i.e. Auto*nomie*. Nach der hier vorgestellten Theorie dagegen handelt es sich um eine Selbstbestimmung aus Zufall. Nicht ein gegebenes Gesetz, sondern der jeweils sich ereignende Zufall ist mein eigener. Und wenn ich ihn bewusst als meinen eigenen, als mein eigenes Zufallen begreife, wenn ich ihn und damit mich selbst gewissermaßen empfangend in die Hand nehme,⁴⁴⁸ dann begreife ich mich darin als frei. Ich mache mich gewissermaßen zum Urheber des Zufalls (i.e. meines Selbstzufalls), ich sehe mich selbst als den Grund an, der dem Zufallsereignis fehlt.

Allerdings ist dieser fehlende Grund des Zufalls, i.e. seine Unbestimmtheit, nicht ein bestimmter bzw. eine bestimmte. Und so bleibt es immer bis zu einem gewissen Grad unbestimmt, worin meine Freiheit besteht, i.e. was konkret mein Beitrag zum Ereignis meiner Gedanken, Entschlüsse oder Handlungen ist. Ich kann meine Freiheit nicht rein sezieren, wie es etwa bei Kant den Anschein hat. Dies ist nicht eine beiläufige, vielleicht bedauernswerte Konsequenz des hier vorgeschlagenen Freiheitsbegriffs, dies ist wesentlich zur Lösung des Dilemmas: Immer dann, wenn sich die Anteile der Bestimmtheit und der Unbestimmtheit einer Handlung klar voneinander trennen lassen, taucht das Dilemma wieder auf. Man kann das Dilemma also nur um den Preis der unauflösbaren Unbestimmtheit oder eben des Zufalls lösen. Dieser Preis mag manchen zu hoch erscheinen – und es wäre ihnen vielleicht Recht zu geben, wenn er allein für die Freiheit zu entrichten wäre. Aber wir müssen ihn ohnehin zahlen, nicht erst in der praktischen Philosophie, sondern bereits in der Subjekttheorie, der Ontologie und der Logik.⁴⁴⁹

Aufgrund der Unschärfe der Distinktionen ist der hier entwickelte Freiheitsbegriff auch nicht einer der inneren Freiheit, zumindest nicht vollständig. In dem, was mir zufällt, bin ich ja gerade nicht allein bei mir selbst, sondern etwas mir Äußeres fällt in „mich", nämlich in mein Bewusstsein und mein Wollen ein. Der hier vorgeschlagene Freiheitsbegriff ist also sozusagen genau auf der Grenze zwischen dem Innen und dem Außen eines Subjekts verortet. Freiheit hat ein Subjekt nicht rein für sich, sondern in seiner Auseinanderset-

---

[447] Vgl. Odo Marquard: „Zur Würde des Menschen gehört es, dass er das Zufällige leiden kann; und zu seiner Freiheit gehört die Anerkennung des Zufälligen", 1996, 132.
[448] Hierzu passt das Wort Emanzipation, wörtlich „aus der Hand kommen", da man dadurch nicht mehr in fremder Hand ist. Im positiven Sinn müsste es „Immanzipation" heißen, nämlich „in die (eigene) Hand kommen", aber dieser Neologismus ist hier unnötig, man muss nur im Gedächtnis behalten, dass das „aus fremder Hand Herauskommen" im Folgenden das „sich selbst in die Hand Nehmen" beinhalten soll.
[449] Vgl. Utz 2001, 297ff; 2005.

zung mit dem ihm Anderen. Damit ist Freiheit aber nicht mehr ein (im Subjekt) Selbstgegebenes, sondern ein Aspekt oder ein Moment einer Relation, nämlich der Relation des Subjekts zu einem Anderen. Diese Relation ist, wie darzustellen sein wird, ursprünglich eben die der Liebe, die Freiheit entspringt aus ihr.

Deshalb gibt es nach dem hier vorgestellten Vorschlag keine reine Freiheit, i.e. keine totale Selbstbestimmung. Das ist eigentlich ein Paradox, aber eines, das wir m.E. zu akzeptieren haben. Gemeint ist nämlich, dass wir (wie bereits oben ausgeführt) auch an einem Vollzug nicht verschieden Anteile scharf in freie und unfreie trennen können: Auch in der reflexiven Betrachtung können wir unsere Freiheitsvollzüge nicht klar absondern und „reinigen" von unserem Bedingtsein durch anderes. Die Reichweite unserer Freiheit bleibt im Einzelnen ebenso wie im Allgemeinen unscharf. Aber das heißt nicht, dass sie nicht gegeben ist.

Der Vorschlag ähnelt dem von Anton Friedrich Koch, der meint, im Moment der freien Entscheidung würden wir ex post Anfangsbestimmungen festlegen, die bis dato im allgemeinen raumzeitlichen Gefüge der Welt noch offen waren. Damit meint er, einen allgemeinen naturalen Determinismus retten zu können und gleichzeitig reale Freiheit zu ermöglichen.[450] Die theoretische Grundlegung der hier vorgestellten Philosophie der Freundschaft verzichtet allerdings auf den Determinismus. Die rückwärtige Bestimmung muss deshalb nicht zurückgreifen auf erste Anfangsbedingungen. Sie muss nur innerhalb eines Ereignisses auf den Anfang dieses Ereignisses zurückgreifen. Dies scheint insofern plausibler, als nach verschiedenen Theoretikern das Ereignis in einem gewissen Sinn die Grundgröße der Realität ist.[451] Wenn dies aber der Fall ist, dann müssen Ereignisse eine ursprüngliche, in gewissem Sinn nicht weiter zerlegbare Größe, nämlich eine zeitliche Ausdehnung haben. Denn aus Nullereignissen kann man keine Wirklichkeit aufbauen. (Zumindest müssen die Ereignisse *in einer gewissen Hinsicht* nichtzerlegbar sein; sie mögen unter anderer Hinsicht, etwa unter der Sichtweise mathematisch-physikalischer Abstraktion, zeitlich teilbar sein). Wenn aber das Ereignis eine Grundgröße ist, dann erscheint es nicht mehr so abwegig, sich innerhalb seiner denjenigen Vorgriff auf sich selbst, nämlich auf das Ereignen seiner selbst vorzustellen, aus dem die Freiheit entspringt. Näher besehen mag man genau darin die Qualifikation eines Ereignisses als *Bewusstseins*ereig-

---

[450] 2006, 159f.
[451] Für einen Überblick vgl. Christian Kanzian 2001. M.E. wäre das Ereignis genauer zu bestimmen als „protoontologisches" Datum. Das Ereignis (wie es m.E. zu bestimmen wäre) „zerfällt" in dem Moment, in dem es eintritt, i.e. in dem es real wird, in seine Seiten, nämlich in zeitlich unterschiedene Sachverhalte (und diese dann in Individuen und ggf. Funktionen). Es ist deshalb nicht als ein Seiendes fassbar, zumindest nicht als ein kategoriales bzw. als eine Kategorie.

nis erblicken, dass es auf seinen eigenen Ursprung vorgreift. Eine derartige Struktur hat Fichte im ersten Prinzip seiner Wissenschaftslehre dargestellt.[452]

Verantwortung vor der Freiheit

Noch in zwei weiteren Punkten wird der nun folgende Vorschlag die gewohnten Verhältnisse umkehren. Es wird sich ergeben, dass die Übernahme der Verantwortung der Freiheit vorausgeht.[453] Dies scheint auf den ersten Blick kontraintuitiv, meint man doch, Verantwortung habe die Freiheit zur Bedingung, und zwar im Sinn der freien Verursachung. Ich kann nur zur Verantwortung gezogen werden für diejenigen Tatbestände und Tathandlungen, die ich ohne Zwang verursacht habe. Das mag so sein, aber dass ich Verantwortung *übernehmen* kann auch für Tatbestände und -handlungen, die ich nicht verursacht habe (zumindest nicht direkt), kennen wir aus dem Bereich der politischen Verantwortung oder auch von der Haftung der Eltern für ihre Kinder.

Schließlich wird die Freiheit weniger mit der einzelnen Entscheidung zu tun haben als mit der Ausbildung der eigenen Persönlichkeit oder, aristotelisch gesprochen, mit der Tugendbildung. Die Einzelentscheidungen einer Person sind freilich diejenigen Akte, an denen der Charakter der Person manifest wird. Insofern sind sie durchaus wesentlich. Sie sind auch diejenigen Vollzüge in denen (oder nach der hier vorgestellten Theorie besser: angesichts welcher) eine Person ihre Persönlichkeit ausbildet. Und zum dritten sind es die einzelnen Entscheidungen, mit denen das Subjekt unmittelbar das *Bewusstsein* der Freiheit verbindet. Aber nach der hier vorgestellten Theorie ist das unmittelbare Bewusstsein der Freiheit zunächst eine Illusion, auch wenn diese Illusion sozusagen den Kern der Wahrheit der realen Freiheit enthält. Die wirkliche Freiheit, so könnte man formulieren, wird erst im „*Selbstbewusstsein* der Freiheit" gewusst und im Selbstvollzug in diesem Bewusstsein realisiert. Insofern folgt die hier entwickelte Freiheitstheorie dem Freiheitsverständnis der deutschen Idealisten. Im Unterschied zu diesen bleibt der Selbstvollzug in der Freiheit allerdings nicht nur seinem Resultat, sondern auch seinem Ursprung nach kontingent.

---

[452] WL 259.
[453] Dieser Grundgedanke ist nicht neu, er findet sich bei Kierkegaard 1988 und wurde dann vor allem von der Existenzphilosophie aufgenommen. Aber auch schon bei Aristoteles geht die Freiwilligkeit, die er ganz offensichtlich als Zurechenbarkeit und Verantwortlichkeit versteht, der „Willenswahl", der *prohairesis* voraus (NE 1109b30-1114b25; allerdings liegen seine genaueren Ausführungen ganz anders als die hier entwickelte Theorie).

c) Verantwortung

Nun also zur Freiheitstheorie, die sich aus der hier entwickelten Theorie der Freundschaft ergibt: In der Konsequenz des Liebeszufalls falle ich mir selbst zu. Ich werde mir selbst gegenständlich. Nun kehrt sich hier allerdings das Verhältnis von einsinnigem und konversem Bewusstsein um. Im Fall der Liebe zum Anderen waren zuerst mein Gewahrsein und Wollen des Anderen für mich gegeben. Dann wurde die Ausrichtung des Für-mich zum Für-dich umgewendet und es entstanden Anerkennung und Wohlwollen. Die Nachordnung war keine zeitliche sondern allein eine der genetischen Abhängigkeit, denn in eins mit dem Wollen und Erkennen des Anderen vollziehen wir die Konversion unseres Bewusstseins auf ihn hin. Aber es ergab sich doch eine Reihenfolge. Im Selbstzufall bin ich mir nun zunächst als das andere Selbst des Anderen gegeben, i.e. im Modus der Anerkennung und des Wohlwollens.

In der Anerkennung meiner selbst erkenne ich mich selbst als Selbst an. Das heißt aber, ich erkenne das, was ich bewusst seiend bin, also mein Erkennen und Wollen, als das eines Selbst, nämlich als das meiner Selbst an. Ich nehme sozusagen meine Singularität an, dass nämlich mein Erkennen und Wollen nicht nur Teil eines Gesamtzusammenhanges, etwa eines Kausalzusammenhanges ist, sondern mein eigenes, und in diesem Sinn *allein* mein eigenes. Ich übernehme sozusagen mich selbst, nehme mich selbst in die Hand. Dies kann man wie gesagt Emanzipation oder Mündigwerden nennen.[454] Diese ist noch nicht die Freiheit, aber ihr Ursprung.

Im Wohlwollen gegen mich selbst will ich mir als einem gegebenen Selbst wohl – das wurde oben ausgeführt. Das heißt, ich will mir selbst in der ganzen Reichweite meiner Identität wohl. Wie bereits dargestellt kommt mir so die Gesamtheit meines Selbstseins in den Blick und ich widme mein Wollen dieser Gesamtheit. Dadurch entsteht eine Bindung an mich selbst in der Gesamtheit meines Selbstseins. Beides, Mündigkeit und Selbstsorge kann man im Begriff der Verantwortung oder eben der Emanzipation zusammenfassen. Durch die Selbstfreundschaft übernehme ich die Verantwortung für mich, nämlich für mein eigenes Wohl und für das, was ich bin, was ich tue und lasse – natürlich nach Maßgabe des Vermögens meines Erkennens und Wollens (einschließlich der Mittel der Realisierung meines Wollens). Ich muss und kann nicht Verantwortung übernehmen für das, was ich nicht weiß bzw. wissen kann und für das, was außer meiner Macht steht.[455] Die Übernahme mei-

---

[454] Die Emanzipation in der Selbstliebe ist freilich erst aus dem Rückblick der Emanzipiertheit eine solche. Vor der Emanzipation weiß ich mich nicht abhängig. Meine vorige Unfreiheit begreife ich erst, wenn ich die Mündigkeit (zumindest ein Stück weit) erlangt habe.

[455] Diese Beschränkung der Verantwortung ergibt sich zunächst unbewusst: Ich übernehme keine Verantwortung für das, was nicht in meinem Bewusstsein steht, in dem ich mich (unmittelbar) verantwortlich weiß: Für das mangelnde (Vor-)Wissen und die Folgen, die jenseits des Horizonts meines aktuellen Wollen liegen. In der Reflexion auf meine Verantwortung ergibt sich allerdings oft, dass ich bestimmte Dinge „hätte wissen müssen" bzw. an bestimmte

ner Selbst in meine eigene Verantwortung impliziert, negativ gesprochen, dass ich mein Selbst nicht mehr Anderen anlaste, zumindest nicht soweit mein eigenes Vermögen reicht. Ich gebe Anderen nicht mehr die Schuld an meinem Gewahrsein und Wollen und ich fordere von Anderen nicht mehr, dass sie mein Wohl an meiner Stelle für mich wollen und besorgen (wie man das von Eltern gegenüber ihren Kindern verlangen kann, auch gegen den Willen der Kinder).[456] Das bedeutet nicht, dass ich mich nicht über mein Unwohlsein bei Anderen beschweren und ihnen die Schuld daran geben kann, wenn ich meine, dass sie mein Wohlsein hindern oder nicht im geschuldeten Maß fördern. Aber das Grundinteresse an meinem Wohl ist mein eigenes, und wenn ich mich bei Anderen bezüglich meines Wohls beschwere, dann deshalb, weil sie dieses *mein* Grundinteresse verletzt haben.[457]

Vielleicht darf man es in diesem Sinn der Selbstverantwortung verstehen, wenn Aristoteles sagt, man solle sich selbst *am meisten* lieben (NE 1168b10, vgl. auch 1159a13). Allerdings ist die Formulierung in diesem Fall etwas missverständlich, denn man soll sich nicht unbedingt *mehr* lieben als die Anderen, wohl aber soll man sich im recht verstandenen Sinn *an erster Stelle* lieben, denn nur, wenn man sich selbst liebt, kann man frei und mündig Andere lieben. Dies ist für die Persönlichkeitsentwicklung eine Herausforderung, denn biographisch gesehen liebt man zunächst nicht sich selbst an erster Stelle. Das Kind liebt die Eltern und lernt dann sich selbst zu lieben, weil es von ihnen geliebt wird.[458]

Folgen „hätte denken müssen", und umgekehrt kann ich nachträglich feststellen, dass ich in Wahrheit nicht wusste, was ich zu wissen meinte bzw. dass nicht aus meinem Handeln folgte, was ich zu bewirken meinte.

[456] Deshalb beinhalten so viele Emanzipations- und Initiationsriten das Aushalten von Schmerzen bzw. von Erniedrigung, i.e. die Negation des Wohlseins und des Anerkanntseins. In der Schmerzprobe wird dem zu Emanzipierenden bzw. Initiierenden vorgeführt, dass er nun nicht mehr einer ist, für dessen Wohl die Anderen (konkret: die anderen Mitglieder der initiierenden Gemeinschaft) sorgen und den sie „retten", wenn es ihm schlecht geht (wie es ja konkret die Gemeinschaft gegenüber Kindern tut). Er muss nun den Schmerz alleine durchstehen – und nur, wenn er dies kann, wenn er nicht die Anderen bittet, ihn „da rauszuholen", wird er als Mündiger anerkannt. Dagegen zielen die Erniedrigungsrituale darauf ab, dem Mündigwerdenden bzw. Initianden zu zeigen, was er bisher war: ein Nichtanerkannter, ein Würdeloser, ein Nichtdazugehörender, nämlich nicht zur Anerkennungsgemeinschaft Gehörender. Umso tiefer die Erniedrigung ist, umso mehr „gilt" dann natürlich die Anerkennung, die der Initiand durch die Aufnahme in die Gemeinschaft (bzw. in den Kreis der Erwachsenen) erhält. Die Erniedrigung ist sozusagen der spiegelbildliche Ausdruck der Selbstschätzung der Gemeinschaft – also derjenigen Selbstschätzung, in die der Initiand aufgenommen wird und die er dann auf sich selbst anwenden darf.

[457] Bekanntlich beruhen viele Therapien darauf, hinter die Mündigkeit und Selbstsorge wieder zurückzugehen. Das mag im Einzelnen hilfreich und notwendig sein. Dies ist aber nur im Ausgang von der Selbstverantwortung möglich, denn nur, wenn ich das Konzept der Verantwortung begriffen habe, kann ich sie wieder von mir weisen; und es ist nur im Blick auf eine erneute, tiefere und wahrhaftere Mündigkeit sinnvoll.

[458] Bzw. lernt nicht (hinreichend und in rechter Weise) sich selbst zu lieben, wenn es von niemandem (hinreichend und in rechter Weise) geliebt wird.

In eine gewissen Sinn ist es auch richtig, dass man Andere nicht mehr lieben soll als sich selbst, dass man nämlich sich selbst gegenüber Anderen nicht geringachten soll (was nicht bedeutet, dass man nicht die Überlegenheit Anderer anerkennen kann) und dass man das eigene Wohl gegenüber dem der Anderen nicht geringschätzen soll (was nicht heißt, dass es in manchen Situationen nicht geboten ist, sich um das Wohl Anderer mehr zu kümmern als um das eigene, weil sie es nötiger haben).

Selbstwahl

Die Übernahme der Selbstverantwortung ist ein Vollzug in dem ich mir selbst etwas zuerkenne und mir selbst etwas will oder widme – nämlich mich selbst, mein eigenes Selbstsein. Ich schließe – in diesem Sinn – Freundschaft mit mir selbst. Ich will mir nicht mehr nur wohl und anerkenne mich, ich schließe gewissermaßen einen Bund mit mir, nämlich mit „Mir" als der Ganzheit meiner Existenz, der ich liebend gegenüberstehe. Ich mache meine Existenz zu meiner eigenen – nicht im Sinn des Besitztums (dies ist allerdings ein weitverbreitetes Missverständnis der Emanzipation), sondern in dem Sinn, in dem der Freund „mein" ist.[459]

---

[459] In der Reflexion auf diese Selbstfreundschaft wird dann oft die Feindschaft gegen Andere als Steigerung des Selbstseins, nämlich besonders des *Gefühls* der Selbstbindung einerseits und der Freiheit andererseits empfunden – nach demselben Mechanismus, der oben hinsichtlich der gemeinschaftlichen Freundschaften und ihrer Feinde beschrieben wurde. Allerdings geht es im Fall der Selbstfreundschaft meist weniger um feste Feindschafts*verhältnisse*, sondern um den *Vollzug* der Feindschaft, i.e. um den Kampf. Der Kampf ist ein hervorragendes Mittel, vielleicht das wirkungsvollste, um das Selbstgefühl, nämlich genauer das Selbstbindungsgefühl zu verstärken. Nur ist eben – wie schon im Fall der gemeinschaftlichen Freundschaft – nicht jede Bindung gut im Sinn der Liebe.

Im Kampf, den ich (nicht oder nicht nur für meine Gemeinschaft, sondern einzig oder zumindest auch) für mich selbst aufnehme, wage ich mich sozusagen für mich selbst – nämlich für mein größeres Selbst, für meine Existenz im Ganzen, für das, als was ich mir wohlwill und vor allem als was ich mich anerkenne. Einfacher formuliert man daher oft: Ich wage mein Leben für meine Ehre. Daher stammt das Faszinosum des Kampfes. – Aus diesem Grund *suchen* vor allem Jugendliche und jugendliche Erwachsene (und zwar traditionell vor allem männliche) auf einer bestimmten Entwicklungsstufe, nämlich eben der des Mündigwerdens, Ehrenhändel. In vielen Kulturen ist dies sogar vorgeschrieben. Weil es wie gesagt eigentlich um den Kampf geht und nicht um die Feindschaft, müssen diese Händel allerdings nicht unbedingt Hass und Verachtung und damit auch nicht den Vernichtungswillen gegen den Anderen implizieren. In einem solchen Fall ist der Kampfpartner nur noch der Gegner, den man sogar achten kann. Ein besonders deutliches Beispiel dafür sind die Kämpfe der schlagenden Studentenverbindungen, aber auch sportliche (Wett-)Kämpfe haben oft derartigen Charakter. (Vielleicht ist es eine der größten zivilisatorischen Errungenschaften, den Kampf – einschließlich des Krieges – vom Hass und der Verachtung getrennt zu haben. Denn *ursprünglich* endet jeder Feindschaftsvollzug erst in der Tötung [evt. noch mit vorheriger Folter, Verstümmelung etc.] – i.e. der vollendeten Negation des Wohlwollens – oder der Versklavung [evt. noch mit vorheriger Beraubung, Erniedrigung, Vergewaltigung etc.] – i.e. der vollendeten Negation der Anerkennung – eines der Kontrahenten. Ursprünglich nämlich ist der Feind natürlich Feind, i.e. Verhasster und Verachteter *schlechthin*. Dagegen anerkennen entwickeltere Zivilisationen

Es geht dabei (ebenso wie in der Bewusstseinskonversion gegen den Anderen) wie bereits oben bemerkt nicht darum, dass ich einen gegebenen Sachverhalt erkenne und will. Es ist nicht so, dass ich erkennen würde und wollen würde, dass ich verantwortlich bin, sondern ich *anerkenne*, dass ich verantwortlich für mich bin und ich unterstelle mein Wollen meiner Verantwortung für mich. Deshalb ist es kein Widerspruch zur Übernahme der Verantwortung, dass mein Gewahrsein und Wollen in seiner objektiven Gegebenheit durch anderes bestimmt und bedingt ist, nämlich durch Kausalzusammenhänge. Nach der hier entwickelten Theorie geht wie erwähnt die Verantwortung der Freiheit voraus. Ich übernehme mich selbst unabhängig davon, ob ich im kausalen Sinn schuld an mir selbst bin und ob ich das, was ich für mein eigenes Wohl tue, aus freiem Entschluss oder etwa nur aus Instinkt oder Gewohnheit tue.[460]

Allerdings hat die Übernahme der Selbstverantwortung die Konsequenz, dass ich (so wie mein Wohlergehen in der Selbstsorge, s.o.) das, was ich bewusst seiend bin, mein Erkennen und Wollen (soweit es in meiner Macht steht) nicht mehr Fremdem (nicht nur: nicht fremden Personen) anlaste, und das impliziert, dass ich es auch nicht mehr auf kausalen Zwang schiebe. Damit leugne ich nicht meine Fremdbestimmtheit und -bedingtheit. Aber ich stehe für mich ein, als ob es sie nicht gäbe. (Allerdings ist dieses „als ob" den Menschen zumeist nicht bewusst. Der mündige Mensch meint i.d.R. zunächst tatsächlich, er sei selbstbestimmt und selbstbedingt. Obwohl das Bewusstsein der Mündigkeit dies nicht impliziert oder erfordert, legt es dies doch nahe.) Auch dies ist noch nicht Freiheit, aber es ist ihr Beginn.

In einem gewissen Sinn ist allerdings dieser Beginn der Freiheit auch schon selbst frei, denn zur Übernahme der Verantwortung für mich selbst kann

---

den Feind *auch* als Freund, nämlich zumindest im Sinn der Brüderlichkeit. Das ist eine große Errungenschaft, auch wenn der Krieg unter technischem Gesichtspunkt im Lauf der Zeit [vielleicht] grausamer geworden ist als zuvor.)

Vielleicht ist der Kampf ein notwendiger Bestandteil eines bestimmten Entwicklungsstadiums der Emanzipation – sinnvollerweise natürlich in sublimierter Form, in Wettkämpfen oder auch in beruflicher Konkurrenz. Aber natürlich ist die Abgrenzung seiner selbst gegen Andere letztlich kein tragfähiges Fundament für die Selbstbeziehung. Die ist selbständig nur dann, wenn sie sich nicht auf die Negation des Nicht-Selbst stützt, sondern auf die Selbstbejahung und -annahme in der Selbstfreundschaft.

[460] Vgl. dazu den Gedanken der Selbstwahl bei S. Kierkegaard 1988, Teil 2, 773. Allerdings bedeutet diese Wahl bei ihm (und in der Folge in der Existenzphilosophie) einen außerordentlichen und in der Charakterentwicklung sehr späten Akt (der freilich auch ausbleiben kann bzw. bei der Mehrheit der Menschen tatsächlich ausbleibt), nämlich den Übergang von der ästhetischen zur ethischen Existenz. Hier dagegen ist die Selbstwahl etwas sehr Basales und daher Unscheinbares und Normales. Es mag Reflexionsformen dieser Wahl geben, die man erst in Stadien hoher charakterlicher Reife erreicht. Aber in ihrer Grundform ist sie immer schon vollzogen, wenn einer das ausdrückliche Bewusstsein hat „ich will", „ich handle". Die Selbstwahl ist also nicht eine besondere Wahl, sondern sie geht jeder meiner Wahl (im engeren Sinn) voraus, sie ist sozusagen die „transzendentale Wahl", die Urwahl, in der ich wahlfähig werde bzw. mich wahlfähig mache.

mich nichts zwingen. Sie erwächst mir aus der Konversion des Bewusstseins (genauerhin aus deren Reflexion), die aber aus der Spontaneität des Bewusstseins stammt (wenn auch nicht aus einer freien, überlegten Entscheidung). Im Angesicht des Anderen falle ich mir selbst zu. Ich nehme diesen Zufall an im Vollzug der Anerkennung und des Wohlwollens gegen mich selbst. Die Annahme ist unwillkürlich. Aber sie ist durch nichts Äußeres erzwungen. Es ist allein die Unwillkürlichkeit der Konversion meines Bewusstseins gegen sich selbst, seine Spontaneität also, die mich zur Selbstanerkennung und zum Selbstwohlwollen bringt. Und insofern es allein ich selbst bin, der mich dazu bringt, mich selbst zu sein, ist meine Selbstannahme in einem fundamentalen Sinn frei. Sie ist Zufall, nämlich mein Selbstzufall. Aber in diesem Zufall übernehme ich die Verantwortung für ihn. Genau darin besteht dieser Zufall, dass mir in ihm meine Verantwortung für mich selbst zufällt. Indem sie mir aber zufällt, bin ich schon verantwortlich, ich mache mich für mich selbst, i.e. für meinen Selbstzufall verantwortlich und damit meinen Selbstzufall zu meinem Selbstvollzug. Im Ereignis des Selbstzufalls greife ich also sozusagen von dessen Ergebnis her zurück auf seinen Anfang und mache das, was ich durch den Selbstzufall geworden bin, zum Ursprung dieses Ereignisses. Allerdings werde ich zu dessen Ursprung nicht im Sinn der Kausalität, in der ein derartiger Vorgriff ausgeschlossen ist, sondern der Verantwortung. Oder besser: In diesem Vorgriff wird eine neue Art von Ursprung-sein konstituiert, die sich von der Kausalität unterscheidet und die wir „Verantwortung" nennen.

Leidenschaft

Der Selbstzufall ist deshalb eine Selbstwahl, nämlich eine wissende und willentliche Annahme meiner selbst und Zustimmung zu mir selbst. Es ist eine Wahl ohne Auswahl, denn ich kann nur mich selbst als Selbst wählen. Es ist auch nicht eine Wahl, die ich unterlassen könnte, denn wenn ich vor die Wahl meiner selbst gestellt bin, dann habe ich sie bereits vollzogen; wenn ich nämlich vor mich selbst gestellt bin, dann bin ich bereits ich Selbst. Und genau darin besteht ja der Selbstzufall, dass er mich vor mich selbst stellt. Aber qua Zufall ist der Selbstzufall nicht notwendig. Und da er sich mit meinem Wissen und meinem Willen vollzieht – wenn auch unwillkürlich –, so ist er eine Wahl oder macht sich selbst zu einer solchen: zur grundlegende Wahl meiner Selbst.

Die Selbstwahl ist nicht die eines abstrakten Selbst, eines transzendentalen Subjekts etwa, sondern diejenige meines konkreten Selbst. Es ist auch nicht nur die Wahl dieses Selbst im Allgemeinen, im Großen und im Ganzen, sondern die Wahl desjenigen, der ich im Vollzug dieser Wahl bin. So ist sie aber (ursprünglich) die Wahl meiner selbst in dem Lieben, in dem ich mich gerade vollziehe, denn es ist ja das Bewusstsein der Liebe (zum Anderen), aus dem ich zur Selbstliebe gelange, indem ich nämlich in ihm auf mich selbst reflektiere. Ursprünglich trifft also die Selbstwahl auf mich selbst im Vollzug meiner Liebe. Das besondere Bewusstsein oder Gefühl, das daraus entspringt, ist die Leidenschaft in dem Sinn, in dem das Wort Hegel verwendet: Nicht im Sinn einer besonders starken Emotion, sondern im Sinn eines *Willens*, der sich mit der unmittelbaren Bestimmtheit, in der er sich vorfindet (i.e. in seinen natürlichen, aktual gegebenen Trieben und Neigungen), *identifiziert*.[461] Hegel stellt diese Leidenschaft, ganz im Einklang mit dem hier Entwickelten, als etwas sehr Positives dar, gar nicht als etwas, was zu bekämpfen ist: „Es ist nichts Großes ohne Leidenschaft vollbracht worden".[462] Allerdings ist der leidenschaftliche Wille – bei Hegel wie auch hier – erst der Anfang des freien Willens.

d) Bewusstsein der Freiheit

Auf der Grundlage der Selbstwahl als der Übernahme der Selbstverantwortung ergibt sich nun im nächsten Schritt das Bewusstsein der Freiheit (und daraus dann die wirkliche Freiheit). Dieser Schritt ist systematisch von der Emanzipation zu unterscheiden. Aber zeitlich schließt er sich für gewöhnlich unmittelbar an diese an. Unwillkürlich gehen wir vom Bewusstsein der Selbstverantwortung zum Bewusstsein der Freiheit über.

Die Grundlage dieses Bewusstseins ist das Selbstverhältnis im *Vollzug* der Selbstwahl: Solange ich mich selbst nur als Zwischenglied von Kausalketten (oder auch von zufälligen Verkettungen) begreife, kann ich an deren Fortlaufen nichts tun. Aber wenn ich mich – ungeachtet meiner kausalen oder zufälligen Bedingtheit – selbst in die Hand nehme, dann ist genau an demjenigen Punkt, wo diese Ketten „Ich selbst" sind, der Ansatzpunkt zu ihrer *Veränderung* gegeben. Wohlgemerkt, dieser Punkt ist als solcher zunächst eine reine Setzung, ein Überbau sozusagen über den Kausalketten, die durch ihn hindurchlaufen. Allerdings ist es eine unbeliebige Setzung, eine Setzung, die nur dort möglich ist, wo Bewusstsein ist. Wenn nun aber ein Bewusstsein seine eigene Verortung in den Kausalketten als sich selbst begreift, dann kann es sich zu ihr – das heißt zu sich selbst – *verhalten*. Das kann es aber auch nur dann, denn sonst kann es sich allenfalls zu Kausalketten, i.e. zu Ursachen und Resultaten verhalten. Durch ein solches Verhalten kann es aber nichts ändern. Es kann allenfalls Gegebenheiten als für sich erwünscht oder unerwünscht klassifizieren, wie es im einsinnigen Bewusstsein geschieht. Durch die Selbstsetzung in der Selbstannahme aber setze ich mich zu mir selbst in ein Verhältnis und kann mich in diesem Verhältnis verhalten. Nun endlich kann ich wirklich etwas ändern, denn an sich selbst kann das Bewusstsein etwas tun, da es ja eben im Vollzug des Verhältnisses zu sich selbst (zusammen mit dem Verhältnis zum Anderen) besteht.

---

[461] Vgl. Enzyklopädie der philosophischen Wissenschaften im Grundrisse (1930), § 473f.
[462] Ibid. § 474 Zus.

Reflexion der Selbstwahl

Zum *Bewusstsein* dieser Möglichkeit kommt das Subjekt allerdings erst durch die *Reflexion* der Selbstwahl – bzw. dann, wenn es diese Wahl reflektiert vollzieht. Zunächst geschieht dies folgendermaßen: Wie dargestellt ist im Bezug auf mich selbst das Anerkennen und das Wohlwollen das erste, das Erkennen und das Wollen meiner Selbst dagegen der nachgeordnete Vollzug. Ich weiß bzw. anerkenne mich also bereits als Selbst und will als solches mein Wohl. Auf der Grundlage dieses ausdrücklichen Selbstbewusstseins *entdecke* ich nun mich selbst. Im ersten Moment werde ich mir meiner selbst wie dargestellt in dem unmittelbaren Vollzug bewusst, in dem ich mich befinde, also im Liebesvollzug. Aus meiner Identifikation mit diesem resultierte die Leidenschaft.

Die Gebrochenheit des Bewusstseins bringt es nun aber mit sich, dass ich nicht allein und rein liebend bin. So kommt es, dass ich im schieren leidenschaftlichen Bewusstsein nicht verharren kann, sondern dass mir – sozusagen „schon im nächsten Moment" – auch anderes an meinem Selbstvollzug in den Blick kommt als mein schieres Liebend-Sein. Und so erkenne ich mich in meiner konkreten Verfasstheit, in meinen Eigenschaften, Wertvorstellungen usf.: eben in meiner *Person*, wie sie oben dargestellt wurde.[463] Deren Merkmale werden mir nun als diejenigen des Selbst, das ich anerkannt habe, gegenständlich bewusst.[464] Weil es sich dabei um eine ganz gewöhnliche Gegenstandserkenntnis handelt, bin ich darin fehlbar, und zwar sowohl was die inhaltlichen Bestimmungen des über mich Erkannten angeht, als auch was die Selbstzuschreibung angeht. Ich mag mir Bestimmungen zuschreiben, die gar nicht meine eigenen sind, und Bestimmungen nicht zuschreiben, die meine eigenen sind.[465]

---

[463] Dies letztere wäre für eine Handlungstheorie im Ausgang von der hier entwickelten Philosophie der Freundschaft entscheidend: Ich finde mich zunächst im aktiven Vollziehen vor. Es gibt nicht einen unabhängigen, selbstbestimmten Willen, der Handeln initiiert, i.e. der auf der tabula rasa des Geistes einen Anfangspunkt setzt. Dieses aktuale Im-Vollzug-Sein, in dem ich mich vorfinde, kann ein erst noch innerliches sein – das aktive mentale Verfolgen von Neigungen – oder bereits in äußere Tathandlungen ausfließen. Zu diesem meinem Im-Vollzug-Sein kann ich mich nun verhalten, und daraus entspringt dann das Selbstverhältnis, aus dem sich Willentlichkeit und Freiheit ergeben. Der Begriff des Willens, wie er normalerweise gebraucht wird, i.e. im Sinn einer isolierten Instanz der Selbstbestimmung und -verursachung (im Kontext der hier entwickelten Theorie wird das Wort ja in der basaleren Bedeutung des Wollend-Seins oder der „Wollung" verwendet), ist für dieses Selbstverhältnis irreführend, besser passt eben die „Willentlichkeit". Damit scheint die aristotelische *prohairesis* getroffen zu sein.

[464] Auch nach Aristoteles leistet die Freundschaft einen wichtigen Beitrag zur Selbsterkenntnis, allerdings in einem sehr viel alltäglicheren Sinn, der gleichwohl Wichtiges zum Verständnis des Wertes der Freundschaft beiträgt: Aus dem Blick des Freundes auf mich, aus seiner Ansicht über mich, kann ich Wesentliches über mich selbst lernen; und viele tiefere Charakterzüge meiner selbst offenbaren sich erst im Zusammenleben mit dem Freund, in den oberflächlichen sozialen Beziehungen bleiben sie nicht nur den Anderen, sondern auch mir selbst verborgen (NE 1169b31ff; vgl. Annas 1993, 251).

[465] Ähnlich H. Frankfurt (2004, 23, 25f): Wir vergegenständlichen uns selbst und bewerten die uns antreibenden Kräfte.

Selbstschätzung und Selbstauswahl

Wenn ich etwas Bestimmtes an mir erkenne, dann stellt sich wie in jedem Fall des Erkennens unmittelbar ein Gestimmtsein ein. Mir gefällt oder missfällt, was ich erkenne. Das Resultat ist nun dasjenige Bewusstsein, das landläufig oft „Selbstbewusstsein" genannt wird (auch im Sinn von „gutes", „schlechtes", „starkes" und „schwaches" Selbstbewusstsein). Passender wäre die „Selbstschätzung": Ich mag manches, was ich an mir vorfinde, und anderes mag ich nicht.[466] Wir haben eine sehr starke Tendenz dazu, uns gefallen zu lassen, was wir an uns selbst finden. Dies ist vermutlich eine sehr kluge Einrichtung unserer Natur, die uns befähigt, inmitten von Natur und Gesellschaft ein erfolgreiches Leben zu führen. Umso härter trifft es uns, wenn wir etwas in uns vorfinden, was wir uns beim besten Willen nicht gefallen lassen können. Das typische Gefühl, das sich dabei einstellt, ist die Scham – ein Gefühl, das bekanntlich ungeheuer stark sein, ja Menschen bis in den Tod treiben kann.

Die Selbstschätzung bringt das Subjekt nun zur Reflexion seiner Selbstwahl: In der Selbstwahl kam es unmittelbar zum Bewusstsein der Nicht-Zwangsläufigkeit dieser Wahl – denn gerade diese Wahl, aber auch einzig sie, war es ja, zu der es die externe Kausalität nicht genötigt hatte. Es *weiß* sich also bereits als selbstmächtig. Andererseits hat es nun aber dazuhin die *Motivation* etwas an seinem Selbst zu tun, weil es ja manches *will*, was es selbst ist und anderes davon *nicht will*; und es hat damit unmittelbar auch reale *Wahloptionen* (nämlich die Annahme und Ablehnung des Vorgefundenen). So wendet das Subjekt sich wollend und erkennend auf sich selbst zurück, nämlich auf diejenige Verfasstheit, in der es sich vorgefunden hat. Auf diese hin vollzieht es nun die *Selbstauswahl*: Das Subjekt hat nun, in der Reflexion, die Möglichkeit, das Wählen der ursprünglichen Selbstwahl gegenüber dem unmittelbaren konkreten Selbstzufall einzuschränken oder auszuweiten. In dieser Reflexion ist es nicht gezwungen, alles dasjenige anzunehmen, als was es sich selbst zugefallen ist; und es kann neue Bestimmungen in seine personale Identität integrieren, die es in der unmittelbaren Selbstwahl nicht vorgefunden hatte. Es kann „sich selbst auswählen". Diese Auswahl ist wohlgemerkt erst in der (wenngleich unmittelbaren und unwillkürlichen) Reflexion möglich. Ich kann erst auswählen, wenn ich das Angebot habe. Und das Angebot ergibt sich mir erst durch die Selbstwahl einerseits und ihre Reflexion andererseits.

Bewusstsein der personalen Identität und der Handlungsfreiheit

Durch die Selbstauswahl gewinnen wir, was landläufig und etwas unscharf „(individuelle oder personale) Identität" genannt wird. Die Selbstauswahl

---

[466] Solange die Selbstschätzung unmittelbar und unreflektiert vollzogen wird, passt für sie auch das Wort „Selbstgefühl".

betrifft aber nicht nur unsere allgemeinen, dauerhaften Eigenschaften, sondern auch unsere momentanen, situativen Verfasstheiten – die sogar in erster Linie. Das Bewusstsein unserer Handlungsfreiheit hat nun vor allem mit diesen letzterem zu tun: Ich bemerke etwa in mir ein starkes Gefühl der Wut. Ich habe nun die Auswahl, diese Wut anzunehmen oder abzulehnen. In vielen Fällen werde ich sie annehmen. Dann bin ich nicht nur wütend, dann will ich wütend sein und werde meine Wut ausleben, und zwar im Bewusstsein der Freiheit. In anderen Fällen werde ich nicht wütend sein wollen und, wiederum im Bewusstsein der Freiheit, meine Wut unterdrücken – etwa unter dem Einfluss einer Erziehung unter dem Ideal der Selbstkontrolle. Meine Gefühle schlagen sich nun je nach Umständen in Handlungsimpulsen nieder. In der Selbstauswahl habe ich nun wiederum die Möglichkeit, solche Impulse anzunehmen oder abzulehnen. Wenn ich z.B. erkenne, dass ich im Begriff bin, in meiner Wut meinem Beleidiger zu schlagen – vielleicht fliegt meine Hand bereits – dann stellt sich gegenüber diesem Vollzug, in dem ich mich gerade befinde, Gefallen oder Missfallen ein. Entsprechend werde ich den Vollzug fortsetzen oder meine Hand zurückziehen.[467] In jedem Fall habe ich die Wahlmöglichkeit gehabt und ich habe eine Auswahl getroffen. Nur wenn ich den Vollzug zu Ende bringe, ohne ihn gegenständlich erkannt zu haben, habe ich keine Wahl gehabt: Ich habe „blindlings" oder „im Affekt" gehandelt.

Wenn ich einmal mündig geworden bin, dann geht es mir normalerweise in jedem Moment auch in der dargestellten Weise um mich Selbst. Wenn ich mich in einer Neigung, einer Aversion oder einem Handlungsvollzug vorfinde, dann stellt sich mir automatisch nicht nur die Frage, ob mir gefällt oder missfällt, was ich wünsche oder erstrebe, sondern auch ob ich mir selbst in diesem Wünschen oder Erstreben gefalle. Beides kann durchaus divergieren, wie z.B. beim Alkoholiker, dem es zwar gefällt zu trinken, der aber zugleich Scham darüber empfindet, dass er trinkt. Wenn ich an mir ein Wünschen oder Tun feststelle, in dem ich mir gefalle, dann nehme ich dieses Wünschen oder Tun als mein eigenes, als meinen Willen an und beharre darin. Wenn es mir missfällt, dann lehne ich es ab und setze es nicht fort. Allerdings ist es möglich, dass das vorgefundene Wollen stärker ist als mein reflektierender Wille. Dann tue ich „nicht Gute, das ich will, sondern das Böse, das ich nicht

---

[467] Die hier vorgeschlagene Theorie verträgt sich also ohne weiteres mit dem Befund der Libet-Experimente (vgl. Libet 1985), dass wir erst im Nachhinein von der Initialisierung unserer Aktivitäten bewusste Kenntnis nehmen. Wir bestimmen unseren Willen immer angesichts eines schon gegebenen Vollzugs unserer selbst. Wir setzen keine ersten Anfänge, wir erschaffen unser Handeln nicht aus dem Nichts. Wir finden uns handelnd oder im Begriff zum Handeln stehend vor und verhalten uns dazu. Würden wir uns nicht zu einer bereits gegebenen (aktiven) Verfasstheit unserer selbst verhalten, dann könnte unser Handeln selbst nur aus Notwendigkeit oder Zufall entspringen, und beides ist nicht nur nicht Freiheit, es gibt darin noch nicht einmal den Raum für das Bewusstsein der Freiheit. Dafür muss ich in Distanz zu mir selbst stehen; dazu aber muss ich wiederum mir selbst gegeben sein, und zwar als Handelnder.

will" (Röm 7,19). Dies ist deshalb möglich, weil beides, das unmittelbare Gefallen bzw. Missfallen wie auch das Mir-selbst-Gefallen bzw. -Missfallen, Gefühle sind. Damit gehören sie demselben Bereich von Bewusstseinsbestimmungen an und können miteinander direkt und unmittelbar im Streit liegen. Den Sieg trägt das stärkere Gefühl davon. Zumeist ist das Selbstgefühl stärker als das unmittelbare Gefühl. Aber wie das erwähnte Beispiel des Alkoholikers zeigt, ist das nicht immer der Fall.

Die Illusion des Bewusstseins der Freiheit

In der Selbstauswahl liegt wie gesagt das *Bewusstsein* der Freiheit. Es beruht auf dem Moment der Selbsterkenntnis, in der ich die Auswahlmöglichkeit bezüglich dessen was ich bin und was ich tue erhalte.[468] Dieses Bewusstsein ist insofern zutreffend, als mich die Gegebenheit einer Eigenschaft oder eines momentanen Strebens oder Vollzugs in mir nicht auf diese Eigenschaft, dieses Streben oder Vollziehen festlegt. Gegenüber dem, was ich in mir vorfinde bin ich frei im Sinn von ungebunden.[469] Aber ich bin in der Selbstauswahl nicht wirklich frei, weil ich in den Kriterien meiner Wahl nicht ungebunden bin. Sie stammen aus natürlicher und gesellschaftlicher Prägung. Zwar kann ich auch auf diese Kriterien reflektieren und ihnen gegenüber eine Wahl treffen – das Erwachsenwerden liegt gerade in dieser Auswahl zweiter (oder auch höherer) Stufe. Aber selbstverständlich bin ich auch dabei an Kriterien gebunden. Ich gelange dergestalt also in einen unendlichen Regress des Bedingtseins, aber nicht zur Freiheit.

Die Bedingtheit meiner Selbstauswahl kommt mir in deren Bewusstsein allerdings nicht in den Blick: In der Selbstschätzung habe ich ein bestimmtes Gefühl gegenüber mir selbst. Wie schon beim einsinnigen Bewusstsein ausgeführt ist das Gefühl aber ein Mitbewusstsein im Bewusstsein von etwas. (Zwar kann ich auch mein Gefühl zum Gegenstand meines Bewusstseins haben, aber auch dann stellt sich ein mitbewusstes Gefühl ein, das Gefühl, wie es ist, mir meines Gefühls – z.B. meiner Freude, meiner Trauer, meiner Wut – bewusst zu sein.) Im Bewusstsein meiner Selbstauswahl bin ich mir daher nicht meiner Bedingtheit und Abhängigkeit im Selbstgefühl bewusst

---

[468] Genauer erwächst zunächst nicht das volle Bewusstsein der Freiheit, sondern das des freien Willens. Als vollständig frei bin ich meiner selbst erst dann bewusst, wenn ich außer dem Bewusstsein des freien Willens auch noch das der Uneingeschränktheit seiner Verwirklichung habe. Das *Gefühl* der Freiheit stellt sich deshalb in Erfahrungen vor allem visueller Entgrenzung ein, etwa am Steuerknüppel eines Flugzeugs über den Wolken. Allerdings muss ich zugleich das (Mit-)Bewusstsein haben, selbstmächtig zu sein, sonst verhilft mir die Entgrenzungserfahrung nicht zum Gefühl der Freiheit: Wenn der eigen Wille der Entgrenzung nicht gewachsen ist, stellt sich nicht das Gefühl der Freiheit ein, sondern der Angst.
[469] Wie gesagt haben wir allerdings eine starke Tendenz, uns uns selbst gefallen zu lassen. Daher ist es in der Praxis durchaus schwer, „von sich selbst loszukommen", i.e. von derjenigen Verfassung, in der man sich selbst vorfindet.

(natürlich kann sie mir aber später durch die Reflexion auf diese Wahl bewusst werden), wohl aber meiner Unabhängigkeit gegenüber meinem Bewusstseinsgegenstand, nämlich der Verfasstheit, in der ich mich vorfinde. Daher stellt sich mir etwa das Bewusstsein ein, ich sei frei, meinen Beleidiger zu schlagen oder ihn zu verschonen, und ich betrachte meinen Schlag als *meine* Tat. Solange ich im unmittelbaren Bewusstsein der Freiheit befangen bin, durchschaue ich dessen Bedingtheit nicht.

Entschlossenheit

Obwohl die Selbstauswahl also hinsichtlich des Freiheitsbewusstseins noch illusionär ist, gewinnen wir in ihr doch etwas ganz Entscheidendes für die Entwicklung unserer Selbstliebe: die Entschlossenheit. In der Entschlossenheit einen wir unseren Willen und machen ihn darin erst wirklich zu unserem eigenen.[470] Und erst dadurch werden wir wirklich zur Person im praktischen Sinn. In der Entschlossenheit bin ich nicht mehr nur der Schauplatz konkurrierender Emotionen und Impulse und auch nicht mehr nur der Spielball von Leidenschaften. Ich eigne mir nun bestimmte Motivationen an und schließe andere aus meinem Willen aus. Ich eigne mir daher mich selbst im praktischen Sinn an[471], und das bedeutet: ich liebe mich in meinem Wollen und Tun. Dieser Prozess ist zwar seinerseits wie gesagt noch nicht autonom gesteuert. Aber ich bin zumindest überhaupt schon einmal zum praktischen Selbstbewusstsein gelangt: zum expliziten Bewusstsein „ich will" und „ich handle". Und weil ich dieses Bewusstsein habe und es affirmiere, es sozusagen selbst noch einmal will, i.e. will dass mein Wille sei und dass er meiner sei,[472] deshalb gilt in gewisser Weise schon *wirklich*, dass ich will und handle, auch wenn mir die reale Freiheit noch fehlt.

e) Reale Freiheit

Im Verhältnis der Selbstauswahl tut sich nun ein Raum realer Freiheit auf, und zwar gerade nicht in der Wahl oder in der Entscheidung selbst, sondern gewissermaßen in der Unentschiedenheit, im Innehalten im Entscheiden, in der *epochē*. Man kann auch formulieren: Nicht in der praktischen Seite des Wahlvollzugs liegt der Ursprung der Freiheit, sondern in seiner theoretischen. Dies war freilich schon die Intuition Platons und unzähliger Philosophen in

---

[470] Vgl. H. Frankfurt 2004, 98-105.
[471] Es ist dabei nicht so, dass da ein Selbst gegeben wäre, das ich mir dann zu meinem Eigenen machte; das Primäre ist nicht ein Gegebensein, sondern der Prozess der Aneignung selbst. Durch diesen wird das Gegebene zu meinem Selbst, aber eben so, dass ich mich selbst in dem finde, was mir gegeben ist: in meinem Willen.
[472] Vgl. Hegel, GPhR, § 27: Der Begriff des freien Willens ist „*der freie Wille*, der *den freien Willen will*."

der Folge, bis hin zu Hegel.[473] Freiheit ist in erster Linie eine Form der Selbst*wissens*, nicht eine Qualifikation von Entscheidungen und Handlungen. Allerdings ist dies nun zu spezifizieren: Der Ursprung der Freiheit liegt nicht in einem allgemeinen, abstrakten Selbstwissen, sondern in der konkreten Selbstbetrachtung, die ich in der Selbstauswahl vollziehe. Und er liegt auch gewissermaßen nicht im theoretischen Aspekt dieser Betrachtung, nämlich im gewonnenen Inhalt, sondern im praktischen des Vollzugs dieses Erkennens. Im Moment der Betrachtung bin ich mir nämlich gewissermaßen selbst bewusst, ohne schon mich selbst zu sein. Ich habe ja noch nicht gewählt. Ich habe noch nicht entschieden, ob ich diesen oder jenen Charakterzug oder auch diesen oder jenen Handlungsvollzug, in dem ich mich vorfinde, selbst (sein) will oder nicht. Aber ich betrachte ihn andererseits als mir zugehörig. Ich weiß, dass ich es bin, der jetzt im Moment so ist bzw. so will oder so handelt – denn ich habe mich ja im Urakt der Emanzipation in meiner ganzen konkreten Vorfindlichkeit gewählt. Ich betrachte also mich selbst als ein Objekt – was eigentlich ein Widersinn ist, aber hier einen präzisen Sinn hat: Ich betrachte das, als was ich mich gewählt habe, hin auf eine reflektierte Auswahl.

Meistens ist dieser Moment der Betrachtung so kurz, dass er uns nicht zu Bewusstsein kommt: Wir treffen sehr schnell eine Wahl und beenden damit die Betrachtung. Aber es ist der Moment, in dem wir wirklich frei sind und der unsere Auswahl zu einer wirklich freien macht, auch wenn die Auswahlkriterien fremdbedingt sind. Denn im Moment des Betrachtens müssen wir gar nichts. Es liegt in der Gebrochenheit des Bewusstseins, dass mit einem bestimmten Gewahrsein nicht unmittelbar ein bestimmtes Wollen gegeben ist. Diese Gebrochenheit gewinnt nun endlich explizit positiven Charakter: In seiner Gebrochenheit ist das Bewusstsein gegen sich selbst frei. Das theoretische Bewusstsein, i.e. das Gewahrsein, macht das praktische Bewusstsein, i.e. das Wollen frei, indem es in der *Reflexion* des Wollens (nun genauer: des Wollens meiner Selbst) einen Raum auftut, der nicht oder nicht vollständig vom *vorgefundenen* Wollen bestimmt ist. Wenn ich betrachte, dann reagiere ich nicht. Ich folge weder einen Impuls noch stemme ich mich gegen ihn. Weder hafte ich dem an, was in mein Bewusstsein tritt, noch wehre ich es ab. Ich betrachte es nur. Darin bin ich aber *wirklich* frei gegen es.[474]

Diese Freiheit wäre allerdings belanglos, wären Handlungsimpulse und Charakterverfassungen schlechthin gegeben. Dann wäre die erlangte Freiheit eine Elfenbeinturmfreiheit, eine Befreiung durch Rückzug in das Kämmerlein der inneren Betrachtung, die nichts veränderte. Aber unsere Handlungsimpulse und Charakterverfassungen sind nicht schlechthin gegeben.[475] Sie ver-

---

[473] Auch Hannah Arendt schreibt dem denkenden Selbstverhältnis befreiende Kraft zu, vgl. 1971, 179-193 „The two-in-one"; vgl. auch 1951, 1963.
[474] Vgl. *Reden des Buddha* (1957), 64.
[475] Auch dies hat wiederum mit der Kontingenz und Gebrochenheit unseres Bewusstseins zu tun. Auch von dieser Seite her ist diese also entscheidend für die Freiheit.

ändern sich in jedem Moment, wenn auch noch so geringfügig. Und deshalb verändert unsere Selbstbetrachtung etwas an uns selbst, weil sich unsere Selbstverfasstheit unter ihrem Blick verändert. Diese Veränderung steuert die Selbstbetrachtung zwar nicht. Aber indem die Betrachtung die Reaktion auf diese unterbindet, nimmt sie dem Betrachteten (i.e. den auftretenden Empfindungen, Emotionen und Handlungsimpulsen) die Macht über das Selbst. In der Selbstbetrachtung wird mir bewusst, dass ich das, was ich bin, nicht notwendig bin; oder radikaler: dass das, was ich betrachte, nicht ich bin (denn was nicht notwendig ich bin, das bin ich nicht eigentlich), dass „dies da nicht (mein) Selbst ist". Und zwar gilt dies nicht nur in einem abstrakten Sinn, dass ich grundsätzlich die Möglichkeit habe, anders zu sein. In jedem Moment werde ich *tatsächlich* und ganz konkret anders, i.e. ein Anderer, wenn auch nur geringfügig. In der Selbstbetrachtung werde ich mir selbst gegenüber frei, mir wird bewusst, dass die Selbstwahl nicht eine notwendige ist. Mir wird gewissermaßen bewusst, dass ich nicht notwendig ich bin, dass ich nicht notwendig Subjekt bin, sondern dass ich mir selbst auch Objekt sein kann, das ich weder annehme noch ablehne, sondern eben nur betrachte. Und in diesem Bewusstsein bin ich realiter frei, weil eben dieses Bewusstsein selbst die Realisierung der Freiheit ist.[476]

Wie gesagt ist der Moment dieses Bewusstseins im Vollzug der Selbstauswahl meist nur sehr kurz und nicht explizit bewusst. Es ist ein unterschwelliges Bewusstsein der Selbstauswahl, ein Mit-Bewusstsein. Aber es ist die *Wahrheit* des Bewusstseins der Freiheit in der reflektierten Selbstauswahl: dasjenige, was an diesem Bewusstsein wahr ist. Das Bewusstsein der Selbstauswahl ist wie dargestellt in aller Regel bezüglich seiner Inhalte irrig. Die Wahrheit dieses Bewusstseins der Freiheit liegt (da muss man wiederum Kant Recht geben), nicht in seinem Inhalt, sondern in seiner Form. Es ist die Wahrheit des Wissens, dass ich nicht *notwendig* ich selbst bin, die Wahrheit der Selbstbetrachtung.

Die Epochē in der Selbstauswahl

Wenn ich in dieser Betrachtung verharre, wenn ich also nicht die Selbstauswahl vollziehe, sondern die Epochē *wähle*, dann wähle ich nicht mich selbst, sondern die Liebe, denn es ist ja der Vollzug der Liebe, in dem ich an mir selbst bin.[477] Die positive Freiheit, die ich dann erlange, ist die Freiheit in der

---

[476] Diese Auffassung der Freiheit ist natürlich buddhistisch inspiriert (vgl. die vorige Anm.); vgl. z.B. Gier und Kjellberg 2004. Auch die hier unterschwellig entwickelte Theorie des Selbst ist angeregt durch die Ablehnung des substantialen Subjekts (anatman) und die Auffassung des funktionalen oder prozessualen Selbst im Palikanon, vgl. ebd. 288-290.

[477] Vgl. Robert Spaemann 1989, 188: „Der Ort der Freiheit [ist] offenbar gar nicht primär die einzelne Handlung ..., sondern die Verfassung der Person, der Grad ihres Erwachstseins zur Wirklichkeit". Zu ergänzen wäre nach dem hier Entwickelten: zur Wirklichkeit in erster Linie *ihrer selbst*. Die Selbsterkenntnis schließt allerdings immer auch die Welterkenntnis mit ein,

Spontaneität der Liebe. Diese Spontaneität geht zurück auf die Unabgeleitetheit oder Zufälligkeit des Eintretens der Konversion, die aber in der Selbstliebe aus der Bewusstlosigkeit ins Selbstsein, in den Modus des Selbstvollzugs erhoben wurde. Dieser Zufall der Konversion, der als solcher natürlich noch keine Freiheit ist, wird zum Ursprung der Freiheit, weil in der Selbstliebe das apriorische Für-mich bzw. An-mir des unausdrücklich mitbewussten Selbstbewusstseins des einsinnigen Bewusstseins zu seinem wissenden und wirkenden An-sich-selbst-Sein kommt. Wenn es nun dieses Selbst-Sein nicht in diese oder jene Eigenschaften und Vollzüge legt, in denen es sich auswählt, sondern innehaltend und betrachtend bei seinem schieren Selbstzufallen verbleibt, dann bindet es sein An-sich-selbst-Sein zurück an dessen Ursprung, den Zufall der Selbstliebe, die Konversion gegen sich selbst. Deren Spontaneität wird nun aber zu seiner eigenen, weil er sie selbst (in der er ja sich selbst geworden ist) – und nicht irgendwelche vorgefundenen Inhalte – zum Gegenstand seiner Entschiedenheit macht.

Man wählt also in der Epochē die Selbstliebe anstelle des Selbst. Man verharrt in der liebenden Beziehung zu sich selbst, in der man sozusagen ganz bei sich und an sich ist, ohne sich selbst sein zu wollen oder nicht sich selbst sein zu wollen. Wer dagegen sich selbst auswählt, i.e. sich entschließt, ein Bestimmter zu sein, nämlich bestimmte ihm zugefallene Verfasstheiten anzunehmen oder abzulehnen, der verschmilzt im Moment der Wahl wieder mit seinem Selbst. Es geht ihm die Distanz verloren, in der er gegen sich selbst, i.e. gegen sein Selbst frei wäre und sich lieben könnte. Wer dagegen in der Selbstliebe verharrt, der verharrt in der Liebe. Dieses Verharren ist zunächst kontemplativ, i.e. diese Liebe ist entgegen der volkstümlichen Bedeutung des Wortes gerade nicht emotional und appetitiv dominiert: Ihr Strebensaspekt reduziert sich in ihrer reinsten Form (die die Selbstliebe ist) auf die reine Aufmerksamkeit im Gewahrsein.[478]

Befreiung zur Liebe

Aber die Wahlenthaltung ist zugleich die Freigabe seiner selbst für die Liebe, i.e. für die Spontaneität der Konversion. Diese findet zwar ihren Anlass in Äußerem, nämlich in der Begegnung mit Anderen (oder auch mit sich selbst als Anderem). Aber sie ist wie dargestellt nicht reduzibel auf diesen Anlass und insofern wirklich spontan. Diese Spontaneität darf und muss das Subjekt sich nun selbst zuschreiben, wenn es sich ihr bewusst geöffnet hat. Diese

---

denn das Selbst ist ja nicht etwas Isoliertes, sondern wird gerade in seinen Bezügen zur Welt erkannt.
[478] Die epochale Kontemplation ist also zunächst Selbstbetrachtung, sie hat das eigene Selbst zum Gegenstand. Aber insofern ihre Wirkung gerade die ist, dieses Selbst und mit ihm die Gegenständlichkeit zu transzendieren, ist sie in letzter (bzw. auch schon in höherer) Instanz nicht mehr Betrachtung (m)eines Selbst, sondern schieres Betrachten, sozusagen das Betrachten in der schieren Transparenz des Bewusstseins selbst oder eben in der Lichtheit des Seins.

Selbstzuschreibung ähnelt derjenigen der reinen praktischen Vernunft bei Kant. Aber anders als diese ist es nicht die Selbstzuschreibung eines Allgemeinen und Überzeitlichen, sondern eines konkreten, besonderen, zeitlich bestimmten Aktes, nämlich des Aktes der Konversion (auch wenn dieser wie dargestellt durchaus einen Allgemeinheitsaspekt hat, vgl. das transzendentale Anerkennen und Wohlwollen).[479] Die Liebe ist das einzig mögliche „freie" Auswahlkriterium der Selbstwahl, weil sie sozusagen das Kriterium des Bewusstseins selbst ist, nämlich die apriorische Struktur seiner selbst, die nun aber durch die Konversion zu Maßgabe *für* das Bewusstsein geworden ist. Wie bei Kant kann ich frei nur sein, wenn ich mein Sein allein in derjenigen Form vollziehe, die die apriorische Form meines Selbstseins[480] ist – die nach der hier vorgestellten Theorie allerdings gerade nicht die Form meines Allein-für-mich-selbst-Seins ist,[481] sondern des Seins zum Anderen, das Sein in der Liebe. In der Liebe bin ich frei. Frei werde ich zur Liebe in der Selbstbetrachtung, die sich zunächst nur als der Moment des Übergangs von der Selbstwahl zur reflektierten Selbstauswahl ergibt. Aber je mehr ich in diesem präzisen Sinn gegen mich selbst frei werde, desto freier wird meine Liebe. Je freier aber die Liebe wird, desto mehr ist sie Liebe – und desto mehr bin ich durch sie ich selbst, da ich ja mein wahres Selbstsein nur in ihr habe.[482]

Umgekehrt erklärt die Befreiung zur Liebe, wie ich mein Bedürfnis nach Liebe erfüllen kann. Denn wie dargestellt kann ich die Liebe gewissermaßen nicht direkt, nämlich als Strebensziel *für mich* wollen, weil ich zum Lieben eben das egozentrische Für-mich transzendieren muss. Dies gelingt mir aber nicht, solange ich an der Liebe als Strebensziel für mich festhalte. Es gilt also gewissermaßen: Solange ich die Liebe erstrebe, kann ich sie niemals erlangen. Solange ich mich an sie klammere und sie besitzen möchte, werde ich von ihr ausgeschlossen sein. Wie kann ich dann aber zur Liebe gelangen, wenn ich sie nicht schon habe, aber eingesehen habe, dass allein in ihr das Glück und das Gelingen meiner Existenz liegen? Die Antwort ist eben der Weg der Befreiung. Wenn ich im dargestellten Sinn meine wirkliche Freiheit suche und betätige, dann habe ich einerseits nicht die Liebe im Blick – ich habe mich selbst im Blick; allerdings gerade nicht im Sinn eines Strebensobjektes, sondern im Sinn der epochalen Betrachtung. Es ist also derjenige Blick, in dem ich mich

---

[479] Und mithin nicht die Selbstzuschreibung einer Notwendigkeit, sondern eines Zufalls (und deshalb: nicht eines Allgemeinen, Abstrakten und Überzeitlichen, sondern eines Individuellen, Konkreten und Jeweiligen) – das ist der vielleicht fundamentalste Unterschied zum kantischen Freiheitsverständnis.
[480] Hier allerdings begriffen als Bewusstsein und nicht als Intellektualität wie bei Kant.
[481] Auf der anderen Seite aber auch nicht eines Allgemein-Selbst-Seins, nämlich z.B. eines Vernunftsubjekt-Seins, sondern eines individuellen, konkreten und aktuellen – eines einzigartigen Seins eben, das immer nur ich bin (wenn auch nie ich selbst für mich allein).
[482] Diejenige Liebe, die aus der dargestellten Befreiung entspringt, ist deshalb in erster Linie die „freie Liebe", nämlich die Güte und das Erbarmen, wie sie im folgenden Kapitel behandelt werden.

nicht an mein Objekt klammere oder es in mich aufsauge, sondern im Gegenteil frei gegen es werde.

Andererseits ist gerade diese Freiheit im Angesicht meiner selbst eben genau diejenige Freiheit gegen mich selbst, die ich benötige, um mich selbst zu transzendieren und zur Liebe zu gelangen. Die reale Freiheit ist die Freiheit zur Liebe. Dann fehlt zur realen Liebe nur noch der Zufall ihrer Möglichkeit. Aber wie gesagt ereignet sich der ständig. Die Liebe ist „allgegenwärtig" wie die Wärme in einem Raum allgegenwärtig ist, obwohl sie doch nur das Gesamt von einzelnen, zufälligen und ungeordneten Molekularbewegungen ist.[483]

Handeln aus Freiheit

Die Selbstwahl und die Selbstbetrachtung entspringen aus der Liebe. Und es ist wiederum die Liebe, die das Selbst aus seiner Selbstbetrachtung zurückholt ins Handeln und Kommunizieren. Nur rein theoretisch ist die Selbstbetrachtung endlos. Meist wird sie vorschnell gestört durch Impulse des Verlangens oder der Aversion, die so stark sind, dass der Betrachtende sie unwillkürlich „wählt" und daraus wieder zur Praxis übergeht. Aber wenn dies einmal nicht geschehen sollte, dann wird wie gesagt früher oder später im Fluss der Selbstbetrachtung das Bewusstsein der Liebe sich erheben. Denn man betrachtet sich selbst ja nicht als abstraktes Subjekt, sondern gerade in seiner konkreten Verfasstheit. Das heißt aber zwangsläufig, dass man sich auch in seinen intersubjektiven Bindungen betrachtet, denn die machen einen ja zum großen Teil aus: Man betrachtet sich (auch) als Freund seiner Freunde, als Kind seiner Eltern, als Mitglied seiner Familie, seines Volkes, seiner Religionsgemeinschaft, der Menschheit und so fort. Wenn man aber darauf verzichtet, wählend diese Bindungen anzunehmen oder abzulehnen, i.e. dem zu folgen oder das abzulehnen, was diese Bindungen von einem verlangen, dann ist man mit dem Wesen dieser Bindungen selbst konfrontiert, und dieses ist eben die Liebe. Dann gibt aber diese Liebe den Impuls, zu handeln. Das bedeutet aber, das theoretische Betrachten findet in sich selbst einen Handlungsgrund – und findet ihn nicht nur aus dem Vergleich mit Kriterien, an denen es den durch die Betrachtung erhobenen Befund bemisst.

Wenn also etwa jemand in der Selbstbetrachtung auf die Bindung zu seinem Freund stößt, der gerade krank ist, dann wird ihm seine Liebe zu diesem kranken Freund zu Bewusstsein kommen. Und weil es nicht irgendeine abstrakte, allgemeine Liebe ist, die er betrachtet, sondern die konkrete zu seinem *kranken* Freund, deshalb wird er tun, wozu diese Liebe ihn treibt,

---

[483] Was natürlich nicht bedeutet, dass alle Menschen den gleichen Grad von Wärme in ihrem Leben spüren – das Schicksal ist nicht gerecht (zumindest nicht soweit wir es empirisch verstehen können). Aber noch in der lieblosesten Lebenswelt gibt es zumindest die Möglichkeit zum Lieben – denn wo es sie nicht gibt, da gibt es auch kein Leben mehr.

nämlich z.B. ihn besuchen. Er tut dies dann aus Liebe und deshalb frei. Er tut es dagegen aufgrund von Bindung und deshalb unfrei, wenn er räsoniert: Dieser da ist mein Freund und er ist krank. Die allgemeinen Normen meiner Kultur (oder meiner Familie oder meiner Religion etc.) fordern, dass man sich um einen kranken Freund kümmert. Also muss ich mich jetzt um meinen Freund kümmern. Diese Reflexion ist nicht falsch oder gar schlecht. Aber sie ist nicht frei.[484]

Die hier vertretene Theorie fordert nicht, dass man in allem Handeln frei sein solle oder dass man nur das tun solle, was man in Freiheit tun kann. Das wäre unmöglich. Wir müssen vielen Geboten unserer Bindungen folgen – und natürlich auch vielen Geboten unseres Eigeninteresses. Aber es ist gut für uns, wenn wir in unserer Liebe – und das heißt ja gerade: in unseren Bindungen – immer freier werden. Dies ist gut, weil die Liebe an ihr selbst gut ist, und weil die Freiheit die immanente Steigerung der Liebe ist. Wer in Freiheit liebt, liebt mehr als wer in Bindung liebt. Deshalb ist die ungezwungene, freiwillig geschlossene Freundschaft (seit spätestens dem 18. Jh. auch und gerade auch in Form erotischer Liebe) das Paradigma der Liebe. Aber das bedeutet nicht, dass es freie Liebe nur jenseits der ererbten Bindungen gibt. Im Gegenteil ist es gerade die große Herausforderung der Liebe, solche Bindungen zu „befreien", i.e. die ursprüngliche Liebe in ihnen wieder lebendig zu machen.

Die Freiheit der Unfreiheit

Die wahre Freiheit in der Liebe gibt nun dem Bewusstsein der Freiheit eine allgemeine, sozusagen negative Wahrheit. Zwar sind wir in dem, was wir wählen, entgegen unserem Bewusstsein der Freiheit zumeist unfrei. Aber *dass* wir gewählt haben, dass wir bestimmte Verfasstheiten unseres Selbst, in denen wir uns vorgefunden haben, ergriffen und uns mit ihnen identifiziert haben, das war nicht notwendig, denn wir hätten ja auch im liebenden Selbstgewahrsein verharren können.[485] Insofern sind wir schuldig (im negativen wie im positiven Sinn) an dem, was wir selbst sind, und deshalb auch an dem, was wir selbst tun.

---

[484] Genauso gilt selbstverständlich, dass ich nicht frei bin, wenn ich auf der Grundlage meines Eigeninteresses raisonniere: „Wenn ich krank bin, möchte ich gerne von meinem Freund besucht werden. Wenn ich ihn nun, da er selbst krankt ist, besuche, dann erkaufe ich mir damit die Versicherung dafür, dass er das Gleiche gegen mich tun wird. Ich kenne nämlich meinen Freund und weiß, dass sein Pflichtbewusstsein in der entsprechenden Weise ausgebildet ist."
[485] Um den sartreschen Satz (2000, 150) umzukehren, liegt unser Freiheit zum Schlechten gerade in der *Freiheit*, nicht frei zu sein bzw. die eigene Befreiung nicht gewollt zu haben. Die fundamentale, sozusagen „transzendentale" Freiheit ist gerade die, frei oder nicht frei zu sein. In einem anderen Sinn sind wir freilich tatsächlich „nicht frei, nicht frei zu sein", nämlich eben bezüglich dieser transzendentalen Freiheit.

Natürlich stellt sich dann wiederum die Frage nach der Wahl zwischen Selbstliebe und Selbstauswahl. Ist diese Wahl frei? Zunächst ist sie frei im negativen Sinn. Nichts kann mich an der Selbstliebe im dargestellten Sinn hindern, auch wenn manches sie mir erschweren kann. Im Gegensatz zur Freundschaft gegen Andere bin ich in der Selbstfreundschaft von niemandem anderen abhängig. Ihre Möglichkeit ist mir jederzeit gegeben. Die Frage ist, ob sie mir auch tatsächlich zufällt, aber die Frage zu stellen, heißt bereits sie zu bejahen, denn die Frage erweist ja, dass ich bereits betrachtend an mir selbst bin und nicht nur mit-selbstbewusst bin, wie im einsinnigen Bewusstsein. Es mag zwar Menschen oder andere Wesen geben, die unfrei sind, weil die Freiheit ihnen niemals in den Sinn gekommen ist. Aber wer nach seiner Freiheit fragt, der ist nach der hier entwickelten Theorie tatsächlich frei.[486] Seine Frage erweist, dass er dasjenige Selbstverhältnis gewonnen hat, in dem die *Möglichkeit* der Freiheit liegt. Und wer die Möglichkeit der Freiheit hat, der ist in gewissem Sinn auch schon frei.

Der Zufall der Freiheit und die Verantwortung

Damit ist aber noch nicht geklärt, ob wir auch die positive Freiheit, i.e. das Vermögen haben, uns selbst zu lieben, statt uns ein Selbst auszuwählen und uns in ihm zu verobjektivieren. Was bringt uns dazu, in der Selbstliebe zu verharren, statt uns auf eine bestimmte Verfasstheit festzulegen bzw. das Gegenteil zu tun?[487] Nach dem hier Entwickelten kann dies nur Zufall sein. Nur wenn mir die Liebe zu mir selbst zufällt, kann ich in ihr verharren.[488] Und nur wenn sie stark genug ist, kann ich der Versuchung widerstehen, mich auszu-

---

[486] Der „Beweis" der Freiheit ist also tatsächlich so etwas wie ein „Faktum der Vernunft" wie bei Kant (Vgl. KpV 6) – nämlich ein Faktum des *Bewusstseins*. Allerdings ist es nach der hier entwickelten Theorie nicht das Faktum des unbedingten Pflichtbewusstseins, sondern das Faktum des Bewusstseins der Freiheit (bzw. der Verantwortung) selbst.
[487] Vgl. R. Spaemann (1989, 188), anschließend an das obige Zitat: „Dass dieses Erwachtsein, diese Aufmerksamkeit selbst noch einmal zu verantworten ist, ist ein Paradox, das der Philosophie immer wieder zu schaffen gemacht hat."
[488] Diese letzte und damit absolute Kontingenz unserer Freiheit ist allerdings nur unter dem objektiven oder kosmologischen Aspekt eine solche. Unter dem subjektiven oder praktischen Aspekt kann ein Mensch einem Anderen seine Liebe schenken und ihm damit denjenigen „Liebeszufall" (der dann freilich subjektiv keiner mehr ist) zuwenden, der ihn zum Lieben befähigt. Dazu gehört auch und gerade auch diejenige Zuwendung der Liebe, die dem Anderen verhelfen möchte, selbst zum freien, mündigen und liebesfähigen Wesen zu werden. – Natürlich ist auch diese Liebeszuwendung in kosmologischer Hinsicht in letzter Konsequenz noch einmal Zufall, denn irgendwer muss ja angefangen haben zu lieben, und das konnte er nur, wenn ihm die Liebe zufiel; zudem ist es Zufall, ob ein Individuum solchen Individuen begegnet, die sich ihm liebend zuwenden. Aber es wird deutlich, dass die kosmologische Kontingenz der Liebe uns nicht ohnmächtig macht oder die Verantwortung von uns nimmt, sondern uns im Gegenteil ermächtigt und unsere Verantwortlichkeit zu etwas Entscheidendem macht, weil es entscheidend von uns abhängt, ob (im kosmologischen Sinn) „Liebe in der Welt ist" und ob Andere zur Lieben, zur Freiheit und zum Erbarmen (s.u.) finden können.

wählen. Den allerwenigsten gelingt dies. Zu verlockend sind die Angebote der Selbstidentifikation, die wir in uns vorfinden. Und weitaus mächtiger noch sind die Abwehr und der Ekel gegen bestimmte Verfasstheiten, die wir in uns selbst entdecken. Kaum jemanden gelingt es, seine negativen Seiten nicht abzulehnen, sondern liebend bei ihnen zu verharren. Wer sich selbst liebt, muss dies aber tun, denn in der Liebe zu sich muss er sich selbst erkennen.

Man kann also durchaus die Verantwortung dafür von sich weisen, zur Selbstliebe und damit zur Freiheit unfähig gewesen zu sein. Aber damit wählt man die Unfreiheit und damit das Nicht-Selbst-Sein. Und das kann man nicht wollen. Man muss also seine Freiheit wollen[489] – und zwar im objektiven Sinn: Man kann und muss jedem selbstbewussten Wesen zuschreiben, dass es seine Freiheit will. Wenn ich aber meine Freiheit will, dann muss ich akzeptieren, dass ich bin, der ich bin, und eben diesen, der ich bin, in meine Verantwortung nehmen. Dies war ja der Urakt der Freiheit, dass man sich selbst wählt, dass man das Selbst wählt, das man ist.[490] Damit übernimmt man aber die Verantwortung für dieses Selbst, auch wenn man gerade nicht (bzw. noch nicht) im kausalen Sinn schuld an der Verfasstheit dieses Selbst ist. Nur wenn man diese Verantwortung übernimmt, kann man sich selbst lieben und darin frei werden. Um frei zu werden, muss ich also die Verantwortung für das übernehmen, was ich als Konsequenz meiner Selbstauswahl[491] gewesen bin und getan habe. Das ist Teil der Selbstliebe und des Prozesses der Befreiung. Um der Freiheit willen *muss* ich wiederum diese Verantwortung übernehmen wollen. Wir dürfen sie deshalb auch Anderen zuschreiben, auch gegen deren Deklaration ihres Willens.

Wer sagt, ich bin schuld an meinen Verbrechen, der spricht die Wahrheit, eben weil er die Verantwortung übernimmt. Wer sagt, ich bin nicht schuld an meinen Verbrechen, spricht ebenfalls die Wahrheit, wenn er es ernst meint, eben weil er die Verantwortung nicht übernimmt. Aber wer das letztere sagt, nimmt sich selbst das Recht, Verantwortung anzunehmen oder abzulehnen. Denn wer sich die Freiheit nimmt, nimmt sich jegliches Recht. Weil aber die anderen freien Wesen aufgrund der Bewusstseinskonversion gezwungen sind, ihn als ein Wesen zu betrachten, das liebenswert ist und daher Rechte (zumindest gewisse Grundrechte) hat, deshalb sind diese Anderen dazu gezwungen, ihm die Ablehnung seiner Verantwortung nicht abzunehmen und ihm

---

[489] Das ist noch mehr, als die Unfreiheit, nicht frei zu sein (vgl. Sarte 2000, 150f.).

[490] Erst auf der Grundlage dieser Annahme seiner Selbst kann man dann frei werden gegen dieses Selbst. Ich muss mich also mit meinem Selbst identifiziert haben, um erkennen zu können, dass ich im dargestellten Sinn nicht dieses Selbst bin. Aus dieser Erkenntnis wiederum kann ich dann das größere Selbst sein, nämlich nicht mehr das Ich-Selbst, sondern das Selbst der Liebe.

[491] Das schließt aus, dass ich Verantwortung für das übernehmen muss, was ich z.B. als unmündiges Kind, schlafwandelnd oder unter Drogeneinfluss oder auch ohne Wissen der Konsequenzen meines Tuns getan habe (natürlich bleibt ggf. die Verantwortung dafür, mich z.B. unter Drogeneinfluss begeben zu haben bzw. mich über die Konsequenzen meines Vorhabens nicht informiert zu haben).

gegen seine ausdrückliche Willensbekundung die Verantwortung zuzuschreiben.[492] Damit *haben* sie vielleicht nicht recht. Aber sie *tun* dem Verbrecher recht.

Wenn ich bezüglich vergangener Taten nur die Möglichkeit habe, die Verantwortung für sie zu übernehmen, so habe ich hinsichtlich zukünftiger Taten eine andere Art von Verantwortung. Auf die Selbstauswahl habe ich wenig direkten Einfluss. Ich kann mich anstrengen, meine Kriterien zu verbessern und bei ihrer Beachtung aufmerksamer zu sein. Dies sind die altbekannten guten Vorsätze. Sie reichen meist nicht weit, weil sie nicht befreien. Um mich tatsächlich zu verändern und tatsächlich freier zu werden, muss ich meine Freiheit wollen, und das heißt, ich muss mich selbst lieben wollen. Und das erreiche ich, wie aller großen spirituellen Traditionen wissen, nur, wenn ich meine Liebesfähigkeit steigere. Und diese steigere ich dadurch, dass ich mich für die Liebe befreie, i.e. dass ich meinen Geist reinige, denn die Liebe selbst muss man nicht verstärken, da sie ja immer möglich ist. Um frei zu werden muss ich mich also (in der dargestellten Weise, nämlich durch die epochale Selbstbetrachtung) in die Selbstliebe einüben. Letztlich ist die Verantwortung für unser falsches Tun die Verantwortung dafür, dies nicht getan zu haben. Und dies letztere müssen wir unserer Verantwortung zurechnen, weil diese Selbstzurechnung die Bedingung dafür ist, uns selbst zu lieben.

Der kosmologische Aspekt der Freiheit

Der kosmologische Sinn der Freiheit ist unter der Vorgabe dieser psychologischen Erklärung der Freiheit schnell geklärt – freilich nur, man wie hier nahelegt eine nichtdeterministische Metaphysik voraussetzt,[493] also davon ausgeht, dass es reale Zufälle gibt. Dann allerdings löst die dargestellte Freiheitstheorie die entscheidende Frage, wie aus dem bloßen Zufall echte Freiheit werden kann – nämlich durch den reflektierten Selbstzufall in der (spontanen, irreduziblen) Konversion des Bewusstseins. Umgekehrt ist damit erklärt, wie die psychologische Freiheit real wirksam sein kann: Sie ist es in Gestalt des Liebeszufalls. Die Liebe ist das Werk der Freiheit. Sie ist dasjenige, was die Freiheit über die Natur hinaus zur Realität beiträgt, ohne doch jemals die Natur zu verlassen.

Frei ist also die Liebe, und sie stellt einen Handlungsgrund dar, den die Freiheit zu den Kausalzusammenhängen des Universums beiträgt. Sie ist in dem Sinn kostenneutral, in dem auch die quantenmechanischen Unbestimmtheiten kostenneutral sind: Sie gibt Ereignissen eine Richtung und einen Verlauf, die sie vom Standpunkt der Naturordnung gesehen nicht haben

---

[492] Das gilt natürlich nicht dann, wenn man annehmen muss, dass der Schuldige nicht zur Selbstauswahl bezüglich seines Tuns fähig war, weil er etwa unmündig war, unter Drogeneinfluss stand oder im Affekt gehandelt hat.
[493] Warum man diese voraussetzen sollte, habe ich versucht in Utz 2001 und 2005 zu zeigen.

müssen, aber haben können. Sie ist gewissermaßen ein Maxwallscher Dämon, der die Erhaltungssätze beachtet und dennoch etwas verändert. Allerdings agiert der Daimon der Liebe nicht so, dass das Ergebnis seines Tuns physikalisch zu Buche schlüge, wie das beim Maxwellschen Dämon der Fall wäre. Die Liebe verändert die Statistik der Naturereignisse nicht, weil die Vollzüge der Liebe physikalisch gesehen jeweils Besondere sind. Das Allgemeine in ihnen ist eben die Liebe, die Anerkennung und das Wohlwollen, die aber physikalisch nicht erfassbar sind.[494] Weil aber Liebesvollzüge kein allgemeines physikalisches Merkmal, sondern eben nur ein allgemeines phänomenales Merkmal haben, deshalb verteilen sich ihre physikalischen Merkmale statistisch gleichmäßig.[495] Allenfalls könnte jemand möglicherweise feststellen, dass die Menschen mehr lieben (und hassen), als evolutionär erforderlich oder förderlich wäre. Aber weil sich die Menschheit aus der allgemeinen Naturgeschichte in die Einzigartigkeit und Unvergleichlichkeit der Menschheitsgeschichte erhoben hat, deshalb gibt es über ihre Evolution keine Statistik mehr. Denn um eine Statistik zu erarbeiten, braucht man eine Vielzahl von vergleichbaren Fällen.

Vielleicht ist es hilfreich, dazu noch Folgendes anzumerken: Es gibt ein weitverbreitetes Missverständnis, wonach Statistik und Kausalität dasselbe sind oder notwendig aufeinander verweisen. Das ist aber gerade nicht der Fall. Wenn in Gebirgsregionen mehr Menschen Selbstmord begehen als an der Küste, dann bedeutet das nicht, dass Berge Selbstmord *verursachen*. Den Unterschied kann man sich leicht daran klar machen, dass „ist wahrscheinlicher als" eine intransitive Relation ist, „ist Ursache von" dagegen eine transitive.[496] Deshalb ist es kein Argument gegen die Freiheit, wenn z.B. Gewalttaten statistisch in einem Abhängigkeitsverhältnis zu äußeren Umständen wie etwa der architektonischen Gestaltung von Wohnräumen stehen. Ein Verbrecher, der in einer Hochhaussiedlung wohnt und dort groß geworden ist, ist für seine Tat grundsätzlich nicht weniger verantwortlich als einer aus einem Einfamilienhaus.

Natürlich ist es möglich, dass ein statistischer Befund einen Kausalzusammenhang abbildet. Aber notwendig ist das nicht. Und so ist es umgekehrt

---

[494] Im Übrigen sind sie auch bewusstseinsphänomenologisch (eigentlich ein Pleonasmus) nicht eindeutig identifizierbar, weil das Bewusstsein kein geschlossenes System ist. In offene Systeme kann man aber beinah alles Mögliche hineininterpretieren oder auch hinausinterpretieren. Wie bereits dargestellt lassen sich (beinah) alle Vollzüge der Liebe auch als Vollzüge besonderes subtilen oder auch pervertierten Eigeninteresses interpretieren. Nur überzeugt das denjenigen nicht, der liebt – so wie es denjenigen, der das Bewusstsein der Freiheit hat, nicht überzeugt, wenn man seine Freiheitsvollzüge auf Naturkausalität reduziert.
[495] Vgl. R. Spaemann 1989, 195: „Schon Thomas von Aquin schreibt, dass die Leibe keine adäquate empirische Darstellung findet, weil jede Handlung, die aus Liebe geschieht, auch ohne Liebe geschehen könnte."
[496] I.e. es kann der Fall sein, dass A wahrscheinlicher ist als B und B wahrscheinlicher als C und C wahrscheinlicher als A (vgl. Walter Krämer 1996, 111 ff) – diese Relation ist im Fall der Kausalität unmöglich.

nicht notwendig, dass dort, wo statistisch keine besonderen Verteilungen auftauchen, keine Kausalzusammenhänge bestehen. Das ist z.B. – mutmaßlich – beim Würfeln der Fall. Das Fallen eines Würfels ist sehr wahrscheinlich nicht wirklich zufällig, sondern kausal determiniert. Dennoch nähert sich die Verteilung der Würfe bei hoher Wurfzahl der Gleichverteilung an. Der Würfel wird eben – zumindest von menschlichen Werfern – nie exakt gleich geworfen. Die verschiedenen kausalen Faktoren scheinen sich eben im Mittel auszugleichen. Ebenso ist die Liebe statistisch unsichtbar, zumal sie ja nicht das Extrem eines Gegensatzes (etwa zum Egoismus) darstellt, sondern die Mitte zwischen egozentrischem und obtemperanten Bewusstsein.

f) Unverborgenheit gegen sich selbst als dianoetische Tugend

Wie bereits erwähnt haben wir Angehörigen des westlichen Kulturkreises nicht erst seit Kant, sondern vermutlich schon mit Beginn des Christentums Probleme damit, dianoetische Tugenden als moralische Vortrefflichkeiten anzuerkennen. Es gibt sogar die – allerdings zweifelhafte – Vorstellung, einfache, unbedarfte Menschen seien im Allgemeinen moralisch besser und Intellektualität könne die Moralität verderben. Zumeist haben wir zumindest die Auffassung, dass die intellektuellen Fähigkeiten eines Menschen nicht Voraussetzungen dafür sind, dass er moralisch gut bzw. tugendhaft sein kann.[497] Insofern fühlen wir uns nicht mehr veranlasst, diese Fähigkeiten als Tugenden (auch) im moralischen Sinn zu veranschlagen und zu begründen. Man wird Aristoteles allerdings zugestehen müssen, dass die „rechte Gesinnung" bzw. das „rechte Verhalten" immer auch ein Moment des „richtig Erkennens" implizieren und erfordern. Dies gilt für alle Theorien rechten Lebens – natürlich in sehr unterschiedlicher Form. Allein der blanke, noch die eigene Zukunft ignorierende Hedonismus kann auf dieses Moment verzichten.[498]

Wenn wir also davon ausgehen, dass in der Tugendhaftigkeit bzw. dem moralischen Gutsein ein kognitives Moment enthalten ist, dabei aber andererseits festhalten, dass jeder moralisch sein kann, dann ergibt sich ein eigentümliches Erfordernis von „moralisch relevanter Erkenntnisfähigkeit".

---

[497] Dahinter stehen wohl auch (religiös inspirierte) Gerechtigkeitserwägungen: „Durch ein moralisches Leben gewinnt man die Seligkeit (oder macht sich ihrer zumindest würdig); es darf aber nicht sein, dass bezüglich der Möglichkeit, die Seligkeit zu erlangen, ungleiche Chancen bestehen – das widerspräche der Gerechtigkeit Gottes / der Vernünftigkeit des Weltaufbaues / der Weisheit der Natur / etc."
[498] Manche Theorien des moralischen Gefühls können vermutlich weitgehend darauf verzichten, aber auch das höher entwickelte Gefühl setzt das Erkennen voraus (um etwa festzustellen ob es der Vater ist, der ein schreiende Kind mit sich fortzerrt, oder ein Kidnapper) und braucht sie, um sich in Handlungen umzusetzen.

Dieser Aspekt lässt sich nun unschwer durch die eben entwickelte Theorie der Selbstliebe einholen, wenn man sich dem Moment der Unverborgenheit zuwendet. Mit Heidegger ist man mit diesem Stichwort schon unmittelbar bei der Wahrheit, weil er diese bekanntlich als *a-lētheia*, eben als Unverborgenheit verstehen möchte. Im Rahmen des hier Entwickelten muss man freilich zunächst festhalten, dass die freundschaftliche Unverborgenheit nicht der einzige und auch nicht der paradigmatische Fall von Wahrheit ist. Erkenntnis und deren Erfolgskriterium sind ja bereits im einsinnigen Bewusstsein gegeben. Die Unverborgenheit so wie sie *hier* entwickelt wurde (bzw. wie dieser aristotelische Begriff hier expliziert wurde), nämlich als Resultat der gegenseitigen willentlichen Offenbarung, ist der Grundbegriff allein für die Wahrheit in der Freundschaft.[499] In der freundschaftlichen Unverborgenheit kommen zwei Aspekte zur Wahrheit hinzu, die im einsinnigen Für-mich-Bewusstsein noch nicht gegeben sind. Zum einen ist das freundschaftliche Erkennen wesentlich durch die Anerkennung geprägt: Ihr Gegenstand ist überhaupt nur im Modus der Anerkennung erkennbar, seine Gegebenheit ist durch diese konstituiert wie oben dargestellt wurde. Zum andern hat die Unverborgenheit ein Moment der Aktivität, also Willentlichkeit: Ich *gebe* mich dem Anderen *zu erkennen*. Die Unverborgenheit, so könnte man sagen, ist also eine Wahrheit – und im Übrigen die einzige Wahrheit – die man „tun" kann.[500] Denn im Sich-zu-erkennen-Geben eröffnet man Wahrheit, die ohne diese aktive Eröffnung gar nicht wäre. Dies bedeutet nicht nur: die ohne diese gar nicht *zugänglich* wäre – so wie ein Gegenstand, den man vor Anderen unter Verschluss hält, dann aber einem Freund eröffnet. Es bedeutet, dass das *Objekt* dieser Wahrheit gar nicht gegeben wäre, ohne die Eröffnung, weil es das Selbstsein des Sich-Eröffnenden betrifft, das aber nur im Modus des Bewusstseins existiert und deshalb gar nicht *objektiv* ist außer in der Bewusstseinskonversion, i.e. außer im Vollzug der Unverborgenheit selbst. Die Offenbarung in der Unverborgenheit ist also wesentlich Selbstmitteilung – und nicht Mitteilung von bestimmten Fakten über mich, auch wenn diese Fakten beiherspielen mögen.

Zu diesem Zu-erkennen-Geben ist aber nicht eine besondere Fähigkeit vonnöten, die man zusätzlich zu dem bräuchte, was man zu erkennen gibt (i.e. was man selbst ist). Es ist im Gegenteil nur erforderlich, das man *nicht* etwas zusätzlich zu erkennen gibt, als was man selbst schon ist, dass man also gerade keine Anstrengung unternimmt und keine weiteren Fähigkeiten in Anschlag bringt.[501] Auch auf der Gegenseite, auf der Seite des Empfängers dieses Sich-zu-erkennen-Gebens, ist nicht eine spezielle Erkenntnisfähigkeit vonnöten. Es ist allerdings eine ausgezeichnete Erkenntnis*weise* vonnöten,

---

[499] Die allerdings insofern die ursprüngliche Form der Wahrheit darstellt, als das Freundschaftsbewusstsein das ursprüngliche Bewusstsein ist.
[500] Vgl. Joh 3,21.
[501] Eben dies macht die Aufrichtigkeit aus, wie sie oben beschrieben wurde.

nämlich die Anerkennung als die Bewusstseinskonversion unter dem kognitiven Aspekt. Aber die Konversion erfordert gerade nicht irgendwelche besonderen kognitiven Fähigkeiten. Es handelt sich also gerade um einen solchen Erkenntnisakt, der *jedem* möglich ist, der aber dennoch etwas *Besonderes* verlangt – ganz ähnlich wie wir das von moralischem Handeln bzw. moralischer Gesinnung samt deren kognitiven Moment annehmen.

Die Übung der Unverborgenheit gegen sich selbst

Die Unverborgenheit ist nun aber notwendig auch im Vollzug der Freundschaft gegen sich selbst impliziert. Hier nun kommen beide Aspekte, das Sich-zu-erkennen-Geben und dessen Empfangen im anerkennenden Erkennen zusammen. Es tritt dadurch ein eigentümlicher Fall von Wahrheit ein, nämlich ein solcher, in dem Wahrheit tatsächlich aktuell vollzogen wird und sich in diesem Vollzug entscheidet, denn im Vorgang der Selbsterkenntnis entscheide ich bzw. entscheidet sich wie dargestellt wie bzw. wer ich bin – sei es in der Selbstauswahl, sei es in der Enthaltung gegen mich selbst.[502]

Dieser Wahrheitsvollzug wird dann zur Tugend, wenn er im Sinn der realen Befreiung, also als epochale Selbstbetrachtung vollzogen wird. Näherhin wäre die eigentliche intellektuelle *Tugend* im aristotelischen Sinn die Perfektionsform dieses Vollzugs, also das vollständig befreite Selbstbewusstsein, das sich ganz als Lieben weiß und als solches vollzieht. Diese Vollkommenheit ist natürlich sehr selten – aber nicht grundsätzlich menschenunmöglich. Dagegen ist diejenige Selbstbetrachtung, die noch nicht bei der vollständigen Freiheit gegen das Selbst angekommen ist, Tugend*übung*, nämlich Einübung in die Freiheit zur Liebe. Dabei steht das Ziel allerdings nicht explizit vor Augen, denn wer die epochale Selbstbetrachtung übt, konzentriert sich ja auf seine Selbstwahrnehmung und nicht auf die Freiheit bzw. auf die Liebe. Er sieht sozusagen um der Liebe willen von der Liebe ab und betrachtet sich selbst – nicht um nachher besser über sich selbst bescheid zu wissen und erst recht nicht, um sich selbstverliebt selbst zu genießen; sondern im Gegenteil, um in dieser Betrachtung frei zu werden gegen deren Objekt – frei zum Lieben. Dies ist der Weg der Kontemplation oder Meditation, der Erkenntnis bzw. Selbsterkenntnis, wie er sich in unterschiedlichen Ausformungen in den östlichen und weniger stark auch in den westlichen spirituellen Traditionen findet.[503]

---

[502] Dennoch ist sie darin nicht eine Wahrheit, die „gemacht" wird, wie es manche Postmoderne (vgl. z.B. R. Rorty 1989, 3, 7, u.ö.) gerne möchten, denn diese Wahrheit ist überhaupt nicht gegenständlich und schon gar nicht kann der sie Vollziehende sie kreativ bestimmen.

[503] Dagegen zielen viele kontemplative (und z.T. auch rituelle) spirituelle Praktiken darauf ab, entweder unsere Gefühle samt unseren Motivationen zu konditionieren (also sich in bestimmte Stimmungen und Gefühle einzuüben) oder aber unsere Selbstdisziplin zu stärken – nämlich zur Abwehr und zum Widerstand gegen solche Gefühle und Impulse, die nach irgendeinem Ethos nicht wünschenswert sind. Manche Praktiken zielen auch darauf, sich im Für-wahr-

Wie die Unverborgenheit gegen den Anderen so erfordert auch die gegen sich selbst keine besondere Begabung oder erlernte Fertigkeit. Aber sie erfordert eine besondere, oft äußerst mühsame Anstrengung und eine fortgesetzte Einübung: nämlich zum einen darin, sich nicht etwas über sich vorzumachen, sondern allein bei dem zu bleiben, was man (aktualiter) ist; zum andern darin, sich in der Anerkennung zu halten, i.e. in der Konzentration auf das eigene Selbst, nämlich auf denjenigen Vollzug, in dem ich mich aktual selbst vollziehe, und nicht abzuschweifen auf Gegebenheiten, die ich mit meinem Selbst in Verbindung bringe (Körper, geistige Fähigkeiten, Wissensinhalte, Erinnerungen, Pläne, Zukunftswünsche, Ansehen, Macht, Reichtum, Herkunft etc.). So ist die Unverborgenheit gegen sich selbst in ihrem Wesen gar nicht *Selbst*erkenntnis, zumindest nicht in dem Sinn, in dem das Wort gern verstanden wird, nämlich dass da ein Selbst gegeben ist, dessen Bestimmungen ich dann herausfinde. Erkannt wird gar keine faktische Vor-Gegebenheit. Erkannt wird allein das Im-Vollzug-von-Bewusstsein-sein – und zwar selbstverständlich und notwendigerweise in seinen jeweiligen aktualen und konkreten Bestimmungen. (Man spricht also besser von Selbst-

---

Halten von etwas einzuüben, stellen also so etwas wie kognitive Autosuggestionstechniken dar. All dies kann man unter der Formel „Verhärtung im Guten" fassen (natürlich aus der Perspektive der jeweiligen spirituellen Tradition gesprochen). Herkömmlich steht dafür auch das Wort „Erbauung". Nach der hier entwickelten Theorie kann diese allenfalls mittelbare und unterstützende Funktion haben, vor allem am Anfang des Wegs der Selbstperfektionierung. Der eigentliche spirituelle Fortschritt kann allein darin bestehen, sich gerade nicht zu verhärten und sein Selbst zu erbauen, sondern sich selbst zu transzendieren und frei und durchlässig zu werden für die Liebe. Sowohl die Selbstkonditionierung im Guten wie die Selbstdisziplinierung im Blick auf das Schlechte wie auch die Einübung in die existenzielle Akzeptanz einer Weltanschauung verbleiben dagegen noch auf der Ebene der Selbstauswahl, sie sind Techniken zu deren Effektivierung. (Selbstverständlich fällt auch die aristotelische Lehre des Tugenderwerbs unter dieses Verdikt. Man tut dem Ansehen des großen Meisters sicherlich keinen Abbruch, wenn man feststellt, dass seine Vorstellungen über Tugenderziehung und -selbsterziehung sowohl psychologisch wie auch spirituell wenig entwickelt sind.) Die epochale Selbstbetrachtung dagegen ist gerade die Befreiung von jeglicher Konditionierung und Restriktion, von unseren Gewohnheiten der Affirmation und der Aversion (sei es der emotionalen, sei es der intellektuellen). Allein dadurch wird man frei zur Liebe, weil die Liebe als das ursprüngliche Bewusstsein eben das ist, was übrig bleibt, wenn jegliche Identifikation und jegliche Dissoziation im Bewusstsein überwunden sind.

Die Einübung in die Liebe ist also nicht die in die moralische Pflicht. In der ursprünglichen Liebe fallen Wollen und Wohlwollen etc. in eins – in ihrem Verhältnis artikuliert sich keine Pflicht. Danach brechen sie auseinander und können in Konflikt geraten – und dann tritt die Freundschaftspflicht auf den Plan und erhebt ihre Stimme gegen diejenige des egozentrischen (und des lieblos-obtemperanten) Bewusstseins. Dieser Konflikt wird aber erst wieder überwunden, wenn ich zur Selbstliebe gelange und Wollen und Wohlwollen *in mir selbst* zur Einheit bringe, nämlich im Begreifen meiner selbst als *wesentlich* liebendem Wesen. Insofern ich dieses Wesen bin – das ich der mir selbst nur bin, insofern ich mich *liebe* –, ist der Einklang und das Gleichgewicht von Wollen und Wohlwollen zugleich mein eigenes Gut, das, worin ich mich selbst genieße und mich zugleich als gut-an-sich ansehen kann: meine Tugend. – Die Liebe bleibt also der unhintergehbare Grund der Güte der Liebe, i.e. diese Güte ist irreduzibel (sowohl auf das pure, lieblose Eigeninteresse wie auf die abstrakte, unfreundschaftliche Pflicht).

gewahrsein oder Selbstbeobachtung als von Selbsterkenntnis.) Erkannt wird, dass das Selbst allein in diesem Vollzug ist, i.e. dass es überhaupt nur in der Bezüglichkeit des Für-mich ist und nicht als unabhängige Gegebenheit. Erkannt wird außerdem, in welcher Weise dieses Für-mich vollzogen wird, nämlich ob es liebend vollzogen wird oder nicht, und in welchem Vollkommenheitsgrad von Liebe es vollzogen wird.[504] Und genau dies ist nach dem hier Entwickelten die Wahrheit meiner selbst, in der ich in der Selbstfreundschaft stehe bzw. der ich mich stelle, und nach der ich in der Unverborgenheit gegen mich selbst frage: In wieweit vollziehe ich mein Sein als Liebendsein? Und das ist gleichbedeutend mit: In wieweit vollziehe ich mein Sein als An-sich-selbst-gut-sein? Die Wahrheit meiner selbst ist schmerzhaft wenn und insoweit ich nicht liebendes Sein bin. Denn im Angesicht meiner Selbst habe ich nicht mehr die Wahl, statt dem Gut an sich selbst, das die Liebe ist, die Für-mich-Güter der Lust oder des Erkennens zu genießen.[505] Im Angesicht meiner selbst ist mein An-mir-selbst-gut-sein das einzig mögliche Gut und ich bin mir selbst unausweichlich schlecht, wenn ich dieses Gut nicht habe bzw. bin.[506]

Die Unverborgenheit gegen sich selbst bedeutet also nicht in erster Linie Selbsterkenntnis, wiewohl sie immer auch die Momente der Wahrhaftigkeit gegen sich selbst (im Zu-erkennen-Geben) und der Selbstachtung (im anerkennenden Erkennen) impliziert. Wesentlich bedeutet sie, sich selbst in der Liebe zu halten, i.e. in der Bewusstseinskonversion, anstatt in das egozentrische Bewusstsein oder das Gehorsamsbewusstsein abzuschweifen. Insofern stellt also die Selbstliebe unter dem kognitiven Aspekt genau diejenige „intellektuelle Tugend" bereit, die zur allgemeinen Tugendhaftigkeit eines Menschen bzw. zu seiner moralischen Güte erforderlich ist.

---

[504] Diese Erkenntnis muss nicht notwendig begrifflich sein. Sie kann einfach in dem Bewusstsein der Unvollkommenheit bestehen, i.e. am unartikulierten Leiden an der eigenen Bewusstseinsverfassung – und sei es auch nur im körperlichen Schmerz.
[505] Wohl aber habe ich die Möglichkeit, die Selbstbetrachtung abzubrechen und mich wieder auf Genuss bzw. Aversion oder Pflicht bzw. Empörung zu verlegen. Dies geschieht natürlich schnell als Reaktion auf negative Selbstwahrnehmung, denn angesichts von Schmerz, Ekel, innerem Unfrieden etc. ist es schwer, bei der bloßen, epochalen Selbstwahrnehmung zu bleiben; aber oft geschieht die Abwendung auch dann, wenn in der Selbstbetrachtung Positives (nämlich lustvolles oder friedvolles Empfinden) auftaucht: Dann erliegt zumindest das ungeübte Bewusstsein leicht der Versuchung, sich in diesem positiven Bewusstsein wieder selbst auszuwählen, anstatt sich weiter innehaltend zu betrachten.
[506] Natürlich kann ich vor mir selbst die Augen verschließen; dann kann ich je nach äußeren Umständen auch als schlechter Mensch ein mit Glücksgefühlen erfülltes Leben führen, zumindest eine Zeit lang. Ich bin nicht *notwendig* subjektiv unglücklich, wenn ich ein schlechter Mensch bin. Aber ich werde es und muss mich als eine *objektiv* unglückliche und ungeglückte Existenz ansehen, wenn ich als ein liebloser Mensch mir selbst ins Auge sehe.

3. Liebe zur Liebe

Die Liebe zum Du ist wie dargestellt die primäre. Aus ihr ergibt sich die Selbstliebe, ohne die es dann aber die Liebe zum Du nicht geben kann.[507] Noch eine dritte Liebe ergibt sich aus der Bewusstseinskonversion: Wie dargestellt wird im Lieben dem Liebenden das Lieben selbst zum Gut an sich. Es ist gut zu lieben, und es ist gut, dass meine Liebe sei.[508] Damit wird aber die Liebe selbst zum Gegenstand des Liebens.

Die Liebe zur Liebe tritt folgendermaßen ins Bewusstsein: Wie bereits dargestellt, bin ich mir im Lieben selbst bewusst, aber nicht (allein) als ein abstraktes Subjekt, sondern als das konkrete bewusste Sein, das ich bin, und zwar zunächst und vor allem: das ich aktuell bin. Also bin ich mir selbst als Liebender bewusst; also bin ich mir selbst meines Liebens bewusst. In dieser Liebe will ich dem Anderen wohl. Also bin ich mir meines Liebens bewusst als der Grundlage meines Gutseins für den Anderen. Zugleich will ich im Lieben die Liebe des Anderen. Also bin ich mir der (realen oder erhofften) Liebe des Anderen bewusst als etwas, das für mich gut ist. Zum dritten aber bin ich mir im Fall der Freundschaft der Einheit in der Freundschaft bewusst, i.e. der Freundschaft selbst. Das bedeutet, dass ich mir bewusst bin, dass mein Freund und ich uns *einander* lieben, dass unsere Liebe gegenseitig und insofern gleich ist, dass es also von beiden Seiten (gleiche) Liebe ist, die uns verbindet.[509] Damit habe ich aber die Liebe in meinem Bewusstsein als ein Eigenes erfasst, als ein Drittes neben dem Anderen und mir selbst – und zwar von vornherein als eines, das gut ist.

Damit ist nicht gemeint, dass ich den *Begriff* der Liebe erfasst habe als einen universalen Terminus, den ich sowohl auf mich wie auch auf meinen Freund anwenden kann bzw. eine allgemeine Eigenschaft, die sowohl ich als auch er instantiieren. Begriffe und Eigenschaften vereinigen nicht, zumindest nicht im hier verwendeten Sinn: Nicht alle, auf die sich der Begriff „liebendsein" anwenden lässt bzw. die die Eigenschaft haben, zu lieben, sind untereinander Freunde. Es ist die konkrete, aktuale, singuläre Liebe, in der die Freunde vereint sind.

Dies bedeutet umgekehrt, dass es zunächst immer die konkrete, aktuale, singuläre Liebe zwischen meinem Freund und mir ist, die ich im Reflex der Konversion erfasse und liebe. Ich liebe – zunächst – nicht die Liebe überhaupt und im Allgemeinen. (Allerdings wird sich aus dem Bewusstsein meiner

---

[507] Vgl. Gadamer 2005, 236s.
[508] Vgl. das Kap. „Der Freund als Gut des Freundes". Nur wenige Denker sind auf den Gedanken der Liebe zur Liebe verfallen. Bei H. Frankfurt findet er sich zumindest in einer Fußnote (2004, 98).
[509] Die Einheit der Liebe wird zunächst in der tatsächlichen Freundschaft bewusst. Aber wenn ein Subjekt einmal Freundschaft erfahren hat, kann es sich der Einheit der Liebe auch im noch einseitigen Lieben bereits bewusst sein als dasjenige, worauf sein einseitiges Lieben abzielt.

Liebe als solcher am Ende doch eine Verallgemeinerung dieser Liebe ergeben, nämlich in Gestalt der Barmherzigkeit.)

Formal betrachtet erfasst man in der Liebe der Liebe schlicht eine spezifische, singuläre Relation. Aber es ist eine Relation, die ihre Relata als das konstituiert, was sie wesentlich sind: als Selbstsein. Und sie ist diejenige Relation, in der das Selbst des Anderen und meiner selbst an sich *gut* sind. Denn ich erkenne im Lieben, dass allein im Lieben mir der Andere und ich mir selbst ein absolutes, ursprüngliches Gut in der dargestellten Weise sind. So ist aber die Liebe selbst das ursprüngliche Gut.[510] Die Liebe ist mir also bewusst sowohl als für mich gut als auch als an sich gut. So gesehen ist die Liebe als solche der Ursprung aller Liebe und die Liebe zur Liebe ist die erste. Aber dies gilt nur unter dem Hinblick der Begründungsrelation, der aber ein reflektierender und abstrahierender ist. Im Hinblick auf die Möglichkeitsbedingung des Liebens ist wie dargestellt die Selbstliebe die erste. Und unter dem genetischen Gesichtspunkt ist die Liebe zum Andern vorrangig. Da aber im Bewusstsein die Realität des Bewusstsein stets dem Grund (bzw. der Notwendigkeit) wie auch der Möglichkeit des Bewusstseins vorausgeht, deshalb behält die Liebe zum Anderen ihren Primat vor den beiden anderen Formen der Liebe.

Allerdings gilt: Wie schon die Selbstliebe so ist selbstverständlich auch die Liebesliebe ein unwillkürlicher Reflex der Liebe zum Andern; und ihre Reflexion ist unabdingbar für das Reifen der Liebe zur Freundschaft. Im Lieben wird mir wie dargestellt mein Bewusstseinsvollzug selbst gegenständlich. Dieser ist aber, wenn ich liebe, eben das Lieben, denn Lieben ist wie dargestellt wesentlich eine Weise sein Bewusstsein zu vollziehen. Damit gelangt der Liebende im Reflex seiner Liebe dazu, sein Lieben selbst zu erkennen und zu wollen. Er verlangt nach der Liebe als einem Gut für ihn selbst, und zwar als der vollendeten Weise, sein eigenes Bewusstsein zu vollziehen.

Weil aber dieses Lieben Bewusstseinsvollzug ist, also gerade eines, das etwas zum Gegenstand hat, und nicht eines, das Gegenstand ist, deshalb kann man zum Bewusstsein des Liebens überhaupt nur so gelangen, wie man zum Bewusstsein des Selbst – des anderen wie des eigenen – gelangt: durch Anerkennung und Wohlwollen. Freilich sind diese nun nicht personal bestimmt – und dies ist das grundlegend Neue an der Liebesreflexion. Es wird nicht ein Subjekt anerkannt, es wird natürlich auch nicht ein bloßes Objekt anerkannt,

---

[510] Damit ist die Liebe gewissermaßen die systematische Nachfolgerin des Bewusstseins als dem ursprünglichen An-und-für-sich-Guten, nämlich im Rahmen des egozentrischen Bewusstseins. Insofern allerdings das Liebesbewusstsein gegenüber dem egozentrischen das ursprüngliche ist, ist auch die Güte der Liebe die fundamentalere: Die Güte des Bewusstsein an und für sich selbst ist ein „Erbe" der Güte der Liebe an und für sich selbst, insofern das egozentrische Bewusstsein der verselbständigte Abkömmling des Liebesbewusstseins ist. Damit „erklärt" sich in gewisser Weise die Güte des (einfachen, egozentrischen) Bewusstseins: Es ist gut, weil es aus der Liebe stammt. (Entsprechendes gilt natürlich für die Güte des Pflichtbewusstseins an und für sich, die Kant herausgestellt hat.)

sondern es wird etwas anerkannt, das sich zwischen Subjekten vollzieht. Wenn man so will, wird die Intersubjektivität als solche anerkannt. So kann man allerdings nur formulieren, wenn man bereits akzeptiert hat, dass die Bewusstseinskonversion und damit die Liebe den Ursprung und das Wesen aller Intersubjektivität darstellt (auch wenn selbstverständlich nicht alle intersubjektiven Bezüge und Vollzüge liebend sind). Es ist also falsch, wenn gesagt wird, man könne oder solle nur Personen lieben.[511] Es liegt in der Liebe selbst, dass man Überpersonales lieben kann und soll: nämlich zunächst und vor allem die Liebe selbst.

Anerkennung und Wohlwollen gegen die Liebe

Was bedeutet es nun aber, die Liebe anzuerkennen und ihr wohlzuwollen? Es bedeutet das *Verhältnis* des Begehrens und Erkennens wie des Anerkennens und des Wohlwollens, das Freundschaftsverhältnis also, anzuerkennen und ihm wohlzuwollen. Das Anerkennen und Wohlwollen gegenüber dem Begehren und Erkennen ist interessant, weil dadurch die Anliegen des einsinnigen, egozentrischen Bewusstseins in ihr Recht gesetzt werden. Die Liebe will das „Für-mich", und zwar sowohl das meiner selbst wie auch das des Freundes. Sie will die Erkenntnis und die Lust, nicht nur die Anerkennung und das Wohlwollen. Und zwar will sie die Erkenntnis und die Lust des Freundes und in der Selbstliebe auch die meiner selbst nicht nur im Zusammenhang der Freundschaft, sondern auch für sich allein (allerdings dürfen sie natürlich nicht dazu führen, dass die Freundschaft verletzt wird) – das bedeutet ja gerade ihre Anerkennung und das Wohlwollen gegen sie.[512]

Wichtiger im Hinblick auf die gegenwärtig etablierte Art und Weise praktische Philosophie zu treiben ist aber die Anerkennung und das Wohlwollen gegen die Verhältnisweisen des Anerkennens und des Wohlwollens selbst. Die *Anerkennung* dieser Verhältnisweisen erklärt die moralische Verpflichtung

---

[511] In diesem Sinn hat sich etwa Walter Jens geäußert.
[512] Dieser Gedanke entspricht der utilitaristischen Grundintuition. Die Theorie der Freundschaft erklärt also das, was so viele am Utilitarismus überzeugt, als einen Aspekt der Liebe, nämlich der Liebe zur Liebe. In dieser ist es für mich objektiv gut, wenn das egozentrische Für-mich-Bewusstsein der Mitglieder meiner Freundesgemeinschaft – einschließlich meiner selbst – in guter Verfassung ist, i.e. wenn diesen Mitgliedern wohl ist und ihr Erkennen gelingt. Dabei gilt („normalerweise", wenn es sich nicht um eine ungleiche Freundschaft handelt) der Gleichheitsgrundsatz in der Berücksichtigung der Interessen der Mitglieder, weil die Gleichheit die Norm der Freundschaft ist. Im Unterschied zum ursprünglichen Utilitarismus gibt die Freundschaftstheorie allerdings einen Grund für die Verallgemeinerung der Rücksicht auf das Eigeninteresse an, dessen Fehlen den vermutlich größten Schwachpunkt der meisten Formen des Utilitarismus darstellt. Dieser Grund ist zunächst die Liebe zum Anderen, in der mir sein Wohl ebenso wie mein eigenes zum Gut wird. Erfasst und gewollt wird die *Allgemeinheit* des Wohls *als solche* dann in der Reflexion der Liebe auf diese selbst. (Natürlich bleibt diese Allgemeinheit beschränkt auf die Gemeinschaft der Freunde. Erst in der Brüderlichkeit wird sie auf „alle" ausgeweitet – wobei die Bestimmung dieses „alle" immer empirisch bestimmt und historisch bedingt ist.)

im engeren Sinn;⁵¹³ das *Wohlwollen* gegen die Liebe erklärt dagegen die übergebührlichen oder supererogatorischen Pflichten: die Güte und die Barmherzigkeit. Diese sind übergebührlich insofern sie über das dem Ethos nach Gebührende hinausgehen. Sie haben aber für denjenigen, der sich zu Güte und Barmherzigkeit veranlasst sieht, durchaus einen Pflichtcharakter (der allerdings in der Stärke variieren kann). Dieser wächst ihnen nun nicht aus dem Ethos zu, über das sie ja hinausgehen, sondern aus demjenigen, woraus die Verbindlichkeit des Ethos selbst entspringt: aus der Liebe. Dadurch haben Güte und Barmherzigkeit in gewissem Sinn ein ursprünglicheres und höheres Recht gegen das Ethos, auch wenn sie ihm in dem Sinn nachgeordnet sind, dass „normalerweise" (i.e. der Norm der Freundschaft entsprechen) zuerst das Ethos zu erfüllen ist und dann Güte und Barmherzigkeit geübt werden dürfen bzw. sollen. Allerdings gilt das nicht immer: Güte und Barmherzigkeit dürfen sogar gegen das Ethos verstoßen, nämlich dann, wenn dieses lieblos oder zuwenig freundschaftlich ist (dazu s.u.). Daraus erwächst der Güte und vor allem der Barmherzigkeit dann eine wesentliche Funktion für die Moral als ganze, die supererogatorischen Pflichten stellen also im Rahmen der hier entwickelten Theorie nicht nur einen nebensächlichen Zusatz dar.

a) Moralität

Zunächst also zur *Anerkennung* der Verhältnisweisen freundschaftlicher Anerkennung und Wohlwollens. Die Anerkennung bezieht sich notwendig auf Gegebenes, und gegeben sind diese Verhältnisweisen in der *Gestalt* der Freundschaft: in ihren Bindungen und ihrem Ethos, wie sie oben bereits dargestellt wurden.

Durch diese Anerkennung des Freundschaftsverhältnisses *als solchen* tritt dieses daher als eine normative Ordnung in das Bewusstsein der Freunde, es erhält *moralischen* Charakter.⁵¹⁴ Ursprünglich anerkenne ich den Anderen und will ihm wohl nicht aufgrund einer Ordnung, sondern aufgrund der Bewusstseinskonversion. Aber wenn diese Konversion einmal erfolgt ist, dann besteht ein Verhältnis der Anerkennung und des Wohlwollens zwischen mir und dem Anderen, das eine bestimmte Gestalt hat. Dieses Verhältnis anzuerkennen, bedeutet, es als eigenständige Realität anzuerkennen. Damit wird dieses Verhältnis in seiner Geltung unabhängig gegen seinen Ursprung, die aktuale Konversion im Lieben. Und so wird das Verhältnis zu meinem Freund für mich auch dann bindend, wenn ich gerade nicht den unmittelbaren Impuls zum Wohltun und zur Anerkennung gegen ihn habe, i.e. wenn ich

---
⁵¹³ In diesem Punkt stimmt die hier entwickelte Theorie mit dem Kommunitarismus überein: Es gibt keine „tradition-independent morality", vgl. A. MacIntyre 1988, 335.
⁵¹⁴ Genauer ist natürlich zu sagen: Dies ist der Sinn, der diesem Wort im Rahmen der Theorie der Freundschaft zukommt und in dem er im Folgenden verwendet wird (bzw. dies ist der einzige Sinn, den es im Rahmen dieser Theorie haben kann).

gerade nicht im unmittelbaren Bewusstsein der Konversion befangen bin. Dann handle ich nicht mehr im Bewusstsein des unmittelbaren Liebesimpulses, sondern im Bewusstsein der Verpflichtung gegenüber dem Freund. Der Grund dieser Verpflichtung ist zwar weiterhin meine Liebe gegen ihn. Aber das Bewusstsein ist ein anderes als in der unmittelbaren Konversion, was man vor allem daran erkennt, dass das Moment des Begehrens ausfallen kann: Das Ethos fordert von mir zuweilen, dem Freund wohl zu tun, ohne dass daraus unmittelbar oder mittelbar ein Wohl für mich entspringt bzw. dass ich mich dabei unmittelbar wohlfühle. Es kann sogar, wenn die Freundschaft einmal etabliert ist, Leistungen von mir fordern, die über die Vergeltung als das ursprüngliche Maß der Liebe hinausgehen. Es kann mich etwa verpflichten, meinem kranken Freund Hilfe zu leisten, obwohl er mir nicht etwas Vergleichbares geleistet hat und möglicherweise meine Wohltat niemals wird vergelten können. Solche Wohltaten tue ich im strengen Sinn um der Liebe und um der Freundschaft willen: aus Anerkennung oder Achtung meiner Freundschaft an ihr selbst.

Verbindlichkeit

Das Bewusstsein dessen ist dasjenige der schieren Verbindlichkeit der Freundschaft als solcher, das heißt einer Verbindlichkeit, die allgemein (überpersonal) ist und an sich besteht (als Realität eigenen Rechts). Daher haben wir bei der Realisierung unseres Freundschaftsethos das Bewusstsein, eine allgemeine und unbedingte Verbindlichkeit zu erfüllen. Diese Verbindlichkeit ist natürlich nur insofern allgemein, als sie in meinem Bewusstsein nicht nur mich selbst betrifft, sondern alle, die der betreffenden Freundesgemeinschaft angehören. Sie ist in meinem Bewusstsein insofern unbedingt, als sie weder durch mich, noch durch meinen Freund bzw. meine Freunde bedingt ist und natürlich auch durch nichts außerhalb unserer Freundschaft. Wohlgemerkt: Das Ethos unserer Freundschaft können wir gemeinschaftlich modifizieren. Aber die *Verbindlichkeit* unserer Freundschaft als solche steht nicht in unserer Verfügung. Wir waren unter Umständen frei, die Freundschaft zu schließen, und wir sind unter Umständen frei, sie wieder zu lösen. Aber solange sie besteht, stellt unsere Freundschaft eine objektive Verbindlichkeit gegenüber allen Freunden dar. Dies erkennt man daran, dass man in der Freundschaft nicht nur das Bewusstsein haben kann „mein Freund verlangt von mir, dass …", sondern auch das Bewusstsein „ich schulde meinem Freund, dass …"; und daran, dass beides divergieren kann. Die Forderung des Freundes ist nicht identisch mit der Forderung der Freundschaft. Dieses Bewusstsein der überpersonalen, allgemeinen und unbedingten Verbindlichkeit ist nach der hier entwickelten Theorie der Ursprung des moralischen Bewusstseins, der Moralität.

Das Bewusstsein der Allgemeinheit und Unbedingtheit wird nun naiverweise auf die konkreten Bestimmungen des Freundschaftsethos übertragen:

Das eigene Ethos wird als das universale und absolute angesehen. Diese Auffassung wird dadurch verstärkt, dass die Besonderheit des Freundschaftsethos im Bewusstsein der Verwirklichung der Freundschaft gar nicht präsent ist. Genauerhin ist das Ethos überhaupt nicht als solches im Bewusstsein präsent, zumindest nicht im unmittelbaren Bewusstsein der Verbindlichkeit. In aller Regel sind die Freundschaftsethē ja anfänglich gar nicht ausdrücklich formuliert. Unsere Kenntnis von ihnen ist unbewusst, wie die Kenntnis der Grammatik unserer Muttersprache. Ausdrücklich bewusst werden uns die Verbindlichkeiten des Ethos erst im Moment ihrer Realisierung. Daher werden sie uns aber zunächst nicht als allgemeine Regeln und unbedingte Imperative bewusst, sondern als einzelne Handlungsanweisungen, die aber einen unbedingten und allgemeinen Verpflichtungscharakter haben.

Auch das allgemeine Ethos rekonstruieren wir uns in der Folge aus den einzelnen Verbindlichkeiten, derer wir uns bewusst geworden sind.[515] Daher rekonstruieren wir es uns losgelöst von dem Bewusstsein der besonderen Freundschaft, dem das Ethos angehört: Wir rekonstruieren es als eine Gegebenheit an sich, als *Moral*.

Status und Geltungsraum der Moral

Auch nach der hier entwickelten Theorie hat die moralische Verpflichtung also einen besonderen Status und ist zu unterscheiden von der Verpflichtung oder dem „tun Müssen"[516], das in der unmittelbaren Liebe zum Anderen liegt. Die Besonderheit dieses Status beruht auf der Besonderheit der Liebe zur Liebe gegen die Liebe zum Anderen, nämlich als einer Reflexionsform der Liebe. Daher hat die hier entwickelte Theorie auch keine Probleme, zuzugestehen, dass das Bewusstsein der Moral von dem der Liebe zu einem anderen Menschen phänomenologisch verschieden ist.[517] Sie erklärt allerdings auch dieses erstere Bewusstsein als ein Bewusstsein der Liebe (nämlich der Anerkennung der Liebe als solcher und damit ihrer bindenden oder verbindlichen Kraft).

Es war eine der großen Einsichten Kants, dass das wesentliche Merkmal der moralischen Normen in der Art des Verpflichtungscharakters liegt, der sich in unserem Bewusstsein mit ihnen verbindet, und nicht in irgendwelchen inhaltlichen Bestimmungen. Und ganz richtig identifizierte er die moralischen Normen als diejenigen, mit denen wir das Bewusstsein einer unbedingten und allgemeinen Pflicht verbinden. Auch der nächste Schritt war genial, aber unzutreffend. Kant machte die Form der Verpflichtung zum Auswahlkriterium

---

[515] Daher wird die moralische Verbindlichkeit, wenn sie schließlich reflektiert und expliziert wird, geschichtlich gesehen zunächst kasuistisch erfasst.
[516] Vgl. H. Frankfurt 2000, 212ff.
[517] Vgl. die Diskussionen über das Verhältnis von „Freundschaft" und „Pflicht", z.B. Michael Stocker 1990.

derjenigen Maximen, die als moralisch anzunehmen sind: Handle so, dass die Maxime deines Handelns jederzeit zugleich durch deinen Willen zum allgemeinen (Natur-)Gesetz werden könnte.[518] In ingeniöser, aber eben nicht überzeugender Weise identifiziert Kant die Moralität der Pflicht mit ihrer Reinheit, mit ihrer Universalität, mit ihrer Unbedingtheit, mit ihrer Rationalität und mit ihrer Selbstbestimmtheit. (All diese gehen letztlich zurück auf die Apriorizität der Pflicht.)[519] Damit hat Kant tatsächlich die Formel für diejenige Moral gefunden, die einzig universal und unbedingt *wäre*. Aber er hat nicht Recht damit gehabt, dass allein diese Moral de facto allgemein und unbedingt bindet. Es ist ganz offensichtlich, dass *de facto* Menschen das Bewusstsein allgemeiner und unbedingter Verbindlichkeit nicht nur mit Normen verbinden, deren Verallgemeinerungsfähigkeit man im Zweifel sein kann, sondern auch mit solchen, die sie ganz offensichtlich (auch in deren eigenem Bewusstsein) nicht besitzen.[520] Ein schönes Beispiel dafür ist die Dharma-Lehre des traditionellen Hinduismus: Das *Dharma* – was man in diesem Zusammenhang mit moralisch-religiöser Lebensordnung übersetzen kann – ist für jede Kaste und Subkaste ein spezifisches – übrigens im Grundsatz nicht unähnlich dem ständespezifischen Tugendethos von Platons Republik –, hat aber für den Gläubigen unbedingten Verpflichtungscharakter, der bis hin zur Selbstaufopferung führen kann. Man kann diese Fehleinschätzung Kants getrost vergleichen mit dem Scheitern gewisser Thesen seiner „Metaphysischen Anfangsgründe der Naturwissenschaft" an den späteren Erkenntnissen der empirischen Naturwissenschaft.

Es sollte nämlich nach Kant unmöglich sein, das Menschen nicht-universalen Normen den Charakter (für sie persönlich) unbedingter Verbindlichkeit zusprechen. Seine Theorie besagt nicht nur, dass allein die Maximen, die dem Universalisierungskriterium entsprechen, als moralisch, i.e. als unbedingt verpflichtend angesehen werden *sollen*. Dann wäre die Begründung des unbedingten Sollens zirkulär, denn die reine Form der unbedingten Pflicht ist ja die Grundlage des moralischen Sollens. Nein, wir *können* nach Kant überhaupt nur als moralische Pflicht, i.e. als unbedingte Pflicht ansehen, was dem Universalisierungskriterium entspricht. Aber eben das tun wir nicht. Das weist nun darauf hin, dass das Bewusstsein der allgemeinen und unbedingten Pflicht nicht einfach ein Faktum der Vernunft ist, sondern eine tiefere Wurzel hat: das Bewusstsein der Liebe.

Noch unglaubwürdiger ist es, wenn Kant das unbedingte Pflichtbewusstsein als dasjenige identifiziert, das es uns ermöglicht, selbst unser Leben zu opfern (KpV 54). Fast überall auf der Welt haben zu fast allen Zeiten (viel-

---

[518] vgl. GMS 402, 421.
[519] In Hares universellem Präskriptivismus (vgl. 1952) bleibt davon wenigstens noch die Identifikation von Moralität und Universalität der Pflicht.
[520] Wenn man will, kann man dies das „Faktum der Unvernunft" oder genauer „der Unvernunft im Faktum der Vernunft" nennen.

leicht mit Ausnahme der späten Moderne nach dem Zweiten Weltkrieg – die insofern das „kantische Zeitalter" war) Menschen freiwillig ihr Leben für Ordnungen und Ideale geopfert, die – auch in ihrem eigenen Bewusstsein – nicht universal und unbedingt waren.[521]

Nach der hier entwickelten Theorie entspringt die „Unbedingtheit" des Pflichtbewusstseins, nämlich seine Unbeeinträchtigtheit durch das egoistische Bewusstsein, aus seiner Ursprünglichkeit gegen das letztere. Diese Ursprünglichkeit erklärt, warum es in unserem Bewusstsein so etwas wie unumstößliche Pflicht gibt. Sie muss aber keineswegs für „alle" und „allen" gegenüber gelten (wobei ohnehin stets die Frage ist, wer „alle" sind). Es ist daher ohne weiteres so etwas wie das Bewusstsein „persönlicher unbedingter Pflicht" möglich. (Ein typisches Beispiel dafür ist das Berufungs- oder Erwählungsbewusstsein, das zwar oft mit einem persönlichen Gott verbunden ist, aber zuweilen auch ganz apersonal gedacht wurde.) Dagegen entspringt die inhaltliche Bestimmung der dieserart „unbedingten" Pflicht zunächst aus kontingenten, historischen Ordnungen – und muss daher nicht unbedingt gut, nämlich den Kriterien der Freundschaft angemessen sein.[522] Es ist zwar vollkommen folgerichtig, wenn man in Anlehnung an Kant hinterfragt, ob diejenigen Ordnungen, nach denen man sich verhält, dem Unbedingtheitscharakter meines Pflichtbewusstseins angemessen sind.[523] Aber auf diese Frage können Menschen erst kommen, wenn sie ein hohes Reflexions- und Abstraktionsniveau erreicht haben. Und auch dann führt eine derartige Untersuchung – nach der hier vertretenen Theorie – nur zu einer Bereinigung überkommener Ordnungen nach dem Universalisierungsgrundsatz, nicht aber zu einer Begründung apriorischer moralischer Ordnung aus ihm.

Innerhalb der Freundesgemeinschaft gelten allerdings durchaus die Allgemeinheit des Ethos und seine Unbedingtheit ähnlich der von Kant entwickelten Theorie (wenn auch auf anderer Geltungsgrundlage). Insofern formuliert die Verallgemeinerungsregel in gültiger Weise das Kriterium der Moralität, wie sie im Rahmen der Freundschaftstheorie verstanden wird, nämlich als Moral im Rahmen einer bestimmten Gemeinschaft: Handle so, dass die Maxi-

---

[521] Ein eindrucksvolles Beispiel findet sich wiederum in Indien: In den frühen 90er Jahren haben sich wohlhabende Jugendliche aus hohen Kasten erfolgreich (i.e. mit Todesfolge) selbst angezündet, um damit gegen die Erhöhung der Quoten für Niedrigkastige und Kastenlose bei der Verteilung staatlicher Stellen zu protestieren, die die damalige Linksregierung beschlossen hatte (mit Erfolg übrigens, das Gesetz musste zurückgenommen werden). Weder war die Zielsetzung universal bestimmt, noch erwarteten diese Jugendlichen, dass alle anderen Jugendlichen ihrer Kaste es ihnen gleich täten, i.e. sie hielten, was sie taten, nicht für eine universale Pflicht.
[522] Bekanntlich haben Menschen im (subjektiv) lautersten Pflichtbewusstsein die entsetzlichsten Verbrechen begangen.
[523] Ebenso wie es angemessen ist zu fragen, ob das eigene Verhalten dem Allgemeinheitscharakter der Ordnungen, die man diesem Verhalten zugrundelegt, entspricht – als historisches Beispiel sei wiederum auf den Gleichheitsgrundsatz der amerikanischen Unabhängigkeitserklärung verwiesen (siehe obige Anm.).

me deines Handelns zum allgemeinen Gesetz deiner Gemeinschaft werden könnte. Die Verallgemeinerung selbst entstammt allerdings nicht der Vernunft als solcher wie bei Kant, sondern ist ein Aspekt der Konversion, dass sich nämlich durch sie ein Gemeinsames der Freunde ergibt: ihr Lieben. In der Reflexion, die sich durch das Wohlwollen gegen die Freundschaft ergibt, wird dieses konkrete „Allen-(Freunden)-Gemeine" dann zum tatsächlich Allgemeinen, nämlich zum formal und abstrakt Allgemeinen: zur Allgemeinheit und Unbedingtheit der Verbindlichkeit der Freundschaft.

Weil nun aber diese Freundschaft als eine konkrete real in Raum und Zeit besteht und nicht abstrakt-ideal konstruiert wird, deshalb erledigt sich der Konjunktiv in der obigen Formulierung des Imperativs der Freundschaft. Es bleibt also: Handle so, dass du die Maximen, nämlich das Ethos deiner Freundschaft als verbindliches Gesetz für das Handeln bezüglich dieser Freundschaft beachtest.[524] Man könnte dies den „transzendentalen Imperativ der Moral" nennen. Unter formalem Gesichtspunkt betrachtet bedeutet er soviel wie: „Betrachte diejenige intersubjektive Wirklichkeit, die durch die subjektiven Vollzüge deiner selbst und deiner Freunde gewachsen ist (insbesondere durch das subjektiv vollzogene Wohlwollen und Anerkennen), als objektiv bindend für dein Handeln."

Die Verbindlichkeit erstreckt sich also nicht nur auf mich, sondern auf alle Freunde. Dies bedeutet, dass mich die Verbindlichkeit der Freundschaft nicht nur auf die Bestimmung meines eigenen spontanen Tätigwerdens nach dem Freundschaftsethos festlegt (sie bedeutet also nicht nur: Handle nach dem Ethos deiner Freundschaft). Sie verpflichtet mich unter Umständen auch dann zum Handeln, wenn Andere dieses Ethos verletzen, nämlich dazu, schützend, hindernd oder strafend einzugreifen.

---

[524] Damit ist gewissermaßen der Übergang von der kantischen Moralität zu einer Art von hegelscher Sittlichkeit vollzogen. – Vielleicht sollte man an dieser Stelle noch einmal daran erinnern, dass wir viele unserer Freundschaften, und zwar besonders die umfassenden und insbesondere die Brüderlichkeit, nicht frei auswählen und schon gar nicht frei abbrechen können – und zwar nicht aus epistemischen Gründen (weil wir in unserem Denken unüberwindlich durch das Ethos unserer Gemeinschaft bedingt wären), sondern aufgrund der Unhintergehbarkeit der Verbindlichkeit der Liebe. Daher führt die hier vertretene Moralauffassung nicht zu moralischem Relativismus oder Beliebigkeit. Um auf das abgenutzte Beispiel zurückzugreifen: Der (europäische) Nationalsozialist kann sich nicht darauf berufen (und zwar weder heute noch im Dritten Reich), dass er dem Ethos seiner Gemeinschaft folgt, weil „seine Gemeinschaft" nicht nur die Gruppe seiner Gesinnungsgenossen ist, sondern eben sein Volk bzw. die europäische Kultur- und Wertegemeinschaft. Diese hat aber schon längst das Ethos der Menschenfreundlichkeit etabliert, und wenn Einzelne oder Gruppen hinter dieses Ethos zurückgehen, machen sie sich schuldig. Anders läge der Fall, wenn der Nationalsozialismus an irgendeinem Ort das über die Zeit gewachsene, fest etablierte Ethos einer verhältnismäßig geschlossenen Gemeinschaft wäre. Dann wären Menschen, die in diesem Ethos aufwüchsen, „unschuldige" Nazis (die wir nicht strafen, sondern zur Einsicht der allgemeinen Menschenwürde zu bringen versuchen sollten – so wie wir Angehörige von Naturvölkern nicht für Verstöße gegen die Menschenrechte belangen). Aber das ist natürlich nirgends der Fall.

Es ist sinnvoll und der Freundschaft zuträglich, dass diese letztere Freundespflicht im Staat als der heutzutage bestimmenden umfassenden betätigten Freundschaft von der Gemeinschaft als ganzer übernommen und von den Jurisdiktion als eigener Institution ausgeübt wird. Die Richter handeln nach der hier entwickelten Theorie in einem allgemeinen Interesse der (Bürger-) Freundschaft, das auch das Interesse jedes einzelnen Mitglieds der Staatsgemeinschaft sein sollte – und deshalb weder in eigenständiger Vollmacht noch als Organ der allgemeinen Gerechtigkeit oder Vernunft, sondern im Namen des Volkes.

Der Zusatz „bezüglich dieser Freundschaft" in der Formulierung des „transzendentalen Imperativs der Moral" beschränkt die Geltung des Freundschaftsethos nicht immer auf das Handeln gegenüber den Freunden. Wie dargestellt schuldet man den Freunden oft auch ein bestimmtes Verhalten gegenüber Außenstehenden. Im Fall der Brüderlichkeit (deren Ethos ja zunächst durch unsere umfassenden betätigten Freundschaften festgelegt wird) ist das Ethos ohnehin allumfassend.

Die abgeleitete Verbindlichkeit der Moral

Das Ethos der Freundschaft hat seine Verbindlichkeit als moralisches Gesetz allerdings nicht aus sich selbst, sondern wie dargestellt aus der Verbindlichkeit der Freundschaft als solcher. Die Moralität ist eigentlich die der Freundschaft selbst, sie ist dem *Ethos* der Freundschaft nur geliehen und als Bewusstsein unbedingter und allgemeiner Verpflichtung diesem inadäquat. Allerdings muss sich die Moralität mit dem konkreten, begrenzten Ethos verbinden, sonst kann sie sich nicht realisieren.

Aber die Freundschaft, der das Bewusstsein der Moralität *eigentlich* angemessen ist, ist eben nicht identisch mit ihrem Ethos und sie ist auch nicht unverrückbar festgelegt auf dieses. Im Gegenteil müssen sich Freundschaftsethē mit dem Wachstum der Freundschaft und auch unter der Veränderung äußerer Umstände ändern, und sie tun dies allenthalben. Das Ethos einer Freundschaft steht wie dargestellt in einem stetigen Wechselverhältnis zum Leben, zum Bios der Freundschaft, gestaltet sich in diesem aus und modifiziert sich darin. Solche Modifikationen können und dürfen daher auch bewusst und ausdrücklich erstrebt und gefordert werden. Allerdings können sich solche Bestrebungen nur aus dem legitimieren, woraus auch das Ethos seine Verbindlichkeit hat: aus der Verbindlichkeit der Freundschaft als solcher, genauerhin aus der Pflicht zu Anerkennung und Wohlwollen. Wenn das Freundschaftsethos in seinen Maßgaben zu diesen mangelhaft ist, wie es ja tatsächlich oft der Fall ist, dann ist der einzelne Freund vor seiner Freundschaft berechtigt und sogar verpflichtet, sich gegen dieses Ethos zu stellen und sich für seine Modifikation einzusetzen. Die Liebe ist also nach der hier entwickelten Theorie das höhere Recht und die höhere Pflicht gegen die Moral und kann daher auch ein Recht und eine Pflicht des Einzelnen gegen das gemeinschaftliche Ethos begründen. Der „transzendentale Imperativ der Moral" gilt nicht absolut, denn das Unbedingte ist nicht die Moral, sondern die Liebe. Die liebende Überwindung eines bestehenden Freundschaftsethos unter den Kriterien der Anerkennung und des Wohlwollens vollzieht sich (dem Ursprung nach zumindest) durch die *gütige* und die *barmherzige* Liebe, wie sie im Folgenden behandelt werden wird.

Von der Verpflichtung einer Freundschaft kann ich mich natürlich auch befreien – oder ich kann ihrer enthoben werden – wenn ich die Freundschaft aufkündige bzw. wenn diese zerbricht. Wenn die Freundschaft nicht mehr besteht, dann bin ich dem gewesenen Freund auch nichts mehr schuldig, zumindest nicht nach dem Ethos unserer einstigen Freundschaft. (Ich mag ihm weiterhin z.B. als Mitbürger oder als Mensch verpflichtet sein.) Es bleibt aber dann eine Schuld, wenn ich die Freundschaft „mit offenen Schulden", i.e. mit unvergoltenen empfangenen Wohltaten oder mit ungesühnten Vergehen abgebrochen habe.

Dass dagegen die Entbindung aus der Brüderlichkeit nicht bzw. nur unter Preisgabe der eigenen Würde und Rechte (die die anderen Menschen jedoch nicht akzeptieren dürfen) möglich ist, wurde bereits erklärt.[525] Dadurch erhält die Verbindlichkeit des Ethos der Brüderlichkeit eine *reale* (nicht jedoch apriorische) Unhintergehbarkeit – ungeschadet ihrer Geschichtlichkeit. Der Austritt aus der *Familie* (genauer: der Bindung zu Eltern und Vorfahren) ist insofern problematisch, weil man ihr verdankt, worauf man nicht Verzicht tun kann: Leib und Leben.[526] Das ist aber eine empirische Frage, die hier nicht zu entscheiden ist.

Die Liebe zur Liebe als Heilung des obtemperanten Bewusstseins

In der Moralität im hier entwickelten Sinn ist das obtemperante Bewusstsein ins Liebesbewusstsein aufgehoben.[527] Dadurch hört es auf, blinder Gehorsam zu sein. Wer die Moral aus der Liebe begreift, begreift sie aus einem Grund und folgt ihr aus diesem. Er folgt der Norm, weil dies das Gute ist. Nach der hier entwickelten Theorie ist dieser Satz nicht tautologisch, weil das Gute die Liebe ist. Das Ethos der Freundschaft, das in der Liebe zur Liebe als Moral angenommen wird, ist die *Gestalt* der Liebe, und insofern anerkennt man die Liebe, wenn man ihr Ethos anerkennt. Es ist auch gar nicht anders möglich,

---

[525] Wie dargestellt reicht es dazu nicht, die eigene Würde *abzustreiten*, man muss sie tatsächlich *vergessen*. Weil man aber nicht aktiv vergessen kann, deshalb ist der Austritt aus der Brüderlichkeit *praktisch* nicht wählbar. Das Vergessen oder Verdrängen ist aber wie erwähnt evt. in der Folge traumatischer Erlebnisse möglich – das ist eine Frage der Psychologie.
[526] Vgl. NE 1162a4ff.
[527] Interessanterweise sieht auch H. Frankfurt (2004,71f) einen Wert der Liebe darin, dass sie unserem Bedürfnis, gut zu etwas zu sein, einen Gegenstand gibt, an dem es sich befriedigen kann. Allerdings gibt er diesem Aspekt aus der Sicht der hier entwickelten Theorie vielleicht etwas zu starkes Gewicht.

die Liebe anzuerkennen, als in ihrer konkreten Gestalt. Man tut also das Gute, i.e. man vollzieht die Liebe, wenn man nach Maßgabe ihres Ethos tätig ist. Dennoch ist das Ethos der Liebe wie dargestellt nicht identisch mit ihr. Es ist nur einer ihrer Aspekte und kann sich außerdem wie dargestellt gegen sie verselbständigen, bis dahin, dass es lieblos wird. Dann ist es freilich nicht mehr gut, dem Ethos zu folgen.

Der in diesem Sinn moralische Mensch ist aber nicht nur selbstbestimmt, weil er die Moral aus einem Grund annimmt. Er ist auch selbständig gegen die Moral, weil der *Ursprung* seines eigenen Gutseins nicht mehr von der Regelbefolgung abhängt. Im obtemperanten Bewusstsein bin ich nur gut, wenn ich in Ordnung und gut zu etwas bin. Im Liebesbewusstsein werde ich mir selbst bewusst als eines, das an und für sich selbst gut ist. Im Fall der Moralität (im hier entwickelten Sinn – anders als in vielen sonstigen Moraltheorien) geht dieses Bewusstsein des eigenen Gutseins dem Handeln voraus und folgt nicht aus ihm. Weil ich gut bin, bin ich moralisch, und nicht bin ich gut, weil ich moralisch bin. Ich muss mir meine Würde nicht erst erarbeiten.

Allerdings gilt die zweite Hälfte des Satzes in ihrer negativen Umkehrung und deshalb dann indirekt doch auch in der positiven Formulierung: Wenn ich unmoralisch handle, dann werde ich schlecht, nämlich schuldig gegenüber der Freundschaft. Und insofern kann ich nur gut sein – nämlich gut bleiben – wenn ich moralisch bin. Aber die Moralität ist nicht der Ursprung meines Gutseins, sondern das Gutsein der Moral und mein eigenes entspringen gemeinsam aus der Liebe.

Auch der Wert des obtemperanten Bewusstseins, die Zufriedenheit oder das Im-Frieden-Sein im In-Ordnung-Sein und im Rechtmachen werden aus ihrer Dumpfheit emporgehoben in die Lebendigkeit des freundschaftlichen Zusammenlebens. Und da werden sie zum echten, nämlich zum intersubjektiven, gelebten *Frieden*. Wie so oft bemerkt besteht dieser nicht allein in der Abwesenheit von Hass, Feindschaft, Kampf und Gleichgültigkeit, sondern in der Eintracht und im Einklang untereinander. Diese sind aber eben in der Freundschaft gegeben, und zwar genauer unter ihrem Ethos einerseits und durch die Güte und das Erbarmen andererseits. Denn nur wo sich eine Liebe in Ordnung niedergeschlagen hat bzw. Ordnung sucht, können sich Freunde *gemeinschaftlich* in ihrem Vollzug vereinen.

b) Güte

Der Liebende anerkennt seine Freundschaft nicht nur, er will ihr auch wohl. Da Freundschaft apersonal ist und keinen Körper hat, hat sie keine Bedürftigkeiten wie die liebenden Subjekte. Deshalb kann man ihr auch nicht wohl tun wie Subjekten oder Gruppen von Subjekten. Aber sie ist in einem anderen Sinn bedürftig: Sie bedarf des Vollzuges durch die Liebenden, um zu sein. Sie ist eine eigen, transpersonale Wirklichkeit. Aber sie ist niemals wirklich ohne die Personen, die lieben, und ohne deren Verkehr. Daher ist das Wohl, das man der Liebe tun kann, dass man sie vollzieht: dass man sie realisiert und ihre Realität vermehrt. Das Ethos und die Bindung einer Freundschaft stellen ja erst die Ordnung und die Verhältnismäßigkeiten zum Liebesvollzug bereit. Den Vollzug selbst können sie nicht initiieren. Sie können nur Reaktionen fordern, wo Liebe bereits vollzogen wurde (oder wo Freundschaft verletzt wurde). Die Freundschaft kann deshalb niemals aus dem Ethos allein entspringen, auch wenn die Individuen biographisch gesehen immer schon in Ethē hineingeboren und hineinerzogen werden, bevor sie die Gemeinschaften dieser Ethē in freier Liebeswahl annehmen (oder neue Gemeinschaften gründen) können. Aber das Ethos seinerseits kann allein aus der ursprünglichen Konversion erwachsen und es hat allein im Bezug auf diese ihr Recht.

Das Wohlwollen gegen die Liebe will also, dass die Liebe gelebt werde. Wenn man bei der altgriechischen Begrifflichkeit bleiben möchte, dann fordert die Liebe der Liebe neben der Annahme des Ethos der Liebe die Hingabe an den Bios der Liebe. Um die Liebe zu leben genügt es nun wie gesagt nicht, auf das Ethos zu sehen. Man muss in die Welt schauen, zum zuzusehen, wo man die Freundschaft verwirklichen kann, i.e. wo man die Liebe gegen den Freund oder gegen die Freunde in die Tat umsetzen kann. Dies kann man die Wachsamkeit für die Liebe nennen. Natürlich kann der Liebenwollende die Möglichkeiten zur Liebe nicht erzwingen. Aber er kann sich für sie bereithalten und sie suchen – und dann wird er sie allenthalben finden.

Zur Hingabe an die Liebe gehören durchaus auch deren egozentrische Aspekte, also das Erkennen und Begehren des Anderen: das Erkenntnisinteresse an ihm und die Bereitschaft, seine Zuwendung anzunehmen oder sogar zu fordern. Solange aber meine Hingabe auf diese beschränkt bleibt, verbleibe ich im Rahmen der schon gegebenen Freundschaft: der mir zugefallenen Liebe, der zwischen mir und meinem Freund oder meinen Freunden bereits etablierten Freundschaft oder der ererbten Bindungen. Ich *gehorche* also noch der Freundschaft, ich vermehre sie noch nicht über ihre Forderungen, also über das Geschuldete hinaus. Dies geschieht erst dann, wenn ich von mir aus anerkenne und wohlwill (wobei wie oben ausgeführt dieses Wollen unmittelbar das Tun bewirkt, wenn keine Hindernisse entgegenstehen), ohne damit auf egozentrisch orientiertes Erkennen und Wollen zu reagieren[528], wenn ich also über dasjenige Maß hinaus liebe, das mir zugefallen ist und über diejenigen Bindungen hinaus, die mir zugefallen sind, i.e. in die ich hineingeboren und hineinerzogen wurde. Diese Liebe ist frei, weil sie nicht mehr der Vergeltung bzw. der Gleichheit als dem immanenten Gesetz

---

[528] In der Praxis wird die supererogatorische Anerkennung und Wohlwollen allerdings oft so realisiert, dass der Liebende *in der Reaktion* auf erfahrene Wohltat über deren Maß hinausgeht. Dann ist zwar noch der Anlass die „Liebesreaktion", aber der Anteil der Zuwendung an den Freund, der über die Vergeltung hinausgeht, ist „nichtreaktiv", nämlich spontan gegeben.

der Liebe untersteht.[529] Diese Bereitschaft zum übermäßigen oder supererogatorischen Lieben nennt man im normalen Sprachgebrauch die (charakterliche) Güte oder den Großmut[530], wobei nach der hier entwickelten Systematik zu unterscheiden ist: *Gut* mag ein Mensch sein, wenn er im oben dargestellten Sinn moralisch ist; *gütig* ist er erst, wenn er auch von sich aus ungeschuldet anerkennt und wohlwill.[531] Die Güte kann sich zum einen positiv in spontanem Anerkennen und Wohltun realisieren, zum anderen negativ im Verzeihen und Vergeben, also im Nachlassen der Schuld eines Anderen, die durch Missachtung und Übeltun verursacht wurde.[532]

Freie und übermäßige Liebe

In der Güte wird die Liebe frei, sie wird zum eigenen Werk des Liebenden und ist nicht mehr ein schierer Zufall oder eine Pflicht nach Maßgabe des

---

[529] Dieses freie, ungeschuldete Mehr-Lieben wurde natürlich seit jeher als sittlich schön und als die höherwertige Liebe angesehen (vgl. z.B. NE 1163b21) – so sehr, dass in manchen Fällen nur die supererogatorische Liebe bzw. Freundesverhalten überhaupt als Liebe bzw. Freundschaft angesehen wurde. Auf einen solchen Sprachgebrauch kann man sich natürlich einigen, aber er scheint der normalen Verwendung des Worts nicht zu entsprechen und verdeckt leicht, dass bereits die einfache, nichtübermäßige Liebe und Freundschaft einen hohen (nicht nur) ethischen Wert darstellen.
[530] Letzteres Wort scheint eher in negativen Kontexten Verwendung zu finden, nämlich wenn der Andere bedürftig ist: entweder weil ihm etwas fehlt oder weil er sich selbst verfehlt hat und der Verzeihung bedarf.
[531] Die Güte in diesem Sinn entspricht ungefähr dem, was L. Blum als „friendship care" bezeichnet (1990, 183).
[532] Im Rahmen der hier entwickelten Theorie kann man den Begriff der Verzeihung als Reaktion auf die Verletzung der Anerkennung, die Vergebung auf diejenige des Wohlwollens beziehen. Hier ist nicht der Raum, eine Theorie des Vergebens und Verzeihens auszuarbeiten. Vgl. dazu z.B. das sehr gute und differenzierte Buch von Margaret Walker (2006, bes. 151-190); es scheint mir sehr angemessen, wenn Walker die Vergebung als Aspekt des „repair of moral relations" versteht, auch wenn sie ansonsten einen vielfältigen Sinn des Wortes annimmt. Die hier entwickelte Theorie stimmt mit ihr auch darin überein, dass Verzeihung nicht in erster Linie die Emotionen betrifft und dass es Verzeihung gibt, bei der die negativen Emotionen nicht oder nicht vollständig aufgegeben werden (können), vgl. 154ff. Es ist auch richtig, dass die Verzeihung nicht immer die volle Wiederherstellung der vorigen Freundschaft bewirken oder zum Ziel haben muss (158ff). Sie hat aber zumindest die Wiederherstellung oder Heilung der Brüderlichkeit im Auge und, wenn sie angenommen wird, auch zum Erfolg. Im Übrigen kann die Verzeihung nicht nur Freundschaftsverhältnisse im engeren Sinn betreffen und diese heilen. Sie kann sich auch auf Verhältnisse der Bindung beziehen, die ja wie oben dargestellt nicht immer mit einer Freundschaft in eins fallen, ja die sogar aus Feindschaft und Verbrechen entstehen können. In solchen Fällen macht die Verzeihung die negative Bindung (oder „negative Freundschaft") zu einer positiven – natürlich nicht oder nur sehr selten im engeren Sinn einer persönlichen Freundschaft, wohl aber im Sinn der Brüderlichkeit: Der Verzeihende kann wieder akzeptieren, dass der, der ihn verletzt hat, ein Mensch ist wie er (und nicht ein Unmensch), dass er lebt wie er und sein Leben wertvoll ist wie sein eigenes, und er will ihm wieder wohl wie sich selbst, zumindest grundsätzlich, i.e. transzendental (s.o.). Dabei kann es durchaus der Fall sein, dass der Verzeihende dennoch nichts mehr mit dem Anderen zu tun haben möchte oder ihn sogar nie mehr wiedersehen will. Vgl. auch Spaemann 1989, 239-254.

Ethos der Freundschaft. Umgekehrt wird die Liebe durch diese Freiheit als solche bewusst: Das Subjekt weiß, wie ihm geschieht, während es dies in der unmittelbaren Konversion nicht weiß. Damit wird aber die Liebe selbst zu etwas, das durch die Güte bewegt wird. Die Konversion wird frei und bewusst betätigt.[533] Anfänglich, so wurde dargestellt, können wir immer nur lieben, wenn uns etwas als Liebes, als *phileton* zufällt, i.e. wenn wir etwas bereits erkennen und wollen, anerkennen und ihm wohlwollen. Erst in der Reflexion der Bewusstseinkonversion können wir uns dann unsere Liebe im vollen Sinn zu Eigen machen: Wenn ich einmal zur Liebesliebe gelangt bin, dann kann ich die Liebe aktiv wollen.

In gewissem Sinn ist erst diese freie Liebe die „eigentliche" (nämlich das eigene Lieben der betreffenden Person) und die wirklich edle Liebe. Daher hat Cicero durchaus recht, wenn er jegliches Messen und Berechnen in der Freundschaft kritisiert. Wir tun sogar um des Freundes willen „vieles, das wir unseretwegen niemals täten"[534]. Aber dies gilt eben erst für die höher entwickelte Liebe, und auch für diese nur bedingt (s.u.).

Die gütige Liebe ist nicht gleichzusetzen mit der besonders starken Liebe. Die kann auch aus Zufall bzw. Bindung und Ethos entstehen. Dabei ist auch zu beachten, dass sich die Gleichheits- oder Ausgleichsregel der Liebe, über die die Güte hinausgeht, zwar auch, aber nicht ausschließlich auf Leistungen des Geliebten bezieht. Ein Mann, der eine Frau kennenlernt, die ihm unbeschreiblich schön, ungeheuer kostbar und maßlos begehrenswert erscheint, *muss* sie in diesem Sinn maßlos lieben. Er liebt sie aber deshalb „maßlos" (natürlich eigentlich nur: ungeheuer intensiv), weil sie ihm für ihn ein „maßloses" (eigentlich: unschätzbar großes) Gut darstellt. In dieser „maßlosen Verliebtheit" ist also keine Freiheit, sie ist einfach das unwillkürliche Ergebnis der Konversion hin auf ein als maßlos gut erkanntes und gewolltes Gegenüber. Diese Liebe hat also durchaus ihr Maß, auch wenn der Liebende subjektiv empfindet, sie sei über jedes Maß hinaus. Wirklich maßlos ist nur die Liebe, die nicht auf „maßlose" Leistungen oder „maßloses" Liebenswertsein des Geliebten reagiert, sondern die überhaupt nicht *reagiert* und einer Maßgabe folgt, sondern frei *agiert*.

Die freie, gütige Liebe ist also diejenige, die tatsächlich über das Maß hinaus geht, also nicht eigentlich die maßlose, sondern die übermäßige Liebe. Ihr Maß kennt diese Liebe nämlich sehr wohl, sonst wüsste sie ja nicht, darüber hinaus zu gehen. Allerdings hat auch die übermäßige Liebe Grenzen. Sie darf den Anderen, gerade um der Liebe zu ihm willen, nicht beschämen. Sie beschämt ihn aber dann, wenn er sie nicht mehr angemessen, i.e. dem neuen,

---

[533] Wenn man so will, ist dies der positive Freiheitsaspekt in der Liebe, während die Freiheit im Selbstgewahrsein den negativen Aspekt, das Freiwerden-von betraf. Allerdings implizieren beide Aspekte bereits den jeweils anderen, es handelt sich bei ihnen also nicht im herkömmlichen Sinn um positive Freiheit einerseits und negative andererseits.

[534] 1970, 26.

höheren Maß an Liebe, das der übermäßig Liebende etabliert, beantworten kann. Deshalb darf man in der eigentlichen Freundschaft immer nur in kleinem Maß übermäßig lieben, i.e. man darf nur in kleinen Schritten die Freundschaft vergrößern. Man muss nach jedem Schritt warten, ob der Andere Schritt halten will und kann.[535] Gegebenenfalls muss man sich damit zufrieden geben, dass der Andere keine tiefere Freundschaft will oder leben kann. Dann muss man eben das achten, weil man nämlich in der Freundschaft vor allem anderen den Anderen in seiner Freiheit achten muss. Dies gilt selbstverständlich auch für den Beginn der Freundschaft: Man muss dem Anderen die Freiheit zugestehen keine Freundschaft zu schließen. Bekanntermaßen ist das vor allem im Fall der erotischen Liebe sehr schwer. Diese Art der Freigabe des Anderen noch gegen das eigene Liebesbegehren erfordert eben die Güte; und diese ist noch nicht unmittelbar mit der ursprünglichen Bewusstseinskonversion gegeben, sondern ergibt sich erst durch deren Reflexion zur Liebe der Liebe. Dahin zu gelangen erfordert die Reifung in der Liebe, und diese ist ein langer und mühsamer Prozess.

Die Güte macht die Liebe (bis zu einem gewissen Grad) frei vom Liebeszufall, aber nicht frei von der Zufälligkeit als solcher, denn wie schon erwähnt kann man sie nur betätigen, wenn man Gelegenheit dazu findet, und das ist kontingent. Dergestalt erfordert die Güte so etwas wie die Urteilskraft der Liebe: Die Fähigkeit, etwas Einzelnes, nämlich einzelne Situationen bzw. andere Wesen in einzelnen Situationen, unter ein Allgemeines zu fassen. Allerdings ist dieses Allgemeine nicht ein Begriff, sondern die Struktur eines Vollzuges, nämlich der Bewusstseinskonversion. Dies ist natürlich die Stelle, an der auch die Kreativität in der Liebe eine Rolle spielt. Das heißt zwar nicht, dass nur gütig lieben könnte, wer viel Phantasie hat, aber wie andere Begabungen auch kann der Einfallsreichtum die Liebe in bestimmten Aspekten – hier: im Wohlwollen gegen die Liebe – fördern und sein Fehlen kann sie erschweren.

Die Liebe zur Liebe ist wie gesagt zunächst diejenigen zur konkreten Liebe, also zu derjenigen, die man kennt. Die Güte wird deshalb zunächst in den gegebenen Freundschaften betätigt (einschließlich der Brüderlichkeit). Diese werden durch die Güte gesteigert und vertieft, indem ihr Umsatz vermehrt wird. Dazu gehört wie gesagt auch die Wiederherstellung von Freundschaft durch Vergebung und Verzeihung. Die Freundschaft, die auf solche Weise wiederhergestellt wurde – und nicht durch die Abgeltung der Freundschaftsschuld durch denjenigen, der sich an ihr vergangen hat –, ist tiefer als sie zuvor war. (Dazu gehört allerdings auch die Annahme von Vergebung und Verzeihung seitens dessen, der sich vergangen hat, die oft noch schwieriger ist, als diese selbst.)

---

[535] Für den Aspekt der Offenbarung stellt dies L. Thomas 1993, 57 heraus.

Verbesserung der Freundschaft

Durch die Realisierung der Güte wird die Freundschaft unwillkürlich mitfolgend nach ihren immanenten Gütekriterien verbessert. Die Steigerung der Anerkennung bewirkt, dass der existenziale Aspekt des *phileton*, aufgrund dessen ich den Freund liebe, immer mehr vertieft und immer unabhängiger gegen Lust- und Nutzenleistungen wird. Aber auch intern wird die existenziale Anerkennung verbessert, weil diese sich immer tiefer auf das konzentriert, was der Freund *eigentlich*, i.e. in seinem eigenen, selbstbestimmten Selbstvollzug ist – und nicht in den äußeren Merkmalen seiner Person und seiner Rollen. Die Exklusivität wird gesteigert, weil durch die Steigerung des Liebesvollzugs die Freundschaft sowohl intensiviert als auch spezifisch ausgestaltet wird und dadurch in stärkerem Maß einzigartig und unvergleichlich wird. Die Gleichheit wird gefördert, weil die Güte einerseits das Ausgleichskriterium bezüglich Nutzenleistung und Lustbewirken ermäßigt oder ganz aufhebt (dies ist der Aspekt der Großzügigkeit in der Güte), andererseits aber die Möglichkeit zum Ausgleich eröffnet, wenn in der Freundschaft Schuld (und damit Ungleichheit) entstanden ist (nämlich durch Vergebung und Verzeihung). Die Freiwilligkeit der Freundschaft schließlich wird dadurch gefördert, dass die Güte eben die freie, ungeschuldete Liebe darstellt. Damit macht sie aber den gütig Liebenden (in seinem eigenen Bewusstsein) in der Freundschaft frei. Den Geliebten dagegen setzt sie frei (*in* der Freundschaft – nicht bzw. nicht unbedingt auch *aus* der Freundschaft), weil sie ihre Gabe ausdrücklich als Geschenk betrachtet, dessen Erwiderung sie vom Anderen nicht *erwartet* (allerdings fordert die *Freundschaftsordnung* die Erwiderung von ihm, wenn er weiterhin [in der gleichen Weise wie zuvor] Freund bleiben will – aber eben dies ist ihm freigestellt).

Die Güte kann natürlich auch ihrerseits reflektiert werden, und dann können die vier immanenten Tendenzen der Liebe auch ausdrücklich gewollt und gefördert werden. Das ist dann sozusagen die höhere Güte: diejenige, die dem Anderen nicht nur frei das Wohl will und die Anerkennung zuwendet, sondern ihm seine existenziale Würde, seine Einzigartigkeit, seine Ebenbürtigkeit und Freiheit zuspricht. Es ist diejenige Liebe, die den Anderen vor allem andern in seiner Selbstliebe unterstützen will, die also aktiv und ausdrücklich das will, was die Freundschaft zum Anderen bezüglich des Selbstverhältnisses in Gang setzt bzw. in Gang setzen kann und dazu die Tendenz hat.

Wo die reflektierte Güte in umfassenden Gemeinschaften, im Staat, in einer Religionsgemeinschaft oder gar im Rahmen der Brüderlichkeit geübt wird, berührt sie sich schon mit dem Erbarmen wie es im Folgenden dargestellt wird und geht oftmals in dieses über.

c) Erbarmen

Die Güte in der bestehenden Freundschaft überwindet und erweitert zwar die Grenzen und Maßgaben des Ethos dieser Freundschaft, aber sie sprengt noch nicht die Grenzen dieser Freundschaft selbst. Sie bleibt auch nicht *wirklich* übermäßige Liebe. Zwar ist sie dies der Intention des gütig Liebenden nach. Aber die Freundschaft fordert von demjenigen, der die Güte empfangen hat, sie zu erwidern. Wenn er sie nicht erwidern will, dann darf derjenige, der die Freundschaft durch seine Güte steigern wollte, nicht damit fortfahren, weil er sonst den Anderen beschämt, die Freundschaft ungleich macht und sie letztlich zerstört. (Anders ist es, wenn der Freund der Güte bedürftig ist, sie aber nicht erwidern kann – dann darf er sie als Barmherzigkeit empfangen, s.u.). Die Güte wird also in beiden Fällen wieder rückgebunden in das Gleichmaß der Vergeltung und hört daher der *Wirklichkeit* der Freundschaft nach auf, übermäßige Liebe zu sein, auch wenn sie es der *Intention* nach tatsächlich war: die Liebe zur Liebe wird wieder aufgehoben in die Liebe zum Freund.

Zunächst und normalerweise ist die Güte also nur der Durchgangspunkt zur Vertiefung der Freundschaft. Aber der Liebende kann auch auf diesem Punkt beharren und auf der Liebe allein um der Liebe willen bestehen. Dann will er nicht nur das Wohlwollen und die Anerkennung, die von seiner eigenen Seite ungeschuldet sind. Er will sie auch als solche, die nicht einen Anderen in eine Liebesschuld bringen. Dies ist aber nur außerhalb der Freundschaft im engeren Sinn möglich, denn innerhalb ihrer ist der Freund immer zum Ausgleich verpflichtet (wenn es ihm nicht aufgrund einer Notlage unmöglich ist). Das eigentliche Wohlwollen gegen die Liebe ist also dasjenige, das über die Freundschaft hinaus lieben will. Dies ist die sich erbarmende oder barmherzige Liebe: die Liebe, die allein um der Liebe selbst willen Anerkennen und Wohlwollen will, die also nichts *begehrt* und kein anderes *Erkenntnisinteresse* hat, als wohlzuwollen und anzuerkennen. Diese Liebe wendet sich zwangsläufig an diejenigen, die der Anerkennung und des Wohls bedürftig sind, an die Missachteten und Leidenden also. Und sie wendet sich vorzugsweise an diejenigen, die von der Schuld der Erwiderung der Liebe von vornherein befreit sind, weil sie dazu nicht in der Lage sind.

Der Prozess der Reflexion der Freundesliebe zur Liebesliebe und deren Erhebung zum Erbarmen wird allerdings in aller Regel nicht bewusst durchlaufen und die Liebesliebe ist nicht reflektiertermaßen als solche bewusst. Im subjektiven Erleben stellt sich das Erbarmen spontan ein – meistens unmittelbar aufgrund von Mitleid, weshalb beides von den meisten Menschen und von der Umgangssprache nicht unterschieden wird (s.u.). Phänomenologisch betrachtet ist in den meisten barmherzigen Menschen nicht ein vorgängiger Entschluss zur Barmherzigkeit vorhanden, sondern eben die übermäßige oder überfließende Liebe, i.e. eine Liebe oder Liebesbereitschaft, die über die Freundschaftsbindungen hinausgeht. Diese Liebe aktualisiert und konkretisiert sich dann spontan, wenn sie auf ein leidendes Gegenüber trifft. Deshalb nimmt das Wort „Barmherzigkeit" seine metaphorische Anleihe passenderweise auch nicht beim Willen oder beim Intellekt, sondern beim Herzen, das ja volkstümlich als der Sitz der Liebesfähigkeit und -bereitschaft angesehen wird. Dass dieses „Herz" größer und weiter wird als die Freundschaftsbindungen, erfordert einen Reifungsprozess. Allerdings ist dieser in der Persönlichkeitsentwicklung immer noch sehr basal, Kinder erreichen ihn oft schon vor Vollendung des zweiten Lebensjahres.

Abgrenzungen und Bestimmungen des Erbarmens

Die Barmherzigkeit bzw. das Erbarmen sind wie bemerkt zu unterscheiden vom Mitleid – eben deshalb wird hier dieses altertümliche Wort verwendet. Zwar werden beide Worte oft synonym gebraucht, aber zumindest dem Wortlaut nach ist das Mitleid eben das Mitleiden am Leid eines Anderen, die Empathie.[536] In dieser Bedeutung allein für sich genommen hat das Mitleid noch gar keinen Wert, denn es kann ganz Unterschiedliches zur Konsequenz haben. Das Leid eines Anderen in gewisser Weise an mir selbst zu spüren, kann mich traurig, depressiv, wütend oder verzweifelt machen; es kann in mir Abwehr und Verdrängungsmechanismen auslösen; vielleicht kann es bei besonders subtilen Masochisten sogar Lustgefühle bewirken; und schließlich kann das Mitleiden *auch* dazu führen, dass ich mich bemühe dem Anderen zu helfen.[537] Oft wird mit dem Wort „Mitleid" nur das Mitleiden zusammen mit dieser letzteren Reaktion gemeint. Dann handelt es sich nach der hier verwendeten Terminologie um Erbarmen aus Mitleid. Tatsächlich ist das Mitleiden einer der einfachsten und wirksamsten Wege, sich selbst oder Andere zum Erbarmen anzuregen. Außerdem ist die Empathie oft von hohem heuristischen Wert: Im Mitleiden erkennt man nicht nur, *dass* der Andere leidet, oft – aber nicht immer – erkennt man auch, *was* ihm fehlt. Dieses Wissen ist natürlich wichtig, um ihm helfen zu können. Aber notwendig ist das Mitleiden auch dazu nicht. Ein Arzt muss mit einem Verletzten nicht mitleiden, um ihm helfen zu können. Er weiß auch ohne Empathie, dass der Verletzte leidend ist und wie ihm zu helfen ist. Es können deshalb auch Menschen, deren Empathiefähigkeit gestört ist, barmherzig lieben.

Die Barmherzigkeit, wie sie hier bestimmt wird, ist auch nicht identisch mit der karitativen Liebe. Diese macht nur einen Teil des Erbarmens aus, nämlich denjenigen, der das Wohlwollen bzw. die daraus fließende Wohltätigkeit betrifft. Die andere Seite der Erbarmens betrifft das Anerkennen: die Bereitschaft oder Wachheit dafür, sich von solchen als Seinesgleichen anrühren zu

---

[536] Vgl. dazu auch R.M. Adams (1993, 131) Unterscheidung zwischen Imitation und Inspiration im Zusammenhang der Liebe (das Mitleid ist ja eine Art von Imitation, wenn auch von unwillkürlicher – vgl. auch die Funktion der damit oft in Zusammenhang gebrachten Spiegelneuronen).
[537] Vgl. auch Shaun Nichols 2004, 30f.

lassen, die vom herrschenden Ethos noch nicht als solche anerkannt sind. Wenn für den ersten Aspekt des Erbarmens Menschen wie Mutter Theresa paradigmatisch sind, so sind es für den zweiten die Kämpfer gegen Tyrannei, Sklaverei, Rassismus und Misogynie.

Die barmherzige Liebe entspricht in etwa dem, was im normalen Sprachgebrauch „selbstlose Liebe" genannt wird. Dieser Name ist aber nicht ganz zutreffend, weil es auch dem barmherzig Liebenden um sich selbst geht und er etwas für sich will. Nur will er eben nichts weiter für sich als die Liebe selbst. Die Selbstbetätigung im Anerkennen und Wohlwollen ist ihm an ihr selbst schon die Gratifikation – denn er liebt ja die Liebe, i.e. er ist zu der Einsicht gelangt, dass es nicht nur an sich, sondern auch für ihn selbst gut ist, zu lieben. Daher empfinden Menschen, die wahrhaft barmherzig sind – und nicht nur einer religiösen oder gesellschaftlichen (i.e. einer ethischen) Pflicht zu Werken der Barmherzigkeit folgen –, unmittelbar Glück und Erfüllung in dem, was sie tun. Man muss sie deshalb – scheinbar paradoxerweise – weniger um ihres Tuns willen bewundern, denn dieses macht ihnen ja selbst Freude, sondern um der *Einsicht* (oder „Weisheit") willen, in der sie die Freude am Lebensvollzug in der barmherzigen Liebe als die höchste Form der Freude erfasst haben. Denn diese Einsicht nicht nur theoretisch, sondern sozusagen in der Tiefe des Herzens zu erfassen, kostet große Mühe und Selbstüberwindung und vollzieht sich selten ohne leidvolle Erfahrungen.

Die ethische Funktion des Erbarmens

Über die Linderung der Not im Einzelnen hinaus hat die Barmherzigkeit eine grundlegende Funktion für die Ethik insgesamt. Durch sie werden die Ethē der bestehenden Freundschaften, besonders aber das Ethos der Brüderlichkeit ausgeweitet und weiterentwickelt.[538] Wer nämlich Seinesgleichen und ihre Bedürftigkeit in solchen entdeckt, die durch die herrschenden Ethē missachtet und übersehen werden, der kann um seiner Liebe willen das Erbarmen nicht nur für sich allein vollziehen. Er wird danach streben, auch Andere zur Einsicht der Würde dieser Menschen zu bringen uns sich von deren Leid anrühren zu lassen. Wenn man in der herkömmlichen Begrifflichkeit sprechen will, dann begründet die Barmherzigkeit die *Universalisierung* der Freundschaft. Allerdings ist dies nur im Sinn einer Tendenz zu verstehen, denn eine tatsächliche Universalität der Freundschaft gibt es nicht, weil es keinen kon-

---

[538] Eine zumindest in den Grundzügen ähnlichen Vorschlag macht Norbert Brieskorn 1997, 159ff, zur Begründung der Menschenrechte: Diese soll von nichtapriorischen, in konkreten Lebenserfahrungen gewonnenen Einsichten (die natürlich nach dem hier Entwickelten die Einsichten der Konversion wären) ausgehen, die dann im Vergleich mit Grundprinzipien des bereits etablierten Ethos abgesichert werden und über die daraufhin schließlich der allgemeine Konsens gesucht wird. Auch er spricht in der Folge von der Universalität als Resultat der (bzw. als Herausforderung zur) Universalisierung als eines geschichtlichen Ringens bzw. einer Errungenschaft.

kreten Universalbegriff des Meinesgleichen gibt. Diejenigen Begriffe, die wir dafür haben – derzeit vor allem den der Menschheit – sind immer vorläufig (im Grunde ist der Begriff der Menschheit bereits überholt, „wir" gestehen zumindest einigen Tieren bereits eine gewisse Würde zu und fordern grundlegende Formen des Wohlwollens gegen sie ein) und an den Rändern unscharf.

Das natürliche Vorbild der Barmherzigkeit ist die Mutterliebe, die zumindest im Extremfall liebt, ohne Gegenliebe zu erwarten (vgl. NE 1159a29ff). Insofern die Barmherzigkeit die „größte Liebe" ist, ist also die Mutterliebe das Paradigma vollkommener Liebe. Aber wie dargestellt ist die Barmherzigkeit nur in einem gewissen Sinn die höchste Form der Liebe, nämlich als die Vollendung der Liebe zur Liebe. Diese letztere hat zwar als letzter Grund allen Liebens einen Vorrang vor den anderen Formen der Liebe, aber eben nur unter dieser Hinsicht. Unter derjenigen der Möglichkeitsbedingung geht die *Selbstliebe* allen anderen Formen der Liebe voran, und insofern ist das natürliche Selbstverhältnis das Paradigma aller Freundschaft (vgl. NE 1166aff). Unter der Hinsicht der Realität der Freundschaft ist allerdings die gegenseitige, reziproke Liebe die erste und ihre vollendete Form, nämlich die exklusive, existenziale Liebe unter Freien und Gleichen, i.e. die *Tugendfreundschaft* das Paradigma aller Freundschaft. Die *Vaterbeziehung* ist dagegen das Paradigma der *Bindung* (nämlich der Ursprung der verwandtschaftlichen Freundschaft, NE 1161b16, die ihrerseits das Urbild aller Bindung ist), die *Bürgerfreundschaft* – zumindest bis in die späte Moderne[539] – die umfassendste betätigte Freundschaft und insofern diejenige, die allen anderen Freundschaften gebietet (vgl. NE 1160a29f), weil sie den Rahmen und die ethischen Grundvorstellungen für Freundschaften bereitstellt, über die die Individuen zwar hinausgehen und die sie modifizieren können, die aber als Ausgangspunkte der freien Ausgestaltung der individuellen Freundschaften immer deren Bezugspunkte bleiben. Die Bürgerfreundschaft gebietet in diesem Sinn wie dargestellt auch der *Brüderlichkeit*, die freilich ihrerseits unter formaler Hinsicht als die größte und grundlegende gelten muss: Jeder, i.e. jedes Meinesgleichen, ist mir auf jeden Fall und zunächst einmal „Bruder". Erst „danach" ist er mir möglicherweise auch noch Freund in einem engeren Sinn. Durch diese Differenzierungen lässt sich der Widerspruch auflösen, dass Aristoteles an verschiedenen Stellen seines Freundschaftstraktats unterschiedliche Freundschaften als ausgezeichnete hervorhebt.[540]

---

[539] Das ist freilich nur bedingt richtig, weil schon im Mittelalter neben dem Staat die Kirche das Ethos der Menschen in Europa bestimmte und damit die Bürgerfreundschaft mit der Christianitas um den Rang der umfassendsten betätigten Freundschaft konkurrierte. Im 20. Jahrhundert kommen natürlich mit Völkerbund, UNO und vor allem der Europäischen Gemeinschaft überstaatliche Formen betätigter Freundschaft auf.
[540] Vgl. Wolf 2007, 226.

d) Umfassende Liebe

Es gibt also auch nach der hier entwickelten Theorie den Aspekt wirklicher Allgemeinheit und Unbedingtheit im Lieben – zwar nicht dem (An-)Erkennen, aber dem (Wohl-)Wollen nach. Die Verfassung des Liebesbewusstseins ist tatsächlich universal und absolut im allgemeinen und unbedingten *Wollen* der Liebe. Dieses Wollen wird selbst im Erbarmen fast immer sogleich am konkreten Gegenüber und in der Folge durch das Ethos einer bestimmten, begrenzten Liebe konkretisiert und damit limitiert.[541] Aber in dem Moment, da ein Subjekt nur wollend wach ist für die Liebe, ohne schon die partikulare, konkrete Liebesmöglichkeit ergriffen zu haben, ist dieses Wollen offen für seine Liebe als solche. Und das bedeutet: Es ist offen für die Realisierungen der Liebe, die ihm noch nicht bekannt sind, die er noch nicht als solche erkannt hat. Wenn der Liebende in der Wachheit dieses Wollens verharrt, dann liebt er seine Liebe über alles Ethos hinaus. Er will dann, dass die Liebe überhaupt größer werde, als sie schon ist, i.e. größer als ihre gegenwärtige Gestalten, ihre Ethē und ihre Bioi. Das ist das höhere, eigentliche Wohlwollen gegen die Liebe. Dieses *Wollen* der Liebe ist prinzipiell unbegrenzt, und daher ist es tatsächlich ein allgemeines und unbedingtes Wollen der Liebe als solcher – auch wenn es sich nur so verwirklichen kann, dass es konkrete Liebesbedürftigkeit *erkennt* und seinen allgemeinen Liebeswillen diesem besonderen (und daher begrenzten) Gegenüber widmet. Man kann diese Liebe die umfassende nennen.

Jede Güte und jedes Erbarmen realisieren die Umfassendheit der Liebe ein Stück weit, sie machen die Ethē und Bioi konkreter Freundschaften und vor allem der Brüderlichkeit gerechter und umfassender. Aber es gibt nur sehr wenige Menschen, denen es gelingt, dauerhaft in diesem unbedingten Liebeswollen zu verharren. Zumindest theoretisch ist dies allerdings nichts Menschenunmögliches. Wo es nun einem Menschen gelingt, das selbstlose Erbarmen zur Lebensform zu machen und zumindest annähernd dauerhaft zu leben, da kann man von heroischer Liebe sprechen. Die christliche Tradition nennt solche Menschen „Heilige" und dies wäre eigentlich der bessere Begriff. Aber weil er religiös aufgeladen ist, wäre es missverständlich ihn hier zu verwenden. Eine derartige Liebe ist den „normalen" Menschen zwar einerseits ein Ansporn und eine Herausforderung, andererseits aber auch etwas Unheimliches.[542] Sie stellt nämlich die normalen Freundschaften und Ge-

---

[541] Ein Beispiel für den Vorgang der begrenzenden Konkretisierung des Erbarmens findet man an der Gestalt Bartolomé de Las Casas, der sich der amerikanischen Ureinwohner „erbarmte", nämlich gegen sein eigenes Volk deren Würde einklagte. Im Eifer für sie befürwortete er dann aber den Import afrikanischer Sklaven nach Amerika – um seine neugefundenen „Freunde" zu schützen; bis ihm dann schließlich auch das Leid und die Missachtung der Afrikaner bewusst wurde, er sich *ihrer* erbarmte und seinen Vorschlag tief bereute.
[542] Vgl. Spaemann 1989, 149.

meinschaften in Frage, denn in einer Welt, in der die normalen Freundschaften in Ordnung wären, wäre die heroische Liebe gar nicht mehr nötig und damit gar nicht mehr möglich. Die heroische Liebe ist immer der Aufweis der Lieblosigkeit zwar nicht Einzelner, aber unserer Gemeinschaften – und das heißt ja unserer Freundschaften im weiteren Sinn – als Ganzer.

Ausnahmecharakter der heroischen Liebe

Die heroische Liebe hat aber auch eine echte Defizienz: Sie ist unfruchtbar. Sie kann keine neue Liebe gebären, denn die Empfänger solcher Liebe sind ja zur Erwiderung nicht im Stande. Sie ist allenfalls indirekt fruchtbar, als sie anderen ein Beispiel zur Liebe gibt. Eine Liebe, die nur gibt und nicht nehmen kann, kann den „Liebesumsatz" nur um so viel steigern, wie der Liebende aus sich selbst zu schöpfen vermag.[543] Dagegen kann sich in der Freundschaft durch das gegenseitige Geben und Nehmen der Umsatz zwar nicht unbegrenzt, aber in viel höherem Maß steigern. So bleibt von der heroischen Liebe am Ende nur die Liebesschuld, zwar nicht derer, die sie empfangen haben, aber der übrigen Menschen, die die Elenden und Verachteten nicht in gleicher Weise geliebt haben. Was man den heroisch Liebenden schuldet, ist freilich kein gegenständliches Gut (und auch kein schlechtes Gewissen, denn es gibt ja keine Pflicht zur übermäßigen Liebe). Es ist das Gedächtnis. In diesem Gedächtnis hinterlässt der heroisch Liebende nun am Ende doch etwas und ist im höheren Sinn fruchtbar. Denn dieses Gedächtnis ist ja keine Last, sondern ist im Gegenteil tröstend und identitätsstiftend und zugleich inspirierend für alle, die sich dem Liebeshelden in irgendeiner Weise verbunden fühlen.

Dennoch ergibt sich daraus: Die heroische Liebe kann nicht nur, sie soll auch die Ausnahme sein. Sie hat ihr Recht nur als Ausnahme zur normalen Liebe, als deren Widerpart oder als deren Anstoß im doppelten Sinn: von Anstoß geben und von Anstoß nehmen. Die Liebe zur Liebe will, dass am Ende (das freilich kein zeitliches ist) die allgemeine, allseitige Wechselliebe sei, dass alle Geliebten die empfangene Liebe erwidern können und wollen und dass keiner die Liebeszuwendung aus schierer Not annehmen muss. Oder anders: Sie will, dass die heroische Liebe mit dem allen gemeinen Lieben aller in eins falle und damit die übermäßige, umfassende Liebe des Einzelnen zur umfassenden Freundschaft aller werde. Freilich steht diese Vollendung der allgemeinen Liebe nicht zu erwarten. Aber die Liebe zur Liebe muss sie zumindest unbewusst intendieren, denn sie ist die immanente Tendenz der Liebe: die Tendenz zu ihrer Ausweitung, die – als *Tendenz* (natürlich niemals in ihrer Verwirklichung) – unbeschränkt ist. Und so bleibt die heroische

---

[543] Für viele, nicht nur christliche Liebeshelden gibt es freilich durchaus eine Erwiderung ihrer Liebe, nämlich durch Gott, Götter oder Heilige. Viele verstehen ihre Liebe gar so, dass sie selbst nur die Erwiderung der übermäßigen, umfassenden Liebe Gottes ist.

Liebe am Ende doch etwas Endgültiges, ein Vorläufig-Endgültiges, weil das Ende, demgegenüber sie vorläufig ist, nie erreicht wird. Sie ist die Ausnahme als universales Ideal, die sich aufheben würde, wenn sie tatsächlich universal realisiert würde. Sie ist die Herausforderung an alle, die erlöschen würde, wenn alle sie annähmen.

Braucht der Vollkommene Freunde?

Aristoteles' Frage am Ende seines Freundschaftstraktats (NE 1169b2ff), ob der Glückliche Freunde brauche (und dann: wie viele, in welchen Lebenssituationen am meisten etc.), ist nach der hier entwickelten Theorie schnell beantwortet: das Glück (im Sinn der Eudaimonie) *ist* das in Liebe und Freundschaft vollzogene Leben. Weil für Aristoteles die Freundschaftslehre nur ein Anhang seiner Tugendethik ist, muss er freilich erst argumentieren: Die Freundschaft ist zum tugendhaften Leben sowohl unerlässlich als auch förderlich und verstärkt außerdem den Genuss am Tugendleben (weil man nämlich nicht nur die eigene Tugend genießen kann, sondern auch die des Freundes als anderes Selbst). – All dies sind interessante Gesichtspunkte, die sicherlich ihren Stellenwert im konkreten Freundschaftsvollzug haben und den Reichtum der Freundschaft mit ausmachen. Insgesamt aber zeigt sich an der Argumentation Aristoteles' Tendenz, die Freundschaft am Ende doch dem Egoismus – nämlich dem Perfektions- und Glücksegoismus des Tugendhaften – zu unterwerfen.

Wenn also die Frage der Freundesbedürftigkeit des Glücklichen in der hier entwickelten Theorie keinen Sinn macht, so doch die, ob der Tugendhafte oder der Vollkommene Freunde braucht. Vollkommenheit kann man nämlich nach dem hier Entwickelten nicht nur in der Freundschaft mit Anderen, sondern auch in der Selbstliebe und in der Liebe zur Liebe erlangen, nämlich in der Befreiung und im Erbarmen (das ja seinem Wesen nach einseitig ist). Ist also (volle) Erfüllung in der Liebe ohne *gegenseitige* Liebe möglich? Die Antwort liegt jenseits des Horizontes dessen, was philosophisch besprochen werden kann. Beide Wege, der der Vervollkommnung in der Freiheit wie der im Erbarmen, sind Wege des Transzendierens, nämlich seiner selbst (bzw. seines Selbst) und seiner Freundschaften (bzw. seiner Pflichten und Ordnungen). Was man aber im letzten Schritt solchen Transzendierens erreicht, das ist eben transzendent.

Wenn man aber auf diejenigen exemplarischen Menschen schaut, die in der Befreiung und im Erbarmen besonders weit vorangeschritten sind, dann findet man sie fast immer in Kreisen von Freunden, oft in einem ganzen System von konzentrischen Freundeskreisen. Häufig stiften solche Menschen sogar feste Bünde – und zwar wiederum oft sowohl engere wie weitere –, seien diese nun Orden, Schulen, Jüngerschaften oder andere Lebensgemeinschaften. Die Frage bleibt allerdings, ob diese Menschen die ideale Freundschaft unter Ebenbürtigen leben können, denn solche werden sie kaum finden. Vielleicht ist dies die letzte Liebestat oder das „Liebesopfer" der in der Liebe Vollkommenen, dass sie um der Liebe willen auf die vollkommene Freundschaft verzichten.

e) Allgemeines Wohltun als ethische Tugend

Bestand die Grundtugend der Liebe zu sich selbst in der (kognitiven) Aufmerksamkeit und Wahrhaftigkeit gegen sich selbst, in einem dianoetischen bzw. kontemplativen Vollzug also, so liegt die Perfektion der Liebe zur Liebe in der Tat. Die Liebe als eigenständige Realität wächst nur durch das *verwirklichte* Wohlwollen. Das Bewusstsein der Liebe oder das Liebesgefühl mag in einem Menschen wachsen, ohne dass der Geliebte auch nur davon explizit weiß, geschweige denn dass die Liebe betätigt wird, etwa in der Verliebtheit. Aber solche Liebe hat kein Leben. Die Wirklichkeit der Liebe liegt im Verkehr, im Austausch und im gemeinsamen Tätigsein der Freunde, das wurde bereits ausgeführt. Diese Wirklichkeit kann nur wachsen und vollkommener werden, wenn die Freunde mehr tun für ihre Liebe als ihre Liebespflicht, i.e. wenn sie gütig und barmherzig *handeln*. Die Tugend der Liebe zur Liebe liegt also im liebenden Handeln bzw. (insofern man die Tugend mit Aristoteles als Disposition versteht) in der Disposition dazu. Dabei kann dieses Handeln sowohl wohltätig oder karitativ im im engeren Sinn sein als auch politisch im Sinn des Einsatzes für die Anerkennung und die Rechte der Unbeachteten und Verachteten.

Wie auch im Fall der Unverborgenheit gegen sich selbst als der dianoetischen Grundtugend der Liebe kann man sich in das Wohltun als der ethischen Grundtugend der Liebe einüben, nämlich indem man sich selbst dazu anhält, Gutes, i.e. der Liebe Entsprechendes zu *tun*, selbst wenn diese Liebe, nämlich das originäre Wohlwollen und Anerkennen noch gar nicht da sind. Man macht sich also die der Liebe entsprechende Tat selbst zur *Pflicht*, damit sie einem im Handeln zur originären *Liebes*tat werde. Die christliche Spiritualität nennt diese Tugend- oder Liebesübung (wenn sie zur fortgesetzten Anstrengung wird) im Gefolge der aristotelischen Ethik die *vita activa*, der Hinduismus *karma marga*.[544] Unter den traditionellen Kardinaltugenden ent-

---

[544] Der *vita activa* steht bekanntlich die *contemplativa* gegenüber, die nach dem hier entwickelten Entwurf im Vollzug der Liebe gegen sich selbst ihren Ort hat. Auch die indische Tradition unterscheidet vom *karma marga* den Weg der Erkenntnis (*jnana marga*) und zählt den Weg der – allerdings normalerweise allein auf Gott bezogenen – Liebe (*bhakti marga*) als dritten Weg (daneben allerdings manchmal auch noch den *yoga marga* als vierten). Auch Erich Fromm nennt als grundlegende Praktiken zur Einübung in „Die Kunst des Liebens" zum einen die Konzentration auf sich selbst (123ff; „Paradoxerweise ist die Fähigkeit, allein sein zu können, die Vorbedingung für die Fähigkeit zu lieben", 124), um das „Gespür für sich selbst" (127) zu entwickeln, zum andern die „Aktivität im Sinne des aus sich heraus Tätigseins" (140ff; er nennt dies auch – vielleicht etwas missverständlich – „Produktivität").

spricht dieser Grundhaltung der Mut im Sinn der Einsatzbereitschaft und Tatkraft einschließlich der Risikobereitschaft oder sogar Opferbereitschaft.[545]

Durch die auf das Wohltun ausgerichtete Handlung wird eine Liebeswirklichkeit auch dann geschaffen, wenn der Handelnde innerlich die Wohlgesonnenheit noch gar nicht im entsprechenden Maß ausgebildet hat. Dies ist deshalb der Fall, weil die Liebe nicht nur etwas Subjektives ist, sondern auch einen objektiven Aspekt hat. Diese „Liebeswirklichkeit" wird auch dann schon hergestellt, wenn einer die Liebe allein *tut*, ohne schon liebend zu sein.

Popperianern mag es vielleicht Befriedigung verschaffen, dass die hier entwickelte Theorie an dieser Stelle, also sozusagen an ihren Ausläufern, die Empirie berührt und grundsätzlich der observationalen Falsifikation zugänglich ist. Wenn es so wäre, dass die Übung der Liebe das Leben nicht reicher, die Übung der epochalen Selbstbetrachtung es nicht freier und die Übung des Erbarmens es nicht friedvoller und glücklicher machen würde, dann wäre die hier entwickelte Theorie zumindest ernsthaft in Frage gestellt. Allerdings muss man dabei die von Aristoteles diagnostizierte Ungenauigkeit und den stochastischen Charakter ethisch-philosophischer Aussagen im Blick behalten: Abweichungen im Erleben Einzelner in einzelnen Situationen mag es von den dargestellten Zusammenhängen durchaus geben. Zumal dann, wenn jemand erst beginnt, sich in die Liebe einzuüben, macht ihn die Übung oft unausgeglichener und unzufriedener als er es zuvor war. Und jede Übung der Liebe kann schlechte Resultate haben, wenn sie schlecht oder gar ganz „lieblos" ausgeführt wird: Wenn die Selbstbetrachtung dazu benutzt wird das eigene Ego aufzublasen, anstatt ihm gegenüber frei zu werden; oder wenn die Betätigung des Erbarmens dazu missbraucht wird, sich Ansehen und andere Vorteile zu verschaffen, anstatt liebend zu geben. Dies kann auch unbewusst geschehen und daher im Zuge der empirischen Beobachtung kaum je vollständig ausgeschlossen werden. Deshalb die Falsifikation im Fall der hier entwickelten Theorie nicht durch Einzelbeobachtungen möglich. Aber wenn Freundesliebe, Selbstliebe und Erbarmen in der Mehrheit der beobachteten Fälle nicht die dargestellten Resultate hätten, dann wäre die hier entwickelte Theorie bedroht.

Allerdings steht das nicht zu erwarten, weil die Theorie der Freundschaft ja bezüglich dieser Punkte keine neuen Thesen aufstellt, sondern nur in einer neuen Weise systematisch zu rekonstruieren versucht, was seit Jahrtausenden in verschiedenen Religionen und neuerdings auch im Humanismus und in verschiedenen psychologischen Therapieformen gelehrt und praktiziert wird. – Wie auch sonst, so setzt diese philosophische Reflexion erst im Nachhinein ein, nachdem der Befund schon längst gesichert ist (vgl. Hegel, GPhR, Vorrede, XXIV). Insofern ist die empirische Falsifikation der Theorie der Freundschaft nur eine theoretische Möglichkeit, die praktisch nicht zu erwarten steht. Aber das sollte den Falsifikationisten ja genügen.

[545] Entsprechend nennt Aristoteles die Gegensätze zum hier Gemeinten in einem Zug: „Andere wiederum unterlassen aus Feigheit und Trägheit, das zu tun, was ihnen als das Beste erscheint" (1166b810f). Auch an den Fichteschen Grundimperativ „Handeln! Handeln! das ist es, wozu wir da sind." (1971, 343) kann man an dieser Stelle erinnern. Der bedeutet ja nicht, dass es unwichtig wäre, in welcher Form man handelt, betont aber zu Recht, dass der Handlungswille als solcher grundlegend für die und daher auch das grundlegend Gute der Moral ist. Natürlich richtet sich das gegen Kant: Die bloße Formbestimmung des guten Willens ist ungenügend. Der kategorische Imperativ ist ironischerweise eigentlich formal ein hypothetischer Imperativ, der darauf angewiesen ist, dass ein Subjekt bereits handelt bzw. im Begriff steht zu handeln, und zwar bewusster- und reflektiertermaßen (nämlich unter einer Maxime): also handeln *will*. (Zugegebenermaßen ist dies nicht ganz klar. Ein Kantianer mag verteidigen, dass der unbedingte Imperativ „handle!" im Imperativ „handle so, dass ..." enthalten ist. Aber dafür findet sich in Kants Erklärungen zum kategorischen Imperativ kein Anhaltspunkt. Da wird stets nur von der Prüfung der Maximen gehandelt, also von etwas, das der Anwendung dieses Imperativs vorgegeben sein muss.)

Wenn dabei die Intention wirklich auf die Liebe an ihr selbst geht – und nicht auf Pflichterfüllung oder aber darauf, durch Wohltätigkeit das eigene Selbstwertgefühl aufzubauen und Bewunderung zu erlangen[546] –, dann verändert die Liebeswirklichkeit denjenigen, der sie (mit-)geschaffen hat und *macht* ihn zum Liebenden. Das Handeln kann (bzw. muss) also im Fall der ethischen Tugend der Gesinnung oder der Charakterbildung vorausgehen, genau wie Aristoteles sagt (NE 1103a31ff). Das Wohltun ist daher nach der hier entwickelten Theorie die ethische Grundtugend oder die begründende Tugend, die „Metatugend" der ethischen Tugenden. Sie ist die Tugend, sich in die Tugendhaftigkeit einzuüben – und allein durch solche Einübung erreicht man ja nach Aristoteles die ethische Tugendhaftigkeit.[547]

Aus der Tugendhaftigkeit oder Tugendwirksamkeit des schieren Wohltuns ergibt sich eine gewisse Rechtfertigung der westlichen Kultur. Fast immer haben uns die Vertreter anderer Kulturen, ob Christlich Orthodoxe, Moslems, Hindus, Buddhisten, ob Osteuropäer, Asiaten, Afrikaner oder indigene Amerikaner, wegen der Oberflächlichkeit und des Wertematerialismus unserer westlichen Kultur bemitleidet oder verachtet, wenn sie zum ersten mal mit ihr in Berührung kamen.[548] Ob dieser Vorwurf berechtigt ist, mag hier dahingestellt bleiben. In jedem Fall aber haben die westlichen Kulturen mit Rechtsstaat, Gesundheitsfürsorge, allgemeiner Schulbildung und so fort ein System der Anerkennungsleistungen und des Wohltuns gegen ihre Mitglieder (und sogar über diese hinaus) ausgebildet, das andere komplexe Gesellschaften nicht erreicht haben.[549] Nach der hier entwickelten Theorie ist das ein sehr

---

[546] Diese Versuchung ist allerdings groß, auch im Nachhinein der vollbrachten Wohltat – dass man sie nämlich, obwohl zunächst als Wohltat intendiert, am Ende doch zum Bewusstsein der Pflichterfüllung oder aber des (Selbst-)Genusses ausnützt (vgl. NE vgl. 1162b34f; vgl. dazu Utz 2003, 566f). Vor allem die Unterscheidung zwischen echtem Wohltun um der Liebe willen und Wohltätigkeit aus Ansehensegoismus oder Pflichtbewusstsein ist nicht immer ganz klar – auch dem Tätigen selbst nicht. Besonders unter dem Ideal christlicher karitativer Nächstenliebe *zwingen* sich viele Menschen zur „Liebe" und wundern sich nachher, dass sie das nicht glücklich macht. Die erzwungene Liebestat ist niemals liebende Tat und kann es nicht werden, weil das obtemperante Bewusstsein der Liebe entgegengesetzt ist. Denn die erzwungene Handlung erfüllt nur ein Gebot: Sie hat die Pflicht im Auge. Das Wohltun dagegen tut einem Anderen das Wohl: Es hat den Anderen im Auge, auch wenn es noch Überwindung kostet, weil das Wohltunwollen noch nicht vollständig mit dem Begehren der Liebe (um ihrer selbst willen) verschmolzen ist. – Vielen, die entweder verzwungen oder auch selbstsüchtig wohltätig sind, muss man also raten, damit aufzuhören (auch wenn ihr Handeln in seinen gesellschaftlichen Wirkungen durchaus positiv sein mag), bis sie gelernt haben, ihr Bewusstsein tatsächlich auf die Liebe auszurichten, nämlich für die Liebe zu *befreien*. Dazu hilft wie dargestellt die dianoetische Tugendübung der epochalen Selbstbetrachtung.
[547] Vgl. hierzu A.W. Müller 1982.
[548] Freilich sind diese Stimmen inzwischen stiller geworden, weil sich die Gesellschaften der übrigen Welt in ihrer Mehrzahl gerade in den kritisierten Punkten auf die westliche Kultur hinbewegen, wenn auch in unterschiedlichem Maß und Geschwindigkeit.
[549] Insofern stellen sich diese zivilisatorischen Leistungen als ein Fortschritt dar. In einem anderen Sinn sind sie aber eine Wiedereinholung dessen, was in primitiven Zivilisationen vielfach schon gegeben war bzw. ist – und dieser Aspekt ist vom Gesichtspunkt der Theorie

hoher Wert, den wir bewahren und auf den wir stolz sein sollten. Es mag sein, dass dabei das *Bewusstsein* der Anerkennung, die Wohlgesonnenheit gegeneinander und die Solidarität gelitten haben, dass also die Einzelnen in ihrer Gesinnung egoistisch geblieben oder gar geworden sind. Dies mag auch mit der Institutionalisierung der „Freundschaftsleistungen" zusammenhängen: Wo der Staat für unser Wohlergehen und die Achtung unserer Rechte garantiert, mag sich der Einzelne von dieser Aufgabe dispensiert sehen.[550] Das ist die Gefahr der „Verallgemeinerung" und Institutionalisierung der Freundschaft. Das mag man beklagen, und vermutlich wäre es gut, dem gegenzusteuern. Aber man darf dabei nicht vergessen, dass auch die Institutionalisierung von Anerkennung und Wohlwollen eine Errungenschaft der Freundschaft ist, genauerhin eine, die in der Tendenz der Liebe zur Liebe liegt, auch wenn sie allein nicht genügt.

Hegel hat daher recht, wenn er fordert, dass der staatlichen Institution bzw. ihren vielfältigen Institutionalisierungen eine Geisteshaltung der Individuen entsprechen muss, und dass erst diese sie zu wirklichen Staatsbürgen – nämlich citoyens im Unterschied zu bourgeois – macht (und umgekehrt den Staat zum echten Staat macht). Er nennt diese Geisteshaltung „Patriotismus".[551] Dieses Wort ist vielleicht heute in Deutschland missverständlich. Aber im Grunde meint es genau das Richtige: die Identifikation mit einem besonderen politischen Gemeinwesen und die daraus fließende Einsatzbereitschaft für dieses. Zu dieser Identifikation gehört, dass ich dessen institutionelles Entscheiden und Handeln als mein eigenes begreife, wie es ja zumindest

---

der Freundschaft aus vielleicht der interessantere: In diesen Zivilisationen gibt es fast durchweg Institutionen der allgemeinen Gesundheitsfürsorge (Medizinmann), der Erziehung (Unterricht im Jagen, in den Handarbeiten etc.), der Beteiligung an politischen Entscheidungen und auch Strukturen der Rechtsprechung, die im Unterschied zu vielen komplexeren Gesellschaften zumindest nicht-despotisch sind.

[550] Dazu kommt, dass wir Menschen am Ende doch eher auf das stolz sind, was wir persönlich geleistet haben, und weniger auf unsere gemeinschaftlichen Errungenschaften. So fühle ich mich besser, wenn ich persönlich 100 EUR für die Notleidenden einer Katastrophe spende, als wenn mein Staat den entsprechenden Betrag aus meinen Steuerabgaben in einen Hilfsfonds zahlt. Dabei spielt natürlich auch eine Rolle, dass die Tat im letzteren Fall nicht direkt aus meinem freien Entschluss entspringt – allerdings sehr wohl indirekt, zumindest wenn ich in einer Demokratie lebe, aber auch das nehmen wir eben weniger stark wahr. Die Institutionalisierung der Freundschaftsleistungen nimmt also dem Einzelnen etwas von der Befriedigung in der Betätigung der Liebe und damit einen Teil der Motivation zu ihr. Es gehört allerdings zum Reifen in der Liebe, auf dieser Befriedigung nicht mehr zu bestehen. Nach der hier entwickelten Terminologie bedeutet dies, das Erbarmen in Gerechtigkeit übergehen zu lassen: Früher fühlte sich der Reiche edel und barmherzig, wenn er einen Armen vor dem Hungertod bewahrte. Heute anerkennt er es als *gerecht*, dass diesem aus den Steuern, die er zahlt, Sozialhilfe geleistet wird, die sogar über die bloße Überlebenssicherung weit hinausgeht. Aus der Sicht der Philosophie der Freundschaft ist das sehr gut so, obwohl es auf den ersten Blick so scheinen mag, als gäbe es nun weniger „Freundschaftlichkeit", weil weniger Warmherzigkeit. Aber die Freundschaft und die Liebe sind eben nicht nur ein Gefühl und sind auch nicht unbedingt dann stärker und besser, wenn sie mit stärkeren Emotionen verbunden sind.
[551] GPhR § 268.

in der Demokratie tatsächlich der Fall ist, aber von vielen vergessen wird. Dazu wiederum gehört, dass ich „normalerweise" (i.e. wenn es sich nicht um solche staatliche Maßnahmen handelt, die ich vor meinem eigenen Bewusstsein der Freundschaft als unfreundlich und ungerecht ansehen muss) in diese Entscheidungen und Handlungen einstimme und ggf. stolz auf sie bin, weil sie einen Teil meines Selbstvollzugs darstellen. Für den patriotischen Bürger wäre es deshalb nicht nur unmoralisch, sondern ein performativer Selbstwiderspruch, Steuern zu unterschlagen. Und er wird persönliche Befriedigung empfinden, wenn sein Staat sich etwa für Gerechtigkeit und Wohlfahrt in der Welt einsetzt.

Man wird diagnostizieren müssen, dass gegenwärtig in den allermeisten demokratischen Rechtsstaaten dieser „Patriotismus" als die Liebe zu derjenigen konkreten Freundschaft, die die Staatsgemeinschaft darstellt, der institutionellen Entwicklung des Staates hinterherhinkt, und dass darin eine der Hauptschwächen dieser Staatsgebilde liegt. Es genügt eben nach der hier entwickelten Theorie wie vermutlich auch nach dem empirischen Befund (auf Dauer) nicht, dass ein Staat die richtige Verfassung und die richtigen Institutionen hat. Das hat Hegel bereits zu Beginn der Entwicklung des modernen republikanischen Staatswesens erkannt.

f) Umfassende Moralität

Eine Universalmoral ist nach der hier vorgestellten Theorie nicht möglich. Es gibt die Ethē der verschiedenen Gemeinschaften, die in der Liebe zur Liebe als Moral anerkannt werden.[552] Diese sind in einem gewissen Sinn objektiv. Sie sind dies nicht wie Natursachverhalte, aber doch so, dass sie nicht im Belieben des Einzelnen stehen; und auch in dem Sinn, dass sie als Sachverhalte erkannt werden können. Diese Erkenntnis ist selbstverständlich nichtapriorisch. Sie ist deshalb nicht mehr Sache der Philosophie.

Normative Entwicklungskriterien für Moralen

Die Theorie der Freundschaft hat aber durchaus universale Kriterien für Moralen anzubieten, sie bietet eine normative Ethik, nicht nur eine deskriptive. Wie bereits Kant aufgewiesen hat, können diese universalen Kriterien nur formal sein. (Im Unterschied zu Kant sind sie allerdings in der Freundschaft nicht nur *abstrakt*-formal als Kriterien gegeben, sondern sozusagen auch *konkret*-formal als unmittelbar wirklichkeitsformende Tendenzen.) Bei ihm war diese Form diejenige des kategorischen Imperativs, nach dem die Maximen zu bemessen waren. Nach der Theorie der Freundschaft ist die

---

[552] Ähnlich A.F. Koch 2006, 171ff; vgl. auch Anton Leist 2005. Der nächste Abschnitt geht allerdings über beide hinaus.

universale Form diejenige der Freundschaft mit ihren konstitutiven Momenten (insbesondere der Anerkennung und dem Wohlwollen) und mit ihrer immanenten Dynamik hin auf Gleichheit, Freiheit und Umfassendheit.[553] Formal besehen sind diese letzteren die bekannten Tendenzen zur Individualisierung und zur Universalisierung. Die Freundschaft hat sowohl eine Tendenz, die Individuen gegen die Gemeinschaft freizusetzen, als auch eine Tendenz, sich auszuweiten und Individuen in den Kreis der Freundschaft (insbesondere der Brüderlichkeit) einzugemeinden. Sie hat also die Tendenz ihre eigene Wirklichkeit zu transzendieren, und zwar sowohl hin auf das was „kleiner" ist als sie, nämlich das Individuum, als auch auf das, was größer ist als sie, die „übergemeinschaftliche" Freundlichkeit.

Es gibt also zwar keine Universalmoral, wohl aber die sukzessive Ausweitung und Verfeinerung von geschichtlich tradierten Moralen. Diese Moralen sind aber auch an ihnen selbst nicht bloß konventionell, denn sie entspringen und wachsen in der Begegnung mit dem Anderen und der immer neu vollzogenen Bewusstseinskonversion auf diesen hin. In dieser Konversion wird aber nicht etwas nach Belieben festgelegt, sondern es wird etwas objektiv (im Sinn von subjektiv unbeliebig) erkannt bzw. anerkannt. Daher sind die Anerkennung und das Wohlwollen dem Subjekt objektiv verbindlich, auch wenn sie kontingent sind, weil sie auf endlichen und bedingten Erkennen und Wollen beruhen. Übrigens kann die Moral im hier entwickelten Sinn schon deshalb nicht rein konventionell sein, weil die Konvention die Konversion bereits voraussetzt: Übereinkünfte kann ich nur schließen mit einem Gegenüber, das ich schon anerkannt habe und dem ich grundsätzlich (nämlich transzendental) wohl will.

Auf der anderen Seite steht die Ausweitung der Moral unter der Bedingung meines Erkennens, das aber als endliches sich niemals seiner vollständigen Unvoreingenommenheit, Ausgewogenheit und Neutralität sicher sein kann bzw. vermutlich notwendigerweise niemals vollkommen unvoreingenommen, ausgewogen und neutral ist. Es kann also auf diesem Weg zwar durchaus einen Fortschritt in der Allgemeinheit des moralischen Bewusstseins geben, aber es ist ein Fortschritt ohne Ende.

Andererseits gibt es aber wiederum ein apriorisches Kriterium für diesen Fortschritt, nämlich das seiner Irreversibilität in der Realisierung der Tendenzen zur Universalisierung und Individualisierung (sowie zu Gerechtigkeit und Frieden).[554] Um wiederum das Standardbeispiel aufzugreifen: Es ist nach der hier entwickelten Theorie sehr wohl möglich, ja sogar vollkommen notwendig, den Judenmord der Nationalsozialisten als Verbrechen anzusehen.

---

[553] Da die letzte Umfassendheit logischerweise die Brüderlichkeit betrifft, ergibt sich die Trias des Mottos der französischen Revolution.
[554] Ähnlich, wenn auch zögerlicher, K.-O. Apel im Rahmen seiner Diskursethik (in W. Oelmüller 1978, 187): „Es scheint doch ein Kriterium zu sein, das nicht etwas aufzugeben ist, das schon als eine Errungenschaft auf dem Weg in die Richtung liegt, die durch den Imperativ der Realisierung der idealen Kommunikationsgemeinschaft gewiesen ist."

Tatsächlich war der Nationalsozialismus, inspiriert von Nietzsche und anderen, neben vielem anderem auch der großangelegte Versuch, die Moral gemeinschaftlich neu zu definieren, und zwar ausdrücklich so, dass man (unter anderem) hinter die bereits etablierte allgemeine Anerkennung der Menschen im Sinn fundamentaler Menschenrechte zurückging. Dies ist übrigens der Punkt – vielleicht der einzige – in dem man dem Nationalsozialismus Größe zusprechen muss, auch wenn er die Idee von anderen übernahm. Der ganze Rest, die Rassenideologie, der Sozialdarwinismus, die Ideologie nationaler Vorsehung etc., war ja dem intellektuellen Niveau nach doch eher erbärmlich. Aber das Anfang des 20 Jh. so oft besungene Heldenstück eine Umwertung aller Werte kollektiv in Szene gesetzt zu haben,[555] und das auch noch mit dem festen Zutrauen auf das eigene Vermögen und das Gelingen, ist doch beachtenswert. Hierin liegt wohl auch ein Gutteil der großen Faszination, die der Nationalsozialismus seinerzeit auch auf einige verhältnismäßig kluge Leute ausübte, auch auf Menschen, die gegen Juden eigentlich nichts hatten und später sogar dem einen oder anderen geholfen haben. Die historische Größe war natürlich eine im Verbrechen. Aber wenn man überhaupt von historischer Größe sprechen will, dann muss man zugeben, dass es das gibt.

Natürlich war der historische Versuch der Nazis, das Ethos des deutschen Volkes umzustürzen, nicht nur apriorisch verfehlt, er scheiterte auch empirisch. Als alles vorbei war, musste das deutsche Volk erkennen, dass es schuldig war. Es erkannte, dass es nicht nur nach den Maßstäben des Rests der Welt schuldig war. Es wurde sich unmittelbar und aus seinem eigenen Ethos heraus seiner Schuld bewusst. Jeder Deutsche, der aufrichtig ist und seine Geschichte kennt, weiß um diese Schuld[556] (das heißt natürlich nicht, dass er ein persönliches Schuldbewusstsein hat oder haben sollte, das ist etwas anderes). Dieses Bewusstsein ist eine echte empirische Evidenz für das Scheitern des Versuchs der Umwertung des Wertes der allgemeinen Menschenwürde. Es ist nicht möglich, schuldlos hinter die Anerkennung und das Wohlwollen zurückzugehen, die sich in einer Freundesgemeinschaft in Gestalt ihres Ethos etabliert haben. Freundschaftsethē können und sollen modifiziert und verfeinert werden, aber sie dürfen nur nach den (apriorischen) Kriterien der Vertie-

---

[555] Das ist ein wichtiger Punkt. Es genügt nicht, dass ein einzelner Übermensch privat die Umwertung aller Werte vollzieht und dabei scheitert. Denn dann werden manche sagen, der Versuch sei nur deshalb misslungen, weil Werte und Regeln immer etwas kommunitär Bestimmtes sind, wie (nach Meinung vieler dieser Leute) die Sprache. Wenn aber eine Gemeinschaft als ganze ihre Werte und Regeln neu bestimmt, so sagen diese Leute, dann kann sie gar nicht fehlgehen, weil es außerhalb der kommunitären Spielregeln und Spielziele bzw. -werte nicht noch einmal eine Entscheidungsinstanz gibt, genauso wie im Fall der Sprachspiele. Deshalb war es (in einem perversen Sinn) tatsächlich „notwendig", dass die Umwertung der Grundwerte von einem Staat als ganzem ausprobiert wurde. Zwar hätte man zu dem Ergebnis dieses Experiments auch auf dem Weg der Vernunftüberlegung kommen können. Aber unglücklicherweise ist die Menschheit als ganze empiristisch verbohrt.
[556] Auch wenn es natürlich schwierig ist, sie zu akzeptieren – weshalb sich die Deutschen so gern in die Vaterlandslosigkeit flüchten (die Tendenz nimmt glücklicherweise ab).

fung und Ausweitung der Liebe fortentwickelt werden, weil allein die Liebe der legitime Grund sein kann, die Ordnungen der Liebe zu verändern.[557]

Allerdings bedürfen die apriorischen Kriterien ihrerseits der empirischen Konkretisierung: Was es bedeutet, Andere anzuerkennen und ihnen wohlzuwollen, können wir aus den *Begriffen* der Anerkennung und des Wohlwollens allein nicht ableiten, weil wir dazu empirische Kenntnis von ihrem Leben, ihrem Selbstverständnis, ihren Bedürfnissen usf. haben müssen. Und diese verändern sich wiederum im Lauf der Geschichte, weil ein großer Teil unserer Bedürfnisse und unseres Selbstverständnisses sozial und kulturell bedingt sind und daher dem gesellschaftlichen und kulturellen Wandel unterworfen sind. Daher lässt sich aus den immanenten, apriorischen Kriterien der Liebe nicht eine apriorische, universale und absolute Moral[558] konstruieren (und schon gar nicht in ihrer Geltung ableiten).

Universalisierung der Moral

Die Moral ist also nicht universal, sie wird universal. Genauer wird sie immer universeller, ohne je endgültig universal zu sein. Eine Moral ist dann verbindlich, wenn sie wirklich ist. Und wirklich ist sie, wenn sie das Ethos (oder Teil des Ethos) einer realen Gemeinschaft ist. Es gibt also etwa die Menschenrechte erst, seitdem es sie als historische Wirklichkeit gibt. Es gibt kein Recht jenseits der Freundschaft.[559]

Allerdings gilt zugleich, dass die Moral nicht das Einzige ist, was Verbindlichkeit beansprucht. Überhaupt darf sie ja nur Verbindlichkeit beanspruchen, weil und insoweit sie aus der Liebe stammt. Aus der stammt aber auch das

---

[557] Die Theorie der Freundschaft ergibt also keinen bloßen Kommunitarismus, auch wenn sie einigen seiner Thesen nahesteht. Vgl. in diesem Zusammenhang auch Marilyn Friedman 1993, die gegen den Kommunitarismus die Möglichkeit der „communities of choice" (301) einklagt. Genau diese Freiheit der Liebe gegen die ererbten Freundschaften bzw. zu neuen Freundschaften ist auch für den hier entwickelten Ansatz zentral.
[558] Etwa die „Moral am Ende der Geschichte". Deshalb lässt sich aus der hier entwickelten Theorie natürlich auch kein Ziel der Geschichte ableiten (oder allenfalls ein formales, nämlich das der umfassenden Freundschaft aller).
[559] Da es sich beim Entstehen und bei der Veränderung von Moralen um historische Prozesse handelt, gibt es allerdings Übergangszonen, in denen eine Gemeinschaft „dabei ist" ihr Ethos zu modifizieren. In solchen Zeiten ist es (bezüglich der in Frage stehenden Regeln und Werte) nicht vollständig klar, was das Ethos fordert – ob etwa Sklaverei erlaubt ist oder nicht. Aber die Unschärfe ist doch meist geringer, als es von außen den Anschein haben mag. (Auch bevor die Sklaverei endgültig verboten war, war es den Sklavenhaltern der westlichen Gesellschaften schon klar, dass sie ihre Sklaven moralisch betrachtet nicht wie Vieh behandeln *durften* – auch wenn sie es oft *taten*; und so half es den Abolitionisten, dass die Sklavenhalter und -händler Dinge taten, die auch schon nach dem damaligen Ethos *klarerweise* nicht akzeptabel waren, etwa die Afrikaner unter grauenhaften Bedingungen übers Meer zu transportieren. Das ist übrigens ein häufiger Mechanismus: Eine Norm einer Gemeinschaft wird fraglich, weil sie Praktiken zwar nicht direkt erlaubt, aber indirekt ermöglicht oder begünstigt, die *unfraglich* für die betreffende Gemeinschaft inakzeptabel sind.)

Erbarmen, und dieses geht wie dargestellt oft nicht nur über die Forderungen des Ethos hinaus, sondern stellt sich manchmal auch gegen diese. Wie dargestellt sind diese Forderungen für den, der sich erbarmt, verbindlich. Daher *berechtigen* sie ihn auch ggf. zum Ungehorsam gegen die herrschende Moral. Dennoch sind diese Verbindlichkeit und dieses Recht nach der hier entwickelten Theorie keine moralischen – bzw. sie sind *gerade eben* keine moralischen, sondern solche, die der moralischen Verbindlichkeit entgegengesetzt sind.[560] Weil die Allgemeinheit der Moral nach dem hier Entwickelten nur in der Allen-Gemeinheit in einer Gemeinschaft begründet sein kann (weil es nämlich keine abstrakte moralische Universalität gibt), deshalb kann einer allein keine Moral bilden oder verändern – weder privat, noch als individueller Betätiger einer universalen Vernunft. Wohl aber kann einer allein lieben. Die Freundschaft (und mit ihr die Moral) ist auf Wechselseitigkeit angewiesen, aber die Liebe ist es nicht. Die Freundschaft ist aber – nicht nur zu Beginn, sondern, wenn sie wachsen soll, immer wieder neu – auf das Wagnis der einseitigen, individuell betätigten Liebe angewiesen – wie umgekehrt die einseitige Liebe immer in der Freundschaft ihr Ziel hat. Bezüglich des Erbarmens – das ja *als solches* überfreundschaftlich ist und damit auf die Einseitigkeit festgeschrieben bleibt – gilt dies letztere, insofern es dahin tendiert bzw. (in seiner reflektierten Form) ausdrücklich will, dass die Form seines Liebens zur allgemeinen Form der Freundschaftsliebe der Gemeinschaft(en) des Erbarmenden werde, i.e. zum Teil von deren Ethos. Auch das Erbarmen intendiert also die Freundschaft – oder konkreter gesprochen: Es ist (nicht immer in seiner unmittelbaren Praxis, aber doch in seinen Konsequenzen) politisch.

Daraus ergibt sich: Die Universalisierung der Moral ist eine historisch-politische Herausforderung. Die Menschenrechte etwa sind uns Menschen nicht geschenkt worden, sie sind uns auch nicht (von der Natur oder von der Vernunft) vor-geschrieben worden,[561] sie sind eine Errungenschaft von uns Menschen für uns Menschen, eine Errungenschaft der Liebe.[562] Aus der Sicht des

---

[560] Allerdings wird das Erbarmen häufig in den Übergangszeiten der Modifikation einer herrschenden Moral zunächst zum Ethos einer kleinen Gruppe (häufig einer solchen, die sich um dieses Erbarmens willen gebildet hat, also z.B. einer Bürgerrechtsgruppe), dann von weiteren Kreisen innerhalb der größeren Gemeinschaft, bis es schließlich in das allgemeine Ethos Eingang findet (und damit endgültig aufhört, Erbarmen zu sein).
[561] Um einen etwas billigen Wortwitz zu bemühen: Schreiben können nämlich nur wir Menschen.
[562] Und hoffentlich und sicherlich bleiben sie nicht die letzte derartige Errungenschaft. Allerdings sollte man m.E. vorsichtig damit sein, die Forderung nach der Ausweitung der Brüderlichkeit – etwa auf Tiere – zu verbinden mit neuen Forderungen bzw. neuen Arten von ethischen Forderungen aufgrund neuer historischer Herausforderungen. Konkreter: Es scheint mir nicht klug zu sein, etwa angesichts der Gefahr des Klimawandels nach einer neuen Ethik zu rufen. Dadurch werden zwei zwar oberflächlich einander naheliegende, ihrer Grundstruktur nach aber fundamental verschiedene Forderungen miteinander vermischt. M.E. wäre es klüger, in „ethischen Notzeiten" bezüglich des Ethos selbst konservativ zu argumentieren und sich auf

Verfechters einer apriorischen Universalmoral mag das enttäuschend sein. Der ethischen Theorie fehlt so das letzte Quäntchen Unbedingtheit (man kann freilich auch sagen: Rücksichtslosigkeit), durch das nach seiner Auffassung der moralische Anspruch erst seine rechte Würze erhält. Aber dieses Fehlen hat auch einen positiven Aspekt – oder zumindest einen, den man als positiv ansehen kann: Die Theorie der Freundschaft nimmt uns selbst für die Moral in die Verantwortung. Sie mutet im vollen Ernst uns Menschen die Moral zu, und zwar im doppelten Sinn, nämlich als eine solche, die für uns, aber auch durch uns verbindlich ist. Damit erhält das politische Engagement erst seinen ganzen Ernst: Es hängt im vollen Sinn von uns ab, ob andere Menschen oder auch andere Lebewesen die ihnen (nach Maßgabe unserer erbarmenden Liebe) angemessenen Rechte haben. Das Recht ist ein Menschenwerk, auch wenn seine Verbindlichkeit „übermenschlich" ist – nämlich als ein Werk der den Menschen in seiner individuellen Subjektivität übersteiー

---

die erforderlich gewordenen neuen Anwendungsformen zu konzentrieren. Das Ethos ausweiten und fortschreiben sollte man dagegen in historisch (verhältnismäßig) entspannten Perioden (wie es bisher in der Geschichte auch allgemein praktiziert wurde). Sonst überfordert man die Ethosgemeinschaft schnell. Auch scheint mir, dass wir zur ethischen Bewältigung der herannahenden ökologischen Katastrophe gar kein neues Ethos brauchen. Sogar nach den rückständigsten Moralen, die in den westlichen Gesellschaften derzeit kurrent sind, ja sogar nach bloßen (kollektiven) Eigennutzerwägungen lässt sich zwingend dafür argumentieren, dass wir diese Katastrophe verhindern müssen (die politischen Gegner der Maßnahmen gegen die Klimakatastrophe argumentieren ja auch normalerweise nicht, dass man eine solche Katastrophe nicht verhindern sollte, sondern dass diese nicht zu erwarten stehe). Außergewöhnliche Herausforderungen und Bedrohungen erfordern außergewöhnlichen Mut, außergewöhnlichen Einsatz und außergewöhnliche Kraftanstrengung. Sie erfordern selten ein außergewöhnliches Ethos. Im Gegenteil sind sie ethisch in aller Regel anspruchslos in dem Sinne, dass es keiner besonderen ethischen Feinfühligkeit oder gar des besonderen Erbarmens bedarf, um sie zu erkennen. (Aus diesem Grund nehme ich auf die ökologische Krise in diesem Buch kaum Bezug: Sie ist m.E. das mit Abstand wichtigste politische Problem unserer Zeit. Aber für die fundamentale Ethik ist sie eine der uninteressantesten Fragen, die derzeit diskutiert werden: Nach fast jedem ethischen Begründungsansatz wird man zu dem Schluss kommen, dass wir alles daran setzen müssen diese Krise zu bewältigen. Wenn auch nur die Hälfte aller Maßnahmen realisiert würden, für die sich unter Maßgabe der verschiedenen Moralen, gewichtet nach ihren Anhängern, eine theoretische Mehrheit findet, dann würde schon weit mehr geschehen, als tatsächlich der Fall ist. Die ökologische Krise ist m.E. derzeit nicht in erster Linie ein Begründungs- sondern ein Anwendungs- bzw. Durchsetzungsproblem.)

Die Forderungen nach einem neuen Ethos im Zusammenhang der derzeitigen ökologischen Debatte ist m.E. psychologisch zu erklären: Diejenigen, die die Herausforderung erkennen, sind – glücklicherweise – häufig von großem Eifer und großem Überzeugungsgefühl getrieben. Aus diesen Gefühlen entsteht dann oft das Grundgefühl „es muss alles radikal anders werden" – was bezüglich der konkreten Praktiken unserer Gemeinschaft auch sicher zutrifft. Aufgrund begrifflicher Unschärfe wird in das „alles" aber oft auch noch das Ethos selbst eingeschlossen, aufgrund dessen man doch überhaupt erst zu seinen Überzeugungen und seinem Engagement kam. Das Bemühen um dessen Reform ist zwar natürlich nicht falsch und evt. sogar durchaus wünschenswert, bezüglich des ursprünglichen Anliegens aber psychologisch unklug, denn ein doppelter Umsturz – der allgemeinen Lebenspraxis zusammen mit dem zugrundeliegenden Ethos – überfordert die Gemeinschaft als ganze, die man aber braucht, um die Veränderungen zu realisieren.

genden Liebe. Die Liebe ist auf unser politisches Handeln angewiesen, um zum Recht und zur Moral, zum Allen-Gemeinen zu werden. Was wir tun – oder nicht tun – ist *absolut* entscheidend, im vollen Ernst dieses Wortes, wenn auch in einem sehr bestimmten Sinn: nicht im metaphysischen oder epistemologischen, aber in einem praktischen Sinn. Die Wirklichkeit der Liebe, die wir ins Werk setzen, wird allen-gemein letztverbindlich, auch wenn sie immer unser endliches, fehlerhaftes, irrtumsbehaftetes und unvollendetes Werk bleibt.

Epilog: Die Vollendung der Liebe

Aus verschiedenen Gründen wäre es vielleicht klüger, auf dieses Nachwort zu verzichten. Viele werden mit ihm unglücklich sein und wenige wird es befriedigen. Außerdem greift es auf die Gebiete der Ontologie, der speziellen Metaphysik und der Subjektivitätstheorie aus, die ja in der vorliegenden Arbeit nicht behandelt wurde. Daher muss die Darstellung im Folgenden stark thetisch sein, was philosophisch nicht befriedigen kann. Aber ein Ende ohne Vollendung ist eben eine halbe Sache, auch für ein Buch.

Hinsichtlich Freundschaft und Liebe hat die Frage nach der Vollendung zwei Seiten: Zum einen ist zu untersuchen, ob die Liebe an ihr selbst vollendet sein kann oder ist. Zum anderen sollte uns interessieren, ob *unser* Lieben und damit – nach dem oben Entwickelten – unsere Existenz vollendet glücklich sein kann.

Die Vollendung unseres Liebens

Die letztere Frage ist für die hier entwickelte Theorie nicht so sehr eine theoretische als eine praktische. Sie hat zwei Aspekte, den der eigenen Perfektionierung und den des Glücks im Lieben – und schließlich noch einen dritten, nämlich den der Universalisierung (oder besser Generalisierung) in beidem.

Hinsichtlich des ersten Aspektes gilt: Es ist sehr wohl menschenmöglich, im Lieben so zu reifen, nämlich seine Freiheit und sein Erbarmen so weiterzuentwickeln, dass man seine Existenz als ganze liebend vollziehen kann.[563] Das wäre das vollendete menschliche Leben nach der hier entwickelten Theorie. Sicherlich haben nur sehr, sehr wenige Menschen jemals diese Vollendung erreicht, aber sie liegt nicht grundsätzlich jenseits unserer Möglichkeiten und sie bedarf auch nicht eines höheren Eingreifens oder einer Zugabe von Außen her – nur eben des Zufalls der Liebe, der sich uns aber immer schon ereignet hat und sich uns immer wieder anbietet. Das eigentliche Problem der Vollendung unseres Lebens (vorausgesetzt, dass man sie wirklich will) ist daher sein Ende: Kaum einem gelingt es *praktisch* in der kurzen Zeitspanne, die uns zur Verfügung steht, sein Lieben zur Vollendung zu bringen. Daher muss es wünschenswert erscheinen, dass der Tod nicht der endgültige Schlusspunkt unseres Liebens und damit unseres Lebens sei. Aus der Per-

---

[563] Übrigens im Unterschied zu Aristoteles' Idealform des Lebens, dem *bios theoretikos*. Das Erkennen muss man unterbrechen, um zu essen, zu trinken etc. Dagegen kann man auch das Essen und Trinken in der Liebe – sei es gemeinsam mit Freunden, sei es in der Selbstfreundschaft – vollziehen. (Eine Ausnahme mag freilich der Schlaf sein.)

spektive der hier entwickelten Theorie wäre es dabei nicht so entscheidend, ob die Fortsetzung unseres Liebens in einer jenseitigen Welt oder in dieser Welt, also durch irgendeine Form von Reinkarnation statthat. Die Kontinuität unseres Liebens über den Tod hinaus müsste auch nicht unbedingt durch ein gleichbleibendes Substrat oder eine Substanz gewährleistet werden, eine unsterbliche Seele z.B. Aber derartige Spekulationen führten über das hinaus, was nach der hier entwickelten Theorie philosophisch zu verantworten ist.[564]

Das *Glück* in der Liebe ist zunächst abhängig von ihrer Erwiderung, dann aber auch von den kontingenten Umständen der Möglichkeit ihrer Betätigung. Dazu gehören selbstverständlich auch das Lusterleben und der Nutzgewinn, denn selbst in der Tugendfreundschaft gehören diese zur Realisierung der Freundesliebe dazu, sie kann also ohne diese nicht vollendet sein. Außerdem kann ein kontingentes Wesen nur dann glücklich lieben, wenn es von Unglück außerhalb seiner Liebe nicht in zu hohem Maß abgelenkt ist. Eine Freundschaft solcher, die im Elend leben, kann zwar eine sehr wertvolle sein, aber natürlich keine vollendet glückliche, und dies nicht nur deshalb, weil jeder für sich leidet, sondern auch, weil das Wohlwollen gegen den Freund unerfüllt bleibt. Die Liebe will gerade das Wohlsein des Geliebten *für diesen selbst* (wiewohl vorzugsweise *durch* mich), nicht nur *in* der Liebe. Dies bedeutet es ja gerade, den Anderen als ein eigenes Für-sich-Sein zu lieben, und nicht nur als das Objekt meiner Liebe. Gerade die Liebe weist also an auch auf das egozentrische Wohl, das „Glück für mich" (bzw. in diesem Fall „für dich"). Erst sie macht dieses überhaupt zum Vollendungsziel: Im egozentrischen Bewusstsein *will* ich unmittelbar glücklich sein; erst im Liebesbewusstsein *soll* dieses Glück sein, und es soll *vollkommen* sein – und zwar sowohl als das meine wie auch als das meines Freundes; dies ist die Forderung, nämlich sozusagen der überpersönlich-objektive Wille der Liebe. Aber diese Vollkommenheit wird natürlich in aller Regel nicht erreicht und sie liegt nicht in der Macht der Freunde. Auch diesbezüglich möchte man also um der Liebe willen auf eine Vollendungsmöglichkeit jenseits der Begrenztheit unseres menschlichen Lebens hoffen, einschließlich der Möglichkeit der Heilung und Wiedergutmachung der Verletzungen und des Leids, die wir und unsere Freunde in diesem Leben erfahren haben. Wiederum wird sich die Philosophie damit bescheiden müssen, diesen Wunsch nach der Hoffnung zu konstatieren. Wie seine Erfüllung aussehen könnte, liegt jenseits ihrer Erkenntnismöglichkeiten.

Schließlich hat die Vollendung der Liebe noch eine universale Dimension, nämlich unter dem Aspekt der Brüderlichkeit. Die vollendete Liebe kann in letzter Konsequenz nicht nur meine Vollendung und die Vollendung meiner engeren Freunde sein, sie muss das vollendete Glück all derjenigen sein, die

---

[564] Das „Wünschenmüssen" der Fortsetzung unseres Lebens über den Tod hinaus um der Liebe willen hat auch nicht die gleiche Stärke wie etwa das *Postulat* der Vernunft bei Kant: Es bleibt beim Wünschen, es entsteht daraus kein Vernunftzwang zum Glauben.

mögliche Freunde, i.e. die liebesfähig und liebesbedürftig sind.[565] Dies schließt mit ein, dass alle diese Wesen nicht nur je für sich selbst glücklich sind, sondern auch im Verhältnis zueinander.[566] Dafür ist es vielleicht nicht unbedingt erforderlich, dass jeder jedes Freund im engeren Sinn sei. Aber es darf natürlich nicht Feindschaft, Hass und Gleichgültigkeit herrschen. Dies macht aber die Hoffnung auf die universale Vollendung der Liebe schier aussichtslos. Denn selbst noch in einem Paradies, in dem für die Bedürfnisbefriedigung eines jeden gesorgt wäre, wäre doch noch die freiwillige und bewusste Aussöhnung der Feinde sowie der Opfer und Täter erforderlich. Dies zu bewirken, so scheint es, läge noch nicht einmal in der Macht eines Gottes, wenn er denn ein liebender wäre und die Freiheit der Menschen anerkennte.[567] Dennoch muss nach der hier entwickelten Theorie die vollendet glückliche allgemeine Liebe den letzten Horizont des Wünschens bewusster Wesen darstellen.[568]

Die Frage nach der Vollendung unseres Liebens und unserer Freundschaften bleibt allerdings insgesamt sekundär, weil die Liebe nicht erst dann gut ist, wenn sie vollendet ist. Nach der hier entwickelten Theorie gewinnt das Leben seinen Sinn gerade nicht von einem letzten Ziel und Ende her, sondern aus seiner „Mitte", nämlich aus der Aktualität, in der es liebend vollzogen wird. Es ist gut und es lohnt sich, zu lieben, auch dann, wenn diese Liebe klein und unvollkommen ist, und sogar dann, wenn wenig oder keine Hoffnung besteht, dass sie wächst oder gar irgendeinen Vollendungszustand erreicht.

---

[565] Bei Aristoteles bedarf es zur Eudaimonie zumindest auch des Glücks bzw. der Wohlgeratenheit der engsten Freunde bzw. Angehörigen, vor allem der Kinder, vgl. 1100a29f.
[566] Diesen Gedanken verdanke ich Jan-Heiner Tück.
[567] Die traditionelle Vorstellung von der Hölle ist daher nach der hier entwickelten Theorie kein möglicher Kandidat für die (Mit-)Bewirkung der Vollendung. Die gerechte Strafe mag moralisch zu fordern und die Garantie ihrer Verwirklichung daher metaphysisch wünschenswert sein. Aber im Rahmen der Freundschaftstheorie ist die Strafe nicht ein Zweck in sich und daher ihr Vollzug nicht die Vollendung. Ihre Funktion ist die Wiederherstellung der Freundlichkeit und die Wiederermöglichung der Freundschaft. (Nach der Freundschaftstheorie ist also eine unbegrenzte „absolute" Strafe inakzeptabel. Jede Strafe muss ein Ende haben [können]. Es muss für den Delinquenten ein Leben jenseits der Strafe geben [können]. Damit ist die Todesstrafe zwar nicht grundsätzlich ausgeschlossen, aber sie erscheint nicht mehr akzeptabel für Gemeinschaften, für die die Fortsetzung des Lebens nach dem Tod nicht mehr eine allgemein angenommene Selbstverständlichkeit ist.) Daher könnte die Hölle allenfalls eine Durchgangsstation *vor* der Etablierung einer allgemeinen vollendeten Freundschaft darstellen (dann wäre sie aber nicht mehr die Hölle, sondern das Fegfeuer). – Selbst die im Himmel könnten nicht vollendet glücklich sein, wenn sie die Verdammten in der Hölle leiden wüssten, sogar wenn sie deren Strafe für gerecht hielten – wenn sie denn vollendet liebten.
[568] Sie ist insofern anspruchsvoller als viele Religionen. So gibt sich etwa die große Mehrzahl der christlichen Theologen zufrieden mit der Vorstellung, dass ein guter Teil der Menschheit der ewigen Verdammnis anheimgegeben sein wird, vgl. die vorige Anm. Auf der anderen Seite ist der Wunsch der vollendeten allgemeinen Freundschaft viel zu weit von unserer Realität entfernt und vor allem auch inhaltlich viel zu unbestimmt, um als handlungsleitende *Utopie* dienen zu können.

Die Vollendung der Liebe an sich

Im Unterschied zur ersten Frage ist diejenige nach der Vollendung der Liebe *an ihr selbst* bzw. ihrer Vollendetheit an ihr selbst *theoretisch* durchaus diskutabel und vielleicht auch diskutierenswert. Nur hat sie praktisch wenig Gewicht – und das wird sehr viele sehr enttäuschen. Um es gleich auf den Punkt zu bringen: Ob Gott existiert oder nicht ist eine Frage von nachgeordneter Wichtigkeit. Enigmatischer kann man auch formulieren: Dass Gott existiert, ist banal,[569] weil nicht alles relativ und bedingt sein kann und das Sein notwendig das absolute Sein impliziert. Dass Gott nicht existiert, ist ebenso banal, nicht nur, weil Existenz niemals absolut ist, sondern auch weil Gott notwendig die Nichtexistenz miteinschließt.[570] Dass Gott nicht existiert, ist eine der tiefgründigsten Einsichten, die man über ihn gewinnen kann.[571] Was interessiert, ist nicht so sehr, ob Gott ist, sondern was Gott ist. Mit Hegel kann man auch formulierten: Es ist philosophisch nicht sinnvoll, das Absolute als Substantiv zu verwenden. Allenfalls sollte man es als Prädikat oder besser noch als Modus diskutieren.[572] Dann aber ist die Frage nach „Gott" theoretisch ebenso unvermeidbar wie banal, denn jede Theorie stellt irgendetwas in den Modus des Absoluten – im äußersten (nicht sehr originellen und nicht sehr klugen) Fall die Relativität oder die Endlichkeit oder die Nichtigkeit oder die schiere Existenz. Dem Modus des Absoluten kann eine Theorie nicht entrinnen (dies freilich wäre ein echtes, wenn auch nicht sehr gutes Argument dafür, überhaupt keine Theorie zu betreiben).[573] Die Frage ist daher nur, was man sinnvollerweise in diesen Modus stellen sollte bzw. was

---

[569] In religiöser Sprache kann man auch formulieren: Dass Gott existiert (und, für die Christen, übrigens auch: dass Jesus der Sohn Gottes ist), das weiß der Teufel. Man sollte sich also nicht zuviel auf dieses Wissen oder diesen Glauben einbilden.

[570] Das ist freilich nicht Neues, vgl. Platon, Politeia 509b – dort freilich bezüglich der Idee des Guten.

[571] Wer wirklich begriffen hat, dass Gott nicht existiert, steht kurz vor der Erleuchtung – nur sind die meisten Atheisten meilenweit davon entfernt.

[572] WdL 11/370-375; die Begrifflichkeit übernimmt er von Descartes und Spinoza, bürstet sie aber gewissermaßen gegen den Strich.

[573] Daher die große Sehnsucht so vieler Philosophen nach einem Grund der Theorie jenseits der Theorie, etwa in der Kunst oder der mystischen Erfahrung. Man sollte ihnen nicht folgen, denn dieses Sehnen führt in die definitive (theoretische) Unerlöstheit: Solange der Grund der Theorie jenseitig bleibt, muss die Theorie unvollendet bleiben; sobald die Theorie an einen derartigen Grund Anschluss findet, ist dieser nicht mehr theoriejenseitig. Wenn schon, dann sollte man ganz aufhören, Theorie zu treiben. Das aber ist existenziell fast noch verheerender, denn wo dies programmatisch geschieht, verbietet man sich selbst einen grundlegenden Existenzvollzug bewussten Seins: das reflektierte Erkennen. Das Heil in der Kunst, der mystischen Erfahrung oder ähnlichem, das man dann sucht, kann also nur noch das Aufgehen in etwas sein, was ich selbst nicht oder allenfalls teilweise bin. Das ist nicht nur unvernünftig, sondern traurig.

Dagegen ist der Rückzug eines Philosophen aufs Fragmentarische, auf Aphorismen oder Gleichnisrede bloß Feigheit vor dem Feind.

dafür in Frage kommt, in diesem Modus zu stehen. Nach der hier entwickelten Theorie ist dies natürlich allein die Liebe:[574] Gott ist Liebe.[575]

Dass die Theorie der Freundschaft so zu formulieren erlaubt, bedeutet allerdings nicht einfach die Bestätigung des Theismus, zumindest nicht nach dessen normalem Verständnis. Wenn Gott Liebe oder besser noch Lieben ist und nichts sonst als dies, dann ist er in gewissem Sinn nicht mehr Gott. Wiederum war es Hegel, der dies für eine andere – ebenfalls biblische – Kennzeichnung Gottes herausgestellt hat: „Gott ist Geist."[576] – Es gibt nämlich drei grundlegende Kennzeichnungen des Absoluten bzw. dreierlei, das (sinnvollerweise) im Modus des Absoluten stehen kann: das Sein[577], den Geist[578] und eben die Liebe, in dieser Reihenfolge. Die Erkenntnis, dass Gott Geist bzw. dass er Liebe ist, beinhaltet aber jeweils die vollständige Vernichtung des vorhergehenden Gottesbegriffes. Eben das hat Hegel – im Bezug auf den Geist – als „spekulativen Karfreitag" bezeichnet.[579] Gott als Sein oder der seiende Gott muss sterben[580], bevor er als Geist[581] auferstehen kann. Ebenso muss Gott als ein Sein und Gott als Subjekt vollständig der Verlöschung anheimgegeben werden, damit Gott als Liebe begriffen werden kann. Gott

---

[574] Anders als bei Hegel: Bei ihm ist es die Idee bzw. die (absolute) Idee im (absoluten) Geist. – Wenn einzig die Liebe im Modus des Absoluten stehen kann, dann bedeutet dies natürlich, dass allein der Zufall in diesem Modus stehen kann, denn die Liebe ist ja nach dem hier Entwickelten eine besondere Art des Zufallens. Daraus ergibt sich zwar nicht ein platter Widerspruch, denn der Zufall im hier verwendeten Sinn ist nicht das platte Gegenteil der Inkontingenz, sondern bedeutet die Vermittlung von Notwendigkeit und Kontingenz. Aber selbstverständlich folgt dennoch, dass dann, wenn allein der Zufall im Modus des Absoluten stehen kann, dieser Modus bzw. der Begriff des Absoluten seinen Sinn grundlegend ändert: „absolut" kann nicht mehr „schlechthin unbedingt" meinen, sondern immer nur „unbedingt im Zusammenhang mit der Bedingtheit bzw. mit dem Bedingen". Wiederum kann man bei Hegel, nämlich in seinem Begriff der „affirmativen Unendlichkeit" (WdL 21/130ff) in gewisser Weise ein Vorbild dieses Gedankens finden.
[575] Vgl. 1 Joh 4,8 – dort ist allerdings von der *agapē* die Rede (der in der hier entwickelten Theorie das Erbarmen entspräche), nicht von der *philia*.
[576] Joh 4,24.
[577] Wobei man noch unterscheiden kann zwischen der Auffassung vom Absoluten als einem Seienden und derjenigen vom Absoluten als dem Sein bzw. vom Sein als dem Absoluten, vgl. M. Gabriel 2009, 71.
[578] Wiederum kann man unterscheiden zwischen der Auffassung vom Absoluten als einem Geist bzw. einer Person und derjenigen vom Absoluten als dem Geist schlechthin.
[579] Vgl. Glauben und Wissen, in: 1970, Bd. 2: Jenaer Schriften 1801-1807, 430ff, 432; PhG 401.
[580] Natürlich ist dies die ursprüngliche und eigentliche Gott-ist-tot-Philosophie. Die Gott-ist-tot-*Theologie* dagegen ist die christliche, weil in ihr tatsächlich *Gott* am Kreuz stirbt – das diesbezügliche Fachwort ist die „Idiomenkommunikation" (die ihrerseits sachlich in der „Perichorese", der vollständigen Durchdringung von Gottheit und Menschheit in Christus gründet): Alles, was von Jesus gesagt wird (einschließlich dessen, was von ihm als Mensch gesagt wird), darf bzw. muss von Gott gesagt werden, so z.B., dass Maria Gott geboren hat.
[581] Geist ist hier verstanden als Subjekt, das freilich bei Hegel transindividuell ist und auch die Objektivität miteinschließt (als Subjekt-Objekt). In der christlichen Trinitätstheologie steht dagegen der Geist nicht für die Subjektivität, sondern für die Liebe. Es führte zu weit, auf diesen Unterschied hier weiter einzugehen.

bewahrt, um biblisch zu sprechen, auf jeder Stufe der Einsicht in ihn seine Eifersucht: Er fordert die radikale Abkehr von allen anderen und allen vorherigen Göttern, gerade von denen, die ihm am meisten ähnlich sehen. In wieweit in der Liebe als dem neu erstandenen Gott die Momente des Seins und des Geistes noch in einem hegelschen Sinn aufgehoben, nämlich in veränderter Form bewahrt sind, ist eine Frage, die hier zu weit führen würde.

Was den traditionellen Theisten an der hier entwickelten Konzeption von Gott als Liebe vermutlich am meisten stören wird, ist, dass die Liebe – oder Gott als Liebe – den Zufall akzeptiert. Die Liebe selbst ist ja wie dargestellt nichts anderes als ein Zufallen. Etwas anschaulicher kann man auch formulieren: Die Liebe erfordert die Freiheit und die Freiheit erfordert den (echten, ontologischen) Zufall.[582] Die Liebe hat die Macht, den Zufall zu transformieren, nämlich zu einem Zufallen bzw. zu einer Zuwendung der Liebe zu machen.[583] Aber sie hat keine Macht (man mag auch sagen: sie verzichtet darauf), dem Zufall als solchem Einhalt zu gebieten. Es gibt also nach der hier entwickelten Theorie keine Wunder im ontologische Sinn, kein Eingreifen von irgendwoher sei es gegen die Unordnungen, sei es gegen die Ordnungen des Zufalls: die Ordnungen der Natur, des Lebens und des Geistes. Wohl aber ist die Liebe fähig, innerhalb dieser Ordnungen erstaunliche Kräfte freizusetzen.[584] Und das kann dann manchmal durchaus wunderbar erscheinen.

Damit erledigt sich natürlich das Problem der Theodizee: Die Liebe ist nicht verantwortlich für das Böse in der Welt, weil sie keine Verantwortung übernimmt, weil sie nämlich keine übernehmen kann. Sie ist selbst ein Zufallen, deshalb kann sie sich nur ereignen, wo Zufälligkeit ist. Sie muss, bildlich gesprochen, die Verantwortung über die Welt aus der Hand geben, damit sie in der Welt sein kann. Das Leid in der Welt beruht also im härtesten denkbaren Sinn auf Zufall[585] – und dies ist sicher eine der härtesten denkbaren Zumutungen an den Theisten, und wahrscheinlich nicht nur an ihn. Die Liebe kann den leidvollen Zufall zum Guten wenden, aber nicht, indem sie den Lauf der Dinge gegen die Ordnungen (und das Chaos) der Natur abändert, sondern indem sie ihm einen neuen Sinn oder besser überhaupt erst einen Sinn gibt. Sie kann aber auch aus leidvollem Zufall noch viel schlimmeres Leid schaffen, wenn sie sich nämlich in Hass und Verachtung verkehrt. Sogar das Lieben selbst ist noch einmal dem Zufall anheimgegeben, nicht einmal dieses *garantiert* für das Gute – auch wenn es die Tendenz zum Guten

---

[582] Aus den in Utz 2005 dargestellten Überlegungen ergibt sich, dass unabhängig davon schon das Sein selbst nicht ohne den Zufall zu haben ist. Der Zufall ist bereits *ontologisch* (und sogar schon sozusagen *logisch*, nämlich bestimmungslogisch) notwendig.
[583] Und auch die Macht, ihn in der Selbstliebe in Freiheit zu verwandeln, s.o.
[584] Möglicherweise auch nach Ordnungen, die wir wissenschaftlich noch nicht begriffen haben und deren Funktionalität daher *uns* als ein Wunder *erscheint*, wie einem isolierten Urwaldstamm das Radio.
[585] Wo es nicht auf Bosheit beruht, aber auch die geht ja auf die Gebrochenheit des Bewusstseins, also letztlich auf den Zufall zurück.

hat bzw. ist. Gegen diesen letzten Zufall helfen allein unsere endlichen und kontingenten Bemühungen um die Befreiung zur Liebe und das Erbarmen (einschließlich des Vergebens und Verzeihens), wie sie oben erklärt wurden.

Für alles, was über diese sehr kurz angedeutete „philosophische Theologie" – wenn man sie überhaupt so nennen möchte – hinaus gehen kann, für die Offenbarungstheologie also, gilt aus Perspektive ebendieser philosophischen Theologie: Jegliche Offenbarung Gottes kann nur die Liebe oder das Lieben Gottes (also das Lieben der *Liebe*, ihr Akt) selbst sein. Offenbarung ist Selbstmitteilung Gottes. Und nichts anderes kann Offenbarung Gottes sein.[586] Diese Offenbarung, i.e. das Sich-Mitteilen der Liebe, ist die Vollendung oder Erlösung des Menschen – und nichts sonst kann „Erlösung" sein.[587] Gott seinerseits ist nichts weiter als dieses Sich-Offenbaren und Sich-Hingeben der Liebe. Er ist Lieben, Liebe im Modus des Absoluten. Die Selbstmitteilung der Liebe ist also die Offenbarung und die Vollendung des Menschen, und nichts anders ist „Gott", wenn man diesen Namen dafür verwenden will. Liebe teilt sich mit im Zufallen. Das kann man Gnade nennen. Aber nichts sonst ist die göttliche Gnade.[588] – Das ist alle Offenbarungs- und Gnadentheologie, die nach dem oben Entwickelten sinnvoll erscheint – beinah: Denn die Liebe muss sich inkarnieren.[589] Und so ist es angemessen und menschlich notwendig, dass die Liebe im Modus des Absoluten in konkreten Erscheinungen, Erlebnissen, Gestalten, Geboten, Vollzügen und so fort gefasst und in ihnen tradiert wird, denn nur so kann sie überhaupt gefasst werden.[590] Und es ist angemessen dass sie von konkreten Gemeinschaften in diesen konkreten Formen besprochen, vollzogen und weitergegeben wird. Allerdings ist die inkarnierte Liebe notwendigerweise schon nicht mehr im strengen Sinn die im Modus des Absoluten, sondern eben die verendlichte Liebe. Es ist nach der hier entwickelten Theorie eine der größten Einsichten der christlichen Theologie, dass Gott sich verendlichen muss, damit unser

---

[586] Dieser Satz erhält sein Gewicht erst dann, wenn man bedenkt, was alles für Offenbarung Gottes (oder sonstige religiöse Offenbarung) gehalten wird.
[587] Diese fundamentaltheologischen Einsichten verdanke ich Peter Hünermann, Joseph Neuner und Max Seckler.
[588] Wie schon im Vorigen erhellt die Bedeutung der negativen Formulierung, wenn man beobachtet, welche Gnadenerweise Menschen Gott zuschreiben oder von ihm erbitten.
[589] Gott als die Liebe ist der in seinem Wesen endliche und sich verendlichende Gott, demgegenüber der dem endlichen Eintreten der Liebe voraus-gesetzte Gott als der beständig unendliche wie auch der alles Endliche in die Vollendung aufhebende Gott zwar vermutlich menschlich notwendige, aber nachgeordnete und in gewisser Weise einseitig-unwahre Gottesvorstellungen sind.
[590] Ein Beispiel für die Art und Weise, in der es nach der hier entwickelten Theorie sinnvoll (was natürlich nicht gleichbedeutend ist mit notwendig) erscheint, von Gott bzw. göttlicher Gnade zu sprechen, findet sich bei R.M. Adams 1993, 132: „And yet it is my experience that form time to time ... we give each other a love that is purer and better than anything we have to give. I cannot prove that this is not an illusion, but I'm sure it is not. I take it to be an experience of God – of God loving us, in us and through us."

Leben vollendet sein kann.[591] – Allerdings lässt sich philosophisch naheliegender Weise nur dieser Zusammenhang als solcher unterstützen, nicht seine Verknüpfung mit einer bestimmten historischen Person oder überhaupt seine Festelegung auf ein einziges, einzigartiges historisches Ereignis.[592] – Gerade deshalb muss aber auch die Religion selbst noch einmal unter den Vorbehalt der Endlichkeit, der Unvollkommenheit, der Unabgeschlossenheit und der Vorläufigkeit gestellt werden.

Damit gelangen wir zu der weitaus relevanteren praktischen Frage, wie sinnvoll es ist, sich auf die Liebe im Modus des Absoluten zu beziehen und von ihr zu sprechen. Die Antwort darauf ist sehr schwierig und überschreitet die Kompetenz eines einfachen Philosophen. Man kann nur feststellen, dass der Gottesbezug sehr vielen Menschen ungeheure Kraft zum Lieben gibt.[593] Und ebenso kann man feststellen, dass er vielen Menschen ungeheure Kraft zum Hassen und zum Verachten gibt, denn wie oben dargestellt steht die Liebe immer in Gefahr, sich gegen die Liebe zu verkehren. Notwendig steht aber auch die Liebe zu Gott in dieser Gefahr, denn auch sie muss sich inkarnieren. Bekanntlich hat kaum irgendetwas anderes das Potenzial zu so fanatischem Hass und so tiefgründiger Verachtung wie die Religion.[594] Ebenso stellt man fest, dass der Gottesbezug viele Menschen zum spirituellen Wachstum anregt und anleitet, i.e. zum Wachstum in der Liebe, in der Freiheit und im Erbarmen. Andererseits beruhigt er sehr viele Menschen in ihrer Unmündigkeit und Untätigkeit[595] oder verleitet sie sogar, darin zu verbleiben. Es scheint also unter dem praktischen Gesichtspunkt weniger wichtig zu sein, ob einer die Existenz Gottes annimmt oder nicht, dagegen aber ganz entscheidend, was dieser Gott in seinen Augen ist, dessen Existenz er annimmt oder verneint. Theoretisch kommt man wie gesagt der Wahrheit in etwa genau so nahe, wenn man Gott die Nichtexistenz zuschreibt wie wenn man seine Existenz annimmt.[596] Praktisch ist der spirituelle Atheismus, i.e. der radikale Bruch derjenigen Gottesbeziehung, in der man bisher gelebt hat,

---

[591] Wie bereits angedeutet und wie schon von verschiedenen Theologen und Philosophen bemerkt, ist (christlich-theologisch gesprochen) das Christusereignis aber nicht die erste Inkarnation, sondern bereits die Schöpfung ist Offenbarung und Inkarnation Gottes.

[592] Erst recht gilt dies natürlich für die konkreten Erläuterungen der Vollendungs- oder Erlösungsbedürftigkeit und der Erlösungsmechanik, die die christliche Theologie ausgearbeitet hat.

[593] Allerdings muss man ebenso feststellen, dass viele Menschen diese Kraft auch ohne den Gottesbezug finden.

[594] Allerdings muss man der Gerechtigkeit halber daran erinnern, dass die großen (und größtenteils leidenschaftlichen) Verbrechen des 20. Jh. von Atheisten bzw. im Namen atheistischer Ideologien begangen wurden.

[595] Nämlich dazu, das Erbarmen an Gott zu delegieren und nicht selbst für den Bedürftigen aktiv zu werden.

[596] Einschränkend kann man vielleicht sagen, dass in der Theorie das Positive logischerweise immer einen gewissen Primat vor der Negation hat, die ja ihrem Wesen nach etwas Nachgeordnetes ist. Dagegen beruht aller Fortschritt in der Theorie – und sie entsteht ja aus nichts anderem als dem Fortschreiten im Erkennen – auf der Negation, wie Hegel sehr richtig gesehen hat. Insofern gebührt dieser der Vorrang.

vermutlich für viele Menschen der einzige Weg, in der Liebe zu wachsen und zu reifen, vor allem in derjenigen zu sich selbst: in der Verantwortung und in der Freiheit. Eben das ist dann ein „Gottesdienst", denn die Ehre Gottes ist der mündige Mensch.

Auf der anderen Seite möchte man jedem die Versöhnung mit Gott wünschen, nämlich die Versöhnung mit *seinem* Gott: mit derjenigen Konkretisierung des Modus des Absoluten, die ihm aus der Tradition oder den Traditionen, aus denen er in seiner Person erwachsen ist (der Gott seiner Mütter und Väter), wie auch aus der individuellen Biographie zugewachsen sind. Denn die Versöhnung mit Gott ist die Versöhnung mit dem Leben – nicht die mit einem abstrakten Gottes bzw. einem abstrakten Leben, sondern mit dem je eigenen, individuellen, konkreten. Das Leben in seiner Gesamtheit annehmen zu können ist aber die Voraussetzung für eine glückliche Existenz: die Eudaimonie. Und die ist der höchste, selbstlose Wunsch der Liebe: Mögen alle Wesen glücklich sein.

LITERATURVERZEICHNIS

Abkürzungen

De anim	Aristoteles, De anima
EE	Aristoteles, Eudemische Ethik
GMS	I. Kant, Grundlegung der Metaphysik der Sitten (zit. nach Akademieausgabe, Bd. IV)
KrV	I. Kant, Kritik der reinen Vernunft (zit. nach Akademieausg., Bd. III)
KpV	I. Kant, Kritik der praktischen Vernunft (zit. nach Akademieausg., Bd. V)
KdU	I. Kant, Kritik der Urteilskraft (zit. nach Akademieausg., Bd.V)
Met	Aristoteles, Metaphysik
MM	Aristoteles, Magna moralia
NE	Aristoteles, Nikomachische Ethik
PhG	G.W.F. Hegel, Phänomenologie des Geistes (zit. nach 1988, Bd. 9)
Pol	Aristoteles, Politik
Rhet	Aristoteles, Rhetorik
Sth	Thomas v. Aquin, Summa theologiae
WdL	G.W.F. Hegel, Wissenschaft der Logik (zit. nach 1988, Bde. 11, 12, 21)
WL	J.G. Fichte, Wissenschaftslehre (zit. nach 1969)

Literatur

ACKRILL, JOHN. L. (1973), Aristotle's Ethics, London.
ADAMS, DON (1995), A Socratic Theory of Friendship, in: International Philosophical Quarterly 35, 269-282.
ADAMS, ROBERT M. (1993), The Problem of Total Devotion, in: N.K. Badhwar, 108-132.
ADOMEIT, KLAUS, ed. (1992), Aristoteles über die Freundschaft, Heidelberg.
ALBERT, A.C. (1986), Aristotle's Conception of Friendship as the Mirror of Happiness, in: Dialogue 29 (1), 23-29.
ALBERTI, ANTONIA (1990), Philia e identita personale in Aristotele, in: dies., Studie sull' etica di Aristotele (Elenchos Collana XIX), Neapel, 263-302.
ALLAN, D.J. (1964), Individual and State in the *Ethics* and *Politics*, in: Fondation Hardt, Entretiens 9, La "Politique" d'Aristote, Genf, 55-95.
ALPERN, KENNETH D. (1983), Aristotle on the Friendship of Utility and Pleasure, In: Journal of the History of Philosophy 21, 30-45.
ANNAS, JULIA (1977), Plato and Aristotle on Friendship and Altruism, in: Mind 86, 532-554.
—— (1989), Self-Love in Aristotle, in: Southern Journal of Philosophy 27, Supplement, 1-18.
—— (1993), The Morality of Happiness, New York, Oxford.
ARENDT, HANNAH (1951), The Origins of Totalitarianism, New York.
—— (1964), Eichmann in Jerusalem. A report on the banality of evil, New York.
—— (1971), The life of the mind, Orlando (Florida).
AUBENQUE, PIERRE (1976), Sur l'amitie chez Aristote (Appendice à: La prudence chez Aristote), Paris.
BADHWAR, NEERA KAPUR, ed. (1993), Friendship. A Philosophical Reader, Ithaca, London.
—— (2005), Amitié et sociétés commerciales, in: J.-Chr. Merle, B.N. Schumacher, ed., 183-208.
BALDINI, MASSIMO, ed. (2000), Amizade e Filósofos (übers. v. A. Angonese), Baurú.

BARON, MARCIE (1991), Impartiality and Friendship, in: Ethics 101, 836-857.
BECKENKAMP, JOÃOZINHO (2007), A Moral como Problema em Kant, in: Dissertatio (Pelotas) 26, 127-135.
BENSON, J. (1990), Making Friends. Aristotle's Doctrine of the Friend as Another Self, in: Harty Lesser, Andreas Loizou, ed., Polis and Politics. Essays on Greek Moral and Political Philosophy, Aldershot, 50-68.
BERLIN, ISAIAH (2002), Liberty, Oxford.
BERWARI, AHMAD (1997), Die Theorie der Freundschaft bei Aristoteles, Marburg.
BIEN, GÜNTHER (1995), Gerechtigkeit bei Aristoteles (V), in: O. Höffe, 135-164.
BLANCHOT, MAURICE (1971), L'Amitié, Paris.
BLOCK, NED (1995), On a confusion about a function of consciousness, in: Behavioral and Brain Sciences, 18, 227-287.
BLUM, LAWRENCE A. (1980), Friendship, Altruism and Morality, London.
—— (1990), Vocation, Friendship and Community, in: O. Flanagan, A. Oksenberg Rorty, 174-198.
—— (1993), Friendship as a Moral Phenomenon, in: N.K. Badhwar, 192-210.
BLOOM, ALLAN D. (1993), Love and Friendship, New York, London u.a.
BÖHME, GERNOT (2008), Ethik leiblicher Existenz. Über unseren Umgang mit der eigenen Natur, Frankfurt a.M..
BOSTOCK, DAVID (2000), Aristotle's Ethics, Oxford.
BRANDEN, NATHANIEL (1993), Love and Psychological Visibility, in: N.K. Badhwar, 65-72.
BRENTANO, FRANZ (1874), Psychologie vom empirischen Standpunkt, Leipzig.
BRIESKORN, NORBERT (1997), Menschenrechte. Eine historisch-philosophische Grundlegung, Stuttgart, Berlin, Köln.
BUBER, MARTIN (^{11}1983), Ich und Du, Darmstadt.
BUBNER, RÜDIGER (1982), Handlung, Sprache und Vernunft. Grundbegriffe praktischer Philosophie (Neuausgabe mit einem Anhang), Frankfurt a.M.
Reden des BUDDHA (1957), Aus dem Pâli-Kanon übers. v. Ilse-Lore Gunsser, Stuttgart.
CAMPBELL, JOSEPH KEIM, O'ROURKE, MICHAEL, SHIER, DAVID, ed. (2004), Freedom and Determinism, Massachusetts.
CHALMERS, DAVID J. (1996), The Conscious Mind. In Search of a Fundamental Theory, Oxford.
CICERO, MARCUS TULLIUS (1970), Laelius. Über die Freundschaft, Stuttgart.
COHEN, STEPHEN (2004), The Nature of Moral Reasoning. The Framework and Activities of Ethical Deliberation, Argument and Decision-Making, Oxford.
COOPER, JOHN M. (1976), Aristotle on the Forms of Friendship, in: Review of Metaphysics 30, 619-648.
—— (1980), Aristotle on friendship, in: Amelie Oksenberg Rorty, ed., Essays on Aristotle's Ethics, Berkeley, Los Angeles, London, 301-340.
—— (1990), Political Animals and Civic Friendship, in: Günther Patzig, ed., Aristoteles' „Politik". Akten des XI. Symposium Aristotelicum, Göttingen, 221-241.
CRISP, ROGER, SLOTE, MICHAEL, ed. (1997), Virtue Ethics, Oxford.
DARWALL, STEPHEN L. (2006), The second-person standpoint: morality, respect and accountability, Harward.
DERRIDA, JACQUES (1988), Politics of friendship, in: The Journal of Philosophy 85, 632-645.
—— (2002), Politik der Freundschaft (übers. v. S. Lorenzer), Frankfurt a.M.
DIAMOND, C. (1978), Eating Meat and Eating People, in: Philosophy 53, 456-479.
DIRLMEIER, FRANZ (1931), Philos und philia im vorhellenistischen Griechentum, München.
DÖRING, SABINE A., VERENA MEYER, ed. (2002), Moralität der Gefühle (DZPh, Sonderband 4), Berlin.
DZIOB, ANNE MARIE (1993), Aristotelian Friendship. Self-Love and Moral Rivalry, in: The Review of Metaphysics 46, 781-801.
EICHLER, KLAUS-DIETER (1999), Philosophie der Freundschaft, Leipzig.
ELM, RALF (1994), Egoismus, Selbstliebe und Gemeinschaft bei Aristoteles, in: Thomas Leon Heck, ed., Das Prinzip Egoismus, Tübingen, 150-170.

EMMET, DOROTHY (1966), Rules, Roles and Relations, New York.
ENDREß, MARTIN, ed. (1995), Zur Grundlegung einer integrativen Ethik (FS Hans Krämer), Frankfurt a.M.
ERBSE, HARTMUT (1979), Aristoteles. Über die Selbstliebe, in: ders., Ausgewählte Schriften zur klassischen Philologie, Berlin, New York, 432-450.
ERICH, H. (1976), Vom Sinn der Freundschaft, in: Von der Notwendigkeit der Philosophie in der Gegenwart (FS K. Ulmer), Wien.
FARRELL, DANIEL M. (2000), Über Eifersucht und Neid, in: Ph. Balzer, K.P. Lippe, ed., Philosophie und Sex, München, 113-146.
FASCHING, MARIA (1990), Zum Begriff der Freundschaft bei Aristoteles und Kant, Würzburg.
FICHTE, JOHANN GOTTLIEB (1969), Über den Begriff der Wissenschaftslehre (1794). Grundlage der gesammten Wissenschaftslehre (1794/95) (Studientextausgabe), Stuttgart-Bad Cannstatt.
——— (1971), Einige Vorlesungen über die Bestimmung des Gelehrten [1794], in: Fichtes Werke, Bd. 6, hrsg. von I. H. Fichte, Nachdr. Berlin, 289-346.
FISCHER, NORBERT, HATTRUP, DIETER (1999), Metaphysik aus dem Anspruch des Anderen. Kant und Levinas, Paderborn u.a.
FORTENBAUGH, WILLIAM W. (1975), Aristotle's Analysis of Friendship. Function and Analogy, Resemblance and Focal Meaning, in: Phronesis 20, 51-62.
FLANAGAN, OWEN, OKSENBERG RORTY, AMÉLIE, ed. (1990), Identity, Character and Morality. Essays in Moral Psychology, Cambridge (MA), London.
FLETCHER, GEORGE (1993), Loyalty. An essay on the morality of relationships, New York.
FRANK, MANFRED (1986), Die Unhintergehbarkeit von Individualität. Reflexionen über Subjekt, Person und Individuum aus Anlaß ihrer ‚postmodernen' Toterklärung, Frankfurt.
——— (1991), Selbstbewußtsein und Selbsterkenntnis. Essays zu analytischen Philosophie der Subjektivität, Stuttgart.
——— (2002), Selbstgefühl. Eine historisch-systematische Erkundung, Frankfurt.
——— (2005), Selbstbewusstsein und Selbsterkenntnis. Über einige Schwierigkeiten bei der Reduktion von Subjektivität, in: e-Journal Philosophie der Psychologie 3, 1-16.
FRANK, ROBERT H. (1992), Die Strategie der Emotionen (übers. v. K. Zimmerling), München.
FRAISSE, JEAN-CLAUDE (1984), Philia. La notion d'amitié dans la philosophie antique (Essai sur un probleme perdu et retrouvé), Paris.
FRANKFURT, HARRY (2000), Vom Sorgen oder: Woran uns liegt, in: D. Thomä, 195-224.
——— (2004), Gründe der Liebe (übers. v. M. Hartmann), Frankfurt a.M.
FRIEDMAN, MARILYN (1993), Feminism and Modern Friendship: Dislocating the Community, in: Neera Kapur Badhwar, 285-302.
FROMM, ERICH ([4]1992), Die Kunst des Liebens (übers. v. L u. E. Michel), Frankfurt a.M.
GABRIEL, MARKUS, ZIZEK, SLAVOJ (2009), Mythology, Madness, and Laughter. Subjectivity in German Idealism, London, New York.
GABRIEL, MARKUS (2008), An den Grenzen der Erkenntnistheorie. Die notwendige Endlichkeit des objektiven Wissens als Lektion des Skeptizismus, Freiburg, München.
GADAMER, HANS-GEORG (1985), Freundschaft und Selbsterkenntnis. Zur Rolle der Freundschaft in der griechischen Ethik [1985], in: ders., Plato im Dialog. Gesammelte Werke Bd. 7, Tübingen 1991, 396-406.
——— (2005), Amitié et solidareté, in: J.-Chr. Merle, B.N. Schumacher, 233-241.
GANTER, MARTIN (1974), Mittel und Ziel in der praktischen Philosophie des Aristoteles (Symposium, Bd. 45), Freiburg, München.
GESANG, BERNWARD (2000), Kritik des Partikularismus. Über partikularistische Einwände gegen den Universalismus und den Generalismus in der Ethik, Paderborn.
GIER, NICHOLAS F., KJELLBERG, PAUL (2004), Buddhism and the Freedom of the Will: Pali and Mahayanist Responses, in: J.K. Campbell u.a., 277-304.
GIGON, OLOF (1975), Die Selbstliebe in der Nikomachischen Ethik des Aristoteles, in: Konstantin Vourveris, Aristoxenos D. Skiadas, ed., Dorema [griech] (FS Hans Diller), Athen, 77-114.

GÖDEL, KURT (1931), Über formal unentscheidbare Sätze der Principia Mathematica und verwandter Systeme, I., in: Monatshefte für Mathematik und Physik 38, 173–198.
GOFFMAN, ERVING (1959), The Presentation of Self in Everyday Life, Garden City, NY.
HADEN, JAMES (1983), Friendship in Plato's Lysis, in: Review of Metaphysics 146, 327-356.
HARE, RICHARD M. (1952), The Language of Morals, Oxford.
HEGEL, GEORG WILHELM FRIEDRICH (1988ff), Gesammelte Werke (ed. durch die Rheinisch-Westfälische Akademie der Wissenschaften), Düsseldorf.
—— (1970), Werke in 20 Bänden, Frankfurt a.M.
HERRMANN, CHRISTOPH S., u.a., ed. (2005), Bewusstsein. Philosophie, Neurowissenschaften, Ethik, München.
HOOKER, BRAD, LITTLE, MARGARET O., ed. (2000), Moral Particularism, Oxford.
HÖFFE, OTFRIED (^{4}1992), Ethik und Politik. Grundmodelle und -probleme der praktischen Philosophie, Frankfurt a.M.
—— ed. (1995), Aristoteles. Die Nikomachische Ethik (Klassiker auslegen, Bd. 2), Berlin.
—— (^{2}1996), Praktische Philosophie. Das Modell des Aristoteles, Berlin.
HOMIAK, MARCIA L. (1981), Virtue and Self-Love in Aristotle's Ethics, in: Canadian Journal of Philosophy 11, 633-651.
HONNETH, AXEL (1997), Die Moralität von Freundschaften, in: DZPh, 45, 215-216.
IMBACH, RUEDI (2005), Aspects des doctrines médiévales de l'amitié, in: J.-Ch. Merle, B.N. Schumacher, 31-46.
JACOBS, JONATHAN (2002), Dimensions of Moral Theory. An Introduction to Metaethics and Moral Psycology, Maldon, Oxford, Carlton.
KAHN, CHARLES H. (1981), Aristotle on Altruism, in: Mind 90, 20-40.
KANZIAN, CHRISTIAN (2001), Ereignisse und andere Partikularien. Vorbemerkungen zu einer mehrkategorialen Ontologie, Paderborn.
KENNY, ANTHONY (1992), Aristotle on the Perfect Life, Oxford.
MCKERLIE, DENNIS (1991), Friendship, Self-Love and Concern for Others in Aristotle's Ethics, in: Ancient Philosophy 11, 85-101.
KIERKEGAARD, SØREN (1962), Die Krankheit zum Tode. Eine christliche psychologische Erörterung zur Erbauung und Erweckung von Anti-Climacus (1849), in: Werke, Bd. 4 (übers. v. L. Richter), Reinbek 1962.
—— (1988), Entweder Oder (übers. v. H. Fauteck), München.
KONSTAN, DAVID (2005), A amizade no mundo clássico, São Paulo.
KOCH, ANTON FRIEDRICH (1990), Subjektivität in Raum und Zeit, Frankfurt a.M.
—— (2006), Wahrheit, Zeit und Freiheit, Paderborn.
KRÄMER, HANS (1992), Integrative Ethik, Frankfurt a.M.
KRÄMER, WALTER (1996), Denkste! Trugschlüsse aus der Welt der Zahlen und des Zufalls, München.
KRAUT, RICHARD (1989), Aristotle on the Human Good, Princeton.
KRAUT, ROBERT (2000), Liebe de re, in: Thomä, Dieter, ed., 153-174.
KUHN, HUGO (1975), „Liebe". Geschichte eines Begriffs, München.
LAÍN ENTRALGO, PEDRO (1971), Sobre la amistad, Madrid.
LEIST, ANTON (2005), Ethik der Beziehungen. Versuche über eine postkantische Moralphilosophie (ZphF, Sonderbd. 10), Berlin.
LEMKE, HARALD (2000), Freundschaft. Ein philosophischer Essay, Darmstadt.
LÉVINAS, EMMANUEL (1987), Totalität und Unendlichkeit. Versuche über die Exteriorität (übers. v. W.N. Krewani), Freiburg i. Br., München.
—— (^{3}1995), Die Zeit und der Andere (übers. v. L. Wenzler), Hamburg.
—— (1999), Die Spur des Anderen. Untersuchungen zur Phänomenologie und Sozialphilosophie (übers., ed. v. W.N. Krewani), Freiburg i. Br., München.
LEWIS, C.S. (1993), Friendship – The Least Necessary Love, in: N.K. Badhwar, 39-47.
LIBET, BENJAMIN (1985), Unconscious cerebral initiative and the role of conscious will in voluntary action, in: Behavioral and Brain Sciences 8, 529-566.
DE LIMA VAZ, H.C. (1988), Escritos de Filosofia II. Ética e Cultura, São Paulo.

MACINTYRE, ALASDAIR (1988), Whose Justice? Which Rationality?, Notre Dame.
MARQUARD, ODO (1996), Apologie des Zufälligen, Stuttgart.
MEILAENDER, G. (1983), Friendship, Notre Dame, London.
MERLE, JEAN-CHRISTOPHE, SCHUMACHER, BERNARD N., ed. (2005), L'amitié, Paris.
MERLE, JEAN-CHRISTOPHE (2005), L'amitié dans les limites de la simple morale. Làmitié kantienne enver l´humanité, in: ders., B. Schumacher, 63-87.
MILLGRAM, ELIJAH (1987), Aristotle on making Other Selves, in: Canadian Journal of Philosophy, 17/2, 316-376.
MONTAIGNE, MICHEL DE (1998), Essais (1580) (übers. v. H. Stilett), Frankfurt a.M.
MOORE, GEORGE E. (1970), Principia Ethica. Stuttgart.
MÜLLER, A.W. (1981), Praktisches Folgern und Selbstgestaltung nach Aristoteles, Freiburg, München.
NAGEL, THOMAS (1979), Moral Questions, Cambridge.
—— (1991), Equality and Partiality, New York, Oxford.
—— (1992), Der Blick von nirgendwo (übers. v. M. Gebauer), Frankfurt a.M.
—— (2000), Sexuelle Perversion (übers. v. K.-E. Prankel u. R. Stoecker), in: Ph. Balzer, K.P. Lippe, ed., Philosophie und Sex, München, 25-45.
NICHOLS, SHAUN (2004), Sentimental Rules. On the Natural Foundations of Moral Judgement, Oxford.
OELMÜLLER, WILLI, ed. (1978), Transzendentalphilosophische Normenbegründung. Materialien zur Normendiskussion, Bd. 1, Paderborn.
OKSENBERG RORTY, AMÉLIE (1993), The Historicity of Psychological Attitudes: Love Is Not Love Which Alters Not When It Alteration Finds, in: N.K. Badhwar, ed., 73-88.
ORTEGA, FRANCISCO (2002), Genealogias da amizade, São Paulo.
PAKALUK, MICHAEL, ed. (1991), Other Selves. Philosophers on Friendship, Indianapolis.
—— (1994), Political friendship, in: Leray S. Rouner, ed., The changing Face of Friendship, Notre Dame, 197-213.
PANGLE, LORRAINE SMITH (2005), Aristotle and the Philosophy of Friendship, Cambridge.
PANNENBERG, WOLFHART ([8]1995), Was ist der Mensch? Die Anthropologie der Gegenwart im Lichte der Theologie, Göttingen.
PATON, HERBERT (1993), Kant on Friendship, in: N.K. Badhwar, 133-154.
PETRELLI, MARCELO (1982), Philia, eudaimonia, omonimia, Commento a un passo dell' Etica Nicomachea, in: Rivista internationale di Filosofia del Diritto 59, 577-594.
PISCIONE, E. (1984), Il primato dell' amicizia nella filosofia antica, in: Rivista Sapienzia 37/4, 377-395.
PRICE, ANTHONY W. (1989), Love and Friendship in Plato and Aristotle, Oxford.
—— (1995), Friendship (VII und IX), in: O. Höffe, 229-251.
PROULX, E. (1985), Le Thème de l'amitie dans l'Ethique à Nicomaque et l'Ethique a Eudeme, in: Laval Théologique et Philosophique, 41/3, 317-328.
RICKEN, FRIEDO (1976), Der Lustbegriff in der Nikomachischen Ethik des Aristoteles (Hypomnemata 46), Göttingen.
—— (1982), Freundschaft und Glück in der Nikomachischen Ethik des Aristoteles, in: Was ist Liebe? Zur Tradition eines Begriffs, ed. Rabanus-Maurus-Akademie Fulda, Frankfurt a.M., 47-62.
—— (1991), Gemeinschaft als Grundwert der Aristotelischen Ethik, ThPh 66, 530-546.
—— (2000), Ist Freundschaft eine Tugend? Die Einheit des Freundschaftsbegriffs in der Nikomachischen Ethik, in: ThPh 75, 481-492.
RINDERLE, PETER (2007), Werte im Widerstreit, Freiburg, München.
RIPPE, KLAUS PETER, SCHABER, PETER, ed. (1998), Tugendethik, Stuttgart.
RORTY, RICHARD (1989), Contingency, Irony and Solidarity, Cambridge.
SANDEL, MICHAEL (1982), Friendship and Justice, in: ders., Liberalism and the Limits of Justice, Cambridge (Mass.), 177-183.
SARTRE, JEAN-PAUL (1985), Das Sein und das Nichts. Versuch einer phänomenologischen Ontologie (übers. v. J. Streller u.a.), Hamburg.

—— (2000), Der Existenzialismus ist ein Humanismus und andere philosophische Essays (übers. v. W. Bökenkamp u.a.), Reinbeck.
SCHELLING, F.W.J. (1964), Über das Wesen der menschlichen Freiheit, Stuttgart.
SCHILLING, RAINER (2005), Liebe als Erkenntnisweise. Aspekte der Liebe im Verhältnis zur objektivierenden Naturerkenntnis, Darmstadt.
SCHMID, WILHELM (1998), Philosophie der Lebenskunst. Eine Grundlegung, Frankfurt a.M.
—— (2004), Mit sich selbst befreundet sein. Von der Lebenskunst im Umgang mit sich selbst, Frankfurt a.M.
SCHINKEL, ANDREAS (2003), Freundschaft. Von der gemeinsamen Selbstverwirklichung zum Beziehungsmanagement – Die Verwandlung einer sozialen Ordnung, Freiburg, München.
SCHOLLMEIER, PAUL (1986), An Aristotelian motivation for good friendship, in: Revue de Métaphiysique et de Morale, 91, 379-388.
—— (1994), Other Selves. Aristotle on Personal and Political Friendship, New York.
SCHOPENHAUER, ARTHUR (1988), Über die Grundlage der Moral, in: L. Lütkehaus, ed., Arthur Schopenhauer. Werke in fünf Bänden, Zürch, Bd. 3.
SCHULZ, PETER (2000), Freundschaft und Selbstliebe bei Platon und Aristoteles. Semantische Studien zur Subjektivität und Intersubjektivität, Freiburg i.Br., München.
SCHUMMER, JOACHIM, ed. (1998), Glück und Ethik, Würzburg.
SCHWEITZER, ALBERT (1956), Die Kraft der Humanitätsgesinnung, in: J. Schlemmer, ed., Mensch und Menschlichkeit (Eine Vortragsreihe), Stuttgart.
SCHWEPPENHÄUSER, GERHARD (2005), Die Antinomie des Universalismus. Zum moralischen Diskurs der Moderne, Würzburg.
SEEL, MARTIN (1995), Versuch über die Form des Glücks. Studien zur Ethik, Frankfurt a.M.
—— (1998), Wege eine Philosophie des Glücks, in: J. Schummer, 109-124.
SHAFTESBURY, ANTHONY EARL OF (1990), Der gesellige Enthusiast. Philosophische Essais, ed. K.-H. Schwabe, München.
SHERMAN, NANCY (1987), Aristotle on Friendship and the Shared Life, in: Philosophy and Phenomenological Research 47/4, 589-613.
—— (1993), Aristotle on the Shared Life, in: N.K. Badhwar, 91-107.
SIEMENS, NATHALIE VON (2007), Aristoteles über Freundschaft. Untersuchungen zur Nikomachischen Ethik VIII und IX (Symposion Bd. 128), Freiburg, München.
SLOTE, MICHAEL (2001), Morals from Motives, Oxford.
SOKOLOWSKI, ROBERT (2005), Phénoménologie de l'amitié, in: J.-Ch. Merle, B.N. Schumacher, 115-135.
SPAEMANN, ROBERT (1978), Philosophie als Lehre vom glücklichen Leben, in: Günther Bien, ed., Die Frage nach dem Glück, Stuttgart-Bad Cannstatt.
—— (1998), Glück und Wohlwollen, Versuch über Ethik, Stuttgart.
STRATTON-LAKE, PHILIP, ed. (2004), On What We Owe to Each Other, Maldon, Oxford, Carlton
STEIGLEDER, KLAUS (1999), Grundlegung der normativer Ethik. Der Ansatz von Alan Gewirth, Freiburg, München.
STEMMER, PETER (2000), Handeln zugunsten anderer. Eine moralphilosophische Untersuchung, Berlin, New York.
STERN-GILLET, SUZANNE (1995), Aristotle's philosophy of friendship, Albany.
STOCKER, MICHAEL (1990), Friendship and Duty: Some difficult Relations, in: O. Flanagan, A. Oksenberg Rorty, 219-233.
STRAWSON, PETER F. (1959), Individuals. An Essay in Descriptive Metaphysics, London, New York.
TAYLOR, JAMES STACEY, ed. (2005), Personal Autonomy. New Essays on Personal Autonomy and its Role in Contemporary Moral Philosophy, Cambridge.
THOMÄ, DIETER, ed. (2000), Analytische Philosophie der Liebe, Paderborn.
THOMAS, LAURENCE (1993), Friendship and other Loves, in: N.K. Badhwar, 48-64.

TRINKAUS ZAGZEBSKI, LINDA (1996), Virtues of the mind. An inquiry into the nature of virtue and the ethical foundations of knowledge, Cambridge.
URMSON, JAMES O. (1988), Aristotle's Ethics, Oxford, New York.
UTZ, KONRAD (2001), Die Notwendigkeit des Zufalls. Hegels spekulative Dialektik in der „Wissenschaft der Logik", Paderborn.
—— (2003), Absolute Methode? in: Koch, Anton Friedrich, Oberauer, Alexander, Utz, Konrad, ed., Der Begriff als die Wahrheit. Zum Anspruch der Hegelschen „Subjektiven Logik", Paderborn, 189-207.
—— (2003), Freundschaft und Wohlwollen bei Aristoteles, in: ZphF 57, 543-570.
—— (2005), Philosophie des Zufalls. Ein Entwurf, Paderborn.
—— (2008), Filosofia da Amizade: uma proposta, in: Ethica (UFSC) 7, 151-164.
—— (2009), A Benevolência na definição aristotélica da amizade, in: Hypnos (São Paulo) 22, 35-60.
VETLESEN, ARNE JOHAN (1994), Perception, Empathy and Judgement. An Inquiry into the Preconditions of Moral Performance, University Park (PA).
VLASTOS, GREGORY (^{2}1981), Platonic Studies, Princeton.
VOGT, KATJA (2001), Freundschaft, Unparteilichkeit und Feindschaft, DZPh 49, 517-532.
WALDENFELS, BERNHARD, DÄRMAN, IRIS, ed. (1998), Der Anspruch des Anderen. Perspektiven phänomenologischer Ethik (Übergänge, Bd. 32), München.
WALKER, MARGARET URBAN (2006), Moral Repair. Reconstructing Moral Relations after Wrongdoing, Cambridge.
WEBER, MAX (^{3}2010), Die protestantische Ethik und der Geist des Kapitalismus (ed. D. Kaesler), München.
WELDING, STEEN OLAF (2002), Die Unerkennbarkeit des Geistes. Phänomenale Erfahrung und menschliche Erkenntnis, Stuttgart.
WHITLOCK BLUNDELL, MARY (^{3}1991), Helping Friends and Harming Enemies. A Study in Sophocles and Greek Ethics, Cambridge u.a.
WILLIAMS, BERNARD (1979), Kritik des Utilitarismus, Frankfurt a.M.
—— (1984), Moralischer Zufall (übers. A. Linden), Königstein i.Ts.
WINDMANN, SABINE (2005), Was phänomenales Erleben so unerklärlich macht: Brief an einen Zombie, in: Ch.S. Herrmann u.a., 188-215.
WOLF, SUSAN (1982), Moral Saints, in: Journal of Philosophy 79, 419-439.
WOLF, URSULA (1992), Die Freundschaftskonzeption in Platons Lysis, in: Emil Angehrn u.a., ed., Dialektischer Negativismus (FS Michael Theunissen), Frankfurt a.M.
—— (1995), Über den Sinn der Aristotelischen Mesoteslehre, in: O. Höffe, 83-108.
—— (^{2}2007), Aristoteles' „Nikomachische Ethik", Darmstadt.
WOLLHEIM, RICHARD (1984), The thread of life, Cambridge, Mass.

Personenregister

Adams, D. 11
Adams, R.M. 158, 310, 333
Annas, J. 10, 63-65, 73, 188-189, 272
Arendt, H. 277
Aristoteles 10-18, 24-25, 29, 33-36, 40, 45, 52, 54-58, 61-70, 73-80, 85, 87-90, 98, 109-115, 126, 139, 143, 156, 160, 165, 172-176, 183-198, 200-216, 220-225, 231-232, 237-241, 251, 253, 256-260, 265, 267, 272, 287-290, 302, 305, 312, 315-318, 327, 329
Aubenque, P. 10
Badhwar, N.K. 11, 196
Baron, M. 11
Beckenkamp, J. 14
Berlin, I. 260
Berwari, A. 10
Bien, G. 211
Block, N. 21
Blum, L.A. 11, 71, 73, 165, 187, 222, 305
Bostock, D. 63
Branden, N. 54, 92, 201
Brentano, F. 19, 38
Brieskorn, N. 311
Buber, M. 92, 105, 241
Bubner, R. 15, 111, 152
Buddha, Gautama 277
Chalmers, D.J. 21
Cicero, M.T. 11, 77, 88, 98, 186, 306
Cooper, J.M. 70, 191-192, 194
Derrida, J. 80, 189
Descartes, R. 58, 123-124
Diamond, C. 188
Dirlmeier, F. 215
Döring, S.A. 14
Eichler, K.-D. 11
Emmet, D. 223
Erich, H. 316
Farrell, D.M. 103
Fasching, M. 10, 14
Fichte, J.G. 106, 124, 265
Fletcher, G.P. 222
Fortenbaugh, W.W. 10
Fraisse, J.-C. 11
Frank, R.H. 74
Frankfurt, H. 11, 72, 80, 109, 137, 173, 202, 252-255, 272, 276, 292, 297, 302

Friedman, M. 323
Fromm, E. 316
Gabriel, M. 106, 331
Gadamer, H.-G. 11, 292
Gewirth, A. 128
Gier, N.F. 278
Gödel, K. 125
Goffman, E. 223
Haden, J. 11
Hegel, G.W.F. 9, 15, 19, 23, 37, 92, 107, 124, 128, 130, 147-148, 156-157, 164, 177, 218, 247, 271, 276-277, 300, 317, 319-320, 330-331, 334
Heidegger, M. 58, 288
Höffe, O. 52, 64
Honneth, A. 11
Hünermann, P. 15, 333
Imbach, R. 85, 173
Kahn, Ch.H. 68
Kant, I. 14-15, 24, 32, 39, 45, 72, 77, 79, 95, 106, 110, 119, 121, 124, 126-127, 130, 132, 134, 139, 145-152, 163, 165-167, 179, 183, 188-189, 196-197, 203, 206, 230, 254, 262-263, 278, 280, 283, 287, 293, 297-300, 317, 320, 328
Kanzian, Ch. 264
Kenny, A. 207
Kierkegaard, S. 15, 162, 265, 269
Kjellberg, P. 278
Koch, A.F. 15, 42, 49, 251, 264, 320
Konstan, D. 11
Krämer, H. 12
Krämer, W. 286
Kraut, R. 63
Kuhn, H. 11
Laín Entralgo, P. 12
Leist, A. 320
Lemke, H. 11, 63, 175
Lewis, C.S. 181, 202, 236
Libet, B. 274
de Lima Vaz, H.C. 222
MacIntyre, A. 295
Marcel, G. 85
Marquard, O. 263
Merle, J.-Ch. 11, 14, 16, 206
Montaigne, M. 11, 79, 88
Moore, G.E. 14, 161

Müller, A.W. 318
Nagel, Th. 11, 91, 218
Neuner, J. 15, 333
Nichols, Sh. 70, 310
Oelmüller, W. 321
Oksenberg Rorty, A. 226
Ortega, F. 11
Pakaluk, M. 11, 73
Pangle, L.S. 11
Pannenberg, W. 225
Paton, H. 11
Piscione, E. 11
Platon 11, 17, 20, 27, 157, 160, 165, 225, 330
Price, A.W. 10, 63, 80
Ricken, F. 10, 11, 25, 35
Rinderle, P. 63-64, 74, 126
Rorty, R. 289
Sandel, M. 11
Sartre, J.-P. 108, 154
Schelling, F.W.J. 124, 167, 262
Schilling, R. 12, 76
Schinkel, A. 11
Schmid, W. 251, 258
Schopenhauer, A. 106
Schulz, P. 18-19, 70
Schweitzer, A. 188

Schweppenhäuser, G. 152
Seckler, M. 15, 333
Seel, M. 13, 253
Shaftesbury, A. 188, 204
Sherman, N. 73, 207
Siemens, N. 10, 64, 68, 73, 194
Slote, M. 205
Sokolowski, R. 105, 211
Spaemann, R. 64, 68, 77, 84-85, 158, 278, 283, 286, 305, 313
Steigleder, K. 128
Stern-Gillet, S. 10
Stocker, M. 297
Strawson, P.F. 19
Thomä, D. 11
Thomas v.A. 85, 286
Thomas, L. 88, 114, 202, 307
Tück, J. 16, 329
Vetlesen, A.J. 84
Vlastos, G. 80
Vogt, K. 11
Walker, M.U. 305
Whitlock Blundell, M. 11
Windmann, S. 23
Wolf, U. 11, 54, 68, 186, 190, 207-208, 211, 253, 312
Wollheim, R. 80